전쟁은 끝나지 않았다!
6·25, 잊으면 다시 찾아온다!

올라가지마세요
통로불량 Don't GO UP

하나님께서
세우시고
하나님이
지키시는 나라
자유대한민국

이기고 올 때까지 싸웠고,
이기는 것밖에 모르는가

73년 전 그때, 수많은 나라의 꽃다운 젊은이들이
이 땅의 자유민주주의 수호를 위해 청춘의 끓는 피를
언어도 문화도 통하지 않는 이곳, 동토의 땅에 묻었습니다.

73년이 지난 지금, 전장의 옷깃에 흩뿌려진 피의 내음은
아직도 생생하기만 한데 우리는 그들을 잊고 있습니다.

그들이 피 흘리며 싸우고, 숨을 토하며 이슬처럼 스러져갔던
동족상잔의 비극 6·25전쟁, 까마득한 옛 전장으로만 기억되고 있습니다.

좌파 종·친북 세력들이 찬양하는 김일성, 김정일, 김정은의 인민들은
굶주림과 핍박에 시달리고 있는데 양심의 거리낌 없이
이 땅에서 배부르게 잘 먹고 잘살면서
6.25전쟁은 북침이라고 천인공노할 망언을 하며
주적을 주적이라 말을 못 하게 하고 있습니다.

6·25 전쟁, 가정이 아닌 현실입니다.
세월이 아무리 흐른다 해도
그때의 피비린내는 지워지지 않은 채
동족 간의 피의 교훈으로 살아 있을 것입니다.
6·25! 잊으면 다시 옵니다.
그 대가는 역사의 교훈을 잊은
우리의 몫이 될 것입니다.

형제의 상

6 · 25전쟁 당시 각각 한국군과 인민군으로 적이 되어 만나게 된 형제의 비극을 작품으로 재현한 것이다. 전쟁의 소용돌이 속에서 형인
박규철 소위는 한국군 제8사단 제16연대 소속으로, 동생인 박용철 하사는 북한군 제8사단 제83연대 소속으로 참전하게 되었다. 치악
고개 전투에서 만난형제는 서로를 알아보고, 서로에게 겨눈 총을 거두고 얼싸안았다. '동족상잔의 비극'이라는 6 · 25전쟁의 비극을
상징하는 조형물로, 서로 한 덩어리가 되어 얼싸 안고 있는 형제의 모습에서 화해, 사랑, 용서의 의미를 엿볼 수 있다.

6·25전쟁을 기리며

세월 흐른 6.25
잊지는 말자고 부르던
노래가사마저 가물거리고
풍요가 주는 마취제와 사상의 폭력 때문에
조국의 땅과 도시들은 몽롱하다.

하늘은 포성에 쪼개지고
땅에는 죽음이 즐비하여
조국 산천은 초토화.
희망마저 누어버렸던 이 땅!

절망을 장착한 포성소리에
꽃잎들이 바람에 찢기고
넋 잃은 사람들의 표정
국토가 적시도록 통한의 눈물만 흘리던
역사의 한을 어찌 잊으려 하는가?

잊고자 하면 불망의 가사가 더욱 크게 들리는
두 동강난 땅과 이데올로기의 행패,
동서남북 분열의 통증이 가져온
신음소리
피 토하듯 울부짖는 함성을
이제 우리 외면해서는 안 된다는
강철 같은 마음 소유하자!

세계 속에 타오르는 불꽃
인류의 으뜸 속에 있는 조국,
오늘의 빛난 역사를 세우기까지,
무량의 기도와 고통의 즙을 마시며
인고의 세월과 그 길이를
반 쪽 난 영토를 희망으로 일구어주신
가려한 선진들의 유훈의 역사는
마침내 번영의 의복을 입혀 주셨나니

망각이야말로
생명의 손실이며 죽음이라는 교훈을 삼아
오래전에 훼손된 기억과
의식의 심층에 자리 잡은
아프고 시린 추억들을 캐내어 수리하고
오늘의 조국을 희망으로 옷을 갈아입혀
세계로 세계로 펼쳐내자.

그러나 잊지는 말자.
잊으면 반복되는 역사를 추방하고
염원의 평화 통일 만들어내자!

김철안 목사

CONTENTS

북녘에 자유의 햇살이 비치는 그날!
통일한국을 꿈꾼다

하나님께서는 1945년 8월 15일,
우리민족에게 광복을 허락하셨습니다.

올해는 우리 민족이 일본 제국주의 총칼 아래서 36년이란 긴 세월을 신음했지만, 하나님의 은총을 입어 해방의 기쁨을 맛본 지 꼭 78년 되는 해이다. 해방! 이 한마디 말은 온갖 억압 속에 있는 사람들에게는 대단한 의미를 지닌다. 그것은 필생의 소망이요, 삶의 전부이다. 지난 1945년 8월 15일, 제 2차 세계대전이 종료되면서 1910년 한일합방으로부터 36년 동안 일본의 압제를 받던 대한민국은 드디어 감격스러운 해방을 맞이하였다.

일제 36년의 압제와 현대인들의 직장생활 고단함을 감히 비할 바는 아니지만, 지근거리에서나마 이해하기 쉽게 사회 한 단면을 놓고 한 번 견주어 보기라도 하자. 매일 시계추처럼 왔다 갔다 하는 한낱 직장생활이라 할지라도 상사에게 허구한 날 이것저것 지적과 간섭을 받으면 일할 맛이 나겠는가? 단 하루를 살아도 말할 권리, 표현할 권리, 자유롭게 의사결정을 할 권리를 가지고 살아갈 때 직장 생활에 일할 맛이 나고, 진정한 행복과 기쁨을 누릴 수 있는 것이다.

하물며 한 나라의 국권이 다른 나라에 의해 무참히 짓밟혀, 말도, 글도, 주권도 없이 정치, 경제, 교육, 사회, 삶 전반에 걸쳐서 36년 동안을 노예 생활에 버금가는 꼭두각시처럼 움직였다면 그 삶이 오죽했겠는가? 2차 세계 대전 때는 한국의 젊은 청년들은 징병으로, 여인들은 위안부로 끌려가 얼마나 많은 목숨이 희생되었으며 얼마나 많은 여인들이 저들의 성 노리개로 전락하여 고통을 받았는가?

해방 이후 우리 민족은 분단이 된 채로 철저하게 다른 체제하에서 78년이 흐르는 동안
남한은 풍요의 땅을 일구어왔고, 북한은 3대 세습제로 인해
지속적인 빈곤과 고통의 땅이 되어 신음하고 있다.
우리는 흔히들 하기 좋은 말로 탈북민들을 가리켜서 '통일 한국으로 가는 징검다리'라고 한다.

자유가 없는 하늘 아래서 총체적 노예 된 삶의 굴레를 겪으며 꿈속에서나마 비상을 꿈꿨으리라 본다. 그리고 날마다 얼마나 많은 '해방'을 외쳤을까? 그렇게도 오매불망 꿈에서나마 그리던 일이 현실이 되었을 때의 감격은 과연 어떠했을까? 복받쳐 오르는 설움과 이루 말할 수 없는 기쁨은 그 희비가 교차 되었을 것이다. 하지만, 해방의 기쁨도 잠시, 원치 않은 미국과 소련의 분할점령과 통치로 인해 이 땅은 반쪽으로 두 동강이 난 나라가 되고 말았다.

독일의 분단을 두고 혹자들의 제 2차 세계대전 이후에 더 이상 다른 나라를 침략하지 못하도록 힘의 균형을 이루라는 의도에서 독일을 '분단시킨' 것이라는 또 하나의 측면에서만 본다면, 독일은 전쟁을 일으킨 장본인으로서 그에 응당한 벌을 받았다고 보는 시각도 있었다고 본다. 바로 심리학의 행동수정에서 말하는 처벌의 원리이다. 처벌받은 '나쁜 행동'은 소거된다. 독일은 분단이라는 징벌을 받으며 대가를 치렀고, 상당 기간 고통스러운 과정을 거쳤으며, 나누어졌던 땅은 다시 통일국가를 이루었다.

그런데, 이러한 와중에서 이상한 사실이 하나 있다. 따지고 들자면 전범(戰犯)으로서 아시아 여러 국가들은 물론이고 미국의 진주만까지도 폭격한 일본은 응당, 그에 상응하는 충분한 처벌을 받는 것이 옳았을 것이다. 하지만 상황은 정반대로 진행되었다. 주변국들의 괴롭힘만 받아온 우리 대한민국이 오히려, 힘없다는 이유 하나로 오랜 세월 핍박을 받으며 처절한 노예 생활을 했었음에도 불구하고 일본 대신

우리 국토가 분단되는 뼈아픔을 겪게 된 것이다. 우리 국토분단의 원인제공과 그 원흉은 엄밀히 따지자면 일본이다. 분단되어도 독일처럼 전쟁의 전범국가인 일본이 분단국가가 돼야 했었다.

단지, 우리의 국력이 약했기 때문에 일본의 식민 통치를 받았고, 미국과 소련 주도에 의한 분단을 막지 못했다. 그리고 광복과 동시에 분단 된 이후 78년이 흘렀지만, 아직도 통일은 이루어지지 않고 있다. 미국, 중국, 러시아, 일본 등, 한반도를 둘러싼 강대국들의 각축전은 현재도 불꽃을 튀며 계속되고 있다.

지난 1990년대 말을 계기로 해서 탈북민들이 증가 추세에 있다. 자신들이 태어나고 자라난 땅을 버릴 수밖에 없었고, 떠난다는 사실은 스스로들에게도 크나큰 상실감을 안겨다 줬을 것이다. 그런데도 그들은 목숨을 걸고 두만강을 건넜고 제3국의 사선을 넘어 남한으로 건너오고 있다. 현재 남한 내에 흩어져 사는 탈북민들의 숫자만 해도 약3만 5천여 명에 육박하고 있다. 해방 이후 우리 민족은 분단이 된 채로 철저하게 다른 체제하에서 78년이 흐르는 동안 남한은 풍요의 땅을 일구어왔고, 북한은 3대 세습제로 인해 지속적인 빈곤과 고통의 땅이 되어 신음하고 있다. 우리는 흔히들 하기 좋은 말로 탈북민들을 가리켜서 '통일 한국으로 가는 징검다리'라고 한다.

우리 민족이 생각하고 있는 진정한 해방이란 과연 무엇일까? 압제당하는 우리들의 형제인 북한 동포들이 참 자유를 누리게 되는 그날에 성취되는 것이

아닐까? 그러자면 아직 해방은 이루어지지 않았다고 본다. 배가 고파서 그들의 조국이라고 배웠던 태어난 땅을 탈북하고, 죽을병을 고칠 방법이 없어서 탈북을 한다. 인간답게 살고 싶고, 아이들에게만은 희망 없는 땅에서 벗어나게 하고 싶어서 죽을 각오로 칼을 몸속에 품고 탈북한다.

10여 년 전 모 국제단체에서 탈북 여대생이 강연한 적이 있었다. 사연인즉, 그녀의 아버지는 탈북하던 중 중국에서 목숨을 잃었다고 했다. 그녀의 나이 열네 살, 혼자서 아버지의 주검을 지켜보던 어린 소녀는 북송될까 봐 무서워서 울 수도 없었고, 그 작은 손으로 새벽에 아버지의 시신을 혼자 묻었다고 했다. 중국인 브로커가 어린 딸을 성폭행하려는 것을 말리기 위해 그녀의 어머니는 자신이 강간당하는 것을 선택했다고 했다.

다시 돌아보자면

진정한 해방이란 북녘땅까지 자유의 햇살이 비치는 그날에 이루어지는 것으로 생각한다. 그날에는 얼싸안고 천년, 만년이라도 통일 만세 춤을 추고 싶다. 필자의 부모님들께서는 이북 분들이었고, 두고 온 고향을 평생 그리워하셨다. 그분들이 그렇게도 그리워하시던 고향이 언젠가부터 필자의 가슴속 한편에 막연한 그리움으로 자리를 잡기 시작했다. 통일이 돼서 두 분 생전에 그렇게도 그리워하셨던 두 분의 고향을 꼭 한번 가보고 싶다. 시간을 되돌려 두 분의 고향 흙바닥에 앉아 두 분의 가슴이 되어 꺼이꺼이 목놓아 울고도 싶다. 아마 필자만이 이런 애틋한 마음은 아닐 것이다. 그러자면, 우리는 이러한 물살을 거슬러 올라갈 힘을 갖추어야 한다. 탈북민 이아람 씨의 시를 한 편 소개함으로 글을 마무리하고자 한다.

고정양 목사
6.25역사기억연대 대표, 제2의 실향민, 독립운동가 후손

얼싸안고 통일 만세 춤추세

이아름

창가에 밝은 빛을 바라다보니
쓸쓸한 이 마음 달랠 곳 없구나
이 밤도 우리 아가 잠 못 들 거야
정다운 고향길은 지척이건만
소리쳐 불러 봐도 안타까운 이 마음

TV에 나온 노래 울 엄마 노래
TV에 나온 노래 내 고향의 노래 들으며
나도야 이 밤엔 잠들지 못하네
고향 노래 부르며 눈물만 흘리네

찬 바람 불어오는 북한에 추운 겨울
얼마나 모진 고생 많고 많을까
굶주리고 헐벗은 우리 북한 주민들
우리 함께 따뜻한 사랑 함께 받으면
얼마나 좋으랴 간절한 이 소원

우리 모두 잠 못 드는 이 밤
두고 온 부모 형제 자식들 생각에
베갯잇 눈물 자국 마를 날 없으니
어느 한시 깊은 잠 못 드는 우리 북한 여인들
언제면 통일되어 웃으며 살아볼까

꿈에도 소원은 통일이 언제면 이루어질까
분단역사 70년 긴긴 세월에
얼마나 많은 피눈물이 고여 있는지
우리의 목소리가 하나가 될 때
우리의 발걸음도 하나로 될 때
우리의 소원은 통일 앞당겨지리라

하루속히 분단장벽 무너뜨리고
대한민국 통일 만세 높이 부를 때
우리 민족 얼싸안고 춤을 추면서
우리 함께 얼싸안고 춤을 춰보세
통일 만세 발 편 잠을 실컷 자보세

우리의 다짐

엄마 손에 끌려가는 아이처럼
분단의 슬픔 서러워
가슴에 철조망 친 사람들
이렇게 긴 이별이라면
잊을 수도 있을 텐데

더욱 생생히 가슴을 찢고
살아나는 피의 대물림
유월이면 재발하는 오래된 속앓이
충성하며 총칼을 들이댔던 유월이
눈앞에 와서 지난 것을 잊자 해도
잊혀진 것은 핏자국과 가난뿐이지만
사람들은 이제 화해를 원한다

그래서 우리는 기도하는 것
이해와 용서로 과거를
회복하는 것을 바라나니
통일의 깃발을 펄럭이는 동포들이여

일어나라 녹슨 철조망과
달리고 싶은 철마를 따라
우리 마음도 오직 통일을 향해 달려가자
푸른 하늘과 예쁜 꽃이 만발한
산야를 두루 다니며

사랑과 믿음으로
갈라진 조국의 허리를
질끈 동여맬 수 있을 때까지

자유는 공짜로 얻어지는 것이 아니다.

이번에 '6.25역사기억연대'의 애국잡지인 '창과방패'가 도서로 발간된다고 하니 기쁘기가 한량없다. 이 일을 추진하고 있는 고정양 목사는 이미 오래전부터 남달리 여러 방면의 애국 운동에 앞장섰던 분이다. 특히 그는 해당 관련 분야의 여러, 다양한 자료를 꼼꼼하게 챙기며 수집해서 자유대한민국의 건국이념과 정체성을 분명히 밝히고 한국교회를 깨우는 데 부단한 노력을 해왔다.

지금 우리 대한민국은 불행하게도 오랫동안 전교조와 그들에게 세뇌된 자들의 선전, 선동으로 인하여 대한민국의 건국이념과 6.25전쟁 역사의 정체성이 애매모호해졌으며 참으로 혼란스러워졌다. 특히, 학교에서는 6.25전쟁에 대한 언급을 잘 안 하다 보니 중, 고등학생 중에는 6.25전쟁이 북침이라고 아는 아이들과 6.25전쟁의 역사성에 대해서 확실하게 알지 못하는 젊은 부모 세대들이 제법 많은 편이다.

그러다 보니 가정에서 자녀들에게 6.25전쟁에 대하여 자세하게 교육하거나 6.25전쟁에 대해서 어떻게 교훈해야 할지 지식이 부족한 것도 사실이다. 이런 때일수록 역사인식에 대한 명확하고도 정확한 공교육만이 자라나는 후세대들

정성구 박사
6.25역사기억연대 대표고문
전 총신대, 대신대 총장

들에게 절대 필요한 것이며 이를 관장하고 있는 교육감 자신의 역사 인식과 정체성에 따라서 공교육의 흐름이 소용돌이칠 수도 있다.

6.25전쟁이 이제 불행하게도 잊힌 전쟁이 되어가고 있다. 북한 공산당의 불법 남침으로 인하여 6.25전쟁이 일어난 지 어언 73년이라는 긴 시간이 흘렀다. 그때 그 전쟁을 경험한 사람들은 거의 세상을 떠났다. 오늘의 어른 세대와 젊은이들과 학생들은 6.25전쟁의 참상과 잔학함을 전혀 모른다.

북한 공산집단은 간첩들과 '종북, 좌파' 세력들을 앞장세워 끊임없이 '6.25 전쟁은 김일성의 북한 공산군의 남침으로 일어난 것이 아니라, 미군이 중심이 되어 북한을 침략했다고' 거짓 선전을 했었다. 그래서 그 당시, 6.25의 전쟁의 상황을 잘 모르는 젊은이들은 그 선동적인 말에 속아서, 미국은 침략자요, 북한은 정통의 나라인 것처럼 세뇌당한 사람들이 많았다. 그동안 각급 학교는 '전교조'라는 조직에 가담한 교사들이 줄기차고 노골적인 6.25 전쟁에 대한 거짓 사건을 마치 진실인 것처럼 꾸며 청소년들에게 교육하고 있었다.

생각해 보자. 6.25전쟁이 일어나자, 유엔은 즉각 16개국을 한국에 파견했고, 그 외에도 수십 개국의 나라가 직, 간접으로 대한민국을 도왔다. 이것은 자유 대한민국을 사랑하는 전 세계인이 북한 공산당의 불법 침략(남침)을 규탄하고, 자유 대한민국을 지키기 위함이었다. 전 세계의 수많은 젊은이가 이 땅의 평화를 위해서 고귀한 피를 흘리며 싸웠다.

내가 초등학교 2학년 때 6.25전쟁이 발발했다. 열 살 때 피난민 대열에 끼어 천신만고 끝에 포항에서 울산 방어진까지 그 먼 길을 걸어서 갔다. 수많은 피난민 대열에 끼어 3개월 동안 포탄이 비 오듯이 터지는 전쟁터에서 하나님의 은혜 가운데 살아남았다. 비록 어린 나이였지만 동족끼리의 전쟁이란 얼마나 비참하며, 공산주의 침략과 사상(이념)이 얼마나 공포스러운 것인지를 알게 되었다.

이번에 6.25전쟁을 겪지 못한 청소년, 젊은 세대, 또한 어른 세대에 이르기까지 이해도를 높이기 위해 만화와 당시 전황 사진들을 함께 볼 수 있는 6.25전쟁의 진실을 밝힌 책이 나온다고 하니 기쁘기 그지없다. 아무쪼록 이 책은 어린 학생들과 젊은이, 어른 세대들에게 6.25 전쟁의 의미와 우리가 가져야 할, 반공 노선을 확실히 상기시키고, 자유대한민국을 바로 세우는 데 도움이 되었으면 하는 마음에 강력히 추천을 드린다.

과거를 잊으면 과거를 반복한다.

저는 이번에 '6.25기억연대'에서 펴낸 '창과 방패'라는 6.25전쟁에 관한 방대한 증언록을 보면서 새삼 기록의 중요성을 깨닫게 되었습니다. 인류 역사상 기록의 모범을 보인 민족이 하나님의 선민 이스라엘입니다. 이 민족은 하나님의 말씀을 기록하기 위해 택함을 받은 것 같습니다. 성경은 죄인을 구원하신 하나님의 사랑을 기억하라는 말씀을 기록한 책입니다. 하나님은 그것을 "마음에 새기고 네 손목에 매어 기호로 삼고 네 미간에 붙여 표를 삼으라"고까지 하셨습니다. 우리 민족에게도 이런 잊지 말아야 할 역사가 있습니다.

우리 '어머니의 땅'인 자유 민주주의 국가 대한민국에 태어난 우리들이 기억해야 할 역사 중에 가장 큰 사건이 바로 6.25 전쟁입니다. 이 사건은 너무나 가슴 아픈 역사이기에 반드시 제대로 기록하여 후세에 바로 전해야 합니다. 물론 그동안 정부와 수많은 역사가들에 의해 6.25전쟁이 다양하게 조명되고 기록되어 왔습니다. 그런데 이번에 나온 '창과 방패'만큼 철저히 고증되고 바른 역사관으로 기록된 책은 드문 것 같습니다.

손매남박사(Ph.D.)
6.25역사기억연대 상임고문
한국 상담개발원 원장,
국제 뇌 치유 상담학회 회장

국가 안팎의 상황이 매우 엄중한 때에 우국지사들로 구성된 6.25기억연대에서 펴낸 본서는 온 국민들에게 전쟁에 대한 경각심을 새롭게 하리라 믿습니다. 특히 전쟁을 경험하지 못한 전후세대와 국토의 최전선을 지키고 있는 국군장병들에게 애국심을 크게 불어넣어 주리라 믿으며 본서를 적극 추천하는 바입니다.

6.25전쟁이 일어난 지도 어언 70년을 훌쩍 넘고 보니 국민들에게 점차 잊혀 가는 역사가 되고 있어 참으로 안타깝습니다. 우리가 어릴 때는 "잊지 말자, 6.25"가 안보 교육의 핵심이었는데, 요즘에는 어쩐 일인지 '잊어버리자, 6.25'가 되고 있는 것 같습니다. 동족상잔의 비극이 다시는 일어나서는 안 됩니다. "과거를 기억하지 못하면 과거를 반복하게 마련이다."라는 조지 산타야나가 경구가 아니어도 우리는 언제나 그날을 잊어서는 안 됩니다.

저는 6.25전쟁 당시 비록 어린아이였지만, 간헐적으로 경험한 전쟁의 참상이 평생 지워지지 않는 정신적 충격으로 남아 있으며, 젊은 날 월남전에 참전하여 목숨 걸고 돕던 한 나라가 공산화되는 뼈아픈 과정을 목도해야 했습니다. 한 마디로 인류 최대의 질병이자 죄악이 바로 전쟁임을 우리는 한시도 잊지 말아야 합니다. 전쟁의 폐허 속에서 장미꽃을 피운 번영의 나라 자유대한민국이 있기까지 그날, 우리를 와서 도운 자유 우방국들에 보은하는 길도 하나님이 주신 이 땅을 우리가 잘 지키는 것입니다.

국가 안팎의 상황이 매우 엄중한 때에 우국지사들로 구성된 6.25기억연대에서 펴낸 본서는 온 국민들에게 전쟁에 대한 경각심을 새롭게 하리라 믿습니다. 특히 전쟁을 경험하지 못한 전후세대와 국토의 최전선을 지키고 있는 국군장병들에게 애국심을 크게 불어넣어 주리라 믿으며 본서를 적극 추천하는 바입니다.

젊은이들에게 올바른 이념과, 역사관 심어줘야

거짓과 음모, 불의와 대립이 만연한 위기의 시대에 오직 하나님의 말씀으로 국가와 민족의 정의를 수호하는 6.25역사기억연대의 '창과방패' 특별판 도서 발행을 진심으로 축하드립니다. 지금 우리 자유대한민국은 역사 왜곡, 동성애, 반국가주의 등이 만연하며, 그 어느 때보다도 심각한 위기에 서 있습니다. 지금의 위기가 더욱 무서운 것은 외부의 공격이 아닌, 안으로부터의 지독한 분열 때문입니다. 국가와 교회가 겪는 안타까운 위기는 바로 우리 내부의 문제인 것입니다.

6.25역사기억연대는 이런 내부적 모순과 시대의 부조리한 불의를 조명하고자 출범했습니다. '창과방패'는 6.25전쟁이라는 우리 민족의 아픈 과거를 올곧게 세우며, 선진들의 애국과 미국을 비롯해 전 세계 민주주의 우방의 위대한 우정을 다시 조명하고 있습니다. '창과방패'를 통해 지난 시간 거짓에 희생됐던 선진들의 피 흘림을 오늘의 후세들이 새롭게 깨달았고, 일면식 없는 이 나라에 그저 하나님의 사랑과 정의를 실천코자 목숨을 내던졌던 거룩한 우방들의 희생을 우리가 보았습니다.

나성균 목사
- 6.25역사기억연대 고문
- 서울 한영대학교 국제 선교대학원장
- KWMA 공동회장

중요한 것은 이 나라의 미래입니다. 대한민국을 이끌어 갈 젊은이들에게 올바른 이념과 사상, 역사관을 심어줘야 합니다. 우리의 젊은이들이 하나님 나라의 관점으로 시대를 바라볼 수 있도록 우리 교회가 함께해 줘야 합니다. 잘못된 세상의 유혹과 이념에 흔들리지 않고, 불의한 시대의 공격에 움츠리지 않도록, 우리가 이들을 보호하며, 하나님의 역사를 이뤄가야 할 것입니다.

허나 대한민국의 오늘은 이러한 역사의 은인들을 모독하고, 비난하고 있습니다. 목숨으로 우리를 지켜준 그들을 향해 거짓의 칼날을 들이대며, 파렴치한 행태를 반복하고 있습니다. 역사를 바로잡는 것은 우리의 미래를 바로잡는 것입니다. 잘못된 역사관으로는 우리는 잘못된 미래로 나아갈 수밖에 없습니다. 그렇기에 '창과방패'가 점차 그릇된 좌 편향 이념이 위협하는 이 시대에 국민을 위한 확실한 '창과방패'가 되어주었음에 진심으로 감사를 전합니다.

중요한 것은 이 나라의 미래입니다. 대한민국을 이끌어 갈 젊은이들에게 올바른 이념과 사상, 역사관을 심어줘야 합니다. 우리의 젊은이들이 하나님 나라의 관점으로 시대를 바라볼 수 있도록 우리 교회가 함께해 줘야 합니다. 잘못된 세상의 유혹과 이념에 흔들리지 않고, 불의한 시대의 공격에 움츠리지 않도록, 우리가 이들을 보호하며, 하나님의 역사를 이뤄가야 할 것입니다.

나아가 하나님께서 우리에게 주신 거룩한 소명을 기억해야 합니다. 동성애, 페미니즘, 이슬람 등, 역사 왜곡을 옹호하는 좌 편향된 반기독교 악법들이 더 이상 이 나라와 아이들의 건강을 해치지 못하도록, 우리가 안보, 애국관을 가지고 앞장서야 합니다. 이런 불의한 것들을 막는 일은 하나님의 말씀을 실천하는 것입니다. 하나님의 말씀 안에는 애국의 길이 있습니다.

우리의 적극적인 관심과 노력이 이 나라를 살리는 애국임을 잊지 말아주시기를 바랍니다. 그리고 이 일에 6.25역사기억연대와 '창과방패'가 앞장서주실 것을 믿습니다. 앞으로도 이 나라에 하나님의 정의가 가득한 자유민주주의의 물결이 넘쳐흐르기를 애국 독자 여러분과 기도해 봅니다.

한국전쟁에 관한 이단적 학설들에
종지부를 찍을 수 있는 노작

6.25 역사기억연대가 발간하는 창과 방패는 6.25 한국전쟁이 국제 공산주의의 사주를 받은 북한 공산집단에 의한 남침 전쟁임을 분명하게 알려줄 뿐만 아니라 전쟁의 온 과정을 사진 자료들을 통해 정확하게 알려주는 값어치 있는 책입니다. 무려 800페이지에 이르는 창과방패는 한국전쟁에 관해 출판된 서적들 중에서도 가장 방대하고 포괄적인 책이라고 감히 말할 수 있을 것입니다. 특히 창과 방패에 포함된 귀중한 사진 자료들은 한국 전쟁에 대해 잘 모르는 젊은 세대들에게 한국 전쟁에 대한 폭넓은 이해를 제공할 수 있는 대단히 훌륭한 시각적인 자료도 될 수 있으리라 믿습니다.

한국전쟁 직후 한국 사회에서 한국전쟁이 공산주의자들의 침략전쟁이라는 사실에 의문을 제기하는 사람들은 없었습니다. 특히 구소련의 붕괴로 말미암아 1990년 이후 공개된 구소련의 자료들은 한국전쟁이 공산주의의 침략전쟁이라는 사실을 만천하에 다시 증명해 주었습니다. 그럼에도 불구하고 냉전 이후 대한민국에는 공산주의를 추종하는 세력들이 급속히 확산되는 기이한 현상이

이춘근 박사
국제 정치 아카데미 대표

한국전쟁에 대해 국제정치학적 관심을 가지고 연구하고 있는 학자 중 일인으로써 휴전 70년이 되는 2023년 간행되는 6.25 관련 양서의 출판은 대단히 뜻깊은 일입니다. 출간을 환영하며 이 책이 모든 국민들에 의해 열심히 읽히는 책이 될 것을 기대합니다. 아울러 온 국민이 이 책을 정독할 것을 권유합니다.

야기되었고, 한국전쟁에 관해서도 온갖 해괴망측한 좌파적 학설들이 판을 치고 있었습니다. 소련의 지원을 받은 북한의 침략이 확실해지자 저들은 한국전쟁을 내란 혹은 혁명이라고 말하며 공산 침략을 두둔하기도 했습니다.

전통적이고 과학적인 사실에 입각한 한국전쟁의 총괄적 분석인 창과 방패는 한국전쟁에 관한 이단적 학설들에 종지부를 찍을 수 있는 노작입니다. 이 책을 통해 한국 전쟁의 발발 원인, 진행 과정, 그리고 결과에 대한 이념적인 오해가 확실하게 해소될 수 있다고 믿습니다. 포괄적인 분석인 '창과 방패'는 한국 국민들의 한국전쟁에 대한 이해를 큰 폭으로 상승시킬 수 있는 소중한 자료집이 될 것입니다. 이 책을 통해 한반도에서의 전쟁과 평화에 대한 올바른 이해가 증진될 것이며 국가안보에 대한 국민들의 의식이 높아질 것을 기대합니다.

이 책은 일반 시민들에게는 물론, 한국전쟁을 관심을 가지고 공부하는 학도들에게도 좋은 참고 자료가 될 것임을 믿어 의심하지 않습니다. 한국전쟁에 대해 국제정치학적 관심을 가지고 연구하고 있는 학자 중 일인으로써 휴전 70년이 되는 2023년 간행되는 6.25 관련 양서의 출판은 대단히 뜻깊은 일입니다. 출간을 환영하며 이 책이 모든 국민들에 의해 열심히 읽히는 책이 될 것을 기대합니다. 아울러 온 국민이 이 책을 정독할 것을 권유합니다.

용서는 하되 잊지는 말아야 할 6.25전쟁

6.25 전쟁(사변)용서는 하되 잊지는 말자" 올해는 6.25전쟁 발발 73주년이 되는 해이며, 전후 우리 한반도는 계속 휴전 중이다. 전쟁이 끝난 것이 아니다. 잠시도 마음을 놓을 수가 없다. 그런대도, 참 안타까운 것은 요즘 세대들은 주적을 우리 머리맡에 두고도 위기의식을 전혀 느끼지 않고 있다는 점이다.

수많은 젊은이들의 피와 목숨값으로 지켜낸 우리 자유 대한민국이 불행하게도 국가의 건국이념과 정체성 자체가 뿌리째 흔들리다 못해 뽑히기 일보 직전까지 와있다. 70년대까지만 해도 반공 교과서와 반공영화 등이 있어 전쟁의 무서움과 공산당이 어떤 것인가를 배우며 자랐다.

그러나 어느 틈엔가, 진보, 좌파들이 교육계까지 스며들면서 교과서도 이념 편향적으로 바뀌기 시작했다. '자유민주주의'에 '자유'가 빠진 '민주주의'로 바뀌었고, 버젓이 '인민'이라는 용어가 들어가 있다. 공산주의적 관점에서 계급적 의미를 강하게 내포하고 있는 '인민'이라는 용어를 우리 자유 대한민국의 교과서에서 민주주의와 연관 지어 사용한다는 것은 도저히 묵과할 수 없는 일이다.

박환인 장로
6.25역사기억연대 상임고문
(사)6.25진실 알리기 본부 부총재겸 사무총장
제주방어사령관(역)
제2해병사단장(역)
해병대부사령관(역)

나는 중학교 때 6.25전쟁을 겪었고, 월남전에도 참전했었다. 그때의 처참했던 기억들은 아직도 생생하기만 하다. 결코 방심해서는 안 된다. 평화는 힘이 있을 때만 유지될 수 있다. 작금과 같은 안보 위기 상황에서 6.25역사기억연대에서 잊혀 가는 6.25 전쟁과 관련한 '특집 본'을 마련한 것은, 시기 적절하고 매우 고무적인 일이 아닐 수가 없다.

황당한 것은 문재인 정부 때 국립중앙도서관이 1억 원 이상의 세금을 투입, 50건의 콘텐츠에 남한 정부가 민간인을 학살한 것처럼 묘사한 북한문서와, 6.25전쟁을 '북한군 훈련일'로 표현하고, '6.25 남침 부정' 등 역사 왜곡과 북한 미화 콘텐츠가 다수 제작된 것으로 밝혀지기도 했다. 앞서 대한민국 역사박물관도 '6.25 전쟁은 북침'이라고 선전한 공산당 신문을 전시하다 파문이 일기도 했다.

서울 광화문에 있는 역사박물관 6.25 전쟁 코너는 이전부터 전시 내용에 대한 편향, 왜곡, 오류 논란이 이어졌었다. 특히 전교조가 교육계를 장악하면서부터 학교 현장에서는 6.25전쟁에 대한 제대로 된 교육이 이뤄지지 않는 등 학생들의 역사관에 혼선을 빚고 있다. 또한 북한을 주적으로 간주하지도 않고 평화통일, 종전선언을 외치며 전방부대마저 축소했다.

문제는 '진보'와 '개혁'이라는 선동적 구호에 환호하는 상당수 국민들은 지금도 종북, 좌파 핵심 세력에 의해 조정, 장악된 특정 정치 세력 집단에 지지를 보내며 명백한 반사회적 위법 행위에도 아랑곳하지 않고 오직 그들만이 '선(善)'이고 '희망'인 양 일관된 충성심을 보여주고 있다는 점이다.

나는 중학교 때 동족상잔의 비극인 6.25전쟁을 겪었고, 월남전에도 참전했었다. 그때의 처참했던 기억들은 아직도 생생하기만 하다. 결코 방심해서는 안 된다. 평화는 힘이 있을 때만 유지될 수 있다. 작금과 같은 안보 위기 상황에서 6.25역사기억연대에서 잊혀 가는 6.25 전쟁과 관련한 특집 본 '창과방패'를 마련한 것은 시기적절하고, 매우 고무적인 일이 아닐 수가 없다.

이 책을 통해서 다시 한번 국가 안보에 대한 경각심과 6.25전쟁의 진실이 올바로 전해지기를 바란다. 다시는 이 땅에서 제2의 6·25전쟁의 비극을 허용해서는 안 될 것이다.

분단 78주년,
6·25전쟁 73주년에…

신 이산가족, 신 실향민들은 피를 나눈 우리의 한 형제!

올해는 우리 민족이 하나님의 은총 속에 감격스러운 해방의 기쁨을 맛본 지 78년이 되는 해이다. 해방! 이 두 글자는 온갖 억압 속에 있는 사람들에게는 대단한 의미를 지닌다. 필생의 소망이요, 삶의 전부이다. 자유가 없는 하늘 아래서 노예 된 삶의 굴레를 겪으며 꿈속에서나마 비상을 꿈꿨으리라 본다. 그리고 날이면 날마다 얼마나 많은'해방'을 염원하며 외쳤을까? 오매불망 꿈속에서나마 그리던 일이 현실이 되었을 때 그 복받쳐 오르는 설움과 이루 말할 수 없는 감격, 환희와 기쁨은 과연 어떠했을까?

하지만 해방의 기쁨도 잠시, 원치 않게 미국과 소련의 분할 통치로 인해 이 땅은 두 동강이 나고 말았다. 광복과 동시에 또 다른 분단의 비극이 시작된 것이다. 이후 78년이라는 시간이 지났지만, 아직 통일은 요원하기만 하다. 지난 1990년대를 계기로 탈북민들의 수는 계속 증가 추세에 있다. 자신들이 태어나고 자란 정든 고향 산천을 다시 돌아갈 기약도 없이 무작정 떠난다는 사실은 그들에게 크나큰 고통과 말할 수 없는 상실감을 안겨 주었을 것이다.

그들은 목숨 걸고 두만강을 건넜고 제3국의 사선을 넘어 남한으로 건너오고 있다. 해방 이후 우리 민족은 분단된 채로 철저하게 다른 체제하에서 살고 있다. 남한은 하나님께서 주신 자유민주주의 속에서 풍요의 땅을 일구어왔고, 북한은 3대 독재 세습체제로 인해 빈곤과 고통의 악순환을 거듭하며 상위 몇

%를 제외한 전 인민이 김씨 일가의 노예가 되어 인간 이하의 생활을 하고 있다.

우리 민족의 진정한 해방이란 무엇일까?

우리의 형제인 북한 동포들과 함께 자유민주주의 속에서 참 자유를 마음껏 누리게 되는 그날이 아닐까? 그때까지는 아직 참다운 해방은 이루어지지 않았다고 본다. 너무 배가 고파서, 병을 고칠 수가 없어서, 하루라도 인간답게 살고 싶어서, 자식에게만은 희망이 없는 땅을 벗어나게 하려고 등등 뼈에 사무친 수많은 사연을 품은 채 온갖 고난을 겪으며 죽을 각오로 탈북한다.

국제적으로 북한 인권에 대한 관심이 고조되면서, 북한을 점점 압박하는 분위기는 사뭇 반갑다. 하지만, 탈북자들에 대한 북송은 계속되었다. 이것은 북한 내부의 무한한 자원을 빼돌려서 쓰고자 하는 중국의 술수로 인해, 중국 내 탈북자들의 북송은 끊지 못하는 연결 고리다. 조국을 배신한 '원수' 취급당하면서 다시 북한으로 끌려들어 가 처형을 당하든지 평생을 수용소에서 비참한 생을 마감하게 된다.

진정한 해방이란 북녘땅까지 자유민주주의 햇살이 비치는 그날, 비로소 이루어지는 것이라 생각이 된다. 그날에는 서로 얼싸안고 천년, 만년 통일 만세 춤을 추고 싶다.

다행스럽게도 1세대 이산가족, 실향민들,
6·25세대의 뒤를 이어 '통일한국'으로 가는 '징검다리'라고 불리는 탈북민들이
'신 이산가족', '신 실향민'이 되어 78년의 분단과 73주년의 6·25전쟁 고통의 역사를
이어주는 산증인들이 되는 징검다리 역할을 톡톡히 하고 있다.

필자의 부모님께서는 이북 분이셨다. 소련을 등에 업고 북한으로 진주한 김일성의 지시로 제일 먼저 예수 믿는 사람들에 대한 피의 살육 공포정치가 북한 전역으로 순식간에 퍼져나갔다. 기독교인들을 인민의 주적으로 선포했다. 빨간 완장을 찬 청년들(동조자들)과 공산당원들이 기세등등하여 죽창을 들고 날마다 밤, 낮 없이 떼를 지어 몰려다녔다.

매일 이 잡듯이 가가호호 방문하여 기독교인들에 대한 대대적인 색출 작업을 벌였다. 어제의 어르신도, 혈육지간, 친구도 아랑곳하지 않았다. 기독교인에 대한 피의 숙청으로 목사, 장로, 성도들이 하루가 멀다고 억압과 핍박, 처참한 살육을 당하기 시작했다. 치가 떨리고 오금이 저리는 만행이 동네마다 들불처럼 번져나갔다.

부모님께서는 믿음(신앙)을 지키기 위해 해방둥이 큰 누님을 들쳐 업고 섬기시던 교회, 일가친척, 고향 산천을 뒤로하고 동족상잔의 비극인 1950년 6·25전쟁 전에 피의 사선인 38선을 넘으셨다. 부모님께서는 평생을 북에 두고 온 고향 산천과 친지들을 그리워하셨다. 통일이 된다면 두 분 생전에 그토록 그리워하셨던 부모님의 고향을 꼭 한 번만이라도 찾아가 보고 싶다. 두 분의 고향 산천 흙바닥에 주저앉아 두 분의 가슴이 되어 목 놓아 실컷 울어 드리고 싶다.

분단 78년, 6·25전쟁 73주년 너무 많은 세월이 흘렀다. 1세대 이산가족, 실향민들과 6·25전쟁을 겪은 대부분 세대가 세상을 떠났고, 떠나고 있다. 머지않아 이산가족, 실향민, 6·25전쟁이라는 말이 우리 귀에 생소하게 들리거나 기억 저편으로 사라질 수도 있다.

그런데 다행스럽게도 1세대 이산가족, 실향민들, 6·25세대의 뒤를 이어 '통일한국'으로 가는 '징검다리'라고 불리는 탈북민들이 '신 이산가족', '신 실향민'이 되어 78년의 분단과 73주년의 6·25전쟁 고통의 역사를 이어주는 산증인들이 되는 징검다리 역할을 톡톡히 하고 있다.

글을 마치며

모든 역경을 딛고 까마득히 멀고 먼 길을 돌고 돌아 우리 곁으로 와준 우리의 형제, 우리의 이웃, 우리의 동포 탈북민. 그들에게 하나님께서 세워주신 자유민주주의 나라 대한민국의 하늘 아래서 하나님을 주인으로 섬기는 믿음의 열매가 맺히기를 소망하며, 하나님의 인도하심과 지키심, 축복하심이 늘 함께 하시기를 간절히 기원한다. 〈Kojy〉

우리는 왜 6·25전쟁을 기억해야 하는가?

나라 없는 개인은 존재하지 않으며 역사 없는 나라도 존재하지 않습니다.

이범희 목사 / 6·25역사기억연대 부대표 · 6.25역사위원장

자유 대한민국의 역사는 우리 각 사람의 역사이기도 합니다. 자기 나라의 역사를 모른다면 자기 정체성을 올바로 세울 수 없고 그 자신의 근본이 무엇인지도 알지 못할 것입니다. 역사에 대한 정확하고 올바른 인식만이 자신의 현 위치를 아는 것이고 나라에 대한 자부심을 가지고 애국을 하므로 세계적으로 당당한 국가가 될 것입니다.

국립 현충원 사병 묘지 맨 앞에 중장 채명신 장군 묘비에 "그대들 여기 있기에 조국이 있다."라는 묘비명이 있습니다. 진심으로 자유대한민국을 사랑하는 애국 충정의 고백입니다.

해마다 6월은 전 국민이 순국선열과 호국영령을 추모하는 호국 보훈의 달입니다. 불법 무력 침략으로 자유대한민국을 적화시키려고 전쟁을 일으킨 북한 공산당을 온몸으로 피 흘리며 자유대한민국을 지켜낸 호국 용사들을 잊지 않고 참전용사와 그 가족들에게 보훈한다고 하는 국가적 추모의 달이며 감사를 표시하는 날입니다

만약 북한군을 막지 못했다면 지금 우리 자유 대한민국은 지구상에서 영원히 사라졌고 5천만 국민은 모든 자유를 빼앗긴 채 공산당의 비참한 노예가 되었을 것입니다. 당시 북한 공산정권은 인민군을 소련제 무기로 무장시켜서 철저하게 훈련시켜서 모든 군사력을 3.8선 근처로 이동시키고 남침 명령만 기다리고 있었습니다. 그러나 남

6월은 전 국민이 순국선열과 호국영령을 추모하는 호국 보훈의 달입니다. 불법 무력 침략으로 자유대한민국을 적화시키려고 전쟁을 일으킨 북한 공산당을 온몸으로 피 흘리며 자유대한민국을 지켜낸 호국 용사들을 잊지 않고 참전용사와 그 가족들에게 보훈한다고 하는 국가적 추모의 달이며 감사를 표시하는 날입니다

1950. 6. 25 04시 김일성의 폭풍이라는 암호로 시작된 무력 남침으로
3일 만에 서울이 함락 당하고 국군의 50% 병력인 4만 4천 명이 전사하거나 실종되었습니다.
3년간의 전쟁으로 전 국토가 80%나 파괴되었고 400만 명의 인명피해와 수십만 명의 전쟁미망인,
고아, 상이군인들이 생의 위기를 맞았으며 한국의 저명인사들이 강제납북 되었고
1천명의 이산가족이 생겼습니다.

한은 적의 남침 징후가 시급하다는 각 부대의 보고를 무시하고 오히려 농번기를 맞아서 병력의 3분의 1을 휴가와 외출을 보냈습니다.

1950. 6. 25 04시 김일성의 폭풍이라는 암호로 시작된 무력 남침으로 3일 만에 서울이 함락당하고 국군의 50% 병력인 4만 4천 명이 전사하거나 실종되었습니다. 3년간의 전쟁으로 전 국토가 80%나 파괴되었고 400만 명의 인명피해와 수십만 명의 전쟁미망인, 고아, 상이군인들이 생의 위기를 맞았으며 한국의 저명인사들이 강제 납북되었고 1천만 명의 이산가족이 생겼습니다.

또한 전 세계 21개국의 젊은이 546천명이 죽거나 불구가 되었습니다. 이 엄청난 범죄를 저지르고도 김일성 집단은 한 번도 피해보상은커녕 단 한 번의 사과도 하지 않았습니다. 휴전 이후에도 끊임없이 청와대를 습격하고 무장공비를 보내서 침략해오고 있습니다.

지금도 종북 교수들은 북한의 주장을 옹호하고 책임을 희석시키고 있습니다.

고려대 최장집 교수는 "우발적인 국지전이 점차 전면전으로 확대되었다."고 하며 김명섭은 "평화통일을 지향하는 남북협상파 인사들의 노력이 이승만의 북진통일 노선과 물리력에 제한되어 평화통일 노력이 좌절되어 새로운 전쟁을 일으키게 되었다고 주장

합니다.

연세대 박명집 교수는 사실상 6월 25일 새벽에 누가 먼저 총을 쏘았는지를 밝히는 것은 불가능에 가까울 뿐더러 중요하지도 않다는 악의에 찬 망언을 합니다. 과거의 역사를 올바르게 기억하는 민족은 결단코 잘못된 역사를 되풀이하지 않습니다. 이러한 사실을 뼈저리게 깨달은 민족이 바로 이스라엘 민족입니다. 이스라엘 야드바셈 홀로코스트 박물관 2층 전시실 동판에 "망각은 포로 상태로 이어지지만 기억은 구원의 비밀이다"라는 문구와 기념관 출입구에는 "용서하라, 그러나 잊지는 말라"라는 문구가 있습니다. 뼈아픈 역사를 잊지 않고 기억하므로 다시는 이러한 일을 되풀이하지 않겠다는 국가적 각오입니다.

이스라엘의 위대한 지도자 모세는 "옛날을 기억하라 역대의 연대를 기억하라 네 아비에게 물으라 그가 설명할 것이요 네 어른들에게 물으라 그들이 네게 이르리라"라고 준엄하게 명령합니다. 기억해야 할 옛 일과 생각해야 할 역대의 사건에 대한 언급은 지금 우리가 사는 현실이 거저 얻어진 것이 아니라 조상의 댓 가가 있었다는 것입니다. 기억하라, 생각하라, 물으라, 이 3가지 명령은 올바르고 진실 된 역사 교육만이 자유대한민국의 통합과 영원한 번영의 뿌리가 된다는 것입니다.

하지만 우리의 현실은 6·25때와 다르지 않습니다. 북한은 한 순간도 적화통일 야욕을 멈추지 않고 군

우리 6·25를 기억하는 사람들은 종북 좌익들이 목표로 하고 있는
한반도 적화통일을 반드시 막아내며 6·25의 영웅들이 피 흘려 자유대한민국을 지켜낸 것처럼
반드시 자유 대한민국을 지켜내고 번영시킬 것입니다.
이 일을 위해서 6·25를 잊을 수가 없고 잊어서도 안 되며 반드시 기억해야 합니다.

사력을 증강하고 거짓평화 공세를 합니다. 진보의 가면을 쓴 종북 주의자들은 대한민국 정체성을 부정하고 북한에 동조하고 있습니다.

1) 이승만은 친일파를 청산하지 않아서 남한은 정통성이 없다고 주장합니다.
2) 제주 4.3사건을 경찰과 국군이 미군정의 지도로 제주 양민 8만 명을 학살하였다고 주장합니다.
3) 여수 14연대 반란을 이승만 단독정부에 항거하는 여순 항쟁이라 주장합니다.
4) 6.25는 이승만을 앞세운 미국의 대리전쟁이며 지금은 남한이 미국의 식민지라고 주장합니다.
5) 현재 민주당 등 자칭 진보세력은 1948. 8. 15 대한민국 건국을 인정하지 않습니다.
6) 진보세력은 문화 마르크스로 국민을 속이고 선동하고 있습니다.

저들의 거짓, 선전, 선동과 이간질에 정신을 빼앗기면 순식간에 모든 것을 빼앗기게 됩니다. 그러므로 그 비참한 6·25전쟁을 잊지 않아야 합니다.

그리고 우리는 자유 대한민국을 지키고 번영시키기 위해서
 1) 굳건한 안보 의식으로 북한의 적화통일 야욕을 근절시켜야 합니다.
 2) 북한의 꼭두각시 종북주의자들을 몰아내야 합니다.
3) 자유 민주주의 체제, 자유 시장 경제체제, 굳건한 한미동맹, 기독교 세계관만이 7천5백만 남북한 민족

모두가 살길이요 평화통일을 앞당길 수 있습니다.

대한민국을 부정하고 자유 대한민국의 뿌리를 흔드는 종북 좌익들이야말로 반통일 집단임을 잊지 말아야 합니다.

우리 6·25전쟁을 기억하는 사람들은 종북 좌익들이 목표로 하고 있는 한반도 적화통일을 반드시 막아내며 6·25전쟁의 영웅들이 피 흘려 자유대한민국을 지켜낸 것처럼 반드시 자유 대한민국을 지켜내고 번영시킬 것입니다. 이 일을 위해서 6·25전쟁을 잊을 수가 없고 잊어서도 안 되며 반드시 기억해야 합니다.

2023년은
3.1절 104주년
광복 78주년
건국 75주년
분단 78주년
6.25전쟁 73주년
인천상륙작전 73주년
한미동맹 70주년

우리는 언제든지 전쟁이 다시 발발할 수 있는 위험천만한
분단국가에서 살고 있다는 것을 한시라도 잊어서는 안 된다.

대한민국은 아직도 전쟁 중입니다

글 / 최문구

영등포공업고등학교 교사

분단의 고통과 역사 왜곡은 지금껏 우리 사회를 이데 올로기의 벽을 갖게 하고 아쉽지만 뛰어넘지 못하고 있는 한계로 남아 있다. 문민정부 이후 진보 진영의 평화 통일에 대한 감수성 함양 교육과 남북의 대립보 다 평화 공존을 지나치게 강조한 나머지 휴전의 현실 을 잊고 정전의 침묵이 마치 평화공존인 양 오해되는 것이 아닌가 하는 생각마저 들게 하고 있다.

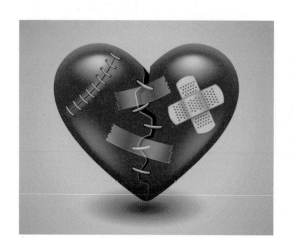

세계 200여 국가들은 국민들의 생명과 재산을 보호 하며 행복한 삶을 누리게 자국의 군대를 통해 국가 방위 역량을 잘 갖추려고 노력한다. 근대를 뒤늦게 접하고 현대를 맞이한 한국은 모든 사회 전반이 일 본 제국주의에 의해 기형적으로 접한 결과, 제자리 를 찾아가는데 많은 시간과 비용이 지불되고 있다. 그 와중에 분단의 고통과 역사 왜곡은 지금껏 우리 사회를 이데올로기의 벽을 갖게 하고 아쉽지만 뛰어 넘지 못하고 있는 한계로 남아 있다.

광복 이후 남북 분단의 비극이 6·25 한국전쟁으로 이어지고 지금껏 70년을 넘어 민족의 과제요 통일한 국을 향한 민족적인 대업으로 자손 대대 이어지고 있 다. 극단적인 동서냉전 시대에는 분단의 현실이 다 소 과장되고 권위주의 정권에 의해 악용된 적도 있 지만 문민정부 이후 진보 진영의 평화 통일에 대한 감수성 함양 교육과 남북의 대립보다 평화 공존을 지 나치게 강조한 나머지 휴전의 현실을 잊고 정전의 침 묵이 마치 평화공존인 양 오해되는 것이 아닌가 하 는 생각마저 들게 하고 있다.

엄연히 6·25 참전용사들이 생존해 계시고 아직도 그 들의 전쟁의 상흔과 증언이 생생한데 정전 중임도 잊 혀 지고 있고 군사분계선, 공동경비구역(JSA), 비무 장지대, 중립국 감시 등의 단어들에 대해서도 둔감 해져 가고 있다. 해마다 전쟁이 발발한 6월과 휴전협 정 조인한 7월이 와도 미디어의 관심도 낮아지고 대 부분의 국민들이 생각조차 하지 못하는 현실은 매우 심각하다.

6월에 6·25 노래와 현충일의 노래가 있음에도 5월 노래와 임을 향한 행진곡보다 덜 들리는 것은 왜일 까? 오히려 중국이 더 기억하고 심지어 한국전쟁에 서 승전했다는 주장까지 하는 현실에서, 북한의 남 침사실이 엄연한데도 우리가 기억조차 못 하는 사실 을 70년 넘게 정전 중인 한반도 사회에 경종을 울려야할 것 같다.

초중고 학교에서도 현재 전쟁 중인 한반도 현실을 두려워하기보다 정확히 판단하도록 정보를 제공하고 국력을 키워 통일과 평화를 향해 나아가야 한다. 최소한 학교 내 다양한 창체 활동과 자유 학기, 자유 학년 등의 교육활동을 통해 분단 현실을 체험하고, 사회, 역사 교과에서는 2차 세계대전의 전범 국가인 일본과 독일의 군국주의에 대해 미소 냉전의 결과인 분단과 6·25전쟁, 중국의 한반도 전략 등을 연결해서 교육한다고 생각한다.

또한 전쟁을 온몸으로 이겨내신 참전용사들과의 만남과 전쟁 역사 현장 체험을 통해 산교육을 진행해야 한다. 역사는 반드시 반복된다. 여전히 일본의 탐욕은 그 실체를 개헌 의지로 드러내고 있고 중국 역시 동북아 공정으로 그 야욕을 보여주며, 우크라이나에 침략 전쟁 중인 러시아의 상황을 볼 때, 평화는 결코 주어지는 것이 아니라 기억하고 지켜내야 하는 것이다.

한반도의 분단은 지구상에서 가장 평화로우면서 가장 위태로운 곳, 비무장지대가 존재하는 한 우리는 동서냉전이 역사 속으로 사라진 지금에도 끝나지 않은 전쟁의 유산을 안고 살아간다. 전쟁의 기억이 우리에게 말하는 것은 단 하나, 다시는 전쟁이 일어나서는 안 된다는 것이다. 평화를 향해 나아가는 것이 우리들의 의무이기에 우리는 꼭 기억해야 한다. 이 모든 역사적 사실을. 그리고 후세에 계속 알리고 기억해야 한다. 그것이 우리의 의무요 사명이다.

학교에서는 더욱더 기억하도록 교육하고 다양한 교육활동을 통해 그 역사를 이어가야 한다. 역사를 잊은 민족은 역사 속에 사라져간다. 역사를 왜곡하는 나라들에 대한 승리의 길은 진실의 기억뿐이다. 진실의 기억은 반드시 거짓과 위선을 넘어설 것이기에 반드시 우리는 기억하자. 그리고 희생에 대해 감사하며 지켜내도록 최선을 다하자. 그것이 우리의 사명이다.

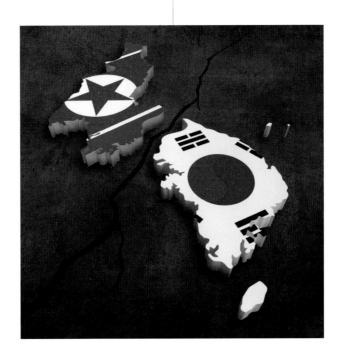

6.25전쟁에서 대한민국을 구한 영웅들

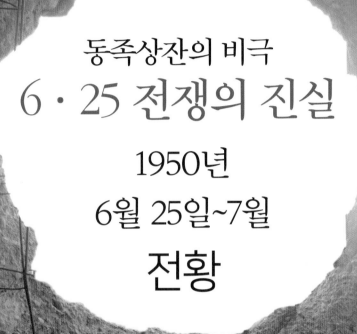

동족상잔의 비극
6 · 25 전쟁의 진실
1950년
6월 25일~7월
전황

6 · 25 전쟁은 우리 한국 민족사뿐 아니라 세계 역사까지 굽이지게 틀어 놓은 국제적인 대 환란이었다. 3년 1개월 2일(1950. 6. 25~1953. 7. 27)에 걸친 동족상잔의 비극과 동서양 대 진영의 투쟁을 돌아보면서 특히, 6 · 25 전쟁에 대해서 올바른 지식이 없는 동시대를 함께 사는 어린이, 청소년, 젊은이, 어른 세대에게 '역사적 교훈은 거저 얻어지는 것이 아니라, 피로 얼룩지는 엄청난 희생의 대가를 통해서만이 얻어질 수밖에 없다' 는 점을 확실히 알리고 다시는 이 땅에서 동포끼리 서로의 가슴에 총부리를 겨누며 지옥을 방불케 하는 참혹한 비극이 되풀이되지 않도록 힘쓰며 최선을 다해 노력해야 할 것이다.

6.25 이전과 '6월~7월 말까지' 주요 개황

▲ 소련 스탈린, 중공 모택동 그리고 북한의 김일성, 이 3자는 세계를 공산주의화 하기 위한 전쟁, 6.25전쟁을 이르킨 전범자들이다.

서론

6.25 한국전쟁 제73주년을 맞으면서,
발발에 따른 '미스터리'들과
전쟁을 일으킨 '전범자(戰犯者)'들의
행위들을 살펴보는 것도 의의가 있으리라 여겨,
전투 개황에 들어가기 전 몇몇 상황들을 살펴보고,
6.25전쟁의 당일부터 7월 말까지의
전장(戰場)을 되돌아 보고자 한다.

[1] 6.25전쟁 '10대 미스터리'

초창기 국군의 장성 중 한 사람이었던 이형근(李亨根, 군번 1번)이 자신의 회고록인 '군번 1번의 외길'을 월간 중앙에 연재하면서, 말미에 언급한 '10대 미스터리'와 이에 대한 세간의 반론들도 재 음미해 봄직하여 여기에 옮긴다.

이는 6.25 전쟁이 발발한 1950년 6월 25일을 전후해, 한국군에서 발생한 석연치 않은 사건들에 대해서 지적한 내용이며, 아래의 예시를 근거로 당시 한국군 내부에 간첩 내지는 북한과 동조하는 세력이 있었을 가능성도 제시한 바 있었다.

1) 일선 부대의 적정 보고를 군 수뇌부에서 묵살 내지 무시(無視) 했다는 점.

6.25 발발 직전인 1950년 4~5월까지는 사단장이 지휘한 제8사단뿐만 아니라, 다른 사단에서도 적의 대규모 남침 징후가 보인다는 보고가 잇따랐을 것이다. 제8사단의 경우 1950년 3월~5월 태백산맥으로 침투한 이호재 부대의 잔당과 김무현 유격대를 토벌하던 중 생포한 포로들의 심문 결과, 이구동성으로 적의 대규모 남침을 거듭 예고했기 때문에, 이 정보를 육본에 수차 보고했으나 반응이 없었음.

2) 각급 주요 지휘관의 이른바 6월 10일 인사이동

6.25가 발발하기 불과 2주일 전, 중앙요직을 포함한 전후방 '사단장'과 연대급의 대대적인 교류와 이동이 단행되었다. 중요한 것은 한꺼번에 많은 인사를 단행한 것이 문제라는 점이다.

3) 전후방 부대의 대대적인 교대

6월 13일부터 6월 20일에 걸친 전후방 부대 교대 역시 부적절한 조치였다. 전투를 지휘해야 할 지휘관들이 적정이나 지형은커녕 부하들의 신상 파악조차 할 수 없었다. 2번)과 일맥상통한데 부대 교체도 조금씩 해야 하는데, 너무 한꺼번에 많은 부대를 동시에 교체하는 바람에 전력 공백을 야기케 했다.

4) 북한의 평화공세에 대하여 남한은 6월 11일부터 6월 23일까지 '비상경계령'을 내림.

그 이유는 6월 10일 이른바 <조국 통일 투사 체포 사건>에 대한 평양 방송이 맹렬한 비난과 무력행사 위협을 해왔기 때문으로 해석. 그러나 공교롭게도 6월 23일 김일성이 남침 준비를 완료하고 대기하도록 결정된 날 자정에 비상경계령을 해제한 점이다.

5) 이런 위기 상황에서 육본은 비상 경계령 해제와 더불어 2분의 1에게 휴가를 주어 외출과 외박을 시켰다.

정말 황당한 것은 육본 정보분석 과에서 북한의 움직임이 심상치 않다는 보고를 육군참모총장에게 올렸음에도 불구하고 이런 조치를 취했던 것이다.

6) 육본 장교클럽 댄스파티가 6월 24일 밤에 열렸다.

육군 장교클럽 낙성 파티를 연다고 전 후방 고급 장교들에게 초청장을 보냈다. 참석 장교들은 6월 25일 새벽까지 술과 댄스를 즐겼으며, 일부 미 고문관과 한국 장교들은 2차를 가기도 했다고 한다.

7) 적의 남침 이후, 우리 병력을 서울 북방에 축차투입해 불필요한 장병들의 희생 강요, 아무리 급한 상황이라지만 군사적 기초상식을 깬 명령이었다.

8) 적의 공세로 국군이 퇴각하는 상황에도 불구하고, 6월 25일~27일 중앙방송은 국군이 반격, 북진 중이라고 허위 방송을 함으로써 군부는 물론 국민들까지 상황판단을 그르치게 했다.

서울 북방에서 접전 중이던 국군이 상황 판단을 제대로 했다면, 육본은 그들을 재빨리 전장에서 이탈케 해, 다음 작전에 대비시킬 수 있었을 것이다.

9) 우리 측의 한강교 조기 폭파함

전술의 원칙상 폭파나 차단은 퇴각군의 퇴로를 막기 위해 추격군이 감행하는 법인데, 한강교는 우리 측이, 그것도 한강 이북에 국군만 믿고 있는 많은 시민, 그리고 수많은 병력과 군수물자를 방치한 채 서둘러 폭파했다. 더구나 대통령, 정부 고관, 육군참모총장이 국민들에게 이 사항을 미처 알리지도 않고 한강 이남으로 도피한 뒤, 한강교를 폭파했다는 것은 전

술적으로나 도의적으로 용납될 수 없는 하책이며 반역 행위였다.

▲1950년 6월 27일 밤, 한강교 폭파 모습

10) 공병감 최창식 대령의 조기 사형 결행.
최창식 대령은 육군 참모총장의 명령에 복종, 한강교를 폭파했을 뿐인데, 이에 책임을 지고 1950년 9월 21일 비밀리에 처형되었다.

그때는 유엔군의 인천상륙작전으로 전세가 역전되는 시기였는데, 이런 경황을 틈타 책임 소재도 가리지 않은 채 미리 처형한 것은 정치적 복선이 있었음을 의심하지 않을 수 없게 한다. 미국은, 1950년 1월 21일 애치슨 미 국무장관이 미국의 극동 방위선에서 한국과 대만을 제외한다고 공표한 것은 적에 대한 초대장이나 다름없었다. 그렇다고 해서 우리 국군 수뇌부의 잘못이 간과될 수는 없다.

▲ 이형근 6월 25일 당시 제2사단장(대한민국 육군 군번 1번)

이형근의 주장에 대한 반론들

1) 군 수뇌부의 적정 보고 묵살

일단 일선 부대의 적정 보고가 묵살된 것은 사실이다. 하지만 그 주체는 국군 수뇌부가 아니라 미국이었다. 육군본부는 6월 23일에 미국 측에 적의 남침징후를 보고했지만, 미국은 이를 1950년 상반기 내내 지속된 위기설과 동일하게 취급했다.

한국군 역시 아래 4, 5번 항목에서 살펴볼 것처럼 수개월간 지속된 비상경계령으로 야기된 피로와 부작용을 감당하기 힘든 수준에 직면해 있었다. 여러 차례 반복된 비상 경계령은 결국 그해 6월에 한국을 방문한 UN 한국소위원회가 한국 정부의 불순한 의도를 의심하게 할 지경이었고, 당시 한국군은 UN 소위원회의 승인 없이는 평시에 함부로 탄약 등을 불출할 수 없는 상황이었다.

결국 당시 한국군 수뇌부가 남침징후를 보고받고도 적극적으로 대응할 방안은 거의 없었다. 38선 지역에서의 국지전 자체는 계속해서 벌어졌고, 신성모가 '점심은 평양에서, 저녁은 신의주에서'라고 말할 정도로 '북진통일'을 계속 주장하던 상황이었으니, 미국 등이 의심한 것은 당연했다. 당시에는 미국도 북한의 남침 의도를 분명하게 알지 못했던 상황을 염두에 두어야 한다.

2), 3) 지휘관들의 대규모 인사이동 및 전후방 부대의 전면 교대(交代)

이는 '의도는 좋았다'의 형태에 가깝다. 이미 1950년 3~4월에 전쟁 위기설이 나올 정도로 남북한의 군사적 정세는 위험 수위에 있었다.

이런 상황에서 기존의 빨치산 토벌 및 치안 유지 위주로 임무를 수행했던 한국군의 인사 체계 및 부대 배치를 그대로 방치하면 위험하다는 것은 불 보듯 뻔했다. 당시 육군 총참모장인 채병덕을 비롯한 육군 수뇌부는 이를 해결하기 위해 될수록 유능한 지휘관을 엄선해서 전방의 야전 부대에 배치하고, 야전 부대들을 최대한 빨리 개편해서 전투력을 끌어올리려 했다. 그런데 이러한 의도는 좋았지만, 본문에서 이형근이 지적했듯이 이 과정에서 재편성을 위한 시간의 지연은 불가피했다. 이런 상황에서 북한이 전쟁을 일으켜 버린 것이다.

4), 5) 비상 경계령 해제 및 외출/박 시행

이형근은 이 비상경계령이 6월 11일부터 내려졌다고 주장하는데, 실제로는 그 이전부터 비상경계령이 내려져 있었다. 위에 언급한 것처럼 당시 남북한 정세가 심상치 않았고, 1950년 4월 29일에 최초로 비상 경계령이 떨어졌다.

이후 5월 3일에 해제하였다가 다시 5월 9일 경계령이 떨어졌고, 이후 6월 2일에 해제하였다가 6월 11일 또다시 경계령이 떨어진 것. 이로 인해 당시 한국군은 위에서 잠깐 언급한 것처럼 장기간의 비상 경계령으로 인한 스트레스 및 피로도 증가 등으로 병사들의 전투력이 많이 떨어져 있던 상황이었다. 당장 경계 태세를 유지해 춘천-홍천 전투 때 선전한 것으로 알려진 6사단의 경우에도, 당시 김종오 사단장이 비상경계 태세를 유지하려고 하자, 휘하 참모 및 지휘관들이 '애들 목욕하고 이발할 시간은 줘야 한다'고 건의해 외출, 외박, 휴가 금지만 유지하고 경계 인원은 최소한으로 축소했을 정도다. 그리고 당시는 농번기이자 '보릿고개'였다.

이는 한국군도 예외가 아니어서 군이 보유하고 있던 군량미도 거의 바닥난 상태였다. 반대로 건빵은 남 아돌았는데, 당시 한국군은 휴가 장병들에게 건빵을 지급했고, 그 휴가가 벌써 몇 개월째 중단되었기 때문이었다.

6) 육군본부 장교클럽 '댄스파티' 실시

이는 어디까지나 우연의 일치이다. 개전 직전에 서울의 육군본부에서 장교클럽이 개관한 것은 사실이며, 군이 이날 파티를 연 것도 위의 외출/박 실시처럼 매우 운이 나쁜 우연의 일치이다.

또한 일반적인 통념에선 이 댄스파티에 한국군의 수뇌부 및 야전 지휘관까지 대부분 참석해 술에 잔뜩 취한 상태에서 전쟁이 터졌다고 생각할 수 있는데, 실제로는 그렇지 않았다.
당시 축하 연회에는 육군본부 및 서울에 있던 부대의 일부 참모 장교들이 참석했을 뿐, 이형근 외에도 전방의 야전 지휘관들은 연회에 참석하지 않고 부대에 남아 있었다.

7) 적의 남침 이후 우리 병력을 서울 북방에 축차 투입해 불필요한 장병들의 희생 강요

이는 당시 육군 본부의 대혼란과 정치권의 압박이 빚은 참사에 가깝다. 각각 제6사단과 제1사단이 간신히 방어하고 있던 춘천 방어선과 파주-문산 축선을 제외하면 모든 전선에서 압도적으로 밀리고 있었고, 미숙한 지휘 능력으로 인해 육군 본부는 제대로 된 상황 파악을 하지 못하고 있었다. 여기에 기필코 수도 서울을 사수해야 한다는 정치권의 압박은 도를 넘고 있었다.

이 때문에 당시 채병덕 육군 총참모장을 비롯한 육군 지휘부에선 체계적인 서울 방어 계획을 세우지 못한 채 '여유 병력이 생기는 대로' 서울 북부의 방어선에 축차 투입하는 실책을 저지른 것이다.

8) 라디오 등을 통한 허위방송(虛僞放送)

이는 정치권에서 저지른 실책이라 할 것이다. 허위 방송을 한 이유를 군이 옹호하자면 '유언비어'로 인해 서울 시내가 혼란에 빠지는 것을 막고 국민들을 안심시키려 한 것으로 볼 수 있겠지만, 개전(開戰) 직후의 상황은 전혀 그렇지 않았다.

이미 25일 개전 당일에 포천 축선이 뚫려 의정부시가 함락당할 위기에 처한 상황에서 행정부는 최대한 사실 그대로를 전파하고 최악의 시나리오인 서울의 포기 또한 미리 고려해야 했다.

그런데도 신성모 등은 서울을 포기하는 것은 있을 수 없다며 제대로 된 후퇴 방어 계획이 아닌 무모한 반격만을 주장해, 서울을 포기하는 데 필요한 시간이 낭비되었다. 게다가 이승만 대통령이 서울을 빠져나간 것 자체는 급박한 전황 때문에 용납할 수 있지만, 대통령이 도주한다는 책임을 잠깐이라도 면피하기 위해 말 그대로 몰래 서울에서 도망치면서 정작 서울 시민의 동요를 막기 위한 명목으로 허위 방송을 계속 내보낸 것이다.

▲ 북한 침공군 탱크가 출현, 6.26 서울 근교.

9) 한강교의 조기 폭파

한강교의 폭파 계획은 당시 채병덕 총참모장이 세운 것이지만 폭파 시기를 사전에 정해 놓지는 않았다.

따라서 전황의 판도를 고려해 본 뒤 아군 및 서울의 민간인들이 적절히 대피한 뒤에 그 때 폭파하였다면 한강교의 폭파 자체는 채병덕의 매우 적절한 조치로 평가받았을지도 모른다. 문제는 채병덕 등 육군 수뇌부가 지나치게 당황했다는 점이다.

한강교를 폭파하기 전 미아리 고개 방어선을 뚫은 북괴군 전차 몇 대가 서울 시내로 진입했다는 정보를 입수하고, 육군 본부는 완전히 패닉 상태에 빠졌다. 이때 미아리 방어선을 지키던 병력들은 아직 부대 건재를 유지했었고, 비록 전차가 한국군에게 버거운 상대였다지만 후속 부대 없이 소수의 전차만 뚫고 들어온 상태였다.

따라서 지뢰와 장애물 등으로 최대한 시간을 번 뒤 병력을 서울 시내로 후퇴시켜 시가전(市街戰)을 준비하게 하거나 아예 서울 시가지를 포기하고 한강교 북단으로 후퇴해 퇴로를 확보하는 등의 명령을 내릴 수도 있었다.

물론 이 또한 당시 전황이나 한국군의 능력을 고려할 때 전술적으로 어려웠던 것은 사실이지만, 아예 이런 계획조차 없던 것과는 다른 문제이다.

하지만 이미 너무 큰 충격을 받은 육군 본부는 '전차 출현'을 '서울 함락'으로 여기고 병력 이동이나 민간인 대피는 고려하지 않은 채 다급한 마음에 한강교를 폭파하도록 명령을 내려 버린 것이다. 그리고 흔히 알고 있는 채병덕 총참모장의 한강철교 폭파 명령도 사실이 아니다.

한강철교 폭파 당시 채병덕은 정신을 잃고 쓰러진 상태로 후송된 상황이었다.

따라서 육군본부가 패닉상태에서 누가 명령을 내린 것인지 확인할 길이 없다. 다만 정황상 신성모 국방장관의 지시였다는 증거들이 나오기 때문에 이쪽이 유력한 것으로 보인다.

10) 공병감(工兵監) 최창식 대령의 조기 사형 집행
이는 이형근이 추측한 것처럼 정치적인 요소가 존재하는 것이 맞다.

하지만 이형근이 주장한 것처럼 '제5열'에 의한 것이 아니라 이승만 대통령의 측근, 특히 신성모가 배후일 가능성이 거론된다.

[2] 6.25전쟁 계획, 준비, 도발

'6.25전쟁'은 1950년 6월 25일 새벽에
김일성이 주관하는 북한군이 대한민국을
기습침공하여 발발한 전쟁이다.
UN군과 중국인민지원군(中共軍) 등이 참전하여
제3차 세계 대전으로 비화될 뻔하였으나,
1953년 7월 27일에 체결된 한국휴전협정에 따라
일단락되었다.
휴전 이후로도 현재까지 양측의 유무형적(有無型的)
갈등은 지속되고 있다.

▲1950년 6월 25일 새벽 4시
북괴군은 선전포고도 없이 38선 전 지역에서
일제히 남침을 감행했다.
6.25 침공 당시 38선 鐵條網을 자르는 인민군 병사의 모습.

제2차 세계 대전 이후, 공산·반공 양 진영으로 대립하게 된 세계의 냉전적 갈등이 열전으로 폭발한 대표적 사례로, 냉전인 동시에 실전이었으며, 국부 전인 동시에 전면전이라는 복잡한 성격을 가졌다.

이는 국제연합군과 의료진을 비롯해 '중국'과 소련까지 관여한 제2차 세계 대전 이후 최대의 국제전이다.

▲ "6.25 남침 기습" 그림 이호근 作

▲ 기습 남침하는 북괴군 (춘천 전투 再演) 모습

미리 중공의 마오쩌둥과 소비에트 연방 스탈린의 협조와 지지를 얻은 김일성은 남로당의 대한민국 내 활동과 우방인 소련의 지지에 고무되어 1950년 6월 25일 38도선과 동해안 연선 등 11개소에서 경계선(북위 38도선)을 넘어 이남으로 진격하였다.

이는 때마침 냉전으로 긴장되어 있는 전 세계에 영향을 미친바, 그 파문은 참으로 전에 없던 것이었다. 북한군의 대공세에 유엔은 미국을 주축으로 바로 유엔 안전 보장 이사회 결의 제82호를 의결하고, 이 전쟁에서 한국을 원조하기로 결정하고, 16개국이 파병하였다.

그리하여 7월 7일 맥아더 원수를 총사령관으로 하는 유엔군이 조직되었다.

▲ 안보리, 소련이 불참한 1950년 6월의 회의장 모습

북한군은 무방비 상태였던 한반도의 중부지방과 호남지방을 삽시간에 휩쓸었다. 연합군은 낙동강 방어선에서 배수진의 결전을 전개하였다.
이념적인 이유로 민간인들의 학살이 자행되고, 지주들의 處罰과 그 보복이 반복되면서 남·북 간의 적대적인 골이 깊어지는 결과를 낳게 되었다.

▲ 한국전쟁 기간 동안 인민군과 좌익에 의해 학살당한 민간인들 위 사진은 퇴각하는 김일성의 지시로 학살당한 함흥 주민들의 모습으로 사진에 보이는 동굴에서만 300여 명의 시신이 발견됐다. (사진 출처 : 美 국립문서기록보관청)

▲ 6.25전쟁 중, 최덕신이 주도 자행: 양민 700명가량 집단 학살한 6.25전쟁의 대표적인 민간인학살사건, '거창양민학살 사건' 현장 모습 최덕신(독립군 출신, 육사 교장 지낸 그 후 미국으로 망명 북한으로 도주)

[3] 한국전쟁의 배경

1945년, 한국전쟁의 5년 전, 일본으로부터 해방을 맞은 한반도는, 타의에 의해 남과 북으로 분단되었다. 미국과 소련의 군정이 끝나고 한반도에는 '대한민국'과 '조선민주주의인민공화국' 정부가 남북에 각기 수립되었다.

북한은 소련과 중공을 설득하여 한반도를 적화 통일하려는 계획을 수립하고 준비를 해 나갔다. 소련은 소련군이 한반도 38선 이북에 진주한 이래, 아시아 공산화를 목적으로 북한에 소련을 대리할 수 있는 공산 정권을 세우고, 한반도의 통일을 방해하면서 침략의 기회를 엿보아 왔다.

중국 공산당은 1949년에 중화민국을 대륙에서 몰아내고 중화인민공화국을 수립하였다. 반면에, 미국은 주한미군이 철수를 완료(1949년 6월)하고, 미국의 극동 방위선이 타이완의 동쪽, 즉 일본 오키나와와 필리핀을 연결하는 선이라고 선언(애치슨 선언, 1950년 1월)을 하는 등 대한민국에 대한 군사 원조를 최소화해 나갔다.

이는 제2차 세계 대전이 끝난 지 얼마되지 않은 시기였기에, 미국은 소련 공산권과의 직접적인 군사 충돌이 제3차 세계대전을 야기할 수도 있다는 국제적인 정세를 고려하였으며, 소련 역시 그러한 이유로 북한에 대한 공개적인 지원을 중단하는 척하고 있었다.

가. 한반도 분단과 군정 실시

제2차 세계대전 당시에 일본이 연합국에게 항복을 거절하자, 미국은 일본 영토에 원자폭탄을 떨어뜨렸고, 이 기회에 소련군은 한반도 북부 지역까지 진격했다.
이로써 한반도는 8월 15일에 일본 제국의 식민지에서 벗어나 독립, 광복을 맞이하였으나, 38선을 기점으로 하여 일본군 무장해제를 명분으로 진주한 소련군과 미국군에 의해 남과 북으로 갈라져, 북쪽에 공산주의 국가인 소련의 군정, 남쪽에 자본주의 국가인 미국의 군정이 시작되었다.

이처럼 소비에트 연방과 미국이 한반도를 분할 점령하여 이념대결을 벌임으로써 한국 전쟁이 발발했다는 시각 즉 한국 전쟁을 대리전쟁으로 이해하는 시각이 있다.

그리고 남북분단 후 미소공동위원회와 모스크바 삼상회의에서 1950년까지 영국, 중화민국, 미국, 소련이 신탁통치를 하는 내용도 있었는데, '반탁(反託)'이 강력하였고, 기타 여러 가지 상황으로 이는 실행되지 못했다.

나. 북한의 상황;

김일성은 여러 차례 소련의 지배자인 스탈린과 중화인민공화국의 통치자인 마오쩌둥을 만나 무려 48회나 남침을 허락 내지는 전쟁 지원을 요청하였다. 공개된 구소련의 문서에 의하면 애초에 스탈린은 북한군이 절대적 우위를 확보하지 못하는 한 공격해서는 안 된다고 했다.

인민군의 실력이 미국과 대한민국을 상대로 아직은 단독으로 전쟁을 치를 만한 실력이 아니라고 생각했을 뿐만 아니라, 미국과의 직접적 마찰을 두려워하여 무력행사를 기피하였다.

그런데도 김일성은 여러차례 스탈린을 설득하였고, 일부 역사 연구자들이 옛 소련의 문서들을 근거로 주장하는 이론에 의하면, 스탈린은 미국을 시험하고 미국의 관심을 유럽에서 아시아로 돌리기 위해 중화인민공화국이 전쟁에 대한 원조를 북한에 하는 조건으로 김일성의 남침을 승낙하게 된다.

이리하여 스탈린은 북한에 강력한 군사적 원조로서, 소련의 무기들을 대량으로 북한 인민군에게 제공하였다.

▲ 6.25 전쟁 당시 아군이 노획한 북괴군의 화물 열차, 수송 소련제 SU-76 자주포

다. 북한의 지배력 강화와 전쟁 준비 교섭

김일성은 조선로동당의 일당독재를 기반으로 반대파(민족주의자, 종교인 특히 북한 수립 이전 융성하던 개신교, 지주, 마름, 기업가, 기술자 등을 포함한 상당수의 조선민주주의인민공화국 인민)에 대한 철저한 숙청을 통하여 자국 내 정치적 입지를 강하게 다지고 있었다. 또한, 최고인민회의 간부회의를 통하여 통일을 위하여 점령군의 즉각적인 철수를 요구하여, 소련군은 1948년 12월 시베리아로 철수하였다. 그러나, 한편으로 소련 정부는 모스크바에서 비밀리에 군 수뇌회담을 개최하여 철군 이후의 구체적인 계획을 수립하고 '특별군사사절단'을 통해서 집행하기로 하였다. 이 회의에는 김일성 등 조선민주주의인민공화국과 중화인민공화국의 고위 군부 대표도 참석하였다.

'모스크바 계획'이라고 불리는 '전쟁 준비 계획'은 만주에 있던 '조선인 의용군 부대'를 조선으로 귀국시켜 5개 사단을 갖게 하고, 이외에 8개의 전방사단과 우수한 장비를 보유한 8개의 예비사단, 그리고 500대의 탱크를 보유하는 2개의 기갑사단을 갖게 하는 것이었다.

1949년 2월 스탈린은 조선민주주의인민공화국 정부 수립 후 처음으로 김일성과 박헌영을 모스크바로 불러 소련군의 철수로 인한 군사력 공백과 한반도 정세를 논의하였다. 조선의 수뇌부는 방문 기간인 3월 17일에 유럽에서 일반적으로 체결하던 '우호 방위조약'이 아닌 '조·소 경제·문화협정'을 체결하였다.

이는 앞선 미군 철수 발표에 대한 소련의 대응으로 앞으로 있을 한국전쟁의 책임을 모면하기 위한 계획이라고 보는 견해도 있다. 이러한 이유로 한국 전쟁 당시 소련은 공개적으로 북한을 돕지 않는다고 하고 중화인민공화국을 통해 전쟁 물자 공급을 지속한다.

▲ 1949년 3월 5일 모스크바를 방문한 북한 대표단이 소련 인민위원회를 방문했다. 김일성이 연설문을 낭독, 왼쪽에서 두 번째가 홍명희 부수상, 그 오른쪽이 박헌영 부수상이다.

1949년 8월 12일, 김일성과 박헌영은 대한민국이 조국 통일 민주주의 전선의 평화적 통일안을 거부하고 있으므로, 조선민주주의 인민공화국은 대남 공격을 준비할 수밖에 없으며, 그렇게 되면 대한민국에서는 이승만 정권에 대한 대규모 민중봉기가 분명히 뒤따를 것이라고 언급했다.

김일성과 박헌영은 만약 대남공격을 하지 않는다면 인민들은 이를 이해하지 못할 것이라고 강조했다.

라. 소련과 중공의 전쟁 지원 약속

1950년 1월 17일 박헌영의 관저에서 열린 만찬에서 김일성은 북한 주재 소련 대사 스티코프에게 남침 문제를 다시 제기하고 이를 논의하기 위하여 스탈린과의 면담을 희망한다는 의사를 피력했다. 이 대화에서 김일성은 중국 공산당이 중화민국을 몰아내고 중화인민공화국을 성립한 것을 계기로 고무되어 대한민국이 차지한 남한을 해방시킬 차례라고 강조하고, 조선민주주의인민공화국은 기강이 세워진 우수한 군대를 보유하고 있다고 주장했다. 또 김일성은 이전에도 그러했던 것처럼 남한의 선제공격에 대한 반격만을 승인한 1949년 3월 스탈린의 결정에 불만을 토로했다.

1월 30일, 스탈린이 서명한 전보를 평양으로 타전했다. 전문에서 스탈린은 김일성의 불만은 이해가 되나 '큰일'에 관해 치밀한 준비를 해야 하며 이를 실현하기 위해 지나친 모험을 해서는 안 된다는 점을 이해해야 한다고 언급했다. 스탈린은 김일성을 접견해 이 문제를 논의할 준비가 돼 있으며 그를 지원할 용의가 있다고 밝혔다. 3월 20일, 김일성은 스티코프와의 면담에서 4월 초에 자신과 박헌영이 스탈린과 만나고자 한다는 것을 전해달라고 요청하였다. 김일성은 이번 방문을 46년의 방문처럼 비공식(비밀)으로 할 것을 제의하였다.

김일성은 남북한 통일의 방법, 북한 경제개발의 전망, 기타 공산당 내 문제에 관해 스탈린과 협의하기를 원하였다. 4월, 모스크바에서 열린 스탈린과 김일성 간의 회담에서 스탈린은 국제환경이 유리하게 변하고 있음을 언급하고, 북한이 통일 과업을 개시하는 데 동의하였다. 다만, 이 문제의 최종결정은 중국과 북한에 의해 공동으로 이루어져야 하며, 만일 중국 공산당의 의견이 부정적이면 새로운 협의가 이루어질 때까지 결정을 연기하기로 합의하였다.

- 중략 -

5월 29일, 김일성은 스티코프에게 4월 모스크바 회담 시 합의된 무기와 기술이 이미 대부분 북한에 도착했음을 통보하였다. 이 통보에서, 또한 김일성은 새로 창설된 사단들이 6월 말까지 준비 완료될 것이라고 말했다. 김일성의 지시에 따라 북한군 참모장이 바실리예프 장군과 함께 마련한 남침 공격 계획을 북한지도부가 승인하였고, 군조직 문제는 6월 1일까지 끝내기로 했다. 북한군은 6월까지 완전한 전투준비 태세를 갖추게 된다는 것이었다. 김일성은 6월 말 이후는 북한군의 전투준비에 관한 정보가 남쪽에 입수될 수 있으며, 7월에는 장마가 시작된다는 점을 지적했다.

6월 8~10일께 집결지역으로의 병력이동을 시작할 것이라고 보고되었으며, 김일성과 면담 뒤 스티코프는 바실리예프 장군 및 포스트니코프 장군과 의견을 교환했다. 그들은 7월에 공격을 시작하는 것이 가장 시의적절하나 일기관계로 6월로 변경할 수밖에 없다고 말했다.

6월 11일, 대한민국은 통일민주 조국전선이 제의한 평화통일 안을 거부했다.

마. '조선민주주의인민공화국'의 전쟁 준비

'조선'은 전쟁을 준비함에 앞서 대한민국의 정보를 상당 부분 알고 있었다. 특히 평양에서 발견된 조선인민군 정보문건에 의하면 대한민국 각 행정 소재지의 군(郡) 단위까지 1950년도의 쌀, 보리 등의 모든 농작물 예상 수확량이 세밀하게 기록돼 있었다.

조선인민군은 이 정보를 바탕으로 대한민국에서 한 해 동안 확보할 수 있는 식량의 규모, 즉 공출량을 계산한 상태였다. 특히 모든 종류의 주식은 물론이며 주식이 아닌 '깨'까지 군 단위별로 예상 수확량과 공출량을 매겨 놓았다.

그리고 대한민국 영토인 청단 지역에서는 해방 전부터 농업용수로 사용한 구암저수지의 수로를 북한이 일방적으로 끊음으로써 청단 평야의 영농을 못 하도록 하는데 서슴지 않았다.

그리고, 전쟁 보름 전(6월 10일), 북에서는 전형적인 화전양면기만술(和戰兩面欺瞞術)의 일환으로 대한민국이 체포한 김삼룡 및 이주하를 조선민주주의인민공화국에 억류 중이던 조만식과 38선에서 교환하자며, 6월 23일을 협상기일로 제안하기도 했다. 이는 조선민주주의인민공화국 부수상 겸 외무상인 박헌영의 강력한 요구에 따른 것이었다.

1950년 6월 16일 이승만은 북에서 먼저 보내라는 요구를 했고, 6월 18일 북은 동시 교환을 주장했다. 한동안 "먼저 보내라," "아니다. 동시에 교환하자"라는 공방을 되풀이하였다.

또한, 6월 16일에는 '조선민주주의인민공화국 최고인민회의'가 '대한민국 국회"에 평화통일 방안을 제의하기도 했다. 그러나, 조선인민군은 그 이면에서 전쟁 준비를 마무리해 갔다.

즉, 6월 12일부터 인민군은 38선 이북 10~15km 지역으로 재배치되기 시작했고, 6월 16일에는 소련대사 스티코프는 북한군 총참모부가 작성한 침공작전 계획을 모스크바에 보고했다. 이 계획은 1개월 기간으로 3단계로 구성되어 있다.

6월 20일, 스티코프는 모스크바에 조선인민군의 수륙양용작전용 선박 공급과 소련군 수병을 함께 제공할 수 있는지 여부를 문의했다.

모스크바 시간으로 오후 10시 스티코프는 모스크바로 전화를 걸어 오후 11시께 남한 정부가 북한에 대해 공격을 시작하라는 명령을 내렸다는 첩보가 북한 쪽에 오후 8시 무렵 입수되었다고 보고했다. 스티코프는 이 첩보가 공개문서로 돼 있어 의심스럽다고 평가했다.

6월 21일, 스티코프는 스탈린에게 김일성의 메시지를 전달했다. 이 메시지에는 조선민주주의인민공화국이 입수한 각종 첩보에 따르면 조선인민군 침공에 관한 정보가 대한민국에 알려졌으며, 이와 관련해 대한민국이 전투준비태세를 강화하는 조처를 취하고 있다는 내용이 들어 있다.

김일성은 전에 구상했던 옹진반도에서 전초전을 수행치 않고, 6월 25일 전 전선(全 前線)에 걸쳐 전투행위를 시작하는 것이 목적에 부합한다고 말했다.

6월 21일 밤에, 조선인민군은 2차에 걸쳐 북한에 대한 전투행위를 개시하라는 대한민국 육군의 명령을 라디오로 포착했다고 주장하였다.

소련은 조선인민군 군함에 근무할 소련 수병 파병 요청에 대해, 이는 적군이 개입할 수 있는 구실이 되므로 수락할 수 없다고 답신(答信) 하였다.

6월 22일 평양 주재 소련 대사관에 암호 전문의 교신은 바람직하지 못하니, 향후 모든 암호전문을 타전하지 말라는 모스크바의 지시가 시달되었다. 이후 1950년말까지 평양과 소련 외무성 간에는 전보 교신이 중단되었다.

특히 조선민주주의인민공화국은 주민들이 초가지붕을 고칠 여유도 주지 않음은 물론이고 당시 남한에 전혀 전무했던 T-34/85를 확보해 놓기까지 했으며, 특히 일제시대에 닦아놓았던 도로의 폭을 2배 이상 넓혀 놓기까지 하는 등 철저하게 준비했다.

반면, 대한민국에서는 한국전쟁 하루 전날 병사들에게 휴가를 보내는 등 북과는 다른 모습이 보였다.

한편, 북에서는 의료부대인 조선인민군 949군 부대는 6월 24일 오전 1시 38선 부근에 야전병원을 설치하고 의료 요원들을 각 해당 부분에 배치하였다.

6월 25일 오전 0시까지 치료 준비사업을 완료한 병원은 전투 준비상태로 대기하였다. 25일 오후 2시부터 부대는 벌써 전상(戰傷) 환자 취급을 시작하였다.

바. 대한민국의 상황 (내부의 혼란)

대한민국의 이승만 대통령은 귀국한 지 얼마 안 되는 입장으로, 대한민국 내의 정치적 혼란을 겪고 있었다.

박헌영과 같은 좌익 정당, 또 김구와 같은 국내파의 민족주의 독립운동가들, 그리고 이승만과 같은 해외파 독립운동가들은 서로를 불신하였고, 그 결과 대한민국은 여러 개의 정당이 난립하는 등 심각한 정치 사회적 문제에 직면하고 있었다.

김규식 등은 좌·우파의 합작과 협력을 추진해 왔고, 양자를 중재해 보기 위해 한 차례 평양을 방문하는 등 노력을 기울였다. 여기에 장덕수 암살 사건으로 이승만과 사이가 틀어진 김구가 동참하여 힘을 얻는 듯했으나, 김일성이나 이승만이나 모두 강경한 태도를 조금도 굽히지 않았으므로 모두 실패로 돌아가고 말았다.

한편, 미국 군부는 한반도를 '전략적으로 포기할' 계획을 세우고 있었다. 미국 군부 수뇌부의 사고관에서 '만일 소련이 동북아시아에서 3차 대전을 일으킬 가능성'이란 의문은 대한민국의 가치를 평가하는데 가장 핵심적인 사고였다. 만일 미국이 육군 전을 상정한다고 생각하면, 한반도 남쪽에 주한미군을 배치할 수 없었다.

한반도에서 3차 대전이 발발할 경우에 한반도에 투입될 소련 육군과 미국의 육군은 군사학적으로 근원적인 한계가 있었다. 소련과 한반도는 땅으로 연결되어 있지만, 미국 육군은 한반도에 투입되기 위해서는 태평양을 건너야 했다.

그런 상황에서 해군 전과 공군 전을 상정한다면 역시 한반도는 미국 입장에서 전혀 필요가 없었다. 어떠한 작전이라도 공군 전과 해군 전은 한반도를 우회해서 충분히 수행이 가능하였다.

그렇기 때문에 미 군부는 잠정적으로 한반도에서 주한미군을 철수시키고, 만일 소련이 대대적인 도발을 감행할 경우에는 대한민국과 중화민국을 포기하고 북태평양에 있는 알류샨 열도와 일본으로 이어져 내려오는 도서 방위선을 구축해 소련과 3차 대전을 수행한다는 계획을 세웠다. 이것이 미 군부가 1946년 비밀리에 수립한 '핀서 계획'과 '문라이즈 계획'이다. 핀서 계획과 문라이즈 계획의 도서 방위선 구상이 바로 주한미군의 전면 철수를 명시한 애치슨 라인의 원형이다.

결국, 대한민국 정부의 반대에도 불구하고 주한미군은 약 500명의 군사고문단만 남기고 마지막 남아 있던 부대가 1949년 6월 29일 철수하였다.

김일성에게 적극적인 군사력 지원을 제공한 소련과 달리, 위와 같이 미국은 이승만이 강력한 군사력을 보유하는 것을 원치 않았고, 그 결과 대한민국의 군사력은 조선민주주의인민공화국에 비하여 매우 취약한 상태에 직면하게 되었다. 그런데도 이승만 대통령은 한국 전쟁이 일어나기 전인 1949년 9월 30일 외신 기자 회견에서 "우리는 북한의 실지(失地)를 회복할 수 있으며 북한의 우리 동포들은 우리들이 소탕할 것을 희망하고 있다."고 말하는 등 '북진통일론'을 주장했다. 또한 채병덕 육군참모총장은 라디오 방송에서 "아침은 개성에서 점심은 평양에서 저녁은 신의주에서 먹겠다."며 호전적인 발언을 하였다.

이러한 북진통일론은 한국 전쟁 당시 서울이 금방 함락될 정도로 군사력이 취약했던 것을 보면 분명히 실현 가능성이 없는 공상일 뿐이었으나, 북한은 이를 '전쟁의 빌미'로 이용하려 했을 것이라는 주장이 있다.

사. 대한민국의 전쟁 대비

1949년 말, 육군본부 정보국은 1950년 춘계에 조선민주주의인민공화국이 38도 선에서 전면적인 공격을 할 것이라는 종합정보보고서를 내놓았다. 이에 육군본부는 계획수립을 서둘러 육군본부 작전명령 제38호(일명, 국군방어계획)를 확정(1950년 3월 25일)하고, 예하 부대에 이를 하달하여 시행토록 하였다.

이 국군방어계획은 신태영 육군총참모장의 지시로 육군본부 작전국장 강문봉 대령이 중심이 되어 작성되었다. 전쟁 발발 1주일 전까지 강문봉이 작전국장에 있었다.

그는 매일 적정 판단보고서를 읽었는데 이 보고서에 조선인민군의 병력이동 상황이 소상하게 기록되어 있었고 병력집결이 완료되면 남침할 것이라는 분석 자료도 있었다. 이러한 정보를 신성모 국방장관과 채병덕 육군참모총장에게 보고했고 미 극동군사령부에도 제보, 무력 증강의 필요성을 강조했다.

그러나 미국 측은 "공산군의 남침은 없다"고 단언하면서 한국군의 정보는 군사원조를 얻기 위한 것으로 경시하는 일이 빈번했다.

신성모는 대통령이 명령만 내리면 바로 전쟁 준비를 마치고 북침을 하겠다고 망언을 했고 전쟁을 원하지 않았던 미군은 국군의 전차와 전투기 모두 압수하고 곡사포와 대전차포 90% 이상을 압수했다.

이 일로 인해 북한이 남침할 명분이 생겼고 1950년 6월 정보국에서 북한이 남침 준비한다는 정보를 수없이 보냈지만, 신성모는 북한은 절대 남침을 안 한다고 정보를 무시했고, 1950년 6월 23일 정보국에서 북한이 남침한다는 정보를 보냈으나 신성모는 남침 정보를 매번 무시하였고 채병덕에게 명령내려 전군 비상경계령을 모두 해제하였고 채병덕이 국군장병들을 휴가, 외출 보낼 것을 요구했고 신성모는 허락을 했다.

국군 병력 반 이상을 휴가, 외출을 보냈고 이 일로 인해 정보를 받은 북한은 큰 손실 없이 남침할 수 있는 유일한 기회였고 한국전쟁이 일어난 원인이 되었다.

한편, 제헌국회의 임기가 끝날 무렵 대한민국 정부에서는, 정계는 물론이고 일반의 물의를 무릅쓰고 제2차 총선거 실시를 지연시키는 한편, 적자예산의 편성을 시도하였으나 당시 이를 반대하는 미국 국무장관 딘 애치슨의 각서 도달로 말미암아 정부에서는 종래의 주장을 변경하여 제2대 국회의원 선거를 실시하였다.

[1950년 5월 30일] 선거의 결과 무소속 의원이 국회 의석의 과반수를 점하여 압도적인 우세를 보이고 몇몇 중간파 의원들이 두각을 나타냈으며, 정부 측 여당의 진출은 미미했다. 북은 이에 대해, 1949년 6월에 제정되어 선거 직전인 1950년 4월에 시행규칙을 공포한 토지개혁법이 유상매수(有償買收)·유상분배(有償分配)를 원칙으로 하고 있으므로 사실상 토지개혁의 의의가 희박하여, 국민이 노골적으로 정부에 반감을 표시한 결과라고 속단하고 이때 남침을 감행하면 틀림없이 대한민국 국민의 지지를 얻을 것이라고 판단하였다.

1950년 6월 19일의 대한민국 제2대 국회가 의장단 선출을 시작으로 활동을 시작한 것은 전쟁 직전이었다. 한편, CIA는 한국 전쟁 발발 엿새 전의 보고서에서 조선민주주의인민공화국의 남침 가능성을 낮게 평가하고 있었다. 조선민주주의인민공화국이 소련의 위성국가로 독자적인 전쟁 수행 능력이 전혀 없다는 것이 근거였다.

그러나 CIA의 예측과는 달리 한국 전쟁이 발발하자 백악관은 그 책임을 물어 CIA를 전쟁 발발 후 며칠간 백악관 안보 회의에서 배제했고 두 달 뒤에는 CIA

의 수장을 교체했다. 반공주의자인 미국의 존 포스터 덜레스 국무장관 고문이 대한민국을 방문하여 38도선을 시찰(1950년 6월 20일)하는 등 미국의 북침에 대한 위협을 느낀 김일성이 먼저 남침을 결정했다는 주장도 있다.

1950년 6월 24일 육군본부 정보국(국장 장도영, 북한 반장 김종필, 문관 박정희)이 조선민주주의인민공화국의 대규모 병력이 38선에 집결했다는 보고를 하였음에도 불구하고 군 수뇌부는 바로 그날 비상경계를 해제하였다. 그날은 주말이라 거의 절반에 해당하는 병력이 외출했다. 그날 저녁 육군본부 장교 클럽 낙성 파티에는 전방부대 사단장들까지 초청되었었다.

그 외 전쟁 발발 2주 전 대부분의 지휘관을 교체하고, 1주 전 대부분의 전방 부대의 위치를 변경하고, 전방부대의 중화기와 차량 중 60%가량을 후방으로 보내는 등 개별적으로는 이해가 가나 종합적으로는 상식으로는 도저히 이해할 수 없는 행위를 집중적으로 하여, 이형근은 저서《군번 1번의 외길 인생》에서 6.25 초기의 10대 불가사의를 제기하며 군 지휘부(이승만, 채병덕 참모총장, 김백일 참모장, 신성모 국방부 장관, 김경근 국방부 차관) 안에 통적 분자가 있다고 주장하게 되는 원인이 되며, 일각에서는 이승만 남침 유도설의 근거가 되었다.(이형근은 군번 1번 문제로 일본 육사 선배인 채병덕과 개인적으로 사이가 매우 안 좋은 상태이며, 이것은 국군 창설 첫날이자 최초의 파벌 싸움의 시초가 되었다

[4] 한국전쟁의 원인과 경과

가. 원인

한국 전쟁은 북의 의지로 발발하였으며, 구소련 스탈린과 중화인민공화국 마오쩌둥의 지원을 약속(김일성은 소련의 지원이 충분하므로, 중국 공산당의 지원은 받지 않겠다고 말했음) 받고 일으킨 남침이며, 이 설명은 대한민국과 미국의 기록, 공개된 구소련의 비밀문서를 통해 증명되었다. 소련공산당의 니키타 흐루쇼프 전(前)서기장은 그의 회고록에서 한국전쟁은 김일성의 계획과 스탈린의 승인으로 시작되었다는 점을 밝혔다.

결국 구소련 비밀문서(秘密文書)의 공개에 따라 조선인민군의 남침은 김일성이 주도한 것으로 밝혀졌고, 중화인민공화국의 지원을 약속받은 것도 김일성이라는 것이 밝혀져 내란 확전설, 이승만 유도설 등은 그 설득력을 잃고 있다.

비교적 폐쇄적인 조선민주주의인민공화국의 공산주의 체제의 특성, 참전자 증언, 구소련의 공개된 문서를 고려할 때, 조선민주주의인민공화국이 주장하는 '이승만 북침설'은 설득력이 없다.

중화인민공화국의 경우, 대한민국과의 수교 이전 조선민주주의인민공화국의 주장인 '북침설'을 공식적으로 동의하였으나, 최근의 경

▲ 전쟁기념관에서 전시 중인 러시아어로 된 남침작전 계획서

제개방과 대한민국과의 수교 이후에는 '남침설'을 정설로 인정하고 있다.

중화인민공화국은 1996년 7월에 한국 전쟁의 기록을 '대한민국의 북침에서 북한의 남침으로' 수정하는 역사 교과서 개정을 하였다.

소련의 붕괴 이후 베일에 싸여 있던 한국 전쟁 관련 비밀문서가 공개된 이후, 한국 전쟁의 원인은 '남조선로동당 박헌영의 설득을 받은 조선민주주의 인민

공화국의 김일성이 대규모의 대한민국 침입을 계획하고, 스탈린의 재가를 얻어 개시된 것으로 밝혀졌다. 이 과정에서 스탈린은 김일성의 재가를 무려 48번이나 거절하고, 전방 위주의 게릴라전만 허용했지만, 김일성의 강력한 의지를 꺾을 수 없어서 결국 스탈린은 남침을 승인(南侵 承認)하고 말았다.

미국의 사회학자 브루스 커밍스에 따르면, 당초 예상했던 것보다 스탈린이 훨씬 더 깊이 개입해 있었다고 한다. 영국 정보기관에서 나온 문건에 따르면, 스탈린은 김일성에게 '미국은 대한민국을 지켜 주지 않을 것'이라고 말한 바 있다.

나. 경과

김일성의 명령 : '대한민국이 먼저 공격해 왔으므로 부득이 반격한다'는 허위 선전을 하면서, 소련에서 지원해 준 전차를 앞세운 '조선인민군'(북괴군)이 6월 25일 새벽 4시경, 38도선과 동해안 연선 등 11개소에서 경계를 넘어 대한민국을 기습 남침하였다. 대한민국은 수적으로 열세인 데다 장비도 태부족이었다. 오전 9시경에는 개성방어선을 격파당하고, 당일 오전에 동두천과 포천이 함락되었다.

26일 오후에 의정부를, 27일 정오에는 이미 서울 도봉구의 창동 방어선이 뚫린 국군은 미아리 방어선을 구축하였으나, 침략군의 전차 등 기동부대에 의해 붕괴되고 말았다.

개전 사흘째인 28일 새벽에는 서울 시내가 점령되었고, 오전 2시 30분에 미국 공군 항공기가 한강에 있던 한강 대교를 "당시 미 공군이 사용하던 항공기 투하용 'AN-M64' 미제 폭탄"으로 한강 대교와 한강 철교를 폭파시켰고, 이후 서울에는 공산군이 주둔하게 되었다.

북조선 인민군의 대한민국에 대한 기습남침은 때마침 냉전으로 긴장되어 있는 전 세계에 미친바, 파문은 참으로 전에 없던 것이었다.

전쟁이 발발하자 본국과 연락이 두절된 주미 한국대사 겸 UN 한국 대표 장면(張勉)은 때를 놓치지 않고서 국난을 타개하는 중책을 짊어지고, 비장한 결의로 '6월 24일 당일'(미국은 한국보다 하루 늦음) 우선 미 국무성과 철야 협의한 결과, 한국 문제를 익일 'UN 안보이사회'에 긴급 제소하여, 25일과 27일의 결의로 '북한(北韓)'을 침략자(侵略者)로 규정하고, '즉시 38선 이북으로 철퇴'할 것과 '회원 국가는 이 침략자를 원조하지 말뿐 아니라, 이를 격퇴시키는데 협력할 것'을 결의하였다.

사태를 중시한 미국 대통령 해리 S. 트루먼은 27일 미 해공군에 출동을 명령하고, 다시 30일에는 미 지상군의 한국 출동을 명령함과 동시에 한국 전 해안의 '해상 봉쇄'를 명하였다.

그 사이 6월 28일 수도 서울은 북괴군에게 함락당하였으나, 장면은 '미국의 소리(Voice of America)' 방송을 통해 유엔 결의 사항 등을 본국에 방송하였다.

7월 7일 더글러스 맥아더 원수(元帥)를 총사령관으로 하는 유엔군이 조직되었고, 8일에는 유엔 결의에 의한 유엔 깃발이 처음으로 전장에 나타나게 되었다.

▲ UN기
◀ 맥아더 UN군 총사령관

7월 14일에는 대한민국 국군의 지휘권이 미군에게 이양되었다.

윌리엄 F. 딘 소장이 행방불명이 된 것으로 유명한 대전 전투(7월 20일)를 비롯한 전쟁 초기에 있어서 미국 제24사단과 국군은, 압도적인 병력과 장비를 갖춘 북괴군의 작전에 대항하여 지연작전으로써 후방의 '한 · 미군의 증원 전개'를 위한 귀중한 시간을 얻었던 것이다.

한편 대전을 넘어선 북괴군은 진로를 세(3) 방면(*호남, *경북 왜관(낙동강), *영천 및 포항)으로 침공하였다.

북괴군은 호남 평야를 휩쓸며 남해안 연안으로 침입하는 한편, 경북 북부 전선과 동해안 전선과 호응하면서 세 방면으로 부터 부산-대구의 미군 보급선을 절단하여 한미 양군을 바다로 몰아넣으려는 작전을 강행하였다. 이러한 북괴군의 공세에 밀린 대한민국 정부는 대전과 대구를 거쳐 부산까지 이전하였다.

한 · 미 연합군은 낙동강을 최후전선으로 동해안의 포항으로부터 북부의 왜관 - 남부 해안의 마산을 연락하는 워커 라인(釜山 橋頭堡)를 구축하고, 최후의 결전을 展開하였다.

발발(勃發)과 서전(緖戰)

북괴군은 "선제 타격 전략"으로 불리는 전쟁 개시 작전계획에 따라, 1950년 6월 25일 새벽 4시에 242대의 전차를 앞세우고 38선을 넘어 옹진 · 개성 · 동두천 · 춘천 · 안악 등지의 육로와, 동해안을 돌아 삼척· 임원진 등지에 상륙하여 일제히 공격해 왔다.

▲ 왜관(경상북도 칠곡군 왜관읍)에서 미군이 버려진 T-34/85를 살펴보고 있다. T-34/85는 공산 국가의 맹추격인 소련에서 대량으로 제작하여 여러 공산권에 뿌린 관계로 당시 북한뿐만 아니라 공산계의 주력 전차였다

▲ 개전 초기 북한 보병의 기본 화기

북괴군 제3경비여단과 제6사단 소속의 제14연대를 동원해 옹진반도에 배치된 한국군 17연대를 공격하였고, 북괴군 제6사단과 제1사단은 한국군 제1사단을(개성 문산 지구), 북괴군 제4사단과 제3사단은 한국군 제7사단을(의정부 지구), 북괴군 제2사단과 제12사단은 한국군 제6사단을(춘천 지구), 북괴군 제5사단은 제12사이드카연대를 배속받아 한국군 제8사단(강릉 지구)을 밀어붙였다.

단 한 대의 전차도 없는 무방비 상태에서 공격을 당한 한국군은 전반적으로 북괴군에게 밀려 후퇴하였다.

한국군은 즉각 주말 외출 중인 장병들을 전원 귀대시키고, 후방 사단들로부터 5개 연대를 일선에 급파하였으나, 26일에 옹진반도의 한국군 제17연대는 할 수 없이 철수했고(해군 LST편), 치열한 공방전 끝에 의정부가 적의 수중에 들어갔으며, 27일 저녁에는 서울 동북방 미아리 고지를 방어하는 한국군 제5사단 및 제7사단의 진중에 적이 침투하여 피차 적을 분간할 수 없는 육박전이 벌어졌다. 이 혼란 중에 적 전차부대의 일부는 이미 서울 시내에 침입했으며, 정부는 대전으로 후퇴했다.

28일 새벽 3시 한강 인도교가 예정 시간보다 앞서 폭파되고, 한강 이북의 한국군은 총퇴각을 감행해, 북괴군 전투기가 상공을 나는 가운데 도하작전을 전개하여 전원 철수하니, 28일에는 수도 서울이 적에게 완전히 함락되었다.

육군본부는 수원으로 후퇴하고, 도강한 한국군 부대들은 통합 재편되어 한강 남안에 방어선을 구축했다.

6. 25 ~7. 31 전황

북괴군의 6.25 불법 기습남침의
일일 전투 전황

북괴군 탱크부대
소련제 T-34가 전쟁 초기 한반도를 누볐다.
국군은 이 무소불위의 탱크 앞에 무력했다.

전황 - 북괴군 남침 : (北傀軍 全 前線 奇襲 南侵)
  - 새벽 4시 북 남침암호 '폭풍'을 전군에 하달. 38도선 전역에 걸쳐 북괴군 제1, 2, 3, 4, 5, 6, 12사단과 제 105 전차여단 등 11개 지점에서 일제히 국경 넘어 침공, 북괴군 선두 부대 임진강 도하.
  - 채병덕 육군 총참모장 북한 지상군 4만 명 내지 5만 명 및 전차 94대가 남침을 개시했다고 발표.

국내 - 이승만 대통령 유엔한국위원회와 긴급회의: 평화적 해결 희망, 정부 각 기관 비상사태 돌입, 신성모 총리서리 겸 국방부장관 미국에 무기 원조 요청.
  -[비상사태 하의 범죄 처단에 관한 특별조치령](대통령령 긴급명령 제1호) 공포.

해외 - UN 안보리 특별회의를 개최하여 한반도에서 전투 중지와 북괴군의 38도선 철수 결정, 미국이 요구한 정전 요구결의안 채택(소련; 불참, 유고; 기권)
  - 연합군 최고사령부(SCAP) 한국에 무기 긴급 공수
  - 트루먼 대통령 38선 이남 지역에 국한된 美 해공군 작전 승인.

▲ 인공기를 앞세운 초기 북군의 사기왕성한 '조국통일의 의지'들. 1950. 6

▲ 북군은 초기에 '조국통일'을 위하여 사력을 다해 싸웠다고 했다.

▲ 북에서 남으로 침범하고 있는 북한군 1950. 6

바다에서는 어떤 일이 일어났었나?
'대한해협 해전'의 승전보

6·25 개전과 더불어 바다에서도 치열한 전투가 벌어졌다. 6·25 첫날 한국 해군의 전투함이었던 백두산함(PC-701)과 YMS 512, YMS 518정은 600여 명의 특수부대원을 싣고 부산으로 침투하려던 괴선박을 발견, 장시간에 걸친 치열한 추적 끝에 북괴해군 특수 수송선으로 확인, 포격전 끝에 이를 격침해, 부산항을 지켜냄으로써, 천우신조로 국가적 위기를 넘기는 쾌거를 이룰 수가 있었다. (아군 피해; 2명 전사, 2명 부상)

만약 백두산함이 이 괴선박을 발견도 못 하고, 나아가 격침하지도 못했더라면 600명의 특수부대원이 부산에 상륙, 점령함으로써 막 전쟁이 일어난 이 나라의 운명을 뒤바꾸어 놓는 참사가 일어날 수도 있었을 것이었다.

아마도 6월 28일부터 예정되었던 유엔군 병력과 군

수물자의 한반도 상륙이 이뤄질 수 없었을 것은 물론, 기습당하였더라면 엄청난 시민들의 희생도 있었을 것이었고, 나아가 국가적 위기마저 예상해 볼 수가 있었다.

백두산함의 활약으로 특수부대원을 실은 적선을 격침한 이후 부산항을 통해 막대한 군수물자가 보급되기 시작했다.

7월 1일에는 미군 스미스 부대 440명이 부산항에 도착했으며, 7월 2일에는 미군 34연대, 7월 3일에는 미군 21포병 부대가 부산항에 입항했다. 한국전쟁 중에 우방 16개국으로부터 연 병력 100만 명과 수많은 군수물자가 부산항을 통해서 한국에 들어왔다.

▲ 대한 민국에서 해군 창군이래 최초로 취역한 군함은
PC 701 백두산함.
비록 배수량 450톤의 작은 배지만 조국 수호의 큰 뜻을 보여준 군함이다.

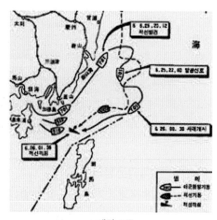
▲ 해전 요도

전황 - 북한기 2대 김포 비행장과 여의도 비행장 재폭격
  - 미 무스탕기(F80) 1대, 서울 상공에서 소련제 야크 전투기와 첫 공중전

국내 - 국회 본회의 유엔과 미 의회 및 미 대통령에게 보내는 메시지 채택
  - 북한 군사위원회(위원장: 김일성, 위원: 박헌영, 홍명희, 김책, 최용건, 박일우, 정준택) 설치

해외 - 맥아더 원수 일본 정부에 공산당지 '적기' 정간 지령
  - 유엔 한국위원회, 북한의 남침이 계획된 전면적 기습 침략이라고 리 유엔 사무총장에게 보고

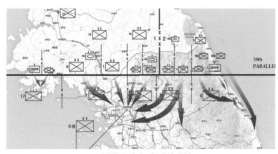

▲ 북한군의 초기 작전계획

▲ 한국전쟁 당시, 북한 인민군은 스스로
"남반부 동포들을 미제의 착취로부터 풀어주기 위한 해방군" 이라고
믿으면서 남으로 말고 내려왔다.

전황 - 미국 극동군 전방지휘소(ADCOM) 수원에 설치
  - 북괴군 소양강 도하

국내 - 정부, 대전으로 수도 이전

해외 - 유엔한국위원회, 도쿄로 이전
  - 트루먼 대통령 "6.25 전쟁은 공산 세력이 대한민국을 공산화하기 위해 도발한 불법 남침이다"라는 성명 발표.
  - 미 국무부 "맥아더 원수를 한국작전의 최고사령관에 임명."이라고 발표.

항목	대한민국	조선민주주의 인민공화국
병력	8개 보병사단 2개 독립연대 약 10만명	10개 보병사단, 2개 독립연대, 1개 전차여단 등 약 20만명
전차	없음	T-34 242대(아군 대전차화기로 파괴 평가 / 불가한 계획)
장갑차	20여대	54대
곡사포	105mm m-3 경야포 88문 75mm m-1 경야포 30문 평균 사정거리 5600m	122mm 172ans 76.2mm 곡사포 176문 76.2mm 자주포 242문 평균 사정거리 10,000m 이상
대전차포	57mm 140문	45mm 540문
박격포	60mm 576문 81mm 384문	61mm 1142문 82mm 950문 120mm 226문
군용기	훈련기 포함 22대	전투기, 폭격기 등 211대

▲ 남과 북의 전력 비교. 1950

전황 - 북괴군, 이른 아침 서울 시내에 진입 개시), 북괴군, 홍천 점령.

국내 - [비상시 법령고포식 특례에 관한 령] 및 [비상사태하 범죄 처벌 특별 조치령] 공포.
  - [금융기관 예금 등 지급에 관한 특별 조치령](대통령 긴급명령 제2호) 공포.

해외 - 애틀리 영국 수상, 일본 해역 영국 함대를 미군
  - 지휘 아래 편입하기로 언명.
    필리핀, 한국에 파견할 용의 있다고 유엔에 통고.

▲ 중앙청에 태극기 내려지고, 인공기 올리다.

▲ 남로당원들의 환호 속에 서울 시가로 들어선 소련제 탱크 T-34들

▲ 전황을 직접 살펴보기 위해 전용기로 서울에 도착한 맥아더 원수
1950. 6. 29

6월 29일 (5일째)
B29 전폭기, 평양에 첫 폭격

전황 - 맥아더 원수(元帥) 한강 방어선 시찰, 미 해군,
　　　공군, 38도선 북으로 작전지역 확대.
국내 - 이승만 대통령, 방한한 맥아더 미 극동 군사령
　　　관과 회동.
　　　- 대구 시내 각 금융기관, 예금 지급 제한 시행.
해외 - 유엔 안보리, 한국 군사 지원 결의안 채택.
　　　- 인도 정부, 유엔의 한국에 대한 결의 지지.

6월 30일 (6일째)
미 지상부대, 전선으로 출동

전황 - 미군 전방지휘소, 수원에서 대전으로 이전.
국내 - 정일권 소장, 육·해·공군 총사령관 겸 육군총
　　　참모장에 임명. 약 500명의 학생, 수원에서 비
　　　상 학도대 조직.
　　　- 32개국, 유엔안보리에서 한국 무력 원조 결의
　　　안 지지 표명.
해외 - 맥아더 미 극동군 사령관, 주일미군 제24사단
　　　사용 권한 및 38선 이북에 대 한 미 공군 공격
　　　권 수령.

7월 1일 (7일째)
북괴군, 김포 상륙 점령

전황 - 미 제24보병 사단장 윌리엄 딘 소장, 주한미군
　　　총사령관에 임명(임명).

- 미 지상군 선발대 부산 도착, 한·미(정일권·처치) 간 연합작전 협조.
국내 - 외신, 중공군 부대가 압록강 연안에 집결 중이라고 보고
해외 - 유엔 인도 대표, 한국 문제의 평화적 해결 위해 미·소 회담 제안
- 타이완 (대만 국민정부), 한국 원조군 파견(지상군 3개 사단, 비행기 20대)을 유엔 안보리에 제의했으나 거절됨.

7월 2일 (8일째)
북괴군, 양평과 원주 점령

전황 - 북괴군 용인 점령. 북한 공군 전력 110대로 증강.
- 미군 폭격기와 전투기 각지에서 북괴군 집결 부대, 부교, 수송대, 창고 등 폭격.
국내 - 국군과 미 해군, 해군 부산항만방위사령부설치
- 국군 공군, 최초로 F-51 전투기(10대) 군미으로부터 인수
해외 - 미 경제협조처(ECA) 한국 원조 재개.
- 미 국무부, 유엔안보리의 한국전쟁 결의에 대한 소련의 위법 시비에 반박.

▲ 6.25전쟁 초반 한국군의 대전차 화기였던 M9 바주카와 57mm 대전차포. 하지만 북한군 전차를 파괴하기엔 역부족이었다.

7월 3일 (9일째)
북괴군, 오산 근처 출현

전황 - 북괴군 전차 한강도하
- 미국, 영국 함대:한국의 동서 해안에서 작전임

무 수행 중.
- 미 공군 폭격기 편대들, 평양 야간 폭격
- 육군본부, 평택으로 이전.
해외 - 장제스 총통, 한국전쟁의 도발자는 소련이라고 통렬히 비판.

7월 4일 (10일째)
한강 방어선 붕괴

전황 - 맥아더 원수, 대전에 주한미군사령부 설치, 미군 부산기지 사령부 설치.
- 육군본부 대전으로 이전

▲ 퇴각 하기 전의 대전역 광장. 1950. 7

▲ 스미스 부대 부산 입국, 전선을 향하여

7월 5일 (11일째)
국군 제1차 재편성

전황 - 미군 스미스 부대, 최초로 공산군과 접전.
(북괴군 전차대와 오전 11시 서부전선에서 접촉)

- 미 제24사단장 딘 소장, 전선 진지에 출동.
- 한국, 미국 연합전선 형성, 유엔군: '서부전선' 국군: '중부, 동부전선' 담당.

국내 - 육군본부, 모든 교량 파괴 엄금한다는 훈령 하달.

▲ 미 제24사단 포병들, 금강방어선 에서의 전투준비.

7월 6일 (12일째)

전황 - 북괴군, 오후 6시에 평택 점령.
- 유엔 공군, 대동강 철교, 평양, 해주 등 폭격.

국내 - 한국, 미국 연합으로 [해군방위사령부], 부산에 수립.
- 주한미군에게 한국 은행권 선불에 관한 협정 성립, [대한민국과 재한 미군 간의 경비 지출에 관한 협정] 체결.

7월 7일 (13일째)
북괴군, 충주 점령

전황 - 미 제24사단, 평택 부근 37도 선에 방어선 구축.
- 동해안의 북괴군, 삼척·포항으로 부터 서남쪽으로 진출하고, 줄곧 남하 태세.
- 국군(육군), [병참 관리사령부]를 부산기지 사령부에 창설.

국내 - 이승만 대통령, 북괴군 포로를 '인도적으로 대우'하라고 명령.

- 통화조정위원회, 시중의 현금 부족을 은행 보증수 표로 보완.

해외 - 유엔 안보리, 유엔통합군사령부 설치할 것과 미국 측에 사령관 임명 요청하는 결의안 채택. 유엔통합군사령부 설치하고 '유엔통합군사령관'에 맥아더 원수 임명.

▲ 포로가 된 스미스 부대원들, 뒤 북괴군들

7월 8일 (14일째)

전황 - 미군, 북괴군 탱크대의 맹폭으로 대전 북동쪽 약 57km 천안에서 후퇴.
- 북괴군 2개 사단, 원주에 집결, 북괴군 동해안에 병력 집결.
- B29 전폭기 편대, 고성-흥남 간 군사시설, 원산 해군기지, 흥남 질소공장 맹폭.

국내 - 정일권 계엄사령관, [비상계엄령 포고 제1호] 공포.
- 유엔군 전차부대, 한국 도착.

해외 - 유엔기 사용, 한국에 국한.
- 중국, 화북과 만주에 병력 증원, 남방의 중공군 북방으로 이동.

7월 9일 (15일째)
북괴군, 진천 점령

전황 - 유엔군 전투 배치 완료.
- 북괴군 주력, 대전 지향.
- 워커 중장, 에제의 전선 방문 경과 "북한군 각

대대의 지휘, 전투 능력이 우수하다"라고 언급.

- 극동 공군(100대 이상), 8일부터 북괴군 전선 후방 중요 시설 폭파.

국내 - 육군본부, 민사부 설치, 한국 전역에 계엄령 선포.

- 미 제8군사령부 대구에 설치.

▲한국 전쟁에서의 대지 공격 장면.

▲ 미 공군 B-26 전폭기의 폭격 장면.

7월 10일 (16일째)

전황 - 미 제25사단 부산 상륙, 미 제5공군 한국으로 이동.

- 유엔 공군기 300대, 한국 서부지역을 맹공격 하고 전의-수원-충주 교통선 공격.

- 리 유엔 사무총장, 유엔의 힘으로 세계평화 성취하겠다고 언명.

국내 - 이승만 대통령, 북한의 침략으로 38도선 효력 소멸되었다고 주장.

- 부산시, 일반 가정에 제한 송전 실시.

- 청원군 오창지서와 오창양곡창고 구금자 희생 사건 발생.

▲ 미 공군 B-29 지상폭격 모습

7월 11일 (17일째)

전황 - 유엔군, 충주. 단양 탈환.

- 북괴군, 두 방향에서 대전으로 진격.

- B-29전폭기, 원주, 지천 등 폭격, B-26경폭격기, 조치워, 진천 공격.

국내 - 전국 호전에 따라 미 경제협조처 한국사절단 일행 조만간 귀환 예정.

- 외자관리청, 비료배급제 철폐하고 직접 구매제로 결정.

- 환금은행, 원화의 달러 교환 중지.

해외 - 맥아더 원수, 유엔에 유엔기 요청.

- 영국 항공모함(1척), 한국해역 취역 목적으로 싱가포르 진출.

- 프랑스 극동함대, 미국 지휘 아래 유엔군에 가담.

7월 12일 (18일째)
북괴군, 홍성 점령

전황 - 대전지구의 유엔군, 금강 남안에서 전략적 후퇴.

 - 미 B-29 전폭기(약 50대), 폭탄 약 500톤을 북괴군 중요 군사 목표에 투하.

7월 13일 (19일째)

전황 - 주한 유엔 지상군 사령관에 워커 중장(미 제8군 사령관) 임명.

 - 북괴군 청주 점령.

 - B-29 전폭기 50대 전 북괴군의 군사시설에 폭탄 500톤 투하.

▲ 한국전쟁을 수행하기 위해 콜리스 장군(왼쪽)에게서 유엔기를 넘겨받는 맥아더 원수. 1950. 7. 13

▲워커 미 제8군 사령관, 주한 유엔 지상군 사령관

7월 14일 (20일째)

전황 - 국군의 작전지휘권; 유엔군사 령관에게 이양.

 - 영국 함대, 서해안에서 작전에 가담, 인천 부근에서 북한군 연안 포격.

국내 - 이승만 대통령 맥아더 원수에게 한국군 작전지휘권 이양 서한 전달.

 - 이승만 대통령 38도선으로 북진하여 한국 통일한다고 기자회견.

▲ 대전 협정, 1950. 7. 14

▲ 앞으로 전개될 항공작전에 대해 논의하는 미 제5전술 공군의 패트리지 소장(왼쪽), 워커 장군, 지미 둘리틀 중장. 1950. 7

7월 15일 (21일째)

전황 - 경북 상주에서 국군 제2군단 창설.

 - 북괴군, 조기에 대전 동방 32km 지점에서 금강 남안의 교두보 확보.

국내 - 내무부장관 백성욱 사임하고 후임에 조병옥 임명.

해외 - 리 유엔 사무총장, 지상군 지원 요청 서한을 유엔 회원국에 발송.

 필리핀에 있는 미 의용군 비행사, 영국 의용항

공대(F51부대) 배치돼 한국으로 출동.

▲ 한 미군이 피난민 어린이들과 함께 시간을 보내고 있다.

7월 16일 (22일째)

전황 - 국군 제8사단 제 21연대, 오후 예천지역에서 미군 포병대 엄호하에 수적으로 우세한 북괴군 공격.
- 북괴군 문경 점령.
- 오스트레일리아 공군, 금강 유역의 북괴군 밀집부대 공격.

국내 - 정부, 대전에서 대구(慶北道廳)로 이동.
- 이승만 대통령, 국제적십자사 가입에 관해 담화

7월 17일 (23일째)

전황 - 미 제24사단 제 19, 34 연대 신진지로 후퇴 완료(後退 完了).
- 북괴군 일부, 영양에 진출.
- 유엔 공군, 연 230대 이상 출격.

7월 18일 (24일째)

전황 - 미 제19. 34연대, 척후병이 북괴군 진지 계속 정찰하고, 유엔군 반격으로 북한군 진출 좌절..
- 극동 공군, 오스트레일리아 공군, 미국,영국 함재기, 북상부대에 호응하여 전역에 걸쳐 북괴군의 교통선, 집결부대, 보급시설 폭격.

국내 - 이승만 대통령, 계엄법 실시 및 징발,징용 등에 대한 유시 발표.
- 부산시 동회연합회, 방출미의 가격인하와 은행 보증수표로 방출미 구입 건의 부산시에 전달.

7월 19일 (25일째)
뉴질랜드, 해군 참전

전황 - 북괴군 이리, 영덕 점령.
- 유엔 해군, 지속적으로 동해안 북한군 군사시설 포격.
- 뉴질랜드 해군 참전.

국내 - [금융기관 예금대불에 관한 특별조치령](대통령령 긴급명령 제4호) 공포.
- 남선전기 부산지점, 주요 기관 제외한 상시 송전의 일체 중지로 배전 계획 변경.

해외 - 캘커타 영자 신문, 중공군 티베트 침입설 보도.
- 트루먼 대통령, 의회에 한국전쟁 특별교서 발표(징병제 실시, 예비군 동원,주방위군 4개 사단 현역화).

7월 20일 (26일째)
북괴군, 전주 점령

전황 - 유엔군, 대전비행장에서 신로켓포로 북한군 전차 7대 격파.
- 대전 상실, 미 제24사단장 딘 소장 실종.
- 김일성, 전선사령부가 있는 수안보에서 독전 명령, "8.15 까지 부산 점령 하라."

국내 - 대한학도의용대, 애국학도 총궐기 대회 부산에서 개최.
- 새 화폐 1,000원권 및 100원권 발행.

▲ 승전을 축하하는 북한군. 1950. 7. 27. 북한은 1950년 말, 낙동강 방어선을 제외한 남한의 90페센트를 점령했다.

7월 21일 (27일째)

전황 - 대전 북방 근교에서 대격전, 국군 예천 탈환.
- 북괴군, 대전을 압박하면서 전주와 남원까지 진격, 북괴군 영덕 돌입.
- 미 제24사단, 대전 방어선 후퇴, 대전 동쪽에서 북괴군 전진 저지.

국내 - 신익희 국회의장, 대구에서 국회의원 긴급 소집.
- 트루먼 대통령의 미군 강화안, 상하 양원 압도적 다수로 통과돼 30만 병력 복무 연장, 200만 병보유제한법 철폐.

7월 22일 (28일째)

전황 - 딘 소장, 대전지구에서 20일 이후 계속 행방불명(行方不明).
- 유엔 해군, 영덕 함포사격, 오후 국군이 영덕 탈환, 미 제1기병사단 제7연대 포항 상륙.
- 북괴군 제6사단 정읍 점령.

국내 - [비상시 향토방위령](대통령령 긴급명령 제7호) 공포.
- 구용서 한국은행 총재, 새 화폐 발행 문제에 대

호) 공포.

해외 - 구용서 한국은행 총재, 새 화폐 발행 문제에 대해 기자회견.
- 프랑스 군함 라 그랑디에(La Grandiere) 호, 한국 파병 유엔 함대 참가를 위해 사이공 출항.
- [타임 라이프] 특파원 윌슨, 힐더 기자 종군 중 대전 철수작전에서 순직.
- 볼리비아, 벨기에, 한국 원조 신청, 볼리비아는 유엔에 장교 30명 파견하고 벨기에는 항공 수송 역할 담당 지원.

▲ 프랑스 구축함 '라 그랭디어'호

7월 23일 (29일째)

전황 - 대전-영동지구에서 격전.
- B-29 전폭기, 충주지구 철도, 충주 서남쪽 영사리 및 공주의 도로, 교량 폭격.
- 북괴군, 광주 점령, 순천에 접근.

국내 - 서울시 전재민 연락사무소, 부산 중앙동에 설치.
- 전국문화단체연합회, 구국문화인총궐기대회 개최, 국민병 모집.

해외 - 라틴아메리카 12개국, 유엔 결의 절대 지지 의사 표명.

▲ "얘들아, 빨리 가자, 또 비행기 소리가 난다...!!"

▲ 한 촌로가 지게에 짐을 지고 남쪽으로 걷고 있는 모습을
바라보는 미군 병사

▲ 피카소는 6.25전쟁을 다른 각도에서 보면서
이런 괴상한 그림을 그렸다.

▲ 남쪽으로 내려가다가 천막 같은 집을 짓고 경상남도 어느 곳

7월 24일 (30일째)

전황 - 북괴군, 영동으로 진격, 미 제25사단 압박.
- 한국에 유엔군 극동 공군기지 설치.
- 미 제29연대, 부산 도착.

국내 - 이윤연 사회부 장관, 피란민 현황과 구호상황
에 대해 기자와 담화.

▲ 북괴군에게 점령된 곳곳에선 '인민재판'이 열렸다.

7월 25일 (31일째)

전황 - 미 제1기병사단, 영동 서북방 12km 진지 확보.
- 한국 수도사단 기갑연대, 청송에서 접전 개시.
- 북괴군, 목포에 진입하고, 대전-영동의 미군
방어선 돌파.
국내 - 육군본부, 전장이탈 시 즉결 처분권을 분대장
급 이상에게 부여.
해외 - 맥아더 원수, 유엔 안보리에 한국전쟁 관련
"적은 유리한 환경 이용할 기회를 상실했다"
라는 최초 보고 제출.
- 유엔군 사령부, 동경(일본 東京)에 정식 설치.

▲ 인민재판 후 사형집행을 위하여 끌려가는 양민들 모습

자유는 공짜가 아니다!

▲ 인민재판 처형당한 가족이 오열하고 있다.

7월 26일 (32일째)

전황 - 미 제24사단 합천에 사령부 설치.
- 동해안 봉쇄 단행한 유엔 해군부대와 지상부대가 영덕지구의 북괴군 군사시설 포격.
- 북괴군 제6사단, 하동으로 이동.
* **노근리 사건 발생** : 사건은 1950년 7월 26일부터 1950년 7월 29일까지 4일간 이어졌으나 당시에는 조명되지 않았다.

7월 27일 (33일째)

전황 - 미군, 영동 터널 폭격으로 북괴군 다수 궤멸.
- 채병덕 소장 하동에서 전사.
- 북괴군 제4사단 안의 점령.
- 북괴군 서남지구 계속 전진, 전주-함양 도로 연결까지 도달.
- 북괴군 3개 사단, 영동 지구에서 대공세.

7월 28일 (34일째)

전황 - 유엔군, 영동지구에서 맹반격 개시
- 황간지구 미 제1기병사단, 북괴군 저지에 성공
- 유엔 해군, 서해안에서 북 수송선단 12척 격침
- 캐나다 공군 참전.

7월 29일 (34일째)

전황 - 워커 사령관, 미 제25사단에 상주 방어선 사수 엄명(死守 嚴命).
- 미 제1기병사단, 황간에서 김천으로 철수.
- 미 공군, 서남전선에서 북괴군 저지 위하여 거창, 안의 출격.

▲ B-29 편대의 폭격

7월 30일 (36일째)

전황 - B-29 전폭기 편대, 3차에 걸쳐 평양, 원산, 함흥 등 군수공장 폭격.
- 북괴군 제8사단 예천, 제4사단 거창 점령.
- 캐나다 해군 참전.

▲ 캐나다 국축함 DDE 228

7월 31일 (37일째)

전황 - 국군 제1사단, 제6사단 함창에서 후퇴.
- 미 증원부대 : 제2보병사단, 제1기병사단, 제5전투단 한국 상륙 개시.

▲ 한국전쟁 당시 파괴된 수원 화성의 장안문 (1950. 7)

▲ 미 제24사단이 북한군의 남하를 지연시키기 위해 폭파한 금강대교
(1950. 7. 13)

▲ 1950년 7월 20일 대전을 방어했던
제24사단장 딘 (W. F. DEAN) 소장이 최후 부대와 같이 전선을
지키다가 직접 대전차 로켓포를 발사하여 파괴한 T-34 TANK이다.

자유는 공짜가 아니다!   59

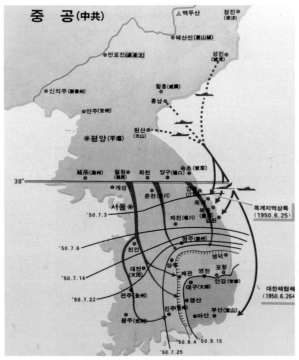

▲ 북한은 광복 이후부터 군사력을 대대적으로 증강하는 한편 남침에 유리한 기회를 조성하기 위하여 각종 폭동과 도발을 자행하였다. 특히 남로당을 조종하여 대구, 제주도, 4.3사건, 여수·순천 사건 등을 일으켜 대한민국 정부를 전복하려고 하였으며, 1949년부터는 38도 선상에서 빈번한 무력 충돌을 완료한 북한은 1950년 6월 25일 새벽 소련제 T-34 전차를 앞세우고 기습 남침을 감행하였다.

▲ 38도선을 돌파하고 서울 점령을 위해 남하하고 있는 북한군의 T-34 전차 (1950. 6. 25)

▲ 북한군의 남하를 지연시키기 위해서 폭파된 한강 인도교 (1950. 6. 28)

▲ 중부전선으로 긴급히 투입되고 있는 국군 (1050. 7. 5)

▲ 한국전쟁은 제2차 세계대전 이후 민주·공산이념의 대결이라는 냉전체제 속에서 소련과 중공의 지원을 받은 북한의 김일성이 대한민국을 공산화할 목적으로 1950년 6월 25일 새벽에 기습 남침을 자행함으로써 일어났다. 전쟁 초기 북한군은 우세한 군사력으로 개전 3일 만에 수도 서울을 점령하고 두 달도 채 안 되어 낙동강 선까지 남진하였다. 그러나 우리 국군은 군사력의 열세에도 불구하고 온 국민과 함께 총력전으로 공산 침략군에게 대항하여 싸웠다. 유엔은 북한의 불법 남침을 응징하기 위해 한국에 대한 군사원조 안을 결의했고, 이에 따라 21개국이 유엔의 깃발 아래 한국을 지원함으로써 공산 침략군을 격퇴하고 조국과 자유를 수호할 수 있었다.
1953년 7월 27일 판문점에서 휴전협정이 조인됨으로써 3년 1개월간의 한국전쟁을 종전 아닌 휴전의 상태로 남게 되었다.

개전 초기
국군 제6사단의 활약상

1950년 6월 25일 새벽 북한군이 38선을 넘으면서 전쟁은 시작됐다. 수도 서울을 함락시킬 계획을 세운 북한군은 춘천을 거쳐 48시간 만에 수원을 점령하는 것으로 노선을 잡았다. 북한군은 122㎜ 곡사포에 37㎜와 76.2㎜ 대전차포, SU-76 자주포까지 갖추고 있었다. 하지만 이에 맞선 국군은 105㎜ 야포만 겨우 갖춘 소총 중대였다. 그것도 최전방엔 소총부대가 앞장섰다. 하지만 북한군은 춘천에서 의외로 치열한 전투를 치러야만 했다. 북한은 애초 강원도 춘천시 북산면 38선을 뚫은 뒤 홍천을 거쳐 48시간 내 수원을 점령하면서 수도 서울에 입성할 계획이었다.

하지만 국군은 부지불식간에 일어난 전쟁을 맞아 육탄전을 불사하며 3일간 춘천지역을 사수했다. 이 틈에 우리 군은 어느 정도 전열을 정비할 시간을 벌었고, 낙동강 방어선까지 구축할 수가 있었다. 또 춘천 제6사단이 북한군을 막고 있을 그때 유엔군 지원이 결정됐으며, 곧바로 맥아더 사령관이 비행기로 날아와 수원 비행장에 내릴 수 있었다. 이후 춘천지역 방어부대였던 제6사단은 낙동강 방어선까지 밀려 내려갔다가 다시 북으로 진격했을 때도 가장 처음으로 압록강에 태극기를 꽂았다.

1950년 6월 28일
서울대 병원의 북괴군의 대학살 사건

1950년 6월 28일 아침, 북한군은 붕괴된 미아리 방어선을 뚫고 그 길을 따라 서울로 들어와서 중앙청으로 향했다. 본대와 갈라져 나온 200여 명의 북한군은 아침 9시가 조금 지나 서울대 병원을 공격하였다. 이 만행도 거의 잊혀 가고 있다. 수도의 중심부에서 대학살이 있었음에도 불구하고 추모비 하나 세워놓고 잊고 있는 경우는 드물 것이다.

서울대 병원은 사흘간의 서울 북부 전선 전투에서 부상을 입고 무턱대고 실려 온 국군 부상 환자로 만원 상태였다. 서울대 병원의 환자들은 전선이 무너진 상황에 모두 후방으로 긴급 후송이 돼야 했었는데, 후송 대신 1개 소대가 경비 병력으로 파견되어 있을 따름이었다. 밀려오는 대군의 적 앞에 1개 소대를 던지듯이 놔두고 남으로 도주한 것은 6·25전 초기 국군 수뇌부가 저지른 행태 중의 하나다.

경비 소대는 용감히 싸웠지만 한 시간도 안 되어 소대장 남 소위와 선임하사 민 중사를 포함, 부대원 대부분이 전사했다. 저항 병력을 일소하고 서울대 병원에 난입한 북한군은 외곽은 물론 각 빌딩마다 병력을 배치했다. 당시 서울대 병원은 현재 대 본관이 있는 자리에 1, 2, 3, 5동의 병동이 있었으며, 침대 수는 800석이었다. 병실마다 갑자기 밀려들어 온 국군 부상자와 민간인들이 뒤섞여 아비규환이었으며, 침대가 부족하여 국군 환자들은 입원실 바닥이나 복도에까지 누워서 생사를 헤매고 있었다.

6명이 입원하는 병실의 바닥에는 피 묻은 군복을 그대로 입은 채 국군 환자가 30여 명이나 누워서 신음하기도 했다. 학살은 바로 시작되었다. 총지휘는 북한군 중좌 놈이 했다. 어떻게 보아도 이 학살은 전투 중에 발생했던 우발적 학살이 아니라 지시에 따라 체계적으로 진행된 기획 학살이었다. 월북했던 의사가 북한군 군의관이 되어 따발총을 매고 나타난 자를 비롯해서 서울대 병원에 잠복해 있던 너덧 명의 좌익 부역자들이 학살에 나선 북한군을 따라다니며 학살할 대상에 대한 세세한 정보를 제공했다.

병동의 출입구를 모두 봉쇄한 북한군은 병실마다 찾아다니며 따발총을 난사해서 국군 환자들을 학살했다. 국군 부상병과 구별이 안 되는 일반 환자들도 같이 학살했다.

환자 중에 권총을 가진 간부급들은 병실에 난입한 북한군과 총격전을 벌이다가 전사하기도 하고 자결하기도 했다. 이렇게 운신을 못 하는 항거불능의 환자에게 총창(총검의 북한군 용어) 짓을 한 북한군의 악마적 심사가 불가사의하다.

환자들을 일일이 찾아다니며 죽이던 이들은 곧 더 생산적인 살인 방법을 동원했다. 침대마다 찾아다니는

대신 환자들을 입원실 구석에 몰아넣고 사살해 버렸다. 더 쉽고 빠르게 살해할 수가 있었다. 따발총 부대 살인 조에는 긴 총창(총검의 북한군 용어)이 달린 모시 나간트 소총을 가진 놈이 한 명씩 있어서 총을 맞고 아직 죽지 아니한 국군들의 가슴이나 목을 찔러서 확인 살인을 했다. 국군 부상병들만 죽인 것이 아니었다.

서울대 병원에는 정신 병동이 있었다. 이들은 조현병의 중증 환자가 아니라 강박증이나 환청 등 가벼운 심리 장애 증세를 가진 사람들이 대부분이었다. 북한군은 이들도 그대로 놔두지 않았는데, 이곳의 살해는 특히 잔인했다. 모두 총창으로 살해해 버린 것이다. 도주할 곳이 없었던 이들은 창문에 매달려 숨어 보려고 했지만, 북한군은 이들을 총창으로 내리찍어 땅바닥으로 떨어뜨려 죽였다. 다른 병실에서 총성이 들리고 학살이 시작된 것을 알아챈 국군 부상병들은 몸을 억지로 움직여 탈출을 시도했지만, 병동의 앞을 지키는 북한군에게 모두 사살당했다.

그래도 요행히 병동을 탈출한 국군은 병원을 벗어나고자 이리저리 뛰어다니고, 북한군이 그 뒤를 쫓으며 총을 쏘거나 총창을 휘둘러 죽이는 행위가 병원 뜰에서 피비린내 나게 발생했다. 중상을 입고 움직이지 못하는 국군 장병 중에는 혀를 깨물고 자결하는 사람들도 있었다. 약 세 시간 동안 광란의 살인극이 펼쳐졌는데도 아직 죽이지 못한 국군 환자들이 많다고 생각한 북한군은 다시 살상극을 펼쳤다.

오후에는 각 병실과 건물을 다시 뒤져 생존한 국군들을 찾아내서 치과 대학 앞에 집합시켰다. 집합한 국군 환자들에게 따발총의 엄청난 화력이 퍼부어졌고 다 쓰러진 시체 더미를 헤치며 숨이 붙은 환자들에게 총창의 세례가 가해졌다. 이때도 국군으로 의심되는 환자나 방문 가족까지 생죽음을 당했다. 그

렇게 죽이고도 아직도 부족하다고 느낀 북한군은 오후 늦게 또다시 정밀 수색으로 거동 수상자를 색출해 내서 병원 보일러실 석탄 더미에 이들을 생매장했다.

천인공노할 살인 행위가 휩쓸고 지나간 뒤에 살인의 붉은 피가 청소되기도 전에 북한군 환자들이 소달구지와 민간 차량 등에 운반되어 들어와 국군이 누웠던 침대에 누웠고 강제 동원했거나 부역하는 좌익 의사들이 근무하기 시작했다. 다음 날에는 북한군에 부역하는 좌익 병원 근무자들이 시체들을 치울 생각은 안 하고 병원 본관 앞에서 단합대회를 하기도 하였다.

당시 학살당한 국군의 숫자는 정확하지 않다

100명 설에서 1,000명 설까지 있는데 병동마다 국군 부상병들로 콩나물 시루 같이 넘쳐흘렀다는 설로 보아 전자보다 후자 쪽에 더 가깝지 않나 싶다. 그리고 1970년대에 아직 기억이 생생했던 여러 관계자들을 만나 인터뷰했던 증언자의 1,000명 설을 주장하는 것으로 보아 후자가 더 신빙성이 있어 보인다.

더운 여름 날씨에 사체들은 곧 부패하기 시작했다. 근처 거주 주민들은 더운 여름 날씨에도 문을 닫고 살아야 했다. 병원 앞을 지나다니던 행인들은 숨이 막히는 공포의 냄새에 코를 막고 뛰어서 지나가야 했다. 시체들을 20여 일 동안 방치하던 북한군은 자기들도 버티기가 힘들었던지 사체들을 모두 끌어모아 하필이면 병원 앞대로 창경원 앞과 원남동 로터리에서 화장했다.

국군 사체의 타는 냄새가 부패한 냄새를 대신해서 주민들을 소름 끼치는 공포로 몰아넣었다 서울대에서 북한군의 만행은 이것으로 끝나지 않았다. 그들은 9.28 수복 전 자신들에게 비협조했거나 불순 분자로

분류된 100명을 또 대학병원 구내에서 학살했다. 한국의 대표적 병원인 서울대 병원은 사람의 상식으로 상상조차 할 수 없는 잔악한 학살의 도살장으로 돌변해 버렸다. 이 잔인한 학살이 북괴군이 서울을 점령하는 문턱, 즉 당일에 자행되었다는 사실에 유의하자.

새 점령지, 특히 적 수도를 점령하면 민심 획득을 위해 우호책을 실행하는 것이 전쟁 역사의 전통 방식이었는데 북괴군은 상상을 초월하는 천인공노할 만행을 저질렀다.

끝맺음

지난 세기 중반에 발발한 6·25전쟁처럼 인류 역사상 한 공간에서 전 국민과 25개국의 200만 명에 가까운 군인이 아주 치열하게 치른 전쟁도 흔하지 않다. 당시 독립국가 93개국 중 63개국이 남한에 병력이나 군수 물자를 제공했다. UN을 통하여 대한민국을 지원해 준 나라들은, 16개 참전국을 비롯하여 의료지원국 5개국, 물자지원국 39개국, 그리고 물자지원 의사를 표명한 3개국, 총 63개국이다.

당시 대한민국은 전쟁의 폐허와 절망의 끝자락에서 하나님의 은혜로 일어선 축복의 나라이다. 세계의 여러 나라로부터 원조받으며 전쟁을 치렀으나 이제는 다른 나라를 원조해 줄 수 있는 나라로 성장했다.

자유는 거저 얻어지는 것이 아니다.
- Freedom is not free! -

1950년 8월
전황

▲ 부산항에 도착해 짐을 배에서 내리는 미군, 1950. 8. 6

* 북괴군 8월 공세 개시
* 북괴군 제12사단, 경북 안동 점령, 낙동강 도하 개시
* 북괴군 제1사단, 경남 함창 점령
* 호주, 지상군 파병 언명
* 뉴질랜드, 지상군 파병 언명
* 미 해병대 한국 상륙작전 준비

북괴군 8월 공세 개시

장마와 더위까지 겹쳐 초라해진 국군과 미군들은 후퇴를 거듭하여 겨우 영천, 왜관 다부동 및 포항 등 북부 전선과 낙동강 흐름에 따라 대구 서남방의 현풍, 창령, 남지, 가야 및 마산 등지를 최후의 저지선으로 삼고 방어진지를 구축하였다. 북괴군은 8월 15일에는 부산에서 통일 축하 기념행사를 갖겠다고 호언장담하면서 낙동강 도하작전을 여러 차례 실시하여 일부전선에서는 성공까지 하였으나, 아군의 반격으로 대구점령에는 실패하고 말았다.

미 제8군 워커 사령관은 '워커 라인': 포항 - 왜관 - 마산을 설정하고 예하 부대에 '현지 사수'(現地 死守 Stand or Die)를 명령하며 최전방을 독전하였으나, 일시 작전상 수 킬로미터 후방에 잠정 설정한 방어선 'Y-선'으로 후퇴까지 하는 상황도 발생했다. 그러나 아군은 적의 병력 장비의 손실에 비하여, 반대로 막대한 병력 보충과 물자 지원 및 국군의 전의 회복 등으로 적의 진격을 저지하는 데 성공하고 있었다.

의성지구 전투

8월 1일, 국군 제8사단, 이날 02:00 군단 작전명령에 따라 낙동강을 건넌 다음 그 남안으로 이동한 제8사단은 지휘소를 안동 남쪽 12km 지점인 운산에 설치

하고 부대를 다시 수습 정비하였다.

▲ 국군부대 낙동강 방어선(부산 교두보)으로 후퇴, 1950. 8. 1

▲ 부산항에 도착한 미 해병대 환영식장의 기수단. 1950. 8. 15

▲ 낙동강을 건너 남으로 오고자 대기하는 피난민들, 1950. 8. 1

▲ 북괴군은 미군 포로들을 서울거리로 끌고 나와
'미국침략을 반대'한다는 '시위'를 하게 하고 있다. 1950년 8월 NARA

▲ 6.25전쟁 중 북괴군은 나포한 미군을 즉석에서 학살하고 있었다.
1950. 7. 9 한 미군의 시체

1. 의성지구 전투의 개요

▲ 다음 진지로 이동하는 아군, 부상자를 업고.... 1950. 7 의성 부근

2. 의성지구 전투의 주요 지휘관

제1군단장 소장 김홍일
제8사단장 대령 이성가, 대령 최덕신(8월 4일 이후)
제10연대장 중령 고근홍
제16연대장 중령 김동수, 중령 유의준
(8월 11일 이후)
제21연대장 대령 김용배
제18연대장 대령 임충식

낙동강 지구 전투 (1950년 8월~9월)

낙동강 지구 전투는 최후의 보루였던 낙동강 전선을 치열한 격전 끝에 지켜냄으로써 인천상륙작전의 성공을 보장하고 반격 작전으로 전환할 수 있는 발판을 마련했던 의미 있는 전투로, 왜관·다부동, 창녕·영산, 기계-포항, 영천 전투 등 1950년 8월~9월 낙동강 일대에서 벌어진 모든 전투를 아울러 낙동강 지구전투로 명명하고 있다.

▲ 낙동강 전선을 지키는 국군 야포병들, 1950. 8.

낙동강 지구 전투는 남한 면적의 10%에 해당하는 낙동강 지역만을 제외하고 북괴군에게 전부 빼앗긴 상황에서 국가역량이 총동원된 상태에서 치러진 전투였다.

▲ 미 해병 대위 Francis Ike Fenton, 처음 부하의 죽음을 본 직후의 모습.
낙동강 전선

▲ 미 해병대 5여단 병사 낙동강 전선에서 분투 중, 1950.8

▲ 부상 미해병대원 후송.... 1950.8. 낙동강 전선

▲ 1950년 8월 낙동강전선에 투입되는 학도병

6.25 참전 학도병은 1950년 북한 공산 침략이 낙동강까지 이르러 대한민국의 운명이 지극히 비관적인 위험에 처해 있을 때 각급학교 재학 중 14・18세 미만 학도병은 부모의 그늘에서 국가사회의 보호를 받으며 학업에 전념해야할 어린 학생으로, 국제법상

상 현역병 징집을 금지하고 있음에도 거리 모병관에 의해 자.타 불문 현역병 또는 한국 유격군에 징집되어 훈련받을 틈도 없이 곧바로 전선에 투입되었다.

어린 나이에 현역병에 징집된 그들은 훗날을 생각할 틈도 없이 오직 국가와 민족을 위해 싸우다가 죽는 것을 최고의 가치로 기약 없는 전투를 수행했다.

학도병은 가장 치열했던 다부동, 영천, 기계, 안강, 포항 전투 등등 낙동강 전 전선에 투입되어 파죽지세로 몰려오는 적을 목숨으로 지켜냄으로 낙동강 교두보 구축의 신화를 낳았다.

낙동강 교두보 구축은 인천상륙작전을 가능케 하였을 뿐 아니라 UN군 참전의 발판을 만들어 줌으로써 UN군, 미 해병대, 한국 해병대, 한국군 17연대의 상륙작전을 성공하게한 전술적 가치에서 학도병의 희생과 공헌의 가치도 찾아주어야 한다.

8월 2일 (39일째)
미 해병대, 정예 무기로
중무장하고 상륙 개시

* 미 해병 제5연대, 부산에 상륙하여 마산으로 이동
* 북괴군 제8사단, 낙동강 도하 기도
* 국군 3사단, 유엔 포병의 야간 함포사격 엄호하에 영덕 탈환 후 5km 전진
* 안동 부근의 북한군 제7사단, 국군과 대치
* 북괴군 제3사단, 지례에서 미 제1기병사단 일부에 압박
* 북괴군, 상주 점령
* 북괴군, 김천 · 합천 점령
* 원산정유소 연일 폭격으로 완전 파괴 판명

8월 3일 (40일째)
유엔 함대, 진주 동쪽에서
북한군의 공격 격퇴

* 유엔군, 마산 - 왜관 - 영덕(후에 포항)을 연결하는 신 방위선(워커 라인) 구축, 낙동강 철교 폭파
* 북괴군, 낙동강 도하, 8월 공세 전개
* 국군 제12연대, 북괴군 제13사단 선발대를 낙동강에서 섬멸
* 미 제24사단, 정찰전 실시, 낙동강 도하한 소수의 북괴군 척후 격퇴
* 미 제25사단, 진주 북동쪽 지점 점령 기습한 북괴군 4개 대대 격퇴

8월 4일 (41일째)
북괴군 청송, 원리, 구미 점령

* 부산교두보, UN군 병력 점차 증강; 14만 1,808명 (국군 82,000명, 미군 47,000명, 기타 12,808명)
* UN 해군, 양양, 주문진 북괴군 군사 목표 함포사격
* B-26, 인천 폭격(1만 톤 급 수송선 격침)

UN군이 '워커 라인'을 구축하여, 결사적으로 낙동강을 사수하고자 할 무렵 북괴군은 청송, 원리 및 구미를 점령하고 이어 계속 남하, 다부동 지역까지 접근하면서 국군 제1사단과 격돌하기에 이른다.

▲ 1950년 8월 4일 다부동 전투에서 90미리 대공포로 포격을 가하고 있는 국군 제1사단 포병대

다부동에서 북괴군과 조우전

북괴군은 임시 수도 부산과 대구로 통하는 교두보를 마련하기 위해 대구 공격에 투입된 5개 사단 중 제1, 제13, 제15사단과 제105전차사단을 대구 축선에 집중시켜 공격했다. 이에 국군은 왜관에서 낙성리까지 국군 제1사단, 낙성리에서 의성까지 제6사단, 현풍에서 왜관까지 미 제1기병사단 등 3개 사단을 배치했다.

제1사단은 8월 1일 미군 제25사단으로부터 책임 구역을 이어받아 9일 동안 낙동강 연안에서 전투를 벌여 6,867명을 사살하고 각종 포 23문과 탱크 10대를 파괴했다.

제1사단이 맡은 다부동 지구 지역은 왼쪽으로는 328고지, 수암산과 유학산 일대의 횡격실 능선과 오른쪽으로는 가산, 팔공산에서 뻗는 고지군으로 둘러싸여 대구로 통하는 관문에 해당하는 전술상으로 중요한 곳이다.

▲ 제1사단장; "내가 선두에 설테니, 내가 후퇴하면 나를 쏴라"

▲ 1950. 8. 동해안 적 군사시설에 함포 사격하는 UN군 함정

* UN 해군, 영덕 북방 북괴군에 종일 함포사격
* 미 제5공군, 전폭기 400대 출격
* 남아공, 한국전선 의용군 지원 다수
* B-26 야간 출격; 김천, 대전, 수원, 서울 공격
* 재일본 한국교포 자원군 결성
* 워커 미 제8군 사령관, "Stand or Die !" 항전 독려!

▲ 워커 8군 사령관, 대구에서 낙동강 방어작전을 지휘하고 있다.
"Stand or Die !" 1950. 8

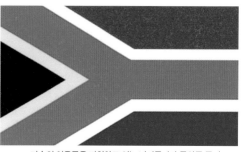

▲ 다수의 의용군을 지원하고 있는 남아프리카 공화국 국기

북괴군의 공세와 다부동 전선으로의 이동

북괴군은 임시 수도 부산과 대구로 통하는 교두보를 마련하기 위해 대구 공격에 투입된 5개 사단 중 제1사단, 제13사단, 제15사단과 제105전차사단을 대구 축선에 집중시켜 공격토록 했다.

이에 국군은 왜관에서 낙정리까지 국군 제1사단, 낙성리에서 의성까지 제6사단, 현풍에서 왜관까지 미 제1기병사단 등 3개 사단을 배치하여 맞섰다.

제1사단은 8월 1일 미 제25사단으로부터 책임 구역을 이어받아 9일 동안 낙동강 연안에서 전투를 벌여 6,867명을 사살하고 각종 포 23문과 탱크 10대를 파괴했다.

제1사단은 왜관 북방 303고지-다부동-군위-보현산으로 이동하여 적군을 저지하라는 명령을 받아 강변 전투를 종결하고, 8월 12일 야간에 새로운 다부동 전선으로 이동했다.

국군 제1사단은 다부동 전투에서 미 제27연대와 연합작전을 성공적으로 수행하여, 한국군의 전투력을 불신하던 미군에게 신뢰성을 주게 되었으며, 이후 연합작전을 수행하는 데 크게 기여하는 전기를 마련케 되었다.

▲ 1950. 8. 홀로 남겨진 고아

▲ 1950. 8. 다리밑, 피난민의 임시 거처

▲ 백선엽 제1사단장, 나포한 북괴군 포로병사를 직접 심문하고 있다.

▲ 낙동강전선에서 UN군에 나포되는 북괴군 병사. 1950. 8

8월 6일 (43일째)
낙동강 서부, 남부지역 작전, 창녕-영산-박진 전투

* 유엔 공군 530회 출격
* 국군, 의성 북방에서 북괴군 1,000명 이상 사살
* 함재기, 후방 군사시설 폭격

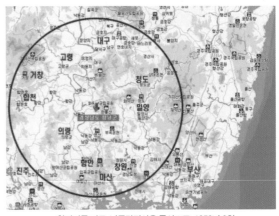

▲ 창녕지구 지도, 낙동강전선을 중심으로, 1950년 8월

▲ 낙동강 서-남부전선: 창녕, 박진, 영산 요도.
화면 좌측에 하늘색으로 칠한 부분이 박진지구.
낙동강을 경계로 의령군과 함안군(북괴군 점령)으로 나누어져 있다.
여성의 가슴과 같이 낙동강이 흐르고 또한 의령군 지역은 산이 조금 높다.

▲ 미 퍼싱 전차와 소련제 T-34 간 전차전에서 파손된 북괴군 전차를 점검하는
미 해병들. 1950. 8 영산 전투

왜관-상주-영덕을 연하는 전선은 국군이, 현풍-창녕-진동을 연하는 전선은 유엔군이 방어. 이 작전지역의 유엔군은 주로 미군 (미 24 사단). 북괴군은 제4사단(수도사단; 서울침공으로 칭호 받음)

경남 창녕군 남지읍 박진지역 일대의 지형은 낙동강이 하폭 300~400m , 수심 2~4m로 S자 모양으로 흐르고 있어 여러 곳에 돌출부를 형성하고 있으며, 그중에서 창녕과 영산 부근에는 서측으로 보다 크게 반월형으로 돌출돼 있어 전사에서 이곳을 '낙동강 돌출부'라 칭하고 있다.

'낙동강 돌출부 전투'는 부산을 점령하기 위해 낙동강을 건너려던 북괴군의 최정예 4사단과 더 이상 물러날 곳이 없던 미군 제2사단이 2주간의 격전이 있었던 곳이다.

수중교를 가설해 한 때 영산면까지 진출했던 북괴군은 미군의 지속적이고 강력한 반격에 의해 다시 물러나고 결과적으로 미군이 주축인 유엔군이 낙동강 전선을 지켜냈다.

이 전투의 승리로 인해 시간적 여유를 가지게 된 국군과 유엔군은 전열을 재정비해 '인천상륙작전'을 성공시켰다.

이 전투에서 미군과 북괴군은 쌍방 간에 많은 전사자를 냈고, 수많은 사람이 다쳤다. (당시 지형이 네잎 클로버를 닮아 '클로버 고지'로 불렸던 곳의 전투에서 한쪽 팔을 잃은 미 해병대원 '러스터'씨는 살아남은 자신을 미안하게 생각해 전후 매년 한국을 찾아 박진지구 전투에서 전사한 전우들을 추모하고 죽어서 한국에 묻히기를 소망했다. 2002년 한국 방문 중에 사망했으나, 한국 땅에 묻히지 못하고 워싱턴 국립묘지에 안장돼 이 이야기를 듣는 많은 사람들의 가슴을 아프게 했다. 그의 한국 이름은 '노성도'이다.)

▲ 낙동강 서남 전선, 박진지구 전적비

▲ 낙동강 서남부전선에서 파괴된 T-34 소련제 탱크, 1950.8

8월 7일 (44일째)
킨(Kean) 특수임무부대,
진주 탈환 작전 전개

* 국군, 낙동강 전선 도하 북괴군 섬멸, 양지동 부근
북괴군 공격 격퇴
* 킨 특수부대(미 제25사단 제5연대전투단 +
제1해병여단으로 임시 편성)진주 탈환 작전 전개
* 미 해병대, 첫 작전 참가

▲ 킨 특수임무부대를 지휘한 미 제25 보병사단장
"윌리엄 벤자민 킨" 소장

마산 서부지역 전투(1950. 8. 3~13)

마산 서남방의 관문 지대를 형성하는 이른바 3진(진동, 진전, 진북)지구 가운데 마산으로 통하는 교통의 요충지인 진동리 지구에 위기가 고조된 시기는 낙동강 공방전이 바야흐로 가열되기 시작한 1950년 8월 상순경이었다.

이 지역으로 침공했던 북괴군은 마산을 공략하기 위

해 호남지구를 석권한 다음 진주와 사천 및 고성지구로 기동한 북괴군 제6사단이었으며, 이 지역에 투입된 아군 부대는 '킨'(William Kean) 소장이 지휘하는 미 육군 제25사단과 긴급 배속된 미 제24사단의 1개 연대와 미 해병 제5연대(1여단), 그리고 서부지구 전투사령부에 배속된 한국해병대의 김성은 부대와 육군의 민기석 부대 및 최 천 경무관이 지휘하는 경찰부대 등 이었다.

진동리 지구에 투입된 미 제25사단과 그 배속부대들은 8월 7일부터 진주를 탈환하기 위해, 거듭되고 있는 후퇴를 멈추고, 개전 이래 최초의 반격 작전을 개시했다.

마산지구가 적에게 넘어가 부산이 포위되는 위기를 극복하기 위해 감행했던 그 반격 작전 기간 중 8월 1일 새벽 고사리 지구에서 북괴군 제6사단을 공격하여 거둔 혁혁한 전공이 바로 진동리전투이다.

이 전투는 무기력하게 패주를 거듭하여, 국민들의 전쟁 수행 의지를 꺾기게했던 두 달간의 패전에서 벗어나, 국군 최초로 침략해 온 적과 맞서 승리한 의미 있는 전투이다.

진동리 전투, 한국해병 김성은 부대

해병대의 승전소식을 부산에서 접한 국민들은 '승리'에 확신을 가지게 되었고, 이때부터 학도병 등, 이른바 전통적인 의미의 '의병' 지원이 줄을 잇게 된다. 8월 6일부로 국군 최초의 전 장병 1계급 특진의 영예를 누린 김성은 부대 장병들은 수리봉 (557) 서북산 (739) 등 진동리 서북방에 있는 중요한 고지를 사력을 다해 공격 점령했고, 8월 12일에는 중암리(함안군 군북면)로 기동하여 패퇴한 적이 집결해 있는 오봉산과 필봉을 북에서 남으로 공격하여 목표를 점령하는 등 부여된 공격 임무를 성공적으로 수행 함으로써 해병대의 감투 정신을 빛내었다.

▲ 김성은 부대장(중앙), 참모들

1950년 8월 1일 서부 지구전투사령부로부터 진동리 서방에서 적을 저지·섬멸하라는 명령을 받은 김성은 부대는 다음 날 고사리 지서에 지휘소를 설치하고 적정 파악을 위한 정찰을 실시해 제2중대를 부현에, 제3중대를 고사리 남방 428.3고지 서측에 배치했다. 8월 3일 북한군 정찰대대가 전차를 선두로 진동리를 향해 다가오자 334.8 고지의 제7중대와 428.3 고지의 제3중대는 맹렬한 화력을 집중해 이들을 격퇴했다.

진동리 전투를 승리로 이끈 김성은 부대는 이후 미 제25사단 예하 제24연대에 배속돼 마산 방어에 투입됐다. 부산 서방 50킬로미터에 위치한 마산은 부산 서측방의 관문으로 마산 방어의 성패는 부산교두보 확보와 직결되는 전략적인 중요성을 지니고 있었다.

미 8군 사령관 워커는 상주에 있는 미 제25사단을 부랴부랴 마산 방어를 위하여 남하시켰다. 마산이 무너지면, 다음은 부산이다.

▲ 방호산 북괴군 제6사단장 팔로군(八路軍) 출신

조선인들로 만들어진 중국인민해방군 제166사단(훗날 북괴군 6사단)의 사단장이자, 중일전쟁과 국공내전에서 활약한 다수의 전투 경험이 있던 엘리트 부대였다. 이들은 북괴 정권 수립 이후에 북한으로 들어와 그대로 북괴군 제6사단이 되었다.

▲ 호남일대를 석권하고 진주를 거쳐 마산으로 진격코자하는 북괴군 제6사단의 모터싸이클 부대의 모습, 1950년 8월

**8월 8일 (45일째)
미 제24사단,
영산지역 북괴군 공격 격퇴**

* 북괴군 공격으로 국군 제8사단, 안동 남쪽으로 후퇴
* 국군 제2사단 미 제1기병사단, 북괴군과 격전
* 국군 제19연대, 북괴군 1개 연대 격파하고 36고지 [석주막] 탈환
* 미 제5해병연대 제9, 19, 34연대, 낙동강 돌출부에서 역습하여 오봉리 능선 및 클로버 고지 탈환
* 미군, 고성지구에서 북괴군 포로 200명 기습 포획
* B26 전폭기, 진주 폭격
* 필리핀 하원, 한국 파병 만장일치 가결

영산 전투 (8월 5일~19일), 창령군

당시 국군과 UN군이 낙동강에 연하여 방어선을 형성하고 있을 때, 미 제24사단과 그 증원부대가 영산지역에서 북괴군 제4사단의 공격을 격퇴한 방어 전투이다.

북괴군 제4사단 제19연대가 8월 11일부터 영산을 점령하였다. 8월 13일 미 제27연대와 제23연대, 제14공병대대들이 영산 일대에서 북괴군을 소탕하기 시작. 북괴군은 밀양지역으로 진출하려 하였다.

이에 미 제8군의 조치로 증원된 미 제2사단 제9연대, 미 제25사단 제27연대, 미 해병 제1여단들은 공방전을 전개하여 북괴군을 강 서쪽으로 격퇴하고 방어진지를 회복하였다. 이 전투로 북괴군 제4사단은 치명적인 타격을 입고 전선에서 물러나게 되었다. 그 후 아군의 공세 이전까지 낙동강 전선에 나타나지 못했다.

▲ 영산지구 전투에서 UN군에 나포된 북괴군 소년병 들. 1950. 8

▲ 영산전투에서 나포한 북괴군 병사들. 1950. 8

▲ 영산지구 전투 전적비, 추모판

▲영산지구 전투 모습. 1950. 8

이곳 창녕군 영산은 낙동강의 돌출부로써 1950년 여름 두 차례의 혈전 끝에 북괴의 침공을 막아 낸 피의 전적지이다.

이곳에서 미 제24사단, 제2사단, 그리고 해병 제5연대가 보여 준 백절불굴의 투혼이 오늘의 영한을 있게 한 것이니, 여기 이 비를 세우고 이 땅의 자유와 민주 수호를 위하여 산화한 거룩한 넋을 추모하여 빛나는 전공을 전 세계 자유민의 이름으로 기리는 바이다.

▲ 영산지구, M-26 퍼싱 이동 중

▲ 영산·창령지구, M-26 이동 중

8월 9일 (46일째)
미 제1기병사단 제7연대,
금무봉 전투 (8. 9~11)

* B-29, 북한지역, 흥남. 영흥지구 군사시설 폭격
* 대한 소년소녀 의용대, 대원 모집
* B-26 및 전폭기, 호남지역 적 보급 차량 야간 대폭격

▲ 1950년 8월 낙동강 전선, 북괴군 반격을 기다리며, 참호에서 잠시 쉬고있는
미 해병대 병사들; (던컨 기자 촬영)

왜관 지구, 금무봉 전투

왜관(倭館)지구 전투는 8월 3일 미 제1기병사단(게이 소장)이 왜관읍 주민들에게 소개령을 내리고, 탱크를 앞세운 북괴군의 진격을 차단하기 위해 왜관의 철교를 폭파함으로써 개시되었다.

미 제1기병사단은 미국 육군 탄생과 동시에 창설된 사단으로서 제2차 세계대전 당시부터 보병사단으로

개편되었으나 전통에 빛나는 '기병사단'의 호칭을 그대로 사용하고 있다.

낙동강 좌안의 왜관은 서울 남동쪽 300km에 위치한 군사적 요충지이다. 미 제1기병사단의 책임 방어선은 왜관 동북쪽 작오산(鵲烏山 303고지)으로부터 낙동강을 따라 대구 서남쪽 20km 지점인 달성군 현풍면 북쪽까지였다.

미 제1기병사단의 왜관(마산 북방 90km) 정면에서는 8월 9일 새벽, 북괴군 제3사단의 1개 연대가 기습 도하를 성공해 어둠을 틈타 2km를 침투, 금무봉에 올라갔다. 금무봉은 그 서쪽으로서 낙동강 본류가 흐르고 동쪽으로는 경부선과 4번 국도를 감제할 수 있는 268고지이다. 그로부터 30분 후, 그 남쪽에서 적 제3사단 주력의 도하가 시작되어 미 제1기병사단은 조명탄을 올리고 탄막 사격을 퍼부어 이를 격퇴했다.

9일 아침, 후속부대를 차단했다고 판단했던 게이 사단장은 예비인 제7기병연대 제1대대에 M24 경전차 4대를 배속, 금무봉 탈환을 명했다. 그러나 숲으로 가려져 북괴군을 발견하지 못했고, 더구나 더위 때문에 일사병 환자가 많이 발생하는 형편이어서 공격은 진전되지 못했다.

▲ 게이(Lt. General Hobart Raymond Gay) 미 제1기병사단장이
은성무공훈장을 수여하고 있는 모습. 1950년 8월

10일 아침, 사단은 공군기에 의한 폭격과 포격에 의해 금무봉을 화력 제압하고, 금무봉의 뒤쪽에 전차대를 우회시켜 배후로부터 사격을 가했다.

이와 더불어 정면으로부터도 돌격해 금무봉을 탈환하고, 추격으로 전환해 북괴군 제3사단을 궤멸시켰다.

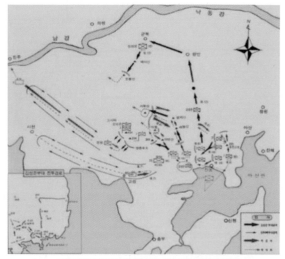
▲ 마산-진주간 진동리작전 요도, 서부 반격작전 상황도

8월 10일 (47일째)
킨 특수부대와
북괴군 제6사단의 대결

* 미 제24사단, 북괴군 교두보 진지 공격
* 미 제7기병연대, 왜관 남동쪽의 강력한 북괴군 격퇴
* 한미 양군, 포항지구 전투사령관 창설
* 국군 제3사단, 홍해 북쪽 장사동에서 고립
* 국군, 261고지 완전 탈환
* B29 전폭기, 원산 정유공장 및 중요 철교 폭파

마산 서부의 반격전

낙동강 돌출부 남쪽 남지에서 마산까지의 낙동강 방어선은 미 제25사단이 담당했다. 그들과 대치한 북괴군 제6사단은 진주로부터 마산을 경유해 부산을 점령할 목적으로 공격을 펼쳤다. 그 선두부대는 이미 마산 서쪽의 중암리와 진동리로 진출했고, 일부 부대는 함안 남쪽 서북산까지 침투했다.

이와 같이 서남부 전선이 악화되자 미 제8군 사령관은 마산-진주 축선에서 역공격을 실시하기로 결심하고, 미 제25사단·미 해병 제5연대전투단·국군 부대·국군 해병대·미 제87전차대대로 '킨 특수임무부대'를 편성해 진지를 전개했다. 그때의 작전은 그곳에 집중된 적의 위협을 격파함은 물론, 그들의 예비대를 그곳으로 전환하도록 적에 대한 압력을 완화하려는 목적이 있었다.

8월 7일 공격을 감행한 킨 특수임무부대는 진주 고개와 사천 지역을 북괴군 제6사단이 전 호남지방을 무혈점령하면서 진주에 진출할 때까지 마산 방어선 서쪽에는 그 어떤 아군 병력은 하나도 없었다.

미 제8군 사령관 워커는 상주에 있는 미 제25사단을 부랴부랴 마산 방어를 위하여 남하시켰다. 마산이 무너지면, 다음은 부산이다.

▲ 1950년 8월, 미 제25사단 전차대 모습; 적군의 동쪽으로의 진출을 견제 중

낙동강으로부터 남강으로 이어지는 방어선을 구축하기 위해 공격을 전개했다. 그러나 그 무렵부터 대구 북쪽에 대한 적의 공격이 강화되고 낙동강 돌출부의 전선 상황이 악화되었으며, 동해안의 국군 제

3사단이 장사동에서 포위되는 등 방어선 곳곳에서 피를 말리는 접전이 계속되고 있었다. 이에 따라 예비대의 확보가 시급해진 미 제8군사령부는 킨 작전을 중지하고 킨 특수임무부대를 해체했다.

▲ 1950.8.10 미 해병대가 노무를 위해 민간인들의 도움을 받고 있다.

▲ 미군 M-26 퍼싱 전차가 영산 전투에 참가하기 위하여 이동하고 있다.
1950. 8.

▲ 1950. 8. 10 폭격으로 불타는 마을

* 국군, 기계 방면 북괴군 주력 공격
* 국군 제2군단 특공대, 북괴군 전차 3대 격파
* 북괴군, 서울에서 의용군 10만 명 강제 모집

기계-안강 전투

북괴군은 '국군과 UN군이 낙동강에 강력한 방어진지를 구축하기 전에 신속한 추격 작전으로 이를 돌파한다'는 계획을 수립하고 8월 5일을 전후해 낙동강 일대의 모든 전선에서 일제히 공격을 개시했다.

기계-안강 전투는 8월 9일부터 9월 22일까지 기계와 안강, 포항과 경주 북부 일원에서 국군 1군단 예하 수도사단이 북괴군 766부대로 증강된 12사단의 남진을 저지한 방어 전투다.

7월 말까지 지연작전을 수행하던 국군과 UN군은 8월 1일을 기해 낙동강에서 최초로 좌우가 연결된 방어선을 편성했다. 이때 중동부전선을 담당하던 국군 1군단은 북괴군 주력이 안동-의성-영천 접근로에 투입될 것으로 판단하고, 예하 8사단과 수도사단을 의성과 길안 일대에 각각 배치했다.

일명 '북괴군의 8월 공세'가 시작된 것이다. 이로 인해 마산~왜관~영덕에 이르는 국군과 UN군의 방어선 곳곳에서 돌파구가 형성되는 위기가 발생했다.

특히 길안 일대의 수도사단 방어진지가 급속하게 와해되면서 청송~기계 축선이 무방비 상태에 놓이게 됐다. 북괴군 제12사단은 이 공백 지대를 통해 저항 없이 남하해 8월 9일 기계를 점령했다.

북괴군의 기계 점령은 중동부 전선에 최고의 위기를

조성했다. 북괴군이 기계 바로 남쪽의 안강-경주로 침투할 경우 국군의 방어선은 동서로 양분돼 대구와 포항이 위태롭게 되고, 나아가 부산 방어를 위한 차후 방어선 편성도 어렵게 되어 수습할 수 없는 국면에 빠질 수도 있었다.

이에 육군본부는 8월 9일 대구에서 신편 중이던 제25연대를 안강 지역에 급파하고 뒤이어 기계·포항 지구의 방어 임무를 위해 포항지구전투사령부를 급편했다. 이때부터 기계-안강 일대에서는 국군이 공세로 전환하기 전인 9월 22일까지 40여 일간에 걸쳐 피아간 뺏고 빼앗기는 치열한 공방전이 펼쳐지게 됐다.

낙동강 방어전이란 이름과 달리 실제 당시 국군이 전투를 수행한 장소는 대구 북방과 영천, 기계, 안강 일대의 험준한 산악지대였다.

8월 12일 (49일째)
북괴군, 현풍, 고성 점령

* UN군 전차, 포항돌입 북괴군 소탕전 전개
* 국군, 도이원 북방 10km에 위치한 북한군 대대 섬멸
* 미 제1기병사단, 대구 남서쪽 22km의 도하 부대 공격

▲ 초대 미 제8군 사령관 월턴 워커 장군
6 · 25전쟁이 한창이던 7월, 참모들과 지도를 보면서 작전회의 중

"STAND or DIE !"

워커 미 제8군 사령관은 한국 정부가 부산으로 피난 가려고 할 때 최후의 방어선인 낙동강을 지키기 위하여 "죽음으로 자리를 지켜라!"라고 최후의 명령을 하면서 분전하였다.

대한민국을 불법 기습 남침한 북 괴수 김일성은 8월 15일에는 부산에서 '8.15 광복절 기념행사'를 '조국 통일 축전'으로 함께 하겠다고 호언하고 있던 때였다.

낙동강 돌출부 작전 개관 (1950. 8. 6 ~ 19)

낙동강 돌출부 전투는 UN군이 낙동강 방어선을 형성하고 있을 때, 미 제24사단과 그 증원부대가 영산 지역에서 북괴군 제4사단의 공격을 격퇴한 방어 전투이다. 이 전투에서, 미 제24사단은 북괴군 제4사단이 현풍과 낙동강돌출부 지역으로 기습 도하를 강행, 낙동강 동안(東岸)의 방어선을 돌파하여 영산지역으로 침입하자, 밀양지역(대구와 부산 간의 병참선 차단 가능 지역) 진출을 저지하기 위하여 미 제8군의 증원부대(미 제2사단 9연대, 미 제25사단 27연대, 미 해병 제1 임시여단)로 역습을 실시, 북괴군을 강 서쪽으로 격퇴하고 방어진지를 회복하였다. 이 전투로 북괴군 제4사단은 치명적인 타격을 입고 전선에서 물러서게 되었으며, 그 후 아군의 공세이전시까지 낙동강 전선에 나타나지 못했다.

▲ 가장을 잃은 가족들(경상북도), 1950. 8. 12

▲ 1950. 8. 12. 낙동강 전선 어느 길가에서 UN군 병사들이
북괴군 병사들을 나포하는 모습

8월 13일 (50일째)
낙동강 방어선 조정
(왜관-다부동-군위-보현산-강구 남쪽)

* 미 제24사단, 적 도하 부대 소탕 작전

* 미 해병 제5연대, 사천 5km까지 전진

* 학도병 부대, 낙동강 전선에서 북괴군과 교전

▲ 1950. 8. 13. 81mm (박격포) 조포 훈련을 받고 있는 국군 병사들

▲1950. 8. 13. 안동의 낙동강 전선.
한국군의 공격을 받은 후 북괴군의 탱크 운전병이 부서진 탱크와 함께 죽어있
다. 무서운 것 없이 진격하던 소련제 T-34도 강력한 한국군의 낙동강 전선
반격에 차츰 파괴되어 갔다.

▲ 1950. 8. 부산항에 하역되는 UN군 장비들

▲ 1950. 8. 13. 잠깐의 휴식시간 동안에 병기(LMG기관총) 손질을 하고 있는
국군 병사들

▲ 1950년 8월 포항을 사수하고 있는 학도병들의 장엄한 모습

* 미 장갑부대, 포항 지구에서 교전
* 국군 제1사단, 낙동강 일대 재탈환,
* 국군 제18연대와 기갑부대, 입암 탈환

다부동 전투

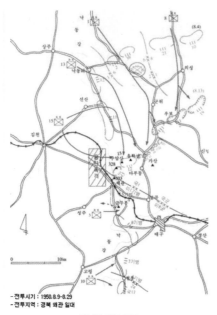

- 전투시기 : 1950.8.9~8.29
- 전투지역 : 경북 왜관 일대
▲ 다부동 전투 요도

북괴군은 국군과 UN군을 추격해 8월 1일 진주~김천~점촌~안동~영덕을 연결하는 선까지 진출했다.

북괴군 전선사령부는 수안보에, 제1군단과 제2군단은 김천과 안동에 각각 사령부를 두고 있었고, 당시는 7월 20일 김일성이 수안보까지 내려와 "8월 15일까지는 반드시 부산을 점령하라."고 독촉했던 직후였다.

따라서 북괴군 전선사령부는 매우 초조한 상태였다. 7월 말 국군과 UN군의 낙동강 방어선을 공격하게 된 북괴군의 작전개념은 다음과 같다.

첫째, 경부도로를 따라 대구를 공격, 둘째, 동해안 도로를 따라 포항~경주 방향으로 공격, 셋째, 창녕 서쪽의 낙동강 돌출부를 공격해 UN군의 병참선 차단, 넷째, 남해안을 따라 마산~부산 방향으로의 공격 등이었다. 이는 4개의 공격축선에서의 동시 공격으로 낙동강 방어선을 돌파하고 부산을 점령한다는 것이었다.

1950년 8월 초 낙동강 방어선을 공격하는 북괴군은 가용부대의 절반에 해당하는 5개 사단을 대구 북방에 배치했다. 따라서 8월 공방전의 승패는 대구 북방의 전투 결과에 따라 결정될 정도였다고 해도 과언이 아니었다.

반면 그 지역의 아군 방어 병력은 총 3개 사단(국군 제1·제6사단, 미 제1기병사단)뿐이었으며, 그나마 인접 사단들이 서로 연결되지 못한 상태였다. 적의 주 접근로를 담당한 국군 제1사단은 낙동리 부근으로 도하하는 적을 몇 차례 격퇴시켰으나 더 이상 버틸 힘이 없었다.

제6사단은 북괴군과 공방전을 반복하다가 결국 용기동에서 위천으로 물러났다. 왜관 일대의 미 제1기병사단은 역습을 전개해 낙동강을 도하하려는 적과 일진일퇴의 공방전을 벌이고 있었다.

그 무렵인 8월 11일 육군본부는 국군의 방어선을 303고지(작오산, 왜관 북쪽)~다부동~군위~보현산을 잇는 선으로 축소 조정했다.

이에 따라 국군 제1사단과 제6사단은 다부동~군위선에서 대구를 방어하게 되었다. 그러한 가운데 미 극동공군 사령부는 8월 16일 낙동강변에 이른바 융단폭격을 단행했다. 이는 대구 정면이 위태롭다고 판단한 미 제8군사령부가 낙동강 대안의 적 주력부대를 제압하기 위해 UN군 사령부에 건의해 실시된 폭격이었다.

융단폭격의 성과는 명백하게 확인되지 않았으나, 북괴군 지휘관들에게 대단히 큰 심리적 충격을 준 것으로 판단되었다.

그런데도 불구하고 8월 18일 가산에 침투한 적이 사격한 박격포탄이 대구역에 떨어지자, 대구의 위기가 고조되었다. 그 충격으로 정부가 부산으로 이동하고 피난령이 하달되는 등 대구 일대가 혼란에 휩싸이기도 했다.

그 후, 미 제1기병사단 정면의 적은 강을 건너오는 동안 큰 손실을 보고 접촉을 단절함으로써 소강상태가 유지되었고, 국군 제6사단 지역에서도 UN 전폭기의 지원을 받아 이를 격퇴함으로써 적의 대구 공격은 국군 제1사단 방어지역인 다부동 축선에 집중되었다.

국군 제1사단은 유학산~다부동~가산선에서 북괴군 3개 사단의 집요한 공격을 끝까지 저지 격퇴함으로써 전투를 승리로 이끌었다. 또한 다부동 방어 전투에 승리하게 된 배경에는 미 제8군의 적절한 예비대 투입도 크게 기여했다. 마침내 8월 20일 적은 더 이상 다부동 전선을 돌파할 수 없다고 판단하고 유학산 정면을 공격했던 제15사단을 영천 방면으로 전환했고, 이로써 8월의 다부동 위기는 해소되었다.

8월 15일 (52일째)
정부, 8.15 광복절(건국 제2주년)
기념식, 대구 문화극장에서 거행

* 다부동 전투 계속 치열
* UN군, 북괴군 신 교두보 진지
(대구 서남 32km, 낙동강 동안) 맹폭격
* 맥아더, UN에 '지상군 즉시 증원 촉구' 보고서 제출
* UN군 해군육전대, 청진 부근 터널 폭파
* 김일성, "모든 것을 전선으로!" 명령 하달
* UN군, 각 지역에서 방어전 수행
* 북괴군, 왜관 점령

▲ 1950. 8. 15. 이승만 대통령과 신성모 국방장관이
8.15 경축식을 끝낸 후 임시 국회의사당인 대구 문화극장을 떠나고 있다.

▲ 낙동강 전투가 한창이던 때, 미 8군사령관 워커(왼쪽) 장군이
콜린스 미 육군참모총장을 안내, 전선시찰

▲ 1950. 8. 15. 영동지역 피난민 행렬, "남으로 가야 산대이..." NARA

▲ 1950. 8. 15. 마산 부근, 피난민들이 배를 기다리고 있다. NARA

* 정부, 부산으로 이전 준비
* 미 제1기병사단, 대구 북서쪽 낙동강- 북괴군 200명 격퇴
* 국군 제17연대, 포항지구 1.6km 진격
* 국군 제12연대, 837고지 탈환
* 북괴군, 미군 포로 26명 왜관 부근에서 총살
* 국군 제1사단, 왜관 폭격 후 전략적 고지 점령
* 항모로부터 전투기 출격 182대
* 카투사 제도 시행(미군 제7사단에 보충),
카투사병 313명, 훈련차 도일

▲ 1950년 8월16일 북괴군의 총공세에 맞서 칠곡군 약목면 일대
(다부동 근방)에 융단폭격이 가해지다.
오전 11시58분부터 26분 동안 B-29 폭격기 99대가 폭탄 850톤을 투하했다.

▲ 8월 16일 B-29 등 전폭기 99대가 적진지 지역에 융단폭격을 가하는 장면
(모형 그림)

북괴군의 낙동강 도하작전 지역(6km x 12km)에 대한 '융단폭격'을 감행하였으며, 미 공군은 전 전선에 걸쳐 하루 평균 238회 출격, 폭격, 로켓트포 사격, 네이팜탄 투하 등으로 지상군을 근접 지원하여 적의 도하 남진을 저지하는 데 전력을 다하였다. 그러나, 그 융단폭격의 성과에 대해서는 그리 높은 점수는 주기 힘들었다는 평이다.

▲ 경북 영덕, 한 가족이 포화에 쫓겨 가재도구를 머리에 이고 줄달음치고 있다.

어느 소년의 융단폭격 체험 이야기

우리 가족들은 하는 수 없이 낙동강을 앞에 두고 발길을 돌렸다. 우리가 신평 사과밭을 지날 때 미군 B-29 공습을 정면으로 받았다. 그러자 우리 가족들은 식량과 가재도구를 모두 팽개친 채 과수원으로 달려갔다. 남자들은 사과나무에 올라 매미처럼 나무둥치를 껴안았고, 여자들과 아이들은 사과나무 그루터기 사이의 콩 포기에 납작 엎드려 공습이 끝나기를 기다렸다.

나는 미군 폭격기의 무서움도 모르고, 염소 똥처럼 쏟아내는 폭탄이 매우 신기하여 그것을 보려고 콩밭에서 일어나다가 할머니에게 뒤통수를 쥐어박혔다. 삼십 분 정도 공습이 끝나자, 우리 집 피난민 일행은 팽개친 식량과 가재도구를 다시 챙기고는 할머니 친정 고아면 대망동으로 피난을 떠났다. 오랜 세월이 흐른 뒤에야 그때 낙동강 다부동 전투의 폭격이 '융단폭격'이란 것을 알았다.

8월 17일 (54일째)
한국 해병대 통영 상륙작전
(단독작전)

*미군 왜관 탈환
* 북괴군, 폭격받은 왜관지구 4~6만 병력 재편성 중
* 미 제24사단, 영산지구 북괴군 교두보 격파
* 맥아더, UN에 지상군 증파 요청
* UN, 필리핀 한국 파병 수락
* 정부, 여자 의용군 소집

통영 상륙작전

통영으로부터 거제도로의 침입을 시도하는 북괴군을 격멸하라는 명령을 받은 해병대 김성은 부대는

1950년 8월 17일 새벽 3시, 해군함정 512호정과 평택호에 나누어 타고 통영반도 동북방 1㎞ 지점에 있는 지도(거제도 북방 연안)에 도착하였다. 그리고 거제도 서해안을 방어하는 것 보다 통영반도에 상륙하는 것이 유리하다고 판단하여 통영 근해를 경비하던 해군함정 PC-703함·AKL-901정·YMS-504정·512정·JMS-302정·307정 및 평택호 등의 지원 엄호하에 8월 17일 18시 통영반도 동북방에 있는 장평리에 상륙을 개시하였다.

▲ 통영 상륙작전 김성은 부대장(중앙과 참모들

이어 김성은 부대는 8월 18일 통영읍으로 진입하는 길목인 원문고개를 확보하여 적의 공격을 차단하였다. 그리하여 해병 제3중대와 제7중대는 통영 시가지를 한눈에 내려다볼 수 있는, 작전상 중요한 장소인 망일봉을 북괴군보다 먼저 차지하여 유리한 거점을 확보하였다.

해병대의 소탕작전에 당황한 북괴군은 필사적으로 저항했으나 김성은 부대는 해군 함정의 지원사격을 받아 8월 19일 통영 시내 소탕 작전을 벌여 북괴군을 완전히 소탕하였다.

▲ PC-703함

▲ Marguerite Higgins 종군 여기자 히긴스

▲ 1950년 8월. 남한 최후의 방어선인 낙동강 전투에서 부서진 낙동강 철교를 사이에 두고 치열한 공방전을 벌이는 아군들

종군 여기자 히긴스 그녀는 통영 상륙작전을 취재하면서, 한국 해병대를 '귀신 잡는 해병'이라고 하였다. 'They might even capture the devil.'

영산 및 왜관 전투

▲ 부산에서 훈련소로로 행진하는 보충병. 1950. 8. 1

▲ 영산지구 전투 중 미 제24사단 포병들이 105미리 곡사포를 발사하고 있다.

융단폭격에도 불구하고 8월 16일에는 가산으로 침투하려는 적이 741고지에서 다부동 바로 서측 466고지를 공격해옴으로써 국군 제1사단은 돌파되느냐 고수하느냐의 기로에 놓여 있었다.

이에 제8군은 사단 병력만으로는 방어선을 유지할수 없다고 판단하고 8월 17일 군 예비인 미 제25사단 제27연대를 다부동으로 투입하였다.

▲ 1950. 8. 17. 보급품을 실은 적 화물열차가 폭격에 의해 불타고 있다.

* 정부, 대구에서 부산으로 이동, 시민 소개령 발령
* 북괴군 4개 사단, 대구 북방까지 도달
* 국군 제1사단 및 미 제27연대, 대구 북방에서 방어전 전개
* 한국 해병대, 덕적도 수복 작전
* 국군 제1군단, 포항과 기계 완전 탈환

▲ 대구를 목표로 침공하고 있는 북괴군 모습. 1950년 8월

북괴군 제1, 제13 및 제15사단은 대구 북서부 외곽까지 진출하였으며, 대구를 방어하고 있는 국군 제1사단에게 압력을 가하고 있었다.

대구 시내에서는 연일 포성이 들렸고, 이 소리는 점차 가까워지고 있었는데, 8월 18일 오전 9시경에는 박격포탄 6발이 대구역 광장 근처에서 작열하게까지 되었다.

대구 시민들은 경악하였으며, 시내에는 '삐라'가 살포되기도 하였다. 정부와 경상북도 도청이 발표한 포고문들이었는데, 정부 포고는 간단하게 '정부는 부산으로 이전함'이라고 쓰였을 뿐이었다.

도청의 포고문에는; 정부가 부산으로 이전한다는 것과 아울러 '북괴군이 대구에 침입할 것이 예상되기 때문에 시민들은 피난을 하세요'라는 것이었다.

대구 시민은 약 30만 명, 거기에 외부로부터 온 피난민 40만 명 합하여 약 70만 명이었는데 거리에는 남

으로 피난 가려고 하는 사람들의 물결로 패닉상태에 휘말렸다. 피난민은 대구역에 쇄도했고, 부산 가는 국도에는 사람들의 물결로 메워졌기 때문에 군부대의 이동이 아주 곤란할 정도였다.

▲ 낙동강 피난민촌 모습. 1950년 8월

▲ 대구역에 모인 신병들 모습. 1950. 8

북괴군 제2군단장 김무정(金武亭)

▲ 김무정 (1904-1951) 함경북도 경성 생

8.15해방 이전, 중국 내에서, 조선 의용군, 후에 국공내전에도 참여하였고, 인민해방군 내에서도 정예부대로 알려져 있었다.

이들은 국공내전이 끝난 후 북괴군에 합류하여, 6.25 남침 전쟁 초반의 주력이 되었다.

그는 8.15 후에는 북한에 입국, 중국공산당과 협력한 조선인들로 구성된 연안파의 리더로서 활동했다. 북괴 정부수립 초기에는 중국 공산당과의 긴밀한 관계와 독보적인 전투 경험으로 매우 강력한 영향력을 행사했다고 전해진다. 심지어 김일성조차 무정을 함부로 하지 못했다는 것이 정설이다. 심지어 김일성 이전에도 '장군' 칭호를 달고 다녔다. 때문에 김일성은 무정을 크게 견제했다.

6.25전쟁 때까지 무정이 맡은 직책들은 포병 사령관, 2군단장, 민족 보위성 부상 등 명성에 비해 그리 높지는 않았다. 그러나 전황의 악화와 함께 무정 역시 내리막길을 걷기 시작했다. 권력 약화를 우려한 김일성은 정치적 라이벌들에게 패배의 책임을 덮어씌워 위기에서 탈출하려 했다.

결국 무정은 낙동강 방어선 공략 실패, 평양 상실의 책임을 한꺼번에 뒤집어쓰고 숙청되고 만다. 이 당시 무정과 가까웠던 중국 공산당 군 출신 장교들 역시 무더기로 축출된다. 김일성 휘하의 만주 빨치산 출신 장교들이 이들을 대체하게 되는데, 이것은 조선인민군 장교들의 심각한 수준 저하로 이어졌다고 한다.

남한 관변자료에는 총살설, 지하 노예설(…), 암살설, 병사설 등이 돌았으나 숙청 후 지하 노역장 관리로 잠시 있다가 중국 측의 요청으로 송환, 중국에서 병사한 것으로 파악된다.

무정의 숙청은 곧 북한 권력의 한 축이었던 연안파의 몰락을 의미했다. 무정은 1952년에 병사했고, 그가 이끌던 연안파는 1956년의 8월 종파 사건과 1958년의 최창익 숙청으로 궤멸되었다. 이후 김일성의 1인 독재체제가 확립되었다.

* 맥아더, 콜린스 미 육군참모총장, 셔먼 미 해군 참모총장 등 작전회의(동경)
* 국군, 포항지구 북괴군 완전 분쇄
* 한국해병대, 통영 상륙작전 성공적으로 수행 중
* 북괴, 점령지역에서 '노동법령' 공포/ 양민 학살 자행 중

" 인천에 상륙하여, 서울을 탈환할 것입니다 !"

▲ 1950. 6. 28 수원비행장에서의 이승만 대통령과 맥아더 사령관

▲ 이승만 대통령 전선 시찰

6.25 남침으로, 서울을 점령당한 직후 수원 근방 전선을 시찰한 맥아더 장군은 인천상륙작전을 구상하였으며, 이 작전이야말로 전략, 전술적인 면뿐 아니라 정치적. 심리적 효과가 극대에 달할 것이고, 더 나

아가 호남 곡창에 있는 제1 전략물자인 쌀을 북괴군에게 빼앗기지 않는 것이 한국 국민에게 더 없는 값이 될 것이라고 역설했다.

인천상륙작전은 '세기의 대 도박' (世紀의 賭博 ;5千對 1)이 될 것이다.

▲ 1950. 8. 19 동경회담 참석자들; 코린스, 맥아더, 셔먼

1950년 7월 4일 '블루하트'(blue heart)라는 작전명으로 7월 22일을 D-day로 잡고 제1기갑사단을 기용하려고 했지만, 영일만 작전이 위급하여 기병사단을 그곳으로 급파해야 했기 때문에 일시 중지되었다.

7월 23일 세 지역의 상륙작전 계획서(인천, 군산, 주문진)를 워싱턴에 보고하면서 (그 후 인천으로 결정) 미 해병 제1사단, 미 제7보병사단, 한국군 일부 그리고 영국군 여단을 참가토록 했다.

맥아더 사령부에서는 인천 상륙 작전계획을 구체화하여 '워싱턴'에 보고한다. '워싱턴'에서는 맥아더 장군의 계획을 확인 토의하기 위하여 '콜린스' 장군과 '셔먼' 제독을 특사로 결정하여 극동사령부에 파견한다.

맥아더 사령부의 특별기획 참모단이 인천상륙작전에 대한 개념을 설명함으로 토의가 시작되었는데, 마지막에 맥아더 장군은 약 한 시간 동안 인천상륙작전에 관한 타당성 설명을 통하여 다음과 같은 강한 의지를 보이는 결론을 맺는다.

"만일 나의 판단이 빗나가 승리할 수 없는 방어로 돌입한다면, 나는 몸소 그곳에 나아가 상륙군이 피나는 좌절을 맛보기 전에 철수시킬 것이다. 그때 유일한 손실이란 나의 직업적인 명예뿐일 것이다. 그러나 인천은 결코 실패하지 않는다. 인천은 성공한다. 그것은 10만 명의 생명을 구할 것이다."

훗날, 콜린스 장군은 그 연설은 '감동적인 연설'이었다고 기록하고 있다. 수차에 걸쳐 '워싱턴'과의 서신 교환이 있었지만, 맥아더 장군은 8월 30일에 인천상륙작전 명령을 하달한다.

이때 미 제8군 사령관 워커 장군은 앞서 기술한 바와 같이 상륙작전 부대 편성을 위한 조치로써 '데이비드슨 라인'(Davidson line) (울산-밀양-마산선 : 대략 경상남도의 절반)을 구상하여 결전 방어에 대비한다.

미 해군함정 226척을 포함한 총 261척의 상륙작전 기동부대는 한국해병대와 한국육군 제17연대를 포함한 약 75,000명을 상륙시키는 데 성공한다.

그리고 낙동강 전선을 돌파하여 북진하고 있는 미 제1기갑사단과 인천으로 상륙한 미 제7사단 병력이 9월 26일 서정리(오산-평택 간)에서 합류하게 된다.

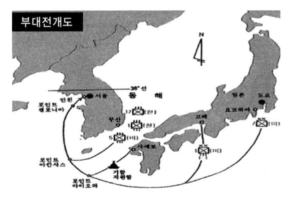

▲ 인천상륙작전 부대 전개도

* 국군, 포항에서 북괴군 3,000명 분쇄,
개전 이래 최대 승리
* 함병선 부대, 적 사단장 사살; 1개 연대 섬멸
* 미 하원의원, 한국 전황 시찰
* 국군 10개 사단화 증편 추진(8. 20~11. 11),
이날 제7사단 재창설
* 해병대, 통영 점령, 고성으로 진격

김일성은 영천 전투의 패배가 전쟁의 승패를 좌우했다는 말을 남겼다.

영천 전투는 전쟁 발발 후 최초의 국군 대승이었으며 낙동강 방어선의 붕괴를 막아 반격의 발판을 마련한 아주 중요한 전투였다. 당시 영천지역에서 일어난 전투는 영천 전투를 포함해 크게 5개의 전투로 나뉜다.

▲ 마지막으로 공세가 가해진 영천지구 전투 당시, 제8사단 제21연대 장교들

5개 전투 개요 (8월 하순~9월 중순)

1. 보현산지구 전투
- 전투 시기 : 1950. 8. 13~9. 4
- 주요 지휘관 : 최덕신 대령, 박치옥 소령
2. 신녕 조림산지구 전투

- 전투 시기 : 1950. 8. 30~9. 4
- 주요 지휘관 : 김익렬 대령, 함병선 대령
3. 신녕 화산지구 전투
- 전투 시기 : 1950. 9. 6~9. 15
- 주요 지휘관 : 김익렬 대령, 허용우 소령
4. 영천지구 전투
- 전투 시기 : 1950. 9. 5~9. 13
- 주요 지휘관 : 이성규 준장, 고근홍 중령
5. 신녕-조림산 진격전
- 전투 시기 : 1950. 9. 15~9. 22
- 주요 지휘관 : 김익렬 대령, 허용우 소령

▲ 1950. 8. 20 주민 피난 모습

▲ 영천 전투를 포함한 낙동강 방어전 기간 중 대구에서는
매일 500~3,000명의 신병을 전선으로 투입했다.
사진은 대구역에서 열차를 타고 전선으로 향하는 신병들. 사진=국방일보

1950년 8월 말 북괴군 제2군단 제15사단은 영천 동북 입암리에서 2개 연대를 증원받고 최종 공세를 준

비하고 있었다. 이들의 목표는 영천을 점령한 다음 대구에 진출하는 것이었다.

국군 제8사단은 보현산과 입암 남쪽 고지 일대에 방어진지를 편성해 이미 8월 말께부터 전초전을 수행하고 있었다. 이때 제8사단 제10연대는 제3사단에 배속돼 포항 일대에서 작전 중이었다.

영천은 신령·구산동·입암으로부터의 도로 교차점이며 대구와 경주 방향으로의 도로망이 발달하여 있고, 중앙선·대구선·동해남부선 등 철도의 분기점으로 대구- 34㎞, 경주- 28㎞의 거리에 위치하고 있다. 이곳이 돌파될 경우 대구와 경주 방면이 위협을 받게 되며, 국군 제1·제2군단이 분리되는 동시에 동서 간의 보급로가 차단된다. 따라서 이곳은 낙동강 전선의 전략적 요충지였다.

837고지(유학산 제2봉) 탈환전
* 1950. 8. 21 국군 제1사단 제12연대, 유학산 탈환 성공*
미군 폭격 후, 북괴군 제13사단을 야간기습

천평동 계곡 전투 : 전차전
* 미군 제27연대, 김일성이 보낸 신형 T-34와
맞붙은 전차전

▲ 미군 탱크와의 전투에서 파손된 T-34 북괴군 전차들

▲ 미 제1기병사단의 낙동강 도하작전을 돕기 위해, 한국인 인부들이
낙동강 바닥에 흙포대를 깔고 있다. 1950. 8 하순

▲ 낙동강 전선, 적 포탄이 작열하는 순간 모습. 1950. 8월

8월 21일 (58일째)
국군, 왜관 북쪽 유학산 점령
(다부동 전투)

* 국군, 포항지구에서 서서히 진격
* 영국, 홍콩 주둔부대 한국에 급파 결정
* 국군 제2사단, 영천지구 북괴군 1개 연대 격퇴
* 한국 해병대, 서해 선갑도 탈환

* B-29 70대, 북한지역 군사시설 맹폭격 (폭탄, 700톤 투하)
* 이스라엘, 의료보급품 6만 3천 달러 원조 제공
* 북괴군 고급장교 귀순

▲ 동해안 부대를 지원해 주기 위해 함포사격을 하는 미 해군 전함 모습
1950. 8. 22

북괴군 포병연대장 귀순

격렬했던 미 27연대와 북괴군의 전투가 끝난 뒤, 그리고 국군이 유학산을 점령한 다음 날, 8월 22일에 북괴군 중좌(중령)가 귀순했다. 그는 북괴군 제13사단 포병연대장 정봉욱 중좌였다. 그는 국군 제1사단 제11연대 지역으로 병사 1명과 함께 백기를 들고 넘어왔다. 귀순 동기는 자신이 속했던 제13사단의 사단장과 불화를 빚었기 때문이었다고 했다.

포진지 문제로 시비를 벌이다가 공산주의에 대한 평소의 회의가 덧붙여져 귀순을 결심했다는 것이다.

그는 북한군 작전지도를 많이 지니고 왔다. 그를 통해 아군은 북괴군이 과수원에 교묘하게 위장해 둔 포진지를 알아낼 수 있었다. 적 122㎜ 곡사포 7문, 76㎜ 곡사포 13문이 있는 곳이었다. 미군은 155㎜ 야포를 동원해 정봉욱 중좌가 지정해 준 곳을 겨냥하며

강렬한 포격을 퍼부었다. 그로써 이후 북괴군 포격이 크게 줄어들었다고 <6·25 전쟁사>는 적고 있다.

▲ 볼링앨리 전투 직후 전장의 모습. 1950. 8. 22

'볼링 앨리'의 전투가 끝난 뒤 국군 제1사단의 전면에는 적이 간혹 출몰하면서 공격을 벌이는 경우가 있었지만, 대세가 이미 기운 뒤의 맥없는 공격이라는 점이 느껴졌다.

공세를 줄곧 이어가지 못했을 뿐 아니라, 반격을 시도하는 아군에게 아주 쉽게 밀렸다. 수암산과 유학산의 경우에도 그랬다. 적은 뒤로 물러나는 기세가 역력했다.

며칠 뒤에는 제12연대 수색대 1소대장 대리 배성섭 특무상사는 부하 11명을 이끌고 적정 수색에 나섰다가 급기야 북괴군 제13사단 사령부를 기습하는 '사건'이 벌어진다. 이들은 사단 사령부에 진입해 적군을 살상하면서 포로 3명을 붙잡았다.

* UN 해군 구축함, 청진에 함포사격
* 대구 북쪽의 북한군, 동쪽으로 일부 이동
* 유엔 구축함, 청진에 함포사격
* 해군, 어로 일부 허용 포고 발표

▲ 미 제2사단 병사들이 북괴군 게릴라들이 야간에 도로에 묻었을 수도 있을 지뢰를 찾기 위하여 스크류드라이버 등 공구로 땅을 확인하고 있는 모습; 전날 지뢰로 인하여 트럭 2대와 수명의 병사가 피해를 봤다.

1950년 8월 하순에 진행 중인 낙동강 전선 전투 List

서부·남부지역 작전, 마산 서부지역 전투 / 창녕-영산 전투

중부지역 작전, 낙동 연안-다부동, 팔공산 전투 / 왜관-다부동-대구 북방 전투

중동부 지역 작전, 신녕 지구 전투 / 의성-보현산 지역전투 / 영천지역 전투

동부 지역 작전, 기계-안강 전투 / 영덕-포항 전투

▲ 1950. 8. 23. 경남 함안, 기차를 타기 위해 늘어선 피난민들. NARA 할아버지 등에는 온갖 가재도구가 짊어져 있고, 오른 손에는 손자손이 잡혀 있다.

▲ 1950. 8. 23. 머리에 이고 등에 업고 앞에 들고 고단한 피난 행렬 NARA

▲ 1950. 8. 23. 경남 함안, 기차표를 사고자 늘어선 피난민들로 남녀노소없이 피난 봇짐을 이고 지고 있다. NARA

8월 24일 (61일째)
한국 해병대,
인천 외해 6개 도서 완전 점령

* 국군 제11연대 및 제27연대, 신주막선 진출
* 유엔군·국군, 후방 침입한 북괴군을 북서쪽으로 격퇴
* UN군, 인천상륙작전 계획 확립, 준비 단계
* 대구 북서쪽 북괴군 총퇴각
* 미 해병대 항공대, 서부전선에서 지상군 지원

▲ 1950. 8. 24. 경북 왜관 부근, 피난민

▲ 1950. 8. 24. 경북 낙동강 유역1950년 8월 24일

▲1950. 8. 24. 젖을 먹이는 어머니 NARA

▲ 1950. 8. 24. 경북 낙동강 유역, 온갖 가재도구를 머리에 이거나 등에 진 피난민들

8월 25일 (62일째)
북괴군, UN군 공격에
반격(, 탱크 30대), 격전

* 북괴군, 하양 부근에 대규모 집결
* 미 제2사단, 대구 남서쪽 25km 북괴군 1개 대대 포위
* 뉴질랜드, 보병 · 포병 참전 결정 발표

▲ 뉴질랜드 국기

김일성은 '8월 15일 대구 점령'마저 실패로 돌아가자, 일선 지휘관 등을 대거 교체하면서, 주공 방향 <대구 - 밀양 - 부산>에서 <영천 - 경주 - 부산> 축으로 변경하는 조치를 취한다. 주공 축선이 변경되면서 8월 15일 침공군은 국군이 담당하는 포항에 진격해 옴으로써, 한국군 제3사단 병력이 해군 LST로 구룡포로

해상 철수를 하였고, 적 제15사단은 영천 북방까지 남진하였으나, 북부 전선인 대구 점면 다부동에서의 치열한 공방전에서는 격퇴된다.

한편 서북부 현풍지역에서는 북괴군이 낙동강 도하 작전을 시도했으나, 미 제2사단에 의하여 격퇴되는 등, 전 전선에서의 결사적인 전투는 적군의 전의를 꺾는데 충분하였다. 북괴군은 장비의 절대 부족과 장병의 사기 저하, 그리고 UN군의 폭격, 포격 등으로 인해 8월 21일경부터는 전 전선은 소강상태로 변하였다.

한편, 이 무렵 수많은 대한민국 학도 의용군이 자원 입대하게 되고, 단기 훈련으로 각 전선에 투입되어 혁혁한 공을 세운 일은 전사에 기록되어 빛난다. 그리고 북괴군에게 강제로 끌려간 '의용군'들은 기회만 있으면 북괴군 전열에서의 탈출을 기도하였다.

▲ 1950.8.25, 항공기 오폭으로 인하여 들판에 쓰러진 한국 피난민 시신들의 모습 (촬영자 - 미군, 장소 미상)

▲ 1950. 8. 25. 부산 근교의 임시 포로수용소에서 북괴군 포로들이 심문을 받기 위해 줄을 서서 기다리고 있다.

* 북괴군 8월 공세 중단, 9월공세 준비
* 국군, 동부전선; 포항. 기계지구 공격하는 북괴군을 격퇴
* B-29, 중 · 북부지방 주요 철도 및 북한 함경북도 길주 조차장 폭격
* B-26, 서울지구 철교 대파괴
* 스웨덴 야전병원단, 한국 향발

▲ 스웨덴 국기

▲ B-26 폭격기, 일명 야간의 사신(死神)

적 저항 거점이나 후방의 시설물, 군수품 야적장, 철도, 보급로 등의 폭격, 적의 대공포화에 맞서야 하는 곳은 대지공격을 마다 안 하고 내내 수행했는데 이 중 대부분은 야간에 출격하고 있다.

▲ 낙동강 전선을 돌파하여
부산까지 진격하겠다는 북괴군 오토바이 부대 모습. 1950. 8

북괴군 8월 공세 중단, 9월 공세 준비

8월 20일을 기점으로 북괴군의 공세는 점차 잦아들었다.

8월 하순부터 마산 일대에서 북괴 제6사단과 미 제25사단 사이에 치열한 전투가 벌어졌으나, 적의 공격이 아군의 방어를 위태롭게 만들 정도는 아니었다. 영산 정면에서도 미 제24사단 대신 미 제2사단이 8월 하순부터 투입되면서 한숨을 돌리게 됐다.

대구 북방에서도 북괴군 1개 사단이 영천 방면으로 이동하면서 대구에 지향되었던 적의 공세는 둔화했다. 영덕과 포항에서도 전투는 계속됐으나, 방어선 자체가 붕괴될 정도의 위기는 아니었다. 여전히 북괴군의 움직임이 활발했지만, 전체적으로 북괴군의 공격 기세는 눈에 띄게 약화됐다.

결국 뜨거웠던 8월의 전투에서 승리한 것은 국군과 UN군이었다. 8월 15일까지 전쟁을 끝내겠다는 북한의 선전은 공수표가 됐다. 미군, UN군 증원 병력이 연달아 한국에 도착하면서 이제 국군과 UN군을 합친 지상군 병력 수는 북괴군의 2배에 육박했다.

맥아더 장군을 비롯한 미군과 UN군 총 지휘부는 오히려 9월 중순으로 예정된 상륙작전 준비에 더 관심을 기울이고 있었다.

▲ 미군 탱크를 하역하는 모습. 부산부두. 1950. 8

8월 초부터 낙동강 전선에서 공격을 감행한 북괴군은 전투력이 열세로 전환되는 등 상황이 불리했음에도 불구하고 오직 승리만을 위해 혹독하고 무자비한 독전을 자행했다.

그 결과 북괴군은 한때 영산을 점령하고 기계와 포항까지 진출할 수 있었다. 그 같은 위기를 극복하기 위해 미 제8군 사령관은 예비대를 이동시켜 돌파구에 투입된 북괴군을 격퇴하는 역습을 실시했다. 그리고 반복된 역습에 따라 드디어 8월 20일, 북괴군의 공격이 멈춰졌다.

8월 한 달 동안 낙동강 방어선에서 계속된 치열한 전투로 북괴군은 7만여 명의 병력과 많은 장비를 잃게 되어 더 이상 공격을 계속할 수 없는 지경에 이르게 되었다.

반면 국군은 UN군의 증원과 함께 추가 징집 등을 통해 예전의 전력을 거의 회복하고 있었다. 그 과정에서 재일교포 학도의용군 등 학도병의 지원은 총력전 태세를 구축하는 데 크게 기여했다.

▲ 낙동강 전선을 지키기 위하여 출정하는 학도의용군 들. 1950. 8

▲ 학도의용군에 지원한 학생들이 군 장비를 지급받고 있다. 1950. 8.
(박양호 대한학도의병 명예선양 기념사업추진위원장 제공)

**8월 27일 (64일째)
북괴군, 의흥 점령**

* 북괴군, 대부분의 전선에서 '정찰 공격' 계속
* 잭슨 특수임무부대, 경주지구에 투입
* 인천상륙작전 준비단계

▲ 보잉 B-29 Superfortress가 적재하는 폭탄

잭슨 특수임무부대

안강·포항 전투는 국군과 UN군이 낙동강 전선을 방어하고 있을 때, 국군 제1군단(수도사단, 제3사단)이 기계, 안강, 영덕, 포항 일대에서 유격대(766부대)로 증강된 북괴군 2개 사단(제5, 제12사단)의 침공을 격퇴한 방어 전투이다.

8월 초 그동안 예비로 있었던 북괴군 제5사단과 제12사단은 유격부대인 제766부대와 합세하여 국군의 방어력이 가장 취약한 기계와 안강 일대를 점령하려 하였고, 일부 병력으로 국군의 주 보급로의 요지인 영천과 경주 그리고 원강 등지에 진출하여 보급을 차단하며, 국군 전방부대를 고립시키는 동시에 최단시일 내 주력부대를 투입하여 대구와 부산 등지를 석권하려 하였다. 북괴군 제5사단과 제12사단은 역전의 노장들이 많아서 전투에 숙달되어 있었다.

8월 9일을 기하여 시작된 이 전투에서 국군 제1군단은 북괴군 제12사단이 청송-죽장-기계-안강 축선으로 침공하여 포항을 점령하자 동해안의 기지와 월포 부근에 위치한 국군 제3사단을 해상으로 철수시키는 한편, 국군 수도사단과 독립 제17연대 그리고 미 브래드릭 특수임무부대를 투입하여 역포위 작전을 전개한 끝에 이들을 비학산 방면으로 격퇴하였다.

▲ 특수임무부대 출동 모습

그러나, 다시 북괴군 제5사단과 제12사단이 기습공격을 감행하여 포항과 경주 지역으로 진출하게 되자 미 제8군에서 증원된 잭슨 특수임무부대와 함께 형산강 일대에서 이들의 침공을 저지한 후, 반격 작전

을 전개하여 기계와 흥해 지역으로 진출하였다.

- 증언-

"안강 기계 전투 때, 본인은 제1군단장 김홍일 장군과 같이, 경주 사령부에서 엄홍섭 소장 밑에서 가끔 포항 전투 현장을 시찰하곤 하였다. 미 해군 전함의 함포사격과 공군 B-29의 폭격으로 포항 시내가 운동장처럼 패여 보기에도 안타까웠다. 포항 시내 1키로 앞 기차 터널 부근에서 미군들이 논과 길 위에서 전사한 모습들이 많이 보였다. 그때가 뜨거운 때여서 시체가 썩는 냄새가 진동하였다. 그러나 시내가 모두 다 불탔는데도 포항제일교회만이 그대로 우뚝 서 있어 나를 놀라게 하였다. 그때 나는 하나님께 감사의 기도를 드릴 수밖에 없었다. 기계 마을에 가니, 인민군들이 방금 철수하였고, 제18연대장 한신 대령이 패퇴하는 인민군을 공격하는 모습을 보았는데 구십살이 다 되어 보이는 할머니가 토끼 먹이를 주고 있어, '왜 할머니는 피난을 안 갔느냐?'고 물으니 다~ 죽어가는 판에 어딜 피난 가겠느냐고 대답하더군. 실로 포항 전투는 참혹한 전투였다."
당시 이 지역에서 참전하였던 김명신 예비역 대령(공병, 육사 8기, 2017년 미국에서 사망)

인천상륙작전 준비단계
상륙작전을 위한 부대 편성 및 기동

▲ 새로 임명된 미 제10군단장
에드워드 알몬드 소장

상륙작전의 기본계획을 확정한 맥아더 최고사령관은 즉각 상륙부대의 편성에 착수했다.

상륙부대로 제10군단을 창설해 그의 현 참모장인 알몬드(Edward M. Almond) 소장을 군단장에 임명하고 극동군사령부에서 차출한 참모장교들로 군단사령부를 편성했다.

군단 예하에 편성된 주요 부대는 미 제1해병사단, 미 제7보병사단, 국군 제1해병연대, 국군 제17보병연대다. 그리고 지원부대로 미 제2 특수공병여단 등이 포함되었다. 이와 같이 편성된 상륙군 병력은 총 7만 5천여 명이다.

상륙작전을 위해 미 제7사단은 일본 요코하마에서, 미 제1해병사단은 고베(神戸)에서, 수송선단과 화력 지원 함대 및 지휘함은 사세보에서 출항, 국군 제17연대, 제1해병연대와 미 제5해병연대 등은 부산에서 인천으로 출발한다.

상륙 하루 전인 9월 14일 이들 부대들은 서해 중부 해상의 약정된 집결지인 덕적도 근해에 집결토록 한다.

▲ 맥아더의 기함 USS Mt. Mckinley, GC7

진해 상륙작전은 동해에서 미 전함 미주리호로 동해, 삼척 근처에서 상륙작전 준비로 오인시키기 위한 함포사격으로 시작했고, 서해에서는 서해 최적의 상륙지점으로 간주된 군산에서도 상륙작전과 비슷한 수준의 함포사격을 여러 차례 실시하는 등의 기만작전으로 시작된다.

9월 4일 상륙지점인 인천을 고립시키기 위한 공습이 시작되며, 상륙 당일인 9월 15일까지 지속된다. 9월 14일에는 장사 상륙 작전이 실시된다. (학도병 참전) 이와 동시에 맥아더는 군산에 상륙할 것이라는 거짓 정보를 흘렸으며, 이 정보에 속아 넘어간 북괴군은 군산의 방어를 강화하면서 다른 지역의 경계가 허술해졌다.

미 해군함정 226척을 포함한 총 261척의 상륙기동부대 규모인데, '세기의 도박'(5,000:1)이 시작되고 있었다.

8월 28일 (65일째)
UN군, 북괴군 지역 전략폭격

* 성진(함경북도)금속 공장, 진남포(평남)공장지대 맹폭
* 호주공군, 미 제5공군, 미 해병대 항공대 합계 250대,
평양 비행장 등 폭격
* 국동 공군 550대 북한 군사기지에 500톤 투하
* UN군, 북괴군의 공세 정보 포착

UN 항공 세력의 임무, 역할

UN의 해·공군작전은 북한의 군사시설은 물론이고, 산업시설, 댐 등 북한의 기간시설을 초토화시킴으로써 김일성으로 하여금 공포심을 심어주었고, 또 승리해도 재건하기가 힘들 것이라는 위기감을 일으켜 휴전회담에 응하지 않을 수 없게 했다.

UN 해군은 한반도 해안을 철통같이 봉쇄하면서 동해와 서해상에서 함포 및 함재기에 의해 북한지역의 군사 및 산업시설을 파괴했고, UN 공군도 한국 및 일본기지에서 출격하여 북한의 기간 및 군사시설, 저수지 등을 파괴하여 북한지역을 초토화시켜 나갔다.

▲ 호주 공군 제77 비행대대 전투기

▲ 미 공군 F-80 전투기

▲ 미 공군 F-4U5 코르세어

▲ 미 공군 A-1 스카이레이더

항공작전 종류

· 스트랭글(Strangle)작전은 미 공군이 실시한
후방차단 작전이다.
· 철도 차단 작전, 세이츄레이트(Saturate) 작전
· 북한의 수력발전소 폭격 작전, 항공압박 작전
· 평양 대공습 작전, 항공 압박 작전
· 북한의 저수지 폭격 작전

▲ B-29 전략폭격 모습

UN군, 북괴군의 공세 정보 포착

미군 일각에서 '개전 이래 지속됐던 북괴군의 전면
공세는 이제 곧 끝날 것'이란 기대감을 품을 무렵 뜻
밖의 상황이 돌출되었다.

낙동강 서부전선과 서남부 전선에서 북괴군의 이상
한 움직임이 노출된 것. 미8군 정보처는 8월 28일 경
남 합천 방면에 2개 사단과 20대의 전차가 집결된 것
을 포착하였다. 이들 북괴군이 경남 영산 방면을 방
어하고 있는 미 제2사단을 공격할 수 있다는 것이 미
군 정보 당국의 판단이었다.

미 제25사단 정면의 남강에서는 북괴군이 수중 교량
을 건설하고 있었다. 수중 교량이란 제2차 세계대전
소련군 식의 도하 수단으로 얕은 물 속 바닥에 도로
형태의 구조물을 만들어 차량과 병력이 도섭할 수
있도록 만든 구조물이다.

미 5공군은 도하를 시도하는 북괴군의 움직임이 포
착될 때마다 공격을 가했지만, 주로 야간을 이용하
는 북괴군의 도하 준비 작업과 도하 시도를 완전히
차단할 수는 없었다. 미군 내에서 "북괴군이 국지적
으로는 모종의 공세를 감행할 수도 있겠다"는 우려
와 "북괴군의 공세 능력은 사실상 소진됐다"는 상반
된 평가가 엇갈리는 상황에서 돌연 북괴군의 전면
공세가 다시 시작되고 있었다.

▲ 1950년 8월 28일 전우가 전사하는 것을 목격한 한 미국 신병이 다른 동료의
어깨에 얼굴을 묻고 흐느끼고 있는 모습.(AP Photo)

8월 29일 (66일째)
낙동강 전선 다시 이상 조짐
함안 함락 위기

* 영국군 제27보병여단 부산 도착
* 북괴군, 부곡리. 칠현리. 두곡리에서 낙동강 도하 기도
* 한국 해군, 남해상에서 북괴군 수송발동선 2척 발견,
격침

워커 미 제8군 사령관,

각 지역에서 방어를 하는 것은 예하 사단의 몫이었
다. 워커의 역할은 북괴군의 공격이 집중된 지점이
나, 아군 방어망이 완전히 뚫릴 가능성이 높은 위험

지역을 파악해서, 자신이 보유한 예비대를 투입하는 것이었다.

워커 미 8군 사령관은 항상 그래왔듯이 예비대를 어디에 투입할 것인지를 고민했다.

▲ 북괴군 6사단 진격 모습

그러나, 북괴군 제6사단은 팔로군 시절의 전투 경험을 살리면서 T-34 전차의 이점을 절묘하게 접목해킨 특수임무부대의 반격에 대응하고 있다.

영 연방군, 부산 도착 모습

▲ 영연방군 제27보병여단 부산항 도착. 1950. 8. 29

▲ 영연방군 도착 환영행사, 부산, 1950. 8. 29

▲ 1950. 8. 29, 미 제25사단 한 병사가 대구북방 20마일의 낙동강 전선, 마을에 숨어있는 적 저격병을 향하여 수류탄을 던지고 있다.

8월 30일 (67일째)
북괴군 신녕 북방 침투, 국군과 교전

* 북괴군 제5 · 12사단, 기계 재점령
* 유엔군, 기계 동쪽에서 로켓탄으로 북한군 500명 사살
* 미 제2, 제25사단 지역에 북괴군 정찰대 공격
* UN해군 제77기동부대 함재기, 진남포 대공습

▲ 이 그림들은 6.25 전쟁 당시, 촬영된 사진을 바탕으로 그린 것이다.
미국 항공모함 BOXER 호와 기타 항모에서 출격한 함재기
Corsair 편대가 적 진지를 공격하는 모습.

'낙동강' 위기의 절정

전황을 파악하기 위해 미 제25사단과 제2사단을 직접 방문한 워커 장군은 보고 받던 것보다 훨씬 나쁜 전황에 할 말을 잃었다. 각급 부대의 주둔지 사이에는 북괴군이 침투해 중대·대대·연대급 미군 부대 상당수가 북괴군에 포위당해 고립됐고, 통신마저 두절되어 있었다.

미 제5공군과 제7함대 항공모함의 함재기들이 위기에 빠진 미 육군을 구하기 위해 근접항공지원으로 지원해 줬지만, 전세는 좀처럼 호전되지 않고 있다. 고민하던 워커 장군은 경남 영산 방면이 가장 위급하다고 판단하고, 이 지역에 미 해병 제1여단을 투입하기로 결심했다. 미 해병 제1여단은 인천상륙작전에 투입되기 위해 후방에 빠져 있었지만 달리 방법이 없었다.

▲1950. 8. 30, 낙동강 전선에서

맥아더는 전체 전황을 정확하게 읽고 있었다.

워커 장군은 혹시 자신의 요청이 거절될 경우에 대비해 또 다른 예비대였던 미 제24사단에도 밀양 서남쪽으로 이동해 역습 작전에 투입할 준비를 갖출 것을 명령했다.

이때 미 제8군 차원의 유일한 예비대였던 미 제27연대 3대대를 미 제25사단장 킨 소장이 임의로 사용해 버려 워커 장군은 전황이 더 악화될 경우 더 이상 사용할 카드도 남아 있지 않았었다.

"절정의 위기"

하지만 바로 그날 밤, 대구 북방에서도 북괴군의 공세가 다시 시작됐다. 역습을 준비하던 미 제1기병사단 제7연대는 오히려 북괴군 제3사단의 포위 기동으로 위기에 빠졌다. 북괴군 제13사단과 제1사단도 대대적인 공격을 가해 왔다.

경북 영천에서도 적 제8사단·제15사단, 안강·기계 쪽에서도 적 제12사단이 공세를 시작했다.

전 전선, 북괴군 공세 시작!

▲ 국군 신병들이 미 군사고문단으로부터 M-1 소총 사격법을 배우고 있다.
이들은 8~9발 정도를 쏘는 훈련을 한 뒤 곧바로 전장에 배치됐다.

▲ 분전하고 있는 미군 병사들의 박격포 분대원, 낙동강 전선. 1950년 8월 말

▲ 참호속에서 잠시 쉬면서, 적의 공격을 대기하고 있는 미국 병사들 모습
1950. 8월 30일. 낙동강 방어선

북괴군 제9사단을 밀어붙이고 있었지만, 상당수 극동사령부의 참모들과 예하부대 지휘관들은 맥아더에게 해병대의 원대복귀(인천상륙작전 준비 차)를 강력하게 요청하고 있었다.

▲ 낙동강 전선에서 미 제24사단을 방문한 워커(오른쪽) 미 제8군 사령관이
처치 미 제24사단장과 작전을 협의하고 있다.

▲ 1950. 8. 30. 낙동강 전선, 부상당한 전우를 옮기고 있는 미 해병 병사들

8월 31일 (68일째)
북괴군 9월 공세 개시
- 최악의 위기 -

- 낙동강 돌출부 및 영산지구 2차 전투 (~ 9.1) -
* B-29, 진남포 화학공장, 정련소, 조차장 폭탄 600톤 투하
* UN 안보리, 미 공군의 한만 국경지대 폭격
둘러싸고 논란

북괴군의 맹렬한 공세

인천상륙작전을 준비하던 맥아더 원수의 참모들과 예하 부대 지휘관들은 미 해병 제1여단을 낙동강 전선에 다시 투입하는 것에 강력하게 반발했다.

미 해병 제1여단은 8월 3일부터 경남 영산에 투입돼

▲ 1950. 8. 31. 미 해병대원들이 돌보고 있는 두 전쟁고아 한국 소녀들이
전투 중, 철모를 쓰고 참호 속에 대피하고 있다.

8월 31일 한밤중, 함안에 주둔하고 있던 미 제25사단은 북괴군 제6사단(사단장 방호산 소장)의 격렬한 공격을 받았다. 칠흑 같은 어둠 속에서 미 제25사단의 진지는 차례로 무너져 갔다. 고지에 배치돼 있던 미 제25사단 제24연대 제3대대는 9월 1일 새벽 2시쯤 함안 시내가 불바다에 휩싸이는 것을 보고 사색이 됐다. 북괴군 제6사단의 2개 연대에 의해 경남 함안이 함락된 것이다.

같은 시각, 미 제2사단이 방어하는 창녕·영산 방면에도 북괴군 제2·제9사단이 도하 공격을 가했다. 소형 보트와 수중 교량 등 생각할 수 있는 온갖 도하 방법으로 대병력을 도하시킨 북괴군은 미 제2사단 예하 연대의 진지 틈새를 파고들어 각개격파를 시도했다.

9월 1일 아침이 됐을 때 미 제2사단장 카이저 장군은 고립된 사단 예하 부대를 2개 그룹으로 나눠 별도의 지휘관을 지명해서 작전해야 할 만큼 전황이 악화됐다.

9월 1일 새벽 워커 장군은 급변한 전황에 충격을 받았다. 혹 북괴군이 다시 공세를 재개할지 모른다는 예상은 했었지만, 이 정도로 대규모 공세를 펼치리라고는 상상하지 못했기 때문이다.

8월 31일 밤부터 재개된 북괴군의 공세 강도는 8월 공세를 능가하는 수준이었다. 이른바 9월 공세의 시작이었다.

워커 장군은 밀양 인근에 대기시키고 있던 미 제24사단을 경주로 이동시켜 안강·기계 방면의 위기를 수습하려 했지만, 도쿄의 극동군사령부에서는 "해병 제1여단을 원대 복귀시켜 인천상륙작전에 대비하라"는 청천벽력 같은 지시를 내려보냈다.

미 해병 제1여단이 복귀하면 미 제24사단을 경남 영산에 투입하는 수밖에 없다. 7월 이후 오랜 격전으로 이미 전력이 약화된 미 제24사단이 영산의 위기를 수습할 수 있을지는 미지수였다. 설상가상으로 대구 북방의 미 제1기 병사단 진지도 무너지고 있었다. 미 제8군에서는 이제 워커 라인을 포기할 것인지를 고민하기 시작했다.

대구의 한국군 육군본부도 부산 동래로 이동했고, 미 제8군사령부의 이전 가능성을 검토하기 시작했다. 약삭빠른 우리나라 일부 민간인들은 이제 대한민국은 가망이 없다고 생각하고, 밀항선을 타고 일본으로 도주하는 자까지 나타나기 시작했다.

장개석의 국민당 정부처럼 대한민국도 결국 공산 세력에 무릎을 꿇을 것이란 말인가! 재수 없고 불길한 예측이 군은 물론 민간에까지 넘실거렸다. 북괴군이 6월 25일 남침을 시작한 이래 최악의 위기였다.

▲ 낙동강의 방어선 진지로 이동하는 미군 대열. 1950. 8.

▲ 폭격으로 파괴된 길주 북방의 교량. 1950. 8. 13.

▲ 전장을 누빈 미국 헤럴드 트리뷴의 기자 마거릿 히긴스(가운데)가 존 브래들리 준장(오른쪽)과 맥매인 중령과 이야기하고 있다.
'이브닝 드레스 보다 전투복이 더 잘어울린다' 는 평을 받았으며 1951년 여성 최초로 플리처상을 받았다.

1950년 9월
전황

▲ 인천상륙작전 후 서울을 탈환하기 위해 기동하는 미 제1해병사단. 1950. 9

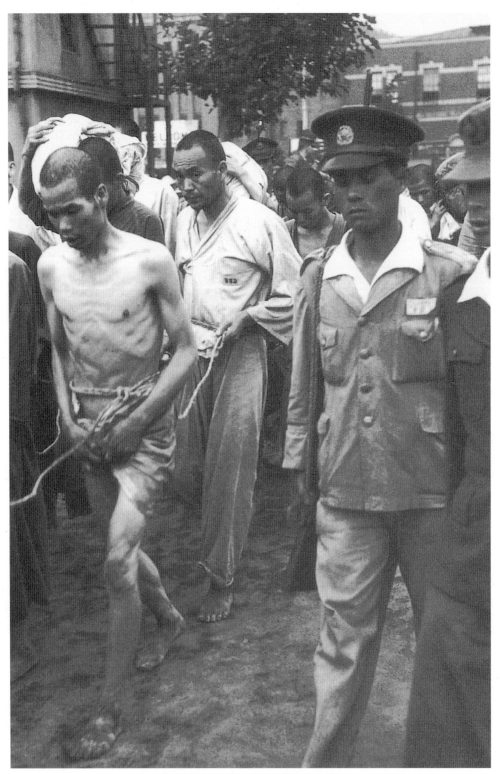

▲부산 포로수용소에 도착한 북한군 포로. 1950. 9. 1

창과 방패

* 미 제2사단 제9연대, 제72 전차대대, 영산 전투(~5)
* 북괴군, 낙동강과 남강 교류점에 공격 계속
* UN군 함안 탈환
* 영산 전투, 1일~5일

북괴군은 미군/ UN군의 증원과 자신들 진지의 고착에 따른 작전한계점에 도달하기 이전, 8월 하순부터 미군 정면의 낙동강 일대를 견제하고 국군 정면에 주공을 지향하는 이른바 9월 공세를 전개하였다.

▲ 9월 공세, 전개 (선전물)

▲ 1950. 9. 1. 미 제25사단 병사들이 서남부 전선에서, 부상당한 북괴군 병사들을 나포하여 의무대로 호송 하고있다.

▲ 북괴군 독전대 모습 ("뒤로 물러서면 쏜다 !")

▲ 북괴군 '9월 공세' 모습. 1950. 9 낙동강 전선

피아 투입부대

아군은 미 제2사단 예하 제9, 제23, 제38연대 및 미 제5해병연대의 배속을 받아 북괴군 제2. 제9사단과 대치하게 되었다. 적은 8월 공세 당시와 마찬가지로 밀양을 탈취함으로써 대구를 고립시키고, 부산으로 통로를 개방한다는 계획하에 재차 영산 및 창영지구로 공격해 왔다.

9월 공세 전투 경과

영산지구 전투는 미 제8군 사령관이 적정 파악을 위하여 전투정찰대를 낙동강 서부에 침투시키도록 명령함에 따라 미 제2사단 제9연대는 연대 예비대인 E중대에 H중대의 경기관총 1개 반을 증강하여 특수임무부대를 편성하고 8월 31일 밤 박진 나루로 도하할 예정이었다. 그러나 북괴 제9군단은 미 제9연대 정면의 진창리, 오창, 대곡리, 창아지 및 영아지, 남지읍 용산리 일대에서 일제히 도하 공격을 개시하였다.

적 주력 제1연대는 강리 방면으로부터, 제2연대는 남지읍을 거쳐 남쪽으로부터 영산으로 침공하여 9월 1일 야간에 영산을 점령하였다. 9월 2일 미 제8군 사령관은 급기야 미 제5해병연대를 영산에 급파, 9월 3일부터 연합 반격 작전을 전개하여 9월 5일 적을 클로우버 고지-오봉리 능선까지 격퇴한다.

(9월 6일 미 제5해병연대는 인천상륙작전에 대비하기 위하여 부산으로 이동하고, 그 후 9월 15까지 소강상태를 유지했던 영산지구에서 9월 16부터 아군의 대반격이 시작된다.)

▲ 파손된 적 전차를 보면서 진군하는 국군, 대봉리 전투. 1950. 8. 31

창녕지구 전투는 8월 31일 야간에 북괴군 제2사단 예하 제4. 제6. 제17연대는 미 제23연대 예하 박진 일대 및 영아지 일대에 배치된 중대 정면으로 도하, 일제 공격을 개시하여 왔다. 적 주력은 9월 2일 본초리 - 모산리 능선까지 진출하여 창녕을 위협하였다. (9월 3일부터 9월 8일까지 적은 미 제23연대의 결사적인 방어망을 뚫지 못하고 공세 한계점에 도달하여 9월 9일부터는 오히려 방어 태세로 전환한다)

▲ 전쟁 중의 망중한(忙中閑).
함께 작전을 수행하며 북괴군의 공세를 막아내던 한국군과 UN군 사이에
팔씨름판이 벌어졌다.
안간힘을 쓰고 있는 두 대표를 지켜보고 있는 군인들의 표정도 다채롭다.

* 미군, 패튼 전차 M46 첫 전선 배치
* 극동공군 사령관, 37도선 이북의 철도 정지 언명
* 국군, 영산 재탈환
* UN군 사령관, 만주 조선족 공산군에 징발 편입 징조,
UN에 보고(세 번째)

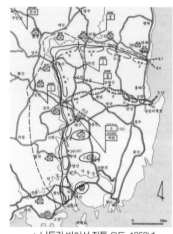

▲ 낙동강 방어선 전투 요도, 1950년

M46 '패튼' 전차

패튼 M46 전차는 기존 M4 셔먼 및 M26 퍼싱의 후기형 버전으로, 소련제 탱크 T-34에 감당하기 어려웠던 점을 극복하여, 새로이 낙동강 전선에 배치함으로써 위세를 과시하기에 이르렀다. M46 패튼 전차는 전차포 구경과 철판 두께 등에서 T-34 전차를 압도한다. [미 국립문서기록보관청]

▲ 1950년 9월 2일 한국전선에 첫 배치된 M46 패튼 전차의 위용

9월 공세를 맞는 낙동강 전선

낙동강 돌출부 지구 전투는 적이 밀양, 삼랑진 방면으로 돌파하여 대구 남방을 차단하고 부산으로의 직통로를 개방하려 했던 적의 기도를 완전히 수포로 돌아가게 하였다.

6.25 기습남침 이후 북괴군의 최종목표는 8월 15일까지 부산을 점령한다는 것이었으나 국군과 UN군이 낙동강 방어선을 점령하면서 북괴군은 그동안의 전투력 소진을 보충하지 못한 반면, 국군과 UN군은 점차 전투력을 회복하여 낙동강선에서 강력히 맞선 것이었다. 이후 북괴군의 수정된 목표는 8월 15일까지 대구를 점령한다는 것이었다. 이와 같이 낙동강에서 성공적인 하천선 방어 전투의 교훈은 다음과 같다.

첫째, 아군은 낙동강 본류의 천연적으로 방어에 유리한 지형을 효과적으로 이용하였을 뿐 아니라 내선 작전의 이점을 살려 '기동예비대의 적재적소 투입'으로 적의 돌파 기도를 효과적으로 봉쇄하였다.

둘째, 아군의 제공권 및 제해권의 장악은 적의 병력 증강 및 병참 지원 능력을 결정적으로 감퇴시켰으며, 아군 지상부대에 대한 근접지원 효과도 상당히 컸다.

셋째, 적은 작전 진행에 따른 물자동원이 이루어지지 않아 도하 장비를 비롯한 특수장비의 부족으로 공격부대의 대규모 투입은 더욱 어려웠다.

넷째, UN 각국의 군사원조에 의한 전시 동원은 개전 초 압도적으로 열세했던 아군의 전투력을 급격히 향상시켜 대략 8월 말경에는 병력, 화력, 기동력 등에서 적을 능가하게 되었다.

그러나 당시 연이은 후퇴 작전으로 사기가 극도로 떨어진 장병들에게 미 제8군 사령관 Walker장군의 사수 훈련, 'Stand or Die!'가 부하들의 전투의지를 고양시켰으며, 이는 전투에서 승리할 수 있었던 결정적인 원인이 되었다.

"우리는 지금 시간을 얻기 위하여 싸우고 있다. 전선 재조정이라든가 또는 기타 어떠한 명목하에 후퇴도 더 이상 허용할 수 없다. 우리의 후방에는 더 이상 물러설 수 있는 방어선은 없다. 모든 부대들은 적을 혼란에 빠지게 하며 그 균형을 깨기 위한 부단한 역습을 감행해야 한다. 여기에는 Dunkirk의 재판은 있을 수 없다. 부산으로 후퇴한다는 것은 사상 최대의 살륙을 의미할 것이므로 우리는 끝까지 싸워야 한다."

▲ M46 '패튼'을 타고 진격하는 미군 보병들
전쟁 기간 중 M46 '패튼'은 산악지대가 많은 한반도 지형에서 높은 엔진 출력을 이용해 M26 '퍼싱' 보다 우수한 전투력을 발휘했다.

▲ 1950. 9. 2 영산 전투에서 나포한 북괴군 포로

9월 3일 (71일째)
북괴군, 경주 방면 침투

* 북괴군, 대구 북방 총공격
* UN군 낙동강 전선에서 계속 저지 작전
* UN군 함재기 마산 방면 지상군 엄호
* B-29, 낙동강 서측 북괴군 시설 맹폭. 480톤 투하
* 이승만 대통령, 청년 궐기 촉구 담화 발표

북괴군 수뇌부

		직책	계급	성명	나이	경력
북한군		내각 수상		김두봉	58	소련군 소령
		부 수 상		박헌영	50	남노당
		보 위 상		최용건	50	중국 제2로군 참모장
		총참모장	중장	남 일	36	소련군 대위
	전선사령부	사령관	대장	김 책	47	소련군 중령
		참모장	중장	강 건	32	항일투쟁, 김일성유격대
	제1군단	군단장	중장	김 웅		중국 팔로군 연대장
		제1사단장	소장	최 광	32	소련군 중위
		제3사단장	소장	이영호		소련군 대위(2차대전 참가)
		제4사단장	소장	이권무	36	항일투쟁, 김일성유격대
		제6사단장	소장	방호산	34	항일투쟁, 김일성유격대
		제105전차사단장	소장	유경수	35	항일투쟁, 김일성유격대
		38경비 3여단장	소장	오백룡	39	항일투쟁, 김일성유격대
		*제10사단장	소장	이방남		중국 팔로군
		*제13사단장	소장	최용진	39	소련군 대위
	제2군단	군단장	중장	김광협	35	중국 팔로군
		제2사단장	소장	이청송		소련군 특무장
		제5사단장	소장	마상철		중국 팔로군
		제12사단장	소장	최 인		중국 팔로군
		/66부대장	총좌	오신우	34	항일투쟁, 김일성유격대
		549부대장				
		*제15사단장	소장	박성철	38	항일투쟁, 김일성유격대

▲ 낙동강 전선 교전 당시의 북괴군 수뇌들

조선인민군 창건일을 1948년 2월 8일에서 1932년 4월 25일로 변경한 데서 잘 드러나듯 김일성 '우상화 장난'에 의해, 김일성 이외 인물의 조선인민군에서의 역할과 위상은 역사에서 거의 말살되었다. 연안파/팔로군 출신들은 1956년 8월 종파 사건으로 뿌리가 뽑혔으며 허가이 등 소련파도 그 이전에 이미 정치세력으로서는 명맥을 다하였다.

제10사단장 이방남(李方南) 소장(중국 팔로군 출신)은 1950년 10월 국군/UN군 북진 시 패주하였고, 그 후 행방불명으로 기록되고 있으며, 대부분의 소련파 및 팔로군 출신들은 정전 후 숙청되는 운명을 맞게 된다.

낙동강 방어전선 근방에서 찍힌 사진 들
(1950년 8월 중순~9월 초순)

▲ 주민들을 인솔하는 미 해병대. 1950. 8. 10.

▲ 그해 여름 피난민들의 움막... 따가운 더위를 피해... 1950. 8. 11. 촬영

▲ 1950. 8. 13. 낙동강 전선. 안동 전투 장면

▲ 영천지구에서 나포된 북괴군 (앳돼 보이는) 소년병들. 1950. 8. 22

▲ 위장된 지휘 본부를 지키는 미군 병사들. 1950. 9. 3

* 국군, 기계에서 북괴군과 격전
* 한국 해군, 진도 부근 북괴군과 격전 섬멸
* 국군 여자 의용군 첫 입영

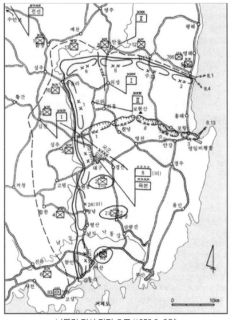

▲ 낙동강 전선 작전 요도 (1950.8~9월)
(8.4~ 8.25 - 9.15 자꾸 남으로 밀리고 있다.)

▲ 미 육군항공대 P-47 근접지원 전투기 편대

현풍지구 전투
(미 제1기병사단 작전지역, 대구 남방)

8월 초순에 일찍이 고령 방면으로부터 현풍 서쪽의 낙동강 돌출부로 도하한 북괴군 제10사단(사단장 이방남 소장)은 현풍 서남쪽 409고지 일대에 교두보를 구축하였으나 더 이상의 진출이 좌절되고 있었다.

그 후 8월 내내 별다른 성과를 거두지 못한 적 제10사단은 8월 31일 밤부터 개시된 9월 공세의 작전계획에 따라, 대구를 남쪽으로부터 위협할 목적으로 최후의 공세를 취한다. 409고지 일대의 교두보를 벗어난 적은 9월 3일 현풍을 점령하고 계속 동진하려 했으나 미 38연대의 선방과 한국 경찰대 및 영국 제27연대 정찰대의 신속한 증원으로 저지되었다.

9월 8일 이후 전투력이 급격히 저하된 적은 교두보를 고수하기에 급급하던 중, 9월 16일부터 전개된 아군의 대반격에 의해 산산이 붕괴하고 만다.

국군 여자의용대 창설

▲ 1950. 9. 3. 여자 의용군 창설 (중앙; 교장 김현숙 소령)

6.25전쟁의 발발로 정부가 대전으로 이동하였을 때 제1기 여자 배속장교 출신 11명이 대전에 모여 여자 의용군 창설을 결의하고 의용군 모병에 들어갔다. 이들은 대구와 부산으로 이동하여 모집을 재개하여 2,000여 명의 지원자를 모집하였다. 이들은 18세 이상 25세 이하의 중학교 이상 대학교 학력 소유의 미혼여성들이었다. 1950년 9월 1일부로 국일명(육) 제58호에 의거하여 부산의 제2훈련소 예속으로 여자 의용군 교육대(교장 김현숙 소령)가 창설되었다.

대구와 부산에서 구두시험과 필기시험을 실시하여 각기 250명씩을 합격시켜 총 500명, 여자 의용군 1

기생을 선발하였다. 이들은 부산 성남초등학교 교정에서 9월 4일 입소식을 거행하고 훈련에 들어갔다.

'북괴군 제10사단' (이방남 소장)에 관한 특기 사항

미군 측에서 본 북괴군 제10사단은, 409고지를 점령한 후 전혀 움직임이 없었다고 한다. 후에 알려진 일이지만, 사단장 이방남(李方南) 소장은 상부로부터 "제2군단이 대구를 해방할 때까지 409고지를 확보하라"는 명령을 받은 바 있었는데, 대구 방어를 맡고 있는 워커 사령관은 '인민군 제10사단이 움직이기만 하면' 대구는 어쩔 수 없이 함락된다고 판단하여 당일(9월 5일) 미 제8군사령부 및 한국 국방부, 육군본부를 부산으로 이전 지시를 내렸다.

그리고 '데이비드슨 라인(Davidson line)': [울산 - 밀양 - 마산]으로의 철수를 결심하여야 할 단계까지 이르렀다.

후에 미국 육군사(史)에는, 이러한 급박했던 상황과 아울러 북괴군 제10사단장 이방남 소장은 무능한 장교였다는 사실이 기록되어 있다. (제10사단장 이방남은 9월 하순 북으로 철수 후 숙청되었다는 기록이 있음)

▲낙동강 전선 한 가운데서, 미군 종군기자에게 찍힌 한국 어린이들. 다행히 이들은 엄마가 있으니 전쟁고아가 아니다.(1949~50년 생들)

* 북괴군 9월 공세 치열
* 프랑스, 지상부대 한국파병 신청
* B-29, 평양. 해주 맹폭격 (폭우 중)
* 국군 제2군단, 영천지구서 북괴군 제15사단 돌파를 저지
* 중국 주은래, UN군 만주 국경까지 진격 시
'참전' 입장 표명

▲ 프랑스 국기

현풍(玄豊) 지구 전투

낙동강 서북부 전선 현풍지역
북괴군 낙동강 도강 성공, 409고지 점령

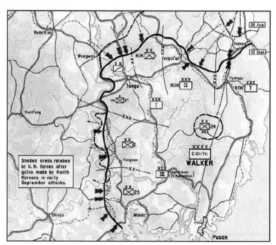
▲낙동강 전선, 1950. 9. 10 전후 前線(굵은선, 붉은 화살 표시) 작전 요도

(현풍은 대구 서남쪽) 8월 초순에 이미 고령 방면으로부터 현풍 서쪽의 낙동강 돌출부로 도강한 북괴군

제10사단(사단장 이방남 소장)은 현풍 서남쪽 409
고지 일대에 교두보를 구축하였으나 더 이상의 진출
은 좌절된 바 있다.

▲ 전선을 지키기 위하여 증강되는 미군들. 1950. 9월초

▲ 낙동강 전선, 국군이 한 폐가 입구에 지뢰를 묻고 있다. 1950. 9월 초

▲부상당한 아기 엄마를 치료해 주는 모습

▲ UN 직원 인도식 장례＝ 1950년 8월 16일 유엔위원회 멤버인 인도인
나야르 의 화장(火葬)식.
그의 유해를 장작더미 위에 올리고 인도식으로 장례를 치렀다.
나야르는 지프를 타고 가다가 지뢰를 밟아 사망했다.
지금도 인도의 갠지스강에는 장작 위에 시신을 올린 뒤 태우는 방식의
장례를 행하고 있다. [사진 에드 호프만]

▲ 1950년 8월 낙동강 전투에 참전한 UN군 병사들이 탱크 앞에서
무릎을 꿇고 미사 중.
앞에는 가톨릭 군종신부인 프루델이 병사들을 향해 메시지를 전하고 있다.
탱크 왼편에 설치된 야전 텐트가 이곳이 전장임을 말해 준다.
전쟁 와중에는 무릎을 꿇고 기도를 올릴 수 있는 곳이라면 그곳이 교회였다.
탱크 뒤편, 바닥을 드러낸 강이 보인다. [사진 리처드 퍼거슨]

* 국군, 북괴군 경주 공격 저지
* 국군 제8사단, 영천 전투 전개
* UN 공군, 동부전선 연 360대 출격. 적 전차 41대 격파
* UN 안보리 미국 대표, 북한을 '침략자'로,
소련 거부권 행사

▲ 1950년 9월 낙동강 방어 전투 중 노무대원들, 미 부상 병사 구출 (던킨 촬영)

▲ 낙동강을 도하하기 위하여 포진하고 있는 북괴군 포병부대

낙동강 전투 계속

낙동강 전선 전면의 붕괴라는 최악의 위기를 풀어갈 첫 열쇠는 미 제8군 사령부와 동경의 극동군사령부의 타협에서 풀려지기 시작됐다. 워커 미 제8군사령관은 미 해병 제1여단을 원대복귀시키라는 극동군사령부의 요구에 대해 미 해병 제1여단을 이틀 동안

만 더 사용할 수 있게 해달라고 미 극동군사령부에 요청했다.

인천상륙작전 관련 부대와 낙동강 방어를 책임진 워커 사령관의 상반된 요구 사이에서 고민하던 미 극동군사령부가 워커 장군의 타협안을 수락하면서 문제 해결의 실마리가 풀리기 시작됐다.

낙동강 돌출부의 격전

낙동강 전투 당시 미군 방어지역 중 가장 치열한 전투가 벌어졌던 영산(靈山)은 행정구역 상 경남 창녕군 영산면으로 굽이쳐 내려오던 낙동강이 서쪽으로 돌출돼, 마치 반도처럼 삼면이 강으로 둘러싸인 곳이었다. 이 때문에 흔히 영산 돌출부 혹은 낙동강 돌출부라고 부르기도 한다.

북괴군 입장에서는 여러 곳에서 동시에 도하할 경우 포위 공격이 가능한 데 비해, 미군 입장에서는 동쪽으로만 아군 지역과 연결돼 있는 불리한 지형이었다. 그 때문에 8월 공세 때도 미 제24사단이 북괴군 제4사단을 상대로 힘겨운 혈전을 벌인 곳이었다.

미 해병 제1여단은 9월 3일 아침부터 영산 방면에서 강력한 반격을 시작했다. 영산을 방어하고 있던 미 제2사단도 해병 제1여단과 함께 반격에 동참했다. 미 해병 제1여단의 주력부대인 미 해병제5연대는 미 해병대 중 최상의 전력을 자랑하는 부대였다.

인천상륙작전 주력부대인 미 해병 제1사단의 스미스 소장이 "해병1여단을 원대 복귀시키라"고 강력하게 요구한 이유도 그 같은 해병제1여단-해병 제5연대의 전투력 때문이었다. 인천상륙작전 같은 위험한 임무를 맡을 부대는 미 해병 제5연대밖에 없다는 것이 스미스 소장의 믿음이었다.

▲ 미 해병 제1사단장 스미스 소장. 1950년

그 같은 지휘부의 믿음에 걸맞게 미 해병 제1여단은 영산 돌출부에서 시원스럽게 반격 작전을 감행했다. 9월 4일 미 해병 제1여단은 북한군 9사단 사령부가 위치했던 장소를 탈환했다. 9월 5일 미 해병 제1여단은 전진을 계속해 오봉리 능선을 점령했고, 미 제2사단 제9연대도 영산 돌출부의 중심인 클로버 고지를 장악했다.

▲ 낙동강 전선, 부상당한 전우를 이송하는 해병대. 1950. 여름

···· **9월 7일 (75일째)**
운명의 영천 대전투 ····

* B-29, 청진 제철공장 폭격
* B-26, 대구 북방 20km 북괴군 야간 폭격
* 미 제25사단, 함안지구 적 침투 1개 대대 격퇴

▲ 영천지구전투 대통령 부대 표창 기념비

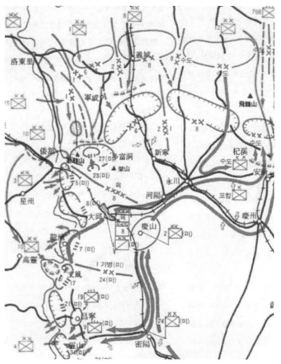
▲ 1950년 8~9월 당시 창령, 다부동, 경주 일대 낙동강 전선 요도

영산의 위기가 끝나갈 무렵 영천에서 새로운 위기가 시작되고 있었다. 북괴군 제12사단이 안강에서 경주를 공격해 경주-영천 사이의 도로를 위협하는 가운데 북괴군 제15사단이 영천 방면으로 치고 내려온 것이다. 9월 5일 북괴군 제15사단은 국군 방어선을 뚫고 영천 동북쪽의 고경면 단포동을 점령했다. 영천 오른쪽의 안강~경주~포항 방면 전선이 연쇄적으로 붕괴될 것이 뻔했다.

9월 6일 새벽 3시에는 적이 영천 시내 전체를 점령
했다. 낙동강 방어전이 시작된 이래 국군 방어지역
에 이 정도의 구멍이 난 것은 처음이었다. 만약 이대
로 영천이 적 수중에 떨어진다면 영천 왼쪽의 대구
나 영천 오른쪽의 안강~경주~포항 방면 전선이 연쇄
적으로 봉괴될 것이 뻔했다.

▲ 낙동강 전선 전투 때의 국군 병사들의 복장; 제각각의 군복을 입고 있다.
1950. 8~9

전선 붕괴 직전의 위기에서 유재흥 국군 제2군단장
은 결단을 내렸다. 우선 국군 제8사단을 영천 동남쪽
금호강변에 배치해 적 제15사단의 움직임을 견제했
다. 그리고는 국군 제1사단과 제6사단에서 1개 연대
씩의 병력을 차출해 제7사단과 함께 영천을 공격하
도록 했다.

▲ 유재흥 제2군 단장

자신이 맡은 방어지역을 방어하기도 급급한 마당에
1개 연대를 추가 차출당하게 된 제1사단과 제6사단
은 망설였으나 달리 방법이 없었다. 그때부터 두 차
례나 뺏고 뺏기는 혈전이 벌어졌다.

낮에는 국군, 밤에는 북괴군. 낮에는 화력전, 밤에는
백병전 식의 처절한 전투가 3일 동안이나 계속됐다.

▲ 1950. 9. 7. 영천 전투에서

마지막으로 공세가 가해진 영천 전투

적의 공세를 막아냈다고 안도의 한숨을 내쉬고 있던
아군은 예상보다 강력한 새로운 공세에 당황하였다.
특히 국군 제1사단을 대신해 다부동을 인계받은 미
제1기병사단이 불과 3일 만에 돌파당하면서 다부동
이 피탈되자, 미 제8군도 철군을 전제로 설정되어 있
던 '데이비드슨 선'으로 후퇴를 진지하게 검토했을
정도였다. 하지만 눈앞에 다가온 인천상륙작전의 성
공을 위해서라도 어떻게든 전선을 사수해야 했다.

9월 9일 국군 제2군단은 제8사단 제16연대와 제21연
대, 제7사단 제5연대와 제8연대, 제1사단 제11연대와
제6사단 제19연대 등 영천 일대에 주둔하고 있던 6
개 연대를 모조리 공격에 투입했다. 북괴군을 완전
히 감싸며 포위망을 구축한 국군 제2군단은 대대적
인 반격에 나섰다

결과는 극적이었다. 국군은 일거에 영천을 완전히
탈환하고, 영천 북쪽까지 밀고 올라갔다. 적 제15사
단은 4,000여 명 이상이 전사하는 등 사실상 전투력
을 완전히 상실한 상태에서 와해돼 버렸다.

▲ 아군의 공격으로 낙동강변에 버려진 T-34 전차. 1950년 9월 초

이처럼 낙동강 전선 붕괴라는 최악의 위기 순간을 극적인 승리로 전환한 영천 전투는 이후 국군과 UN 군이 인천상륙작전을 감행, 반격으로 전환할 수 있는 발판이 됐다. 영천 위기가 수습된 후 9월 12일, 미 제1기병사단 제7연대 제3대대의 역습이 성공하고, 국군 제1사단도 대구 북방의 가산산성을 탈환함에 따라 대구의 위기도 안정됐다.

이에 앞서 경주 방면과 동해안에는 새롭게 투입된 미 제24사단이 방어전에 힘을 보탰고, 국군 수도사단과 제3·제8사단이 선전함에 따라 9월 13일 무렵에는 동부전선도 원래의 방어선을 회복할 수 있었다. 전쟁의 판세를 완전히 바꿀 인천상륙작전이 개시되기 이틀 전의 일이었다. "(이를) 점령했을 때 승리할 수 있었고, 이를 상실하자 패배했다"라고, 북괴군이 자평했을 정도로 6·25전쟁 초기 전황에서의 결정적인 전환점이 영천 전투였다.

▲ 미 제25사단 제24연대의 화포 지원. 1950. 9

* 북괴군 제5사단 1개 연대, 운제산 점령
* 국군, 영천-경주 도로 확보
* UN군, 인천상륙작전 준비

인천상륙작전 준비단계
해군의 지원 진행 과정

상륙군을 수송할 함정 그리고 필요 장비와 보급품 등은 8월 말까지 지정된 항구에 모두 도착하였다. 미 제1해병사단은 일본 고베, 미 제7보병사단은 요코하마, 미 제5해병연대는 부산에서 각각 승선하였으며, 대부분의 호위 함정과 함포지원 전대 함정은 사세보에 집결하였다.

▲ 인천상륙작전 요도

▲ 인천상륙을 위하여 LST에 탑재한 한국해병대, 부산

▲ 인천상륙작전을 위해 LST에 승함하고 있는 한국 해병대 장병들 1950. 9 부산

▲ 인천 근해에서 기뢰를 부설하는 북괴군 선박을 격침한 PC-703 삼각산 함

9월 3일 태풍 제인(Jane)호가 내습하여 탑재가 한때 중단되는 어려움을 겪기도 하였다. 또 다른 태풍 케지아호가 9월 13일경 한반도 쪽으로 북상하여 기동부대에게 영향을 줄 것으로 예상되었기 때문에 상륙기동함대 사령관 도일 제독은 예하 함정들을 출항 예정일보다 하루 앞당겨 출항시켰다. 그리하여 9월 11일에 미 제1해병사단과 미 제7보병사단이 각각 고베와 요코하마에서 출항하였으며, 12일에 미 제5해병연대가 부산을 출항하여 예정된 집결해역으로 항진하였다. 한국 해병대는 9월 13일 부산을 출항하였다.

인천 공격부대는 태풍 이외에 또 다른 골치 아픈 문제에 직면하게 되었다. 9월 11일 한국 해군의 초계함 PC-703함(삼각산함 함장 이성호 중령)이 인천 북쪽 해상에서 초계 중 기뢰를 부설하고 있는 적의 소형 선박을 발견하고 포격하여, 적 선박은 즉시 폭음과 함께 침몰하였다. 그러나 적이 기뢰를 부설하기 시작했다는 첩보는 극동군사령부를 긴장시켰다. 극동 해군사령관 조이 제독은 즉시 미 해군 참모총장 셔먼 제독과 태평양 함대 사령관 래드포드(Arthur W. Radford) 제독에게 소해함의 신속한 증원을 요청하였다. 그러나 증원될 소해함이 도착하려면 시간이 너무 오래 걸렸고, 극동 해역에 있는 소해함 7척이 현장까지 도착하는 데에도 2일이 소요되었다. 결국 취할 수 있는 방법은 오직 현장에 도착해서 직접 눈으로 확인하는 수밖에 없었다.

월미도는 인천 접근수로, 인천항과 해안을 지배할 수 있는 전술적 요충지다. 따라서 공격 부대가 인천을 점령하기 위해서는 먼저 월미도를 무력화 시켜야 한다.

인천 공격부대에는 다음과 같은 불리한 점이 있었다. 1) 조석 간만의 차, 2) 빠른 조류, 3) 좁고 굴곡이 심한 수로와 측면으로부터의 공격 위험, 4) 얕은 수심.

예컨대 구축함이 월미도를 공격하기 위해서는 이런 수로적 조건으로 인해 투묘를 한 후 함포 사격을 해야 되는데, 이 경우 구축함은 그들의 강점인 속력과 기동력을 상실하게 된다.

클라크 대위(정보부대)의 보고에 의하면 월미도에는 20문의 포가 바다를 향한 콘크리트 참호 속에 설치되어 있으며, 약 1,000명의 수비 병력이 있다. 또한 소월미도에는 25문의 기관총과 5문의 120밀리 박격포가 설치되어 있다.

월미도의 무력화는 9월 10일 항공지원전대(TG 90.5)의 함재기에 의해 시작될 것이다. 호위 항공모함 시실리(Sicily)호와 바둥 스트레이트(Badoeng Strait) 호에 탑재된 해병 항공기들은 3일 동안 주로 네이팜탄을 사용하여 조직적인 항공 강습을 가해 월미도의 방어력을 크게 약화시킬 것이다.

▲ USS Sicily (CVE 118)

많은 토론 끝에 월미도에 대한 공격 전 포격(Pre-invasion Bambardment)은 9월 13~14일 주간에 실시하기로 결정되었다. 주간 포격은 기습의 효과를 감소시키고 아군 함정을 노출시킨다는 위험이 따랐으나, 야간에 일어날 수 있는 좁은 수로에서의 혼란을 피하고 엄폐된 적 포대의 발포를 유발하여 그 위치를 노출시켜 파괴할 수 있다는 이점이 있었다. 히긴스 제독의 함포지원 전대(TG 90.6)는 썰물 직전인 간조 시간에 인천 수로를 통과하기로 결정하였다.

낙동강 전선 현황 (속)

쉴 틈 없이 연이은 공세에 나선 북괴군도 전력이 바닥나기 일보 직전의 기진맥진한 상황이었다. 결국 그 해 여름을 뜨겁게 달구고 초가을까지 계속된 낙동강 지구는 누구의 인내심이 더 큰가에 따라 승패가 갈리게 되었다. 9월 12일, 하염없이 밀리던 미 제1기병사단이 대구 북방에서 북괴군의 공격을 막아내었고, 거의 동시에 영천지구로 돌입한 적을 국군 제2군단이 격파하면서 적의 공세는 기력을 잃어버리게 된다.

▲ 낙동강 지구 전투 60주년 행사 당시의 '백병전' 재연 모습

바로 눈앞에 있는 부산 점령의 유혹에 사로잡힌 북괴군은 경인 지역에 남아 있던 마지막 예비대까지도 낙동강 전선에 투입하는 초강수를 두면서 최후의 공세를 감행하였지만, 그 결과는 참담한 패배였다.

불퇴의 각오로 어떠한 희생도 감수하며 피를 흘린 국군과 적절한 시기에 결정적인 도움을 준 UN군 덕분에 낙동강 지구의 혈전은 영천 전투를 끝으로 우리의 승리로 막을 내리게 되었고, 그렇게 대한민국은 피와 눈물로 낙동강 방어선을 지켜냄으로써 살아날 수 있었다.

9월 9일 (77일째)
데이비드슨 특수임무부대, 동부전선 투입

* UN 해군, 동부전선에 함포사격 실시
* 영산 지구에 북괴군 병력 집결
* 국군 해군, 서해안 일대에서 북괴군 전선 33척 침몰

▲ 함포사격 모습

▲ 대지 공격작전 중인 콜세어

피아 부대의 탱크 사용전술

9월 공세 시 북괴군은 전차를 보병부대에 분산 배속하고, 전차를 앞세워 공격을 개시하였다. 그러나 이미 UN군의 대전차 화력이 증강되고 북괴군 전차에 대한 대응능력이 향상되었으며 또한 북괴군 전차에 비해 성능이 우수한 전차를 다량 보유하고 있었으므로 전차에 대한 일방적인 피해는 적었다. 미군도 각 부대가 사단 전차대대의 지원을 받아 중요한 정면에 배치 운용하였으며 한국군도 필요시 요청하여 일부 지원을 받았다.

따라서 낙동강 교부도 작전 시 피아 기갑부대는 보병사단에 분산 배속되어 보병작전을 지원하는 임무 위주로 운용되었다. 대부분의 보병 전투가 고지 위주로 진행되어 전차는 도로 위주로 운용되었으며 일부 지역에서는 전차포 사격으로 보병작전을 지원하였다. 또한 각 부대는 대전차 특공 조를 편성하여 운용함으로써 많은 성과를 올리고 있었다.

▲ M-28 Pershing, Heavy Tank

▲ M48 Patton, Heavy Tank

9월 공세 시 미군과 한국군의 전차부대 운용의 특징은, 예비로서 집결 보유하고 있다가 주요 돌파지역에 투입하는 기동 예비로서의 역할이었다. 각 사단은 사단 예비연대와 전차대대, 수색 중대 등을 예비로 편성하고 특히 보병, 전차, 공병, 포병 등을 RF(예비부대)로 편성하여 투입하는 방법을 많이 적용하였다.

창녕, 영산 방면에서의 미 제2보병사단은 8월 31일 창녕 방면에서의 사단 역습, 9월 초 영산지역에서의 역습 전투 등 전차를 효율적으로 운용하여 북한군을 격퇴하였다. 미 제25사단도 함안과 마산 정면에서 북한군의 공격을 받자 보병, 전차, 공병, 포병, 공군사격을 통합하는 보전포(步戰砲) 협동 공격으로 북괴군을 격퇴하였다.

북괴군 제12사단은 경주 진출을 위해 6일 미명 무릉산-곤제봉 일대로 병력을 집중하여 공격을 재개, 수 시간 만에 수도사단의 진지를 돌파하였다. 이에 수도사단장은 기갑연대 제3대대로 역습을 전개, 진지를 회복하고 위기를 모면하였다. 쌍방은 곤제봉 확보 여부에 전체 작전의 성패를 걸고 치열한 고지 쟁탈전을 전개하였으며, 7차례나 뺏고 빼앗기는 소모전이 계속되었다.

▲ 김백일 제1군 단장

수도사단 진지가 돌파되고 있을 무렵 제3사단도 일대 위기를 맞고 있었다. 사단장은 제10연대를 제8사단으로 원대복귀시키라는 명령을 받고 일몰 후 예비인 제22연대와 교대하도록 하였으나 제10연대가 부대 교대가 이루어지기 전에 병력을 철수시킴으로써 정면의 적 제5사단 병력이 도하하여 후방으로 침투하였다.

사단장은 적 후속 병력의 도하를 저지하기 위해 제 22연대를 옥녀봉으로 진출시켜 적의 남하를 저지하였다. 이 무렵, 적 제12사단은 수도사단 전면에 걸쳐 공격을 재개하여 곤제봉을 재장악하였고, 아군 사단 간의 간격으로 침투한 적 제5사단은 옥녀봉과 운제산으로 종심 깊숙이 진출하였다. 이러한 사실을 보고받은 워커 중장은 미 제24사단에 저지 명령을 내리는 한편 김백일 제1군단장과 협의하여 운제산 탈환은 미 제24사단이, 퇴로 차단 및 소탕 작전은 국군이 담당하기로 결정하였다.

다음날 제19연대는 데이비슨(Davison) 특수임무부대와 함께 이들을 공격하여 운제산을 탈환하였으며, 12일 오후 제18연대는 형산을 탈환하고 강변 방어진지 일부를 회복하였다.

9월 10일 (78일째)
피아, 팔공산에서 결전

* 한국 해군 육전대, 덕적도 및 영흥도 점령, 첩보활동 수행 시작
* 국군 제1사단, 대구 팔공산에서 북괴군 제1사단 격퇴
* UN 공군 227대, 대구 방위 전면에서 북괴군 공격
* 한국군, 포병사령부 창설(부산)
* 인천상륙작전 준비 중 (탑재부대 이동)
* 미 공군, 월미도 공습

다부동 전투의 마감 단계

국군 제1사단 예하의 제12연대는 김점곤 중령이 맡고 있었다. 북괴군의 사활을 건 몸부림이 극에 달했다. 전선을 뚫기가 몹시 어려웠다. 맥아더는 낙동강 전선에서 북상을 하지 못하면 인천을 통해 뭍에 올라온 해병대가 고립을 면치 못하리라 봤다. 인천을 포기하면, 다음 상륙 예정지는 군산이었다. 그러나 시간은 훨씬 늦어질 수밖에 없었다.

장맛비가 내리던 1950년 9월의 어느 날 북괴군의 낙동강 전선은 허물어졌다. 혈로를 뚫고 국군 제1사단 제12연대장 김점곤 중령이 12㎞를 북상했다. 대구 북방 팔공산 자락에서였다. 미 제8군 사령관 워커는 제1사단 백선엽에게 두 차례 전화를 걸어왔다. "도대체 어떻게 뚫었단 말이냐? 정말 대단하다"는 찬사였다.

미 제8군이 유일하게 보유한 고사포 여단, 국군 제12연대의 보병 전력이 절묘하게 결합한 작전 덕분이었다. 김점곤은 아군이 낙동강 전선에서 북상을 시작할 수 있도록 만든 주인공이었다.

인천상륙작전 준비단계

한국 해군은 7월 10일부터 미 극동해군사령부의 작전통제 아래 들어가 연안작전을 전담하였는데, 경우에 따라서는 동해안 지원전대나 서해안 지원 전대의 지휘 아래 작전을 실시하기도 하였다. 한국 해군은 초기에는 해안봉쇄, 경비, 도서방위 등 대체로 방어적인 성격의 임무를 수행하다가 7월 말부터 점차 공세적 성격의 작전을 시도하기 시작하였으며 8월에 들어서는 서해와 남해의 여러 섬에 소규모의 기습상륙도 자주 실시했다.

▲ 덕적도와 영흥도를 수복한 한국 해군 육전대원들

성공적인 상륙작전을 위해서는 먼저 서울과 인천, 경기 지역에 주둔한 북괴군 부대의 병력 규모 등 첩보와 서해안 지역의 조석 등 해상정보를 수집해야 했다.

정보부대와 첩보 수집 부대인 KLO(Korea Liaison Office / 미 극동군사령부 주한 연락처)가 이 임무를 수행하기 위해 서해 도서 지역으로 파견되었다. 해군은 'Lee Operation'이라 불린 작전을 통해 영국 순양함 케냐(Kenya), 캐나다 구축함 아다바스칸 (Athabaskan) 등의 지원을 받으면서, 인천상륙작전의 준비단계에서 인천 앞바다의 덕적도와 영흥도를 점령하여 상륙해안과 연안 지대의 천연조건 및 적정을 수집하는 데에 크게 이바지했다.

구잠함(驅潛艦, PC)과 소해정(掃海艇, YMS) 등의 함정과 더불어 이들 함정의 병력 110명으로 편성된 1개 중대 규모의 육전대는 PC-702호의 함장 이희정 중령의 지휘 아래, 8월 18일 아침 적의 저항이 없는 가운데 덕적도에 상륙하여 이를 점령하였다. 이틀 후인 8월 20일에는 영흥도에 상륙하였는데, 이번에는 적의 저항이 꽤 강력한 편이어서 상륙부대원 가운데 4명이 죽고, 1명이 다치는 손실을 입고 분전 끝에 8월 23일 아침 이 섬을 완전히 장악하였다. 상륙한 병력들 가운데에는 영국군 해병대 1명과 사병 2명도 끼어 있었다.

한국 해군이 덕적도와 영흥도를 점령하자 미 극동해군사령관 조이 제독은 "Well done"이란 찬사의 전문을 손원일 제독에게 전달했다. 이 작전이 진행되는 사이 서해안 지원 전대의 영국 순양함 케냐호와 캐나다 구축함 아타바스칸호는 함포사격은 물론 소화기 사격까지 해주었다.

▲ PC-702 함

▲ 월미도 공습. 1950. 9. 10

9월 11일 (79일째) 포항지구, 전투 치열

* 포항지구 국군 및 UN군, 전차. 포병 엄호하에 진격
* 국군 제7훈련소 창설, 진해
* 인천 상륙부대, 부산에서 탑승 개시
* 미 해군 항공대, 인천 월미도 무력화 작전 수행 중

9월 3일 태풍 제인(Jane)호가 내습하여 탑재가 한때 중단되는 어려움을 겪기도 하였다. 또다시 태풍 케지아호가 9월 13일경 한반도 쪽으로 북상하여 기동부대에게 영향을 줄 것으로 예상되었기 때문에 도일 제독은 예하 함정들을 출항 예정일보다 하루 앞당겨 출항시켰다. 그리하여 9월 11일에 미 제1해병사단과 미 제7보병사단이 각각 고베와 요코하마에서 출항하였으며, 12일에 미 제5해병연대가 부산을 출항하여 예정된 집결해역으로 항진하였다. 한국 해병대는 9월 13일 부산을 출항하였다.

인천 공격부대는 태풍 이외에 또 다른 골치 아픈 문제에 직면하게 되었다. 9월 11일 한국 해군의 초계함 PC-703함(함장 이성호 중령)이 인천 북쪽 해상에서 초계하던 중 기뢰를 부설하고 있는 적의 소형 선박을 발견하고 포격하였다. 적 선박은 즉시 폭음과 함께 침몰하였다. 그러나 적이 기뢰를 부설하기 시작했다는 첩보는 극동군사령부를 긴장시켰다.

극동 해군사령관 조이 제독은 즉시 미 해군 참모총장 셔먼 제독과 태평양 함대사령관 래드포드(Arthur W. Radford) 제독에게 소해함의 신속한 증원을 요청하였다. 그러나 증원될 소해함이 도착하려면 시간이 너무 오래 걸렸고, 극동 해역에 있는 소해함 7척이 현장까지 도착하는 데에도 2일이 소요되었다. 결국 취할 수 있는 방법은 오직 현장에 도착해서 직접 눈으로 확인하는 수밖에 없었다.

▲ 기뢰 부설 선박을 격침한 PC-703함. 1950. 9

월미도 무력화 공격

월미도의 무력화는 9월10일 스트러블 제독이 지휘하는 항공지원 전대(TG 90.5)의 함재기에 의해 시작되었다. 호위 항공모함 시실리(Sicily)함과 바둥 스트레이트(Badoeng Strait) 함에 탑재된 해병 항공기들은 3일 동안 주로 네이팜탄을 사용하여 조직적인 항공 강습을 가해 월미도의 방어력을 크게 약화시켰다.

▲미 航母 함재기 콜르세어機 들이 상륙작전, 월미도 무력화 공격 차 출동하고 있다. 1950. 9. 11

히긴스 제독의 함포지원 전대(TG 90.6)는 썰물 직전인 간조 시간에 인천 수로를 통과하기로 결정하였다. 이러한 결정은 다음과 같은 이점이 있었다. 1) 구축함들이 포격을 위해 월미도 앞 해상에 투묘했을 경우 썰물을 받기 시작하여 함수가 수로 바깥쪽으로 향하게 되어 비상시에 외해로 탈출하기에 용이하였다. 2) 간조 시간에 수로를 통과하면 기뢰가 수면상에 노출될 수 있었다. 3) 구축함들이 월미도에 아주 접근해서 포격하기 때문에 만조시간에는 함포의 위치가 상대적으로 30피트 가까이 높아져 표적에 직사할 수 없었는데, 간조 시간에는 이러한 사격의 제한을 피할 수 있었다.

6.25전쟁의 해군 영웅들

임병래 중위(1922~ 1950.9.14)는 광복 이후 미 해군 첩보부대 창설 요원으로 활동했다. 1950년 4월 해군 소위로 임관(해군사관후보생 9기), 해군본부 정보국 특수공작대에서 근무하던 중 6·25전쟁 발발, 인천상륙작전을 위한 정보수집을 위해 당시 함명수(제7대 해군참모총장) 소령이 지휘하는 영흥도 첩보작전(일명 X-RAY작전)의 조장으로 선발되었다.

임병래 중위는 그해 8월 영흥도에 상륙해 첩보작전의 핵심적인 역할을 수행했다. 이때 임병래 중위를 비롯한 특수공작 대원들의 신출귀몰한 활약으로 인천·서울·수원 등의 북괴군 위치와 병력 규모, 해안포· 기뢰부설 위치 등 상륙작전에 필요한 상세한 첩보를 수집해 해군본부와 미 극동군 사령부에 보고함으로써 인천상륙작전 성공에 결정적인 공헌을 했다. 그러나 임병래 중위는 인천상륙작전 개시 하루 전인 9월 14일 영흥도에서 철수 준비 중 북괴군 1개 대대의 공격을 받았다. 치열한 전투 중 다른 대원들은 탈출시켰지만, 중과부적으로 적에 포로가 될 위기에 처하자, 상륙작전에 대한 기밀을 유지하기 위해 '大韓民國 만세'를 외치며 권총으로 자결해 숭고한 생을 마쳤다.

홍시욱 하사 (1929년 5월 27일 평안북도 신의주 생),
1948년 6월 1일 해군 신병 제10기로 입대해 1950년
9월 14일 (23세), 인천상륙작전을 불과 하루 앞두고
적에게 체포될 경우 작전에 대한 기밀누설을 피하기
위해 '大韓民國 만세'를 외친 후 자결함으로써 그의
임무를 다했다.

조국의 최전선에서 산화한 홍시욱 하사는 건군 초기
해군 첩보부대 창설 요원으로 참여해 초창기 해군 정
보업무 발전과 전력 증강에 크게 기여했다. 정부는
그의 전공을 기려 을지무공훈장을 추서했으며, 미국
정부에서도 은성무공훈장을 수여했다.

▲ 해군 영웅 이름을 딴 임병래함

▲ 임병래 중위 동상 제막식

▲ 홍시욱 하사 동상 제막식

성공확률 5,000:1
인천상륙작전

'인천상륙작전'을 성공시킨
해군첩보부대 작전명
'X-ray'

'인천상륙작전'은 성공확률 5000:1이라는 위험을 무릅쓰고 최악의 조건에서 전세를 역전시켜 패망 직전의 자유대한민국을 구한 작전이다. 더글라스 맥아더 장군의 결단과 용기, 장군 특유의 직관과 지략이 없었다면 절대 불가능했을 것이다. 반면에 엑스레이 작전에 투입된 해군 첩보부대의 활약이 빛을 발했다. 인천은 갯벌이 넓고 조수간만의 차가 크다. 딱 두 시간 만조에 물이 들 때 상륙해야 하는데, 그 사이에 인민군이 대항하면 연합군이 궤멸당할 수 있는 일촉즉발의 위험천만한 상황이었다. 이런 절체절명의 상황에서 인민군의 기뢰 매설 지도, 인민군의 방어시설 등의 정보를 목숨 걸고 얻어낸 해군 첩보부대의 활약이 있었다. 이들이 발로 얻은 정보를 가지고 맥아더가 상륙지점을 결정했다.

1950년 6월 25일 새벽 4시를 기해서 북괴 김일성은 기습 남침을 감행했다. 그날은 공교롭게도 주일이었고 군인들은 농번기라 부대를 떠나있는 휴가병들이 많았다. 북괴군은 거침이 없이 쓰나미처럼 밀고 내려왔다. 대한민국의 국운은 꼼짝없는 풍전등화의 상태였고 순식간에 밀리고 밀려서 낙동강 하구에 마지막 잎새처럼 힘없이 대롱대롱 매달려 있는 형국이 되어 버렸다.

'인천상륙작전'은 성공확률 5000:1이라는 위험을 무릅쓰고 최악의 조건에서 전세를 역전시켜 패망 직전의 자유대한민국을 구한 작전이다. 더글러스 맥아더 장군의 결단과 용기, 장군 특유의 직관과 지략이 없었다면 절대 불가능했을 것이다. 반면에 엑스레이 작전에 투입된 해군 첩보부대의 활약이 빛을 발했다. 인천은 갯벌이 넓고 조수간만의 차가 크다. 딱 두 시간 만조에 물이 들 때 상륙해야 하는데, 그 사이에 인민군이 대항하면 연합군이 궤멸당할 수 있는 일촉즉발의 위험천만한 상황이었다. 이런 절체절명의 상황에서 인민군의 기뢰 매설 지도, 인민군의 방어시설 등의 정보를 목숨 걸고 얻어낸 해군 첩보부대의 활약이 있었다. 이들이 발로 얻은 정보를 가지고 맥아더가 상륙지점을 결정했다.

2016년 7월 개봉한 영화 '인천상륙작전'은 세계적인 배우 리암 니슨이 맥아더 장군으로 출연한다는 소식이 알려진 후부터 대중의 관심을 받더니 개봉 이후 말 그대로 흥행에 성공했다. 당시 7월 27일 개봉해 필자가 관람한 8월 14일까지 622만 명(총 관람 인원 705만 명)이 영화관을 찾았다. 영화 '인천상륙작전'은 제작비(160억 원) 대비 손익분기점(470만)은 넘겼다. 제작자 입장에서는 큰 걱정을 덜고 한숨 돌렸을 일이다. 리암 니슨 이라는 걸출한 할리우드 배우를 영입해 놓고, 개봉 직전부터 평단의 혹평에 몸살을 앓았던 만큼 누구보다 상업적 흥행이 절실했을 것이다. 개봉 이후 높은 완성도와 짜임새 있는 연출력, 인지

도 높은 배우들의 열연만으로도 한국영화사의 한 획을 그었다는 평이다. 그러나 뒤틀린 반대 여론도 만만치 않다. '반공영화의 부활', '유명인을 내세운 졸작', '국뽕'이라는 악평까지 문화계에서 쏟아낸 혹평들은 영화라는 작품을 뛰어넘어 한국전쟁 자체의 의미마저 훼손시키는 중대한 오류를 범하고 있다는 생각이 들지 않을 수 없었다.

영화가 개봉한 후 전문가들의 평점은 3점대에 머물렀다. 일반적인 영화평이라면, 최소한 정상적인 시나리오를 통해 제작된 '인천상륙작전'과 같이 누가 보더라도 작품성과 완성도가 뛰어난 영화가 3점대라는 것은 악평을 넘어 일명 좌익 빨갱이들의 뒤틀린 감정이 잔뜩 실려 있다는 생각을 지울 수가 없었다.

그래서 나름 유명하다는 영화 평론가나 영화 전문지 기자들은 이 영화에 '2016년 판 똘이 장군'(2점), '멸공의 촛불'(3점), '겉멋 상륙, 작렬'(3점), '리암 니슨 이름 봐서 별 한 개 추가'(2점), '시대가 뒤로 가니 영화도 역행한다.'(4점), '반공주의와 영웅주의로 범벅된, 맥아더에게 바치는 헌사'(4점) 등 거의 부정적이다 못해 비난에 가까운 평가를 했다. 이들 8명에게 받은 평점은 3.41점에 불과했다.

그러나 아이러니하게도 일반인 평가에서는 전혀 달랐다. 호평이 압도적이었다. 평점 역시 평론가들의 그것보다 두 배 넘게 높았다. (14일 당시 네티즌은 3만 1,867명이 참여해 8.11점, 관람객은 1만 1,426명이 참여해 8.57점을 기록했다) 평가에 참여한 네티즌이나 관람객이 몇백 명 수준이라면 배급사가 평점을 조작했다고 볼 수도 있겠다. 그러나 1만 명이 넘어서면 그건 '전문 해커'가 나서지 않는 한 불가능하다고 한다. 그래서 이러한 평론가들과 관객, 네티즌의 평가 간 괴리를 두고 뒷말이 무성하다. 영화를 전문적인 식견으로 보는 평론가와 만듦새를 떠나 재미나 감동을 찾는 관객 간 시각차라는 해석부터 영화 속 반공,

반북한적인 내용에 대한 일부 평론가가 쓴 공격적인 평가를 지적하며 색깔론적인 반발도 나왔다.

인천상륙작전이 지닌 전략적 평가와 의미, 역사적 업적, 교훈, 역사적 의미를 통해 문화계에 나타난 뒤틀린 역사해석의 심리구조를 파악하여 자칫 비뚤어진, 선동될 수도 있는 대한민국 현대사의 빗나간 오류를 영화가 조금이라도 바로 잡아줬으면 했다.

그러나 '인천상륙작전'에 대한 혹평으로 나타난 권위의 부정과 특정 대상에 대한 증오는 역사적 베이스가 부족한 인물들, 또는 사실에 대한 접근방식에서부터 이미 결론을 도출해 선동하는 집단들의 뒤틀린 모습이다. 이들은 더욱더 한국전쟁과 인천상륙작전이라는 성공적인 결과물을 만들어 낸 역사적 사실들이 심히 불편할 것이다.

올해는 인천상륙작전 73주년이 되는 해이다. 문명이 존속하는데 가장 중요한 가치인 상무정신(尚武精神)을 천박하게 여긴 조선의 말로는 참담했지만, 대한민국 건국 이후 벌어진 '우리'의 역사는 인류사적으로나 세계사적으로도 유례가 없을 만큼의 세계 10대 경제 대국이라는 획기적인 경제발전과 2023년 현재 세계 6대 군사 강국의 위용을 과시하는 국가로 대한민국의 역사가 만들어졌다. 그 바탕에는 한국전쟁과 인천상륙작전이 있다.

아무리 문화적 담론이 자유를 담보한다고 할지라도 희화시킬 대상에는 한계가 있는 것이다. 지금 대한민국의 의지는 그 위대한 가치를 만들어 낸 보이지 않는 희생자에 대한 묵념과 존경을 표시할 때이다. 1960년대 흔히 등장했던 '반공영화'에는 개인이 자리할 곳에도 국가와 안보가 자리 잡았었다. 그러나 '인천상륙작전'의 영화사적 가치는 이미 그런 이념을 충분히 뛰어넘었다고 본다. 그런데도 불구하고 좌파 영화인들의 민족주의 영화에 대한 이야기 등

한국의 영화평론가들이 사실 이념적 잣대를 들이대는 자체가 우스꽝스럽다. 공산당과 빨갱이는 무조건 숙청 대상이라는 반공영화가 득세하던 1960년대 이후 한국 영화는 눈부시게 성장했다. 이게 과연 단순히 경제발전의 산물이라고만 정의할 수 있을까. 민주화 항쟁을 거치며 언로가 제 자리를 찾기 훨씬 전부터 명민하게 반응한 분야 중 하나가 바로 문화 영역이다.

수십 년이 지나도 꾸준히 연극 등으로 재탄생될 수 있는 게 명작이 지닌 힘이라면 과연 '인천상륙작전'이 그런 텍스트로 남을 만하다. 반공영화 자체를 나쁜 영화라는 공식으로 보는 시각은 문제가 있다는 것이다. 표현의 자유는 모든 이들의 권리지만 이 시점에서 굳이 인천상륙작전이 반공영화이기 때문에 혹평당하는 것은 문제가 된다. 배우 이범수와 이정재가 언론 인터뷰를 통해 밝힌 대로 "반공영화라 나쁜 영화로 보지 말고 이 영화에 깔린 이면"을 봐주는 게 중요하다. 그 이면이 바로 해군 첩보 부대와 켈로 부대원의 사투인데 영화의 가장 큰 주제는 이름도 없이 희생한 켈로 부대가 있어서 인천상륙작전의 성공이 있었다는 점을 부각한 것이다.

영화 한 편에 대한민국 건국 이래 지겨우리만치 지속되는 전체주의 사회로부터의 물리적, 정신적 위협과 역사적 가치를 뛰어넘어 문명사적으로도 검증받고 세계사적으로도 의미 있는 전쟁과 작전을 자꾸 폄훼함으로써 얻고자 하는 저들의 심리는 무엇일까?

대중에게서 철저히 멀리 떨어진 평을 내면서 정작 데카당스적인, 쉽게 말해 대중이 해석하기에 조금은 난해한 영화(작품)에는 잔뜩 높은 평점을 내려놓고는 지적 수준이 높은 문화시민인 양 너스레를 떠는 평론가들의 역사적 해석 능력과 지식이란 영화를 만드는 자들과 관객들 모두를 비웃으며 자칭 사회주

의 엘리트의 전형을 보여주고 있다. 그런 사람들은 당연히 '인천상륙작전'을 혹평할 수밖에 없었을 것이다.

전술적인 면에서도 인천상륙작전은 뛰어났다. 서울에서 서쪽으로 32km 지점에 위치하고 있는 인천이 서울로 접근할 수 있는 최단 거리 항구이고, 수도 서울을 탈환함으로써 적에게 전술적으로나 심리적으로도 치명적인 타격을 가할 수 있는 한편, 남한 깊숙이 투입된 북한군의 보급선을 차단하고, 동시에 낙동강 전선에서 총반격을 실시함으로 북한군 주력을 압축 섬멸함으로써 소수의 희생으로 많은 성과를 획득한 작전이었다.

인민군이 38선에서 낙동강 방어선까지 진격하는 데 81일이 걸렸지만, 인천 상륙 이후 아군이 38선까지 다시 돌아오는 데 15일밖에 안 걸렸으니, 적의 배후를 기습한 이 작전의 성과는 매우 컸다. 인천상륙작전의 성공은 수도 서울을 탈환하는 발판이 됐을 뿐만 아니라 낙동강 전선의 북한군 주력 부대를 포위, 붕괴시키는 데 결정적 역할을 했다. 더구나 인천상륙작전 성공 이후 유엔군과 국군은 상대적으로 적은 인명 피해로 전세를 일거에 역전시키는 데 성공했다.

결국 여기서 짚어보고 싶은 것은 평론가라는 전문가 집단의 '공공성' 문제다. 기자들의 반응에서 드러났듯 21세기를 사는 일반인에게 전문가의 한마디는 실로 엄청난 영향을 미친다. 요즘처럼 '결정 장애, 선택 장애'가 만연한 상황에서 그 파급력은 그야말로 막강하다. 스타급 평론가는 신문, 방송, 잡지, 인터넷 등 각종 미디어에 기고하는 것은 물론 인터뷰, 배급사가 여는 관객과의 대화 진행자 또는 패널 참석 등을 통해 특정 작품에 관한 자신의 의견을 설파하고 확산하기 때문이다. '인천상륙작전'은 개봉 전 혹평을 한 평론가들의 예상과는 달리 기분 좋게 흥행하였다.

마지막으로 이 영화의 감독 이재한의 말처럼 "영화를 이념의 잣대로만 보는 게 안타깝다. 정치적인 홍보 도구로 삼는다는 것도 슬프다. 영화는 영화로만 봐주면 좋겠다"는 충고를 겸허하게 받아들였으면 한다. 결국 반공영화라고 일찍 규정해 이념 논쟁까지 뜨거운 영화 '인천상륙작전'에 대한 엇갈린 주장에 대한 판단은 관객의 몫으로 남았었다. 〈Kojy〉

보훈의 가치

보훈의 가치는 절대적 가치이지 그때그때 변화하는 가치가 아니다. 그때, 그 누군가 강가에서 핏물을 마시고 겨울에 장진호 전투에서 동상으로 발이 잘리고, 참호 속에서 동사하고, 뻔히 죽을 수도 있다는 것을 알면서도 전투에 임했다. 우리는 이런 숭고한 죽음을 잊지 말아야 한다. 그분들이 만들어 놓은 토대 위에서 자유 대한민국을 지켜냈고 아름다운 강산에서 후손들이 자유를 만끽하며 삶을 영위하고 있다. 그들에 대한 존경과 감사함을 후대에 길이길이 알려야 한다.

자유를 위해 목숨 바쳐 희생하며 피 값을 치르며 지켜주신 분들에 머리 숙여 진심으로 감사드립니다.

　　　　　　　　　　　　　　　　　- 백선엽 -

인류의 역사는 전쟁의 역사이다. 전쟁은 인류의 역사와 밀접한 관계를 맺고 상생해 왔다. 언제든지 발발할 수 있는 전쟁을 대비하고 막기 위해서는 한 치의 오차도 없이 철저하게 만반의 준비 태세를 갖추고 있어야 혹시 모를 미래의 국가적 재앙에 담대하게 대처해 나갈 수가 있다.

전쟁이란 되돌릴 수 없는 국가의 존망이 달린 엄청난 사건이자 비극이다. 1953. 7. 27. 전쟁 휴전, 결코 끝난 것이 아니다. 세계에서도 유례없는 최장기 정전체제에 이르고 있다. 아직 끝나지 않은 정전협정, 일정 기간 적대행위 금지, 이렇게 오래된 정전협정은 없다.

정전은 되었지만, 전쟁이 끝난 것은 아니다. 말 그대로 잠시 휴전상태일 뿐이다. 언제, 어느 때든지 예고 없이, 이유 불문하고 오늘이라도 제2의 6.25전쟁은 발발할 수도 있다. 전쟁 전후 세대가 73년이 되고, 두 세대가 넘다 보니 6.25전쟁을 남의 일처럼 까마득히 잊고 분주하게 살아가고 있다. 우리 삶의 터전인 자유대한민국에 진정한 평화가 지속되기를 원한다면, 이 땅에서 전쟁이 끝났는지, 우리의 주적이 사라졌는지를 진지하게 돌이켜 봐야 한다.

종전을 주장하는 붉은 세력들이 자유대한민국 요소요소에 진을 치고 있다.

종전하게 되면 주한미군이 철수해야 하는 위험천만한 일이 발생한다. 베트남이 월맹과의 휴전 후 미군 철수 2년도 채 안 돼서 공산화가 됐다. 이루 말로 할 수 없는 대대적인 피의 숙청이 이뤄졌다. 애국 시민과 종교인, 우파 인사들은 대부분이 피의 숙청을 당했다. 아이러니한 것은 북월맹의 편을 들었던 남베트남 좌파 인사들까지 숙청을 단행했다. 공산주의 속성은 조금이라도 민주주의 맛을 본 사람들하고는 절대 함께하지 않는다. 혁명 과업을 이루기 위해서 잠시 땔감으로만 필요할 뿐이다.

성공확률 5,000:1
역사의 주관자이신 하나님께서 계획하신 작전!
전세를 일거에 뒤집어 놓은 인천상륙작전

인천상륙작전은 자유대한민국을 사랑하시는 하나님의 계획이셨고,
인천상륙작전이 없었다면 지금의 자유대한민국도 없다.

- 인천상륙작전의 3가지 전략적 평가 -

인천상륙작전의 성공은 전세를 역전, 전쟁사에 위대한 상륙작전으로 꼽히는 최고의 작전이었다.

1. 낙동강 방어선의 북한군 세력 급속 와해

2. 서울 탈환으로 북한군의 보급선 병참선을 차단, 끊음으로 전략적으로 이점.

3. 북진 작전에 필요한 병참 시설 교두보 확보

좌편향 평론가들의 천편일률적인 평가절하에도 불구하고 흥행에 성공한

우수 안보(반공) 추천영화

- 다시 강추 -

수십 년이 지나도 꾸준히 연극 등으로 재탄생될 수 있는 게 명작이 지닌 힘이라면 과연 '인천상륙작전'이 그런 텍스트로 남을 만하다. 반공영화 자체를 나쁜 영화라는 공식으로 보는 시각은 문제가 있다는 것이다. 표현의 자유는 모든 이들의 권리지만 이 시점에서 굳이 인천상륙작전이 반공영화이기 때문에 혹평당하는 것은 문제가 된다. 배우 이범수와 이정재가 언론 인터뷰를 통해 밝힌 대로 '반공영화라 나쁜 영화로 보지 말고 이 영화에 깔린 이면'을 봐주는 게 중요하다. 그 이면이 바로 해군 첩보 부대와 켈로 부대원의 사투인데 영화의 가장 큰 주제는 이름도 없이 희생한 켈로 부대가 있어서 인천상륙작전의 성공

이 있었다는 점을 부각한 것이다.

이정재는 반공영화라는 비판과 민감한 이념적 논란에 휩쓸릴 걸 알면서도 장학수 역을 감행했던 이유에 대해 다음과 같이 말했다. "저는 잊혀진 전쟁영웅에 대한 존경심과 사명감으로 출연했습니다. 세계적인 배우 리암 니슨조차도 영화의 의미를 알고 출연했는데 저는 한국 사람이다 보니 더 진심으로 영화에 임했죠. 제 개인적으로도 전쟁 영웅을 그려냈던 이 영화가 왜 정치적 해석의 중심에 놓였는지 그 이유를 당최 알 수 없지만, 분명한 것은 이 나라는 호국 영령들의 희생으로 지켜왔다는 것이죠"

1950년 9월 15일
성공확률 5,000:1의 인천상륙작전 개요概要

북한군은 1950년 6월 25일 새벽 4시를 기하여 김일성이 전격 기습 남침을 하여 동족상잔의 비극인 6.25전쟁이 일어난 후 북한군은 3일 만에 서울을 점령하였고 파죽지세로 남진을 계속하다 유엔군의 참전으로 낙동강 전선에서 교착상태를 맞게 되었다. 국군과 유엔군은 낙동강 방어선에서 가까스로 버티고 있었다. 전 국토의 80% 이상이 전쟁의 무대로 초토화가 되다시피 했다.

이에 맥아더(Douglas MacArthur) 장군은 북한군의 후방을 차단해 전세를 역전시키기 위한 계획을 구상하여 인천상륙작전을 계획하였다. 크로마이트(Chromite Operation)로 명명된 이 작전은 조수간만의 차이로 북한군이 불가능하다고 생각하는 인천을 선택하여 감행되었고, 수도 서울은 단시일 내에 탈환해야 한다는 맥아더 장군의 결단으로 실행될 수 있었다. 인천상륙작전은 2단계로 전개되었다. 월미도를 선점한 후, 해안교두보를 확보하고 인천 시가지의 북한군을 소탕하는 것이었다.

1950년 9월 15일, 유엔군은 스트러블(Arthur. D. Struble) 해군 제독이 지휘 아래 연합군 261척의 함정과 약 75,000여 명의 병력으로 인천상륙작전을 개시하였다. 1단계로 미 제5해병 연대 제3대대는 06시 33분에 녹색 해안인 월미도에 상륙하였고, 2단계로 미 제5해병 연대와 한국 해병 제1연대가 적색 해안인 만석동 지역에 오후 만조 시 17시 33분에 방파제로 올라 상륙하였다.

미 제1해병 연대는 청색 해안인 송도 해안 도로 부근에 17시 32분 상륙하여 해안교두보를 확보하는 데 성공하였다. 이후 인천을 점령하고 경인가도 진 격전을 전개함과 동시에 9월 18일부터 미 제7보병사단과 육군 제17연대가 서울 탈환을 위한 연합작전을 전개하게 되었다. 인천상륙작전은 9월 28일 마침내 서울을 완전히 수복함으로써 6.25전쟁의 전세를 역전시키는 계기를 마련한 성공확률 5,000:1의 역사적인 작전이다.

인천상륙작전 지점

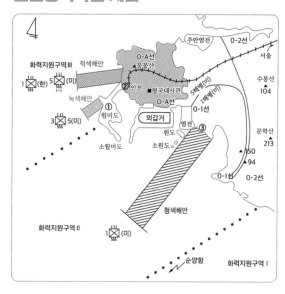

① 녹색해안(Green Beach) 표지석 위치
- 중구 월미문화의거리 선착장 우측 (인천광역시 중구 월미문화로 18)

② 적색해안(Red Beach) 표지석 위치
- 중구 북성동 대한제분 앞 (인천광역시 중구 월미로 50)

③ 청색해안(Blue Beach) 표지석 위치
- 미추홀구 용현동 낙섬사거리 남쪽 100m (인천광역시 미추홀구 아암대로 132)

맥아더 장군의 결단으로 1950년 9월 15일 전격적으로 인천 상륙작전이 감행되었다. 9월 15일 국군과 유엔군은 수도 서울을 탈환을 목표로 인천에 상륙하였다. 북한군의 전투력은 모두 낙동강 전투에 투입되어 인천과 서울에는 소수의 병력만이 남아 있는 상태였다. 그러나 낙동강 전선의 북한군은 철저히 비밀리에 붙여진 이 소식을 모른 채 완강히 저항하다가 결국 3일 후인 9월 18일에 이 소식을 듣고 순식간에 붕괴, 오합지졸로 지리멸렬하기 시작했다.

적의 허를 찌른 인천 상륙 작전의 성공으로 국군과 유엔군은 전쟁의 흐름을 단숨에 역전시키게 되었다. 워커 미 제8군 사령관은 9월 18일에 반격을 개시, 인천상륙작전 후 13일 만에 서울까지 진출하는 쾌거를 이뤄냈다.

최초의 구상

맥아더 장군(Douglas A. MacArthur:1880. 1.26-1964.4.5.)은 서울이 함락된 직후인 1950년 6월 29일, 한강 방어선이 바라보이는 언덕에서 전선 상황을 파악하던 중 작전을 구상하게 된다. 그는 미 지상군을 신속히 투입하여 남침 중인 북한군의 주력을 수원 부근에서 고착시키는 한편, 인천 부근에 미 제1기병 사단을 상륙시켜 적의 배후를 공격하려는 생각이었다. 맥아더 장군은 아몬드 소장(후에 주한 미 10군단장)에게 '서울의 적 병참선 중심부를 타격하기 위한 상륙작전을 계획하고 상륙 지점을 연구하라는' 지시를 내리면서 인천상륙작전은 시작되었다.

암호명 블루 하트 (Blue Hearts) 작전계획

최초의 구상을 실천하기 위해 합동 전략기획 및 작전단(JSPOG)을 설치하여 수립된 블루 하트(Blue Heart) 작전계획은 남부전선의 미 제24사단과 25사단이 정면에서 반격작전을 시행하고 이와 동시에 미 해병 1개 연대전투단과 미 제1기병사단은 상륙부대로 인천에 상륙하여 내륙으로 진출, 서울을 탈환하고 북한군을 섬멸하겠다는 것이었다. 그러나 이 계획은 전선 상황의 급속한 악화로 상륙부대로 계획된 미 제1기병사단이 낙동강 전선 보강을 위하여 포항에 상륙함에 따라 취소되었다. 계획은 취소되었지만, 맥아더 장군은 인천상륙작전에 대한 집념을 결코 포기 하지 않았다. 오히려 전항이 어려울수록 적의 후방에 대한 상륙작전의 필요성을 더욱 절감하였다.

낙동강 전선의 위기

북한군은 낙동강 방어선을 돌파하기 위하여 8월 4일 공격을 개시하여 한때 영산을 점령하고 기계, 포항까지 진출하였다. 최악의 전선 상황에 국군과 미군은 다부동, 신녕, 안강, 포항 선으로 후퇴하여 새 방어선을 형성하고 장병들은 혈전을 거듭하며 방어진지를 사수하였다. 9월 초 북한군은 5개 공격집단으로 낙동강 전선에서 부산으로 연결된 5개 지역에 분산 투입하여 격렬한 공세를 펼쳤다. 이러한 공세로 한때 낙동강 방어선을 돌파하여 영산, 다부동, 영천, 안강, 포항이, 북한군에게 점령되고, 대구와 경주가 위협받게 되면서 낙동강 방어선이 무너질 수 있는 위급한 상황으로 접어들게 되었다. 그러나 국군과 미군은 총력을 다해 낙동강 방어선을 사수하였으며, 9월 10일부터는 북한군의 전투력이 고갈된 듯 공격기세가 약화되었다. 그래서 반격 작전을 위한 새로운 상륙작전을 발전시키게 된다.

경인 지역의 북한군

북한군은 부산을 조기에 점령하기 위하여 낙동강 전선에 병력을 집중하였으며 서울을 비롯한 후방지역에는 지역 경비부대와 병참선 경비부대, 훈련이 미숙한 신편부대가 산재해 있었다. 인천지역에는 월미도에 제226 독립육전대 제3대대 소속 400여 명과 제918 해안포연대에 예하 부대가 방어 임무를 수행하고 있었으며, 인천 시가지에는 신편 제9사단 예하 제87연대가 8월 12일부터 인천 방어 임무를 담당하고 있었다. 북한군은 유엔군의 상륙작전이 군산에서 실시할 것이라고 판단하고 인천에는 약간의 방어부대와 해안경비대만 두었다.

인천 상륙계획

미 해병대 제1사단을 상륙기동부대로 하여 인천에, 상륙 해안교두보를 확보하고 서울을 탈환한다.

- 미 해병대연대 3대대 녹색 해안(Green Beach) 상륙하여 (06:30) 월미도를 확보한다.
- 미 제5해병연대 적색(Red Beach) 해안에 상륙(17:30) 해안교두보 확보 후 서울을 탈환한다.
- 미 제1해병연대 청색(Blue Beach)) 해안에 상륙하여(17:30) 해안교두보 확보 후 서울을 탈환한다.
- 국군해병대는 적색 해안(Red Beach)에 상륙(18;00) 인천 시가지 소탕전을 편다.
- 미 육군 제7사단과 국군 17연대는 후속 상륙하여 서울 남측 방면으로 진격하여
  북한군 퇴로를 차단한다.

크로마이트 작전계획 수립

1950년 7월 22일 개시하기로 되어있던 블루 하트 작전계획은 전선 상황의 악화로 7월 10일 돌연 취소되었지만, 상륙작전에 대한 맥아더 장군의 집념은 계속되었다. 전황이 불리해질수록 맥아더 장군은 북한군 후방에 대한 상륙작전의 필요성을 더욱 절감하게 되어 2개월 후 더욱 발전한 크로마이트(Chromite) 작전계획이 만들어진다. '크로마이트(Chromite)' 작전계획은 인천 군산, 해주, 진남포, 원산, 주문진, 등 해안지역을 상륙 대상 지역으로 검토하여 계획-B(인천), 계획-C(군산), 계획-D(주문진)의 세 가지 상륙작전 계획안이 마련되었다. 그중 인천 상륙과 동시에 낙동강 전선에서 총반격을 취한다는'계획-B' 채택되었다. 인천상륙작전의 가능성은 5,000:1의 도박과 같은 확률이라고 논박이 심했지만 이에 맥아더 장군은 인천상륙작전의 이유에 대하여 논리 있는 열변을 토하였다.

"적은 그의 후방을 무시하여 병참선이 과도하게 신장 되어있으므로 서울에서 이를 차단 할 수 있으며, 그들의 전투부대는 사실상 모두 낙동강 일대의 제8군 정면에 투입되어 있는데 훈련된 예비병력마저 없어서 전세를 회복할 만한 능력은 거의 없다."

"또한 인천이야말로 지리적인 곤란성 때문에 적이 상륙지역으로 불가능하다고 생각하고 있는데 바로 그 점 때문에 기습을 달성할 수 있다"고 하면서 "그것은 10만 명의 생명을 구할 수 있을 것"이라고 하면서 결론을 맺었다. 맥아더 장군의 확고하고 굳은 결의였다.

크로마이트(Chromite) 작전계획

인천에 상륙한 상륙부대가 경인가도를 확보한 후 경춘가도로 진출하여 적의 병참선 및 후퇴로를 차단하고, 낙동강 전선에서 UN군이 총 반격을 실시하여 적을 포위 섬멸한다. 적을 기만하기 위해서 동해안과 서해안 지구에 소규모 상륙을 감행하는 동시에 우리 쪽의 기밀을 유지하기 위해서 동해안과 서해안 양공을 실시하기도 하였고, 삼척지구에서는 양동 작전을 펼친다.

해상 지원계획

9월 1일 스트러블 중장 및 앤드류스 소장, 스미스 소장 등이 참석하고 해군 함포 지원을 결정하였다.

-월미도와 소 월미도를 포함, 52개 공격 목표를 설정하고 항구의 수로 3개 지점에
 화력 구역을 설정한다.

- 순양함과 구축함은 H-45~H-2분에 공격 준비 포격을 하며, 상륙 후 요청에 의거 사격 지원한다.
- D 일에는 순양함 4척이 공격 구역에서 Ⅰ에서 13,000-15,000야드의 근해에 정박하고 구축함은 공격구역 Ⅱ, Ⅲ에 800-26,000야드 거리에 배치되며, 3척의 로켓함은 월미도 상륙을 지원한다.
- 청색 해안에 상륙하기 2분 전에 모든 함정은 공격을 중지하고 해병대 항공기가 북한군 진지에 기총소사를 가하는 동안 구축함 4척이 집중적으로 공격한다.
- 모든 함포사격은 항공기의 안전도를 위하여 1,100피트의 최저 탄도 이하로만 사격한다.

인천지역의 지리적 조건
- 조수간만의 차가 평균 7m로 간조시에는 개펄이 드러나 상륙에 적합한 날짜가 한정되어 있다.
- 인천 외항은 화력지원을 위한 대규모 함대가 정박하기 협소하고 대부대 병참 지원에 필요한 하역 능력이 미흡하다. 또한 항구에 이르는 접근로(비어 수로)가 협소하고 굴곡이 심할 뿐만 아니라 3~5노트의 해류가 흐르기 때문에 함대의 기동에 제한이 많다.
- 상륙해안은 대부분 4~5m의 해벽을 이루고 있어 사다리가 필요하고 상륙 후 인천 시가지의 건물을 방벽으로 삼은 북한군과 시가전을 해야 하는 난점이 있다.

상륙작전을 위한 양동작전
인천상륙작전은 작전을 수행하기 전에 여러 가지 기만전술을 상용함으로써 기습에 필요한 여건을 조성했다. 미국 매스컴에서도 10월 이후에 반격이 개시되고 그와 동시에 인천으로 상륙작전을 할 것 같다고 보도했다. 이렇게 10월 이후에 한다는 것을 강조함으로써 9월 15일이라는 상륙 일을 기만하고, 인천으로 상륙할 것이라고 시사함으로써 '인천이 아니다.'라는 인상을 주어 북한으로 하여금 "인천은 양동 작전이고 주 상륙은 군산으로 할 것이다."라고 오판을 하게끔 만들었다.

- 9월 12일 영국 해병 코만도 부대를 군산 해변에 상륙시켜 양동을 목적으로 하는 위력수색을 시행.
- 9월 13일 미국과 영국의 전함들이 진남포, 삼척, 원산, 영덕 일개에 인천상륙작전의 공격 준비 사격과 같은 규모의 함포사격을 실시함으로써 상륙 지점을 기만, 미 해병 5연대가 부산에 집결해 상륙작전을 준비하는 동안 군산을 모델로 예행연습을 함으로써 아군에게까지도 '상륙지점은 군산이다.'라는 인식을 심었다.

9월 14일

- 군산 해안 주변의 주민들을 철수토록 종용하는 전단을 살포하고 군산 주위의 50km 이내 지역에 항공 폭격을 가했다.

- 경상북도 장사리에서 북한군 후방교란을 위하여 학도병 722명이 LST 문산호를 타고 장사상륙작전을 감행하여 7번 국도를 봉쇄하고 북한군의 보급로를 차단하는 데 성공하고 철수하였다. 722명의 학도병 중 139명이 전사하고 92명이 부상을 입었으며, 이들을 제외한 학도병은 모두 행방불명 상태이다. 원래는 3일간 상륙한 뒤 귀환할 예정으로 총기, 식량들의 물자도 3일 치만 지급되었다. 그러나 문산호가 좌초되어 돌아오지 못하고 총알과 식량이 부족해진 가운데에서도 학도병들은 7번 국도 차단 임무를 계속 수행하였다. 장사상륙작전으로 인한 학도병들의 희생이 있었기에 인천상륙작전의 성공적인 수행이 가능하였다.

지상군 상륙계획

- 미 제5 해병연대의 제3대대는 D-일 H시(06:30) 그린비치에 상륙하여 월미도를 점령한다.
- 미 제5 해병대연대의(-3대대)는 D-일 H시(17:30) 레드비치에 상륙하여 목표물을 점령하고 해안 교두보를 확보한다.
- 미 제1해병연대는 블루비치에 상륙하여 목표를 점령하고 해안교두보를 확보한다.
- 미 제11해병연대는 H-시에 제1, 2대대를 그린비치에 상륙시켜 월미도를 점령한 다음 화력 지원한다.
- 한국 해병은 레드비치에 상륙하여 인천 시가지 작전을 실시한다.
- 제1 전차대대는 명령에 따라 LST 함정으로 1개 중대를 블루비치에 상륙시키고 그 나머지는 명령에 따라 상륙한다. 제1공병대대는 레드비치 또는 항구에 상륙하여 교두보 점령을 지원한다.
- 제1 LVT대대는 블루비치에 미 제1 해병연대를 수송하여 상륙시킨 다음 철수할 때까지 이를 지원.

상륙지역의 고립을 위한 공중폭격

상륙부대의 향진과 보조를 맞추어, 제7기 합동기동부대의 항공모함에서 출발한 함재기들이 월미도와 인천 시가지 폭격은 물론 상륙지역을 고립시키는 데 목표를 두고 공중 폭격을 가하였다. 또 9월 13일부터 4척의 항공모함, 6척의 구축함, 그리고 5척의 순양함이 인천만의 어귀에 들어서 월미도를 폭격하기 시작하였다. 한편, 사전폭격은 상륙계획의 작전 보안 유지를 위해 평양으로부터 군산까지 상륙작전 가능 지역에 고루 폭격을 시행하였으며, 상륙이 가장 유력시되는 군산에 맹폭격을 가하였다. 인천에 대한 본격적인 함포 사격을 9월 13일부터 실시하도록 계획한 것도 그때에는 북한군이 설사 인천이 상륙지역이라는 것을 안다고 하더라도 시간상으로 대응조치를 취할 수 없으므로 기습은 가능하기 때문이었다.

1단계 월미도 상륙작전

인천상륙작전은 썰물일 때 수심이 너무 얕아 대형 군함의 기동이 쉽지 않은 전략적인 어려움이 있어서 상륙작전을 밀물시간에 맞춰 두 단계로 나눠야 했다. 인천의 관문인 월미도는 해발 105m의 작은 섬으로 인천의 울타리와 같은 역할을 하고 있어 이 섬의 확보는 인천 상륙작전의 성패를 좌우하는 중요 지점이었다. 월미도에 대한 공격준비사격은 9월 10일 해병대의 공격으로 시작되어 기동함대의 해군기가 공격을 계속하고 나서, 13일부터는 각종 함포의 사격으로 북한군의 방어력을 약화했다.

9월 15일 아침 항공모함에서 출격한 해군기가 목표를 강타하고 이어서 순양함과 구축함들이 함포사격을 집중하는 동안 미 제5 해병 연대 제3대대가 06시 33분에 녹색 해안에 전차 9대와 함께 상륙하였다. 월미도 일대의 북한군은 소련제 76mm 포로 장비된 제918 해안포대의 2개 중대로 증강된 제226 연대의 일부였다 이들은 이미 아군의 항공-함포사격에 의하여 궤멸하여 상륙부대의 상륙 시에는 일부만 남아 저항했을 뿐이었다.

제3대대는 06시 55분 월미도 정상에 성조기를 꽂고 나서, 08시 00분에는 월미도를 완전히 장악하고 G 중대가 소(小) 월미도까지 탈환하였다. 월미도 점령 후 오후 밀물까지 병사들은 경계에 들어갔다. 월미도 상륙작전 당시 총 피해는 부상자 17명뿐이었고, 적 사살 108명, 포로 136명, 150여 명이 매몰된 것으로 추정된다.
- 05:00 공격준비사격으로 시작
- 06:33 미 제5해병 연대 제3대대는 전차 9량과 함께 Green Beach) 월미도 전면에 상륙
월미도는 2시간 만에 완전히 미군에 의해 장악되었다.
- 07:50 월미도 장악, 소탕전 실시. 미군은 부상 7명의 경미한 피해를 입었으며, 북괴군은 108명이 전사, 106명이 포로로 잡혔다.

2단계 인천상륙작전

9월 15일 오후 4시 45분 만조가 시작되자 적색 해안과 청색 해안을 상륙할 상륙주정들이 인천 수로를 따라 인천항에 접근하기 시작했다. 그동안에도 해군과 공군의 작전은 계획대로 진행되어, 90분 간격의 8대 해병기가 인천 시내를 공격하고, 12대의 해군기는 인천 부근을 중심으로 차단 공격을 감행하였으며, 함포 사격으로 톨레도 호는 시가의 북단, 로체스터 호(USS Rochester)는 블루비치, 케냐 호(HMS Kenya)와 자메이카 호(HMS Jamaica)는 동족과 남쪽, 그리고 주변 지역은 구축함과 순양함들이 포격을 담당하여 중요한 모든 목표를 성공적으로 분쇄하였다.

적색 해안(Red Beach) 상륙

한국 해병대 3대대를 배속받은 미 제5해병 연대 제1대대, 제2대대는 상륙주정(LCVP)에 탑승하여 상륙돌격을 개시, 첫 번째 상륙부대(LCVP8척)가 17시 33분 적색 해안에 상륙을 시작하여 20시까지 주어진 목표를 확보하였다. 상륙하는 동안 밀물이 점점 불어나고 있었으나 해안 벽이 상륙주정(LCVP) 램프보다 1m 이상 높아 사다리를 놓고 해안 벽을 넘을 수 있었다.

청색 해안(Blue Beach) 상륙

미 제1해병 연대는 상륙장갑차에 탑승하여 상륙돌격을 개시, 첫 번째 상륙부대(LVT9척)가 17시 32분에 청색 해안에 상륙하였고, 16일 01시 30분까지 주어진 목표를 확보하였다. 이 작전에서 상륙 돌격부대의 피해는 전사 21명, 부상 174명이었고 북한군 포로 300명을 생포하였다. 이날 인천에 상륙한 병력은 약 13,000명에 달했으며, 450대의 차량을 포함하여 다량의 장비와 보급품이 양륙 되었다.

서울수복 작전

- 9월 19일 인천에 상륙하여 해안교두보 확보에 성공한 미 제10 군단은 미제 1해병사단에 서울 공격 명령을 하달, 김포지구의 제5해병 연대는 즉시 그곳에서 적절한 도착 지점을 선정하여 한강 도하 준비를 하고 제1해병 연대는 영등포 이남 지역에 대한 작전 책임을 미 제7사단에 인계 후 한강 선으로 진출하여 도하 준비를 서두르도록 명령하였다.

- 9월 20일 미 제5해병 연대 제3대대 한강 도하 개시, 한강 북쪽 해안의 교두보 확보, 한국 해병대 2대대는 북쪽 측방 방호를 담당하였다.

- 9월 22일 미 제7해병 연대는 영등포 시가를 완전히 장악하고 9월 24일 한강을 도하, 치열한 시가전에 돌입하였다.

- 9월 24일 미 제7해병 연대(한국군 해병 1개 대대 배속)는 서울 북쪽 북악산 방향으로 우회 공격을 하였다. 미 제7해병사단이 서울 외곽으로부터 진격을 계속하고 있을 때, 영등포 남쪽에서 서울 측방에 대한 엄호와 견제 임무를 수행 중이던 미제 7사단의 제32 영대와 예비 군단인 한국 제17 보병 연대는 한강을 도하 서빙고 일대를 장악하였다.

- 9월 25일 미 제7 해병 연대가 성루 북쪽 외곽에서, 미 제5해병 연대가 서쪽에서, 그리고 미 제1해병 연대가 남쪽에서 북한군을 포위 섬멸코자 이날 밤 동쪽에서

서빙고를 점령하였고, 미 제32 영대 및 한국 제17연대가 서울 시가지를 한눈에 내려다볼 수 있는 남산 (265고지)을 점령하고 치열한 시가전을 전개하였다.

인천상륙작전의 의의 및 결과
인천상륙작전은 제2차 세계대전 당시 '노르망디상륙작전'을 방불케 하는 작전으로써, 그 규모에서도 타에 비할 수 없을 뿐만 아니라 가장 어려운 조건(수로, 조수 간만의 차, 상륙해안, 지리적 장애물 등) 의 인천에 작전을 감행하여 공산 치하의 수도 서울을 수복하고 낙동강 전선에 몰려있던 북한군을 독 안의 쥐로 만들어 전세를 크게 역전시켜 총반격 작전의 발판을 만들었다.

인천상륙작전에 아군의 손실은 인천으로부터 서울에 이르는 동안 가장 격렬한 전투를 치렀던 미 제1 해병사단이 전사 415명, 부상 2,029명, 그리고 실종 6명으로 가장 큰 손실을 보았으며, 그다음으로 한 국 해병대가 전사 97명 부상 300명, 실종 16명이었다. 미 제7사단 중 제32연대도 전사 66명, 부상 272 명, 그리고 실종이 47명이었다.

따라서 국군과 유엔군의 총 손실은 대체로 4,000여 명 정도였다. 이에 비하여 북한군이 직접적으로 입은 손실은 사살이 14,000여 명, 포로 7,000명, 전차 손실 50대였다. 만약 인천에 상륙작전을 실시하 지 않고 지상으로 반격 작전을 수행하였다면 양군 합쳐 10만여 명의 피해가 있었을 것이다.

맥아더 장군 약력 (1880~1964)
그는 미국이 낳은 세계적인 전쟁영웅으로 한국전쟁을 승리해서 자유 통일을 이루려고 노력하며 헌신 한 자유대한민국을 살린 대한민국의 영웅이요 은인이다.

1980년 1월 26일 미국 아칸소에서 태어남
1903년 웨스트포인 육군사관학교를 수석으로 졸업
1917~1919년 제42사단의 참모진에 배속된 맥아더 장군은 제1차 세계대전의 프랑스 전투와 라인 지구 점령군의 전투에 참여하면서 참모장 여단장 사단장 등으로 직책을 바꾸며 활약.
1922년 미 육군 사관학교장으로 재임하면서 광범위한 개혁을 시행
1925년 4군단 사령관,
1930년 50세 때 육군참모총장(대장)
1937년 퇴역하여 필리핀 케손 대통령의 요청으로 필리핀군을 창설하여 7년간
육군 원수로 복무.

1941년 태평양전쟁 직전에 미 현역에 복귀해서 미 극동 사령관으로 일본군과 전투를 하다가 1942년 3월 바탄 요새를 탈출하면서 나는 반드시 돌아오고 일본군을 몰아내겠다고 약속했다. 호주에서 서남태평양 총사령관으로 대일 반격을 지휘하고 1944년 12, 18일 육군 원수로 승진. 1945년 4월에 필리핀에 돌아와서 나는 다시 돌아왔다고 선언했다.

1945년 8월 14일 연합군 최고사령관으로서 8월 15일 일본의 무조건 항복으로 9월 2일 동경만 미조리 전함에서 일본의 항복을 접수했다. 일본인들은 자신의 나라를 점령하고 통치하는 맥아더를 구국의 신으로 섬기고 있다.

1950년 6.25전쟁 시에는 유엔군 총사령관으로서 인천상륙작전을 성공적으로 지휘하여 서울을 탈환하고 북한의 침략을 물리침.

1952년 레민턴 랜드사의 이사회 회장을 엮임.

1964년 워싱턴에서 타게 하여 버지니아주 노퍽에 묻힘.

맥아더의 신앙적 멘토는 우드로 윌슨이다. 프린스턴대 총장을 지낸 그는 장로교 신자이며 칼빈의 계약 신앙을 굳게 믿고 상대의 동의하에 전제나 왕정에서 자유민주주의를 이루는 것이 자신의 사명이고 미국의 책무라고 민족 자결주의를 발표했다. 이에 크게 감동받고 이를 실천한 사람이 맥아더와 트루먼이다. 그래서 맥아더는 자국과의 전쟁에서 패한 일본을 노예 삼기보다 기독교 자유 민주국이 되는 것을 도우려고 했다. 원수를 은혜로 갚는 일이다.

윌슨 총장의 집에서 일찍이 육군 소령 때 만난 이승만과는 친형제 이상의 깊은 신앙과 자유민주주의의 동반자였다. 자유민주주의, 기독교 입국론에 의한 강력한 국가 건설을 꿈꾸는 이승만 박사를 나의 십자가라 여기며 마음을 다해서 전폭적으로 지원했다.

1948년 8월 15일 대한민국 정부수립 축하 연설에서 그는 만일 대한민국이 적의 침략을 받는다면 나와 미국은 즉시 달려와서 도울 것이라고 약속했다.

1950년 6월 29일 이승만은 6.25 전쟁 터졌는데 빨리 와서 돕지 않고 뭐 하냐고 호통하고 맥아더는 즉시 달려와서 약속을 지켰다.

중공군은 왜 전쟁에 개입했을까?

중국의 모택동은 6.25전쟁 발발 이전 회담에서 "미군이 참전하면 북한을 지원하겠다,"라고 한 약속대로 김일성의 요청으로 6.25전쟁에 참전하였다. 중국은 공산정권을 계속 유지함으로써 한·중 국경선으로부터의 위협을 제거하여 자국의 안전 보장을 유지하는 한편, 북한을 지원함으로써 소련으로부터 경제 및 군사원조를 획득하고, 동북아시아에서의 정치적 주도권을 장악할 목적도 있었다.

중공군 개입과 새로운 전쟁

1950년 10월 1일. 중화인민공화국은 건국 1주년을 맞이하여 국군과 유엔군이 38도선을 돌파하면 좌시하지 않겠다. 모택동은 국군이 38선을 돌파하고 맥아더가 북한에 최후통첩을 하던 날 미국을 격렬한 어조로 비난하였다. 모택동은 10월 4일에 공산당 중앙정치국 회의를 개최하였고 북한의 군사 지원 요청을 받아들여 참전을 결정하였다. 대규모 중공군으로부터 기습당한 국군과 유엔군은 통일을 눈앞에 둔 채 후퇴하지 않을 수 없었다.

전쟁의 결과와 교훈

우리 자유민주주의 체제의 대한민국을 유엔군과 함께 지켜냈다. 그러나 6.25전쟁은 우리 민족에게 씻을 수 없는 아픔과 고통도 안겨 주었다. 수많은 전사자와 유가족, 상이군경, 고향을 버리고 떠나온 피난민, 전쟁고아 등 전쟁이 할퀴고 간 상처는 여전히 휴전선을 경계로 남과 북이 군사적으로 대치한 상태이다.

끝나지 않은 전쟁 결코 잊어서는 안 될 전쟁

북한은 남조선 혁명과 한반도의 공산 통일이라는 대한민국에 대한 적화전략을 포기하지 않고 있다. 북한의 도발은 6.25 전쟁 중 말할 수 없는 야만성과 폭력성 그리고 잔혹함을 여실히 보여주었다. 오늘도 수십 만여 건에 이르는 정전협정 위반사항들과 무장 공비 침투, 대통령 암살 기도, 민간 항공기 테러 등 전쟁에 버금가는 각종 도발은 대한민국을 경악게 했다.

특히 2010년 이후에는 해군 군함인 천안함 폭침, 연평도 포격, 핵무기 장거리 미사일 개발 등을 통해 한반도의 평화 상태를 깨트리고 군사적 도발을 자행하며 한반도를 '전쟁의 공포와 긴장' 속으로 몰아넣고 있다. 6.25전쟁은 자유대한민국과 국민 모두에게 북한 공산주의 실체를 여실히 보여주는 시대의 아픔이었다. 우리는 그때 겪었던 참담했던 전쟁의 고통을 우리 후손들에게 물려주어서는 안 될 것이다. 그런 점에서 6.25전쟁은 끝난 전쟁이 아니라 결코 잊어서는 안 될 전쟁으로 기억되어야 할 것이다.

자유민주주의 대한민국에서 사는 백성이라면
'국민'이라고 표현하지
'인민'이라고 표현하지 않습니다.

'국민', '인민'
무엇이 정답인가요?

인민은 1인 독재 국가인 북괴 같은 조선민주주의 인민공화국
(사회주의 공산주의, 중국 등 국가)에서나
사용하는 말입니다.

공산사회주의
'인민'

공산사회주의
'인민'

자유대한민국
'국민'

▲ 발도메로 로페즈 중위가 사다리에 오르는 모습. 그가 죽기 불과 몇 분 전에 찍힌 사진이다.

발도메로 로페즈 Baldomero Lopez 중위
(1925. 8. 23.~1950. 9. 15.)

"용기 있는 죽음은 인간을 위대하게 만든다."
스크립스 하워드 종군기자 '제리소프'

1950년 8월 15일, 인천상륙 작전 '크로마이트(Chromite)'가 개시되고, 적색 해안으로 미 해병 5연대가 상륙정을 타고 돌격을 개시했다. 높은 방벽에 사다리를 놓고 올라가야 했으나, 포화로 인해 그 누구도 먼저 사다리에 오르려 하지 않아 난항을 겪고 있을 즈음, 한 용기 있는 청년이 사다리에 올랐다. 그 청년의 이름은 발도메로 로페즈.

1950년 9월 15일, 적의 침략행위에 대항하기 위한 인천상륙작전에서 제1해병사단(증강) 제5연대 제1대대 A 중대 소대장으로서, 임무의 수준을 넘어 생명의 위험을 무릅쓰고 용기를 보여주었다. 로페즈 중위는 상륙파와 해안에 도착하여 즉시 적 방어진지를 분쇄하는 작전에 돌입했다. 적의 사격 벙커로부터 가해온 사격 때문에 그가 담당한 상륙 구역의 전진은 중도에서 기세가 꺾인 상태였다.

적의 자동화기 사격에 몸을 노출한 채 수류탄을 투척하려는 순간 오른쪽 어깨와 가슴을 피격당해 뒤로 쓰러지며 수류탄을 떨어뜨렸다. 그러나 곧 몸을 돌린 그는 수류탄을 다시 집어 적에게 투척하기 위해 기어가기 시작했다. 그러나 부상의 고통과 과다 출혈로 수류탄을 투척할 수 없게 되자 소대원의 생명을 지키기 위해 자신을 희생하기로 했다. 부상당한 팔을 크게 휘둘러 수류탄을 배 아래 깔고 수류탄 폭발의 충격을 모두 자기 몸으로 방어해서 소대원들의 생명을 지킬 수 있었다.

* 미 제1군단 새로 편성:
미 제1기병사단, 미 제24사단. 국군 제1사단
* 낙동강 전선 방어작전 계속

인천상륙작전 : 한미 해군, 해병대

한국전쟁 기간 중 해군은 크고 작은 여러 차례의 작전을 수행했지만, 인천상륙작전만큼 극적이고 통쾌한 순간은 없었다. 한국 해군 단독으로 치른 대한해협 해전(PC-701함 대첩)과는 달리 이 작전은 UN군 연합작전의 일환이었다.

우리 해군과 해병대에 큰 경험과 교훈을 남겨 준 작전이었다는 점에서 길이 역사에 남을 일이다. 인천상륙작전은 적에게 빼앗긴 수도 서울을 3개월 만에 탈환하는 계기가 되었고, 그리고 수세에 몰린 전쟁을 공세로 전환시킨 전략적인 쾌거였으며, 한국의 명운(命運)을 구원한 작전이었다.

이 작전은 누구나 상륙이 불가능하다고 여긴 인천(仁川)을 선택해 보기 좋게 성공시킨 맥아더 장군의 걸작품이기도 하다.

이 작전으로 10만 명을 구했다는 것은 부산 교두보에서 반격을 개시해 북괴군을 38선 이북으로 밀어내려면 적어도 10만 명의 피해를 각오하지 않고는 불가능하다는 얘기였다.

작전 암호명은 크로마이트 작전 (Operation Chromite)이었고, 상륙 작전 부대의 명칭은 '제7 합동기동부대'였다.
스트러블 7함대 사령관(해군 중장)이 사령관으로 겸직 발령이 났다.

▲ 스트러블 제독, 제7합동기동부대 사령관
(Admiral Arthur Dewey Struble, US Navy) 28 June 1894 - 1 May 1983

▲ 스미스 미 해병 제1사단장(소장)과 도일 공격부대 사령관(해군소장)

상륙작전 부대 구성

* 공격 부대 : 도일 미 해군 소장
* 상륙 부대 : 알몬드 육군 소장 (상륙 부대 지휘관 발령은 이렇게 났지만 주력 부대가 미 해병대여서 실질적으로는 스미스 해병대 1사단장이 지휘)
* 봉쇄와 호송 부대 : 앤드류스 영국 해군 소장,
* 초계와 정찰 부대 : 헨드슨 미 해군 소장,
* 고속 항공모함 부대 : 어윈 미 해군 소장,
* 군수지원 부대 : 오스틴 미 해군 대령
* 동원 함정은 8개국 261척, 동원 병력은 7만 5천 명이었다.

스트러블 제독의 작전 계획 개요

9월 15일 첫 만조 시간인 아침 6시 30분 미 해병대 1개 대대가 투입되는 월미도 상륙으로 시작. 월미도 상륙 후 인천 지역 교두보 확보를 위해 두 번째 만조 시간인 오후 5시에 해병 1사단을 투입하고 해안두보를 신속히 확장시켜 김포 비행장과 서울을 점령하며 화력 지원은 순양함과 구축함이, 근접 항공 지원은 항공모함 함재기들이 담당하는 것으로 짜였다.

▲ 알몬드 육군 소장 / 상륙부대 사령관, 후에 제10군단장

▲ 인천상륙작전에 특별 선발된 육군 제17연대 또 다른 장병들,
승함 대기 중(부산, 1950. 9. 12)

▲ 인천상륙작전 참전 차 부산에서 수송선에 승함하고 있는 해병대 (1950.9.12)
이들은 어제까지 낙동강 전선에서 전투하다가 '인천'에 차출되었다.

▲ 인천상륙작전에 참전하기 위해 해군함정에 승함하고 있는
미 해병대 병사들(부산, 1950. 9. 12)

함명수 정보참모부장(후, 해군참모총장)의
당시 해군 첩보작전 일화(옮김)

모든 임무가 끝나자 13일 영흥도에서 철수하라는 명
령이 떨어졌다. 무사히 작전을 마친 것은 모두가 주
민들의 협조 덕분이었다. 아쉬운 작별을 고한 뒤 대
원들의 상륙작전 참가를 위해 인천 근해에 와 있는
해군함정으로 철수시켰다.

그러나 잔무 처리를 위해 임병래 소위와 홍시욱 병
조 등 일부 대원을 남겨 두었다. 인천상륙작전을 위
해 수백 척의 함정이 인천 앞바다를 가득 메우다시
피 했고 우리 해군 포함이 철통같이 경비하고 있으
니 설마 무슨 일이 있으랴 했다. 그러나 허를 찔리고
말았다. 우리가 철수한다는 사실을 탐지한 인민군 중
대 병력이 14일 0시 대부도와 선재도를 통해 섬으로
들어와 우리 첩보대 잔여 병력과 해군 의용대를 기
습해 전투가 벌어졌다.

이 전투에서 임 소위와 홍병조가 전사하고 많은 주민이 죽거나 다쳤다. 인민군이 쳐들어오자 임 소위가 중대장이 돼 잔여 병력과 해군 의용대를 지휘, 방어전에 임했다.

그러나 정규군에 대항할 무기를 갖추지 못한 의용대는 인민군의 대적이 되지 못했다. 쫓기고 쫓겨 다다른 곳이 십리포 야산. 더 이상 퇴로가 없었다.

이제 마지막이라고 판단한 홍병조는 도망치지 않고 숲에 숨어 있다가 산등성이를 타고 내려오는 적병 6명을 M-1 소총으로 쏘아 쓰러뜨렸다. 그리고 마지막 한 발을 남겨 자기 가슴에 대고 발가락으로 방아쇠를 당겼다. 임 소위도 장렬한 최후를 맞았다. 왼팔을 접어 권총을 지지해 놓고 적병 셋을 쏜 뒤 자기 이마에 대고 나머지 한 발을 발사했다.

상륙작전이 끝난 뒤 나는 영흥도 십리포 해변에 전 첩보 대원을 소집해 임 소위와 홍병조를 화장하고 간소한 영결식을 거행했다.

"이제 그만들 우시지요." 전우의 마지막 가는 길을 슬퍼하던 우리들의 모습을 바라보던 어느 노인의 말에 우리는 정신을 가다듬었다. 그리고 인천항이 잘 바라다보이는 양지바른 언덕에 두 전우의 유해를 매장하고 섬을 떠났다.

그 뒤 정부는 그들에게 각각 1계급 특진과 을지무공훈장을 추서했고, 미국 정부도 은성무공훈장을 추서했다. 고인들의 유해는 1960년대 초 국립묘지에 이장됐다. (임병래 중위 19 묘역 5판 063호, 홍시욱 하사 21 묘역 1448호)

문화방송이 1980년 10월1일부터 45일간 방송한 '한국전쟁 비화' 제1편 '인천상륙작전 17인의 결사대' 편은 바로 해군 첩보대의 작전이다.

* 장사동 상륙 양동작전 감행
* 인천상륙작전 준비단계-2, 1950년 9월
* 상륙 기동함대 : 일본 출항 부대와 합류, 서해 向
* UN군 및 국군, 포항 서남방 8km 지점 진지 탈환

인천상륙작전 준비단계-2

9월 13일 오전에 함포지원 전대(미 중순양함 2척, 영 경순양함 2척, 미 구축함 7척)는 월미도를 포격하기 위해 인천 수로에 진입하였다. 11시 45분에 구축함들이 기뢰를 발견하기 시작했는데, 다행히 간조 시간이었기 때문에 기뢰들이 수면 상에 노출되었던 것이다. 구축함들은 40mm 기관포로 기뢰를 폭파하면서 수로를 통과하였다.

이날 12시 42분에 선두의 거크(Gurke)함이 제일 먼저 월미도 앞 해상 800야드에 투묘하였고 이어 다른 구축함들도 포격 위치에 투묘하였다. 순양함들은 인천 남쪽 수 마일 되는 포격 위치에 투묘하였다. 13시가 되기 직전에 구축함들의 포격이 시작되었다. 몇 분 후에 월미도의 적 포대에서 반격을 가해 왔는데, 적의 사격은 주로 월미도에 가깝게 위치한 구축함 거크, 스웬슨(Swenson) 및 콜릿(Collett) 함에 집중되었다.

콜릿 함에는 75밀리 포탄 9발이 명중되었고 거크 함에는 3발이 명중되었다. 이날 전사 1명과 부상 5명의 피해가 있었다. 구축함들은 약 1시간 동안 월미도의 적진지에 5인치 포탄 1,000여 발을 발사한 후 14시에 자리를 이탈하였다.

순양함들은 16시 40분까지 월미도를 포격한 후 외해로 철수하였다.

▲ 순양함 세인트 폴 호(CVL-73 USS-St, Paul), 인천 외해, 1950. 9)

9월 14일 월미도에 대한 함포사격이 재개되었다. 이 날도 수로에 진입할 때 발견된 기뢰는 역시 함포로 처치되었다. 이날 구축함 5척이 월미도 주변에 포진하여 12시 55분부터 14시 22분까지 함포사격을 실시하여 5인치 포탄 약 1,700발을 발사하였다. 이날 월미도 적 포대의 반격이 아주 미약하고 부정확했는데, 이는 2일간의 공격 전 포격으로 적의 포진지가 상당히 파괴되었다는 것을 말해준다.

▲ 영국 순양함 쟈마이카 호

장사(長沙) 상륙작전(1950년 9월 13일)

▲ 장사상륙작전 요도 : LST-문산호
9월 13일 부산항 출항, 14일 장사 해안 도착, 좌초 북괴군과 전투 계속

▲ 작전 중 좌초된 LST 문산함(영덕군 장사리 해안, 1950. 9. 13)

9월 13일 경북 영덕군 장사리, LST-문산함으로, 대구 등지에서 자원입대한 '펜 대신 총을 달라'라는 학도의용군 고등학생 772명, 지원 요원 56명이 적전상륙을 감행하였다.

<육본 작명 174호>, 이는 인천상륙작전을 지원하는 '양동작전' 목적으로써, 훈련도 받지 못하고 제대로의 군장도 갖추지 못한 학도병들이 근 1주간을 악전분투한 역사적 거사였다. 태풍으로 인한 기상악화로 선박이 좌초까지 되는 마당에, 죽기로 싸운 그들의 애국정신을 길이 빛내주어야 할 것이다.

전사 139명, 부상 92명, 행방불명 수십 명의 군번도 계급도 없는, 이 땅에 뿌려진 젊은 피의 희생된 양의 거름이다. 국가에서는 그 후 여러 조처를 했다고 하지만….

▲ 학도의용군 사진 (출처/한국민족문화대백과)

▲ 장사상륙작전 전몰 용사 위령탑

문산호는 9월 14일 새벽에 상륙지점 근처까지 도착
했으나, 당시 상황은 태풍 케지아가 접근하는 여파
로 인해 파고가 3~4m로 매우 심해서 풍랑이 거칠었
으므로 배는 좌초되고 적의 집중사격을 받게 된다.
이런 악조건하에서도 학도병들은 장사리에 성공적
으로 상륙하여 전투를 벌이고 며칠간 북괴군의 보급
로를 차단하는 데 성공한다.

특히 인천상륙작전의 양동작전으로서 적군이 2개
연대가 동해안에 상륙했다고 말할 정도로 주의를 분
산시키는 성과를 거두었다. 하지만 원래 3일간의 작
전 예정이 잡혀 있었으나 문산호가 좌초된 관계로
철수하지 못하는 사태가 벌어졌다. 당연하게도 9월
16일부터는 후방을 차단당한 북괴군 제5사단의 정
예부대인 2개 연대 규모의 부대가 T-34 전차 4대를
앞세우고 북상하여 상륙부대와 치열한 전투가 벌어
졌다.

상륙부대는 9월 19일까지 치열한 전투 끝에 간신히
상륙지점으로 되돌아와서 해군이 지원한 LST 조치
원호를 타고 귀환할 수 있었다. 하지만 이 과정에서
막대한 희생을 치렀으며, 40여 명 정도는 적의 집중
사격 등으로 인해 승선 기회를 놓치고 적의 포로가
되는 큰 손실을 기록한다.

맥아더 장군으로부터, 친필로 장사상륙작전이 인천
상륙작전의 성공에 크게 기여했다고 할 정도로 작전

자체는 성공적이었다고 평가된다.

▲ 장사상륙작전 후 철수하는 장면 (출처=장사상륙작전 기념사업회)

9월 14일 (82일째 / D-1)
상륙기동함대 인천 외해 도착

* 미군, 아침 일찍 낙동강 도하. 정오까지 1km 전진
* 국군, 안동 서방 8.5km 지점에서 공격 개시
유엔군 구축함, 인천 맹폭격 중 북괴군의 지상군
포로 3척 경상
* B-29, 북한 지역 철도 폭격
* 팔미도 등대 작전

▲ 미 제24보병사단 병력 부교를 통하여 낙동강을 도하.
(1950. 9. 14. 출처-주한미군 시설관리사령부)

팔미도 등대 작전

▲ 인천상륙작전 기함(旗艦) 마운트 맥킨리(USS Mount Mckinley)호.
맥아더 사령관이 작전을 지휘

▲ 한국 해군참모총장 손원일 제독(왼편),
미 함선 피카웨이 호 함교에서 함장과 함께. (1950. 9. 14)

▲ 인천 외해에 집결한 상륙 기동함대 모습(일부)과 코르세어 함재기
(총 261척; 미국 225, 영국 12, 호주 2, 뉴질랜드 2, 프랑스 1, 네덜란드 1,
한국 15척)

▲ 팔미도 등대(현재)

▲ 팔미도 등대(현재)

인천상륙작전이라는 역사적 작전을 수행하기 위하여 자그마한 작전이 그 앞길을 열어 주었다.

지름 2m, 높이 7.9m의 등대 불빛 하나였으며, 한국 해군 첩보부대의 협조를 받으면서 수행한 KLO(Korea Liaison Office), 이른바 '팔미도등대 작전'이었다.

"등대에 불을 밝혀라 !" 그리고 "성조기를 게양하라" 상륙기동함대 사령관의 명령이다.

9월 14일 밤 KLO 최규봉 대장이 이끄는 한미연합 특공대가 팔미도 등대 탈환에 성공하였고, 등대 불을 밝힘으로써 261척의 함선이 인천상륙작전을 수행할 수 있었다.

▲ 인천상륙작전 직전 팔미도에 침투해 등대의 불을 밝힌 최규봉 씨와
KLO부대 대원들이 작전 성공 후 소형 보트를 타고 기함 「마운트 매킨리」호로
복귀하고 있다. (최규봉 대장, 사진 오른편에 작업모 쓰고 앉아있음)

▲ 인천상륙작전 직전에 영흥도, 팔미도 등 주변에서 활약한
연정 해군 소령(가운데 허리에 권총)과 클라크 대위(맨 오른쪽) 팀 일행

▲ 최규봉 씨가 맥아더 장군이 보내준 감사의 친필 서한(전쟁기념관 소장)을
들어 보이고 있다. 이 서한은 최 씨가 팔미도 등대에 내걸었던 성조기를
기증한 데 대한 답례로 보낸 것이다.

맥아더 사령부는 특공대를 조직해 「팔미도 등대 탈환 작전」에 나서기로 했다. 이 작전에는 KLO부대 (Korea Liaison Office·미 극동사령부 한국 연락사무소)가 투입됐다.

KLO부대는 1948년 미국이 대북 정보수집 등을 목표로 만든 특수부대로 통상 「켈로부대」라 불렸다. KLO는 고트, 선, 위스키 등 3개 예하 부대로 구성돼 있었으며, 부대마다 1,000여 명의 요원들이 각지에서 첩보 임무를 수행하고 있었다.

특공대는 한국인 3명과 미국인 3명 등 모두 6명으로 구성됐다. 유진 클라크 미 해군 대위, 클락 혼 미 육군 소령, 존 포스터 미 육군 중위, 계인주 육군 대령, 연정 해군 소령, 최규봉 KLO 고트 대대장 등 6명이었다.

9월 12일경, 미국 소해함 두 척이 월미도 앞바다에 모습을 드러냈다. 두 척이 바다를 이리저리 휘저으며 한동안 무엇인가 작업을 하더니 갑자기 기관포를 바닷속으로 발사하기 시작했다. 순간 천지를 뒤흔드는 굉음과 함께 수십 m의 하얀 물기둥이 솟아올랐다. 소해함에 의해 탐지된 기뢰 세 발이 폭발한 것이었다. 보름 가까이 기뢰를 옆에 두고 수심 측정 작업을 했던 최 대장은 등줄기가 오싹했다고 했다.

9월 10일, 최 대장에게 드디어 팔미도 등대를 확보하라는 명령이 떨어졌다. 그날 밤 소음총으로 무장한 그와 켈로대원 25명은 영흥도를 떠나 발동선을 타고 들어가 팔미도를 기습했다. 북괴군들의 저항이 완강했지만, 교전 끝에 북괴군 8명 중 5명을 사살하고 등대를 확보하는 데 성공했다.

그 후 상륙작전 개시 전까지 5일 동안 최 대장 측과 북괴군 사이에는 등대를 뺏고 빼앗기는 전투가 계속됐다. 팔미도 등대를 보니 무슨 연유에서인지 인민군은 이 등대를 전혀 쓰지 못하고 있었다. 조사해 보니 반사경의 전선이 끊어졌을 뿐 등대는 멀쩡하였다. 그들은 동경(도쿄) UN군 총사령부에 『필요하다면 등대를 켜 놓겠다』고 연락을 취했다. 그러나 등대의 불을 켜라는 명령은 떨어지지 않았다.

D-1, 14일 오후 7시 30분,

최 대장은 「15일 0시 40분을 기해 불을 켜라」는 최후명령에 따라 등대 탈환전에 나섰다. 6명의 대원들은 대검, 수류탄 두 발, 권총 등 경무장만 한 채 목선을 이용해 해안가에 배를 댔다. 배에서 내리는데 바닷물에 발이 빠져 「철벅철벅」하고 소리가 났다. 이날은 어찌 된 일인지 북괴군들의 저항이 느껴지지 않았다.

인민군 경비병이 눈치채지 못하도록 60m가 채 안되는 정상까지 기어오르다시피 올랐다. 정상에 다다랐을까. 막사(등대지기 숙소)에서 경계를 하던 인민군으로 보이는 시커먼 그림자가 등대 뒤에 있는 벼랑 쪽으로 「휙」하고 사라졌다. 곧이어 「첨벙첨벙」 소리가 났다. 소리로 보아 두 명의 인민군이 대원들의 기습에 놀라 바다에 몸을 던진 것이었다.

이때가 9월 14일 23시 30분, 등대를 점령하였으나 대원들은 등대를 점화시킬 수 없었다. 점등 장치의 나사못이 빠져 등대에 불을 붙일 수 없었기 때문이었다. 대원들은 칠흑 같은 어둠 속에서 3시간가량 나사못을 찾아 헤매다 포기하고 기진맥진해 엎드려 있었다.

이때 등대 바닥에서 최 대장의 손에 「선뜻한」 느낌의 금속이 잡혔다. 바로 나사못이었다. 특공대는 드디어 등대의 불을 밝히는 데 성공했고, 아군이 점령했음을 알리기 위해 등대 철재 난간에 성조기를 게양했다.

팔미도의 등대를 애타게 바라보던 연합군 함대의 눈에 불이 훤히 밝혀진 건 정해진 시각보다 1시간 40분 늦은 새벽 2시 20분. 초조하게 기다리던 맥아더는 등댓불과 성조기를 확인하자, 연합국 함대에게 인천 앞바다로 진격 명령을 내렸다. 이를 신호로 7개국의 연합함대는 등대를 길잡이 삼아, 곧바로 인천상륙작전에 돌입할 수 있었다.

극심한 간만의 차 등 여러 악조건으로 성공 확률이 거의 없다던 이 운명적 작전에 10만 병력과 대함대가 무사히 인천에 상륙할 수 있도록 팔미도 등대가 바닷길을 이끈 것이다. 등대에 환한 불을 밝혔던 한국인 켈로 부대원들과 클라크 대위 등은 작전 성공의 숨은 공로자였다.

한편, 9월 14일 팔미도 등대 탈환 작전에 나선 6명의 대원을 제외한 영흥도 잔류 대원 20여 명은 이날 밤 11시경 대부도에 주둔하고 있던 북괴군 1개 대대의 습격을 받아 전멸당했다.

14세 소년 스파이 에디 고(Eddie KO), 몹시 자랑스러운 전쟁 영웅

Eddie Ko, worked as a spy for American forces in Korea in preparation for the invasion at Inchon.   He was only 14.

▲ 에디 고 씨의 생전 시 강연 장면 모습

- 전선 넘나들며 미군에 정보 제공
- 맥아더 상륙작전 감행 이틀 전엔 계획 알아차린 북괴군 모두 처단
- 상부 보고 막아 작전 성공 이끌어

- 목숨 걸고 등대도 밝혀 진격 도와
- 휴전 후 워싱턴에서 이 애를 보내달라 요청
- 영주권 받고 미군 부대 근무하며 미국에 정착
- 한국전쟁 관련 명강사로 활동 중, 6. 25전쟁과 한국
  을 알리는 데 열정 쏟아

▲ 14세 에디 고. (뒷줄 왼쪽 세 번째, 흰옷, 총 메고 있는 소년)

미국 플로리다 템파시에 거주하던 에디 고(2017년 82세 별세 한국명 고준경) 씨. 그는 2016년 6월 23일 프로리다 템파 교외의 '참전용사 추모 공원'에 '한국전쟁 참전용사비'를 건립하는 데 큰 역할을 했다. 강원도 철원 출신인 그의 부친은 설교를 아주 잘하는 목사여서 인민군의 요주의 관찰 대상이었다. 해방 이듬해(1946년) 부친은 그의 형과 함께 임진강을 건너 남으로 탈출했다. 반역자 가족으로 몰린 어머니와 에디 고는 이후 쫓겨 다니다 1948년에야 겨우 탈출에 성공했다. 당시 철원은 이북 땅이었다. 평화롭던 시절도 잠시, 1950년 전쟁이 발발했다.

동숭동 서울대학교 의과대학 광장에서 국군 30여 명이 처형당하는 장면을 목격한 소년은 서울을 떠나야겠다고 결심했다. 집에 들렀지만 아무도 없자 인천 영흥도가 고향인 교회 친구가 떠올라 무작정 서쪽으로 걸었다. 거기서 그는 자기 인생의 항로를 바꾸게 될 한 사람을 만났다. 유진 F. 클라크 미 해군 대위였다. 인천상륙작전을 구상한 맥아더가 정보 수집을 위해 영흥도로 미리 보낸 정찰대원이었다. 클라크 대위는 당시 소년들을 모아 정보를 수집하고 있었지만, 뭍에서 온 소년을 경계했다. 하지만 함께 생활하면서 그 됨됨이를 관찰하더니 같이 일을 하자고 제안했다.

어릴 때부터 선교사에게 배운 영어가 큰 도움이 됐다. 주 임무는 인천항과 월미도 등지에서 인민군 동태를 관찰하고 보고하는 것이었다. 소년들은 전시라도 제재받지 않고 전선을 드나들 수 있었기에 가능했다.

인천상륙작전 이틀 전인 9월 13일 인천을 다녀오라는 클라크 대위의 명에 따라 친구와 함께 나섰다. 친구는 그때 "아무래도 유엔군이 인천으로 오려나 보다"고 말해 그제야 전황 파악을 할 수 있었다. 도중 친구는 부모님을 뵈러 영흥도에 들렀다가 인민군에게 붙잡혔다. 소년들이 미군 스파이로 활동하고 있다는 소문을 들은 듯했다. 어디론가 끌려가더니 2시간쯤 뒤 친구는 부모와 함께 공개 처형을 당했다. 그 장면을 목격한 소년(에디 고)은 친구가 고문에 의해 상륙작전 계획을 토설했다는 것을 직감했다.

다행히 그날은 물때가 맞지 않아 인민군은 보고를 위해 배를 타지 못했다. 그날 밤 소년은 인민군들이 기생집에서 술판을 벌인다는 사실을 알고 주민 몇 명과 함께 새벽에 잠입, 상륙작전 계획을 알았을 법한 인민군들을 모두 죽였다. (이 대목에서 에디 고 씨는 당시 처음 이 사실을 공개한다고 했다. 만일 다음날 그 인민군들이 인천으로 떠나 상륙작전 계획을 상부에 보고했다면 전황은 크게 달라졌을 것이라는 게 에디 고 씨의 설명이었다.)

클라크 대위에게 이 사실을 보고하자 그는 15일 인천 상륙작전이 개시되기 때문에 앞서 인천의 관문인 팔미도 등대를 밝혀야 한다고 했다. 클라크 대위와 소년 에디 고를 비롯한 정찰대는 전날 밤 작은 보트를 타고 팔미도에 내려 치열한 전투 끝에 인민군을 물리친 후 등대를 밝혔다.

인천상륙작전 성공 후 소년은 부모님이 계신 서울로 가겠다고 하자 클라크 대위는 추천장을 써 주었다. 덕분에 소년은 미 해병 제1사단의 정식 정보원이 됐다. 이후 소년은 미군과 함께 정보 수집을 위해 원산 흥남 함흥 장진호 등지를 오가다 중공군의 포로가 됐다. 다행히 중공군 장교는 보스턴에서 공부한 엘리트로 영어를 잘했다. 소년은 전쟁에서 부모를 잃은 고아라고 하며 동정심을 유발했다. 그 장교는 12만의 중공군이 장진호 주변에 배치돼 있고, 20만 명은 만주에 대기 중이라 미군의 승리는 어렵다고 설명한 후 소년을 풀어줬다.

미 해병대에 재합류한 이 소년은 이 사실을 보고한 후 장진호 전투 등에 참전하며 정보 수집에 매진했다. 그해 12월 흥남 부두 철수 땐 피란민들의 안전 승선을 위해 마지막 배가 떠날 때까지 돕고는 걸어서 남하했다. 휴전 때까지 그는 미군의 정보원으로 활동했다.

휴전 후 가족과 상봉한 그는 생사고락을 함께한 미군 전우 3명에게 편지를 썼다. 그중 한 명이 부친에게 6.25 때 에디 고의 활약상을 소개했고, 부친은 이를 친구인 상원의원과 워싱턴DC 정가에 전달했다. 마침내 이승만 대통령에게 에디 고를 찾아 미국으로 보내달라는 편지가 전해졌다. 실제로 1955년 미 영사가 여권을 만들어 에디 고를 찾아와 마침내 그는 그해 6월 뉴욕에 도착했다. 이후 미 영주권을 받은 에디 고 씨는 다시 미군에 입대, 한국에서 CIC(주한미방첩대) 요원으로 1년 8개월간 근무했다. 제대 후 그는 대학에서 항공학을 전공, 항공회사에 근무하다 뉴욕에서 무역회사를 차려 제법 돈을 모았다. 한국 여인과의 결혼도 이즈음에 했다.

1989년 그는 플로리다 템파로 이주해 10년 전까지 골프장 두 개를 운영했다. 2000년부터 6.25 참전용사들에게 입은 은혜를 조금이나마 갚기 위해 매년 이 지역의 참전용사들을 골프장으로 초대, 라운드와

함께 식사를 대접했다. 모든 사업을 정리한 그는 6.25전쟁과 한국을 알리는 강의에 매진했다. 지역 초중고와 로타리 등 봉사단체, 그리고 군부대 등에서 전쟁 관련 특강을 했다. "6, 7년째 관련 자료도 찾고 공부를 하다 보니 제가 생각해도 실력이 늘었어요." 명강사로 제2의 삶을 살았던 그의 한 해 강의 일정은 이미 지난해 말 모두 잡혀 있을 정도였다.

템파지역 한국전 참전용사회 회원으로, 그들을 위해 한국을 대신해 헌신하는 것도 그의 몫이었다. 에디고 씨는 "현지 한인들도 애쓰고 있지만 한국 정부도 이제 외롭게 노후를 보내고 있는 참전용사들에게 좀더 관심을 가졌으면 좋겠다"는 말을 했다.

플로리다 템파 교외에 위치한 '참전용사 추모 공원' 내 '한국전쟁 참전용사비'옆에는 85kg의 제법 큰 둥근 돌이 기단 위에 소중히 올려져 있어 눈길을 끈다. 인천상륙작전 때 전사했던 로페즈 중위의 기념비이다. 쌍안경을 들고 있는 맥아더와 함께 방벽을 넘는 그의 뒷모습은 인천상륙작전의 기념비적 사진으로 꼽히고 있지만 아쉽게도 그는 이 사진이 찍힌 직후 전사했다. 그는 후에 미군이 받을 수 있는 최고의 무공훈장인 명예훈장을 추서 받았다. 템파 한국전 참전용사회는 에디 고 씨의 주도로 2007년 재향군인의 날, 인천 앞바다에서 공수해 온 이 돌에 'The Green Beach Point of Incheon Landing Operation'이라는 문구를 적어 템파 인근 키스톤 에드레디스 공원 한국전쟁 기념광장에 로페즈 중위 기념비를 세웠다.

▲ 로페즈 미 해병 중위와 상패

▲ 개인 기부와 함께 탬파 한국전 참전용사회의 모금 등으로
로페츠 기념비를 세운 에디 고 씨.

이후 2016년 7월 27일 차로 10분 거리인 참전용사 추모 공원 내 한국전쟁 참전용사비 제막식에 맞춰 로페즈 중위 기념비를 이곳으로 옮겼다. 함께 공수된 작은 돌은 에디 고 씨의 제안으로 로페즈 중위의 모교인 힐스보로고교에 기증돼, 그의 유품과 함께 전시되고 있다.

"당시 인천에서 직접 공수해 온 돌을 보고 참전용사회도 나도 하염없이 눈물을 흘렸다"고 말했다. (일부, 국제신문 이흥곤 기자 방문 기사 옮김)

"We are appreciative to Americans," said Ko, who also served in the U.S. Army after coming to America. "Who knew that (South Korea) would one day sell cars in America?"

> **9월 15일 (83일째 / D - DAY)**
> **UN, 인천상륙작전 개시**

* 월미도 탈환, 오후 5시 30분에 주력 공격 개시
* 월미도 상륙은 미 제1해병사단, 주력부대는 미 제10군단, 상륙전 지휘는 도일 소장. 맥아더 원수도 진두지휘
* 유엔군, 김포시 및 김포 비행장 점령

크로마이트 작전 (Operation Chromite),
D-day 개요 〈H-hour : 06:30〉

상륙 부대의 병력은 함정 262척, 총 7만 5천여 명에 달하였다. 주력 부대의 일부는 이미 9월 초부터 부산 근처에 집결해 있었고, 나머지는 9월 11일 제90기동함대와 함께 일본에서 출발하였다. 때를 같이하여 한국해병대는 UN 해군함대의 지원 포격을 받으며 군산·목포·포항·영덕 등 동서 해안 여러 곳에서 일련의 양동작전을 전개하였다.

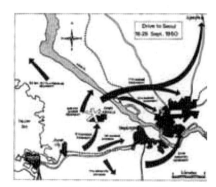
▲ 맥아더의 수도 탈환 전술 계획

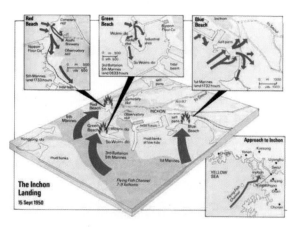
▲ 인천상륙작전, D-day 상륙 현황

9월 15일 새벽 2시 함포 지원 전대를 포함한 미 해군 공격전대가 상륙부대의 제1진인 미 제5해병 연대 3대대와 M26 퍼싱 전차 1개 소대를 싣고 월미도를 향해 떠나기 시작하였다. 새벽 5시 북괴군의 방어진지에 폭격을 가하기 시작하였고, 05시 40분, 17척의 LCVP에 상륙 선봉 부대가 탑승했고 같은 시간 토레도호의 200mm 포 일제 사격을 신호로 전 함대의 상륙 지원 사격이 시작됐다. 06시 15분부터는 세 척의

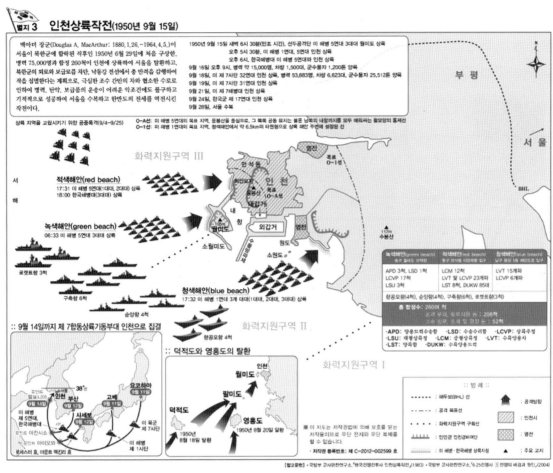

▲ 인천상륙작전 전체 요도

로켓포함이 탄막 사격을 개시, 월미도 상륙 해안 일대는 불바다가 됐다. 작전 계획상 미 해병대 5연대 3대대 병력의 월미도 해안 도착 예정 시간은 06시 30분이었다.

LCVP에서 내린 미 해병대 1제대 선발대가 실지로 해안에 도착한 시간은 06시 31분, 주력 도착 시간은 06시 33분이었다. 06시 35분 제2제대가 상륙했고 10분 뒤에는 전차를 적재한 LSU가 도착, 포격과 화염방사기를 발사하면서 산 쪽으로 진격했다. 북괴군들은 산기슭의 동굴 속으로 도망쳐 수류탄을 던지며 저항을 기도했는데 이 문제를 전차들이 해결했다.

미 제5해병연대 3대대의 월미도 일대 녹색 해안(Green Beach) 상륙작전은 오전 중에 성공리에 진행되었다. 이어 인천항이 만조가 된 오후 5시경부터 UN 해군과 공군의 엄호사격이 다시 시작되면서 미 제5해병연대의 2개 대대가 인천항 북쪽의 적색 해안(Red Beach)에 상륙하였다.

또한, 월미도 맞은편의 황색 해안(Yellow Beach)에서는 인천 시가지에 대한 정면 공격이 시작되었다. 당시 공산군은 서울 위수 제18사단과 인천경비 여단, 그리고 제31여단 예하의 1개 대대 등을 인천 일대에 배치하고 있었다.

▲ 5000 대 1의 성공확률이라 한 인천상륙작전 현장을 지휘하는 맥아더 사령관, 기함 맥켄리 호 함교

▲ 인천, 작전지휘 하는 맥아더 사령관. 1950. 9. 15

▲ 인천 적색 해안 접근 중. 1950. 9. 15

▲ 인천, LCVP 대행진의 장관! 1950. 9. 15

▲ 인천 상륙해안으로 접근 중. 1950. 9. 15

▲ 인천 상륙, 손원일 해군 참모총장, 미 해군 피카웨이 함장과 더불어. 1950. 9. 15

▲ 미군 전함 '미조리'호

▲ LSMR 로켓포함이 월미도에 사격을 하고 있다. 1950. 9. 15

▲ 인천, 적색 해안 포격. 1950. 9. 15

자유는 공짜가 아니다!

▲해병대는 최초일(D-day 작전) 상륙작전을 완수하였으며, 인천시를 장악하였다.

▲ 이 사진은 인천상륙작전의 2개의 기념비적 사진 중 하나.

맥아더 사령관이 기함 함교에서 망원경을 들고 있는 사진과 더불어, 로페즈 중위가 제일 먼저 사다리를 타고 암벽을 오르는 사진이다. (촬영자 미상) 로페즈 중위는 상륙한 직후 전사하였다. Baldomero Lopez, (1925년 8월 23일~1950년 9월 15일)

▲ 2007년 11월 11일 미국 재향군인의 날에, 로페즈 중위의 기념비가 탬파市 인근 키스톤 에드레디스 공원 한국 전쟁기념광장에 세워졌다. 이 기념비는 로페즈 중위가 전사한 인천 앞바다에서 공수해 온 85kg의 돌로, 'The Green Beach Point of Incheon Landing Operation'이라는 문구가 새겨졌다.

사비를 털어 이 기념비를 세운 재미교포 고준경(당시 75세, 미국명 에디 고) 씨 "인천에서 직접 공수해 온 돌을 보고 그들(6 · 25 참전용사)도 나도 하염없이 눈물을 흘렸다"고 하였다.

▲ 인천, 시가전 중 민간인 통제 모습, 1950. 9. 15

▲ 인천 상륙, 항공 지원작전. 1950. 9. 16

▲ 인천으로 직접 상륙하는 맥아더 사령관. 1950. 9. 16

▲ 인천, 수송함에서 주정으로 하선하는 해병들. 1950. 9. 16

9월 16일 새벽이 되자 적 치하에서 신음하던 인천은 완전히 탈환되었고, 한반도 중부의 가장 큰 항구인 인천항을 온전하게 확보하였다. 인천상륙작전은 세계전사에서 보기 드문, 직접 항구로 상륙하여 장악한 작전이었다. 사상 최대의 상륙작전이었던 '노르망디상륙작전'에서 알 수 있듯이 전략 시설인 항구 일대는 항상 경비가 엄중하므로 이곳을 피해 작전을 펼치는 것도 초기의 피해를 최소화 할 수 있는 방법이었다.

하지만 맥아더는 항구로 직접 상륙하는 발상의 전환으로, 초전에 인천항을 확보하는 쾌거를 이루었다. 만일 인천항을 즉시 확보하지 못했다면 서울로 향한 진격은 힘들었을 것이었다. 후속하는 부대와 물자가 상륙한 후에야 내륙으로 진격이 가능한데, 이를 위해서는 해안가에 교두보를 확보하여야 한다. 그런데 인천상륙작전은 작전 개시와 동시에 최고의 교두보를 확보하는 쾌거를 이룬 것이었다.

▲ UN군 반격에 주역을 맡은 미국 셔먼 탱크 위용

▲ 인천상륙군 미 해병들이 서울로 가는 길로 접어들고 있다. 1950. 9. 16

▲ 인천, 한 해병 어린이와 조우. 1950. 9. 16

▲ 투항하는 북괴군 병사. 인천 1950. 9. 16

▲ 낙동강 전선의 국군과 연합군은 반격에 나서기 시작했다.
경북 왜관 근처의 낙동강에서 한국인 인부들이 미 제1기병사단의 중화기
도하를 돕기 위해 흙을 집어넣은 마대를 깔아 강바닥을 다지고 있다.
(미 육군부 자료)

▲ 인천상륙작전과 낙동강 전선 반격으로 후퇴를 하던 북괴군의 일부가 붙잡혀
포로가 된 모습이다. 공세에 밀렸던 북괴군의 일부 병력은 지리산 등 깊은 산 속
에 숨어 들어가 빨치산에 합류했다. 이들은 앞으로 대한민국의 후방치안을 크게
위협한다. (미 국립문서기록보관청)

* 미 해병 제1사단 제5연대,
오후 8시 김포 비행장 완전 점령, 한강 서남부 도달
* 맥아더 유엔군 사령관, 전선 시찰
* 미 제25사단, 고성 탈환
* 북괴군, 영천지구에서 사단장 도주

▲ 김포비행장에 남겨진 파손된 볼썽 사나운 미군 항공기 잔해

▲ 인천항 군수물자 하역 모습 (1950. 9. 17)

▲ 낙동강 전선을 돌파하고 북으로 진격, 왜관을 육박하는 미 제8군 부대 이동

▲ 김포 기지를 점령한 미 해병 제1사단 제5연대 (1950. 9. 17)

▲ 수염이 이상? 짚신이 이상해요? 옆구리에 찬 것은 뭐요?? (1950. 9. 17)

인천상륙작전은 20세기에 벌어진 마지막 대규모 상륙작전으로 남게 되었는데, 유례를 찾아보기 힘든 천연적 장애요인을 극복한 상륙작전이었다.

인천 앞바다는 조수간만의 차가 심한데, 사실 그보다 썰물 때 드러나는 갯벌이 바로 문제의 핵심이었다. 갯벌만 없다면 썰물 때도 상륙은 가능하지만, 인천일대의 거대한 갯벌은 밀물 때만 상륙할 수밖에 없는 시간적 제한을 가하였다. 즉 인천상륙작전은 시간과 공간의 2중 제약을 극복하고 이뤄낸 성과였다.

▲ 인천 외곽지역, 국군 헌병이 북괴군 패잔병을 색출하여 검거하는 모습.
(1950. 9. 17)

자유는 공짜가 아니다!   165

▲ 인천 시가지 모습. (1950. 9. 17)

▲ 인천 상륙 후, 북괴군 포로 호송하는 미 해병대. (1950. 9. 17)

▲ 경인 철도를 따라 서울로 진격하는 미 해병대. (1950. 9. 17)

▲ 인천, 전선 시찰하는 맥아더. (1950. 9. 17)

▲ 인천 상륙 후, 북괴군 임시 포로수용소. (1950. 9. 17)

▲ 인천상륙작전 기념비

9월 18일 (86일째 / D+3)
상륙군 서울로 진격 중,
영등포 돌입, 한강변까지 진격

* 상륙군, 경인가도에서 북괴군의 역습 전차 16대 격파
* 해병대, 영등포 외곽 돌입
* 미 해병대, 서울 서북방 한강에서 진격
* 콜롬비아, 순양함(2천 톤 급)을 UN의 한국 지원활동에
제공 발표

▲ 시가전, 적 저격에 부상 당한 병사를 옮기고 있다. (1950. 9. 18)

▲ 상륙 후 배후의 안전과 교두보가 확실하게 장악되자, 지체하지 않고 격렬한
적의 저항을 물리치고 진격할 수 있었다.
역습 전차들을 궤멸하고, 포로들을 나포하면서 전진하는 상륙군들.
"시원하게 발가 벗겼군...."

▲드디어 영등포 지역에 도착, 적정을 살피고 있다. (1950. 9. 18)

▲서울 외곽 주민들의 열렬한 환영을 받고 진군하는 상륙군들. (1950. 9. 18)

▲ 두 명의 북괴군 소년병이 서울 근교에서 나포되어 심문을 받고 있다.
(1950. 9. 18)

▲낙동강 대반격을 개시하기 전 부대 점검을 하고 있는 미군들.
(1950. 9. 18, 미 국립기록문서보관청)

*상륙군, 한강 도하 시작, 김포 비행장 사용
* 선봉대, 서울 서남 교외 3km에 돌입
* 해병대 수색대, 한강 4개처 도하

UN군, 국군의 서울 탈환 작전

인천상륙작전으로 교두보를 확보하는 데 성공한 미 제10군단은 9월 18일부터 서울을 향한 진격을 시작했다. 이를 위해 미 제1해병사단(국군 제1해병연대 배속)은 서울의 서쪽에서 시가지를 향해 공격하도록 하고, 미 제7보병사단(국군 독립 제17연대 배속)은 서울의 남쪽에서 북괴군의 증원 차단과 함께 그들의 퇴로를 차단하면서, 낙동강 전선을 돌파해 북상하는 미 제8군과 연결하도록 했다.

북괴군의 서울 방어작전 개요

국군과 UN군의 서울 공격이 시작되자 북괴군은 제9사단과 제18사단 등 2만여 명의 병력을 동원해 서울을 방어하려 했다. 그들은 서울의 시가지 교차로마다 장애물을 설치해 시가전을 전개할 준비를 갖추면서, 연희고지를 고수해 아군의 서울 진입을 저지하려 했다. 이에 따라 서울 서측방과 남측방에서 격렬한 전투가 전개되었다.

서울 수복까지의 아군의 전투 개요

미 제10군단은 행주와 마포, 신사리에서 한강을 도하한 후 연희고지와 망우리, 구의동 일대의 북괴군 저지진지를 공격해 9월 26일까지 서울 시가지의 절반 정도를 점령했다. 27일에는 공격부대가 삼각지와 남대문, 회현동 일대의 잔적을 격멸하고 중앙청에 태극기를 게양했다. 이어서 9월 28일, 공격부대들은 북괴군을 서울 시내에서 쓸어내듯 소탕하며 의정부 방면으로 공격을 계속했다. 그날로 북괴군의 저항은 끝났으며 수도 서울은 인천 상륙 후 2주일, 북괴군에게 피탈당한 지 3개월 만에 완전히 수복되었다.

19일 작전

미 해병 제1연대가 18일 소사(素砂)를 탈환한 다음 영등포를 향하고 있을 때에 미 해병 제5연대와 한국 해병 제1연대와 제2연대는 행주(幸州) 쪽으로 한강을 도하하라는 명령을 받고 19일에 그 준비를 서둘렀다.

▲ 해병, 서울 외곽 진입하여 북괴군을 몰아내고 있다. (1950. 9. 19)

* 미 해병 제5연대, 한국 해병대, 한강 도강,
수색으로 진격 중
* 맥아더 유엔군 사령관, 전선 시찰
* 이승만 대통령, '38선 진격 문제'에 대하여
"UN 결정에 따르겠다"

▲ 행주나루를 도강하는 LVT-3C (Landing Vehicle Tracked, 1950. 9. 20)

LVT-3C 상륙돌격장갑차는 인천상륙작전 때 월미도에 최초의 강습 해병 전투 병력을 태우고 쇄도했었다. 내륙의 강에서 해병들이 LVT-3C로 도강 작전을 한 것은 극동에서는 처음이다. 해병들이 LVT로 한강을 건넌 곳은 행주나루, 마포, 그리고 반포의 세 곳이다. LVT의 활약으로 해병들은 서울을 방어하는 북괴군이 천혜의 방어물로 활용할 수도 있었던 한강을 비교적 손쉽게 도강할 수가 있었다. 더구나 행주산성에 방어선을 치고 악랄하게 저항하며 해병들에게 40여 명의 전사자 피해를 준 북괴군의 측면으로 돌아 Cal.50 기관총으로 고지 위의 북괴군들을 공격함으로써 작전에 성공하였다.

에피소드 : 원일한 박사

언더우드 미 해군 대위(Lt. Horace G. Underwood USN) 미국 선교사 언더우드 목사의 아들인 언더우드 2세(한국명 원일한)는 6.25 한국전쟁이 일어나자, 미국 해군 대위로서 맥아더 사령부의 정보장교로 재소집(예비역), 낙동강 전투에 참전하였고, 그 후 인천상륙작전에 이어 한강 도하 작전에서는 해병 수색대 요원으로(통역장교) 참전하는 등, 그리고 후에 휴전 회담에서는 통역을 하면서 많은 공을 세웠고, 2004년 타계할 때까지 우리나라 대학 교육 발전을 위하여도 수많은 공로를 이루었다. 현재 양화진 외국인 묘역에 안치 중이다.

▲ 원일한 박사

▲ 문산리에 있던 정전회담 본부에서 리처드 언더우드 미 육군 중위
(한국 이름 원특한, 왼쪽)가
작은형 존(가운데)과 맏형 호레이스(한국 이름 원일한) 미 해군 대위와 함께

흥미 있는 에피소드

LVT가 부족하다는 보고를 받은 미 해병 제1사단 차상급 부대인 미 제10군 단장 알몬드 소장이 육군 소속의 제56상륙 궤도 차량 대대의 제56중대 LVT 18량을 해병대에 배속시켜 주었다. 이 곡사포 장착 LVT들이 앞장서서 한강 도강 작전을 성공시켰다. 육군은 오키나와 작전 같은 대형 상륙작전에 LVT가 필요해서 자체 부대에 이들을 갖고 있었다. 한강 돌파를 성공적으로 수행한 육군 LVT 부대는 그 전공으로 대통령 표창장을 받았다.

▲한강을 도강한 LVT가 마을을 지나고 있다. (1950. 9. 20)

▲ 서울 탈환 작전은 미군 전사(戰史)에 '바리케이드 전투'로 불린다.
북괴군이 발악적으로 시민들을 동원하여 2~300미터마다 가마니와 폐자재로
차단 장애물을 만들었기 때문이다.

▲ 포격과 화재에 놀라서 미군 지역으로 피신해 오는 서울 시민들.
땅에는 전차(電車) 전선이 끊겨 떨어져 있다.

9월 21일 (89일째 / D+6)
상륙군, 서울 서측 6km 도달

* 영등포 북괴군 보급소 폭파
* 서울 외곽 전역에서 북괴군 소탕전 개시
* 미 제1기병사단, 낙동강 전선 돌파, 다부동 진출

적치(赤治) 3개월간

9월 20일 새벽 2시, 미 제5해병연대와 국군 해병대
가 김포공항에서 행주산성으로 최초로 한강 도하를
시도하였으나 실패하였을 만큼 서울을 사수하겠다
는 북괴군의 의지는 강력하였다. 결국 엄청난 폭격
으로 북괴군의 저항 근거지를 제거한 후, 강을 건너

행주산성을 장악한 아군은 곧바로 신촌 방향으로 진
격하여 들어갔고 21일 저녁에는 중앙청 바로 목전인
연희동 일대까지 진출하였다. 그리고 남쪽에서 진격
한 미 제1해병연대는 영등포 시가지에서 치열하게
방어에 나선 북괴군의 저항을 물리치고, 22일 아침
노량진 한강 일대까지 다가갔다.

▲ 서울 외곽에 진입한 미 해병들. 참호는 북괴군들이 파놓은 것. (1950. 9. 21)

▲ 서울 외곽에 진입한 해병대. (1950. 9. 21)

북괴군 점령 3개월간에 있었던 일들

▲ 시민들을 '인민재판'에서 '반동'으로 '유죄판결'한 후
총살 집행장으로 끌고 가고 있다.

▲ 서울 점령 기간 동안 벌어진 정치 선동행사 (출처-동아일보)

▲ 숨어서 지낸 3개월이 마치 30년 같았다는 이야기도 흔하게 찾아볼 수 있을 정
도다. 그만큼 무차별 학살과 탄압이 자행되던 이른바 '인공(人共) 통치 3개월'이라
언급되는 이 시기는 우리에게 씻기 힘든 커다란 상처를 안겨주었고 이것은 이후
전쟁 그 자체보다 더 크게 남북 간을 심리적으로 멀리 갈라놓는 결정적인 계기가
되었다.

낙동강 전선 개관
미 제1기병사단의 다부동 진출

▲ 전쟁고아들이 동냥을 하고 있다. (1950. 9)

인천상륙작전이 실시된 9월 15일 현재, 미 제1기병사
단은 188고지(독산동)-175고지(성문동)- 402고지(명
봉산)-571고지(성원동)를 연해 좌로부터 제5기병연
대, 제8기병연대, 제7기병연대가 배치되어 북괴군의
공격을 저지하고 있었다.

9월 15일 유엔군이 인천상륙작전을 성공시켰지만,
미 제1기병사단 정면의 북괴군은 전과 마찬가지로
기병사단의 방어선을 뚫기 위해 강력한 공격을 시도
하였다. 북괴군은 15일 새벽에 제5기병연대를 향해
협조 된 공격을 가하여 175고지, 350고지(건령산 서
북쪽 0.5㎞ 염불사 부근), 402고지의 북사면을 점령
한 후 11시 25분경에 북한군 1개 대대가 175고지를 완
전히 점령하였다. 포와 박격포를 동원한 북괴군의
공격은 하루 종일 계속되었다. 성원동 571고지의 제
8기병연대 제2대대에도 북괴군의 포와 박격포 공격
이 있었지만, 제2대대는 이 고지를 사수하였다.

제8기병연대 지역에서는 17시 30분경 5대의 북괴군
전차가 동명면 동명원(571고지 서북방 2㎞) 부근에
출현하였다.

낙동강 방어선에서 유엔군의 총공세가 예정된 9월
16일은 왜관지역에 예정된 B-29 폭격기의 폭격이 취
소될 정도로 기상이 좋지 않았다.

그럼에도 불구하고 미 제1기병사단은 09시로 예정된 총공격에 앞서 제7기병연대의 제2대대를 좌측 제5기병연대 지역의 188고지 부근으로 이동시킨 후 폭우를 무릅쓰고 반격을 감행하였다. 사단에 배속된 제5연대 전투단이 금무봉(268m)을 향해 공격하고, 제5기병연대가 제2대대를 중심으로 하여 왜관-대구 도로 북쪽의 203고지를 공격하였다.

그러나 북괴군의 저항도 만만치 않아 피아간의 공방전이 치열하게 전개되었다. 제5기병연대 지역에서는 북괴군 제3사단 제8연대 병력이 203고지-175고지를 제1선으로, 253고지(203고지 서북방 2.5㎞)-372고지를(장원봉, 175고지 서북방 2㎞) 제2선으로 하여 저항하였으며, 제8기병연대 지역에서는 오히려 북괴군이 제2대대의 571고지에 반격을 가하는 상황이 벌어졌다.

작전지역의 기상이 호전되자 9월 18일부터는 항공지원도 활발하게 이루어졌으며 이날 왜관 서안 일대에는 B-29 폭격기 42대의 폭격이 실시되기도 했다. 그러나 제1기병사단의 전진은 크게 진척되지 못하였다. 제5기병연대는 제2대대가 이날 저녁 203고지를 탈환했지만, 그 과정에서 큰 손실을 입어 253고지-372고지(장원봉)로의 진출은 좌절되었다.

이 무렵 미 제1기병사단의 우인접 부대인 국군 제1사단이 다부동-군위 도로로 진출함으로써 북괴군 제1, 제13사단의 퇴로를 차단하는 데 성공하였다. 이로써 다부동 일대의 북괴군은 퇴로 타개를 위해 후퇴할 수밖에 없어 큰 혼란에 빠지게 되었다. 반면에 미 제1기병사단은 다부동 남쪽에서의 고착 상태를 해소하고 전진이 가능할 수 있게 되었다.

- 중략 -

국군 제1사단과는 대조적으로 주공인 제1기병사단의 진출은 부진했고, 특히 다부동 남쪽의 제8기병연대의 작전이 너무도 지지부진하자, 이날(18일) 제8군 사령관은 군단장과 사단장에게 이에 대한 불만을 표시하였다.

군단장과 사단장은 제8기병연대가 과감한 공격을 하지 않은데 그 원인이 있다고 보았다. 제1기병사단장은 전방 양개 연대에 사단예비에서 각각 1개 대대씩을 배속 조치하고, 특히 제8기병연대장에게는 다음날 19일 중으로 반드시 전선을 돌파하라고 지시했다. 이에 앞서 군단장은 제1기병사단의 진출 부진으로 인한 군단 목표 달성의 지연 상황을 타개하기 위해 기동 계획상의 중요한 변경 조치를 18일 18시부로 단행하였다. 예비인 제24사단을 군단 서측방으로 투입하고 제5연대전투단을 이 사단으로 배속 전환시켜 이들로 하여금 신속히 전선을 돌파하고 김천 방향으로 전진하게 한다는 요지의 명령을 하달하였던 것이다. 이에 따라 제1기병사단은 왜관 탈환을 제24사단에 맡기고 다부동 방면만을 전담하게 되었다.

- 중략 -

제7기병연대 제3대대는 20일 아침에 다부동 남쪽에서 왜관 방면으로 전진하였다. 그런데 이 과정에서 연대장 니스트(Cecil Nist) 대령이 북괴군의 야포와 박격포 사격을 우려해 대대를 도보 행군시킴으로써 장병들의 피로가 누적되고 목표지점까지의 집결 시간도 늦어지는 결과를 초래했다. 제3대대는 제1대대의 뒤를 따라 저녁에 도개동 부근에 진출하였다. 제3대대의 진출이 늦어지고, 제1대대마저 전방의 험준한 산에 부딪히게 되자 연대장은 야간공격을 단념하고 다음 날 미명에 공격하기로 결정한 후 야영을 준비시켰다.

미 제1기병사단장 게이 소장은 제7기병연대가 계속 진격하지 않고 야영하는 것을 알고서 격노하여 연대장 니스트 대령을 해직(解職)하고 연대를 지원하던 제77야포대 대장 해리스(William A. Harris) 중령을

20일 23시부로 연대장에 임명하였다.

사단장의 이와 같은 조치는 사단 우측의 제8기병연대가 북괴군 제13사단의 저항으로 계속해서 부진한 진격상태를 보이자, 제7기병연대를 급진시켜 북괴군을 포위 격멸하고자 했던 사단장의 의도를 제대로 파악하지 못하고 제7기병연대장이 진격을 늦추고 있었던 것에 대한 문책성 조치였다.

▲ 사단장과 해리스 중령

▲드디어 낙동강 전선을 뚫고 북으로 진격하는 미 제1기병사단 병사들. (1950. 9)

20일 밤중에 지휘권을 인수한 해리스 중령은 대대장들을 집합시켜 다음 날의 연대 공격 명령을 하달하였다. 이 명령에 의하면, 제1대대는 제1선으로 다부동을 향하여 급진하여 제8기병연대 정면의 북괴군을 배후에서 공격하며, 제3대대는 제2선으로 다부동에서 제1대대의 우익을 초월하여 북진함으로써 제1대대의 배후를 엄호함과 아울러 국군 제1사단과 제

휴해 부근의 북괴군을 격멸하라는 것이었다.

9월 21일 제70 전차대대 C중대의 지원을 받는 제7기병연대 제1대대가 제8기병연대 제1·2대대와 연결하기 위해 진격하여 12시 55분에 다부동 외곽에 진출한 후 저항하는 북괴군을 서북과 서남 양면에서 협공하여 격파한 다음 17시에 다부동을 탈환하고 계속해서 남진하였다. 제7기병연대 제1대대는 1시간 후 삼학동 부근에서 제8기병연대와 연결되었다. 제8공병대대와 제70전차대대로 증강된 제3대대는 제1대대의 후방 접근로와 고지를 확보하였으며, 제2대대는 이전에 영국군 제27여단이 확보한 진지를 차지하였다. 그리고 제5기병연대는 제5보병 연대전투단 제3대대를 대체할 임무를 완수하고서 300고지와 부근 일대의 북괴군을 일소한 후 저녁에 북진을 위한 집결지로 이동하였다. 이 무렵 국군 제1사단은 이미 다부동 북방의 상주로 가는 도로를 차단한 후, 제15연대가 기병사단과 제휴하기 위하여 남진하고 있었다.

대구 정면의 북괴군 제1, 제3, 제13사단은 와해되어 나머지 패잔병들이 상주 방면으로 후퇴하고 있었다. 특히 북괴군 제13사단의 경우 많은 장교들이 아군에 투항하였는데, 21일 오전에 북괴군 제13사단 참모장인 이학구(李學九) 총좌가 투항(投降)하여 중요한 정보자료를 제공하였다. 이학구 총좌는 아직 UN군의 인천상륙작전에 대하여 아무것도 모르고 있었다.

▲ 북괴군 제13사단 참모장 이학구 총좌, 미 제1기병사단에 투항. (1950. 9. 21)

* 국군 해병대, 서대문 방면 구시가 돌입
* 미 해군 대위 윌리엄 해밀톤 쇼,
  서울 수복 작전 중 전사
* 의성, 군위, 청송, 칠곡 경찰서 복구

▲ 1950. 9. 15 이후 국군과 UN군의 반격 노선 요도

미 제1기병사단의 활약상

9월 21일을 기해 미 제1기병사단 부대들이 대구돌출부를 돌파하기 시작하자 사단장 게이 소장은 제7기병연대장 해리스 중령에게 북괴군을 추격할 특수임무부대를 편성하도록 지시하였다. 해리스 중령은 작전계획 제18호로써 제777 특수임무부대를 편성하였다. 이 부대는 린치(James H. Lynch) 중령의 제3대대

가 선두로써 미 제8 야전공병대대 B중대, 미 제70 전차대대 C 중대의 2개 소대(M4 전차 7대), 미 제77 야포대대, 중박격포중대 제3소대 및 연대 수색소대, 그리고 1개 전술항공통제반으로 구성된 기갑추격부대였다. 9월 22일 워커 제8군 사령관은 제8군 작명 A101호로서 추격 명령을 하달하였다.

이 작전 명령과 관련해 미 제1기병사단에 부여된 임무는 다음과 같았다. "적중 깊이 돌진하여 압박, 포위, 우회로써 적의 퇴로를 차단하는 동시에 후퇴를 저지함으로써 적을 격멸할 것이며, 미 제1군단은 주공을 大邱 - 김천 - 대전 -水原 축선에 두고 진격하여 미 제10군단과 연결하라"는 것이었다.

미 제1군단은 제1기병사단의 엄호하에 제24사단을 돌진시킬 계획이었으나 상황의 진전에 따라 이를 수정하여 병진 추격시킬 것을 결정한 후 추명령을 하달하였다.

▲ 낙동강을 도하하는 UN군, 미 제24사단. (1950. 9)

이 명령에 따라 미 제1기병사단은 다부동 - 선산 도하장 - 상주 - 보은 -청주 - 수원선을 따라 돌진하여 미 제10군단과 연결하라는 임무를 부여받았다. 그리고 미 제24사단이 대전을 향하여 추격하고, 국군 제1사단이 미 제1기병사단을 후속해 낙동강을 도하한 후 예비가 되도록 계획되었다.

9월 23일 린치 부대는 수색대의 보고로 적이 도하하던 지점의 수위가 허리에 찰 정도라는 것을 알고, 04시 30분에 I 및 K중대부터 도하를 시작하였다. 05시 30분경에 양 중대는 도하를 완료하고 대안의 제방을 점령하였다. 린치 부대는 다부동을 출발한 이래 500여 명의 북괴군을 사살 또는 생포하고 5대의 전차와 각종 장비를 노획하면서 마침내 낙동강을 건넜다. 이날 중 제1대대는 낙동강 도하 후 16㎞ 서북방의 상주까지 진격했으나 북괴군은 이미 후퇴한 후였다.

이 무렵 미 공군은 9월 18일부터 21일까지 6.25전쟁 기간 중 최대 규모의 근접항공지원을 감행하였다.

제24사단의 진격이 의외로 늦어지는 상황에서 제5연대 전투단은 9월 19일 부대원 전원이 왜관 동남쪽에 있는 금무봉에 대해 총공격을 시작하였다. 금무봉은 북괴군 제2군단의 우측 거점으로서 아군이 이 고지를 탈환할 경우 미 제5기병연대의 동쪽 측방에 위치한 북괴군의 진지들을 붕괴시킬 수 있는 전술상으로 중요한 곳이었다. 이러한 중요성으로 인해 북괴군도 제3사단장 이영호 소장이 1,200명 규모로 추산되는 병력으로 전차의 지원을 받아 가면서 남쪽의 왜관에 이르는 접근로를 막아내고 있었다.

▲ 낙동강을 도하하는 제12연대 지휘소. (1950. 9)

9월 22일 10:00시경 미군 공병들은 36시간에 걸친 작업을 계속한 끝에 폭 230m, 수심 2.5m나 되는 낙동강에 M-2 주교의 가설작업을 완성했다. 이에 따라 부대 및 중장비, 그리고 보급 차량이 밤중에 낙동강

서편으로의 이동을 완료할 수 있었다. 이때 부대원들은 차량에 '大田전투를 想起하자!'라는 격문을 달아 진격의 대열에 나섰다. 금호강에서의 혼란과 제21연대의 낙동강 도하 지연 등의 몇가지 문제를 제외하고는 대체로 미 제24사단이 9월 18일부터 5일간 수행한 낙동강 방어선의 돌파 작전은 성공적이었다. 이제 왜관을 탈환하고 낙동강 도하작전을 끝마친 미 제24사단은 북괴군을 추격하고 전과를 확대시킬 준비를 끝마친 후 왜관 - 대전 사이에 북괴군의 야전군 사령부가 자리 잡고 있는 김천을 향하여 진격을 시작하였다.

▲ 낙동강 전투 부상병과 동료 병사(1950. 9)

▲미군 장비 이동, 다행히 낙동강 전선 지역 논에 추수 흔적이 보인다. (1950. 9)

▲ 미군 고전분투 계속, 낙동강 전선, 전황은 역전되었으나.....(1950. 9. 22)

▲ 왜관 부근, 파손된 북괴군 장비들.(1950. 9. 21)

미 해군 대위 쇼
(Lt. William Hamilton Show, US NAVY) 전사

서울을 수복하기 위한 전투는 만만치가 않았다. 연희동 부근서부터 중앙청(현재 광화문)까지는 그야말로 가시밭길이었다. 9월 22일, 국군 해병 제1대대는 연희고지를 공격했지만, 점령에 실패하였다. 목표까지 거리는 불과 1km 정도였지만 이곳을 요새화한 북괴군의 격렬한 저항으로 인하여 이틀이 지나도 점령은커녕 수많은 사상자만 내고 말았다. 결국 국군을 대신하여 미 해병대가 공격을 계속하였는데도 연희고지는 함락되지 못하였고, 결국 항공기의 집중적인 지원에 힘입고 있었다.

▲ 윌리암 해밀톤 쇼 미 해군 대위

1922년 미국 선교사의 아들로 평안남도 평양에서 태어난 윌리엄 해밀턴 쇼는 한국에서 고등학교까지 교육을 받았으며, 미국에서 6.25 한국전쟁 발발 소식을 듣고, 다시 해군에 입대하여, 인천상륙작전에 참전하였고, 서울 수복 작전 전투 중 서울 은평구 녹번리에서 공산군의 흉탄을 맞고 9월 22일, 29세의 나이로 애석하게도 전사하였다.

그는 현재 서울 양화진에 묻혀있으며, 한국 사람보다 더 한국을 사랑한 사람으로 기려지고 있다. 그를 추모하는 공원이 2010년 6월 그의 전사 장소에 준공되었다.

▲ 은평공원 모습

▲ 윌리엄 쇼 대위의 흉상.

* 국군, 군위·기계 탈환
* 미 제7사단, 오산 돌입
* 미 해병대, 서울 이화여대 뒤 고지 점령
* 미 제1기병사단, 상주 돌입
* 미 제9군단, 미 제2·25사단 등으로 새로 편성
* 낙동강 철교 긴급 가설공사 착공

낙동강 전선 역전- 동부전선(안강 - 기계 방면)

북괴군은 '한반도 공산화'라는 그들의 전쟁 목표를 달성하기 위해 8월과 9월 두 차례에 걸쳐 총공세를 단행했다. 8월 공세(8. 4~8. 25) 때 북괴군은 13개 보병사단 가운데 11개 사단을 투입해 전 전선에 걸쳐 총공세를 펼쳤다. 이때 북괴군은 대구 정면과 아군의 배치가 취약한 마산 정면에 주공을 지향했다. 그러나 북괴군은 이곳에서 부분적인 돌파에는 성공했지만, 돌파구 확장에 실패했다. 여기에는 한미연합군의 조직적인 방어와 성공적인 空·地 합동작전 수행 결과가 있었기 때문이었다.

북괴군 9월 공세 실패

9월 공세 때(9. 1~ 9. 15)는 13개 사단 모두를 5개 공격 집단으로 편성하여 대구·영천·경주·창녕·마산 정면에서 동시다발적인 공세를 펼쳤다. 하지만 북괴군은 9월 공세도 실패했다. 낙동강 전선 방어작전의 성공은 한국 정부의 총력전 체제 구축과 전쟁지도, 한미군 수뇌부의 역량 있는 작전지도, 이를 믿고 따른 국민과 장병들이 하나로 굳게 뭉친 결과의 산물이었다.

형산강 방어 전투(주 저항선의 회복)

형산강 방어 전투는 전쟁기간 중 9월 5일부터 13일까지 형산강을 도하(渡河)하여 포항으로 진출하려는 북괴군 제5사단을 국군 제3사단이 저지한 전투이다.

기계- 안강전투 결과

9월 5일 무릉산~곤계봉~형산강 선에 최후의 방어선을 형성한 동부전선의 국군과 UN군은 격전 끝에 이 선을 확보하였다. 특히 9월 12일 곤계봉 탈환을 계기로 급반전된 전황은 국군과 UN군의 반격으로 연결됐다. 9월 16일 반격을 개시한 수도사단은 다음날 형산강 대안에 교두보를 확보한 후 9월 18일 안강을 탈환하고 어래산~445고지~145고지~236고지를 연하는 선까지 진출했다.

낙동강 방어전이란 이름과 달리 실제 당시 국군이 전투를 수행한 장소는 대구 북방과 영천, 기계, 안강 일대의 험준한 산악지대였다. 국군과 연합군은 1950년 9월 18일 낙동강 전선에서 반격에 성공한 뒤 거센 기세로 북진을 시작했다.

▲ 국군 장병들이 57㎜ 대전차포를 차량에 매달고 수원 쪽을 향해 북진하는 도중 포즈를 취했다.
대전차포 위에 무늬가 선명한 태극기를 꽂아 놓았다. (미 국립문서기록보관청)

▲ 낙동강을 도하 반격하면서 노획한 인공기. (1950. 9)

▲ 서울 연희고지 근방 시가전 모습, 미해병대. (1950. 9. 23)

▲ 미 해병들, 서울 한옥촌에 혹시 북괴군이 남아 있는지 수색 작전을
펴고 있다. (1950. 9. 23)

▲ 낙동강을 넘으며 숨어있는 북괴군 병사를 나포하는 국군용사들,
소련제 장총까지 뺏었다. (1950. 9. 23)

*미 제1해병사단, 서울 남부 교외 돌입
*국군 해병대, 김포 방면의 북한군 소탕
*미 제7사단, 영등포에서 동진. 서울 남쪽 11km
고지 점령, 남쪽과의 교통 차단
*유엔 증원군, 한국 도착

▲ 국군 제17연대, 함정 탑재 대기 중. (부산 부두, 1950. 9)

▲ 제17연대 기

▲ 제17연대 장병들, LST 함상에서 상륙 대기 중. (인천, 1950. 9. 24)

▲ 인천에 상륙하는 국군 보병 제17연대 장병들. (1950. 9. 24)

제2보병사단 제17연대 병사들이 해병대의 병력 보충과 인천 주변 섬 정복, 수도탈환 등에 힘쓴 것은 사실이다. 다만 이 사실들이 '대한민국 해병대'에 가려져서 모르는 사람들이 많은 것이지, 그들이 그 옛날 6.25에 미 해병대, 대한민국 해병대와 함께 인천을 탈환하고, 수도 서울을 탈환한 것은 엄연한 사실이다.

▲ 북괴군이 쌓은 바리케이드를 방패막이로

▲ "저 저격병을 잡아라!"

팔미도 등대 불빛 밝혀 인천 상륙 일등 공신, 암흑 속의 조국 밝히다!

'KLO' 최규봉 씨

▲ KLO 최규봉 씨 충무무공훈장 받아, 해군 참모총장 전달

최규봉 KLO 기념사업회 명예회장은 1923년 함경남도 원산에서 태어났다. 1945년 8월 소련군이 북한에 진주한 이후 반공 활동을 펼치다 소련군에 체포됐다. 탈출 후에 38선을 넘어 반공단체에서 활동하다 1946년부터 미군 정보요원으로 활약했다.

6.25전쟁 중에는 미군 KLO 예하 고트 부대장 등을 역임하며 북한군 관련 첩보 수집에 공헌했다.

2008년 팔미도 등대에 불을 켜 인천상륙작전이 성공할 수 있도록 밑거름 역할을 한 공적과 KLO 부대장으로 근무하면서 북한에 대한 각종 정보를 수집·제공함으로써 해군작전에 기여한 공을 인정받아 명예해군으로 위촉됐다.

2010년 인천상륙작전 성공 60주년을 기념하는 재현행사 때도 초청받아 팔미도 등대를 점등해 재현행사 시작을 알리는 역할을 맡기도 했다.

팔미도 등대 점등 등 6.25 당시 공적을 인정받아 충무무공훈장을 수훈했다.

▲ 파손된 T-34 전차 모습. (낙동강 전선, 1950. 9. 22)

▲ 파괴된 T-34, 2대와 M-4/타8가 나란히 누워있다. 1950. 9 낙동강 전선

9월 25일(93일째 / D+10)
해병대, 서울 진격 속도;
670m/하루

* 북괴군, 개전 이래 서울 방어: 최대 저항 중
* 미 제1기병사단 조치원 돌입, 천안 탈환

연희 고지 전투

북괴군은 9월 23일까지 사흘 동안 끈질긴 저항을 계속했으나, 9월 24일 한미 해병대는 함재기와 포병(砲兵)의 압도적인 화력(火力) 지원을 받아 최후의 돌격을 감행한 끝에 이튿날인 25일 마침내 이 고지들을 빼앗았으며, 그곳에서 서울시가를 굽어볼 수 있게 되었다.

▲ 고전하는 미군들. (1950. 9. 22)

▲ 서울 수복 전투 : 시가, 지하, 도랑 속에 적군이 숨어있는지를 ‥ (1950. 9. 24)

▲ 연희고지를 탈환하고, 서울시가지를 내려다보는 해병들. (1950. 9. 25)

▲ 서울탈환 전투 중인 미 해병대원들의 모습. (1950. 9. 25)

에피소드 : 국군 해병 제3대대장

▲ 故 김윤근 장군

인천상륙작전에 참가한 국군 해병대는 1개 연대(3개 대대) 규모였다. 인천상륙작전에 참가한 대대장급 이상 해병대 주요 지휘관 중 유일한 생존자가 된 김윤근(해사 1기·해병대 중장 전역. 2022. 5. 19. 96세 별세) 당시 3대대장이 증언했다.

"해병대 3대대는 1950년 7월 말 편성을 시작, 8월 초 남제주에서 신병훈련을 시작했다. 9월 초 해군 수송함 편으로 진해로 이동해 잠시 기지방어 임무를 맡았다가, 다시 부산으로 이동했다.

부산에 도착한 후 손원일 해군 참모총장의 지시로 신현준 해병대 연대장과 세 명의 대대장이 남포동 어느 건물에 있던 미 해병1사단 사령부를 방문했다. 미 해병사단 측은 우리를 반갑게 맞아주며 병력과 병기 상태를 상세히 물어왔다.

다음날 부산 제1부두에 미군 트럭 30여 대가 도착, 우리 해병대 연대에 보급할 M1 소총, 카빈 소총, 브라우닝 자동소총(BAR), 박격포, 피복, 장구 등을 내려놓고 돌아갔다. 다음날 동래 사격장에서 새로 받은 총포로 실탄사격을 연습한 후 부산항 제1부두에 접안한 미 수송함에 승함했다.

그때까지도 우리가 인천상륙작전에 참가한다는 사실을 전혀 몰랐다. 배에 탄 후 처음으로 인천상륙작전 계획 내용을 브리핑받았다. 우리 3대대는 미 해병5연대에 배속돼 상륙한다는 사실도 통보받았다.

때마침 태풍이 북상 중이어서 인천으로 가는 항해는 험난했다. 그러나 멀미에 시달리면서도 병기의 조작법을 교육해야 했다.

9월 15일 새벽 5시, 상갑판에 올라가 보니 미 해군의 군함과 화물선이 인천 외해에 가득했었다. 미 해군과 해병대의 상륙작전 규모가 크다는 것은 알고는 있었으나 새삼 그 큰 규모에 놀라지 않을 수 없었다.

이날 새벽 6시 미해병대 제5연대 제3대대가 월미도에 상륙해서 격렬한 전투 끝에 월미도를 확보했다. 한국 해병 제3대대를 포함한 미 해병대 제5연대 본대는 15일 오후 만조시간에야 상륙할 수 있었다. 상륙부대를 내려놓고 해안을 떠나려는 상륙주정(LCVP)과 상륙부대를 상륙시킬 자리를 찾는 LCVP가 뒤엉켜서 상륙 해안은 대혼란의 도가니였다.

자리를 찾지 못한 LCVP는 아무 곳에나 병력을 내려놓았다. 우리 대대도 막상 해안에 올라서 보니 중대가 뒤섞여 있어, 상륙한 해병들은 자기 중대를 찾느라 고생해야 했다. 하지만 월미도와 달리 본대 상륙 때는 적의 저항이 그렇게 강하지는 않았다.

상륙 후 해병대 1·2대대는 서울 수복작전에 참여했고, 우리 3대대는 김포반도를 방어하면서 서울 수복작전을 측면에서 지원하는 역할을 맡았다.”

3대대는 9월 16일 인천 시가지 일대에서
잔적(殘敵)을 소탕한 후,
17일 경인가도(京仁街道)를 따라 부평(富平)으로
향했다.

▲ 수복 당시 숭례문 주변 모습. (1950. 9)

9월 26일 (94일째 / D+11)
미 인천 상륙군 북상,
미 제8군 비상,
오산 북방에서 연결작전 중!

* 미 제1기병사단 린취 특수임무부대, 서정리(오산-평택 간)에서 상륙군 미 제10군단 예하 제7사단 제31연대와 합류(合流)
* 한미 상륙군 해병대 서울 진격 중 연희동 및 마포 쪽에서 중앙청 쪽으로,
* 미 제7사단 병력 일부, 서빙고, 뚝섬 방향에서 서울 시내로,
* 국군 제17연대, 하왕십리로 진출, 망우리 점령
* 경남지구 계엄사령관, 야간통행금지 시간 연장 발표

낙동강 전선에서 총반격으로 들어간 국군과 UN군은 9월 20일부터 적진을 돌파하기 시작하였다. 경부국도를 따라 적을 추격하면서 북상하던 미군 제1기병사단의 선발대는 9월 26일(27일 새벽) 오산 북쪽에 이르러 남하 중이던 미군 제7사단 선발대와 합류하였다.

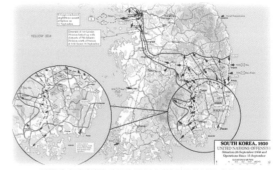
▲ 양쪽에서 전진하던 아군의 선두 부대들은 오산 부근에서 연결

인천 상륙부대와 연결작전

반격 작전의 주공인 미 제1군단의 임무는 신속한 전진으로 인천에 상륙한 미 제10군단과 연결하여 낙동강 서부지역에 투입된 북괴군 제1군단을 포위하고 이로써 동서로 양단된 적 지상군을 국군과 미군이

각개 격파할 수 있는 계기를 마련하는 것이었다.

▲ 당시 미군 M4 셔먼 'Tiger Face' 전차

다부동 전선을 돌파하고 9월 22일부로 추격 명령을 받은 미 제1기병사단장은 예하의 제7기병연대를 특수임무부대로 편성하고 이를 선두로 추격 작전을 전개하기로 기동계획을 수립하였다. 이에 따라 제7기병연대장은 제1, 제3의 2개 대대와 배속받은 전차 및 포병부대 등으로 제777 특수임무부대를 편성하고, 이중 린치(James H. Lynch) 중령의 제3대대에 미 제70전차대대 C 중대의 제2, 제3소대, 제77 야전포병대대 C포대, 중박격포중대 제3소대, 제8 야전공병대대 B중대 제2소대 제77 야전포병대대 전방관측반, 연대정보 수색소대, 1개 전술항공통제반, 제13통신중대 SCR399 무선반, 1개 의무소대 등을 배속하여 별도의 린치특수임무부대를 구성하였다.

- 중 략 -

전차부대가 도착하자 연대장 해리스 중령은 린치특수임무부대를 충북 보은으로 출발시켰다. 사단은 선두인 제777 특수임무부대가 보은에 머무는 동안 24~25 양일간에 다른 부대를 상주 및 낙동리 지역에 집결시켰다. 25일 해 질 무렵 사단에는 군단으로부터 더 이상 진출하지 말라는 전문 지시가 하달되었다. 이 전문을 접한 사단장은 즉시 군단에 이의 제기를 하고자 했으나 군단과의 통신이 되지 않았다. 이에 미 제1기병사단장은 연락기 편으로 제8군 사령관에게 '수원에서 미 제10군단과 연결할 것을 원한다'는 내용의 메시지를 전하였다.

이날 한밤중에 제8군 사령관은 "계속 전진하라"는 명령을 하달하였다. 미 제1기병사단장 게이 소장은 9월 26일 오전 상주에서 지휘관 회의를 소집하고 다음과 같은 명령을 하달하였다. "12시를 기해 제777 특수임무부대는 보은-청주-천안-오산 도로를 따라 다시 추격을 계속하고, 사단사령부와 포병부대는 그 뒤를 후속한다. 제8기병연대는 충북 괴산을 거쳐 안성으로 진격한다. 제5기병연대는 오후 국군 제1사단과 임무를 교대한 후 함창 공격을 중지하고 조치원을 거쳐 천안에 진출하여 남쪽 및 서쪽에서 후퇴해 오는 적을 봉쇄하고 사단 후방을 경계하라."

보은에 위치한 관계로 이날 지휘관 회의에 참석하지 못한 제777 특수임무 부대장 해리스 중령에게는 08시 30분경에 무선으로 "제7보병사단과의 연결을 위해 진격하라"는 명령이 하달되었다. 이 명령은 즉시 제777 특수임무부대의 선두인 린치 부대에 전달되었다. 이 명령과 더불어 린치 중령에게는 상황에 따라 계획된 진로를 변경할 수 있는 권한이 부여되었다.

린치 중령은 최선두에 연대 수색소대와 제70 전차대대 C중대 제3소대를 위치시키고 제3소대장 베이커(Robert W. Baker) 중위에게 전차가 낼 수 있는 최고 속력으로 전진할 것과 사격을 받지 않는 한 대응하지 말라는 지시를 하달하였다. 베이커 중위는 계획보다 30분 앞서 11시 30분에 보은을 출발하여 전속력으로 북상하였다.

해리스 연대장은 린치 중령에게 대대장의 판단에 따라 차량의 전조등을 켜고 야간에도 계속 전진하라고 지시하였다.

- 에피소드 -

여기서부터 대대장은 베이커 전차 소대를 연대수색 소대보다 더 앞으로 내세우고 또 다른 전차 소대를 후위로 배치한 다음 20시 진격 준비를 마치고 출발하여 잠시 후 20시 30분에는 경부국도와 교차점인 천안삼거리에 도착하였다.

베이커 중위는 지형을 몰라 그곳 도로변에서 적병에게 '오산?'하며 길을 묻기도 하는 웃지 못할 상황이 벌어지기도 하였다. 천안으로 몰리고 있던 북괴군은 모든 것을 체념하고 미군이 통과하는 것을 그냥 바라만 보면서 저항도 하지 않았다. 도로변에는 북괴군의 모터사이클과 차량들이 버려져 있었다.

베이커 전차대는 진격 도중에 발견되는 노상의 적 차량과 교량 경계병 그리고 소부대들을 그냥 놓아두고 오산을 향하여 급히 진격하였다. 이처럼 선두 전차대의 신속한 전진으로 멀리 뒤떨어지게 된 린치 특수임무 부대장은 첨병의 속도를 늦추도록 하려 하였으나 무선 교신이 거리가 멀어 미치지 못하였다. 할 수 없이 대대장은 1개 소대와 3.5인치 로켓포반을 차량화하여 새로이 첨병을 편성하였다.

점차 북괴군 소집단과의 교전도 심화되고 또 빈번해졌다. 이들이 오산 남쪽 16㎞ 지점에 이르렀을 때는 전방으로 부터 전차 및 야포의 사격 소리도 들렸다. 린치 중령은 부대에 소등을 하고 전진하도록 지시하였다.

한편 베이커 전차대(3대)는 대대장의 지시도 받지 못한 채 최대속도로 전진하여 오산에 돌입하였다. 오산 북방에 진출하였을 때 본대와 무선 교신을 시도했지만, 교신 되지 않았다.

베이커 전차대는 계속해서 오산 북방으로 진격했다. 베이커 전차대가 오산 북방 5~6㎞ 지점(죽미령 일대)에 이르렀을 때 갑자기 베이커 전차대를 향해 사격이 시작되는 것이었다. 베이커 중위의 전차가 돌진하는 순간 미군 전차인 M26 전차의 궤도가 눈에 띄었다. 이 순간 그의 전차에 대한 사격이 더욱 치열해졌다. 대전차 포탄이 3번 전차의 기관총좌에 맞아 비켜 나가는 바람에 전차병 1명이 전사하였다. 당시 베이커 전차대는 미 제10군단의 전선으로 진입하고 있던 상황이었는데, 아군으로부터 소화기, 75밀리 무반동총 사격을 받고 있었던 것이었다.

그러나 곧 전방에 배치된 미군이 사격을 중지하였다. 그것은 베이커 전차대의 과감한 돌진속도, 엔진소리, 전조등의 불빛 등으로 적의 전차가 아니라고 생각했기 때문이었다. 전방의 한 전차장은 베이커 중위의 2번 전차를 사격하기 위해 1번 전차를 통과시키고 던진 백린 수류탄이 터지는 순간에 흰별 표시(미군 표시)를 보고 아군임을 식별함으로써 가까스로 비극을 모면할 수 있었다.

결국 베이커 전차대는 이곳에서 미 제10군단 예하 미 제7사단 제31연대와 접촉하게 된 것이다. 이때가 9월 26일 22시 26분, 보은을 출발한 지 장장 11시간 만에 170㎞를 달려 감격의 순간을 맞이한 것이다.

한편, 베이커 부대와 통신이 두절된 린치 부대 본대는 1시간 이상 뒤처져 오산 방면으로 북진 중이었다. 그런데 자정 무렵 오산 남쪽 하북리에서 린치 본대는 북괴군 전차 10대와 교전하게 되었다.

다음날(27일) 02시경까지 진행된 이 전투에서 린치 본대는 북괴군 전차 7대를 격파하였다. 그러나 린치 부대도 전사 2명, 부상 28명, 전차 2대, 차량 15대의 손실을 입었다. 북괴군 전차가 사라진 후 부대는 해리스 중령의 결심에 따라 그곳에서 날이 새기를 기다렸다.

9월 27일 07시에 다시 전진을 시작한 린치 부대는 08시에 오산에 진입한 후, 08시 26분에 오산 북방의 작은 교량에서 제7기병연대 K 중대의 맨실(Edward C.Mancil) 상사가 미 제31연대 H 중대와 만나 감격적인 악수를 하였다. <서정리> 08시 55분에 제777 특수임부대로 부터 사단에 다음과 같은 내용의 메시지 한 통이 전달되었다.

"임무를 완수했음. 08시 26분 제777 특수임무부대의 K 중대와 미 제31연대 H 중대 사이의 접촉이 성공적으로 완료되었음."

▲ 낙동강 전선을 돌파한 미1기병사단과 인천상륙작전 부대인 미 제7사단은 오산 근방에서 합류했다. 전열을 재정비한 UN군은 서울로 향하기 시작했다.

왜관 - 대전 진격전 : 9월 26일

미 제24사단의 선제공격 제대인 제19연대의 제2대대는 이날 영동에 돌입하였으며, 즉시 형무소를 공격, 탈환한 다음, 미군 포로 3명을 구출해 내고, 다시 대전 동쪽으로 16km 떨어져 있는 옥천을 향하여 계속 진격하였다.

진주 - 군산 진격전 : 9월 26일

이날 06시에 미 제89 전차대대장 돌빈 중령이 지휘하는 돌빈 특수임무부대는 북서쪽의 함양을 향하여 출발하였는데 당시 진주-함양 도로는 적 제6사단 주력부대의 철수로였다. 돌빈 보전 특수임무부대는 제89 중전차대대의 A 중대와 B 중대, 그리고 제35연의 B 중대와 C 중대를 배속받고 있었는데, 이들을 혼성하여 A팀과 B팀으로 나누어 각 팀은 1개 전차 중대와 1개 보병 중대로 구성되어 있었다. 전차 중대장이 각 팀을 지휘하였고, 보병은 전차 위에 타고 전진하였다.

▲ 지리산 근방에서 나포한 북괴군 패잔병 게릴라. (1950. 9)

▲ LST 수송선을 타고 낙도로 가는 피란민들. (마산, 1950. 9)

* 한국 해병대 중앙청 돔에 태극기 휘날려,
제2대대 1소대, 06시
* 미 해병대, 주한 미영사관에 성조기 게양
* 국군 수도사단 제3사단: 울진, 춘양 탈환
* 호주군 제3대대 부산 입항

서울 서측방의 미 제1해병사단은 서울 진공(進攻) 작전을 재개하였다. 사단은 이날 비로소 편제상의 3개 연대를 완전히 편성할 수 있었다. 우측방 제1연대는 서울 서측에서 동쪽으로 도심지역을 지나 고려대 방면으로, 제5연대는 서울 북서쪽으로 진출하여 미아리고개로, 제7연대는 사단 좌측방 개성 - 서울 간 국도를 장악하여 서오릉 동쪽 고지 일대로 각각 진출하도록 하였다.

인접 미 제7사단과의 경계선은 대체로 한강 인도교에서 용산까지 도로를 따라, 그리고 남산과 동대문에서는 경춘(京春) 도로를 따라 정해졌다.

즉, 서울 도심 지역은 대부분 미 해병사단 전투지대 안에 포함되어 있었다.

9월 27일 15시 08분, 점령한 중앙청에서 북괴군의 저항은 종식되었고 서울시 전역에 대한 소탕 작전을 완료한 국군과 UN군은 28일을 기해 부대별로 경계 태세에 들어감으로써 전쟁발발 3개월 만에 북괴군에게 내어준 서울은 91일 만에, 인천 상륙 후 12일 만에 다시 수복되었다.

한국 해병대 제2대대는 1950년 9월 26일 오후
서울시청에 돌입하여
인공기를 불태우고, 태극기를 게양하였으며,
9월 27일 06시 10분 중앙청 돔에
태극기를 게양하기 위하여 해병대원이
사다리를 오르고 있으며, 돔 창문에 '게양'을 성공하였다.

인천상륙작전 1주일째인 9월 21일 오후 맥아더는 안양 서쪽에서 작전 중인 미 해병 1사단을 방문, 사단장 스미스 소장의 노고를 치하한 다음, 가죽점퍼 속에서 은성훈장을 꺼내어 그의 가슴에 달아주면서 "빠른 시일 안에 서울에서 만나자"는 의미심장한 한마디를 남기고는 일본 하네다 공항으로 날아갔다.

맥아더는 숙소인 주일 미 대사관에서 오랜만에 부인과 1박 하는 동안 부산으로 전화를 걸어 이승만 대통령에게 "가까운 장래에 각하를 서울로 모시도록 서둘러 준비하고 있습니다."라고 보고하여 기쁨을 안겨 주었다.

9월 22일, 미 제8군은 총반격을 개시하여 낙동강 방어선을 돌파하고 파죽지세로 북상하기 시작했는데, 25일까지는 상륙군인 미10 군단과 서울 남쪽 오산에서 합류할 계획이었다. 이것이 이른바 '철상(slash)'과 '망치(hammer)작전'으로서 한반도의 적을 인천

상륙작전으로 양단 격파함으로써 북진하는 UN군이 이를 포위·섬멸한다는 것이다.

한편, 미해병대 제1연대는 영등포로부터 한강을 건너 서울 서남으로 진입하고, 미해병대 제15연대와 한국해병대 제1대대는 일산, 수색 쪽으로 접근하며, 인천에 대기 중인 미 해병대 제7연대는 북한산 경유 미아리 쪽에서 남으로 압박함으로써 서울을 9월 25일까지 점령할 계획을 했다.

그러나 서측으로 접근한 미 해병대는 당인리, 와우산, 인왕산을 연하는 험준한 고지 일대에서 적의 완강한 저항을 받아 공격이 늦어짐으로써, 23일까지도 서울 서대문을 돌파하지 못한 채 고전하고 있었다. 2일간의 악전고투 끝에 공격기세를 회복한 한·미 해병대는 연희고지를 탈취하고 서대문으로 진격 중 9월 25일 아침 북괴군의 역습을 받아 큰 피해를 입었으나, 당일 저녁에 겨우 서대문 형무소를 점령했을 때, 수용되어 있던 미군 포로 4백여 명은 북괴군이 도주하면서 대동 월북한 후였다.

다음날 26일 9시를 기해 미 해병대 제1사단장이 서울 중심가 진격 명령을 내리자, 작전 구역별로 시가전이 개시되었다. 그러나 배속된 한국 해병대 제2대대는 새벽부터 벌써 행동을 개시하였다. 서울 탈환은 누구보다도 한국군이 선두에서 성취해야 한다는 열망을 미 해병대 지휘관이 묵인해 준 것이다. 미 해병대 복장을 한 한국해병대 장병이 서울역으로 진격하는 동안 공산 치하에서 3개월간 신음하던 시민은 태극기를 흔들면서 환호하였다.

서울역 청사 안에는 북괴군 일부가 남아 완강히 저항하였으나, 해병대원이 화염방사기로 전원을 소사시켰다. 이날 오후 동경에서 맥아더 원수는 '서울이 다시 유엔군 수중에 들어왔다'는 성급한 성명을 발표하였다. 그러나 서울 시내는 아직도 시가전이 산발적으로 전개되고 있어 완전탈환은 못 한 상태였다.

박정모 소위가 이끈 한국 해병대 제2대대 제6중대 1소대는 서울시청을 점령하고 시청사 안에 걸려 있던 스탈린과 김일성의 초상화를 박살냈다. 그리고 시청 옥상에 휘날리던 인공기를 내려 불태우고 태극기를 게양하였다. 그러나 인근의 각국 대사관 옥상에는 계속 인공기가 펄럭이고 있었다. 9월 26일이 저물어 갈 무렵, 한·미 해병대가 확보한 서울 시가지는 겨우 절반도 안 되었으며, 곳곳에서 치열한 전투가 벌어졌다. 조선호텔에 본부를 둔 한국 해병대 제2대대는 대대장 김종기 소령이 중대장과 소대장들을 불러놓고 다음 날 작전 계획을 설명하고 있는데, 옆에 있던 박성환 종군기자가 "중앙청은 미 해병대 제5연대의 목표이나 우리 동포의 손으로 태극기를 올려야 한다는 이승만 대통령의 분부가 있었으며, 상금이 걸려 있다"는 것을 귀띔해 주었다.

이 말을 들은 박정모 예비역 대령은 그 당시를 다음과 같이 회상한다. "내 머릿속에 떠오르는 것은 상금이 아니라, 태극기를 꽂을 사람은 결국 나밖에 없다는 집념이었다." 박 소위는 곧바로 대대장에게 자기의 뜻을 전하고 중앙청 돌진 허가를 상신하였다. 대대장은 신현준 연대장의 승인을 얻은 다음에 박 소위를 격려하였다.

박 소위는 9월 27일 새벽 3시경, 호텔 보이를 시켜 구해놓은 대형 태극기를 몸에 감고 소대를 진두지휘, 중앙청으로 접근하였다. 세종로 일대에는 군데군데 북괴군이 구축해 놓은 사냥 진지로부터 간헐적으로 총탄이 날아왔다. 그는 수류탄 공격으로 수개의 진지를 격파하고 2시간 만에 연기가 자욱한 중앙청에 도착하였다. 우선 청 내의 잔적을 소탕, 제압한 다음, 2개 분대를 중앙 돔 입구에 배치하고, 1개 분대를 근접 호위케 하여 2m 길이의 깃봉을 든 최국방 견습 수병과 양병수 2등 병조를 대동하고 돔 계단으로 올라갔다.

철제 사다리는 폭격으로 절단되었고, 끊어진 와이어

로프 일부를 사용, 꼭대기로 기어오르다 떨어져 부상을 당할 뻔하였다. 부득이 호위 분대원들의 허리띠를 모두 회수하여 연결한 다음 천장에 매달고서 천신만고 끝에 돔 창문까지 접근한 다음 **태극기를 봉에 달아 창밖으로 비스듬히 내걸고 고정시켰다. 이 때가 9월 27일 새벽 6시 10분이었다.**

서울이 북괴군에게 점령당한 지 꼭 89일 만에 다시 중앙청에 태극기가 새벽의 포연 속에 휘날리는 감격스러운 순간이었다. 양병수 이등병은 이 공로로 미 동성무공훈장을 받았으며, 상금에 대해서는 알려진 바 없다.

태평양 전쟁 시 최대의 격전지 유황도 상륙작전에서 4인의 해병이 성조기를 세우는 장면인 알링턴 국립묘지에 있는 전쟁기념비는 미 해병대의 상징이다. 서울 탈환에 앞장선 미 해병대는 곳곳에 성조기를 꽂고 승리를 기념하였으나, 국권의 상징인 중앙청만은 한국 해병대가 태극기를 올리도록 아량을 베풂으로써 형제 해병대의 혈맹관계를 확인하는 자리였다.

▲ 국기 계양자: 해병 박정모 소위, 최국방 일병

미 제1해병사단의 서울 진출

미 해병사단은 9월 25일 서울탈환에 필요한 각 연대의 전투지경선과 점령하여야 할 주요 목표를 명시한 작전명령 11-50를 하달하였다. 이 명령에 의하면 미 제1해병연대(한국 제2대대 배속)는 시가 중심부를 거쳐 미아리고개를 점령하게 되었으며, 미 제5해병연대(한국 제1대대 배속)는 중앙청을 포함한 지역을, 그리고 미 제7해병연대(한국 제5대대 배속)는 북쪽의 높은 지대를 점령하는 것이었다.

미 제10군단 사령부는 서울 탈환 부대가 서쪽과 남쪽 벽을 넘어 그 일부가 시내에 이미 진입하였기 때문에, 다음 날 26일에는 서울을 완전히 탈환할 수 있을 것으로 판단하고 있었다. 이날 저녁 알몬드 소장은 북괴군이 속속 북쪽으로 퇴각하고 있다는 항공정보를 입수하자, 이를 재확인하기 위하여 항공정찰을 명령하는 한편, 군단 포병으로 하여금 북으로 통하는 미아리고개와 동대문 통로에 대하여 차단사격을 집중적으로 실시하고 공군에 대해 야간공격을 요청하기로 조치하였다.

군단장은 적의 퇴각을 확인한 후 곧 해병사단에 야간공격 명령을 하달하였다. 그런데 아군의 야간공격에 앞서 적 200여 명이 서대문형문소 방향에서 먼저 역습을 감행해 왔다. 미 제5해병연대 제3대대는 화력을 집중하여 적의 역습을 제압하였다. 연대는 공격을 계속하여 다음 날 04시 45분까지 전투를 수행하였다. 이날 제5연대 전투지대에서만 적에게 입힌 인명 손실이 1,750명에 달하였다. 전투는 26일 새벽까지 계속되었다. 미 제1해병연대는 전투지역을 조사한 결과, 적 전차 7대와 자주포 2대를 파괴하고 500여 명을 사살하였으며, 83명의 포로를 잡았음을 확인했다.

9월 26일 04시 30분, 적의 역습은 남산의 미 제32연대 지역에도 있었다. 거의 1천여 명으로 추산되는 적의 부대가 미 제32연대 제2대대 진지를 공격하였다. 남산 정상의 제2대대는 적의 공격을 잘 막아내었으나, 장충단공원 쪽으로부터 접근하는 적에게 진지 일부가 유린되었다.

대대장은 예비대를 투입하여 2시간 격전 끝에 진지를 회복할 수 있었다. 대대의 진지에는 110구, 그리고 진지 밖에서 284구의 적 시체를 확인했으며 174명의 포로를 잡았다. 이날 밤 포병사격은 발사속도가 최고 기록을 수립할 정도로 치열하였으므로, 포병대대장은 계속 그 속도로 포격하다가는 포신이 모두 녹아버린다고 불평할 정도였다.

이와 같이 뜻하지 않게 적의 역습과 연대 간에 접촉을 유지할 수 없었던 미 해병사단은 계획대로 전진할 수 없었다. 이날(26일) 아침까지도 각 대대 위치는 전날 저녁과 비슷한 상황이었으나, 이 무렵 적의 상황은 크게 변화되기 시작하였다. 적의 사령부는 서울 서측과 남산 일대의 방어력이 약해진 것을 감지하고 서울 확보방침을 포기하였다. 적은 일부 부대로 아군의 전진을 지연시키면서 그사이 주력부대를 철수시키기 시작하였다.

적의 주력부대는 영등포 지역을 방어한 제18사단이었다. 이들은 사단의 일부 부대를 남겨 놓은 채 25일 저녁 약 5,000여 명의 주력을 의정부로 통하는 도로를 따라 철수시켰다. 이날 연희고지 일대에서 시내에 돌입한 미 제5연대는 미 제1연대보다 강력한 저항에 부딪혔다. 서울 북쪽 포위 명령을 받은 미 제7해병연대는 개성 - 서울 국도를 따라 남진하여 미 제5연대와 연결하고 북악산을 거쳐 서울 동북쪽 미아리 고개를 향해 전진하였다. 그러나 미 제5해병연대와 연결을 위해 D 중대가 독립문을 향해 전진하고 있을 때 서대문형무소 부근에서 적의 집중사격을 받아 순식간에 40명의 전상자가 발생하였다.

이날(26일) 저녁까지 미 제10군단이 탈환한 지역은 서울의 반 정도에 지나지 않았으나, 이미 동경의 맥아더 사령관은 이날 14시 10분 서울을 탈환했다는 유엔군 성명서 제9호를 발표하였다. 즉, "한국의 수도 서울은 다시 주인의 손에 돌아왔다. 한국군 제17연대와 미 제7사단 그리고 미 제1해병사단을 포함한 유엔군 각 부대는 서울을 포위하고 완전히 탈환하였다"라는 내용이었다.

유엔군 총사령부의 서울탈환 성명에도 불구하고 27일 시내에서는 여전히 바리케이드를 둘러싼 공방전이 전개되고 있었다. 바리케이드는 도심부에 가까워질수록 그 간격은 좁아져 300~350m마다 횡단하여 설치되어 있었다. 그것은 포대 속에 흙을 넣어 가슴 높이까지 쌓여 있었고 그 전면에는 대전차 지뢰가 매설되어 있었다.

또한 건물은 요새화되어 측후면에 대전차포와 기관총이, 옥상에 박격포 진지가 각각 설치되어 있었다. 이날 한미 해병의 전투 양상은 적의 바리케이드를 하나하나 제거하면서 전진하는 것이었다. 먼저 아군 항공기가 바리케이드에 폭격을 가한 후 전차 2~3대가 1조로 대전차포와 자동화기를 격파하였으며, 공병부대가 박격포의 엄호하에 접근, 지뢰를 폭파하는 식이었다. 보병부대는 전차의 엄호를 받으면서 적을 제거해 나갔다.

바리케이드 하나에 1개 대대가 1시간 이상 지체하는 경우가 많았다. 미 제1연대 제2대대는 마포에서 서울시가 중심부로 진격하여 프랑스 대사관을 거쳐 9월 27일 15시 37분 미국대사관에 비로소 성조기를 게양하였다.

▲ 미국 대사관에 성조기를 올리는 미 해병 (1950. 9. 27. 15시 37분)

미 제1대대는 심한 격전 끝에 오전 중 서울역을 점령하고 남대문 가도를 따라 북상하는 도중 적의 바리케이드로부터 여러 번 저항을 받았다. 서북쪽에서 공격하고 있던 미 제5해병연대는 순조롭게 진격하였다. 제2대대는 적의 저항 없이 서대문형무소를 점령하였고, 제3대대는 서울 중학까지 진출하였다. 그리고 15시 08분 선두 전차부대가 광화문 사거리에 설치된 바리케이드를 격파하고 한국 해병대 제2대대에 이어 중앙청을 점거하고 성조기를 올렸다.

On 27 September, the 3d Battalion, 5th Marines fought their way up the boulevard, seized the Government House, tore down the North Korean flag and raised the Stars and Stripes.
By dusk organized opposition had ceased. Interestingly enough, it was some 48 hours AFTER Army General Almond had sent a communiqué reporting the recapture of the city of Seoul.

▲ 중앙청 국기 게양대

중앙청과 깃발의 비극적 역사

중앙청 국기 게양대에 깃발이 오르는 역사는 가히 우리나라 역사와 함께, 비극적이라 하겠다. 1945년 8월 15일 해방이 되었으나 그대로 일장기(日章旗)가 게양되어 있었으며, 9월 9일에 가서야 일장기를 내리고, '미군정'으로 성조기가 올랐다. 대한민국 정부가 수립되는 1948년 8월 15일에 비로소 태극기(太極旗)가 올랐고, 6.25 남침으로 1950년 6월 28일 태극기가 내려지고, 인공기가 올랐으며, 위 사진인 성조기가 3개월 후, 9월 27일에 다시 오르고 있다. 이후, UN기로 바뀌었다가, 맥아더 장군의 '수도 이관' 행사 후, 29일에야 태극기가 게양되었다. 그리고 반년 후 다시 인공기가 올랐었고, 그리고 또 비극의 연속이었다.

9월 28일 한·미 해병대는 서울의 잔적을 거의 소탕하게 되었으며, 다음날 9월 29일 거행될 이승만 대통령과 맥아더 원수가 참석하는 서울 환도식(수복 기념식) 준비를 하는 사이에, '수도 완전 탈환'이라는 제하의 대형활자 신문 호외가 이날 오후에 전국에 배포되었다.

▲ 1950년 9월 27일, 호주군 제3대대(3RAR) 대원들이 미국 수송선 에이컨 빅토리(Aiken Victory)호의 갑판에서 부산항과 등대를 바라보고 있다. 그들은 한국전쟁에서의 첫 작전을 준비하기 위해 부산에서 출발해 대구로 이동할 예정이다.

▲ 서울 수복 직후 중앙청 앞에서 미사를 드리는 유엔군.

수도 서울 수복

인천상륙작전의 성공으로 낙동강 방어선과 전라도 등 한반도의 남쪽 지역으로 깊숙이 진격해 있던 북괴군에게 큰 위기가 찾아왔다. 전투가 큰 진척이 없는 상태에서 길게 늘어진 보급선의 측면에 날카로운 창끝이 기다리고 있는 형국이 된 셈이었다. 주력 침공부대인 북괴군의 정예 병력은 이처럼 보급선이 끊긴 채 앞뒤로 오갈 데가 없는 진퇴양난의 포위 섬멸될 수밖에 없는 위기를 맞았고, 결국 북쪽으로 퇴각하기 시작하게 되었다.

인천에서 불과 32Km밖에 떨어지지 않는 수도 서울을 되찾는 것은 시간문제였습니다. 인천을 점령한 유엔군은 경인가도를 내달려 서울에 도착, 북괴군 수비부대와의 치열한 시가 전을 뚫고 결국 9월28일 서울 탈환에 성공했다. (9. 28 서울 수복) 인천 상륙작전이 개시된 지 약 2주일 만의 일이었다. 9월 27일 새벽 6시 10분 중앙청에 북한 인공기가 내려지고, 우리 해병대 2대대 1소대장 박정모 소위, 양병수 일등병, 최국방 견습 해병 등 세 용사가 감격의 태극기를 게양했다.

유엔군은 후퇴하는 북괴군을 계속 추격했으며, 오히려 10월 1일에는 38도선을 넘어 북쪽으로 진격해 올라가게 되었다. (10. 1 국군의 날). 1950년 9월28일, 북한 공산군에게 빼앗겼던 대한민국의 수도 서울은 3개월 만에 수복되었다. 값진 승리였음에도 불구하고 승리의 뒤편에 남은 것은 수많은 인명의 희생과 더불어 살아남은 자 사이의 극도의 갈등 그리고 사회 모든 기반 시설의 처참한 파괴였다. 국토는 초토화 폐허 그 자체였다.

9월 28일 (96일째 / D+13)
인천 상륙부대 서울 완전 탈환

* UN군, 수도 서울 완전 탈환
* 국군 수도사단, 영월 돌입
* 국군 제6사단, 충주 탈환
* 미 제2사단, 청주 탈환
* 손양원 목사 순교(殉敎), 여수
* 김일성, 중 · 소에 직접적 군사원조 요청

▲ 서울에 남았던 북괴군을 비롯해 체포된 사람들이 손을 들면서 연행되고 있다.

▲ 9월 29일 환도식 직전에 중앙청에 게양되었던, 성조기 다음에 게양되었다가 태극기에 물려 준 UN기

▲ 서울 수복을 위하여 미 해병대가 진격, 시가전 모습
(AP Photo/Max Desfor, 1950. 9. 28)

▲ 평정된 수도 거리로 국군이 입성하고 있다. (고 임응식 씨 촬영, 9. 28)

▲ 서울에 3개월간 남겨졌던 전쟁고아, 대표적 사진 (9. 28)

▲ 인천기계공업 주식회사 앞에서 부모를 찾다가 지쳐버린 소녀

▲ 길을 잃고 도움을 청하며 울고 있는 전쟁고아

손양원 목사 순교 (1950년 9월 28일)

■ 신사참배 반대한다고 손양원 목사 (1902~1950) 투옥

1940년 9월 25일 밤에 순천 애양원(한센병 환자 병원)에 느닷없이 일본 형사 두 사람이 손양원 목사의 손에 수갑을 채워서 끌고 가 버렸다. 죄목은 '신사참배 반대'

■ 3년 수감 후에, 안타까운 재수감 〈종신형(終身刑)〉

당시 1943년은 한참 일본이 태평양전쟁에 열중하던 시절이었다. 그런데 "우상 숭배하는 나라 일본은 망할 것이다!'라고 고함을 질렀으니, 손양원 목사의 신사참배 문제를 놓고, 다시 재판이 열렸다. 그 재판 결과는 종신형이었다.

■ 6,25전쟁과 순교(殉敎)

1940년에 신사참배로 감옥에 간 손 목사는 1945년에 해방을 맞이하여 5년 만에 출옥하였지만, 1948년 여수·순천 반란 사건 때, 손 목사의 두 아들 손동인, 손동신의 친구이며 친 공산당 학생이었던 자에게 살해되었다. 손양원 목사는 두 아들을 죽인 자를 자기의 양자(養子)로 삼으며, 그를 살려주었다.

■ 6,25 때 피난 나가기를 거부하다 - 딸의 증언

손 목사님은 8.15 해방 때 드디어 출옥하셔서, 6, 25가 터졌을 때까지, 애양원에서 다시 섬기고 계셨습니다. 인민군이 내려온다는 소식이 들리자, 아버님의 친구들 여러분이 애양원으로 아버님을 찾아왔습니다. 배를 타고 같이 피난을 떠나자고 권면하였습니다. (중략)

이 사실을 직감한 애양원의 나환우들은 손양원 목사님을 붙잡아, 강제로 섬으로 피난 가는 배에 태웠고, 아버지는 그때마다 뿌리치고 배에서 내리기를 여러 차례 반복했습니다. 당시에 남도의 작은 섬들은 6. 25의 참화를 면했다고 합니다.

손 목사님은 이렇게 말했습니다. "당신들은 나를 이렇게 만들지 마시오. 나를 도리어 비겁한 자로 만드는 것입니다." 그러면서 손 목사님은 절대 피난을 떠나지 않았습니다.

■ 손양원 목사님의 순교

1950년 9월 13일이었다. 손양원 목사님은 강대상에서 한참 기도드리고 있었다. 이때 공산당들이 애양원에 쳐들어왔다. 그들은 기도하던 손 목사 손에 수갑을 채우고 끌고 가서, 여수 감옥에 가두었다. 그리고 공산당을 악선전하고 미국의 앞잡이 노릇을 했다며 15일 동안 뭇매를 때렸다.

9월 28일 서울 수복이 있었다. 공산당은 손 목사를 끌고 여수에서 조금 떨어진 미평에 큰 과수원으로 끌고 가서, 다른 여러 인사들과 함께 총살했다. 손양원 목사는 48세 나이에 하나님께 순교의 제물로 자신을 바쳤다.

손양원 목사는 1950년 9월 28일 순교했는데, 그다음 날인 9월 29일, 한국 해병대가 여수에 상륙하여 북괴군과 그 부역자들을 소탕하였다.

* UN군, 남원. 담양 탈환 후 광주(光州)로 진격
* 국군 제3사단, 삼척 점령,
* 국군 제8사단, 단양 탈환
* 이승만(李承晩) 대통령 서울 귀환
* 한국 해병대, 여수(麗水) 상륙 수복

▲ 환도식을 거행하는 중앙청 홀 모습

▲ '9. 28 서울수복' 대표 사진 중앙청 광장에 다시 태극기가 한국 해병대의 손으로 게양되고 있다.

▲ 삼각산과 중앙청이 보인다.
(미군 촬영, 파손된 서울 중심 주택지역, 1950. 9. 29)

▲ 아주머니들이 땔감 등을 찾고 있다.
(미군 촬영, 서울 중심 지역, 1950. 9. 29)

▲ 서울 환도식 모습. (중앙청 홀, 1950. 9. 29)

9월 29일 맥아더 원수는 서울을 대한민국 정부의 관할하에 넘기는 식전에서 다음과 같은 메시지를 이승만 대통령에게 전달하였다.

"하나님의 은혜로서, 인류의 가장 큰 희망의 상징인 UN기 아래서 싸우는 우리 군대는 한국의 수도를 해

▲ 상륙군 출항지도

방하게 되었습니다.

공산주의자의 전제적 지배에서 해방된 시민은 다시 개인의 자유와 존엄을 제일로 하는 부동의 인생관 밑에서 생활을 영유할 수 있는 기회를 얻게 되었습니다.

귀국이 입은 전쟁의 참화에 대하여 전 세계는 깊은 관심과 우의로 단호히 궐기하여 전력을 다하여 귀국을 구원하기로 맹세하였습니다. 육체를 살리려면 정신을 살리지 않고서는 안 됩니다.

국제 연합군 최고사령관으로서 본인은 각하에 대하여 귀국 정부의 소재지를 회복하고, 이에 따라 각하가 헌법상의 책임을 충분히 달성할 수 있게 된 것을 기쁘게 생각하는 바입니다.

하나님의 은혜로서 각하와 귀 정부 당국자가 자선과 정의 정신에 의하여 여러 난관에 대처하는 예지와 힘을 얻는 동시에 한국민이 과거의 노고로부터 벗어나 새로운 희망에 가득 찬 새벽이 찾아올 것을 바라 마지 않는 바입니다.

지금부터 우리들은 한국 국민에 관한 책임을 각하와 귀 정부에 맡기고 본관과 부하장병들은 다시 군무에 전념할 각오입니다."

▲ 상륙군 출항지도

▲ 로페즈 미 해병 중위가 사다리를 타고 올라가는 모습

6·25전쟁 상황도

1 북한군 남침기 | 1950.06.25 ~ 09.14
Invasion of North Korea

'50.06.25
북한군 전면남침
North Korean military
invaded South Korea

38°선

'50.09.14
낙동강방어선
Defense line at the
Nakdong River

'50.06.28
서울 함락
Seoul fall into
the enemy

'50.07.01
미지상군 도착
U.S ground forces arrived

2 유엔군 반격 및 북진기 | 1950.09.15 ~ 11.24
Counterattack and advance of United Nations Forces

'50.10.26
국군 6사단
'초산' 도달
Come from the
South korean Forces
Sixth Division Chosan

'50.11.21
미 7사단 '혜산진' 도달
Come from the
U.S Seventh Division
Hyesanjin

'50.10.19
평양 탈환
Pyeongyang
occupation

'50.10.01
38°선 국군 38도선 돌파
South Korean forces
cross the 38th parallel

'50.09.28
서울수복
Seoul recapture

'50.09.15
인천상륙작전
Incheon Landing
Operation

3 중공군 침공 및 재 반격기 | 1950.11.25 ~ 1951.01.24
Invasion of Chinese and re-counterattack

'50.10월
중공군의 개입
Chinese communist
forces in tervention

'50.12월
흥남부두철수
Hungnam evacuation

'51.01.01
중공군 신정 공세
New Year's Day
attack of Chinese

'51.01.25
중공군 최대남하선

'51.01.04
1.4 후퇴
Retreat from
Seoul on January 4

4 전선교착 및 휴전 | 1951.01.25 ~ 1953.07.27
Deadlock and Armistice Agreement

'53.07.27
휴전협정조인
Signing of the armistice
agreement

휴전선
Line of Truce

'52.06 ~
고지전
The frontline

'51.07.10
제1차 휴전회담 개최
First armistice negotiation
in Gaeseong

'51.01.25
유엔군재반격
Re-counterattack
of United Nation
Forces

1950년 9월 14~15일

장사상륙작전 長沙上陸作戰

陸本作命 174호

장사동 상륙작전 長沙洞上陸作戰 (다른 표기 언어)

장사상륙작전은 1950년 9월 14일~15일에
경상북도 영덕군 남정면 장사리에서 벌어진
인천상륙작전을 지원하는 '양동작전(陽動作戰)' 목적으로
계획되었던 작전이었다.

아울러, 북괴군 방어병력의 분산 및 보급로 차단이 목적이기도 하였다. 이 작전에는 학도병, 주로 고등학생으로 구성된 772명이 문산호해운공사 소속 LST, 용선, 문산호에 승선하였으며, 경북 영덕 장사리 해안에 상륙하여, 남침하고 있는 북괴군이 남하하는 국도 해안 7번 해안에 상륙하여, 북괴군의 보급로를 차단하고자 하는 작전이기도 하였다.

인천상륙작전은 성공률 5000:1이라는 위험(도박)을 무릅쓰고 최악의 조건에서 전세를 역전 시켜 패망 직전의 대한민국을 구한 작전이다. 전술적인 면에서도 인천상륙작전은 뛰어났다. 서울에서 서쪽으로 32km 지점에 위치하고 있는 최단 거리 항구이고, 수도 서울을 탈환함으로써 적에게 전술적으로나 심리적으로도 치명적인 타격을 가 할 수 있는 한편, 남한 깊숙이 투입된 북한군의 보급선을 차단하고 동시에 낙동강 전선에서 총반격을 실시함으로 북한군 주력을 압축시켜 섬멸하고 소수의 희생으로 많은 성과를 획득한 작전이었다.

인민군은 38선에서 낙동강 방어선까지 진격하는 데 81일이 걸렸지만, 인천 상륙 이후 국군이 38선까지 다시 돌아오는 데는 불과 15일밖에 걸리지 않았으니, 적의 배후를 기습한 이 작전의 성과는 이루 말할 수 없이 컸다.

인천상륙작전은 수도 서울을 탈환하는 발판이 되었을 뿐 아니라 낙동강 전선의 북한군 주력 부대를 포위, 붕괴시키는 데 결정적인 역할을 했다. 더구나 인천상륙작전 성공 이후 유엔군과 국군은 상대적으로 적은 인명피해로 전세를 일거에 역전시키는 데 성공했다.

인천상륙작전이 실패하면 미국은 한국을 포기하려 했다. 인천상륙작전이 있던 날 '펜 대신 총을 달라'는 호국 일념 하나로 한국의 작은 학도병(평균 나이 17세) 부대가 반대편 해안에서 위장 작전을 수행했고 결국, 북한군의 병력을 교란시키는 데 성공했다. 군번조차 없는 학도병으로만 구성된 결사 항쟁의 목숨을 건 용감무쌍한 게릴라 부대였다.

인천상륙작전이 성공할 수 있도록 초석이 된 장사상륙작전長沙上陸作戰, 이 작전은 맥아더 사령관이 직접 진두지휘하는 인천 상륙작전의 양동작전陽動作戰으로 실시된 작전이었다. 양동작전으로서는 성공하였으나, 훈련받지 못하고, 제대로 된 군장도 갖추지 못한 학도병學徒兵들의 일주일간의 악전 분투한 역사적 거사였다.

인천상륙작전을 성공시키기 위해 수많은 희생을 내며 장사 해변에 상륙, 죽기를 각오하고 싸운 그들의 애국정신을 길이 빛내 주어야 할 것이다. 139명이 전사하고 92명이 부상을 입었으며, 사망한 학도병을 제외하면 모두가 행방불명의 상태였다. 상륙작전에 동원되었던 LST 문산호는 1991년 3월쯤 난파선으로 발견되었다.

소련군의 화력 지원을 받은 북한군은 38도선을 넘어 침략(남침)전쟁을 감행했다. 그리고 근, 한 달 만에 낙동강 전선까지 밀고 내려갔다. 낙동강 전선까지 밀린 대한민국은 절체절명의 위기에 빠지게 되었다. 이에 연합군 사령관 맥아더는 인천상륙작전을 감행시키고 작전 비밀 유지를 위해 원산, 주문진, 군산, 영덕, 장사리 네 곳의 지역에 교란작전을 지시했다.

최후의 보루인 낙동강 전선으로부터 정규군을 뺄 수 없는 절박한 상황에서 인천상륙작전 하루 전날 1950년 9월 13일 23시 772명의 어린 학도병을 태운 문산호가 장사리 해변으로 출항했다. 문산호는 9월 14일 새벽에 상륙지점까지 도착했으나 당시 상황은 태풍 케지아가 접근하는 여파로 파고가 3~4m로 매우 심해서 풍랑이 거칠어 기상 악화로 배는 좌초되고 인민군의 집중 사격을 받게 된다.

이런 악조건 속에서도 학도병들은 장사리 해변에 성공적으로 상륙하여 인민군과 전투를 벌이고 며칠간 인민군의 보급로를 차단하며 적의 주의를 분산시키는 성과를 거두었다. 하지만 문산호가 좌초되는 바람에 철수하지 못하는 사태가 발생했다. 9월 16일 후방을 차단당한 인민군 제5사단의 정예 부대인 2개 연대 규모의 부대가 T-34 전차 4대를 앞세우고 북상하여 학도병들과 치열한 전투가 벌어졌다.

학도병들은 9월 19일까지의 치열한 전투 끝에 간신히 상륙지점인 장사리 해변으로 되돌아와서 LST 조치원호를 타고 귀환할 수 있었다. 하지만 이 과정에서 막대한 희생을 치렀으며, 40여 명은 인민군의 집중 사격 등으로 인해 승선 기회를 놓치고 적의 포로가 되는 큰 손실을 가져왔다.

인천상륙작전이 실패하면 미국은 한국을 포기하려 했다. 인천상륙작전이 있던 날 '펜 대신 총을 달라'는 호국 일념 하나로 한국의 작은 학도병(평균 나이 17세) 부대가 반대편 해안에서 위장 작전을 수행했고 결국, 북한군의 병력을 교란시키는 데 성공했다. 군번조차 없는 학도병으로만 구성된 결사 항쟁의 목숨을 건 용감무쌍한 게릴라 부대였다.

김일성은 장사상륙작전과 양동작전으로 전개한 인천상륙작전이 성공하자 인천 상륙 8일 만인 9월 23일 토요일(6·25전쟁 발발 91차)에 인민군(북한군) 총후퇴 명령을 하달하게 된다.

문산호 선원들은 6·25 한국전쟁에 '동원된 인력'이라는 이유로 서훈이 누락되었었다. 이에 해군은 작전에 참가한 생존자 증언을 청취하고, 관련 전사 기록을 발굴해 2017년 국방부에 선원들의 서훈을 추천했다. 그 결과 2018년 6월 25일 대한민국 해군은 민간인 신분으로 전사한 황재중 선장에게 충무무공훈장을 수여했고, 이어 2019년 6월 27일 6·25 한국전쟁 당시 민간인 신분으로 장사상륙작전에 참전했다가 전사한 문산호의 선원 10명에게도 69년 만에 화랑무공훈장을 수여하였다.

포항여중에서 사투를 벌인
71명의 학도병 전투처럼
장사리 전투에서의 학도병들에게도
훈장은 고사하고
그 어떤 후속 조치도 없었다.
그 후 국가에서
여러 조치를 했다고는 하지만...
군번도 계급도 없이
죽기 살기로 싸운 걸기로 이 땅에 뿌려진
꽃송이와 같이 아름다운 피들이여!

▲ 장사상륙작전 전몰용사 위령탑

1. 당시 학도의용군
2. 장사리상륙작전(양동작전)을 지원
한 미 해군 전함의 함포사격 모습.
1950년 9월 12일
3. 장사리 상륙작전에 참전한
LST문산호, 1950년 9월 14일

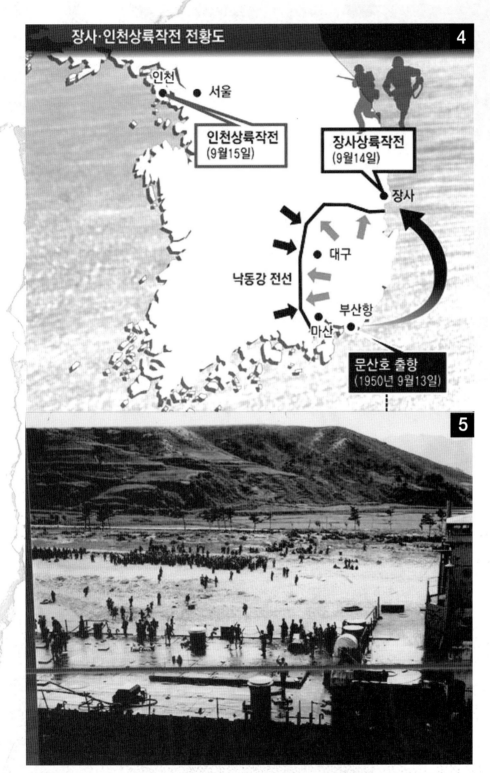

4. 인천상륙작전, 장사리 상륙(양동작전) 전황도, 1950년 9월
5. 1950년 9월 13일 LST-문산호가 태풍에 의해 좌초되었고, 작전을 위하여 학도 전투병들이 해안으로 상륙하고 있는 모습.

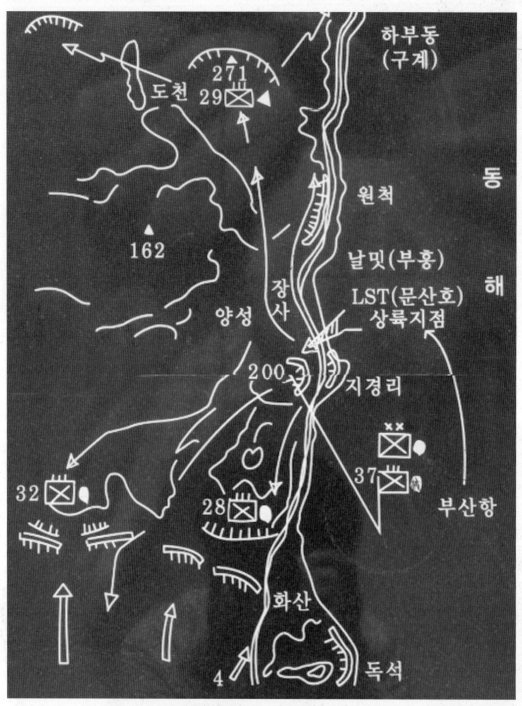

▲ 장사리상륙작전 요도, 1950년 9월 12~14일

맥아더는 죽기 전에 장사상륙작전에 참여한
722명에게 편지를 보냈다.

"인천상륙작전을 지원하여 수행한 작전은
최고의 찬사를 받을 만하며
대원(학도병)들이 보여준
용기와 희생적인 행동은
한국 젊은이들에게 귀감이 될 것이다."

- 더글러스 맥아더 -

주여, 저의 자식이 이런 사람이 되게 하소서!

약할 때 자신의 약함을 알 수 있을 만큼 강하게 하시고 두려울 때 자신을 직면할 수 있을 만큼 용감하게 하시고
정직한 패배에 당당하고 굴하지 않으며 승리에 겸손하고 온유한 사람이 되게 하소서.
소원하기보다 행동으로 보이며 주님을 알고 자신을 아는 것이 지식의 기본임을 아는 사람이 되게 하소서.
기도하오니 그를 편하고 안락한 길로 인도하지 마시고 고난과 도전의 긴장과 자극 속으로 이끌어 주소서.
폭풍 속에서 의연히 서 있는 법을 배우게 하시고 실패한 이들에 대한 연민을 알게 하소서.
마음이 깨끗하고 목표가 높은 사람이 되게 하소서. 남을 다스리기 전에 먼저 자신을 다스리는 사람
웃는 법을 알면서도 우는 법 또한 잊지 않는 사람 미래로 나아가지만, 과거 또한 잊지 않는 사람이 되게 하소서.
그리고 이 모든 것이 이뤄진 후에도 넉넉한 유머 감각을 더해 주셔서 늘 진지함을 잃지 않으면서도
너무 심각한 사람이 되지 않게 하소서.
그에게 겸손함을 주셔서 참으로 위대한 것은 소박함에 있고 참된 지혜는 열린 마음에 있으며 참된 힘은
온유함에서 나온다는 것을 늘 잊지 않게 하소서.
그리하여 그의 아버지인 저는 감히 "내 헛되이 살지 않았노라"고 속삭일 수 있게 하소서.

- 맥아더 장군의 자녀를 위한 기도-

맥아더 장군이 장사상륙작전이 인천상륙작전의 성공에 크게 기여했다고 할 정도로 성공적이었다고 평가된다.

국군은 인천 상륙작전 실시에 맞추어 북한군을 교란하기 위해 인천과 정반대 방향인 경북 영덕군 장사리 일대에 상륙작전을 시도했다.

그러나 유격대와 전투 경험이 없는 772명의 학도병들을 태운 LST 문산 호는

악천후 속에서 좌초하고 만다.

그때 북한군의 대대적인 공격을 받고 평균 나이 17세, 훈련 기간 단 2주에 불과했던 많은 학도병들이 희생되었다.

하지만 장사리 상륙작전은 악전 고투 끝에 성공하여 북한군의 주요 보급로인 7번 국도를 차단했다.

휘이이

절대 포기 할 수 없다.

끝까지 지켜야 돼.

4일 넘게 방어한 장사리 상륙작전은 인천 상륙작전의 성공과 북한군 전력 약화에 큰 힘이 됐다.

쿵

정말 중요 하고

의미 있는 전투였다.

잊지 않겠다.

인천 상륙 작전이 성공한 뒤, 장사리 아군 구조작전이 진행되어 철수 했지만 전사 139명, 포로 39명의 막대한 피해는 막을 수 없었다.

▲ 민간인으로 위장한 북한군을 색출하기 위한 짐 수색. 1950. 9.

1950년 10월

전황

▲ 이승만 대통령의 평양 탈환 경축 연설, 1950, 10, 27

▲ 38선을 돌파하라는 이 대통령의 친필 지령문

* 이승만 대통령, 정일권 참모총장에게
'북진' 명령 하달
* 국군 제3사단. 수도사단; 북진 공격 명령 고대
* 국군 제3사단, 38도 선상 인구리 월격 대기
* 미 제187공수연대전투단, 김포반도 낙하산부대 투하
* 영연방 제27여단에 호주대대 배속

9월 29일, UN군 총사령부는 모든 작전부대에 대하여 일단 38도 선에서 진격을 멈추라는 명령을 내렸다. 그러나 6.25의 불길 속에서 찾아낸 단 하나의 보람이 있다면 그것은 '국토통일'인데....

이 명령을 못마땅하게 여긴 이승만 대통령은 대구에 있는 육군본부에서(29일 오후 14시) 군 수뇌들을 불러 비장한 결의를 다짐했다.

- "단독 북진!!" -

▲ 이승만 대통령은 정일권 참모총장(오른쪽)에게
UN군 보다 먼저 한국군의 북진 명령을 내렸다.

이승만 대통령 : "국군의 통수권자는 맥아더냐? 아니면 이 나라 대통령이냐? UN은 우리가 38선을 넘어가서 국토통일을 이룩할 권리를 막을 수 없다."

국군 총사령관 정일권 소장 : "...국군의 작전 지휘권은 이미 대통령 각하께서 서명하신 문서에 따라 UN군 총사령관에게 이양되었으므로 지금 다시 2중으로 명령을 내리시게 되면 혼란을 가져올 것입니다. 또한 북진에 관하여는 UN에서도 곧 결정이 있을 것으로 생각되오니 좀 더 형세를 보시는 것이 좋을 것 같습니다. 그러나 제 의견은 다만 군사 지휘 계통에서 말씀드리는 것이고, 대통령 각하께서 국가 대계로 보아 꼭 그렇게 하시는 것이 좋겠다고 명령을 내리신다면 저희들은 오직 따를 뿐입니다." 그러자 이승만 대통령은 품 안에서 명령서를 꺼내어 정일권 총사령관에게 건넸다.

"내가 이 나라의 최고 통수자이니,
나의 명령에 따라 북진을 개시하라"

▲ '북진통일' 이승만 휘호

정일권 총사령관은 강릉지구로 북진하고 있는 제1군 단장 김백일 소장에게, "작전 손실을 방지하기 위하여 우리 국군이 반듯이 점령해야 할 38선 북방의 뚜렷한 지형물이 없겠는가?"

정일권 장군은 제1군단장의 회신을 받고, 워커 미 제8군 사령관과 협의; "38선 바로 북쪽 00고지로부터 저항이 치열하여 국군이 큰 손실을 입고 있으니 이를 점령 안 할 수가 없다."고 말했다.

정일권 총사령관은 다음 날(9월 30일) 제1군단 사령부를 방문, 최전방 제3사단(이종찬 대령) 제23연대 작전지역으로 나아가 전선을 시찰, 그곳에서 38선 돌파를 명령했다.

▲ 영연방 제27여단 호주대대 배속, 1950.9.30

제27여단은 9월 30일 오스트레일리아 대대가 배속되자 부대 명칭을 영연방 제27여단으로 개칭한 후 북진작전에 참여하였다.

여단은 UN군의 최선두에서 10월 17일 북한의 사리원 등지 수복 작전에 참전, 10월 30일 정주로 진출하였다.

* 국군 제3사단, 수도사단 : 38선 돌파 북진
* 맥아더, 김일성에게 '항복' 촉구
* 북괴군, 38도선 방어작전 전개
* 김일성, 마오쩌둥(毛澤東)에게 파병 원조 요청

북진

인천상륙작전과 서울탈환, 그리고 낙동강 방어선에서 반격 작전으로 국군과 UN군은 9월 말까지 38도선 남쪽의 북괴군을 격멸하고, 사실상 전쟁 이전의 상태를 회복했다. 그 과정에서 국군과 UN군이 38도선으로 접근함에 따라, 38도선 돌파 여부가 최대의 관심사항으로 부각되기 시작했다.

38도선 돌파(突破) 논쟁(論爭)

38선 돌파 문제는 1950년 8월 30일 애치슨 미 국무부 장관의 발언이 있고 난 뒤부터 본격적으로 거론(據論)되었으며, 그때부터 북진에 대한 찬반 논쟁이 일어났다. 38선 돌파 논쟁의 핵심은 "국군과 UN군의 북진을 허용해 패주하는 북괴군을 격멸하게 할 것인가?", 또한 "북괴군의 격멸 후 통일문제를 어떻게 처리할 것인가?"에 있었다.

북진을 찬성하는 측은 전쟁범죄자를 처벌하고 UN

의 목적인 한국의 통일을 달성하기 위해 북진해야
한다고 주장했다. 아울러 만일 추격을 중지하게 되
면 북괴군이 군사력을 재정비해 재침할 가능성을 남
겨두어 UN군이 계속해서 한국에 주둔할 수밖에 없
다는 점을 강조했다.

이에 대해 북진을 반대하는 측은 38선을 넘게 되면
소련 및 중국의 개입을 초래하게 되며, 필연적으로
전쟁이 확대되고 장기화되어 제3차 세계대전을 유
발할 위험이 있다고 주장했다.

한편, 한국의 이승만 대통령은 일찍이 트루먼 미국
대통령에게 " 이 전쟁의 궁극적인 목적은 국토통일
이어야만 한다."는 내용의 전문을 보냈다. 그는 전문
을 통해 이번 기회에 침략자를 격멸해 통일을 달성
해야 하며, 한국 국민에게는 그렇게 할 권리가 있다
는 그의 신념을 피력했다. 미국은 이승만 대통령의
전문에 대해 공식적인 반응을 나타내지 않았다. 그
러나 UN군 사령부는 9월 29일 모든 부대에 진격을
멈추도록 명령했다.

이에 대해 이승만 대통령은 "UN군 사령부가 어떻게
결정하든지 한국군은 진격을 멈추지 않을 것이다."
라고 선언했다. 그리고 국군이 38선에서 정지하고
있을 때, 정일권 국군 총참모장에게 38선을 돌파해
북진할 것을 지시했다. 그렇지만 국군의 작전 지휘
권이 UN군 사령관에게 이양된 상태이므로, 군 지휘
체제상의 혼선이 야기되는 사태를 방지해야겠다는
것이 정 총장의 복안이었다.

이에 따라 그는 워커 장군에게 동해안 전선의 국군
이 전술적인 상황에서 38선 바로 북쪽의 고지를 점
령할 필요가 있음을 역설해 동의를 얻었다. 그 결과
국군의 선두 부대가 10월 1일, 최초로 38선을 돌파할
수 있었다.

인천상륙작전과 서울 수복으로 전세가 역전되자 육

군 제3보병사단도 UN군과 함께 영토 수복의 선봉에
서게 된다. 북괴군 주력이 38선 이북과 빨치산으로
산개되자 UN군 사령부는 아군의 북진을 중지시킨
다. 그러나 우리 정부는 북진을 통한 전쟁 종식과 통
일에 대한 의지를 밀어붙이게 된다.

정일권 국군 총참모장은 제3사단의 정면인 강원 양
양군 하조대에 국군의 진격을 방해하는 북괴군의 요
충지가 있다는 사실을 발견해 이를 명분으로 UN군
에 북진을 정식 요청한다.

하지만 UN군 사령부는 북한에 항복을 요청하겠다
는 이유로 월경 명령을 하달하지 않았다. 이에 정일
권 중장은 제3사단 제23연대 전선을 시찰하면서 작
전명령을 하달해, 38선 남쪽 2km 지점인 강원도 양
양군 현남면 인구리에 주둔하고 있던 제3대대 병력
이 국군 최초로 38선을 넘어 북진을 개시하게 됐다.

▲ 3사단 장병, 38선 북진 지축

간이 무장한 장병들은 오로지 통일을 갈망하며 앞다투었다.

▲ 국군 제3사단, 38선 돌파 북진

10월 2일 (100일째)
원산 상륙작전 준비

작전계획 수립 배경

인천상륙작전의 성공으로 아군의 총반격이 시작되어 북괴군은 와해되기 시작했다. UN군은 패주하는 북괴군을 추격하여 9월 28일에는 서울을 수복하였고, 9월 말까지 38도선 이남을 확보하였으며, 북진작전을 준비하고 있었다.

▲ 맥아더 UN군 총사령관

9월 29일, 맥아더 장군이 예하 지휘관들에게 상륙개념을 설명할 때까지는 구체적인 계획은 없었으나, 서울수복 기념식이 끝난 후 중앙청에서 기념식에 참석했던 조이 제독, 워커 장군, 스트레이트메이어 장군, 알몬드 장군 등 극동군의 주요 지휘관들에게 또 하나의 상륙작전을 실시하여 전쟁을 종결시키겠다고 천명하였다.

미 제8군은 주공을 담당 개성에서 사리원, 평양으로 이어지는 서부 축선을 따라 북상한다. 미 제8군의 진격은 10월 중순경에 개시하기로 한다. 그로부터 1주일 안에 미 제10군단이 동해안의 원산에 상륙한다.

미 제10군단은 교두보를 확보한 다음 원산, 평양 축선을 따라 다시 서쪽으로 나아가 미 제8군과 연결, 북으로 달아나는 북괴군의 퇴로를 차단하여 포위한다. 양 부대는 서로 연결을 맺은 다음 나란히 북진한다.

▲ 워커 8군 사령관

▲ 알몬드 제10군단장

탑재를 신속하고 원활히 하기 위하여 미 해병대는 인천에서 탑재하고 인천항 시설의 제한을 고려하여 미 제7사단은 부산에서 탑재한다고 설명하였다.

맥아더가 원산 상륙작전을 구상한 배경에는 첫째, 제8군의 보급로는 이미 전선에서의 1일 최소 소요량을 소화하는 데에도 포화상태에 이르러 다른 보급로 확보가 필요했고, 둘째, 바다를 통한 미 제10군단의 신속한 상륙을 통하여 남에서 북으로 도주하는 북괴군을 차단한 후에 북괴군의 수도인 평양을 포위 공격으로 압박을 가하기 위한 것이었다.

▲ 미 해군 스트러블 제7상륙기동부대 사령관

미 해군은 처음에는 원산 상륙작전에 대해 의문을 갖지 않았다. 미 해군의 조이 제독과 제7 합동상륙기동부대 사령관 스트러블 제독은 추가적인 군수지원항으로 원산항 점령의 필요성을 인정하고 있었다. 원산 상륙작전을 위한 해군의 계획은 인천상륙작전 계획의 복사판에 가까운 것이었다.

스트러블 제독은 10월 5일에 예비계획을 시달했고, 10월 9일에 최종계획을 시달했다. 알몬드 장군은 29일 서울시청에서 맥아더 장군과 회의 이후 즉시 계획수립에 착수했는데, 맥아더 장군이 언급한 목표일보다 5일 앞서서 10월 15일에 원산 상륙이 가능할 것이라고 판단했다. 10월 4일에 알몬드 장군은 제10군단 작전명령 4호를 발표하였다. 해병은 원산에서 미 제10군단 작전을 위한 교두보를 확보하고, 원산 활주로를 점령하고 해안지원부대와 교대할 때까지 군수 지원을 제공하는 임무가 부여되었다.

미 제1해병사단의 교대는 10월 5일 시작되어 7일에 완료되었고, 탑재는 8일부터 인천에서 시작된다. 상륙군의 탑재 지연으로 알몬드 장군이 정한 10월 15일 원산 상륙작전은 불가능하게 되었고, D일은 기존 계획대로 10월 20일로 조정되었다. 스트러블 제독은 10월 5일에 최초 계획을 시달하였고, 10월 9일 최종 계획을 발표하였다.

그러나 북한의 동해안 방어체계가 무너지고, 한국 육군의 북한 진격이 가속화됨에 따라 상륙작전보다 육로를 통한 원산항 공격이 현명한 판단이 아니겠느냐는 문제가 10월 초부터 제기되었다.

한국군이 동해안을 따라서 빠른 속도로 북으로 진격함에 따라 실무진에서는 육상과 해상 중 어떤 곳으로 진격하는 것이 효과적인지에 대하여 검토되고, 계획이 작성되고 있었다. 그러나, 해군 지휘관들은 제10군단이 해상으로 우회하여 원산으로 이동하는 것보다 육상으로 전진하기가 더 쉽고 시간이 더욱 적게 걸릴 것이라고 보았다.

육상으로의 이동을 선호하는 해군의 이유는 다음과 같았다.
첫째, 빠른 조류가 있는 좁은 항구에서 제10군단 탑승 병력과 제8군의 보급품 하역이 겹칠 경우에 심각한 문제가 야기된다.
둘째, 함선과 상륙주정이 제한된 가운데 상륙작전을 위하여 모든 해상세력을 집결시킨다면 다른 지역에서 원활한 군수지원이 이루어지기 힘들 것이다.
셋째, 소해 함정들이 예상보다 많은 기뢰를 조우한다면 원산상륙작전이 지연될 개연성은 충분히 있다.

원산 상륙작전에 걸림돌이 되었던 기뢰(機雷)

▲ 소련제 감응기뢰 모습

▲ 소련제 접촉 기뢰 모습, 영흥만. 1950.10

▲ 참고: 독일제 기뢰를 제거하는 영국군 병사

이러한 논쟁과 토의에도 불구하고 해상을 통하여 원산으로 돌격하겠다는 맥아더 장군의 결심은 변경이 없었다. 맥아더 장군이 상륙돌격에 대하여 확고한 의지를 가지고 있었기 때문에 더 이상 거론하는 것이 의미가 없다고 했다.

10월 3일 (101일째)
영흥만 소해작전

1950년 7월 10~20일 사이에 소련은 기뢰를 블라디보스톡에서 철도로 원산으로 수송하였으며, 일부는 해상으로 수송하였다. 1주일 뒤에는 소련 해군 요원이 원산과 진남포에 도착하였으며, 북괴군을 위하여 기뢰전 학교를 설립하였다. 이와 같은 준비는 함정 세력이 제한적인 북괴군이 미 제7함대와 극동해군이 작전을 준비하기 이전에 다량의 기뢰를 신속하게 이동할 수 있게 하기 위함이었다.

약 4,000개의 기뢰가 북한에 들어왔으며, 8월 1일부터 원산과 진남포에 기뢰부설이 실시되었다. 그 당시에 소련 해군 장교들은 진남포에서 해주까지 기뢰를 트럭으로 운반하였으며, 심지어는 기차로 인천, 군산 및 목포까지도 수송하였다. 정보에 의하면 북한은 대략 1950년 8월 15일부터 기뢰 작전을 시작하였다. 이러한 작전은 강과 해상에 UN 해군의 접근을 차단할 목적으로 하는 기뢰 부설과 동·서해안의 항구에 방어기뢰를 설치하는 것이었다. 적어도 2,000개가 부설되었다.

이 기뢰는 러시아제 26형 계류형 기뢰로서 수심 456피트(약 142미터)에 적합하고, 관성에 의하여 폭발되며, 해저에 설치되는 자기기뢰이다. 대부분의 기뢰가 미국제와 유사하지만, 러시아제는 훨씬 다량의 폭약이 들어가 있었다. 기뢰는 최초 서해에서 9월 4일 발견되었고, 수상 소해 세력은 발견된 해역에서 탐색 및 소해작전을 즉시 시작하였다.

실제적인 북괴의 기뢰 작전은 9월 4일 기뢰가 최초로 발견되기 이전에는 관측되지 않았지만, 기뢰에 의한 UN 해군과 한국 해군 함정의 피해는 9월 26일부터 나타났다.

▲ 6.25에 참전하였던 미 해군 구식소해정, 영흥만(한국 YMS-509 와 동급)

9월 26일 미 구축함 브러쉬(USS Brush)함이 동해안 단천 근해에서 북괴군 해안포대를 탐색하던 중에 기뢰에 접촉되어 선체가 크게 파손되었다. 브러쉬함은 아군 함정의 도움을 받아 겨우 사세보에 입항하였는데, 13명의 사망자와 34명의 부상자가 발생하였다.

9월 28일 03:00시에 한국 해군의 AMS-509정이 후포항 외해에서 경비 중에 기뢰에 접촉되어 침몰하고 승조원 38명 가운데 25명이 사망하거나 실종되었으며, 5명의 부상자가 발생하였다.

9월 30일에는 미 구축함 맨스필드(USS Mansfield)함이 38도선 북방 60마일 해상에서 작전하던 중 접촉기뢰에 접촉되어 함수 부분이 파손되고 부상자 28명이 발생하였다.

10월 1일 미 해군 소해정 매그피(USS Magpie, AMS)함이 영덕 근해에서 항로 소해 중에 부유기뢰와 접촉하여 침몰하였고, 33명의 승조원 가운데 21명이 전사하고, 생존자 12명이 모두 부상당했다. 같은 날(10.1) 목포 근해에서 한국 해군의 AMS-504정이 기뢰에 접촉되어 심한 손상을 받았으나, 승조원의 노력과 아군 함정의 신속한 구조작업으로 침수를 막고 극적으로 구출되기도 하였다.

영흥만 소해작전

10월 2일, 제7 합동상륙기동부대 사령관 스트러블 제독(기함, USS Rochester)은 예하의 소해전 대장 스포퍼드(R.T. Spofford) 대령에게 제10군단의 원산 상륙작전을 위하여 빠른 시일 안에 소해 준비를 완료하고 영흥만에 집결할 것을 명령하였다. 제95. 6 소해전대에 배속된 6척의 미 해군 소해 함정들은 10월 6일 사세보항을 출항하여 10월 10일 새벽 영흥만에 도착했다. 소해 전대는 일본 소해정의 증원으로 세력이 증가된 상태였다.

10월 10일부터 소해 함정은 경순양함 워체스터(USS Worchester, CL-144) 소속의 헬기와 함께 원산항 남쪽 항로에 대하여 소해작전을 시작하였다. 충분한 통신장비를 보유하지 못한 채, 목재 연안 소해함(AMS)은 헬기가 입수한 기뢰 정보를 워체스터(USS Worchester)함이 중계하여 수신할 수 있었다. 같은 날 오후 늦게 헬기에서 소해함 전방에 5개의 기뢰열이 있다는 정보를 입수하였고, 소해정은 소나로 기뢰위치를 확인하고 소해작전을 중단하였다.

스포퍼드 대령은 상륙 시기를 맞춰야 하는 중요성을 감안하여, 상대적으로 소수의 기뢰가 부설된 해협을 선택해야 했다. 그래서 소련 선박이 사용하던 북쪽 항로로 소해작전을 변경하였고, 10월 11일 원산항 입구에 대한 소해탐색에 박차를 가했다.

10월 10일 오후에 파이어러트(USS Pirate), 레드헤드(USS Redhead) 및 채터러(USS Chatterer)함이 증원 세력으로 도착하였다. 이들의 도착으로 소해 작업은 비교적 순조롭게 진행되었으며, 10월 11일과 12일 자정 회의에 참모와 모든 지휘관들이 모였을 때, 다음 날부터 소해작전에 집중하여 8일 남은 상륙작전 목표일 이전에 완료할 것을 당부하였다.

스포퍼드 대령은 기뢰부설 해역을 소해하는데 과거에 거의 사용하지 않았던 기술을 활용하기로 결심하는데, 그것은 제77기동부대의 항공기 폭격에 의한 것이었다. 기뢰원에 항모 항공기가 폭탄을 규칙적으로 투하하여 폭파시키는 방안이었다. 기뢰 폭파의 결과는 정확히 알려지지 않았지만, 10월 13일 파이어러트(USS Pirate)함이 폭격한 그 라인을 따라 좌현에서 1개의 기뢰, 우현에서 5개의 기뢰를 소해한 것과 파이어러트(USS Pirate)함과 플레지(USS Pledge)함이 오후에 그 근처에서 기뢰에 접촉되어 침몰한 것으로 미루어 보아 항공기에 의한 기뢰 제거는 성공적이지 않았다는 것을 알 수 있었다.

▲ 항공기에 의한 기뢰폭파전. 1950. 10. 영흥만

▲ 500kg 기뢰 폭발

파이어러트(USS Pirate)함의 소해구에 절단된 2개의 기뢰가 수면에 떠올랐고, 4개의 다른 기뢰가 다시 나왔다. 그 기뢰는 50야드 간격으로 떨어져 있었고, 여도와 웅도사이를 연결한 선상에 놓여 있었다. 3분 후에 파이어러트(USS Pirate)함에 의해 절단된 기뢰들의 뒤쪽으로 기동한 플레지(USS Pledge)함이 3개의 기뢰를 좌현 소해구로 소해하였다. 인크레더블(USS Incredible)함도 다른 4개의 기뢰라인을 절단하였다.

파이어러트(USS Pirate)함 음탐기가 100야드에서 기뢰를 접촉한지 1초도 지나지 않아 오른쪽 함수 견시가 함수 바로 앞에서 기뢰를 발견하였다. 그리고, 몇 초가 지난 후에 파이어러트(USS Pirate)함의 함미가 해면에서 들어 올려지면서 프로펠러가 보였다. 그리고 나서 수면으로 곤두박질치면서 진흙땅 물이 솟구쳤다. 기뢰가 함정의 바로 밑에서 폭발하여 파이어러트(USS Pirate)함의 주 갑판은 두 조각으로 갈라졌다. 함정은 오른쪽부터 바다속으로 기울어지면서 몇 분후에 파이어러트(USS Pirate)함은 전복되고 말았다.

리챠드(Richard O. Young) 대위가 함장인 플레지(USS Pledge)함은 즉시 소해구를 절단하고 구명용 모터보트를 바다에 띄웠다. 그때 신도에 있는 북괴군의 해안포가 침몰하고 있는 파이어러트(USS Pirate)함과 바다로 탈출한 승조원들에게 사격을 하기

시작했다.

플레지(USS Pledge)함이 적군의 해안포를 향하여 단연장 3인치 포로 사격을 하자 해안포는 플레지(USS Pledge)함을 향하여 사격하기 시작했다. 이러한 상황이 전개되고 있을 때, 그 주변해역에는 13개의 기뢰가 해면위로 떠올랐고, 해면 아래에는 셀 수 없는 기뢰들이 부설되어 있었다.

북괴군의 해안포와 기뢰 때문에 파이어러트(USS Pirate)함에 접근할 수 없었다. 플레지(USS Pledge) 함장은 우선 북괴군의 해안포에 집중사격하기로 결심했다. 함장은 모든 전투원들에게 신도 포대와 소총 공격을 하고 있는 내도를 공격할 것을 명령하였다. 또한 함장은 통신기로 항공지원을 요청하였고, 플레지(USS Pledge)함이 보유하고 있던 탄약을 전부 소모할 때까지 3인치포 사격을 계속했다.

▲ Yo Yo작전, 원산만에 대기 중

원산상륙작전 주력부대인 미 제1해병사단은 병력의 승선과 장비 탑재를 10월 8일부터 인천항에서 시작하여 18일에야 원산항으로 출항하였다. 남해안을 돌아 835해리나 되는 항해 끝에 원산에 도착한 것이 10월 19일이었다. 다음날 부터 작전을 개시하였으면 10월 20일 상륙 계획에 차질이 없었겠지만 기뢰라는 복병 앞에서 유엔군은 속수무책이었다.

영흥만의 기뢰를 제거하는 소해작전이 끝날 때까지 할 일 없이 해상을 떠도는 '반복 작전'을 할 수 밖에 없었다. 반복 작전이란 원산 앞바다에서 12시간 동안

울릉도를 향해 내려갔다가 다시 원산으로 올라가는 향해를 반복하는 것이었다. 파도가 거센 가을 바다를 일주일 동안 왔다 갔다 하는 해상생활에 지친 해병대원들은 화가 나서 '요요(YOYO) 작전'이라며 불만을 표시하였다고 한다.

원산을 함락한 날인 10월 10일 육군본부와 미 제8군은 축제 분위기에 휩싸였다. 물불을 가리지 않은 감투 정신에 감동한 미 제8군은 축제 분위기에 휩싸였다. 물불을 가리지 않은 감투 정신에 감동한 미 제8군사령관 워커 장군은 "바다에 이 쾌거를 모르는 멍청한 군단 하나가 떠 있다"고 말하였다고 한다.

소대 병력도 아쉬운 마당에 군단 병력이 할 일 없이 바다를 떠돌아 전쟁 수행에 차질이 생긴 것을 비꼰 이 말은 워커 장군과 미 제10군단장 알몬드 장군의 불편한 관계를 말해주는 일화로 알려져 있다. 또한 뒤늦은 상륙이 끝난 뒤 "이번만은 역사가 우리보다 앞서갔다"라고 한미 제1해병사단장 스미스 장군의 탄식은 원산상륙작전의 성격을 말해주는 유명한 코멘트가 되었다.

▲ 38선 돌파 후 행군하고 있는 국군 제3사단 장병들

▲ 미 제3보병사단 마크

10월 5일 (103일째)
국군 구만리 발전소 탈환

*국군 제3사단과 수도사단, 고성 이북으로 진격
*국군 구만리 발전소 탈환, 북괴국 포로 200명
*유엔 해군, 한국해역 부유기뢰 폭파작업
전력 경주
*영국 · 오스트레일리아군 공격대기 중 국군과
합류 -오스트레일리아군 대대 김포로 공수
*태국군 부산에 상륙
*미 제1군단 소속 미 제1기병사단
· 미 제24사단 · 국군 제1사단, 개성 일대 및
임진강 서안으로 이동 전투 전개.

10월 4일 (102일째)
국군 제3사단, 이북 고성탈환

* 미 제3보병사단, 한국전 참전차 미국 출발
* 인도, 황마포대(黃麻布袋) 40만 포 한국에 제공
* UN정치위, 38선 북진과 한국 자유선거에 관한
서방 8개국 공동결의안 가결

▲ 한국전에 참전하기 위하여 오늘 미국을 출발한 미 제3보병사단 장병들 모습

▲ 국군 제3사단 과 수도사단 이북으로 진격

▲ 군단장과 사단장의 야외 작전회의 모습

1950년 10월 6일 백선엽 제1사단장은 미 제1군단장 밀번 장군으로부터 사단장이 직접 와서 '작전명령'을 수령해 가라는 연락을 받고, 청주에서 대전까지 단독으로 가서 작전명령을 받아 보고 매우 실망하였는데, 평양공략을 포함한 북진 계획에 제1사단은 예비대로서 해주 공격의 임무가 되어 있었기 때문이었다. "참으로 억울하고 분통 터지는 일이 아닐 수 없었다."

다음은 그의 수기의 일부다.
나는 치밀어 오르는 묘한 감정을 억누르면서 다시 한번 간청을 했다. "밀번 장군! 평양은 저의 고향입니다. 그러므로 평양까지의 도로나 지형은 누구보다도 잘 알고 있습니다. 장군께서도 아시다시피, 여기서 평양까지 가는 도로는 산악지대이기 때문에 차량의 기동에 많은 지장이 있습니다. 이러한 지형에선 어떤 경우엔 차량보다 도보 행군이 더 유리할 수 있습니다. 우리 사단에게 임무를 주십시오. 그러면 밤낮으로 도보 행군을 강행하여 미군보다 먼저 평양에 입성해 보이겠습니다."

나는 어느새 흥분하고 있었다.
평양탈환은 기어코 내 손으로 이룩해 보이겠다는 의지가 감정을 자극해 버리고 만 것이었다. 밀번 장군은 여전히 움직이지 않았다. 어처구니가 없다는 듯이 나를 바라보기만 하고 있다. 두 사람의 시선이 어색하게 교차하고 .... 한동안 무거운 침묵이 흘렀다. 초조와 불안과 분노의 격류가 온몸을 휘감고, 드디어 내 두 눈에서는 눈물이 터져 나와 버렸다. 나는 위신과 체면도 생각할 겨를도 없이 밀번 장군 앞에서 울어 버린 것이다.

"그렇게도 평양 공격의 임무를 원합니까? 제네럴 백? "
"네, 원합니다. 꼭 맡겨 주십시오, 밀번 장군! "
나도 모르게 주먹을 불끈 쥐면서 말했다.
"제1사단의 기동력으로 그 임무를 수행할 수 있겠습니까?"
"저는 거짓말을 하지 않습니다. 문제없이 평양을 탈환해 보이겠습니다. 약속합니다. 훌륭한 전과를 보여드리겠습니다."
"좋습니다! 제네럴 백! 당신의 애국심과 용기를 샀습니다." 결심한 그는 행동이 빨랐다. 즉시 참모장을 전화로 불렀다.

- 하략 -

▲ "평양 탈환의 영예를 미군에게 줄 수는 없다."
지름길로 도보로 강행군하는 1사단 장병들, 1950. 10

한국군 제1 보병사단은 백선엽 준장의 요청으로 북진 명령을 받았지만, 준비가 지연되어 10월 11일이 돼서야 고랑포 부근에서 38도선을 돌파해야 했다.

▲ 북한 주민으로부터 환영받는 1사단 장병들

▲ 평양공략을 위해 마지막 점검을 하고 있는 국군 1사단 장병들,
평양 제2의 관문인 보통문이 보인다.(1950. 10. 17)

▲ 당시 남북의 어머니와 애들 모습, 미군이 촬영

▲ 전쟁으로 인하여 집이 탔고, 가재도구 다 버려지고, 아들마저 부상당한
한 가족의 비극적인 모습이다.

* 미 제1기병사단, 개성 수복
* 국군 4개 사단, 38선 통과 계속 북진 중
* UN 총회, UN군 38선 북진 허가
서방 8개국 안 통과

▲UN 안전보장이사회, 한국 문제 '북진 허가' 통과 모습. 1950. 10. 7

UN군 38선 돌파

▲ 1950년 10월 7일 미 제1기병사단 38도선 통과

그동안 미국은 UN군의 북진 작전계획을 구체화하는 한편, UN을 통한 법적 근거 마련에 힘썼다. UN군 작전계획이 9월 29일 미 합참으로부터 승인을 받자, 맥아더 장군은 10월 1일 항복권고 방송을 한 후 다음 날 전 부대에 '작전명령 제2호'를 하달했다. 주요 내용은 미 제8군을 주공, 미 제10군단을 조공으로 하여 정주(定州)-군우리-영원-함흥-흥남을 잇는 이른바 '맥아더라인'까지 진출, 그 선(線) 이북지역에 대한

작전을 국군에게 전담시킨다는 것이었다.

10월 7일 UN 총회는 '한반도의 인위적인 분단을 해소하고 UN의 권능을 확립한다'는 취지의 결의안을 통과시켰다. 이틀 뒤 맥아더 장군은 두 번째 항복권고 방송을 한 후, 제8군에 북진을 개시하라고 명령했다. 이로써 국군에 이어 UN군도 전면적인 북진에 나섰다.

'UN군의 38선 돌파 결정'은 한국의 입장에서 볼 때 당연한 것이었으나 엄밀히 말해 6·25전쟁의 참전국들 입장에서는 획기적인 사건이었다. 이 같은 결정이 자연스럽게 내려질 수 있었던 것은 맥아더에 대한 신뢰 때문이기도 하였다. 사실 UN군의 38선 진격이 지지부진하게 진행되었다면 연합국의 조치는 달라질 수밖에 없었으나, 38선 돌파를 강력히 주장하던 맥아더의 주도로 인천상륙작전 후 전세를 일거에 반전시키자 그만큼 결정도 쉽게 내려졌던 것이었다.

▲ 개성으로 향하는 미 제1기병사단, 1950. 10. 7.

10월 8일 (106일째)
'중공, 중공군을 '
'인민지원군'으로 출병

* 국군 제6사단, 화천 진출
* 국군 제3사단, 원산 남방 12km 상음리 진출
* 국군 제6, 7사단, 평원선 철도 장악, 계속 북진

* 중공군, 동북변방군을 '인민지원군'으로 개편, 출병 명령 하달

중공군 참전

중공군의 참전은 우리에게 너무나 갑작스런 사건이었지만 그렇다고 우발적으로 이루어진 것은 결코 아니었다.

이미 중공은 1950년 7월부터 8월 중순 사이에 18개 사단 25만여 명으로 구성된 동북변방군(東北邊方軍)을 편성해 만주일대에 배치해 두었는데, 그 때는 북괴군이 가장 극성기에 있던 시기였다.

▲ 중공의 참전에 가장 큰 역할을 담당한 마오쩌둥

▲ 압록강을 넘을 준비를 하고 있는 25만 중공 인민지원군

중공군의 준비된 참전

1950년 10월 1일, 박헌영을 단장으로 하는 북한대표단이 베이징(北京)을 방문하여 중국의 지원을 요청하고, 소련군의 직접 참전이 곤란하다고 판단한 스탈린이 주중 소련 대사를 통해 마오쩌둥(毛澤東)에

게 파병을 요청하자 중국의 태도도 보다 적극적으로 바뀌었다. 마오쩌둥은 즉시 정치국 상임위원 회의를 소집해 파병 문제를 토의에 붙였다. 이와 동시에 10월 3일, 주중 인도대사를 통하여 "미군이 38선을 넘는 것을 결코 좌시하지 않겠다"는 보다 직접적인 의사를 표현하면서, 군사개입 가능성을 노골적으로 천명하였다.

▲ 중공군 사령관 펑떠화이(彭德懷)와 북괴 김일성

10월 8일, 마오쩌둥의 결단으로 파병이 최종 결정되었다. 마오쩌둥은 압록강 북쪽에 배치해 둔 동북변방군(東北邊邦軍)을 중국인민지원군(人民志願軍)으로 개칭하여 펑떠화이(彭德懷)를 사령관으로 임명한 후, 10월 15일 압록강 건너 입북하라고 지시하였다. ('동북변방군'에는 조선족 장정들이 다수 강제 징집되었다는 사실이 정전 후, 그리고 근래에 조선족 동포들로부터 증언되고 있다)

그런데 이 시점은 UN군의 공식 북진 개시일보다 하루 앞선 결정이었을 만큼 즉각적인 조치였다. 다시 말해 중공은 기회가 되면 한반도에 즉시 개입할 준비를 완료한 상태와 다름없었다. 사실 마오쩌둥도 미국을 두려워하고는 있었지만 이처럼 빨리 참전을 결심하였던 것은 소련 공군의 참전이 있을 것이라는 믿음 때문이었다.

10월 10일, 마오쩌둥은 비밀리에 대표단을 모스크바에 파견하여 1개 사단 규모의 공군지원을 요청했으나 스탈린은 소련공군의 직접 참전에 난색을 표명하고 대신 10개 사단 분량의 전쟁물자 지원만을 약속하여 주었다. 이 때문에 마오쩌둥은 만주에 출병해 있는 펑(彭)을 소환하여 참전 여부를 재검토했을 만큼 고심에 고심을 거듭하였고 이것은 이후 중소 이념 갈등의 원인으로 발전하게 되었다. 그러나 마오쩌둥은 소련공군의 지원여부에 관계없이 출병할 것을 결정했다. 왜냐하면 중국에게는 한반도의 의미가 소련에 비해 더욱 절실하였기 때문이었다.

▲ 중공군 : 준비된 참전

10월 9일 (107일째)
UN군 북진 작전 개시

* 국군 제3사단, 원산 남단 점령
* 국군 수도사단, 신고산 남단 점령

UN군 북진 작전 개시

10월 9일, 맥아더 원수 는 UN 안보리의 새로운 결의안에 근거해 다시 한번 북한의 항복을 요구하는 성명을 발표했으나, 북한의 김일성은 두 번째의 제안에도 응답하지 않았다. 그 같은 사태를 예상하고 있던 맥아더 원수는 북진 계획을 실행에 옮겼다. 그 결과 10월 9일, 전면적인 북진작전이 시작됐다. 그 같은 38선 돌파와 북진은 국군과 UN군에게 대단히 고무적인 일이었다.

특히 한국민의 입장에서 볼 때 민족의 염원인 조국 통일의 기대를 갖기에 충분했다.

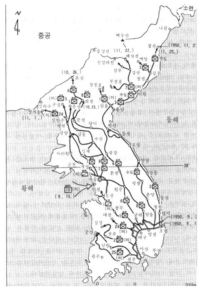
▲ UN군의 반격 및 북진시의 진출선 1950.9.15 - 11.25

▲ 북진 작전요도
맥아더 라인, 신맥아더 라인 / 작전경계선

▲ 1950. 10, 북진하는 국군들

▲ 군복을 벗어 버린, 붙잡힌 북괴군 병사 포로들 모습, 1950. 10.

낙동강을 지키던 UN군은 방어선을 넘어 반격에 나섰다. 최장의 추격전에 속하는 이 반격전에서 UN군은 6주 만에 북괴군을 700Km까지 뒤쫓았다. 북괴군은 와해되었고 10만 명 이상의 전쟁포로들이 생포되었다. 그 대부분은 남한 침공에 투입되었던 병력이었다.

> 10월 10일 (108일째)
> 국군 제3사단, 수도사단 원산.
> 명사십리 수복

* 수도사단, 제3사단, 원산 탈환
* 국군 해병 제1 육전대, 순천 탈환
* 국군 해병 제2 육전대, 고흥 탈환
* 제8사단, 철원 탈환
* 제1사단, 고랑포 진출
• 미 제1기병사단, 백천 탈환
* 한국 해군 목포 경비부 복귀
* 정부, 38도선 이북 전역에 계엄령
* 국무회의, '10월 7일 UN 총회의 한국에 대한 결의안' 승인
* 중공, 한반도 출병에 따른 소련 공군지원 문제 협의
* 트루먼 대통령, '통일민주한국' 건설 성명 발표

▲ 원산의 명소, 명사십리 모습

10월 10일 국군 제1군단은 원산을 공격하기 시작했다. 북괴군은 동원 가능한 전력을 최대한 집결시켜 원산 일대에 배치한 병력은 제12·제42사단과 제249여단 등 2만여 명이 넘었다. 하지만 북괴군의 방어 결의는 국군의 거센 공격 앞에 단 반나절 만에 무너졌다.

UN군 사령부는 북한의 작전지대를 낭림산맥을 기준으로 2개 지역으로 구분하고, 서측을 미 제8군에, 동측을 미 제10군단에 부여했다. 이에 따라 동측 산악지대를 담당하게 된 미 제10군단은 원산으로 상륙하게 되었다. 그러나 원산 상륙작전은 맥아더 원수의 최대 실책으로 기록되게 되었다.

국군 제1군단의 원산 탈환 작전

동부전선의 국군 제1군단은 10월 1일, 38선을 돌파해 북진을 시작한 이후 북괴군 패잔병들을 소탕하면서 하루 평균 26㎞라는 놀라운 속도로 진격을 계속했다. 당시 국군의 보급 사정은 대단히 좋지 못해 군화가 제대로 보급되지 않았음에도 장병들은 맨발에 헝겊을 감은 채 앞다투어 진격하는 집념을 보였다.

10월 9일, 신고산을 점령한 국군 수도사단은 남행열차에 적재된 북괴군의 각종 소총 8천여 정과 전차 4대를 비롯한 많은 무기와 의약품 등을 노획했다. 원산에서는 북괴군 제12사단을 주축으로 한 경비여단

과 육전대 등 2만 명에 가까운 패잔병 집단이 국군의 진격을 저지하려 했으나, 이미 기세가 꺾인 상태여서 큰 힘을 발휘하지 못했다.

그 결과 10월 10일, 국군 제1군단은 마침내 동해안 최대의 군사 요충지인 원산을 탈환했다. 국군 제1군단이 원산을 확보함으로써 동북 지방으로 빠져나가려던 북괴군의 퇴로를 봉쇄하게 되었으며, 동해의 많은 항구와 연결된 영흥만을 장악하게 되었다. 아울러 평원선(평양-원산)이나 원라선(원산-라진)으로 이어지는 전과확대가 가능하게 되었다.

▲ 1950. 10. 10. 원산 입성 기념, 국군 제1군단: 수도사단 및 제3사단

▲ 1950. 10. 10. 원산 수복 직후에, 북괴군 및 공산당원들이 도주하면서 학살한 양민들의 시체를 수습하고 있는 현지 주민들 현장 모습

▲ 서울 수복 때, 해병대에 잡힌 북괴군 병사의 표정

당시 도주 하면서 북괴 괴수 金日成의 '지시사항'
"후방을 철옹성같이 다져야 한다.
도피 분자, 요언 전파 분자와 무자비하게 투쟁하며
밀정 및 파괴 분자를 적발, 가차 없이 숙청하고
반역자는 무자비하게 처단해야 한다."
"반동분자, 비협력분자, 도피 분자를 적발하여
무자비하게 숙청하라."
"악질 반동에 대해 복수하려는 것은
극히 정당한 일이다."

10월 11일 (109일째)
국군 제6, 7, 8 사단, 평강 수복

*국군 제1사단, 38도선 돌파
* 수도사단, 덕원(德原) 탈환
* 미군, 원산 비행장 사용시작
* 국군 제8사단, 평강 진출
• 김일성, 항복을 거부하고 최후항쟁을
북괴군에 명령

중공 인민지원군, 6.25 전쟁 참전

중국인민지원군(中國人民志願軍, Chinese People's Volunteer Army, PVA)은 한국전쟁에 참전하여 북괴를 지원한 중화인민공화국의 군대다. 한국에서는 중국공산당의 군대라는 의미로 중공군이라고 표기하나 정규군인 중국인민해방군과는 약간 성격이 다르다. 중국인민지원군은 대부분의 병사들이 중국인민해방군 출신으로 구성되어 있었지만 당시 신생 공산국가였던 중화인민공화국이 국제연합군과 공식적인 전쟁을 한다는 인상을 피하기 위해 중국의 정식 군대(정규군)인 중국인민해방군과는 다른 직제와 편제를 가졌으며 공식적으로는 모두 '지원병'인 것처럼 꾸몄으나 사실상 만주에 주둔했던 인민 해방군의 제4 야전군이 이름만 바꾸어 참전하였던 것이다.

근래 밝혀진바이지만, '중국 인민지원국'에는 중국 동북삼성에 거주하고 있던 조선족, 즉 한국 출신인 '젊은 조선사람'들을 강제로 징병하였으며, 압록강, 두만강을 건너, 6.25전선에 투입했던 것이었다.

▲ 한반도 공산화를 위한 전쟁을 이르킨 김일성, 스탈린, 모택동

1950년 9월 30일경, 김일성이 북한 주재 소련대사 스티코프를 면담한 자리에서 전황이 불리하기 때문에 소련의 원조를 요청하는 다음과 같은 내용의 편지를 보낼 의향임을 밝혔다. "적군이 38선을 넘어 이북을 침공할 때는 소련군의 출동이 절대 필요하다. 만일 그것이 불가능할 때는 중국과 기타 민주주의 국가들이 국제의용군을 조직해 출동하도록 원조해 주기 바란다."

▲ 1950년 10월 1일, 군사 퍼레이드에 참가한 중국군 보병들이 횡렬종대를 형성하여 천안문 앞을 지나고 있다. 당시 중국군 보병들이 갖고 있는 총은 모두 미국식 및 일본식의 보총과 돌격총이었다.

10월 1일, 스탈린은 베이징 주재 소련대사 로신에게 전문을 보내 다음 내용을 모택동이나 주은래에게 지급 전달하도록 지시하였다.

"중국 의용군을 보낼 수 있다면 빨리 5~6개 사단이라도 38선에 진출시켜야 할 것임."

10월 3일, 모택동의 회답 : "처음에 우리는 적군이 38선을 넘을 시점에 중국 의용군 수개 사단을 투입할 생각이었으나 지금은 당분간 지켜보는 것이 좋겠다고 생각된다. 북조선은 유격 전쟁으로 이행하면 될 것이다. 필요하다면 귀하의 휴양지에 주은래와 림표를 보내도록 하겠다." 이에 대한 주중 소련대사 로신의 견해는 이러했다 : " 모택동의 이 회답은 조선문제에 관한 중국의 태도가 바뀌었음을 보여주고 있음. 태도 변경의 원인은 아직 불명함." 김일성은 스티코프를 통해, 스탈린에게 북조선이 어려움에 봉착하였음을 이유로 원조와 도움을 요청하였다. 김일성은 미군이 한반도 전체를 점령하여 극동에서의 전략기지를 만들 의향인 것 같다고 밝혔다.

중공군 침략과 재반격 작전

북의 공산군이 거의 섬멸 상태에 이르자 중공은 아무런 통고도 없이 한국전선에 병력을 투입하기 시작했다.

항미원조(抗美援朝)

중공군은 4개군, 약 50만의 병력으로 고원지대를 타고 몰려 내려왔다.

▲ 중공군 압록강 도하. 1950. 10

▲ 마차를 이용, 군수물자를 압록강을 건너 북한으로 내려가고 있다.

중화인민공화국의 6.25전쟁 참전

국군 및 UN군에 의한 무력 통일을 눈앞에 두었을 때, 김일성은 불안하여 모택동을 찾았다. 그리고 모택동은 미국이 북한을 이기면 머지않아 바로 중국도 공격할 것이고, 미국이 중국을 공격하기 시작하면, 대만에서도 중화민국 주도의 통일을 위해, 쳐들어올 거라는 추측으로 인해 결국, 모택동은 한반도에서 미국과 싸워서 중국, 북한 등의 공산주의 혁명을 지켜야 된다는 목표를 삼았다. 그래서 중국의 중국인민지원군이 사단급 병력으로 전쟁에 개입하여 반격해왔다. 당시 중국은 내전이 갓 끝난 상황이었고, 대부분의 인민이 극심한 빈곤에 시달리던 시기였으므로 참전자가 매우 많았음이 사실이었다.

▲ 중공군의 참전 포스터
왼쪽의 포스터 ; 아래에 적힌 '항미원조 보가위국' 은 미국을 무찔러 조선을 구하고 집과 나라를 지킨다는 뜻이다.
오른쪽 포스터 ; '미국 침략자 필패' 라 적혀있다.
출처 : 강원일보 (2011년 6월 25일)

10월 12일 (110일째)
국군, 해주 수복

* 이승만 대통령,
원산 수복한 국군 제1군단에 표창
* 국군 제1사단, 평양 수복(收復)차 북진 계속
* 미 제1기병사단, 한포리 진격
* 북괴군 은익 '國立中央圖書館' 서적 2만여 권
우이동에서 발견
* 국군 제1사단 제12연대, 미 제1기병사단
제12기병연대 제6전차 대대 M46 21대에
분승하여 토산과 구화리 점령
* 미 제1기병사단 제7기병연대
제3대대(소령 Robert A. Ormond), 야간전투
한포리 진출 성공 (차량 11대에 탑승해
도주하던 북괴군 기습 섬멸)
* 미 제1기병사단 제8기병연대, 금천 남쪽
두석산에서 고전.
* 미 제1기병사단 제5기병연대, 북우 점령 후
한국군 제1사단과 축선 연결
* 영국군 제27여단, 험준한 지형으로 진출 지연

▲ 1950. 10. 12
원산(元山) 앞바다에서 소해작전 중이던 미 소해함 USS Pirate, AM-275가
소련제 기뢰에 접촉돼 격침되고 있으며, 많은 승조원들이 바다에 떠 있어,
구조를 기다리고 있다.
함께 작전하던 USS Pledge, AM-277함이 생존자를 구조하고 있다. (그림)
사진 왼편 앞에는 떠 있는 접촉기뢰 1개가 보이며, Pledge 옆에서는
폭파되는 기뢰의 두 물줄기, 그리고 멀리에선 탐색 및 공격을 하는
항공기도 보인다.
같은 날, USS Pledge, AM-277함도 기뢰에 의해 격침되었다.

▲ 노획한 소련제 데크챠레프 기관총으로 무장한 미군병사, 1950. 10

▲ 1950. 10. 황해도 어느 시골에서

10월 13일 (111일째)
해주, 철원 탈환

* 국군 제3사단, 함남 문천 수복
* 미 제1기병사단, 평남 김천 수복
* UN함대(미주리 호 등 37척),
함경도 해안 일대 함포사격

▲ 국군 1사단과 평양 선점 경쟁을 펼치던 당시의 제1기병사단 장병 모습
1950. 10

▲ 미 해군 戰艦(Battle Ship) 야간 함포사격.
북한 동해안지역 공격 중 모습. 1950. 10

1950년 10월 21일 청진항을 향해 함포사격을 하고 있는 미 해군 전함의 모습

10월 14일 (112일째)
국군 제1사단, 곡산 점령

*제1사단, 신계. 고원 탈환 후 곡산 수복
*국군 제3사단, 영흥(永興) 도달
*B-29 30대, 평양-신의주 교통시설 집중 폭격

▲ 국군장병들이 미군 전차를 타고 북진을 하는 모습. 1950. 10

▲ 38선, 한탄강을 건너는 국군. 1950. 10

당시 제1사단장의 소감(所感)
- 기쁨에 들떴던 사령부 -

"그러나 나는 왠지 모르지만, 자신에 차 있었다. 밤낮을 가리지 않고 걷고 또 걸으면 미 1기병사단에 뒤지지 않을 수 있다는 생각이 들었다. 막연한 자신감이었을지 모르지만, 어쨌든 당시의 나는 그런 마음가짐이었다. 미군은 당시 국군의 형편과는 하늘과 땅 차이에 해당하는 기동력과 화력, 장비를 갖추고 있었다.

이제는 그런 미군과의 선두 경쟁에 나서야 할 판이었다. 평양을 지향하는 공로(攻路)는 우리 제1사단과 함께 제2차 세계대전에서 필리핀 마닐라에 이어 日本 도쿄(東京)에 먼저 입성함으로써 대단한 명예를 쌓았던 미 제1기병사단이 맡았다. 그들은 "마닐라, 도쿄, 그리고 평양"이라는 구호까지 만들어 벌써 평양(平壤) 선착(先着)에 관한 강한 의지를 내비치고 있던 상황이었다.

그러나 나는 왠지 모르지만, 자신에 차 있었다. 밤낮을 가리지 않고 걷고 또 걸으면 미 제1기병사단에 뒤지지 않을 수 있다는 생각이 들었다. 막연한 자신감이었을지 모르지만, 어쨌든 당시의 나는 그런 마음가짐이었다."

- 제1사단장 백선엽 장군 -

▲ 북진하는 호주 제3대대를 격려하는 이승만

* 미 제1기병사단, 남천점 점령
* 국군 수도사단, 영흥 진출
* 국군 제8사단, 곡산 진출

중공군 개입 가능성에 대한 예측

▲ 영연방 군인들이 사리원에 진격하자, 감사를 표하는 모습

UN군 사령부가 중공군의 북한 투입 가능성에 대한 정보를 입수하는 것은 무척 힘들었다. 병력과 물자의 이동 상황이나 보급 등에서 나타난 점으로 추정할 수 있었으나, 그것만으로 정확한 판단을 내리기

는 매우 어려웠다. 한반도의 사태와 관련해 중공 측의 대미경고(對美警告)가 격화되기 시작한 것은 국군과 UN군이 38도선에 접근하고 있던 9월 말께였다. 그러나 이쪽의 전세가 호전되어 감에 따라 고조되어 가는 낙관적인 분위기 속에서 미 정책당국은 중공 측의 경고와 군사개입 가능성을 단순한 위협 정도로 간주하였다.

웨이크 섬(Wake Island) 회담

트루먼 대통령을 비롯한 미국의 정책수립자들이 맥아더 장군과 더불어 중공의 개입 의도와 능력을 경시하는 가운데 북한으로의 '조기 점령'(早期占領)을 낙관하였다는 사실은 1950년 10월 15일 태평양상의 '웨이크섬(Wake Island)'에서 이루어진 만남에서도 여실히 드러났다. 원래는 트루먼 대통령이 맥아더 장군에게 본토 귀한 면담을 지시하였으나, 맥아더 장군은 전쟁 지휘로 인해 장시간 전장(戰場)을 떠날 수 없다는 뜻을 밝힘에 따라 이를 존중하여 웨이크로 결정된 만남이었다.

▲ 웨이크섬 회담

그날의 만남에서 트루먼 대통령은 전쟁의 전망과 중
공군의 개입 가능성에 관해 질문하였고 맥아더는
"북한군의 조직적 저항은 추수감사절 때면 끝날 것
이며, 크리스마스 이전까지 미 제8군을 일본으로 되
돌려 보내는 것이 희망 사항이다"라고 말하였다.

또한 중공군의 개입 가능성에 대해 "중공군은 개입
시기를 상실하였고, 설령 중공군의 일부가 압록강을
넘어 침입하더라도 그들은 공군의 지원이 매우 빈약
하므로 UN군의 막강한 공군력으로 최대의 살육전
을 펼칠 것이다"라고 장담하면서, 전쟁의 조기 종식
과 더불어 미군의 조기 철수가 가능함을 확인하였다.

트루먼 대통령은 맥아더 장군의 낙관적인 언급에 별
다른 의문을 제기하지 않았다.

▲ 사리원 진격을 앞두고 있는 영 연방군 제27여단 모습. 1950. 10. 15

10월 16일 (114일째)
중공군 선발대 압록강 도하

* 국군 제1사단, 평양(平壤) 향해 진격 계속 중
* UN군, 정평 점령... 평양 포위선 점차 축소
* 영연방군, 김천에서 적 소탕
* 서울, 각 국민학교 수복 개교
* 정부, 환도 후 중앙청 첫 조례 거행

▲ 당시 보고된 첫 '중공 인민지원군' 포로 사진

▲ 1950. 10. 16, 원산 비행장을 가로지르는 북괴군 포로들의 행진 모습.
원산이 한국군에 의해 함락된 후인 10월 16일에 촬영된 이 사진은
미 제7함대 소속 전함(戰艦) 미주리호에서 발진한 헬리콥터가 촬영한 것임.

▲ 중공포로를 생포하는 사진

10월 17일 (115일째)
UN군의 '북진 총공격' 명령
국군 수도사단, 함흥, 흥남 수복

* 북진 한계선 : 선천-성진선으로 확대
* 이승만 대통령, 북한통치 선언 및
  행정관 파견 언명
* 정부, 중국의 한국전쟁 개입 증거 발표
* 중공군 본대, 압록강 도하 재차 유보
* 터키 여단, 부산 도착

UN군의 '북진 총공격' 작전명령 제4호

1950년 10월 17일 맥아더 장군은 '중공군은 개입하지 않을 것이며, 전쟁은 머지않아 종결될 것'이라는 판단 아래 당시 유리하게 전개되는 상황에 기초하여 평양 탈환 후 적용될 UN군 사령부 작전명령 제4호를 하달하였다. 이 명령에서 맥아더 장군은 UN군의 북진 한계선을 보다 북상시켜 한-만 국경선으로부터 남쪽으로 48~64km 떨어진 지점을 연결하는 선천-고인동-평원-풍산-성진을 연하는 선(일명 '신 맥아더 라인')으로 이동시켰다.

▲ 북진 작전요도, 1950년 10월 17일 〈신맥아더 라인〉

작명 제212호의 훈령 제1호

『제 1군단은 미 제 10군단이 도착할 때까지 원산항을 확보하기 위하여 안변, 용포리 및 용탄강 입구를 주저항선으로 하고, 영흥을 확보함으로써 적의 보급로를 차단하게 할 것이며, 영흥-안평-함흥 및 파춘장-영남 축선을 따라 진격하여 적을 격멸하라.

제2군단은 원산으로 계속 전진하여 원산을 경유, 양덕-장림리-강동 축선을 따라 평양을 향하여 공격, 전진하되 담당 지구 내의 적을 분쇄하고 그 남방 및 북방으로 이동하려는 적을 차단, 격멸하라. 제2군단은 필요에 따라 제1군단 작전지역을 통과할 수 있다.』

10월 17일, 국군 제3사단 작명 제106호에 의해 이날 함흥-흥남 공격이 시작되었는데, 이 함흥은 함주군 중앙에 위치하여 북으로는 기룡산이 위치해 있고 서남에 성천강을 끼고 동남에 흥남에 함흥평야가 있을 뿐만 아니라 멀리 함관령, 대문령을 바라보아 옛날부터 교통의 요지였다.

영흥에 설치된 사단사령부에서는 작명 제106호로써 이날 10:00까지 함흥과 흥남을 점령하도록 하고, 제18연대를 함흥 정면으로, 제1연대를 흥남 점령 후 그 일부가 함흥으로 우회 북상하는 양익 동시 공격 전법으로 포위하기로 하였다.

그리고 제1기갑연대는 사단 예비대로서 제18연대를 후적하게 하고, 사단 포병대대는 제2중대를 제18연대에, 제3중대를 제1연대에 각각 배속하고 제1중대는 예비로 배치하여 제1기갑연대에 배속시키었다.

이에 따라 제18연대(연대장 대령 임충식)는 이날 05:00를 기해 공격을 시작하였는데, 제2대대(대대장 소령 김봉상)는 정평에서 흥상리를 경유, 전위 중대가 성천강을 건너서 함흥에 돌입한 다음, 후적부대와 함께 1시간여의 시가전 끝에 11:30 함흥을 점령하고, 계속 잔적을 박멸하면서 16:00에는 함흥을 북쪽에서 감제하고 있는 반룡산(318고지)을 점령하여 그 일대에 병력을 배치하고 사주경계에 임하고 있었다.

▲ 1950. 10. 17 사리원 북방, 영 연방군 북진 중

▲ 입북하는 중공군, 이를 바라보는 북 주민들. 1950. 10. 17

▲ 평양공략 작전 요도

▲ 국군의 평양입성을 환영하는 외곽지대 주민들. 1950. 10. 18

▲ 보통문을 바라보며, 평양 돌입을 준비하고 있는 국군 제1사단 장병들

> 10월 18일 (116일째)
> 평양 탈환 작전(10.17~19)

미 제24사단,
영국 여단 진남포(鎭南浦)로 향진

* 북괴군 패잔병(약 3,000명),
강릉에서 만행 후, 주문진으로 북상 도주

평양탈환 작전 요약

평양탈환 작전('50. 10. 17~19)은 UN군이 북진할 때, 서부전선으로 진격한 국군 제1사단과 미 제1기병사단이 중부 전선으로 진출한 국군 제7사단 8연대와 함께 평양을 포위하여 북괴군 제17 및 제32사단을 주축으로 편성된 8,000여 명의 혼성부대를 격퇴하고 평양을 탈환한 공격작전이다.

이 작전에서 국군 제1사단은 평양 동측방(東側方)으로 진입하고, 미 제1기병사단은 남쪽에서 흑교리로 진격하였으며 국군 제8연대는 북쪽으로 진입하여 3면에서 공격을 가하여, 평양을 탈환하였다.

▲ 국군 제1사단은 주변 지역을 꼼꼼히 연구하여 결국 적합한 도섭지점을 찾아내었다.

▲ 비교적 평탄한 길로 진격해 가고있는 미 제1기병사단 장병들. 1950. 10. 18

▲ 1950년 10월 18일 한국해군 소속 소해정 YMS-516정이 원산, 영흥만에서 소해 작전 중 기뢰 접촉으로 인하여 폭발하는 장면

▲ 함흥에서 퇴각하기 전 북괴군은 체포하고 있던 '반동분자'들(양민)을 학살하였다. 1950. 10. 18

▲ 1950. 10. 18 함흥, 우물에 수장된 양민을 끌어 올리고 있다.

10월 19일 (117일째)
적도 평양 수복
국군 제1사단 및 미 제1기병사단

* 중공군 본대(本隊) 압록강 도하 개시
* 국군 수도사단, 홍원 수복

▲ 평양을 탈환하는 태극기를 든 국군들. 1950. 10. 19

드디어 10월 19일 국군 제1사단의 제12, 11연대와 미 제1기병사단의 제5기병연대는 동평양을 점령하였고, 국군 제1사단 제15연대와 국군 제7사단 제8연대는 본 평양, 김일성대학과 방송국을 확보하였다. 시내의 주요 거점은 대부분 국군 제1사단에 의해 점령되었다. 이때 국군 제1사단은 맨 먼저 평양 시내로 돌입하여 장애물을 설치해 놓고 저항하는 북괴군을 격멸한 다음 북한의 주요관서와 평양 비행장 등 주요 시설들을 조기에 점령함으로써 평양탈환작전을 효율적으로 이끌었다.

이 작전으로 북괴군은 평양에서 퇴각하여 청천강 북쪽으로 물러서게 되었으며, 국군과 UN군은 한·만 국경선으로 향한 진격 작전을 계속하게 되었다.

평양 수복 후,
시내의 잔적을 소탕하는 작전이 전개되었다.

▲ 태극기 휘날리며 평양 시가전 1950.10.19

1950년 10월 19일 평양에 입성한 국군과 UN군은 시내 곳곳에서 저항하는 북괴군과 시가전을 벌여야 했다. 그러나 북괴군의 저항은 평양을 우회해 북쪽으로 진입한 국군의 협공에 밀려 길게 이어지지는 못했다.

▲ 중공군 본대(本隊) 압록강 도하 개시. 1950. 10. 19

10월 20일 (118일째)
UN군 평양 북방, 미 공수연대 투하

* UN군 3개사단 대동강 도하
* 미 제187공수연대 숙천, 순천 일대 낙하산부대 투입
* 수복지구 ;38도 10분 선 이북 지역, 미 제10군단장 알몬드 소장이 담당

북진 계속, 평양탈환 이후

▲ 제187공수전투단 마크

▲ 수송기 탑재 대기 중인 공수연대 장병들, 김포비행장 1950. 10. 20

이 작전은 10월 20일~22일간 평양 북방 숙천과 순천 일대에서 미 제187공수연대 전투단이 북괴군 주력의 퇴로를 차단하고, 북한 요인들을 포획하며, 후송할 것으로 판단되는 수백 명의 미군 포로들을 구출할 목적으로 실시한 6.25전쟁 최초의 공정작전이었다. 그러나 북괴군은 평양함락 훨씬 전인 10월 12일경에 이미 북한 관리들과 북괴군 주력이 철수하였고, 포로도 후송시켰다. 이 때문에 미 제187공수연대는 본래의 작전목적을 달성하지 못하고 절반의 성과밖에 얻지 못하였다.

▲ 항공기에서 낙하를 시작하는 병사들

▲ 지상에 낙하, 착지하는 공정연대 장병들, 숙천. 1950. 10. 20

▲ 수송기에서 투하되는 공정연대 장병들. 1950. 10. 20
(숙천 과수원 일대에 낙하하였음)

▲ 공수작전에 투입된 미 공군 소속 C-119 수송기가 전투물자를
낙하산으로 투하하고 있다.

▲ 1950년 10월 20일 미 육군 제187공수연대 병력들이 낙하산으로
숙천 상공으로 강하하고 있다.

정치적인 면에서 평양은 최우선적인 목표였다. 하지만 전략적으로 봤을 때 이는 북한의 중요 도시 하나를 점령했다는 것 이외의 의미가 없었다. 김일성이 탈출했으니까... 그는 최대한 남은 병력을 긁어모았고 장비나 훈련도는 보잘것없었지만, 병력은 4만 가까이 됐다.

개전(開戰) 때 북괴군이 그랬듯, 아군은 이들을 밀어낸 것뿐이었다. 사실 시간의 문제도 컸다. 북괴군의 후방을 차단하려는 시도가 없었던 건 아니다. 숙천, 순천에 미 제187 공수연대를 투하하기도 했다. 평양 이북으로 가면서 더 힘들어졌다. 이 점에서 조금이라도 준비를 한 게 그나마 다행이었다고 군사학자들은 판단하고 있다.

중공군이 압록강을 건넜다는 사실을 아는 국군장군들은 거의 없었다.

*제8사단, 성천 진출
*수도사단, 40 도선 돌파 (함흥 진출)

백선엽 장군이 말하는 평양 수복 '에피소드' 한 토막

"나는 평양 시가지에 무차별 포격을 막기 위해 각 부대 지휘관들에게 '평양에는 대동문, 을밀대, 연광정 같은 귀중한 문화재가 많으니, 그런 곳에는 절대 포격을 해서는 안 된다'고 요청했다. 태평양 전쟁 때 미국이 일본의 교토(京都)만은 폭격에서 제외해 문화재를 지킨 사례를 알고 있었던 미군 지휘관들은 내 요청을 이해하고 잘 협조해 줬다.

▲ 평양 대동문 1940년대 모습

▲ 평양 을밀대(乙密臺) 전경. 1940년대 모습

지동리를 돌파해 대동교를 향해 진격하다 통신참모 윤혁표 대위가 버려진 적 진지에서 전화선을 발견, 인민군 총사령부와의 통신을 감청하다 적 통신병과 통화가 됐다. 나는 윤 대위에게서 전화기를 받아 들고 "동무, 수고가 많소. 누구요"하고 물었다. 그는 통신병이라 했다. 김일성은 어디 있느냐고 물으니 '그런 건 모른다'고 했다. 나는 "그럼 수고하라. 마지막까지 잘 버티라우"라고 했다. 그랬더니 적 병사는 "아닙네다. 지금 미 제국주의 땅크 수백 대가 몰려오고 있습네다. 도망쳐 나두 살아야 하갔시요"라고 했다. 적의 동요와 혼란상이 한눈에 보이는 듯했다."

▲ 삽으로 푸는 가마솥 밥. 전선에서 국군 취사병들이 임시로 가설한 가마솥에 밥을 지은 뒤 소쿠리에 퍼 담고 있다

북괴군의 평양 방어와 UN군의 선두 부대 경쟁

미 제8군사령부는 "북괴군의 평양방위부대는 북괴군 제17사단과 제32사단 소속 잔류병력 8,000명 정도일 것이다"라고 판단했다. 북괴군의 저항은 평양을 방위하기 위한 것보다는 주요 기관과 부대의 철수시간을 얻기 위함이었다. 김일성을 비롯한 전쟁지도부가 스탈린의 명령에 따라 금천점령 하루 전인 13일, 이미 강계로 피신한 후였기 때문이다.

평양진격 작전에서 나타난 각 부대의 공통된 특징은 국군과 UN군은 물론이고 각 사단, 사단 내의 각 연대까지도 서로 먼저 평양을 점령하겠다는 경쟁심에 불타 있었다.

특히 미 제1군단 내에서 제1기병사단과 국군 제1사단의 경쟁이 치열했다. 그들 중 가장 유리한 부대는 주공부대인 미 제1기병사단이었다. 그들은 14일, 금천의 북괴군 2개 사단을 섬멸함으로써 평양 공격의 기선을 장악했다.

- 중략 -

국군 제1사단 제12연대와 미 제1기병사단의 선두 부대가 대동강변에 도달할 무렵인 19일 오전 11시쯤 북괴군은 대동강 인도교와 복선 철교를 폭파했다. 미군 1개 대대가 교량에 진입하기 직전이었다. 그들의 폭파작전은 시기적으로 매우 정확했다. 국군과 유엔군이 대동강을 도하하기 위해서는 별도의 도하 장비를 준비해야 했고 그동안의 지체가 불가피하게 됐다.

10월 20일, 날이 밝자 대동강 남쪽에서 공격하는 미군은 부교를 가설하고 본격적인 도하를 감행했다. 반면 국군 제1사단의 백선엽 사단장은 자신이 어릴 때 수영을 배웠던 이 지역을 너무도 잘 알고 있었다. 그 덕분에 제1사단은 도섭지점을 도하 장비가 도착하기 전에 찾아 급속도하를 감행할 수 있었다. 그 결과 19일 밤에는 제15연대가 도하 장비를 기다리고 있던 미군을 제치고 대동강을 건너 본평양에 진출했다. 이로써 국군 제1사단은 제11·12연대가 동평양에, 제15연대가 본 평양을 점령한 부대로 역사에 기록되게 됐다. < 군사편찬연구소>

▲ 평양 입성한 신상철 제7사단장이 인민군 말을 타고 찍은 사진

▲ 북진 당시 국군 기마부대 모습

제8사단, 성천 진출(1950. 10. 21 현재)

제8사단은 38선을 월경하여 연천(경기도) - 철원(강원도) - 평강 - 이천 - 신계(황해) - 곡산 - 양덕(평남) - 성천(평양동북방 약 60km) - 강동(평양으로 들어오지 말고, 평북 강계로 향하라는 명령받음.)을 거쳐 계속 북진하였다.

▲ 제8사단 포병부대 용사들

▲ 낙동강 전선을 사수, 북진까지 하고있는 제8사단 용사들

이들은 주로 산악지대를 거치면서 평남 성천까지 올라가 평양을 향하던 중 상부 지시에 의해 김일성이 숨어있다는 평북 강계로 진격로를 바꾸고 있다.

▲ 중공군 사령관 펑더화이(왼쪽)와 김일성이 전략을 논의하는 모습.
1950. 10. 21

10월 22일 (120일째)
국군 수도사단, 북청, 중량리, 신흥 수복
미 제1군단, 평양에 군정 실시

* 숙천 북방에서 미군 포로 68명 시신 발견
* 정부, 평양에 식량 공수 개시
* 서울 - 평양 전화 개통
* 국군 제8사단, 가창 진출
* 국군 제1사단, 순천, 군우리, 개천 진출
* 진해에 해군 제1소해전대 설치

10월 21일 오전

북괴군은 미 공수부대 공중투하 작전에 놀라, 많은 포로를 기관총으로 학살하고 달아났다. 그 현장에 달려간 미 제1기병사단 부사단장 앨런 준장은 학살의 구덩이에서 미군 생존자 21명을 구출했다. 미처 처치하지 못한 포로를 태운 열차는 폭격을 피해 낮에는 터널 속에 숨고 밤에만 이동했다고 한다.

10월 22일

맑은 늦가을의 일요일인 이날, 제1사단은 국방부 장

관에게서 평양탈환의 공로에 대한 대통령 부대 표창장을 받은 후 사기충천한 가운데 예하 각 연대는 진격을 시작하였다.

즉 제12연대(연대장 대령 김점곤) 일부 병력은 전차대와 함께 순천을 지나 군우리 부근에 진출하여 탈주한 미군 포로 40여 명을 구출, 평양으로 후송하였으며, 연대 주력은 22 : 00에 개천에 진출하였다.

또 제11연대 및 제15연대도 평양 서성리에서 순천에 진출하였다. 숙천에 투하된 미 공수연대와 연결키 위해 평양에서 진격한 영(英國) 제27여단은 영유(永柔) 부근의 적 제239연대를 미 공수연대와 협력하여 완전히 격멸시켰다. 이로써 미 공수포위 작전으로 청천강 이남의 적은 완전히 척결된 것이라고 본다.

▲ 1950. 10. 22. 평양, 북괴군이 도주하기 직전에 학살한 소위 반동분자들

▲ 1950년 10월 남대문에서 바라보는 서울역 광경

▲ 전쟁으로 인하여 부모를 잃은 형제, 서울. 1950년 10월

10월 23일 (121일째)
미 제1군단, 청천강 도착

* 제6사단, 희천 탈환
* 제8사단, 북창 탈환
* 한국 해병 제1대대, 묵호 상륙
* 제1사단, 영 제27여단, 안주 부근에서 청천강 도하
* 미 제1기병사단, 엘모베스 대령 군정관 임명
* 이승만 대통령, 외신 회견에서 '대한민국이 북한 통치실시 중'이라고 언명

평양-영변-운천 진격의 진행

10월 21일~23일

평양을 탈환한 다음, 미 제8군 사령관은 미 제1군단으로 하여금 신의주 - 수풍댐 지대를 목표로 계속 진격케 하였다. 이에 따라 밀번(Milburn) 제1군단장은, 한국군 제1사단은 수풍(水豊)댐을, 미 제24사단은 선천(宣川)을 향하여 추격케 하고, 미 제1기병사단은 평양 일대의 경비를 담당케 하였으니, 이는 MacArthur Line의 제한을 고려하여 그 서단인 순천을 미 제24사단이 탈환한 다음에 군단 예비대인 한국군 제7사단으로 하여금 이를 초월하여 신의주로 진격하도록 계획한 것이었다.

또한 전쟁은 돌발적인 사태가 발생하지 않는 한 승리로 끝날 것으로, 이와 같은 진격은 일련의 추격의 최종단계에 불과한 것이라는 점도 고려되었다.

▲ 1950. 10. 23. M26 퍼싱 전차에 가득 올라탄 북진하는 신나는 국군 보병들

수풍댐을 목표로 한 제1사단의 진격도 역시 추격의 계속으로 계획되었으니, 사단장 백선엽 준장은 우선 운산(雲山)을 탈환한 다음, 그곳에서 압록강 중류로 이어지는 산간 도로를 이용하여 수풍(水豊)댐으로 진격할 것을 계획하였다.

그리하여 순천을 거쳐 영변을 탈환한 다음, 운산으로 진격키로 결정하여 제15연대(연대장 대령 조재미)를 우익으로, 제12연대(연대장 대령 김점곤)를 좌익으로, 제11연대(연대장 대령 김동무)를 예비로 하여 각각 진격토록 하였으니, 선두에는 미 제6전차대대 C중대와 사단의 G-3 보좌관인 박진석 소령이 지휘하는 일부 병력이 보전(步戰) 합동으로 아군포로들을 구출하라는 특수임무를 띠고서 구장동으로 전진케 되었다.

그런데 당시에 적의 주력과는 접촉이 유지되지 않았기 때문에 적정도 불명(不明)하였으니, 순천 - 숙천의 공수(空輸)포위 작전도 실제 대상은 지연작전을 위하여 잔류한 1개 연대의 적에 불과하였음이 뒤에 판명된 바 있다.

따라서 아군은 압록강에 진출함으로써 전쟁이 종결되리라 기대하였으나, 적은 험악한 산악지대를 이용한 저항을 계획하는 한편, 중공군이 이미 압록강을 건너 대기하고 있었다.

10월 23일, 이날도 날씨는 계속 맑은 가운데 제11 및 제15연대 주력은 진격을 계속하여 안주(安州) 부근에서 청천강 남안에 진출하였다.

교량은 이미 폭파되었으나, 안주에서 군우리쪽으로 청천강 계곡을 따라 전진하던 제12연대는 안주 동북방 6km의 도섭장에서 일부병력을 도하시켜 그 목교의 수리를 엄호케 하는 가운데 군단 공병이 밤새 이를 수리하였다.

사단에 배속된 미 제6전차대대 D중대는 안주 부근에서 적 전차 2대와 자주포 2문을 격파하고 적 전차 1대를 노획하는 전과를 거두었다.

▲ 1950년 10월 중순 평양을 탈환하고 압록강 수풍댐을 향해 북진하는 국군 제1사단이 청천강에 놓인 나무다리를 지나고 있다.

▲ 북진하는 국군에게 환호하는 청천강 연변의 회천 주민들

▲ 격파된 적 전차를 뒤로하고 북진하는 국군장병들, 1950. 10. 23

각 연대본부도 계속 전방으로 진출하였으니, 제11연대는 안주읍에, 제12연대는 북송리에, 제15연대는 순천에 각각 전진하였다.

이날 사단에 배속된 미 전차정찰대가 신안주에 진출하였을 때, 사단의 서측에서 진격한 영 제27여단도 신안주에 진출하였으며, 동측의 한국군 제6사단(사단장 준장 김종오)은 희천 - 온정에 진출하여 어느 부대보다도 가장 북방에 진격하고 있었다.

얼마 뒤, 제1사단은 영변 북쪽 운산에서 몰래 들어와 잠복하고 있던 중공군의 1차 공세를 만나 치열한 전투를 치르게 된다.

10월 24일 (122일째)
UN군 총공세(추수감사절 공세) 개시

*국군 제6사단, 초산(楚山) 공략
* 제6사단 제7연대 제1대대, 희천(熙川) 점령
* 英 연방군 제27여단, 청천강(淸川江) 도하
* 트루먼 대통령, 'UN 기념' 강연에서
'전쟁 회피 가능. 평화유지' 강조

초산 공략(10. 23~26), 압록강 남안 진입 작전

북한 중부 전선의 험준한 산악지대를 따라 계속 북진한 국군 제2군단의 제6사단이 청천강 계곡을 진격해 초산 지역까지 점령한 전투로 압록강변까지 진격할 수 있는 기초를 닦은 전투이자 개입한 중공군과 처음 부닥친 전투이기도 했다.

10월 24일, 제7연대 제1대대는 제3중대를 선두로 제1중대, 제2중대 순으로 초산을 향해 급진하였으며,

▲ UN군 반격 및 북진 요도. 1950. 9. 15~11. 25

▲ 제6사단 초산 공략 요도. 10. 23~26

제2대대는 제1대대에 뒤질세라 그 뒤를 따라 급진 중이었다. 이리하여 양강동을 통과할 무렵, 도로 양쪽 고지에서 병력 미상의 북괴군으로부터 불시에 기관총의 집중사격을 받았는데, 선두에서 약진하고 있던 제3중대는 즉시 박격포의 포문을 열어 집중탄으로

북괴군을 제압하는 동시에 연대장은 제1대대를 우측으로, 그리고 제2대대를 좌측으로 급히 전개하여 도로 연변을 따라 퇴각하는 북괴군의 머리 위에 사정없이 총포의 세례를 퍼부었으며, 판하동에 이르기까지 그 화력을 멈추지 않았다.

이곳에서 연대는 1개 소대의 강력한 수색대대를 편성하여 북괴군의 수색에 임하였는데, 이날 23:00에 수색대에 입수된 첩보로는 태천 부근에 중공군이 출몰하였다는 예기치 못했던 첩보였었다.

▲ '북진'이 개시되자 무조건 앞만 보고 경쟁적으로 달려가기 시작하였다.

10월 25일 (123일째)
중공군 제1차 공세
(1950년 10월 25일-11월 5일)

▲ 중공군 참전, 제1차 공세 작전 요도. 1950.10

군은 제1차로 압록강을 도하한 제13병단 6개 군 중,

5개 군을 적유령산맥 남단에 전개시키고, 1개 군을 장진호(長津湖) 북쪽에 전개시켜, 동부에서는 한국군 및 UN군의 전진을 저지 및 견제하였으며, 서부에서는 운산(雲山)- 희천(熙川), 박천(博川) 방향으로 공격을 감행하여 한국군 및 UN군을 청천강(淸川江) 이남으로 격퇴하고자 하였다.

▲ 1950. 10. 25~11. 5 중공군 제1차 공세 때 병사들의 모습 (피리를 사용)

▲ 평양 시내에 입성하는 국군. 1950. 10. 25

중국은 UN군의 38도선 북상을 확인한 직후 몇 차례 소련 및 북한과 논의한 후 '항미원조, 보가위국'이라는 목표로 최종 참전을 결정하였다.

가장 먼저 1950년 10월 19일 펑더화이(彭德懷) 지휘하의 제13병단 26만여 명의 병력이 압록강 3개 지점을 거쳐 입북하였다.

이제 6.25전쟁은 조·중연합군 대 UN군의 전쟁, 사실상 중공군 대 UN군의 전쟁으로 바뀌었고 전혀 새로운 단계로 접어들었다.

▲ 펑더화이(彭德懷) 중공군 사령관

▲ 전쟁에 개입한 중공군 제13병단의 병사들이 1950년 10월 말쯤 운산에서 국군 제1사단을 공격하기 위해 이동 중 모습

당시 소련을 비롯한 공산국가의 군사 지원 등을 고려하면, 전쟁의 상황은 냉전(冷戰)구조 하의 공산 진영 대 자유 진영의 전쟁으로까지 확대된 것이라고 할 수 있다. 중공군은 10월 25일 UN군이 박천-운산-온정리-희천을 연하는 선까지 진출하였을 때 제1차 공세(1950. 10. 25 ~ 11. 7)를 개시하였다.

▲ 북한을 지원하기 위해 중국 내에서 전개된 캠페인

중공군은 대부대를 투입, UN군의 후방을 차단하기 위하여 은밀히 밀려들고 있었다. 이러한 가운데에서도 한국군은 계속 진격하여 제6사단 선두부대가 압록강변 초산을 점령하게 되며, 서부지역의 미 제24

사단은 신의주 남방 정거동까지 진출하게 된다.

'제1차 공세' 때(50년 10월)는 한·만 국경선으로 진격하던 UN군의 작전계획을 무산시키며, 청천강선으로 밀어낸다. 이때 국군 제2군단 6개 연대 중 4개 연대가 재편성을 해야 될 정도로 타격을 받게 되고, 많은 지휘관들이 실종·전사하게 된다.

10월 26일 (124일째)
미 해병대, 원산 상륙 /
국군 제6사단, 초산 및
UN군 박천, 이원까지 진격

* 미 제10군단 원산 상륙, 장진호로 진격 (작전 변경)
* 중공군 본대 추가(제50군·66군) 압록강 도하 개시
* 우루과이, 모포 7만 매 원조 제공

▲ 맥아더, 예하부대들의 진격 경쟁을 유발하는 것 같았다.

제7연대는 10월 26일 오전 7시에 압록강을 향해 진격을 개시하였다. 첫눈이 내려 산하가 하얗게 뒤덮인 가운데 차량에 탑승한 제7연대 제1대대가 초산을 향해 질주하였다. 초산 남쪽 지점에 돌입하였다. 그러나 시가지는 텅 비어 있었고 압록강은 보이지 않았다. 초산읍에서 압록강까지는 6km를 더 가야 하였다. 대대는 국경선을 향해 신속히 이동하였다.

신도장 일명 양토동 고갯마루에 올라서자, 압록강의 푸른 물이 한눈에 들어왔다. "압록강이다!" 너나없이 환성이 터져 나왔다.

10월 26일 오후 2시 15분 국군 제6사단은 드디어 꿈에 그리던 압록강에 다다라 강변에 태극기를 꽂고 수통에 압록강의 푸른 물을 가득 채웠다.

▲ 참호 속에서 밥을 짓고 있는 박격포중대 병사들. 1950.

이 전투로 국군과 UN군은 낙동강전선에서 반격 작전을 개시한지 41일 만에 한·만 국경선(韓滿 國境線)에 도달하게 되었다. 국군 제6사단 제7연대의 초산 점령은 즉각 후방지역에 알려졌고 통일을 염원하던 전 국민들에게 큰 감격을 안겨주었다. 특히 제7연대 제1대대는 최초로 한·만 국경선에 도달한 선봉 부대가 되었다.

미 제1해병사단 장진호로 진격 (계획 변경되다)

1950년 10월 26일, 동해안의 요충지인 원산에 미 해병 제1사단이 상륙하였지만, 그것은 이미 군사적으로 무의미한 전과였다. 기뢰에 막혀 한 달 동안 바다 위를 맴돌 때, 원산을 국군 제1군단이 점령하고 지나간 이후였기 때문이었다. 따라서 함경도 해안을 따라 북쪽으로 전진하기로 예정되었던 미 해병 제1사단에 후속할 미 제3사단이 원산에 상륙하면 전선을 인계하고 장진호로 진격하라는 새로운 임무가 부여되었다.

▲ 미 해병 제1사단의 원산 상륙 모습, 하지만 무의미한 작전이 되었다.

그런데 명령받은 미 해병 제1사단장 스미스(Oliver P. Smith) 소장은 갈수록 험해지는 한반도 북부의 지형과 급격히 추워지는 기후상태를 고려할 때, 보급로를 안정화하지 않고 무작정 앞으로 내달리는 것은 위험하다고 판단하였다.

스미스는 명령 자체를 거부하지는 않았지만, 배후를 단속한 후 앞으로 나가다 보니 진격이 소걸음일 수밖에 없었고, 이것은 조속한 진격을 명령한 미 제10군단장 알몬드(Edward Almond)장군을 화나게 만들기도 하였다.

달력의 날짜는 10월 말경이었지만 이미 함경도 산악지대는 폭설이 내리는 한 겨울로 급변한 상태였다. 미 해병 제1사단은 태평양전쟁에 참전한 경험 많은 고참병들이 포함되어 편성된 부대였기 때문에 전투력은 타 미군 보병사단에 비해 월등히 좋았고, 이 때문에 낙동강 방어전과 인천상륙작전에서 혁혁한 전공을 세웠다. 하지만 동계전투 경험은 전혀 없었고, 이런 고산준령의 산악지대에서의 전투도 상당히 낯선 경험이었다.

이처럼 낯선 곳을, 낯선 날씨에 진격한다는 것은 상당한 위험부담이 있었으므로 스미스는 최대한 신중하게 행동하였다. 따라서 군단장 알몬드가 아무리 채근하고 독촉해도 진격로 주요 거점마다 병참기지, 비

행장 등의 지원 시설을 갖추어 배후의 안전을 확보한 후 앞으로 나가는 방식으로 전진하였다.

그리고 스미스의 이러한 판단은 얼마 가지 않아 최악의 상황에서 기적을 만들어 내는 원동력이 되었다.

▲ 장진호 철도를 따라 내륙으로 진격하여 들어가는 미 해병 1사단 장병

10월 27일 (125일째)
국군 수도사단, 함북 황수원리 수복

* UN군, 평양 북방 80km 박천, 대령강 도하
* 미 제24사단, 태천으로 진격
* 미 제1기병연대, 마천령 점령
* 중공군 입북설; 안주에서 잡은 중공군 포로 증언
* UN군, '북괴군 소탕을 위하여 모든 지역에 진격할 것' 언명

▲ 중공군이 구사하는 낯선 전술에 처음 부딪히는 순간이다.

이 무렵 압록강변의 한 뱃사공의 말에 의하면 10월 20일 중공군 5명이 말을 타고 만포진-위원을 거쳐 연락차 창성으로 간다며 지나가는 것을 보았으며, 만포진에는 중공군이 3일간에 걸쳐 뗏목으로 밤새도록 압록강을 건넜다는 것이다

▲1950. 10. 낮에는 산속에서 숨어 쉬고, 야간에 기습작전을 펴는 중공군 병사

▲ 중공군의 야간기습 공격 모습

중공군의 첫 출현

우리 1사단은 평안남도 개천읍이 지척인 군우리에서 청천강을 건너 평안북도 영변(寧邊)으로 들어갔다. 도강 지점은 개천과 영변 사이 청천강 중류쯤에 해당하는 곳이어서 개울물처럼 얕았다. 나는 영변농업학교에 사단사령부를 설치하고, 평양을 떠난 뒤 첫날밤을 맞았다.

운산~북진을 거쳐 하루빨리 압록강에 닿고 싶은 욕심에 피로한 줄도 몰랐다. 참모들과 예하 장병들도 마찬가지였다.

38선을 돌파해 북진을 시작할 때 "평양" "평양" 했던 것처럼, 모두 "압록강" "압록강"하면서, 가장 먼저 그곳에 진격할 꿈에 부풀어 있었다.

10월 25일 우리 사단 주력부대는 금광으로 유명한 평안북도 운산(雲山)에 들어가 있었다. 나는 여기서 처음으로 이상한 예감을 느꼈다. 운산은 큰 고장이다. 그런데 이상하게도 인적이 끊겼고, 적정도 없었다. 태풍일과 후의 적막감이랄까, 태풍의 눈 속에 들었을 때의 고요함이랄까, 이상한 정적이 감돌았다.

그것은 청천강을 건널 때 들은 말 때문이기도 했다. 현지 민간인 몇몇이 "되놈들이 압록강을 많이 건너왔다던데…" 했다.

불길한 예감은 곧 현실로 닥쳤다. 승승장구 진격을 계속하던 우리 사단 3개 연대의 발걸음이 정체불명의 장벽에 가로막힌 것이다. 선두에서 진격하던 15연대가 운산 북방에서 적의 박격포 공격을 받고 걸음을 멈췄다.

그 좌익의 12연대도 옆으로 찌르고 들어오는 적의 공격을 받았고, 11연대는 후방에서 덮쳐오는 공격을 당했다. 이들 3개 연대와 협동하던 미 6전차대대는 직격탄에 전차가 손상됐다.

낮에는 진지 속에 숨어 있다 밤에만 산줄기를 타고 남쪽으로 이동해 온 중공군 대부대가 산골짜기에 숨어 도로에 접어든 우리에게 포위공격을 가한 것이다.

- 백선엽 제1사단장 회고록에서 -

▲ M4셔먼 전차를 타고 북진하는 영 제27여단 장병들, 1950. 10. 27

10월 28일 (126일째)
국군, 수동에서 중공군과 접전

* 국군, 성진(城津) 수복
* 국군 수도사단, 삼수, 갑산 (三水,甲山)탈환,
국경까지 13km

▲ UN군 북진 진출선 1950. 9. 15~11. 25

한국 해병대 제3대대의 원산 상륙과 그 이후 작전개요
(1950년 10월 8일~12월 13일)
- 당시 해병대 제3대대장 해군 소령 김윤근 수기 중에서 발췌 -

▲ 김윤근 장군(당시 제3대대장) 근영

서울수복이 끝나자, 한미 해병대는 인천에 집결했다. 한국 해병연대가 인천 공설운동장에 집결을 완료한 것은 10월 4일이었다. 10월 7일에는 미 해병 제1사단장 스미스 소장을 모시고 부대사열을 했다. 그날 미 해병 제1사단과 원산 상륙작전에 참가하는 한국해병은 제3대대와 제5대대라고 통지받았다.

▲ 수송선에 승선하는 해병부대원들

10월 8일 제3대대와 제5대대는 함께 미 해군수송선에 승선했다. 10월 10일 인천항을 떠나 14일에는 원산 앞바다에 도착했으나 북괴군이 설치한 기뢰 때문에 수송선단이 원산만에 들어갈 수가 없었다. 약 2주간 동안을 울릉도와 원산 앞바다 사이를 오가며 소해작전이 끝나기를 기다리는 지루한 시간을 가져야 했다. (후일 이를 두고 'yo yo 작전'이라며 비웃는 별명을 붙였다)

소해작전이 끝난 후 수송선단은 원산만에 들어가 상륙부대와 물자를 명사십리 반도에 상륙시켰다. 동해안을 쾌속으로 북상한 한국 육군 제1군단이 이미(10월7일) 원산을 통과한 후여서 한미 해병대는 적의 저항이 없는 상륙을 했다.

제3대대와 제5대대가 상륙한 것은 10월 27일이었고, 원산의 산과 들은 흰 눈에 덮인 겨울이었다. 원산상륙 후 제3대대는 미 해병 제7연대에, 제5대대는 미 해병 제1연대에 각각 배속 되었다. 그때 미 해병대는 겨울 준비가 완벽하게 되어있었다. 그러나 한국 해병대는 겨울 준비가 전혀 되어 있지 않았다. 미 해병 사단은 함흥을 거쳐 압록강을 향해 북진하면서 한국 해병대를 함흥까지는 동행시켰으나 겨울 준비가 없는 부대와 함께 작전하는 것이 거북했던지 연락장교를 통해 원산으로 돌아가라는 지시를 보내왔다. 원산에 돌아가니 미 제10군단 사령부에서는 한국 해병대에게 금강산지구 잔적소탕 작전이라는 새 임무를 부여했다. 후에 알게 되었지만 미 해병사단은 장진호 골짜기를 북상하다 중공군 8개 사단의 포위공격을 받아 병력의 2/3를 손상 입는 큰 타격을 받았지만, 끝까지 사단편제를 유지하면서 적의 포위망을 돌파하고 함흥까지 철수하는 데 성공했다고 한다.

원산 부두에 기다리고 있던 LST에 승선하니 우리 대대를 고성 남쪽 화진포 백사장에 내려주어, 고성까지 도보로 이동했다. 고성의 어떤 학교를 숙영지로 정하고 고성 거리를 둘러보았다. 내가 중학교 때 수학여행(1944년 가을)을 왔었던 기억을 더듬으며 거리를 돌아보았으나 수학여행 온 여러 학교의 남녀 학생들로 붐비던 거리가 쓸쓸한 거리로 변해 있었다. 금강산지구 잔적소탕 작전을 위해 우리 대대 뒤를 이어 묵호, 삼척 지역의 잔적소탕 작전을 끝낸 제1대대와 그리고 미 해병 제1연대 배속에서 해제된 제5대대가 도착했고 마지막으로 서울에 있던 한국 해병연대 본부가 고성에 도착했다.

11월 4일 제2대대를 제외한 3개 대대를 신현준 연대장의 지휘하에 작전할 수 있게 되었다.

▲ 이승만 대통령으로부터 해병제1여단기를 수여받는 신현준 장군

▲ 중공군 참전 초기의 전투 모습. 1950. 10. 하순

10월 29일 (127일째) 미 제7사단, 이원 상륙

* 미 제7사단, 원산 북방 280km 이원 상륙
* 미 해병대, 원산 남방 48km 고지 점령
* 영 연방군 제27여단 평북 정주 진격

정주(定州) 전투 (1950. 10. 29 ~ 30)

이 전투는 영연방 제27여단이 한·만 국경선을 향한 UN군의 북진 작전시 정주에서 퇴각하는 북괴군(T-34 전차로 증강)과 치른 전투이다.

이 전투에서 영 재27여단은 평양을 통과한 후, 미 제24사단에 배속되어 UN군 선두 부대로 북진 작전에 참가하여 청천강(淸川江)을 도하하였으며, 정주에서 전차를 동반한 북괴군의 강력한 저항을 받게 되었으나 이를 물리치고 정주를 점령하였다.

제27여단은 정주를 점령한 후 그곳에서 예비 임무를 수행하게 되었으며, 이 전투의 결과로 미 제24사단은 정주에서부터 정거동(신의주 남방)까지 용이하게 진출할 수 있었다.

▲ 호주군 제3대대의 대원들이 정주로 진격하는 적군이 내려다보이는
산 정상에서 미군 탱크의 지원 사격을 받으며 적군과 전투를 벌이고 있다.
[AWM HOBJ1726]

▲ 중공군 최초 전투

'카투사(KATUSA) 875명, 그들이 대한민국을 구했다'

▲ 미 육군 제7사단 카투사들이 1950년 8월 23일 日本 후지산 캠프에서
훈련받고 있는 모습

▲ 일본에서 훈련 중인 '카투사'들, 6·25 직후인 1950년 7월 길거리에서 뽑힌
한국 청년 병사들이 일본으로 건너가 후지산 미군 '후지 캠프'에서
군사훈련을 받고 있다.

▲ 카투사

▲ 상륙을 기다리는 미육군 7사단 병사들과 카투사들.
1950년 9월 18일 인천 앞바다, 미해군 LST함상

10여 년 전 조선일보에 다음과 같은 기사가 게재되
었다. '집 떠난 지 62년…. 2만㎞를 돌아온 귀향'이라
는 제목 아래 유엔 깃발이 그려진 직사각형 상자 9개
가 가지런히 놓여 있다. 공군 특별기편으로 5월 25일
성남 서울공항에 안착한 유해 12구였다. 사진 설명은
다음과 같았다.

'북한 땅에 집단 매장됐던 국군 전사자 유해 12구가
25일 대한민국으로 돌아왔다. 북에서 발굴된 국군 유
해가 국내로 봉환된 것은 1953년 휴전 이후 처음이
다. 이들의 유해는 북한에서 미군 유해 발굴 작업을
하던 미국이 하와이로 이송해 DNA 감식을 통해
6·25전쟁 당시 미군에 배속된 한국 군인인 카투사
(KATUSA)로 최종 확인됐다. 12인의 국군 용사는 전
사한 지 62년 만에 약 2만㎞의 여정 끝에 고향으로
돌아와 영면에 들게 됐다.'

카투사를 모르는 국민은 거의 없다. 그러나 카투사
가 6·25전쟁 때 미군과 함께 북한군과 맞서 싸우다

희생되었다는 사실을 아는 국민은 매우 드물다. 이 기사는 카투사들이 전사한 북한 땅이 바로 함경남도 장진호 일대임을 설명하고 있었다. 장진호 전투에서 수많은 카투사가 죽어갔다는 사실을 아는 한국인은 정말 극소수다.

유해 12구 중 김용수 일병과 이갑수 일병의 유해만이 신원이 확인됐다. 카투사는 1950년 8월 15일 이승만 대통령과 맥아더 유엔군 사령관과의 합의에 따라 만들어졌다. 6·25전쟁 3년 동안 4만 3,000여명이 참전했고, 이 가운데 9,000여 명이 사망 또는 실종됐다.

1950년 8월 15일, 한·미 카투사 합의

부산UN기념공원 상징묘역에 가면 카투사 묘 36기가 있다. 이들은 모두 1950년 9월 2~10일에 경남 창녕과 영산 일대에서 사망했다.

경남 창녕과 영산은 낙동강 유역. 카투사들은 낙동강 방어선을 지키다 북한 공산군의 총탄에 목숨을 잃었다. 그러나 미군 소속이다 보니 국립묘지 대신 부산UN기념공원에 안장됐다.

1950년 7월 말, 이미 대한민국의 국토 대부분이 공산군의 수중에 떨어졌다. 부산에 임시수도를 정한 우리 정부는 낙동강 방어선을 치고 결사항전을 치르고 있었다.

카투사가 되는 경로는 다양했던 것으로 보인다. 당시 부산에 있던 육군보병학교 등에서는 전선에 내보낼 단기 초급장교를 모집해 훈련시키고 있었다. 부산에서는 이와 함께 학도병을 포함한 일반병을 모집해 간단한 기초훈련을 시킨 뒤 낙동강 방어선 일대로 내보냈다.

일단 초기의 카투사는 부산에서 군에 지원한 일반병 중에서 무작위로 선발되어 미군에 배속했다.

(6·25전쟁 당시 카투사들이 참전했다는 사실을 처음 안 것은 부산 UN 기념공원에서였다. 주간조선 2011년 5월 2일자 보도)

10월 30일 (128일째)
국군 제7사단,
태천 동쪽 창동 탈환

*** 이승만 대통령 평양 방문 평양 시민,
'환영대회' 개최
* 국군 제6사단, 온정 · 운산 지구
북괴군 1개 사단의 강력한 저항으로 후퇴**

평양수복 축하 기념식, 이승만 대통령 환영식

10월 30일, 이승만 대통령이 수복한 古都 평양을 방문하고 시청 앞 광장에서 평양시민들이 마련한 '이승만 대통령 환영식'과 함께 '평양 수복 축하 기념식'이 거행되었다.

▲ 평양수복 축하 및 이승만 대통령 환영 기념식. 1950. 10. 30

이승만 대통령은 10만 평양시민으로부터 환영을 받았지만, 중공군의 참전으로 전선의 상황은 급격하게 바뀌고 있던 중이었다. 물론, 일반시민들은 이러한 급변정세를 모르고 있었다. 이제는 '자유를 얻었다'고 그저 좋아하고만 있었다.

▲ 기념축하식 발코니

▲ 평양 입성 국군 환영대회에 참석한 국군장병들; 인산인해,
앞 좌석 중앙에 이승만 대통령 부부가 앉아있다.

▲ 이승만 대통령의 평양 탈환 경축 연설. 1950. 10. 27

▲ 평양 비행장에 도착한 맥아더 사령관 일행. 1950년 10월 20일

"나의 사랑하는 동포 여러분!
만고풍상을 다 겪고 39년 만에 처음으로
대동강을 건너 평양성에 들어와서,
사모하는 동포 여러분을 만날 적에,
나의 마음속에 있는 감상을 목이 막혀서
말하기 어렵습니다.
40년 동안 왜정 밑에서
어떻게 지옥 생활을 했던가를 생각하면
눈물이 가득합니다......."
- 후략 -

10월 31일 (129일째)
중공군 영원 침입

* 국군, 고성리 점령
* 미 제7사단, 제1해병사단, 북진 계속(동부전선)

▲ 1950. 10. 26. 국군 제6사단 제7연대 병사들이 압록강에서 물을 뜨고 있다.

다음은 초산까지 진격했다가 후퇴하게 된 제6사단 제7연대 3대대 7중대장 정유군 대위 (예. 대령, 2007년 별세, OCU회원)의 수기 중 일부

▲ 평양에 국군과 유엔군이 입성하자, 공산 치하에서 신음하던 주민들이
태극기를 들고 거리로 나와 환호하고있다. 1950. 10. 25

- 상략 -

"10월 26일, 우리 6사단 7연대가 우리의 최종목표인 한중국경, 압록강 상류인 초산을 제일 먼저 점령하였다. 일개 중대장인 나로서는 전투 전선의 상황을 알 도리가 없었다. 다만 실향민의 한 사람으로서, 우리가 국경인 압록강까지 점령하였고, 다른 부대들도 적을 몰아내고 모두 압록강까지 점령한다면 꿈에도 그리던 以北 故鄕 (신의주에서 백리 남쪽에 있는 철산)에 가 볼 수 있겠다는 생각에 마음이 부풀어 있었다.

그러나 당장 내일 일을 예측할 수 없는 게 사람이라고 - 압록강을 점령한 지 2~3일이 되었을 때였다. 들려오는 말에 우리 부대의 후방(남쪽보급로)이 中共軍에 의해 차단되었다는 것이었다. 그런 소문을 들은 바로 다음 날, 미군 수송기 편대가 부대 상공에서 선회하더니 탄약과 휘발유를 투하했다. 공수보급을 받은 우리 부대는 눈물을 머금고 남쪽으로 철수해야만 했다."

- 하략 -

그리고 그는 산을 타고 남하하면서 교전도, 숨어 지내기도, 추위와 배고픔과도 싸우면서, 가장 훌륭하게 부하들을 인솔하여 전투부대에 재 합류시킬 수 있었음에 하나님께 감사하고 있었다.

▲ 중공군 1차 공세 요도(1950. 10. 26~11. 7)

▲ 중공군 부대 압록강 도강 후 진지로 이동하는 모습. 1950. 10

▲ 6 · 25전쟁에 참전한 중공군이 탱크 앞에 도열한 채 전선으로 떠날 준비를 하고 있다.
1950년 10월 전쟁에 뛰어든 중공군은 수적 우위를 바탕으로 이듬해 5월까지 파상적인 공세를 펼쳤다.

▲ 1950년 10월 31일 평안북도 운산에서 중공군 제1차 공세에 직면한 국군 제1사단의 백선엽 사단장(왼쪽)이 미군 제10고사포단 윌리엄 헤닉 대령(앞줄 오른쪽)과 함께 걸으며 후퇴 작전을 상의하고 있다.

▲ 웨이크섬으로 날아와 맥아더 원수와 만나는 트루먼 대통령(왼쪽). 앞으로의 정책이 한국전쟁에 어떤 영향을 미칠지 논의했다. 1950. 10. 15

1950년 11월
전황

▲ 장진호(長津湖)에 포위당한 채 사투를 벌이고 있던 미 해병대원들

"저에게 내일을 주십시오!"

1950년 6월 27일, 28세인 미국의
한 여성 신문기자 마거릿 하긴스가
6.25 전쟁을 취재하기 위해서
자유대한민국에 왔습니다.

그녀는 이후 인천상륙작전과
장진호 전투 등 전쟁의 최전선에서
한국의 참혹한 현실을 전 세계에 알렸으며
1951년 여성 최초로 퓰리처상을 받게 됩니다.

그녀는 6.25 전쟁에 얽힌 일화가 있었습니다.

영하 30~40도에 육박하는
강추위가 몰아치는
가운데 연합군과 중공군 사이의
공포에 지친 병사들과 함께
얼어붙은 통조림을 먹고 있었습니다.

그녀의 옆에 있던 한 병사가
극도로 지쳐 보이는 표정으로
멍하니 서 있었는데
그녀는 그에게 물었습니다.

만일 제가 당신에게
무엇이든지 해줄 수 있는 존재라면
제일 먼저 무엇을 요구하겠습니까?"

그러자 이 병사는 한동안
아무 말 없이 서 있다
이렇게 답했습니다.

"저에게 내일을 주십시오!"
그 병사에게는 포탄도
따뜻한 옷과 음식도 아닌
이 전쟁에서 죽지 않고
살아남을 수 있다는 희망
'내일'이 절실하게
필요했습니다.

11월 1일 (130일째)
중공군 제1차 공세 개시
미 제10군단, 동북부 전선 계속 북진

* 동북부 전선(함경북도) 잔적 공비 소탕하며 북진,
국경 61km 지점까지 도달
* 남부 전선, 미군 선두부대 한. 만국경 30km까지 도달

▲ 10월 31일 밤 운산 국군 제1사단 전투 상황도

▲ 윌리엄 헤닉 대령이 지휘하는 미 제10고사포단이 평북 운산의 중공군을 향해 포격을 가하고 있다. 제10고사포단은 10월 31일 밤과 다음 날 새벽까지 1만 3,000발의 포탄을 퍼붓는 격렬한 포격으로 중공군의 공세를 꺾어 국군 제1사단의 순조로운 철수를 도왔다. 1950년 11월 1일

중공군의 제1차 공세 시작; 국군 제6사단에 막심한 타격.

중공군의 제1차 공세는 한국군 및 UN군이 북진을 단행하여 서부전선에서는 청천강을 도하하고, 동부전선에서는 함흥·흥남을 점령한 다음 장진호와 청진 방향으로 총공세를 펴고 있던 1950년 11월 1일에 일어났다. 중공군은 이때 제일 먼저 압록강을 도하한 제13병단 6개 군 중, 5개 군을 적유령 산맥 남단에 전개 시키고 1개 군을 장진호 북쪽에 전개시켜, 동부에

서는 한국군 및 유엔군의 전진을 저지 및 견제하였으며, 西部에서는 운산 - 희천 방향으로 공격을 감행하여 한국군 및 유엔군을 청천강 이남으로 격퇴시키고자 했다.

▲ 중공 팽덕회 지원군 사령원

미군은 이날까지도(10월 말까지) 한반도에서 중공군과 진검승부를 벌인 적이 없었다.

10월 25일 이후 11월 1일까지도 국군 제2군단은 중공군의 맹공격에 큰 피해를 입었지만, 미군은 아직 그 정도의 큰 타격을 입은 적이 없었다. 중공군은 개전 초기 상대적으로 병력이 적고 무기와 장비가 빈약한 국군을 집중 공격하는 '선택적 접근'을 통해 전체 UN군 전선에 구멍을 만드는 전술을 쓰고 있었다. 그럼에도 미군은 '국군의 부족한 전투 능력' 탓에 전선에 구멍이 나는 것이라고 오판했었다.

▲ 제1차 공세 요도

▲ 중공군 공세로, 군우리(軍禹里)에서 파손된 미군 장비들. 1950. 11

▲ 미 제1해병사단이 장진호 철로를 따라 평온하게 북진을 계속하고 있다.

11월 2일 (131일째)
국군, 성진에서 북진
길주로 진격

* 미 전투기, 선천 상공에서 YAK기 및 MIG기 21대 격추
(중공군 기 10월 31일 첫 출현, 선천 상공)
* 국군 제3사단, 수동에서 미 제1해병사단과 교대
(미 해병, 장진호 방향으로 진격, 강계 목표!)
* 국회, 남한 전역 '계엄 해제안' 가결
(이북 실태 조사단 파견)
* UN군, 청천강 이남으로 후퇴

▲ 북한주민들의 열열한 환영을 받으며 북진하는 미 제7사단 장병들

중공군 제1차 공세
1950년 10월 25일~11월 5일 전개된 1차 공세

중공군은 제38군, 제39군 그리고 제40군이 제1차 공세를 해 왔는데, 각 군은 3만 명의 병력이다. 거의 보병이며, 경험이 풍부한 군으로 총기 다루는 기술 등 베테랑급이다. 후에 밝혀졌지만, 6.25 남침이 일어나자, 중공정부는 동북지역에 거주하는 조선족 동포들을 다수 강제 모집하여 인민지원군에 편입하였다.

▲1950년 11월 2일 중공군 제1차 공세 때 후퇴하고 있는 미군 병력을 앞질러 가서 미군 장교를 생포하는 장면. 미 제2대대 B중대 장교. (베이징 전쟁기념관 소장)

▲ 1950. 11. 2. 제1차 공세에서 제8 기병연대 소속 미군 생포 장면. (베이징 전쟁기념관 소장) 중공군은 9mm Sten Mark 2 기관총과 일제 6.5mm 38구경 장총들을 들고 있다.

공중전, 북한 내 中(소련) 공군 활동

11월 1일부터 중국에 주둔하고 있던 소련공군 MIG-15 전투기가 참전함으로써 UN공군은 새로운 국면을 맞게 되었다. 이에 따라 UN군은 지속되어 왔던 공중우세를 유지하기 위해 F-84(Thunder-jet), F-86(Sabre-jet) 전투기를 전장에 배치하여, 소련공군과 미그 회랑(MIG Alley)지역에서 치열한 공중전을 펼치게 되었으며, 그 결과 공중우세를 지속적으로

확보할 수 있었다.

김일성의 요구와 전세의 급박함을 인식한 소련은 중국 옌지(延吉)에서 북괴 공군 인력을 충원할 조종사 및 정비사를 비롯한 전문 인력을 양성하여, 1950년 11월에 중국 단둥(丹東)에서 1개 혼성비행사단을 창설하기에 이른다.

북괴 공군 혼성비행사단은 Yak-9기 24대와 조종사 26명으로 구성된 1개 추격기 연대와 PO-2기로 구성된 습격기 연대로 편성되었고, 사단장에는 이활(李活)이 임명되었다.

▲ 소련제 YAK-9 전투기

북괴군은 북한지역 내의 대공방어 능력 보강을 위해 대공포부대를 증설하였는데 1950년 11월까지 대공포연대 1개, 독립 대공포 대대 10개, 대공기관총 중대 2개가 새롭게 창설되었다. 북괴 공군에 대한 지휘와 통제는 소련 제64 전투비행군단의 작전 기능이 정상적으로 작동되기 시작한 11월 말 이전에는 소련공군 고문단에 의해 수행되었으며, 이후에는 제64 전투비행군단이 북한공군을 지휘 통제한 것으로 보인다.

중공 지상군의 참전과 교전이 이루어지자, 11월 1일을 기해 선양에 주둔해 있던 제151전투비행사단을 전투에 참가시켰으며, 이후 11월 말에 한국 전역(戰域)항공력 운용을 책임질 제64 전투비행군단을 창설하여 본격적으로 6.25전쟁에 참전하였다.

소련공군은 11월과 12월 중에 총 1,079회를 출격하여, UN 공군기 68대를 격추하는 등 이전까지 누려오던 UN 공군의 완벽한 공중우세에 심각한 손상을 가하게 된다.

새롭게 창설되어 전투력을 복원한 북괴 공군은 중공군의 참전과 더불어 활동을 개시하게 되는데 10월 14일 오전 04:00와 09:15에 PO-2기 2대가 김포 비행장에 기습적으로 나타나 폭탄을 투하한 이래 10월 30일과 31일간에는 PO-2기를 이용하여 국군과 UN군을 공격까지 하였다.

▲ PO-2기

그리고 11월 1일에는 단둥기지 추격기 연대 소속 Yak기가 안주지역에서 전투 임무를 띠고 출격하여 2대의 B-29와 F-51을 격추시켰다.

이후 북괴 공군은 11월 1일부터 7일까지 25회 출격하여 염주, 선천, 정주 상공에서 UN 공군과 공중전을 벌였으며 (이때 UN 공군이 YAK 및 MIG 기 21대를 격추한 기록이 있음) 이들 지역에서 북괴 지상군을 엄호하고 국군과 UN군 지상부대에 대한 공습을 실시하였고 청천강 상의 교량과 아군 집결지역, 기지, 도로 등을 폭격하여 아군의 군수물자 수송과 예비대의 진출을 저지하기도 하였다.

▲ MIG-15 소련 전투기

▲ 소련제 TU-2 경폭격기(대화도 상공 공중전에서 F-86에 당한 기종)

▲ 한국 전쟁 시 미 공군 활약을 소개하는 대표 사진.
중앙이 공중전을 총지휘했던 제4비행단장 벤 프레스턴 대령,
왼쪽이 마셜 소령. 오른쪽은 적기 14기를 격추한 에이스였지만 전사한 죠지
데이비스 소령. 대화도 상공의 호中戰이 있기 며칠 전 마셜 소령과 데이비스
소령이 동시에 에이스[5기 격추 이상 조종사에게 주어지는 칭회]가 된 것을
기념하는 사진. (대화도 상공 공중전. 1951. 11. 30)

▲ 소련 전투기 MIG-15기를 뒤쫓고 있는 미국 F-86 SABRE의 모습

11월 3일 (132일째)
미 제9군단, 서부전선 진출

* 미 제8군, 청천강 방어선 전투.
* 국군, 만포선을 따라 남하하는 중공군에게 저항
* 국군, 영변·구장·영원에 이르는 선에서 재정비
* 국군 제7사단, 비호산에서 중공군 1개 사단 격퇴

비호산(飛虎山) 전투
(미 제8군을 구한 국군 제7사단)

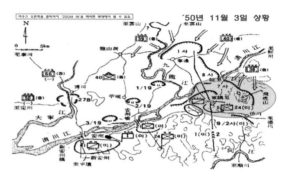
▲ 비호산 전투 요도

1950년 11월 1일께 중공군 제38, 40군이 청천강을 따라 원리를 돌파하고 계속 하류(下流) 방향으로 진출하여 미 제8군의 퇴로가 차단될 위험에 빠졌다.

이에 미 제8군 사령관은 11월 2일 청천강 북쪽으로 철수할 것을 결심하고 청천강 및 대동강의 교량과 전차 도하지점을 포함해 교두보를 확보하도록 하였다. 제2군단장 유재흥 소장은 제7사단장 신상철 준장에게 "가능한 한 빠른 시일내에 덕천 – 구장동 간의 방어진지를 점령하여 산악지대로 침투하는 적을 저지 격멸하는 동시에 군과 군단의 동측방을 방호하라" 는 명령을 구두로 하달하였다.

▲ 1950. 11. 3 중공군이 장애물을 넘어오고 있다.

제7사단장은 적정을 파악할 겨를도 없이 11월 1일 공격을 하였으나, 중공군의 야간 기습공격을 받아 덕천- 구장동 지역 점령에 실패하였다.

이에 군단장은 2일 군우리 북쪽의 비호산 일대에서 적을 저지하도록 하였다.

▲ 위기를 막기위해 제7사단이 긴급 출동하고 있다. 1950. 11

11월 3일 중공군은 청천강을 따라 봉천리를 거쳐 제7사단 제3연대를 포위 격멸한 후 개천을 점령하려 하였다. 03:00시 연대 규모의 적이 사단 좌측으로 공격해 왔다. 제3연대 경계부대인 제2대대는 축차적으로 주저항선으로 철수하여 주저항선에서 3시간의 간격으로 3회나 일진일퇴를 거듭하다가 개천에 위치한 UN군 포병대대의 지원에 힘입어 적을 격퇴시켰다.

▲ 제2군단장 유재흥 장군과 참모들. 1950. 10

▲ 국군 제7사단 용사에 나포된 중공군 병사. 1950. 11. 3

재정리

서해안을 따라 경의선 정주를 수복한 부대는 미 제24사단에 배속된 영연방군 호주군 부대였고, 6.25전쟁에 최초로 급파된 '스미스' 부대가 정주를 경유하여 최북의 전선에서 진격 중에 있었는데; 11월 1일 12:00 신의주까지 남은 거리 27km인 정거동에 도달하자, 우군 연락기의 통신통으로 "진격을 멈추고 종심 방어태세를 갖추라"는 명령이 하달되었으며, 이어 동일 23:00 "청천강선으로 철수하라"는 명령이 하달되었음.

> 11월 4일 (133일째)
> 중공군, 참전 '발표'
> 미 제7사단, 이원상륙

* 북괴군 공세 분쇄
* 국군, 길주 돌입
* 미 제24사단, 청천강 북안. 영변 남방 8km, 북괴군 저항을 배제하며 진격 중

중공, 대한전쟁 참전 '발표'
'중국 인민공화국'은 1950년 11월 4일 공식 발표
" '조선민주주의인민공화국'을 지원하기 위하여 '조선전쟁'에 참여한다"고 선언하였다.

▲ 1950. 모택동과 주은래

▲ 중공군 사령관 팽덕회

▲ 중공군 참전준비 모습. 1950.

▲ 1950년 10월 참전 초반의 작전회의 모습

국군과 싸울 때는 대개 3배의 병력을 투입했고, 미군과 싸울 때는 약 6배의 병력을 투입한 것으로 알려졌다. 마오쩌둥이 참전 초기의 중공군에게 지시한 작전의 목표는 '섬멸(殲滅)'이었다고 한다. 상대 병력과 화력의 50%를 없애는 게 자신들이 설정한 '섬멸'의 수준이라고 했다.

그들은 1950년 10월 말과 11월 초에 벌인 참전 뒤 1차 대규모 공세에서 상당한 성공을 거뒀다. 우선 중서부 전선에서 가장 돌출해 있던 국군을 집중적으로 노리고 들어와 압록강 근처까지 올라갔던 국군 6사단을 와해시켰으며 덕천과 영원으로 진출한 국군 7사단과 8사단에게도 막대한 타격을 입혔다. 아울러 국군 1사단과 어깨를 함께 하고 북진했던 미 제1기병사단의 제8연대가 중공군의 기습과 우회, 매복에 걸려 처절하게 당하고 말았다. 그러나 전쟁을 지휘하고 있던 중공군의 수뇌부는 거기서 잠시 멈추는 전략을 구사했다.

11월 5일 (134일째)
미 제3사단 원산에 행정적 상륙

* 국군, 동북부전선 ; 명천(明川), 길주(吉州) 수복 ;
북위 41도선 돌파.
* 미 제8군사령부, 중공군 2개 사단 참전 공식 확인
* 평남지구 UN군 민사부장 만스키 대령 임명:
- 평남지구 행정 형태는 군정(軍政)이 아님을 언명-

평북 박천, 3RAR(호주군)과 중공군의 최초 전투
(1950. 11. 4~6)

▲ 대대장 그린 중령 (LT. COLONEL Charles Green)

이 전투는 호주군 보병 제3대대(3RAR)가 한국전에 참전한 이후 중공군과 최초로 치른 전투이다.

이 대대는 UN군의 총공격 계획에 따라 영연방 제27여단의 일부로서 1950년 10월 30일 청천강 북방인 평북 정주(定州)까지 진출하였다. (미 제24사단은 정주를 거쳐, 신의주 남방 27키로까지 북진을 했었음)

그러나 중공군의 공세가 강해지자, 3RAR은 박천까지 후퇴한 후, 그곳에서 중공군의 공격을 저지할 방어 태세를 취하였다. 3RAR은 11월 5일 중공군이 제27여단의 박천 후방에 위치한 지원 포대 지역을 점령하고 박천-신안주 간의 병참선을 차단하자, 지원 포대의 구출 명령을 받고 이에 대한 공격 작전을 개시하여 포대 지역을 회복하고 병참선을 다시 확보하였다. 이 전투는 중공군의 제1차 공세 시 UN군이 청천강 교두보를 확보하는 데 크게 기여한 전투이다.

UN군 총사령관 맥아더 원수의 구상은 아직 「중공군의 침입은 제한된 것」이라는 판단 아래 기본적으로는 국경을 향한 총추격을 계속한다는 것이었고, 일단 전선을 정리한 뒤 다시 공세를 서두르면서 적의 증원과 보급을 끊기 위해 압록강 철교의 폭격까지 강행하는 것이다.

▲ 진지구축을 위하여 곡괭이로 땅을 파는 3RAR대원들

▲ 3RAR 관련 사진들, 그린 중령 훈장들과 작전 모습

그린 중령(LT. COLONEL Charles Green)은 '한국전쟁'이 나자, 호주 육군 제3대대 대대장으로 임명을 받았다. 제3대대는 일본을 거쳐 1950년 9월 28일 부산에 상륙했고, 영연방 제27연대에 소속되어 '연천 전투', '박천 전투'에서 승리를 거듭하며 북진을 계속했고, 1950년 10월 29일 '정주'의 치열한 전투 끝에 또 한 번의 승전보를 울렸다고 알려져 있다.

호주 육군 제3대대 대대장으로 임명받고 6.25전쟁에 참전한 한국 전쟁의 영웅 찰스 그린 중령.

1950년 10월 30일, 그는 북괴군이 쏜 포탄의 파편으로 치명적인 부상을 입었고, 11월 2일 오후 8시, 30세 나이로 전사했다.

▲ 호주군 박격포 사격통제팀이 정찰 임무를 지원하기 위해 눈 덮인 산을 걸어 전초 기지로 이동하고 있다.

현재 그의 유해는 부산 유엔 기념공원에 안장되어 있다고 올윈 여사(未亡人)는 말한다.(올윈 저서, '그대 이름은 찰리'에서)

올윈 여사의 말에 의하면 '달천강' 근처에 진지를 구축하고 있을 때 북괴군의 쏜 포탄이 그린 중령의 텐트 근처에서 터지며 날카로운 파편이 그린 중령의 복부를 관통했다고 한다.

즉시 20마일 떨어진 '안주'의 '미군 이동병원(Mobile Hospital)'으로 후송하여 수술을 받았으나, 그린 중령은 사망했다. 그때 그의 나이 30세.

▲ Green중령의 생애 마지막 사진

▲3RAR C 중대 병사들이 아랫마을이 불타는 것을 보며 적군 동태를 감시 중. 11월 7일

* 소련제 신형 전투기, 최초로 한·만 국경 넘어 참전
* 국군 제6사단 제7연대, 초산에서 개천으로 철수 완료
* 미 UN 대표 오스틴, 중공(中共) 한국전 참전을 UN에 공식 통고

UN 군사령부 '압록강 철교 폭파' 명령 1950. 11. 6

압록강 단교의 역사적 설명

▲ 압록강 단교

압록강 단교는 원래 압록강상에 처음으로 건설된 철교로 조선총독부의 철도국에 의해 1909년 8월에 시작하여 1911년 10월 완공되었다.

다리의 길이는 944.2m, 폭 11m, 모두 12개의 조각으로 이루어졌으며, 중국 측으로부터 시작하여 4번째 조각은 90도 회전(回轉)이 가능하여, 높이가 높은 선박이 지나갈 수 있도록 설계되었다. 이것은 세계에서 처음으로 건설된 개폐식 평행철교이다.

1943년 4월 일본이 압록강 철교에 두 번째 철교를 건설하였는데, 첫 번째 건설된 압록강 단교는 철도의 통행을 위한 것이었으나, 두 번째 건설된 본 철교는 차량의 통행이 가능하도록 한 것이었다.

압록강 단교는 1950년 11월 8일 한국전쟁 중 미군폭격기의 폭격으로 파괴되어 현재는 4개의 조각만이 남아있다

1950년 6·25 전쟁이 터진 뒤, 퇴로 차단과 중국의 보급품 유입을 막기 위해 미군 폭격기들이 압록강 철교에 폭격을 가했다.

1950년 11월 9일 폭격을 받은 하류 쪽 구교는 이때 파괴되어 아직도 복구되지 않은 채 그대로 남아 있다. 구교는 남쪽만 파괴되고 북쪽은 폭파되지 않았는데 이것은 압록강 철교가 국제교이기 때문에 교전 당사국인 북한 측만 공격하는 한정된 전략 때문이었다.

현재 신 철교는 조중친선우의선(朝中親善友誼線 혹은 중조우의교 : 中朝友誼橋)으로 이름이 바뀌었으며, 재래교는 6·25전쟁 당시 폭격 된 채로 보존되어 있다.

잘려진 다리를 중국에선 관광객들에게 입장료를 받고 체험시킨다. 원래는 중국 측에서 한국 관광객들을 철교 근처에 접근할 수 없게 했었는데 지금은 재빠른 중국인의 상술 덕분에 입장료만 내면 끊어진 다리 끝까지 가 볼 수 있고 사진도 마음대로 찍을 수 있도록 하고 있었는데 현재는 확실치가 않다.

▲ 압록강 철교 폭격 중. 1950. 11. 9

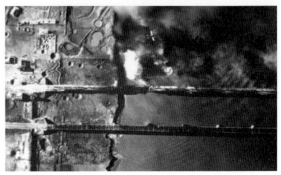
▲ 미 해군의 AD-3 급강하 폭격기가 2,000파운드 폭탄을 투하하고 있다. 왼쪽이 북한 지역

▲ 끊어진 압록강 철교 현 모습

▲ 압록강 철교를 폭격하고있는 미 해군 함재기 모습. 1950. 11

▲ 오늘날 압록강 단교 관광객모습

* UN군, 청천강 북안 교두보 확대
* 벨기에, 설탕 400톤 원조 제공
* 청천강, 피난민 2만 명으로 '人山人海'

▲ 캐나다 국기

**시체 주머니에서 쌀 뒤지던 소년 최영길,
호주 군인들의 아들이 되다.**

북으로 진격해 올라가던 호주 3RAR 병사들은 평북 정주에서 맨발 채로 북괴군의 시체에서 쌀을 꺼내고 있던 최영길 소년을 발견했다. 소년의 운명이 바뀌는 순간이었다. (가평대대 : 호주 3RAR대대가 가평 전투에서 혁혁한 공을 세웠기에, 후에 '가평대대'란 별명이 붙었다)

▲ 한국전쟁 당시의 최영길, 16세

그는 그 인연으로 인생의 절반 이상을 호주에서 살다가 2009년 4월 7일 72세의 파란 많은 생애를 마감했다.

1950년 10월, 경기상업학교에 재학 중이던 최영길 소년(당시 16살, 1935년생)은 남북이 통일되었다는 생각으로, 고향인 평북 박천 할아버지 집으로 갔다. 아버지가 서울에서 사업을 해서 중학교부터 서울에서 다니고 있었다. 그러나 북괴군이 압록강 근처까지 밀려가면서, 중공군이 한국전쟁에 개입하기 시작했고, 중공군(동네 노인들은 '팔로군'이라고 불렀음)이 내려오면 소년들까지 징집할 것이라는 소문이 파다하게 퍼져 최 소년의 할아버지는 집에 막 도착한 손자를 다시 남쪽으로 내려보낸다.

박천은 산악지대다. 전시였으니 먹을 것 또한 있을 턱이 없었다. 최 소년은 몇 날 몇 밤을 산속에서 헤매다가 배가 고파 견딜 수가 없으면 조심스럽게 도로 쪽으로 내려가 먹을 것을 구했지만 여의치 않았다. 오히려 패주하는 북괴군들과 맞닥뜨리게 되어, 몇 차례 위험한 고비를 맞기도 했다. 그러던 어느 날 즐비하게 쓰러져 있는 북괴군의 시체들을 발견했고 그들의 호주머니에 생쌀이 들어 있다는 것을 알게 됐다.

극도로 허기져 있던 소년에게 시체는 단지 먹을 것을 제공하는 보급창고에 불과했다. 제법 쌀이 모아져 산속으로 돌아가려는 참이었다. 갑자기 인기척이 들렸고 소년의 코앞으로 총부리가 들이닥쳤다. 난생처음 보는 사람들이었다. 그는 손을 번쩍 들고 몇 마디 영어를 지껄였다. 군인들이 깜짝 놀랐다. 한국에 상륙한 이래 처음으로 영어를 구사하는 민간인을 만났기 때문이다.

"난 그들이 누군지 몰랐습니다. 늘어진 중절모를 쓴 그들 모습은 서울에서 보았던 미군들과 전혀 달랐거든요."

호주(오스트레일리아)에서 온 군인들이었다. 압록강 쪽으로 전진하기 위해 전방 정찰을 나왔던 정찰대원들은 허기 때문에 거의 쓰러지기 직전 상태인 소년을 대대본부로 데려가 먹을 것을 주며 돌봐주었다. 그들은 소년이 건강을 회복하면 가던 길을 계속 가게 할 생각이었다. 그러나 소년의 생각은 달랐다.

▲ 찰스 그린 대대장(왼편)과 함께

"우선 그들과 함께 있으면 굶주리지 않겠다는 것을 알게 됐습니다. 부대의 간이천막 안에 먹을 것이 가득했거든요. 또한 군인들이 아주 친절했고, 처음 만난 사람인데도 참 따뜻하게 보살펴 줬습니다."

소년은 부대에 계속 남겠다고 했고, 호주 군인들도 그를 자신들의 아들로 받아들였다. 소년은 부대의 마스코트가 되어 장장 3년간의 대장정(大長程)이 시작됐다.

"처음에는 영어도 서툴렀고 그들이 숨 막히는 전투를 벌이면서 전진과 후퇴를 거듭해 그냥 따라다니기만 했습니다. 그러다가 밥값이라도 해야겠다는 생각으로 잔심부름도 하고 간단한 통역도 했습니다."

이렇게 해서 최영길 소년은 제3대대의 '식구'로 자리 잡게 됐고 나중에는 '정식 군속'으로 발령되어 통역

병·위생병·보급병 등으로 일하게 된다. 또한 6개월 내지 1년 단위로 교대되는 3대대 요원들보다 3배 또는 6배 가까이 장기근속하게 되어 제3대대 한국참전의 산증인이 된다.

호주 3대대를 구해낸 16살 한국 소년 그는 죽을 고비도 여러 차례 넘겼다. 1950년 11월 중순 경, 연합군이 중공군과 맞서 진퇴를 거듭하던 때였다. 안주의 강 언덕에 진지를 구축하고 있던 호주군은 미군의 부교 설치가 끝남과 동시에 강 건너 쪽에 있는 마을을 점령하기 위해 대기하고 있었다.

당시 의무 중대에 소속이었던 최영길 소년은 치명적인 부상을 당해 죽기 직전의 상태에 놓여있던 부상병의 마지막 소원을 들어주기 위해 부대원 두 명과 함께 '날계란'을 구하러 마을로 내려갔다.

조심스럽게 마을 입구에 당도해 집 안으로 들어가려던 순간, 토방 위에 놓여있는 북한군의 방한화를 발견했다. 깜짝 놀란 세 사람은 엉금엉금 기어서 마을을 빠져나와 언덕 쪽에서 뒤돌아보니 마을에는 북괴군이 득실거렸다. 부대로 돌아온 최 군 일행은 대대장에게 그 사실을 보고했고, 대대장은 사실확인을 위해 정찰병을 내려보냈다. 그때까지만 해도 최영길은 지휘부로부터 완전한 신임을 받지 못했다.

그러나 보고 내용이 사실이라는 게 판명(判明)되자 부대의 철수 명령이 떨어졌고 부교를 설치하던 미군들까지 부랴부랴 철수했다.

나중에 그때 상황을 분석해 보니 연합군의 진격이 너무 빨랐던 것이다. 그도 그럴 것이 연합군은 군용트럭을 이용해 빠르게 전진했고 북괴군은 도보로 느리게 후퇴했기 때문에 연합군은 부지불식간에 적들의 중간 위치에 놓였던 것이다.

죽기 전에 꼭 '날계란'을 먹고 싶다고 했던 부상병의

소원을 들어주려 했던 최영길은 그의 소원을 들어주지는 못했지만, 대대장의 확고한 신임을 얻게 됐다. 그보다 더 중요한 것은 1천여 명의 대부대가 절체절명의 위기에 빠졌다가 무사히 빠져나올 수 있게 되어, 사망한 부상병의 난데없는 소원이 부대의 운명을 바꿔놓는 계기가 됐던 것이었다.

그 후 비슷한 상황에 처했던 영국군 대대가 전멸하다시피 했던 것을 감안할 때, 당시의 상황이 일촉즉발의 위기였었음은 두말할 나위가 없었다.

전쟁보다 추위를 더 힘들어 한 호주군인들

▲ 항상 태극기가 계양되어 있고, 38도선 조형물
(한국에서 갖고온 것)이 놓여있는 '가평대대'(현재 호주에 있는) 입구

최영길은 주로 위생 중대에 근무했는데 말이 위생 중대였지 부대 여건이 너무 열악해, 야전병원의 기능을 거의 할 수 없을 정도였다. 심한 경우에는 하루가 멀다 하고 부대가 이동하는 상황이었고, 1·4후퇴 당시의 추위는 전쟁보다 더 견디기 힘들 정도로 혹독했다. 땅이 꽁꽁 얼어붙어 천막조차 제대로 칠 수 없었고 부상병들은 치료조차 변변하게 받아보지 못하고 허망하게 죽어가는 상황이었다. 그때 최영길은 참 많이 울었다고 했다. 본인도 추위를 견디기가 힘들었지만, 피를 흘리며 신음하는 부상병들을 보면서 전쟁의 참혹함에 치를 떨었다고 했다.

그는 부상병들을 조금이라도 덜 춥게 하기 위해서 마을으로 내려가서 '지푸라기'를 얻어와 맨땅의 모포 위에 누워있는 부상병들의 등 밑에다 깔아주었고 화로(火爐)를 얻어다가 밤새 '화롯불'을 지피면서 그들을 간호했다.

"그때 나의 간호를 받은 부상병들이 참 고마워했습니다. 특히 내가 화롯불 지피는 것을 보며 신기해했고, 불 위에다 소금을 뿌려 가스를 방지하는 기지를 보이자 어린 나이에 너무 슬기롭다며 감탄했습니다. 지금도 그들은 나를 만나면 부둥켜안습니다. 정말 지독한 겨울이었습니다."

1·4후퇴 당시, 경기도 이천으로 후퇴했던 제3대대는 추위 때문에 전투를 제대로 펼칠 수 없다는 판단하에 일본으로 철수해 일단 겨울을 난 다음 다시 복귀하는 것을 심각하게 고려했다고 한다. 사시사철 따스함 속에서 살아온 호주 병사들에게 한국의 겨울은 전쟁 이상으로 혹독한 것이었다.

호주 3대대 장학금으로 대학 진학

▲ 가평대대 전우들과 만나고 있는 생전의 최영길(오른편) 회장

▲ 캔버라 전쟁기념관 앞에서 호주 인사들과 함께 한 최영길 회장

한편 최영길은 아버지가 1·4후퇴 때 부산으로 갔다가 돌아가셨다는 소식을 듣고 깊은 슬픔에 빠졌다. 최 씨가 막사 안에서 울고 있는 모습을 본 병사들이 그를 위로하며 여비를 마련해 부산에 다녀오도록 해주었다. 당시 최영길은 호주 군대의 정식 군속으로 발령받아 보급병으로 근무하며 일정액의 봉급을 받고 있었다.

정신없이 3년이 흘러갔고, 최영길에게 깊은 상처를 안겨주며 특별한 소년 시절을 강요했던 한국전쟁은 휴전이라는 어정쩡한 결과로 매듭지어졌다. 그는 휴전 직전 정들었던 호주군 병영을 떠났다. 전쟁으로 중단됐던 학업을 계속하기 위해서였다.

그 후 최영길은 호주군으로부터 소정의 장학금을 받아 연세대학교 상대에 진학했고, 3년간의 비공식적인 군대 생활을 했음에도 병역 이수를 인정받지 못해 다시 한번 군대 생활을 해야 했다.

최영길 씨는 대학을 마치고 나서 가평대대의 초청으로 1968년 호주로 이민하여 한국인의 '호주 이민 제1호'가 됐고, 이민과 동시에 호주 국영인 콴타스 항공의 시장계획부 사원으로 입사해 23년 간 근무한 후 지난 91년 정년퇴직했다.

그는 1969년 가평대대의 전무후무한 명예부대원이 됐고, '한국 및 동남아 참전협회(Korea & South Asia Forces Association of Australia)' 한국지부를 창설해 3회에 걸쳐 지부장을 맡았다. 그는 또한 한인사회와 가평대대에 끼친 공로로 호주 정부로부터 '호주 훈장'을 받기도 했다.

호주 군인들이 기억하는 최영길 소년

지난 1998년 4월 24일 '가평의 날' 행사장에서 만난 레이 에드워드 씨 (한국전쟁 당시 중위로 근무)는 당시의 최영길 소년을 다음과 같이 회상했다.

"그는 안전핀·붕대·집게·가위·솜 등을 항상 가지고 다녔다. 한 마디로 걸어 다니는 공구함(工具函)이었으며, 뭐든지 다 수리했다. 그는 통역관, 위생병, 병참요원으로 3대대에서 없어서는 안 될 보물이었다."

한편 2004년에는 가평 전투 당시 최영길의 직속상관이었던 군의관 도널드 비어드 예비역 대령이 멀리 애들레이드에서 '가평의 날' 행사에 참석차 왔다. 그에게 거수경례를 올린 최영길 씨가 때늦은 항의를 했다.

"비어드 군의관님, 17살짜리 소년에게 다 죽어가는 부상병들을 맡겨놓고 전부 나가버리면 어떻게 합니까?"

"이봐 초이, 난들 그 생지옥 속으로 나가고 싶었겠나? 그땐 정말 비참했어. 제대로 치료조차 받아보지 못하고 죽어간 병사들을 생각하면 지금도 눈물이 나온다네."

가평 전투 당시 17살의 소년이었던 최영길 씨가 백발이 성성한 70살의 노인이 되어 용맹스럽기 그지없던 가평대대 용사들과 함께 술잔을 부딪치던 2004년 '가평의 날'은 어느덧 자정을 향하고 있었다. 술기운이 거나해진 최 씨가 다음과 같은 말들을 덧붙였다.

▲ 3대대 가평기념관을 찾은 올윈 그린 여사와 최영길 회장. 벽면에 찰리 그린 중령의 사진(왼쪽)과 최영길 씨 사진(오른쪽)이 걸려있다.

"전 지금도 가평 계곡을 뒤덮었던 중공군의 시체더

미를 잊을 수가 없습니다. 이유가 무엇이든 전쟁은 죄악입니다."

"호주 군인들은 정말 용맹하고 성실했습니다. 아무리 전선의 상황이 어려워도 서로 격려하면서 불굴의 정신으로 싸웠습니다. 위계질서가 분명하면서도 마치 형제들처럼 지냈습니다. 미군들을 폄하할 생각은 없지만 호주 군인들이 훨씬 도덕적이라는 생각을 떨쳐버릴 수가 없습니다. 중부 전선에서 적과 대치하고 있을 때, 미군들이 바로 옆에 있었거든요."

시드니 한인회관에서 열린 최영길 씨 영결식(永訣式)은 4백여 명의 한인 동포와 호주 인사들이 참석하여한인회장으로 엄수됐다. 장례 의식은 고인이 출석했던 구세군 시드니 한인교회의 강정길 사관의 집례로 진행됐다.

조양훈 시드니한인회 사무총장이 고인의 약력을 소개했다.

"가평대대의 별명이 '충직한 군인들(loyal soldiers)'인데 그냥 생긴 말이 아닌 것 같습니다. 포연이 가득한 전선에서 죽음을 무릅쓰고 용맹스럽게 전투를 벌이던 그들을 영원히 잊을 수가 없습니다."

11월 8일 (137일째)
미 제2사단 덕천 점령

* 태국 지상군 부산 도착
* 국군, 명천 북방 20km 진격
* 미 제24사단 제27연대, 박천 진격
* 미 제10군단은 적의 주보급로인 강계~희천 간을 최종목표로 하였다.
그러나, 중공군은 한반도에 참전 차 준비가 속속 이루어지고 있었다.

▲ 타이랜드(泰國) 국기

1950년 10월 22일 아침, 태국 북부에서 4백여㎞를 유유히 흘러내리며 수천 년 역사 현장을 지켜온 차오프라야 江 줄기 앞에 새로운 역사가 펼쳐지고 있었다.

햇빛에 반사돼 더욱 찬란한 위용을 과시하는 병력 수송선 세 척과 왕실 근위대 호위함 두 척. 크롱토이 항에선 피분 송그람 총리가 참석한 가운데 거행된 한국으로의 출정식이었다.

▲ 태국군 부산 도착 모습. 1950. 11. 7

▲ 한국에 도착한 후의 태국군 모습. 1950. 11

6월 25일 한국전쟁이 터지자, 한국과 미국은 7월 14일 안보리에 파병을 공식 요청했다. 엿새 뒤, 참전 16개국 중 미국에 이어 두 번째로 태국이 안보리에 파병을 통지했다.

7월 29일 북한의 침공에 대응한다는 공식 발표를 한 태국은 곧 이어 1만 4천9백98명 규모로 제21전투단을 창설했다. 그해 10월 22일 출정한 정예 대대 장병 1천4백91명은 11월 7일 부산항에 도착했다.

한국전 발발 4개월 12일 만에 최전선에 투입된 태국군은 미 제2보병사단에 예속, 평양 탈환 명령을 받은 미군과 함께 개성 · 수원 · 오산 지역에 배치됐다.

처음에는 급박하게 변해가는 전선의 상황과 더불어 기후마저 다른 한국의 혹독한 겨울로 말미암아 온갖 고생을 다 겪었지만, 태국군은 1951년 중반기 이후 전선이 정체되자, 서서히 그 진가를 발휘하였다.

특히 1952년 11월 연천 서북방의 폭찹고지(Porkchop Hill)전투에서 백병전으로 중공군을 물리쳐, 함께 싸운 미군들이 리틀 타이거(Little Tiger)라는 애칭을 부여하였을 만큼 끈질긴 전투력을 선보였다.

▲ 작전 중인 태국군 모습

태국군은 연 6,326명이 참전, 129명이 전사, 1,139명이 부상했다.

휴전 후 지상군은 1개 중대만 잔류시키고 주력부대

는 1954년에 철수하였다. 태국군은 휴전 후에도 1956년까지 대대병력이 전후 복구를 지원했다.

해군은 1955년 1월에, 공군은 1964년 11월에 철수하였으며 최종 잔류부대도 1972년 6월에 철수하였다. 장장 22년간에 걸친 파병을 끝냈다.

국군 제1사단의 운산지역 전투

1950년 10월 말경에서의 에피소드

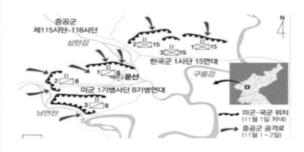

국군 제1사단은 10월 25일 아침 일찍 용산동을 출발, 운산을 향하여 공격을 개시하였다. 선두의 제15연대가 여기저기 분산되어 패주하는 북괴군 패잔병을 소탕하며 운산까지 진출하였다. 그러나 바로 이날 미 제8군은 새로운 적에 직면하게 됨으로써 승리를 목전에 두었던 전선의 상황은 심각한 국면으로 접어들게 되었다.

이날 국군 제1사단 장병들은 이제 적유령산맥을 지나 강남산맥을 돌파하면 최종목표인 압록강에 도달하게 된다는 승리의 기쁨과 흥분 속에 들떠 있었다.

▲ 국군 제1사단이 나포한 중공 포로 제1호

제15연대는 사단의 우측에서 상탄천 계곡을 따라 北西進하고, 제12연대가 사단의 좌측에서 남면천 계곡에 연하여 西進하며, 제11연대는 사단 예비가 되어 그 뒤를 따랐다. 그러나 제15연대는 미 제6전차대대 D중대의 전차를 앞세운 선두가 막 상탄천(운산 북쪽')을 건너 조양동으로 들어서는 순간 북쪽 고지로부터 치열한 집중 사격을 받았다.

급히 도로 양쪽으로 산개하여 대응 사격을 하던 연대는 40여 분이 지났을 때, 낯선 군복차림에 대화가 통하지 않는 1명의 적을 생포하였다. 중공군이었다. 그가 6.25전쟁에서 잡힌 중공군 포로 제1호였다. 이때가 정확히 10월 25일 11:44이었다.

이 포로는 "운산과 희천 북방에 2만여 명의 중공군이 대기하고 있다"는 놀라운 사실을 진술하였다. 그 내용은 당시 미 제8군의 정보판단과는 너무나 차이가 많았다. 중공군의 참전 사실은 지휘관들을 깜짝 놀라게 만들었다. 사태의 중대성을 감안한 사단장은 즉시 이를 밀번 미 제1군단장에게 보고하였다.

- 중략 -

한편 미 제24사단은 신의주를 불과 30km밖에 남겨 놓지 않은 지역까지 진출하였다. 그러나 그동안 청천강 계곡을 따라 원리로 진출한 중공군 제38, 40군이 원리를 돌파, 안주로 진출해 미 제8군의 퇴로를 차단하려 하였다.

11월 1일 오후에는 운산에서 후방으로 연결되는 2개의 도로 중 운산 - 용산 간의 도로가 중공군에 의해 차단되고 운산-입석-영변에 이르는 도로만 남게 되었다.

- 중략 -

이 무렵 운산 남서쪽 4km 지점인 구룡강 강변 상초동에서 교량을 경비 중이던 M 중대 2개 분대와 미 제70전차대대 소속 1개 전차소대는 국군으로 보이는 1개 중대 규모의 부대가 그들 옆을 통과해 북상하는 것을 목격하였다. 그러나 국군일 것이라고 판단하고 대대본부에 보고조차 하지 않은 채 이들을 통과시킨 것이 종래는 커다란 불행을 자초하고 말았다.

철수 준비를 완료하고 전방 소총 중대들의 철수를 기다리던 제3대대는 얼마 후 이들로부터 기습공격을 받았다. 이들은 국군이 아니라 중공군이었다. 날이 채 밝기 전인 데다 동양인들을 잘 분간하지 못한 데서 생긴 잘못이 그토록 엄청난 결과를 초래하였다. 아비규환 같은 처절한 공방전이 전선으로부터 마지막 소총 중대가 철수할 때까지 약 1시간 반 동안 계속되었다. 날이 밝았을 때는 부상병 170명을 포함한 병력 370명과 전차 3대가 남았을 뿐이었다.

미 제1기병사단은 미 제7기병연대의 1개 대대를 미 제5기병연대에 배속하여 미 제8기병연대 제3대대를 구출하도록 명령하였으나 끝내 적의 포위망을 뚫지 못하였다.

이날 오후 늦게 미 제1군단장은 미 제1기병사단장에게 구출을 포기하고 즉시 청천강 남쪽으로 철수하라고 지시하였다. 이후 미 제8기병연대 제3대대 병력은 중공군의 포위 속에서 2일을 더 버티었으나 80명의 사망자만 더 냈을 뿐 포위망을 돌파하는 데는 실패하였다.

11월 4일 오후 늦게 그곳에 남아 부상병들의 간호를 자청하고 나선 군의관과 250명의 부상병들을 남겨 놓은 채 나머지 대대 장병 200여 명은 야간을 이용, 중공군의 포위망을 벗어나 구룡강을 건넜다.

운산 전투에서 미 제8기병연대 제3대대는 600명 이상이 전사하고 장교 10명을 포함한 약 210명의 장병만 생존하였다.

* 국군 명천, 북방, 용천(龍川) 등 진출, 수복
* UN 참전국, 중공군 철수 요구, 'UN군 만주 불침 공약'

▲ 함경북도 경성(鏡城) 옛 성문 모습

▲ 1930년대 함경북도 청진 거리 풍경

국군 및 UN군, 동해안 전선 북진 현황

10월 10일 원산 : 수도사단과 3사단
10월 17일 함흥 : 수도사단
10월 27일 원산 상륙 : 해병 제3, 제5대대
10월 29일 성진 점령 : 수도사단
11월 5일 명천 길주 탈환 : 수도사단
11월 21일 혜산진 : 미 제7사단
11월 23일 경성 : 수도사단
11월 25일 청진 : 수도사단

▲ 1950. 11. 2 원산의 한 성당의 내부가 파괴되었다. 교인들이 정리 중

▲ 중공군의 출정식 장면 : 한반도에 참전한 중공군은 신규 병력을
만주(滿州)에 대기시킨 뒤 필요에 따라 대규모 장병을 동원했다.
〈50개 사단 대기 중〉

▲ 동해에서 작전 중인 미 해군 전함 뉴져지호 함수 모습. 1950

* 압록강 철교, 함재기 폭격 6발 명중(命中) 파괴
* 국군, 명천 동북 용천동 동남 10km까지 진출

▲ 구 압록강 철교는 전형적인 개폐식(開廢式) 교량이다.
수평으로 개폐하면서 선박 통행이 가능하도록 했다.

▲ 왼쪽의 조중우의교(新 압록강 철교)와 오른쪽의 구(舊) 압록강 철교
(흔히 단교라 부름)의 모습

▲ 파괴된 쪽에서 보는 압록강 구교(舊橋)

▲ 폭격에 의해 파손된 부분 모습

한국 공군이 F-51 무스탕 전투기를 일본에서 받아오다.

1948년 이후 전투기를 제공해 달라는 한국 정부의 요청을 2년 넘게 거절하던 미국, 막상 전쟁이 발발하자, F-51 무스탕 전투기를 한국 공군에 제공하겠다는 의사를 표명. 김정렬 공군 참모총장은 F-51 무스탕 도입차 6월 26일 10명의 조종사를 일본의 미군 기지로 급파. 일본에 파견된 조종사들은 시시각각 악화해 가는 전쟁 상황에 조바심을 낼 수밖에 없었다.

서울이 함락됐다는 충격적인 소식이 전해 오는 등, 고국 뉴스는 안타까운 이야기뿐이었다. 6월 26일부터 30일까지 단 한 번도 F-51 비행훈련을 실시할 수 없었다.

7월 1일, 미군 기지의 하늘이 맑게 갰다. 이날 파견된 조종사 중 일부가 처음으로 비행훈련을 받을 수 있었다. 7월 2일 한국 조종사들은 F-51을 몰고 이륙한 후 곧바로 기수를 돌려 한국으로 향했다. 김성룡 전 공군 참모총장은 "당시 비행한 횟수는 단 1회이며, 비행시간도 평균 30분 정도"라고 증언한다.

▲ F-51을 몰고 오기 위해 '이타츠케' 공군기지에서 미군 교관으로부터
조종 교육을 받고 있는 모습

당시 기준으로 새로운 전투기에 탑승하기 위해서는 최소한 30시간의 비행훈련이 필요했고 지상 교육까지 감안하면 최소 한 달은 필요했다. 하지만 급박한

전황을 고려, 조국을 지키겠다는 일념으로 조기 귀국을 결심한 것이다.

▲ 현해탄을 건너 이렇게 F-51 전투기를 몰고 왔다.

전투기 최초 출격

7월 2일 한국에 도착한 조종사들은 다음 날인 3일부터 곧바로 출격에 나섰다. 당시 10명의 F-51 무스탕 조종사 중 한 명인 강호륜 공군 예비역 준장은 "실질적인 공격 효과를 기대할 수 있었던 것은 아니지만, 태극 마크를 단 전투기를 국군에게 보여 주기 위해 출격을 감행한 것"이라고 설명했다.

강 장군의 겸손한 설명과 달리 최초로 출격한 F-51 편대의 전공은 작지 않았다. 3일 출격한 F-51 편대는 동해안의 묵호·삼척지구에서 적 지상군에게 기총소사를 가해 다수의 병력을 살상하고 연료집적소 1개소를 불태웠다. 또 영등포와 노량진 지구에 집결한 적 지상군에 대해서도 공격을 감행, 적 전차 2대와 차량 3대를 격파하고, 탄약집적소 1개소를 불태웠다.

2008년부터 공군은 6·25전쟁 당시 대한민국 공군의 최초 전투기인 F-51의 첫 출격일인 1950년 7월 3일을 '조종사의 날'로 기념하고 있다. 대한민국의 하늘을 우리의 전투기가 지키기 시작한 첫째 날이라는 상징성이 너무나도 크기 때문이다. 다음 날인 4일 한국 공군에서 가장 비행 경험이 풍부한 조종사 중 한 명이었던 이근석(준장 추서) 대령이 F-51을 몰고 출격 중 서울 관악산 부근에서 적 전차를 파괴한 뒤 적의 대공 포탄에 피격당했다. 안타깝게도 한국 공군

전투기 조종사가 전투 임무 중 전사한 첫 번째 사례였다.

▲ 국군과 UN군에게 항복하는 북괴군 병사들 (시간, 장소 미상)

11월 11일 (140일째)
미 공군 청진, 의주 맹폭
(1,092개 폭탄 투하)

* 북괴군 패잔병 부대 화천, 양구 침공

▲ 미 공군 B-29의 지상폭격, 폭탄 투하 모습. 1950. 11. 11. 신의주 상공

▲ 미국 폭격기를 공격하는 소련제 중공기를 추격하는 미국 전투기 모습 1950.11.11

캐나다 한국전 참전 개황
(지상군 도착 1950. 12. 18)

▲ 캐나다 국기

인접한 미국과 UN이 북괴군의 침략을 응징하기 위해 취한 일련의 조치에 대하여 어느 나라 보다도 민감하였고, 또한 이를 열렬히 지지하고 나선 국가이다. 1950년 6월 30일 때마침 개회 중이던 하원은 파병 문제를 논의하는 자리에서 '집단안보의 효율성을 과시하기 위한 어떠한 정부의 조치도 이를 적극 지지한다'라고 만장일치로 결의했다. 이것을 보면 정부 뿐만 아니라 의회에서도 한국파병을 절대 지지하고 있었음을 알 수가 있었다. 이리하여 준비기간을 감안하여 제일 먼저 해군을 파병하였고 이어서 공군과 육군을 차례로 파병하였다. 파병 규모는 육군: 1개 보병여단(연인원 25,687명), 해군: 구축함 3척, 공군: 1개 수송기대대였다.

캐나다는 6.25전쟁에 다섯 번째로 전투 부대를 파견한 국가이며 지상군·해군·공군을 모두 파견하였다. 캐나다 해군은 1950년 7월 5일 구축함 크루세이더함 등 3척을 한국 해역으로 출동시켜 7월 30일부터 미 극동 해군 사령부의 작전 통제하에 해상 작전을 수행하게 하였다.

▲ DDE 228 - HMCS Crusader

캐나다 공군은 제426 항공수송대대를 파견하여 1950년 7월 26일부터 6.25전쟁에 참전하였다. 캐나다는 이외에도 조종사 22명을 미 극동 공군에 파견하여 UN 공군기를 조종하게 하였다.

▲ 캐나다공군 수송기 - CC-177 Globemaster III, CC-115 Poralis, C-130H Hercules 등이 활약

캐나다 지상군은 한국전에 파병하기 위하여 캐나다 제25여단을 새로 창설하였으며, 예하의 PPCLI 제2대대가 제1차로 1950년 12월 18일 부산항에 도착하였고 그 주력은 다음 해 5월 초에 도착하였다. 캐나다군 제25여단은 편성 당시에는 전 병력이 동시에 파견될 계획이었으나, UN군의 북진으로 전황이 호전됨에 따라 1개대대만 먼저 파병하게 되었으며, 그 후 중공군의 개입으로 다시 상황이 악화되자 주력이 이동하게 된 것이었다.

▲ 폐허로 변한 중앙청 주변의 건물 더미를 뒤지는 아낙과 소녀, 1950. 11

자유는 공짜가 아니다!　273

최초로 파병된 제2대대는 영 연방 제27여단에 배속되어 작전을 수행하였으며, 주력이 도착한 다음에는 그들 여단으로 복귀하였다.

캐나다 제25여단은 미군 군단 또는 사단에 배속되어 작전하였으며, 1951년 7월 28일부터는 영연방 제1사단에 편입되어 정전이 될 때까지 주로 임진강 일대에서 작전을 수행하였다.

11월 12일 (141일째)
국군 철원 및 김화에서
북괴군 패잔 부대 섬멸

* 한국공군 박범준 참모부장(준장), 함흥 상공에서 전사
* 서울 - 평양(대동강) 간 열차 개통

6.25전쟁 영국(英國) 참전

▲ 영국 국기

영국은 UN 참전국 중에서 두 번째로 전투부대를 한국에 파병한 국가이며, 미국 다음으로 큰 규모의 지상군과 해군을 파견(派遣)하였다.

영국은 1950년 6월 29일에 영국 극동해군의 일부 함정을 대한해역으로 전개시켜, 참전하기 시작하였으며, 지상군은 낙동강 전선에서부터 참전하였다. 해군은 항공모함 1척,·순양함 1척, 구축함 3척, 프리킷함 2척, 보조선 1척, 병원선 1척, 보조근무선 8척 등으로 소형 함대를 구성하여 미 극동해군 사령관/제7함대 사령관의 작전통제 하에 주로 서해안에서 작전을 수행하였다.

▲ 영국 항모 테세우스 호

▲ 영국 seafire 함재기(艦載機)

영국이 전쟁기간 중 한국에 파병한 지상군은 2개 여단(增强) 규모였다. 이 중, 제27여단은 1950년 8월 28일 부산에 도착하여 낙동강 방어 작전에 참전하였으며, 제29여단은 1950년 11월 18일 부산에 도착하였다.

▲ 영국군의 분전으로 중공군의 돌파구 확대가 무산,
당시 전투에서 피폭된 영연방 제29여단의 크롬웰 전차

▲ 6.25전쟁 당시 영연방군의 모습, 시간 장소 미상
영국군 연대는 지방의 고유명과 역사를 간직하고 있는데, 제29여단은
이러한 독립된 3개 연대에서 각각 차출된 별도의 3개 대대로 편제된 부대이다.

영국군은 최초 미국 군단 및 사단에 배속되어 작전을 수행하였으며, 1951년 7월 28일 이후에는 6.25전쟁에 참전한 英聯邦 國家(영국·캐나다·오스트레일리아·뉴질랜드·인도)의 부대와 연합하여 영연방 제1사단을 구성하고 사단 단위로 작전을 실시하였다.

영연방 제1사단은 미군 사단을 제외하고는 6.25전쟁에 참전한 유일한 사단이었다. 이외에, 1950년 9월 초부터 6.25전쟁에 참전한 영국 해군 해병 1개 특공대가 있었으며, 이들을 포함한 지상군의 총병력은 14,198명이었다. 영국군 총 참전 연 병력, 56,000명, 전사자, 1,078명이다.

**11월 13일 (142일째)
미 제1기병사단
영변 일대 3개 고지 탈환**

* 국군, 용천 일대 북괴군과 대치

▲ 호주 국기

호주 (Australia)군 참전, (1950. 7. 1.)

▲ 부상당한 호주, 브라운 병장

**약 8,407명의 호주 병사들이 한국전쟁에
참전했으며, 이 중 339명이 전사하였다.**

호주는 태평양 지역에선 상당한 군사 강국이다. 사실상 주변 오세아니아 작은 섬나라들 인구나 군사력이 워낙에 초라해서 더더욱 돋보이는 점도 있긴 하다. 군사력에 대한 투자도 매우 많고, 제2차 세계대전 때 일본의 침략을 받은 경험도 있는지라 전진 방어 개념으로 공군력과 해군력을 매우 건실하게 건설해 놓고 있다.

호주는 영국이 엮인 전쟁에는 전통적으로 대부분 참여하곤 했다. 제2차대전 당시 일본군이 호주 몇몇 해안 도시를 폭격한 (호주가 연합군이 되어서 오세아니아 여러 섬을 차지하던 일본을 견제했기 때문) 때가 호주 건국사상 첫 외국군대 공격이었다고 한다.

하지만 이때를 빼곤 대부분이 해외 전쟁 참전으로써, 미국과 흡사하다. 원래 ANZAC (Australian and New Zealand Army Corps. 호주와 뉴질랜드를 싸잡아서 말할 때 흔히 이렇게 부른다) 군대가 좀 강력하긴 하다. 그 지옥 같은 갈리폴리 전투 등등 영연방군이 맞닥뜨릴 수 있는 최악의 상황에서도 가장 지독하게 버텨내는 이들이 바로 이 ANZAC군이다.

재미있게도, '가평대대'(加平大隊, 3RAR)라고 한국의 지명이 붙은 부대가 있다. 한국전쟁 당시 참전해서 중공군의 공세에 큰 피해를 입은 것을 기리기 위해 붙은 명칭으로, 이후에도 근래까지 거의 매년 한국을 방문해 군악대와 의장대가 사열식과 여러 행사를 하기도 한다.

가평에는 당시 전투를 기리는 위령비가 세워져 있고, 생존해 있는 호주군 참전 병사들을 초청하여 기념행사를 한다.

6.25전쟁 전 한국에 도착한 호주군인

1950년 9월에 호주군 제3대대(3RAR)가 한국에 도착하기 훨씬 전에, 다른 호주 군인이 이미 전쟁에 참여하고 있었다.

전쟁 발발 당시 두 명의 호주군 장교가 한국에 있었다. 북한이 남침하기 3달 전인 1950년 3월, 주한 UN군 사령부(UNCOK)는 한국 38도선에 흐르던 긴장을 고려해 군사 감시단을 요청했다.

UNCOK의 회원국이었던 호주는 일본군의 전쟁포로로 잡힌 적이 있는 스튜어트 피치 소령과 제2차 세계대전 당시 호주 공군에서 활약한 로널드 랜킨 소령을 파견하였다.

침공 전 2주 동안 피치 소령과 랜킨 소령은 38도 선을 시찰한 후, 남한은 방어진(防禦陣)인 반면 북한은 공격진(攻擊陣)으로 배치되어 있다는 내용의 보고서를 제출하였다.

피치-랜킨 보고서는 남한이 북한을 침공하면서 전쟁을 일으켰다는 북한의 거짓 주장에 맞서 중요한 자료가 되었다. 그다음으로 도착한 호주군은 호주 공군 제77비행대대였다. 그들은 일본 서쪽 지역의 기지를 기반으로 P-51D 무스탕을 조종하였다.

개전 1주 후인 1950년 7월 2일, 제77비행대대는 미군 다음으로 참전한 첫 유엔군이 되었다. 이 비행대대의 일부는 폭격 임무를 수행하는 미군의 B-26를 호위하였고, 부대의 나머지는 한국에서 일본으로 부상병을 후송하는 의무 후송기를 호위하였다.

제77비행대대는 참전 후 5일 만에 전쟁 동안 전사한 총 41명 중 첫 전사자가 생겼다. 그 전사자는 한반도 동해안에 있는 삼척 철도역을 공격하던 도중 급강하에서 수평 비행으로 전환하지 못한 사고로 사망한 그레이엄 스트라우트 비행대장이다.

1950년 6월 29일, 로버트 멘지스 호주 총리는 당시 영연방 점령군에 소속되어 일본 해역에서 작전 중이던 구축함 HMAS 바탄호와 프리깃함 숄 헤이븐 호를 지원하겠다고 유엔에게 제안하였다.

바탄호는 7월 6일 대한해협에서 호위 임무를 시작하였다. 숄 헤이븐호는 그다음 날 한반도 서해안을 봉쇄하는 UN 해군에 합류하였다.

8월 1일, 당시 서해안에 있던 바탄호는 북한군 해안포병 진지와의 교전에서 호주 해군의 한국전쟁 참전 후 첫 발포를 하였다.

▲ 호주 구축함 HMAS Batan 바탄호, 1952년 8월 1일 인천

11월 14일 (143일째)
미 제1해병사단 제7연대
장진호 하갈우리 진출

* 미 제1군단, 9만 명의 중공군과 대치
* 미 제8군, 한파 극복 중공군에 육박(肉薄)

▲ 1950. 11. 14 하갈우리 일대에 진출하는 미 해병 제7연대 모습

미 제1해병사단은 장진호 북쪽의 한·만 국경선으로 진출하기 위해 사단 주력이 하갈우리에 집결하고 있었다.

사단은 제7해병연대가 유담리를 확보하면 제5해병연대가 제7해병연대를 초월하여 무평리로 공격해 서부전선 부대와 연결한다는 계획하에 11월 27일 08:00시, 유담리를 향해 공격을 개시하였으나 미리 매복 중이던 중공군의 기습공격을 받았다.

▲1950년 11월 14일, 민간인 대량 학살 사건이 일어난 元山의 한 마을 현장을 취재 촬영 중인 미 해병 취재팀과 구경나온 마을 주민들

미국 해병대의 역사적인 고난의 행군, 엄동설한과도 싸워 패배가 아닌 영웅적인 승리로 마감한 전투가 시작되고 있다.

11월 15일 (144일째)
미 제1기병사단 정찰대
영변 돌입

* UN군, 청천강 동측 북괴군의 강한 저항에 직면
* 북괴군, 요지의 UN군 전선 중앙부 6km 돌파
* 미 8군의 공격 개시일이 11월 14일로 예정되어 있었으나, 미 제9군단이 도착한 다음인 11월 24일로 변경.
(제9군단의 북방기동이 늦어진 원인: 미군의 주보급로인 평강에서의 대게릴라전 때문)

▲ 정찰대를 환영하는 북한 영변 주민, 1950년 11월

11월 16일 (145일째)
UN군 총공격
(일명 추수감사절 공격)

* UN군, 혹한 불구 공격 추진,
* 중공군 한만(韓滿) 국경 지대로 후퇴하는 듯...
* 남아프리카공화국 공군
4대의 F-51D 무스탕 전투기, 한국으로 출발

남아프리카공화국 공군 참전

남아공 정부는 1950년 7월 20일에 열린 내각 회의에서 동아시아와 남아공 사이의 먼 거리 때문에 직접적인 군대 파병은 실제적이지도 않고, 불합리하다는 판단을 일차적으로 내렸다.

자유는 공짜가 아니다!　　277

▲ 1950년 11월 16일, UN군 수색조에 의해 나포되는 북괴군 병사들 모습, 장소 미상 (AP Photo)

▲ 남아프리카공화국 국기

그러나 이후 미국과의 협상을 통해서 비록 어려운 점은 아직 있지만 직접적인 군대 파병이 남아공 정부가 할 수 있는 가장 최선의 방법이라고 보고, 얼마 뒤인 8월 4일 하루 종일 걸린 긴 회의를 거쳐서 남아공 공군 (SAAF) 전투기 부대를 파병하기로 결정했다. 이 결정은 남아공 의회로 넘어갔는데, 남아공 역사상 처음으로 의회에서 해외 파병이 만장일치로 통과하게 되었다.

▲ 무스탕, 남아공 전투기

남아공의 파병이 이렇게 전폭적인 지지를 얻은 이유는 당시 아프리카에서 자국이 고립된 상태라고 분석한 남아공 정부가 공산주의 확장에 강한 위협을 느꼈기 때문으로 한국전쟁을 공산주의 확산의 신호탄으로 보고 다른 반공 국가들과 함께 이를 미리 저지하는 것이 자국의 이익에도 부합하기 때문이라고 판단했기 때문이었다.

그런 의식이 남아공 정계 전반에 퍼져있었기 때문에 당시 남아공 수상인 다니엘 프랑수아 마런 (Daniel François Malan)은 의회에 파병을 관철시키기 위해 특별히 애쓸 필요가 없었다.

다만 파병 결정에 이르기까지 너무 느릿했다는 점과 의회와 상의를 제대로 안 했다는 비판이 있었지만, 파병 결정에 영향을 미칠 정도는 아니었다.

남아공에는 공산당 (South African Communist Party)이 있었지만 1950년 6월에 통과한 공산주의 활동 금지 법안 (Suppression of Communism Act) 때문에 해체된 것도 의회의 파병 만장일치 통과의 한 요소로 작용하기도 했다.

6.25 한국전쟁 시 남아공은 유엔군의 일원으로 전투 병력을 파병한 16개 참전국 중 한 국가이다. 6·25전쟁 때 남아공 공군의 "나는 표범"이라는 별명이 붙은 제2전투비행대대 세이버·무스탕 전투기들이 참전, 1950년 10월 16일부터 1953년 10월 29일 철수하기까지 미 제18비행단에 소속돼 탱크 44대, 교량 152개소, 고사포 진지 147개소, 각종 시설 1만 920개소를 파괴하는 전과를 올렸고, 임무 수행 중 조종사 34명이 전사했다.

세계 제2차대전 당시 서베를린 봉쇄를 뚫는 데에 크게 기여한 남아공 공군은 1년 후, 이번에는 아시아 지역으로 참전 요청을 받게 된다. 1950년 6월 25일 북괴군이 대한민국을 침범하여 전쟁이 발발한 것이다.

▲ 6.25전쟁 당시 진해 비행장에서 남아공 공군 비행 지원 병사들이
무스탕 전투기들 앞에서 공을 차며 망중한을 즐기고 있다.
남아공 공군은 1952년까지 진해 비행장을 중심으로 활동하고 있었다.
사진 제공: 남아공 한국참전자 협회(SAKWA)

1950년 8월 12일 남아공 정부는 '하늘을 나는 치타'로 불리는 남아공 공군 제2전투 비행단을 UN에 제공하기로 발표했다. 이에 따라 1950년 9월 26일 49명의 장교와 206명의 자원병이 더반항을 출항하여 한국전에 배치되기에 앞서 일본 요코하마의 존슨 공군기지에 도착하였다.

이들은 제 2차 세계대전 당시 동부 아프리카 및 에티오피아, 이탈리아 시실리와 중동 등에 참전하여 혁혁한 전공을 세운 조종사와 기술병들이었다. 제2전투 비행단은 F-51D 무스탕 전투기와 이후에는 F-86F 세이버 전투기를 이끌며 눈부신 성과를 기록했다. 그들의 주요 임무는 미 공군 제18전폭격기 비행단 소속으로 편성되어 적의 진격을 저지하기 위한 폭격 및 지상 목표 공격이었다.

1950년 11월 16일 4대의 F-51D 무스탕이 한국으로 출발하였고 3일 후 부산 수영 비행장 K9 에서 첫번째 작전상 출격을 시작했다.

당시 UN 군 전선은 진격해 오는 적에 밀려 퇴각 중이었다. 평양 동부 비행장 (K-24)에서 수원 비행장 (K-13)과 진해 비행장 (K-10) 그리고 마지막에는 미 공군 18 전폭격기 비행단의 폭격기 기지가 된 오산의 K-55 공군 기지로 이동하며 살을 에는 듯한 한국의 매서운 겨울 날씨와 열악한 환경 속에서 남아공 전투기는 계속 임무를 수행했고, 혹한을 견디며 전투기를 정비하고 무기를 장착하는 작업을 계속했다.

오산에서 남아공 비행단은 캐나다 F-86F 전투기로 기종을 바꿨다.

> ## 11월 17일 (146일째)
> ## 국군 서북부 원리, 덕천, 영원
> ## 전선 확보

* 국군, 동북부 전선 용주동. 합수 부근 전선 정비

6.25전쟁 필리핀 참전, 1950. 9. 20

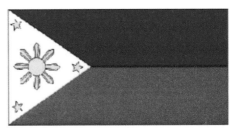

▲ 필리핀 국기

필리핀은 6.25전쟁이 발발하기 전까지만 해도 독립한 지 불과 4년밖에 안 된데다가 후크(Huks)단의 반란으로 국내정세가 매우 불안한 상태였었다.

이러한 가운데에서도 UN의 참전 요청을 받아드려 대 후크단전에 투입된 총 10개 대대 가운데 1개 대대를 파한 차출함으로써 미국, 영국에 이어 세 번째로 지상군을 파한(派韓)한 나라가 되었다.

필리핀이 정치적으로 반공 노선을 택하게 된 역사적 배경으로서 후크단의 반란과 종교의 두 가지 지배적인 요인을 들 수가 있겠다.

필리핀 제10대대 전투단은 미 제25사단에 배속되어 1950년 10월 11일 진주 남쪽의 사천으로 이동하여 비행장 경비 임무를 시작으로 6.25전쟁에 참전하게 되었다.

UN군이 북진을 개시하자 대대는 1950년 11월 1일 평양으로 이동하였고, 11월 5일 황주 외곽에서 적의 은신처를 기습 공격하여 북괴군 여러 명을 생포하고 기관총, 소총, 탄약 등을 노획함으로써 참전 이후 처음으로 큰 전과를 올렸다.

보병 1개 대대; 연인원 7,420명이 참전; 112명 전사, 229명 부상, 16명 실종.

필리핀 전투단은 이리 고지 전투의 전과를 인정받아 이승만 대통령으로부터 부대 표창을 받았다. 가장 큰 전공(戰功)을 세운 이는 수색 중대 제2소대장 피델 라모스 소위였다. 이후 그는 4성 장군으로 필리핀군 참모총장과 국방 장관을 거쳐 1992~1998년 대통령을 지냈다.

▲ 한국전쟁 참전 필리핀군 소대장으로 참전했던 라모스 전 필리핀 대통령의 모습(맨 오른쪽), 라모스평화재단 제공

▲ 필리핀 제10대대 병사들

▲ 필리핀 제10대대, 중공군의 공세로 미군이 후퇴할 시 지원작전 중. 1950. 11. 라모스 평화재단 제공

11월 18일 (147일째) 미 제7사단, 갑산 남방 3km 진출

* 동부전선에서 미 전차부대, 폭설을 극복하고 한·만 국경 37km 이내 진출
* 국군, 수도사단 선두부대가 청진 접근
* 북한 게릴라, 춘천지방에 진입하여 준동
* 국군, 춘천에서 북괴군 패잔병 및 유격대와 교전, 북괴군이 춘천 점령
* 북괴군, 서부전선에서 전면 후퇴
* 국군은 박천 북방 5km 지점과 안주 서방 1km 지점에, 유엔군은 영변에서 서남방 5km 지점에 전진
* 유엔군, 청천강 교두보 계속 확보
* 북괴군 유격대, 평양-가평 간 1만 명 준동
* 미국 공군 약 100회 출격, 해군기는 241회 출격, 미 제7사단 옹호하며 혜산진 교량 폭격
* 중공군, 한국전선에서 만주견 사용
* 소련, 장진호·부전호의 발전소 시설 반출

11월 19일 (148일째) 미 제7사단, 갑산 수복 후 한·만 국경선 20km 육박

* 국군 수도사단, 한소(韓蘇) 국경으로 계속 진격

의료지원 부대 및 적십자 병원선 활동

한국전쟁의 의료지원은 직접 전투부대를 파견한 것이 아니라, 의료진만 파견하였다. 의료 지원을 수행한 나라는 스웨덴, 인도, 덴마크, 노르웨이, 이탈리아 5개국이다.

이 중에서 중립국은 스웨덴과 인도이며, 나머지 3개국은 미국의 동맹국이었다.

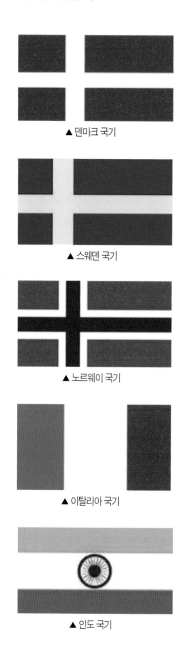

▲ 덴마크 국기

▲ 스웨덴 국기

▲ 노르웨이 국기

▲ 이탈리아 국기

▲ 인도 국기

(덴마크, 노르웨이는 원래 중립국이었으나, 제2차세계대전 이후 외교정책을 바꾼 나라들이다).

북한에도 소련과 중국 외에 체코슬로바키아에서 의료지원을 하였다.

덴마크는 1951년 3월 7일에 의사, 간호원, 그리고 의료종사원으로 구성된 100명 규모의 병원선을 한국에 파견했다.

덴마크가 파견한 병원선 유트란디아는 부상병 치료와 한국인 구호에 큰 업적을 남겨 세계의 찬사를 받았다. 참전국 미국을 제외하고 병원선을 한국에 파견한 국가로서는 덴마크가 유일했다.

병원선으로 탈바꿈한 유트란디아는 356 침대를 갖춘 네 개의 큰 병실들에 수술실, X-선 촬영실과 치과시설을 갖춘 아주 현대적인 해상 종합병원이었다. 선체는 하얀색이 칠해지고 선명한 적십자(赤十字)가 양현에 그려졌다.

병원선 유트란디아의 파견 대장은 덴마크 적십자사 총재였던 카이 함메리히 해군 대령이 임명되었다.

이 병원선은 최초에는 부산항에 위치하면서 수시로 전방을 이동하여 환자진료를 실시했으나, 1952년 가을부터는 인천항에서 의료지원을 실시했다.

부산항에 입항한 후 2회에 걸쳐 승무원의 교대와 의약품의 수령을 위해 본국까지 왕래했으며, 이 병원선이 승무원의 교대차 본국으로 귀환 시에는 벨기에, 에티오피아, 프랑스, 그리스, 네덜란드, 터키, 영국 등에 기항하면서 해당국의 전사상자 및 송환된 포로를 후송했다.

이 병원선은 휴전 후인 1953년 8월 16일에 복귀했다.

▲ 한국전쟁에 파견된 덴마크 적십자 병원선 유트란디아 호

▲ 병원선 선원들 및 의료진들

당시 유트란디아호의 승무원들은 모두 엄청난 경쟁을 뚫고 선발된 최정예 요원들이었는데, 42명이 정원인 간호사 선발에 4천 명이 지원했다. 실력은 물론, 환자에게 언제든지 수혈을 하기 위해 혈액형까지 고려해서 선발했다고 한다.

유트란디아호의 의료진들은 적십자정신에 따라 민간인까지 치료해야 한다고 주장했지만, UN군 사령부는 군인들의 치료에 방해가 된다며 처음에는 승인을 하지 않았다. 유트란디아호 해머릭 함장의 설득 끝에 군인들이 타면 병실을 비워주는 조건으로 파견 4개월 후부터 민간인 치료도 시작되었다. 전쟁고아를 위해 어린이 선실도 만들어졌고, 학교 교육도 이 배에서 진행되었다.

민간인 치료는 UN군 사령부에 보고된 것이 6,000여 명이지만, 의료진들이 보고하지 않고 몰래 치료한 민간인 숫자는 18,000명에 이를 것이라는 관측도 있다.

부상병 4,981명, 민간인 6천여 명(보고된 것만)을 치료한, 한국전쟁에 참여한 유일한 민간 병원선인 유트

란디아호는 한국을 떠나 1953년 10월 16일, 수십만 인파의 환영을 받으며 고향인 덴마크에 귀국했다. 평화와 박애를 실천한 999일간의 대장정이었다.

병원선(病院船)

부상자나 해난을 당한 사람들의 구호를 목적으로 의료시설과 의료에 종사할 인원을 배치한 선박. 국제법으로 정해진 병원선은 개전에 임해서 또는 전쟁 중의 사용에 앞서 선박의 이름을 교전국에 통고하게 되어 있다.

병원선은 전쟁 중 존중의 대상이 되고, 포획 또는 공격을 받지 않으며, 중립국을 24시간 이내에 떠나야 하는 제한도 받지 않는다. 오로지 교전국 쌍방의 부상자나 난선자를 구조해야 하고, 군사적 목적에 사용하지 않아야 하며, 전투 요원의 이동이나 작전을 방해하지 않을 것 등의 의무를 지녔다. 교전국은 병원선에 대해서 임검·수색·구조의 거절, 항로지정·억류 등의 권리를 가진다.

병원선의 표지는 선체를 백색으로 칠하고 군용병원선은 너비 1.5m의 녹색 가로줄 무늬를, 사설 병원선은 적색의 가로줄 무늬 칠을 하며 마스트에는 국기와 적십자기를 함께 게양한다. 야간에는 필요에 따라 조명 등으로 보이기 쉽게 한다. 이상은 1949년 개정된 제네바 협약에 의한 것이다.

스웨덴은 최초로 의료지원 부대를 한국에 판견한 국가이다.

이 나라는 의사 10명, 간호원 30명, 기타 기술 행정요원을 포함한 160명으로 구성된 적십자병원을 조직하여 1950년 9월 28일 한국에 파견했다. 이 병원은 미 제8군사령부의 통제하에, 부산에서 병원 업무를 수행하였으며 초기에는 200병상이던 것이 점차로 확장되어 나중에는 450병상이 되었다.

이 병원은 전쟁 기간 중 부상군인의 치료를 담당하였으며, 전선이 소강상태에 이르렀을 때는 민간인 환자의 진료와 한국 의료진에 대한 의료 기술지원을 실시했다. 이 병원은 휴전 후에도 계속 임무를 수행한 후 1957년 4월에 귀국했다.

노르웨이는 1951년 6월 22일에 의무 및 행정 요원 83명으로 구성된 60개 병상 규모의 이동외과병원을 한국에 파견했다.

그 후 병력이 추가로 보충되어 이 병원의 근무 인원은 106명으로 증가했다.

이 병원은 미 제8군사령부의 계획에 따라 미 제1군단 지역인 서울 북방에 위치하여 미 제1군단 예하 각 사단에 대한 의무지원을 했다. 이 병원은 그 밖에 여유가 있을 때는 주변에 있는 한국 민간인을 진료하였으며, 휴전 후에는 귀국 시까지 주로 민간인 진료를 실시했다.

이 병원 요원은 6개월 단위로 교대되었으나 100여명이나 연장 근무를 지원하였으며, 연 근무 인원은 623명이었다. 이 병원은 1954년 10월 18일에 귀국했다.

11월 20일 (149일째)
미 제7사단,
한만 국경 3km 진출!

* 국군, 동부전선; 명천 북방 25km, 청진 33km까지 진출
* 미 해병 제1사단, 장진호 발전소 포위, 진출
* 인도 제60야전병원 부산 도착(의사 14명 등)

인도, 이탈리아 의료지원 부대 (제60 야전병원)

한국 전쟁의 의료 지원은 직접 군대를 파견한 것이 아니라, 의료진만 파견한 나라들이다. 의료 지원을 수행한 나라는 스웨덴, 덴마크, 노르웨이 외에 인도, 이탈리아 계 5개국이었다.

1950년 11월 20일 의사 14명, 위생병 329명, 행정관 1명, 보급관 1명으로 구성된 인도군의 제60 야전병원이 부산에 도착했다. 이 병원은 인도군 공수사단 소속 부대로 공수작전도 가능한 부대였다. 이 점을 살려 1951년 3월 23일, 문산 공수작전 시에 미국 187 공수연대 전투단과 함께 강하하여 제187 연대전투단을 지원하기도 했다.

제60야전병원은 둘로 나뉘어 제1대는 영연방 제27여단에 배속되어 영국군을 직접 지원했고, 제2대는 대구에 주둔하며 한국 육군병원과 민간인 치료를 지원했다.

영연방 제27여단에 배속된 인도군 야전병원은 1951년 7월 28일에 영 연방군을 통합한 영연방 사단이 창설되자 그대로 사단 야전병원이 되었다.

전쟁 말, 포로송환 감시단으로 인도군이 파견되자, 인도군 포로송환 감시단에 통합되어 포로 송환 업무를 지원했고, 1954년에 함께 철수했다.

6·25 전쟁 때 21개 참전국 중 인도는 627명의 의료 요원을 한국에 보냈다.

▲ 인도 야전병원 부대가 환자를 이송하는 모습

▲ 인도군 천막앞에서 한 병사가 촌노(村老)에게 담배를 권하고 있다.

▲ 인도 의무병 전상자 응급치료 모습

이탈리아, 마지막 5번째 파견 국가

1951년 11월 16일 이탈리아의 제68 야전병원이 한국에 도착; 1955년 1월 2일에 철수했다. 150 병상 규모였으며, 군의관 6명, 약제사 1명, 간호원 6명, 위생병 50명이 주축이었다. 서울 영등포에서 의료 지원 활동을 했다.

▲ 6.25전쟁 중 부상병들의 응급치료 장면

▲ 이탈리아 의무부대 6.25전쟁 참전 기념비

▲ 부산 "태종대 공원" 입구 "의료지원단 참전 기념비"

한국전쟁 당시 우리나라에 의료지원군을 파견한 '덴마크, 인도, 이탈리아, 노르웨이, 스웨덴' 등 5개국의 숭고한 업적을 찬양하고 기리기 위해 세워진 '의료지원단 참전 기념비'가 부산 태종대 공원 입구에 세워져 있다.

11월 21일 (150일째)
미 제7사단 제17연대,
혜산진 무혈 수복

* 국군 수도사단, 청진 남방 24km 진출
* 미 제1기병사단 일부,
서부전선 영변 근교 공산군 압력으로 후퇴

▲ 혜산진에 돌입하는 미군, M-4셔먼 전차. 1950. 11. 21

▲ 1950. 11. 21 혜산진에서 중국 쪽을 경계하는 미 제7사단 장교들

▲ 오른쪽 2번째 제10군단장 알몬드 장군, 오른쪽 제7사단장 바 소장.
1950. 11. 22

그리스군 6.25 참전 1950. 12. 1

▲ 그리스 국기

6.25전쟁에 참전한 나라들은 1951년까지 총 16개국

이었다. UN의 권유에 따른 21개국 중 실제로 파병을 한 16개 국가들은 미국, 캐나다 북미 2개국, 콜럼비아 남미 1개국, 호주, 뉴질랜드, 필리핀, 태국 아시아 4개국, 남아프리카공화국, 에티오피아 아프리카 2개국, 영국, 벨기에, 프랑스, 그리스, 룩셈부르크, 네덜란드, 터키 유럽 7개국이다.

▲ 그리스 군인들이 미군과 함께 기념사진

트루먼 덕분에 공산화를 면한 그리스는 6.25 남침 전쟁이 일어나자, UN군의 일원으로 한국에 공군과 육군을 보냈다. (1950년 12월 1일)

제2차 세계대전 이후 그리스는 공산군의 준동으로 인한 내전을 치렀다. 트루먼 대통령이 1947년에 발표한 '트루먼 닥트린'도 소련의 위협에 직면한 그리스와 터키에 대한 지원을 선언한 것이었다.

1950년 12월에 한국에 도착한 그리스군은 공군이 겨우 도착하자마자 수송 임무를 수행해야 했고, 그리고 지상군은 대구에서 실전훈련에 들어갔다. 그러나 대부분의 병사들은 내전에서 실전 경험이 있었기에 한결 쉽게 넘어갔다. 부대 명칭은 왕립 헬레닉 대대 Royal Hellenic Battalion으로 칭하였다. 최초 전투는 미 제1기병사단과 함께 1951년 1월 29일에 이천에 서였다.

그리스군은 한국전선에서 전사자 192명, 부상자 543명을 기록하였다.

▲ 그리스 공군 수송기 C-130H

▲ 참전 기념비에 그리스 신화에 나오는 삽화가 그려져 있음.
위치: 여주군 가남면 오산리 건립일자 1974. 10. 3

- 비문 내용 -
행복은 자유 속에 있고
자유는 용기 속에 깃든다는 신념을 가진
그리스의 용사들!
정의를 위해 몸 바친 고귀한 생명 위에
영광이 있으리!

'에피소드'가 없는 그리스군과 터키군

그리스와 터키가 앙숙이기는 하지만 같은 UN군으로 와서 싸워주었다. 물론 UN군 지휘부도 이런 사실을 잘 알고 있어서 이들을 같은 사단 소속으로 작전에 투입되게는 하지 않았다.

통상 터키여단은 중동부 전선에, 그리스 대대는 중서부 전선에 배치되었다. 그러나 이들이 한국에서 마주치는 경우가 전혀 없지는 않았을 것이지만 그에 대한 얘기가 전해 오지는 않는 것으로 봐서 별일은 없

었을 것이다.

6.25전쟁에 참전한 16개 국가들의 참전 의의는 회원국들이 파견한 병력의 규모만으로 평가할 수는 없다. 이는 제2차 세계대전 이후 처음으로 '평화의 파괴자'에 맞서 국제기구의 집단적 행동으로 평화를 회복하려는 노력이었기 때문이다. 세계대전의 전화가 가신지 얼마 되지않은 상황에서 평화와 자유의 위협에 대해 전 세계는 'UN헌장에 입각해 이를 집단행동으로 막아야 한다'고 입을 모았다.

11월 22일 (151일째)
미 제1해병사단,
장진호 포위 태세 강화

* 미 제7사단. 풍설을 무릅쓰고 혜산진으로부터
서남방 16km 지점인 삼수 향해 진격
* 국군 제3사단, 합수 점령
* 동해안에서 북진 중인 국군, 청진 남방 8km 지점의
나남에 육박
* 국군, 서북 전선에서 영원 탈환, 국군 제2군단 소속의
다른 사단은 덕천 북방 8km 내지 10km 지점에 진지 구축
* B29 전폭기 대거 출동, 무산 · 청진 등 맹폭
* 미 제5공군 항공기, 강계 · 신의주의 압록강 교량 등 폭격
* 서북전선의 유엔군 예비부대, 7개 사단 이상 대기
* 신예 전차로 무장한 영연방 제29여단, 개성 도착
* 영국 야전 병원부대, 한국 도착

11월 23일 (152일째)
벨기에군, 룩셈부르크군 참전
- 1950. 11. 23 도착 -

* 영국정부, 중공에 "UN은 중공정권을 보장할 것이니
한반도 침공을 조속 철수하라"고
주은래 외교부장에게 전언

*경찰, 거창지구 (북산 위청)에서 준동하는 게릴라 소탕
(사살 119명, 생포 7명)

벨기에군

나라 정식명칭은 벨기에 왕국(Koninkrijk Belgie / Kingdom of Belgium)이며, 영어로는 벨지움, 프랑스어로는 벨지크라고 한다.

▲ 벨기에 국기

벨기에 참전 현황:벨기에 대대 1951. 1~1955. 6
(1951. 3. 미 제3사단 배속)

벨기에 피해 현황

참전 연인원 3,498명(보병대대 900명), 전사 99명, 전상 336명, 포로 1명

▲ 벨기에 대대장 크라하이(Albert Crahey) 중령(뒷줄 맨 왼쪽)
(1951.3. 영국 제29여단 제8후사르연대에 배속)

▲ 집안의 반대를 무릅쓰고 한국전선에 참전한
시몽 피에르 노통브 남작의 한국 전선에서의 모습

" 귀족이 먼 나라 한국의 전쟁에 참전하는 것을 달가워하지 않는 분위기였네. 설상가상으로 귀족이 사병으로 참전하겠다는 것은 '스캔들'이나 다름없었지...."

▲ 벨기에 6.25 참전 기념비들
[윗줄부터 좌 · 우 순으로]부르쉘 시 윌루웨 쌩피에르에 있는 한국전 참전비.
신트 니클라스시 비츠 공원에 있는 한국전 참전비.
딕스뮈드시 한국 광장에 있는 한국전 참전비.
글린시 의무대에 있는 한국전 참전비 2개의 확대사진.
림뷔르흐시 베베를로 부대에 있는 한국전 참전 기념비.

전투

벨기에 대대는 1951년 초부터 미 제2사단에 소속된 영국군 제29여단에 배속돼 작전을 수행했다. 대대는 수많은 전투에서 그들의 전문적인 전술 능력을 유감없이 보여주었다. 중공군 2월 공세 때 벨기에 대대는 임진강 북쪽의 중요 감제 고지인 금굴산을 확보하고 있었는데 좌측으로는 영국군 푸질리어 대대와 우측으로는 임진강의 가파른 단애를 사이에 두고 미 제3사단 제65보병연대와 접하고 있었다.

중공군의 공세에 맞서 벨기에 대대는 매우 어려운 상황에 처했다. 좌측의 영국군 푸질리어 대대가 中共軍의 공격을 받아 자칫 고립될 위기에 빠진 것이다. 이때 대대를 지휘하던 크레하이 중령은 당황하

지 않고 금굴산을 지키면서 철수로를 확보했다. 그의 시의적절하고 침착한 지휘하에 벨기에 대대는 전차부대에 의해 확보된 도감포 교량을 통해 동쪽 미 제65연대 지역인 전곡으로 빠져나올 수 있었다.

벨기에 대대는 2일간 금굴산 진지를 방어하며 중공군의 진출을 저지함으로써 서측 영국 제29여단의 철수를 도왔으며, 큰 인원 손실 없이 위기를 벗어났다. 이 전투로 벨기에-룩셈부르크 대대는 미국 대통령, 미 제8군 사령관, 벨기에 국방장관의 표창을 받았다.

155고지 전투 : 51. 3. 23
금굴산 전투 : 51. 4. 22
학당리 전투 : 51. 10. 11
잣골 전투 : 53. 4. 18

룩셈부르크

▲ 룩셈부르크 국기

룩셈부르크 대공국은 서유럽에 위치한 나라이며 대공작이 통치한다.

룩셈부르크 소대는 UN 참전국 중에서 규모가 가장 작았던 '미니 부대'였다. UN군 사령관 맥아더는 "참전을 희망하는 국가라 할지라도 그 병력은 작전에 기여할 수 있는 정도로 최소 1천 명은 돼야 한다."는 입장을 전달한 바 있다.

그리고 이런 견해는 UN 회원국들에도 전달됐다. 이 최소 기준에서 예외가 된 국가가 룩셈부르크였다. 룩셈부르크는 당시 인구가 20여만 명에 불과한 까닭에 많은 병력을 파견하기가 곤란했으며, 사전에 벨기에

와 협의해 벨기에 대대에 1개 소대 병력을 포함시켜 참전하겠다는 의사를 표시하였다.

그 제안이 받아들여져 룩셈부르크 소대는 전쟁 기간 내내 48명의 병력을 유지하며, 벨기에 대대에 소속돼 함께 작전을 수행했다.

▲ 1950. 10. 한국전 출전 준비를 완료한 룩셈부르크 소대

▲ 한국전에 참전한 룩셈부르크 병사. (1953년)

룩셈부르크 참전 현황
룩셈부르크 소대(1차) 1951. 1~1951. 8 (벨기에 대대 배속)
룩셈부르크 소대(2차) 1952. 3~1953. 1 (벨기에 대대 배속)

룩셈부르크군 피해 현황
연인원 89명 (소대 병력 44명), 전사 2명, 전상 15명
(출처 : 6.25전쟁 프랑스군 참전사)

▲ 이 탑은 한국전쟁 때 참전한 벨기에 군(지상군 1개대대)과
룩셈부르크 군(지상군1개소대)의 전공을 기리기 위하여
1975.9.26. 한국 국방부에서 제작 건립하였다. (경기도 소요산)

11월 24일 (153일째)
미 제8군,
"크리스마스 공세 예정대로"

*국군 수도사단, 청진 11km 앞까지 진출
* 국군, 공산군 집결지 태천으로 진격
* 정부, 국민방위군 설치법안 국회 제출
* 미 제8군의 공세는 11월 24일 예정대로 개시하다.

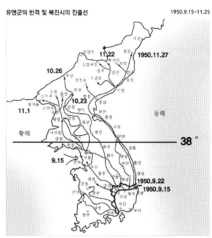

▲ 6.25전쟁-전선의 변화 : 유엔군 반격 및 북진기

▲ 미 제7사단으로부터 혜산진을 인계받은
국군 제3사단 제22연대 병사들이 혜산진에서 "대한민국 만세"

▲ 1950.11.24 맥아더 사령관 전선 시찰

UN군의 크리스마스 공세는 이튿날, 11월 25일의 중
공군의 반격으로 실패에 이른다.

▲ 미 제8군 공세에 대한 대규모의 중공군 반격 모습. 1950년 11월 26일

중공군은 최초 등장 이후부터 매번 예측을 벗어나는
행태를 보여, 계속하여 아군을 당황하게 만들었다.
그만큼 중공군은 알려진 것이 없는 미지의 군대였
다.

크리스마스 공세는 중공군의 제1차 공세 이후인 1950년 11월 24일부터 실시된 미 제8군의 총공세 작전의 별칭이며, 이는 맥아더 원수가 밀번 장군(제10군단장)에게 '잘 되면 크리스마스까지 귀국할 수 있다'라는 취지로 사석에서했던 발언에서 유래되었다.

정보분석의 오류로 인하여 중공군의 참전 규모를 실제의 1/4 이하로 추정하였고, 그 목적에 대해서도 수풍발전소 방호라는 제한된 목적일 뿐이라고 오판한 상태에서 중공군의 조직적 공세기도가 있기 전에 강력한 공격으로 한중국경까지 진출하여 전쟁을 종결짓겠다는 목적을 가지고 실행된 UN군의 마지막 총공세작전이었다.

11월 25일 (154일째)
중공군, 제2차 공세 전개

* 중공군 제126사단 - 서부 및 중부 전선,
미 제8군에, 60만 명으로 인해전술 총반격
* UN 한국통일재건위원단 단장 파키스탄 지아우딘 임명
* 모택동 아들 모안영 전사

미 제8군의 '크리스마스 공세'는
11월 24일 예정대로 개시

공격사단은 11월 26일까지 경미한 저항을 물리치고 진출하였다. 그러나 이와 같은 공격은 대규모의 중공군 공격에 의해 저지되었다. 중공군의 주적은 미 제8군의 우익을 강타하였다.

맥아더 장군의 '크리스마스 공세'는 바로 다음 날 중공군의 강력한 저항에 부딪쳐 한국군과 UN군은 곳곳에서 붕괴되거나 중공군의 포위망에 갇히게 되었다.

국군 제1, 6, 8 사단이 붕괴 직전까지 몰렸고, 미군 제1기병사단은 1천5백 명의 전사자와 실종자를 냈다.

▲ 중공군 참전 초기, 중공군 병사가 파괴된 미 기병제1사단의 탱크위에서 1950. 11

서부전선의 국군 및 UN군은 다음 작전에 대비하고자 일단 임진강 선까지 철수를 결정하였고, 그 후에 다시 전면적인 재공세를 취하여 전세를 만회하려 하였다. 이와 동시에 동부전선에서도 미 제10군단장 알몬드 소장은 예하 군단의 철수를 명령하고 한만국경(韓滿國境)에 도달한 바 있는 한국군 제1군단(김백일 장군)의 수도사단과 제3사단도 철수를 개시하였다.

모택동 아들 모안영 전사
'조선전쟁'이 발발하자 모안영(毛岸英)은 항미원조 부대에 지원하여 팽덕회의 러시아어 통역관으로 팽과 함께 압록강을 건넜다. 모안영은 한국전쟁에 참전한 지 약 한 달 만인 1950년 11월 25일 평안북도 동창군에서 미군 전투기 폭격으로 전사했다. 11월 24일 두 대의 정찰기가 중공군의 위치를 탐지하였으며, 다음 날 정오에 4개의 네이팜탄을 투하하였다. 그중 하나가 모안영이 있는 동굴 근처에 떨어져 사망을 하게 된 것이다.

▲ 모택동과 아들 모안영(毛岸英)

중공군 2차 대공세 1950년 11월 25일

중공군의 참전(參戰)

중국 공산당은 8년간의 항일투쟁(제2차 국공합작)과 4년간의 국공내전 후 1949년 10월 1일 대승을 통일하고, 중화인민공화국 성립을 선포했다. 같은 해 12월 장개석(蔣介石) 국민당 정부는 타이완(臺灣)으로 망명했다.

1950년 10월 1일 중국 역사상 최초로 중국 전역을 평정한 중공군(八路軍이 주축)으로서는 오랜 내전으로 지칠 대로 지쳐 북한을 도와줄 여력이 없다고 판단한 맥아더 미 극동군사령부는 중공군의 한국전 참전을 어렵다고 예상하였다. UN군에 의하여 북괴군이 압록강까지 밀리자, 김일성은 중공에게 지원을 요청했다. 이에 중화인민공화국 주석 모택동은 10월 19일에 4개 군단과 3개 포병사단 등 30만 명의 중공군을 한국전에 참전하도록 명령을 내렸고, 만주에 중공군 50만 명을 대기시켰다.

모택동(毛澤東)은 소련의 공중지원과 군사물자 원조를 조건으로 "중국인민지원군"이라는 명목으로 한국전쟁에 개입했다. 10월 하순에 한국군에 의해 중공군 포로가 잡혔으나 미군 측은 이를 신뢰하기 어려워하였으며, 11월 6일에야 맥아더 총사령관은 중공군의 한국전 개입을 뒤늦게 인지하고 공식 성명을 발표했다.

▲ 모택동 중공 주석과 주덕(朱德) 중공군 총사령이 한국전에 참전할 중국인민지원군을 검열하고 있다.

▲ 한국전 참전 중공군 사령관 팽덕회(彭德懷)와 김일성

▲ 중공군, 제2차 공세 준비하는 모습. 1950.11

▲ 모택동을 찾아가 구원을 요청하는 김일성. 1950.10

▲ 중공군, 산중에서 매복하고 적의 출현을 기다리고 있다. 1950.11

▲ 압록강을 넘을 준비하고 있는 30만 중공군.

▲ 중공군 제2차 공세 요도

▲ 2차 공세 요도-2

11월 6일 중공군이 갑자기 사라진 이후, 24일까지 18일 동안, 청천강 일대의 전선에는 정적이 흘렀다. 중공군이 아직 압록강 남쪽에 남아 있는 것이 분명했으나 중공군 대부대의 뚜렷한 움직임은 식별되지 않

았다.

이 불안한 소강상태에 대해 미군 내부의 해석은 엇갈렸다. 中共軍 1차 공세 당시 제8기병연대가 포위돼 상당한 손실을 입은 탓에 전선에 배치된 미 육군 야전부대에서는 중공군에 대한 경계감이 강했다. 국군도 2개 사단이 큰 손실을 당한 만큼 중공군에 대한 경계심을 풀지 못했다.

엇갈린 판단

하지만, 일본에 있는 유엔군사령부는 분위기가 전혀 달랐다. 윌로비 장군이 이끄는 미 극동군사령부 정보참모부(G-2)는 중공군이 갑자기 물러난 것은 싸울 만한 의지도 전력도 없기 때문이라고 판단했다. 중공군의 기습에 제8기병연대가 손실을 입은 것은 사실이지만 그것은 기습이라는 특수한 상황에서 벌어진 우발적 사태라고 확신했다.

미군의 공군력과 강력한 화력을 경험한 중공군은 다시는 공세를 재개할 수 없을 것이며 한 번만 더 미군과 국군이 공세를 감행하면 전쟁을 끝낼 수 있다는 것이 도쿄에 위치한 극동군사령부의 판단이었다.

중간에 위치한 미 제8군사령부의 판단은 엇갈렸다. 극동군사령부와 유사하게 중공군을 경시하는 사람도 있었지만, 갑자기 나타나 맹렬한 공격을 가하다 갑자기 사라진 중공군의 움직임이 불길하다고 믿는 사람도 많았다.

미 합동참모본부는 야전부대의 입장에 가까웠다. 중공군 병력이 얼마나 많이 압록강 남쪽으로 들어와 있는지 모르는 마당에 미군이 전면 공세를 다시 시작하는 것은 지나치게 모험적으로 보였다. 하지만 인천 상륙전 부터 오랫동안 맥아더 원수와 의견 충돌을 경험했던 합참 요원들은 맥아더의 극동군사령부에 적극적인 지시를 하는 것을 주저했다.

맥아더 원수는 이미 11월 6일 공격 재개를 결정한 상태였기 때문에 합참의 조심스러운 입장을 일축했다. 이 같은 맥아더 원수의 방침에 따라 미 제8군은 약 1주일 동안 보급물자를 확보한 후 11월 15일부터 공격을 재개하려 했지만, 보급 속도는 생각보다 느렸다.

북진 작전에 원래부터 투입된 미 제1군단과 국군 제2군단에 더해 중공군 참전 이후 후방에서 북상한 미 제9군단까지 가세함에 따라 미 제8군이 지원해야 할 군단은 총 3개였다.

이들 한·미 3개 군단의 1일 소요 보급량은 4,000톤에 달했으나, 철도와 공중수송을 포함한 미 제8군의 수송역량은 절반 정도에 불과했다. 열차를 이용한 육로수송, 진남포항을 이용한 해상수송과 항공수송까지 총동원하고서야 보급 문제가 어느 정도 해결됐다.

크리스마스 공세

이에 따라 11월 20일부터 전면적인 공세 재개에 대비한 소규모 공격이 시작됐다. 전체 UN군의 공세가 재개된 것은 11월 24일이었다. 24일 오전 10시 발표된 공식 성명을 통해 맥아더 원수는 크리스마스 이전까지 전쟁을 끝내겠다고 공언했으므로 이때 시작된 공세를 흔히 '크리스마스 공세'라 불렀다.

미 제8군의 작전 통제를 받는 한·미 3개 군단 중 미 제1군단은 신의주를 향해 서해안을 따라 진격하도록 계획했다. 중앙의 미 제9군단은 군우리에서 초산·벽동 방향으로 진격토록 했다. 국군 제2군단은 미 제9군단의 오른쪽인 희천·강계 방향으로 진격하도록 했다.

남쪽에서 바라보면 왼쪽부터 미 제1군단, 미 제9군단, 한국군 제2군단이 배치되고 그 오른쪽에는 약간의 간격을 두면서 미 제1군단과 국군 제1군단이 진출하도록 돼 있었다. 특히 작전계획의 최종 수정 과정에서 맥아더 원수는 함경도에서 작전하는 미 제10군단 병력 중 일부를 서쪽의 평안북도 방면으로 공격하도록 지시했다. 이를 통해 미 제8군의 가장 동쪽에서 작전하는 국군 제2군단을 지원하면서 평안북도 일대에 몰려 있는 중공군을 포위하겠다는 것이 맥아더의 복안이었다.

대재앙의 시작

하지만 미군과 국군의 대공세는 첫날부터 어려움을 겪었다. 곳곳에서 중공군의 움직임이 식별됐고, 진격은 생각만큼 순조롭지 않았다.

특히 평안북도 일대의 울창한 삼림지대 속에서 작전하던 미 제9군단과 국군 제2군단은 평안북도의 높은 산, 깊은 계곡 사이에 펼쳐진 끝없는 숲속으로 진격하는 것에 서서히 불안감을 느꼈다. 그 같은 불안감은 UN군의 전면 공세 재개 하루 만인 11월 25일, 역으로 중공군이 공세를 시작하면서 눈앞의 현실이 됐다.

중공군 제38군은 이날 전선에서 대치하고 있는 국군에 비해 3~4배나 되는 병력을 투입해 국군 제2군단 예하의 국군 제7사단을 포위했다. 중공군 제38군 소속 113사단이 깊숙이 침투해 후방을 차단하고 나머지 2개 사단이 양 날개를 펼쳐 덕천 일대의 국군 제7사단을 완전히 포위망 속에 빠트렸다.

11월 초 비호산에서 바위처럼 버티며 중공군 제38군의 거센 공격을 막아내던 제7사단도 이처럼 병력 열세 속에 포위망에 빠지자, 대응할 방법이 없었다.

비슷한 시간 국군 제7사단 오른쪽 영원 일대에 포진하고 있던 국군 제2군단 예하 제8사단도 역시 3배 이상의 병력을 동원한 중공군 제42군의 포위망에 빠졌다.

전선 전면 붕괴

이날 국군뿐만 아니라 미군을 비롯한 UN군의 공격 작전도 순조롭지 않았다. 11월 25일 미 제1군단과 제9군단은 정해진 목표를 향해 공격을 감행했지만 좀처럼 공격은 속도를 내지 못했다.

11월 26일 오전 2시부터는 상황이 역전돼 오히려 중공군이 공격을 감행하고 미군을 비롯한 UN군이 방어를 하는 상황으로 정세가 급변했다. UN군의 전면 공세 이틀 만에 공수가 뒤바뀐 것이다. 이때부터 전선의 미군은 중공군의 거센 공격을 받았다. 박천 일대의 영국군 제27여단 지역에는 중공군 제50군이 치고 들어왔다. 태천 동남방의 미 제24사단 지역에는 중공군 제66군이 공격해 왔다. 영변의 미 제25사단 정면으론 중공군 제39군이 공격을 감행했다. 청천강을 가운데 두고 배치돼 있던 미 제2사단은 중공군 제40군의 공격을 받았다.

> ### 11월 26일 (155일째)
> #### 동부; 국군, 청진 돌입, 합수 도착
> #### 서부; 중공군 제2차 공세 강행,

* 국군 · 유엔군, 중공군 반격으로 태천 부근에서 철수
* 국군, 가평 재탈환
* 국군 제2군단, 주저항선 붕괴

11월 25일
적은 청진 서남 외곽의 방어진지가 무너지자, 그 주력은 회령과 웅기방향으로 퇴각하면서 일부 엄호부대를 요지에 배치하여 아군의 추격을 저지하는 동시에 기회를 보아 역습을 감행하여 지연전의 효과를 거두고자 하였다.

11월 26일
제18연대 제1대대는 이날 06:00에 경동진지에서 출발하여 제1연대 제1대대가 전날 점령하였던 송동(경성 북쪽 2km)에 진출한 다음, 이곳에서부터 도보로 적과 근접하여 행군을 하여 공격을 시작, 석고동 서쪽 4km의 450고지를 완전히 점령, 확보하였고, 제2대대는 06:00에 남석동을 출발하여 15:00에 경성동을 경유, 경성 마을 건너서 경성-부령 간의 동쪽 능선을 공격하기 시작하였으며, 그 뒤 16:00에 이르러 사하동(경성 북쪽 5km 경성천 동변)을 진격하여 그 북쪽 254고지에서 적 1개대대 규모의 병력과 서로 부닥치게 되므로써 치열한 격전이 전개되었으나, 마침내 18:00에 284고지를 완전히 점령, 확보하고, 같은 고지에서 이후 작전을 준비하였다.

11월 27일
이날 성진에 위치한 군단사령부에서는 다음과 같은 군단 작전 제121호(작명부록 제32호)를 하달하였다.

군단 작전 제121호
1. 미 제10군단은 계속하여 한·만 국경에 전진하고 있음. 제26연대는 함흥-단천-혜산진으로 전진할 것이고, 미 해군 및 공군은 요청에 의해 아군 군단을 지원할 것임.
2. 군단은 계속 북진하여 담당 지구 내의 한만 국경-한소 국경에 전진하려 한다.
3. (1) 수도사단은 2개 연대로써 회령을, 1개 연대로써 융기를 점령, 확보하라. 그리고 예하 제1연대의 특공대를 무주에 주둔시켜 백두산남지구 전투부대에 배속하라. (2) 제3사단은 최단 시간 내에 1개 연대로써 무산을 점령, 확보할 것이며, 1개 연대를 예비대로 나남에 보유하라.

이와 같은 명령을 받은 사단장 준장 송요찬은 청진 점령 이후 선두에 진출하여 있는 제18연대와 제1연대를 각각 회령 방면으로 계속 진격토록 하였고, 제1기갑연대는 청진에서 동해안변의 웅기를 향해 진격케 하였다.

서부전선의 딜레마

▲ 1950. 11. 26 제2차공세; 중공군 제40군이 청천강 전투에서, 미 제2사단의 소민봉을 공격하고 있는 모습. (중공군 촬영)

▲1950. 11. 26 중공군 제39군이 UN군 트럭을 파괴하며 공격하는 장면 (중공군 보도 반 촬영)

중공군의 군은 아군의 군단급에 해당하는 부대였으므로 대부분의 지역에서 중공군은 아군 1개 사단 당(當) 중공군 1개 군단을 투입한 셈이다.

국군 1개 사단 방어지역에 중공군은 그 3배가 넘는 군단급 부대를 투입하는 상황이었으므로 이미 전투의 결과는 불문가지였다. 결국 국군 제2군단 전체가 격랑 속으로 휩쓸려 들어갔다. 미군 1개 사단은 국군에 비해 병력이 2~3배 많았고, 곡사포 등 장비와 화력은 그보다 훨씬 더 강했다. 미군은 이 같은 화력과 장비를 바탕으로 중공군의 공세에 근근이 버틸 수 있었지만, 사단의 해당 병력도 적고 장비도 열세인 국군은 사정이 더 급했다.

국군 방어지역은 미군과 영국군, 터키군을 포함한 UN군 지상부대의 오른쪽 측면에 해당했다. 이 중요

한 우측방으로 중공군 제38군과 제42군이 파고들면서 미 제8군 주력부대 전체가 중공군의 포위망에 빠져들 수도 있는 위기에 처했다.

중공군의 함정(陷穽)

▲팽덕회

사실 팽덕회가 지휘하는 중공군은 미군과 국군을 유인하는 작전을 처음부터 염두에 두고 있었다. 팽은 10월 26일 1차 공세를 감행한 후, 중공군이 후퇴해서 사라지면 미군이 금방 반격해 올 것이란 점을 사전에 예상하고 있었다. 미군이 중공군 전력을 오판해 깊숙이)격해 오면 포 위 섬멸하는 유인작전이었다.

UN군 입장에서 보자면 11월 24일부터 시작한 크리스마스 공세는 처음부터 중공군이 완벽하게 만들어 놓은 함정에 그대로 빠져든 완전히 실패한 작전이었던 것. UN군이 공격 첫날 공격이 잘 안된다고 고개를 갸웃거리고 있을 때 중공군은 미군이 유인작전을 눈치채지 못하도록 적절한 선에서 물러날 타이밍을 잡기 위해 고민하고 있을 정도로 크리스마스 공세는 시작부터 승패가 이미 결정된 비극적 전투였다.

공군 정찰기를 동원해 전장 상황을 손금 보듯 들여다볼 수 있는 첨단 미군을 상대로는 좀처럼 성공할 것 같지 않은 소설 '삼국지' 식의 고전적 구닥다리 유인작전은 그렇게 20세기 한반도에서 갑자기 부활했었다.

* 미 제2사단 및 제25사단, 중공군의 반격 저지

제2차 청천강 전투 (1950년 11월 24일-11월 30일)

전투의 개요
1950년 11월 말에 진행된 2차 청천강 지구 전투는 1차 청천강 지구 전투의 여세를 몰아 북진한 아군이 대거 참전한 중공군과의 치열한 격전을 벌인 전투이다. 이 전투로 인해 미 제9군단의 예하 부대와 배속 부대인 터키여단, 영국군 여단은 많은 인명 손실을 입었으며 이후 청천강 이남으로 밀려난 아군은 평양과 원산을 연한 선을 방어선으로 설정하여 철수를 시작하였으며, 미 해병대는 장진호 전투에서 다시 한번 적과 치열한 접전을 벌이게 된다.

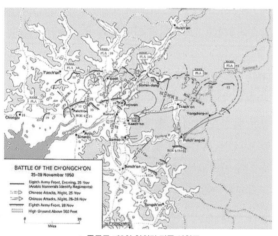

BATTLE OF THE CH'ONGCH'ON
25-28 November 1950

▲ 중공군 제2차 청천강 전투 상황도

작전 계획
이번 작전이 발기되고 여기에 수반하는 계획이 이룩되기까지의 전후 경과를 살펴본다면 아군에서는 중공군과 재편성을 마친 일부 북괴군의 전력을 과소평가하였으며 그나마 중공은 수풍발전소의 발원을 방호하는데 국한하여 적유령산맥 일대에 주병하였을

것으로 경시하였던 것이다. 이리하여 맥아더 원수는 판단하기를『적의 조직과 저항력의 완비가 이룩되기 전에 한만 국경선으로 진격함으로써 조기에 6.25전을 종결지을 수 있을 것이다.』라고 속단한 나머지 곧 대대적인 작전의 단행을 결심하고 이러한 뜻을 미 제8군에 하달하였다.

제2차 청천강의 전투

11월 24일
반격(反擊) 제1일을 맞이한 이날 아침에 맥아더 원수는 미 제5공군 사령관과 작전부장, 그리고 정보부장과 민정국장을 대동하고 동경 주재 기자들과 함께 공로 미 제8군 사령부를 방문하고, 워커(Walton H. Walker) 중장의 안내로 미 제1, 제9군단, 그리고 미 제24사단 사령부를 순시한 결과 작전의 추이를 낙관하였으나, 이때 미 제1군단장 밀번은 미 제9군단 당면의 적은 그 저항이 완강할 것으로 예측하여 제9군단 공격의 성공 여부를 염려하는 바 있었다.

이러한 가운데 이날 10:00를 기하여 반격 작전은 드디어 막을 열었고 맥아더 원수는 전선 전방인 신의주 일대를 거쳐 압록강 남안을 따라 공중 순찰을 마치고, 필승을 예언하되『이번 작전은 전쟁을 종식시키기 위한 반격작전이다.』하고 강조한 다음, 공로(空路) 동경(東京)으로 향발하여 곧 공격 개시를 합동참모본부의장(議長)에게 보고하는 동시에 성명을 발표하였다.

11월 25일
전날 전 전선에 걸쳐서 접전이 없는 가운데 진격을 마치고 야영한 양 사단은 이날 아침에 다시 전진을 시작하였는데, 영원 - 덕천선을 북진 중인 한국군 제2군단의 선두 부대가 묘향산맥의 중턱에서 비로소 적과 부딪친 것을 신호로 하여, 전 부대가 적과의 화력전을 시작하게 되었다고 판단하였을 때에는 이미 선두의 중, 대대가 적의 포위망 속에서 좌우 협격을 받고 있었으니, 이야말로 전형적인 조우전이었다.

이날 정오에 이르자 아군 전선은 동요되기 시작하였고 우익인 덕천지구에서는 중공의「제1차 공세」때의 상흔을 어루만지며 분전한 한국군 제2군단 예하 제6사단의 혈전도 그 보람 없이 마침내 덕천까지 탈패 당하였다. 미 제25사단은 구룡연도를 따라 운산으로, 제2사단을 청천강 상류를 따라 희천을 점령할 계획으로 대, 중대 단위의 제차로써 진격시켰는데, 이 역시 중공의 대병단과 불시에 조우하게 되어 정면에서 격전을 벌이는 동안 잠복한 적으로부터 측면공격을 받는 동시에 퇴로마저 끊겨버리는 상황에 이르렀다. 미 제2사단의 제9연대는 사단의 좌일선으로 3개 대대를 병렬케 하여 이날 아침부터 북진토록 하고 1개 중대를 배치하였는데,

09:00에 제3대대의 B 중대가 희천 북쪽 5km에 있는 219고지에서 혈전을 전개하여 전 UN군 중에 가장 돌출한 전선에서 많은 인명의 손실을 입은 것을 비롯하여 도처에서 격돌하였으나, 중공 제40군의 주력에 밀리게 된 사단은 이날 주간의 악전고투 결과 축차 저항으로 희천 남쪽 2km 선에서 정지하고 진지를 점령하였다.

11월 26일
격전을 치른 각 부대는 대체로 병력이 이미 반감되는 상태였다. 또한 이 무렵의 전선은 제9군단 좌익일선제대의 우측이 무너졌고 제8군의 좌익인 미 제1군단은 태천 - 정주선을 고수하였으나 우익인 한국군 제2군단은 많은 손실을 입고 병력의 증원이 시급한 단계에 놓여 있었다.

- 중략 -

이날 09:30부터는 공중폭격의 연속적인 맹타로 적의 예기를 꺾게 되자 중대는 곧 진지를 보강하면서 장차 일전하기를 별렀는데 이 동안 후방과의 두절된 연락망이 개통되는 동시에 실탄까지 보급됨으로써 곧 산정의 적을 제압하여 격퇴하고야 말았다.

그러나 그 뒤에 중대는 병력점검을 마친 결과 공격 초에 129명이던 중대 병력이 34명으로 줄었으며, 26시간의 혈전에서 95명의 손실을 보았던 것이다.

터키여단도 이날 군단의 명령에 따라 16:00에 군우리를 출발하여 차량 기동으로 덕천으로 진격하였는데, 와원(군우리 동쪽 18km)에 이르러 일몰을 맞이하였으므로 곧 진격을 중지하고 적의 야습에 대비하는 급편방어진지를 구축하면서 철수하였다.

- 중략 -

이와 같은 긴박한 전세에 따라 유정동(222.37고지) 부근에 급파된 영국군 제27여단의 정면에서도 구룡강을 건너뛴 적이 인해전술로 삼면으로 몰려들게 됨으로써 피아간에 도륙전을 전개하게 되었다.

▲ 1950. 11. 2차 청천강 전투, 미군 병사들의 고전 현장

▲ 압록강변 혜산진으로 진격한 미 제7사단 병사들. 1950. 11. 21

11월 27일

이 무렵 미 제9군단에서는 대체로 전날 밤까지의 전선을 고수하였으나 용성동 동쪽 일대에서 배후와 측방 공격을 받은 제25사단 27연대 2대대는, 적의 포위망을 돌파하여 입석 서남쪽에서 병력을 수습하는 대로 진지를 점령하였으나 그 뒤를 급히 추격한 적의 야습으로 혼전에 빠져 분란과 후퇴를 면치 못하게 되었다.

한편 터키여단은 이날 미명부터 진격을 시작하였는데 전날 와원까지의 차량 기동에 반하여 이날은 전위부대와 특수부대를 제외한 그 나머지 부대는 도보 기동이었으므로 진격의 속도는 느렸다.

14:30에 와원에서 실제 거리 16km를 진격하였을 때 군단으로부터 『와원으로 복귀하여 급편방어 진지를 점령하라』는 명령을 받게 되었으므로 곧 전진하게 되었는데, 와원에서 7km 지점인 협로에서 무선차량의 고장으로 진로가 차단되어 이곳에서 철야하였다.

제2차 청천강 지구 전투의 결과

12월 1일과 2일의 양일에 걸쳐 UN군이 양덕 - 성천 - 순천 - 숙천을 연하는 「평양방어선」에 포진하였을 때에는 적의 침략 공격도 주춤하는 듯하였고 이 적을 찾아 통격을 가하려는 전폭기의 일방적인 제공 속에서 지상군은 후퇴의 발길을 멈추고 권토중래의 반격을 기도코자 하였다.

그러나 잠시 동안의 소진상태가 있었을 뿐 다음날인 12월 3일에 이르자 적은 중부 산악지대를 비롯한 성천 - 순천 지구를 공략하였는데 곧 이어 평양을 강점할 기세로 다시 대군을 휘몰아 광파와 같이 몰려들 것이라는 소문이 파다하였거니와, 이를 뒷받침이라도 하듯이 동부전선의 함흥 - 원산 일원을 압박하려는 적은 먼저 장진호 부근에서 미 제1해병사단에 대한 포위공격을 단행하기 시작하였다.

▲ 1950년 11월 청천강 전선에 배치된 미 육군2사단 소속 장병들 모습. 2사단은 청천강 전투 당시 UN군 본대의 철수를 엄호하기 위해 후방에 남았다가 철수 과정에서 큰 어려움을 겪었다. (미 육군자료 사진)

11월 28일 (157일째)
동부전선 전진, 중서부 전선 후퇴 양상

* 국군, 동북부 청진 수복 후 계속 북진
* 국군, 연천지구 북괴군 6000여 명 사살
* 중서부 UN군, 중공군 및 북괴군 압박으로 후퇴
* 프랑스군 보병 대패, 부산 상륙

장진호(長津湖) 전투 -1 (1950. 11. 27~12. 11)

▲ 장진호 전투의 상징적 사진

장진호 전투는 한국전쟁 중인 1950년 겨울, 미국 제1해병사단(미 제7사단 일부 포함)이 개마고원의 장진호에서 북괴군 사령부의 소위 임시수도 강계를 점령하려다 오히려 장진호 근처의 산악 속 곳곳에 숨어 있는 중공군 제9병단 (7개 사단 병력, 12만 명 규모)에 포위되어 전멸 위기를 겪다가, 성공적으로 후퇴 작전을 수행한 역사이다.

당시, 미국의 뉴스위크지는 "진주만 피습 이후 미군 역사상 최악의 패전"이라고 혹평하였다.

이 후퇴 작전을 통해서, 미 해병1사단은 자신의 10배에 달하는 12만의 중공군 남하를 지연시켰으며, 중공군 12만 명의 포위를 뚫고 흥남에 도착, 흥남 철수를 통해 남쪽으로 탈출하는 데 성공했다.

미 해병 제1사단의 이 퇴각 작전으로, 중공군 남하를 저지함으로써 한국군과 UN군, 피란민 등 20만 명이 남쪽으로 철수할 수 있었으며, 서부전선의 미 제8군이 중공군을 방어할 수 있었다. 장진호 전투로 인해 중공군의 함흥 지역 진출은 2주간 지연됐고, 중공군 7개 사단은 궤멸적 타격을 입었다.

▲ 본 전투의 英文 이름 'Chosin Reservoir'의 장진(長津)은 영어로는 일본어 독음을 따서 Chosin(ちょうしん)이라고 부르는데, 이는 당시 한국어 지도가 없고 일본어 지도뿐이었기 때문이다. (Changjin Reservoir라고도 할 것이다.)

▲ 미 제10군 단장 알몬드 소장

작전 경과

극동사령부의 압착포위 작전 (Massive Compression Envelopment)

평양 수복 후, 맥아더 사령부는 중공군이 개입할 가능성이 없다는 전제하에서 압록강을 향한 대대적인 포위 작전을 구상하고 있었다.

극동 사령부는 한반도 북부의 험난한 자연과 기후 그리고 중공군 개입에 대한 철저한 대비 없이 이 포위 작전의 북쪽 주공을 미국 제1해병사단에 임무를 부여하였다.

1950년 10월 26일 미 제1해병사단 UN군의 북진에 맞추어 서부전선 부대와 접촉을 유지하라는 명령을 받고 장진호 방면 진출을 위해 원산에 상륙하였다. 처음에 동부에 있었던 미 제10군단과 미 제1해병사단은 장진호 쪽으로 어렵게 북상하였으며, 미 제1해병사단은 북괴 정부가 도피중인 강계를 점령하기 위해 장사호 쪽으로 북진하게 된다.

▲ 미 해병 제1사단장 스미스 소장

11월 2일 수동(水洞) 전투

함흥 북방 수동 일대에서 미 제1해병사단 제7연대 제1대대와 평양에서부터 후퇴한 북괴군 344전차대대 잔존 병력과 전투가 벌어졌다.

전투 중 일부 중공군 포로가 발견되어 중공군이 전쟁에 개입하고 있다는 보고가 사실로 확인되었다.

당시 동경의 극동 사령부 (FEC, Far East Command)는 CIA와 기타 정보기관의 거듭된 경고에도 불구하고 압록강에서 160km 후방인 수동에서 발견된 중공군은 소수의 지원병일 것이라고 추측하고 정보참모 윌로비 (Charles A. Willoughby) 소장을 통해 11월 3일 16,500명에서 34,000명가량의 중공군이 북한 지역에 들어와 있다고 발표하였다.

하지만 중공군은 그 시점에서 제9병단의 12개 사단과 제13병단의 18개 사단, 대략 30만 명이 이미 북한에 들어와 있었다.

제7연대는 수동전투 이후 진흥리까지 진출하는데 꼬박 닷새(5일)를 보냈고, 3,000명의 연대 병력 중 전사 50명, 부상 200명의 피해를 입었고, 중공군은 1,500명이 전사한 것으로 파악하고 있었다.

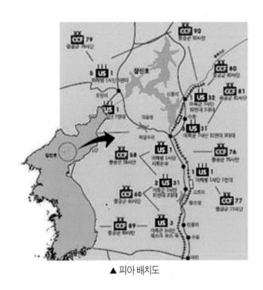

▲ 피아 배치도

11월 7일~11월 26일

제7연대 병력은 별다른 전투 없이 7일 황초령 문턱에서부터 15일에는 장진호 남단 하갈우리를 거쳐, 25일에 장진호 서편 유담리에 진출하였다.

26일에는 7연대는 장진호를 중심으로 서쪽, 5연대는 하갈우리 북방, 1연대는 후방을 담당하는 형태로 배치되었다. 이 기간 동안 스미스 사단장은 하갈우리에 보급품을 비축할 것과, 야전활주로(野戰滑走路) 건설을 지시하였다.

한편, 서부전선에서 중공군은 11월 24일에 제4야전군 예하 13병단(약 18만 명)과 제3야전군 예하 9병단(12만 명)을 미 8군 전면과 미 제10군단, 제1해병사단 전면에 배치하였고 11월 25일에는 미 8군의 우측을 공격하여 한국군 제2군단이 붕괴될 위기에 처하였다.

또한 미 제2보병사단도 공격을 받아 당일에만 4,000여 명의 병력과 사단 포병 장비 대부분을 잃었다.

11월 27일

미 제10군 단장 알몬드 소장의 명령으로 제1사단은 당일부터 제54연대를 주공으로 포위 기동의 북쪽 날개로써 미 제8군을 포위하고 있던 중공군을 격퇴하고, 미 제8군과 함께 낭림산맥 서쪽으로 공격할 예정이었으나, 계획과 달리 포위 작전의 방어부대인 미 제8군이 중공군의 공격으로 후퇴하기 시작하였다. 중공군은 제9병 단 여덟 개 사단 약 6만여 명의 병력을 집결시켰다.

이 중 3개 사단은 유담리에 대한 공격을 준비 중이었고, 1개 사단(제80사단)은 하갈우리 포위를 위해 미 해병 제1사단의 우측 방어를 담당하고 있던 미 제7보병사단 31연대 전투단에 대한 공격을 준비 중이었다. 당일 UN군 병력은 해병 13,500명과 육군 4,500명에 불과했다.

▲ 중공군 포위저지선을 뚫고 전진하는 미 해병대

중공군 유담리 공격

27일 밤, 중공군 제79 및 제89사단은 유담리에 대하여 공격을 개시하였는데, 이 전투에서 미 제1해병사단 제7연대 E 중대와 중공군 제79사단 235연대가 서로 막대한 피해를 입었다.

중공군의 미군 제31연대 전투단(일명:Task Force Maclean)에 대한 공격 27일 밤 11시경부터 중공군의 공격이 시작되었지만, 장진호 동안에 산재해 있던 연대 산하 3개 대대는 유무선 통신이 전혀 연결되지 않아서 제각기 중공군과 맞서야 했으며, 해병대와 서로 협조가 되지 않은 상태였다. 이 공격으로 제32연대 1대대, 후동 지휘소의 제31연대 전차중대, 제31연대 3대대, 그리고 제57야전포병대대가 큰 피해를 당했다.

11월 28일 - 에피소드 -
알몬드(제10군단장)와 스미스(해병사단장)의 갈등

미 제10군단 수뇌부, 출동 전부터 삐걱 삐걱 대다 인천상륙작전이 끝나자, 미 해병 제1사단은 인천에서 배를 타고 원산에 상륙했다. 이들은 알몬드 제10군단장으로부터, 험준한 산길을 따라 북상해서 장진호를 거쳐 서쪽으로 진군해 평양에서 북진하는 미 제8군과 합류하라는 명령을 받았다. 이때부터 알몬드 군

단장과 스미스 해병 1사단장 사이에 의견충돌이 시작됐다. 맥아더의 결정이라면 무조건 맹신하는 알몬드 장군은 "도쿄 사령부에서 지시한 대로 빨리빨리 압록강으로 돌진하라"고 재촉했다.

반대로 신중한 스미스 장군은 중공군과 맞서 싸우기로 예정된 지역은 산세도 험하지만 엄청나게 추운 곳인 만큼 천천히 진군하면서 보급에 만전을 기해야 한다고 주장했다.

▲ 장진호 전투가 끝날 때까지 사사건건 대립한 스미스 해병 1사단장(왼쪽)과 알몬드 미 제10군단장. 스미스 장군의 고집이 해병대를 살렸다.

▲ 보급창고 모습

이후, 두 사람은 진격 방향, 부대 배치, 진군 속도, 보급 문제를 둘러싸고 계속 충돌했다.

1950년 11월 27일 해병사단은 해변에서 장진호를 향해 본격적으로 진군하기 시작했다. 출발한 지 얼마 안 되어 해병대는 수동에서 1개 사단의 중공군과 접전을 벌였다. 중공군은 사흘간 공격을 벌이다가 홀연히 사라졌다. 청천강 전투에서 보여준 중공군의 전형적인 미끼전이었다.

해병대를 깊숙이 끌어 드린 후 퇴로를 차단하고, 포위공격을 하고, 섬멸한다는 작전이다. 중공군의 송시륜 장군은 부하들에게 "대어를 잡으려면 미끼 맛을 보여줘야지!"라고 말했다. 바로 이 시간에 서부전선의 청천강 북쪽에서는 미 제8군이 미끼를 덥석 물었다가 궤멸적인 타격을 받고 있었다.

스미스 장군은 긴장했다. "중공군이 우리를 넘어뜨리려고 거대한 덫을 놓고 있구나...!" 스미스 장군은 명령을 거부하고, 진군 속도를 늦추며, 보급체계를 갖추었다.

> 11월 29일 (158일째)
> 장진호 전투 - 2
> 중공군 장진호에서
> 미 해병대 공격

* 중공군, 장진호 서북 안변 일대에서 야습, 실패
* UN 안보리, 임병직 외무장관 참석;
- '중국 참전은 침략행위, 철수 요구

영국 해병특공대 특수작전 전개

영국 해병특공대는 고립된 미 해병사단 주력과 연결하기 위하여 미 제1해병연대 G 중대와 미 제31연대 B 중대를 증원받아 드래스델 특수임무부대(Drysdale TF)를 편성하였다. 특수임무부대는 11월 29일 아침 협소한 계곡 통로를 따라 하갈우리로 출발하였다. 이 과정에서 특수임무부대는 전 화력을 집중하

여 중공군의 차단진지를 돌파하고 밤늦게 하갈우리로 진출함으로써 미 해병사단 지휘부를 증원하였다.

▲ 장진호 하갈우리를 전진하는 영국 특수부대, 드라이스데일 T/F, 1950.11.29

▲ 영국 해병 코만도 대원들

▲ 장진호, 하늘에서 본 1950년 겨울 모습

▲ 장진호변에서 미 해병대를 기다리는 중공군 제4군 제124사단 지휘관

11월 말에 함정이 드러나면서 해병 제1사단은 끔찍한 상황이라는 것을 알게 되었다.

알몬드는 산악지대로 최대한 빠르게 진격하라는 명령을 내렸지만, 스미스는 연대장들에게 각별한 주의를 기울이라고 반대 명령을 내렸다. 그 덕분에 중공군이 공격을 시작했을 때, 각 연대는 소규모 단위가 아닌 연대 단위로 대응할 수 있었다.

그렇지만 제1, 제5와 제7연대가 산개해 있었고 1,500대의 차량이 단 하나의 산악도로에 널려 있었다. 그리고 해병은 유담리로부터 하갈우리, 다시 고토리까지 후퇴하는 내내 중공군의 포위공격을 받아야만 했다.

▲ 하갈우리 간이활주로에 동체 착륙한 미 수송기C-47, 승무원 無事. 1950. 11

▲ 하갈우리 간이활주로에서 지원포 사격 중. 1950. 11

▲두 적; 중공군, 혹한과 싸우는 미 해병들. 1950. 11

▲ 장비 투하 모습

황초령 협곡을 잇는 다리가 날아가 버려, 북한에서 발이 묶일 위험에 처했다. 콘크리트 다리가 약 9m 정도 끊어져 해병은 부상자, 전사자와 차량을 모두 뒤에 남겨두고 사격을 받아가며 포위망을 돌파해야 할 판이었다.

끊어진 다리를 연결해야 하는데 해병은 고토리에 가교 장비를 가지고 있지 않았다. 미공군에 가교를 만들 수 있는 철판 투하를 급히 요청했다. 다리를 연결하기에는 부족했지만, 그것이라도 있어야 했다.

12월 7일 오전 9시, 8대의 C-119 플라잉 박스카가 고토리 상공에 나타났다. 각각 1톤이 넘는 가교 장비를 싣고 있었다. 해병은 4개만 필요했지만 제대로 회수하지 못할 경우를 대비해서 2배인 8개를 요청했었다.

* 국군 제3사단 제22연대 제3중대 혜산진 진출
* UN군, 신안주 비행장에서 철수
* 국군 및 경찰대, 철원 및 가평에서 북괴군 잔적 섬멸

이원 - 혜산진 진격전의 결과

미 제7사단 제17연대는 10월 29일 이원에 상륙

320km에 달하는 산악지대를 혹한과 강설을 무릅쓰면서 집요한 적의 저항을 물리치고 11월 21일 혜산진에 돌입하였다. 동 사단의 이와 같은 성과에도 불구하고 서부전선의 미 제8군이 압록강에 도달하지 못함으로써, 이 전쟁은 끝내 종식되지 못하였다.

이후 제17연대는 11월 30일 한국군 제3사단 제22연대에 혜산진을 인계하고 철수하게 되었거니와 그간 미 제7사단은 11월 하순에 접어들면서는 기온의 급강하로 11월 23일까지 발생한 동상자만도 142명에 달하였다. 이상과 같이 북한 동북부의 작전은 끝을 보지 못한 채 장기적이고 불리한 새로운 작전에 대비하기 위하여 전선을 정비하지 않을 수 없게 되었다.

▲ 혜산진에 진출한 국군 제3사단 장병들의 만세. 1950. 11. 30

후퇴의 길로 전환

험한 산길을 넘어 장진호 남쪽 기슭에 있는 하갈우리에 도착하자 미 해병 제1사단장 스미스 장군은 중대한 결정을 내린다. "우리 사단이 다시 모이고 비행장이 갖춰질 때까지 더 이상 진군하지 않는다"

미 제10군단장으로부터 겨우 허가를 얻어 이 곳에 작은 비행장 활주로를 닦기 시작했다. 나중에 중공군과의 격전이 시작되고 엄청난 사상사가 발생하자 이 비행장은 큰 일을 해낸다. 수송기를 통해 4,500명의 사상자가 후방으로 수송되었다. 각종 전투장비나 식량, 의료품이 이 비행장에 속속 도착했다. 하갈우리 간역 활주로는 해병대가 중공군에게 포위되자 외부와의 유일한 통로가 되었다.

▲ 장진호, 하갈우리 간이비행장. 1950. 11

11월 27일 선발부대인 해병 제7연대가 장진호 서쪽 끝인 유담리에 도착하고, 그 뒤에 제5연대가 배치됐다.

그날 밤 9시에 영하 섭씨 20도의 강추위 속에 중공군이 총공격을 가해왔다. 해병은 자기들이 지키던 고지를 사수했다. 그러나 장진호 동쪽에 도착한 미 육군 31연대 병력은 포위 공격을 받고 궤멸됐다. 다음 날 아침 미 해병1사단은 모두 중공군에 포위된 것을 알았다.

이 시간에 청천강 북쪽의 미8군은 치명적인 타격을

▲ 인해전술: 장진호 전투에서 무모하게 덤벼드는 중공군 병사들. 1950.11월

받고 허겁지겁 평양으로 향해 무질서하게 후퇴하고
있었다.

결국 맥아더 사령부는 11월 29일 "흥남으로 집결해
서 교두보를 구축하라"는 명령을 내렸다. 포위된 해
병대는 중공군과 전투를 벌이며, 왔던 길을 되돌아
유담리~하갈우리~고토리~진흥리~흥남까지 240km
의 거리를 행군해야 했다.

후퇴길은 '한국의 지붕'으로 불리는 개마고원 지대
로 해발 1,000~2,000m의 고산지대였다. 날씨도 문
제였다.

낮에도 영하 20도, 밤이 되면 영하 30도 이하로 떨어
졌다. 동상과 설사로 쓰러지는 병사들이 속출했다.
중공군은 주로 밤이나 새벽을 틈타 공격을 해왔다.

그러나 중공군은 무기도 형편없고 물자도 부족해 결
정적인 타격을 주지 못했다. 오히려 중공군이 추위와
굶주림으로 먼저 쓰러지기 시작했다. 스스로 걸어서
포로가 되거나 피난민 틈에 섞여서 도망가는 병사들
이 속출했다.

▲ 추위와 배고픔에 지쳐, 공격하던 중공군 병사들이 투항하여
스스로 포로가 되었다.
中共軍은 미 해병대의 강력한 반격과 미 공군의 폭격,
그리고 '아사' 때문에 녹아버렸다.

▲ 하갈우리 기지 모습

▲ 낙하산을 이용해 공중 투하되는 보급품. 1950. 11. 30

1950년 12월
전황

▲ 진혼 나팔을 부는 장의병. 흥남 부근에 임시로 마련된 미 제1해병사단 묘지. 1950. 12

▲ 후퇴 도중 길가에서 쉬고 있는 미 해병대원. 1950. 12

* 미 제5 · 제7해병연대, 유담리에서 하갈우리로
후퇴 개시
* 미 제25사단, 신방어선에서 철수

장진호(長津湖) 전투- 4

당초 미 제10군단은 원산에 상륙, 개마고원을 넘어
서쪽으로 진격해 서부전선에서 북진해 오는 UN군
과 함께 북괴군을 포위, 섬멸할 계획이었다. 그러나
미군이 개마고원 깊숙이 진격해 들어갔을 때, 그들
을 기다리고 있었던 것은 12만 명의 중공군 제9병 단
병력이었다. 원산에 상륙한 미 해병 1사단과 미 육군
제7사단 병력 일부가 개마고원에 있는 장진호 인근
으로 진격했다가 중공군 6개 사단에 포위되었다가
탈출, 그해 12월 15일 흥남에서 철수하기까지 50여
일에 걸쳐 치르게 되는 전투가 장진호 전투다.

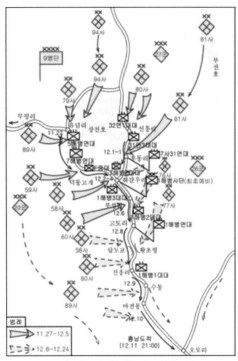

▲ 장진호 작전(다른방향으로의 공격) 요도

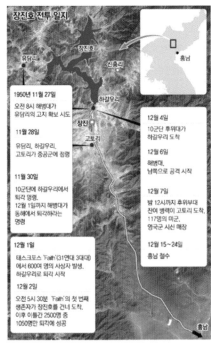

▲ 작전요도 및 일지

▲ 병사들이 험한 산악지역을 거쳐 철수하느라 큰 어려움을 겪고 있다.
한국인 병사(카투사, 해병 철모가 아닌)들도 함께 이동하는 것이 보인다.

미 7사단 31연대 악전고투

페이스 특수임무부대 600명 전사
하갈우리로 퇴각 시작

미 제7사단 제31연대는 장진호에서 3,000명의 병력
중 1,000명이 전사했다.

▲ 중공군은 미 제7사단 제31연대 깃발을 수거해다가
북경(베이징) 조선전쟁박물관에 전시 해놓고 있다.

▲ 1950. 12. 1, 중공군, 미 제7사단 제31연대 제1대대를 공격하는 장면
(중공군 촬영)

연대기 사건

▲ 중공군 제9병 단 송시륜 사령관

1950년 12월 1일 '송시륜이 지휘한 제9병 단 제27군 단 예하 제80 및 81사단이 미 육군 1개 연대를 섬멸하고 연대기를 노획하였다.'고 알려지고 있다. 이 깃발은 현재 북경 군사박물관에 전시되어 있으며 중국 정부는 第一級 보호문물로 지정해 놓았다.

참고
미 육군 제7사단 제31연대는 흥남 철수 후 바로 부대 재편성과 장비에 착수하여 완전한 전투력을 회복했고, 다음해 1951년 2월부터 다시 전투에 투입되었다.

김영옥 한국계 前 미국 육군대령

클라크 UN군 사령관으로 부터
훈장을 수여받다.

제2차 세계대전 중 연합군 쪽에서 혁혁한 공을 세운 미국인 2세 김영옥 전 미 육군 대령이다.

미 육군 최초의 동양인 출신 장교가 된 김 전 대령은 일본인 8,000명으로 구성된 독립 442연대 100대대 2중대장으로 이탈리아, 프랑스 전선에서 싸웠다.

그는 미국 은성(銀星), 동성(銅星) 훈장, 이탈리아 최고 십자무공훈장, 프랑스 최고 훈장 등을 받은 전쟁 영웅이다. 6.25 한국전쟁에도 미 제7사단 31연대 1대대장으로 참전해 마크 클라크 UN군 사령관으로부터 "내가 평생 거느린 500만 명의 부하 중 최고의 군인"이라는 극찬을 들었다. 한국 정부에서는 그에게 '태극무공훈장'을 수여하였다.

덕동고개 전투는 1950년 11월 27일~12월 1일까지 미 해병 제7연대 F 중대가 구출될 때까지 연대 규모의 중공군 공격을 나흘간 막아내며 적을 2,000명이나 섬멸한 전투다.

미 해병 제7연대 F 중대는 유담리 하갈우리 도로에 옆에서 누에처럼 튀어나온 산줄기에 역시 산등성이에서 도로까지 '누에처럼 길게' 포진(布陣)하고 있었다. - 이하 생략-

* 미 제7사단 제31연대, 제32연대, 하갈우리로 후퇴
* 미 해병대, 치열한 전투 전개

장진호(長津湖) 전투의 영웅

▲ 장진호 전투 요도-3

▲ 레이몬드 G. 데이비스 중령 (전 미 해병 제1사단 제7연대 제1대대장

레이몬드 G. 데이비스 大將 (Raymond G. Davis 미 해병대 부사령관 - 1971.3.12 -1972.3.31) 대한민국 정부는 6.25전쟁 당시 그의 공로를 인정하여 '최고 훈장'을 수여하였다.

▲ 장진호 전투 요도-4

▲ 겹겹이 포위된 덕동고개의 F 중대를 구출하기 위한
미 해병 제7연대 제1대대의 산악 기동 모습

▲ 장진호에서 철수하는 해병 병사, 대표사진

▲ 적과의 동침
포위당한 미 해병대에게 스스로 찾아와 항복한
中共軍(주로 전 장개석 군대 병사) 포로들.
햇볕을 쪼이며, 미군을 따라가겠다는 중공군.
그들도 살고 싶었고, 추위와의 싸움에도 무서웠을 것이다.
장차 잘하면 '자유'를 찾을 수도 있을 것이라 희망하면서….

▲ 장진호 전투 중 중공군의 인해전술 모습

12월 3일 (162일째)
중공군(약 6개 사단),
미군 2개 사단 포위 압박

* 미 제1해병사단, 제7보병사단, 포위한 중공군과 격전
* 서부전선, UN군 숙천. 순천에서 철수
  - 중공군, 평양 목표로 남하 태세
* 북한 주민들 대동강을 건너 피난길로 계속 남하

▲ 미 해병대 제1사단, 장진호 철수, 새 공격로를 따라 공격(철수) 중

▲ 중공군 인해전술 모습

▲ 이 사진은 LIFE 지의 종군기자 데이비드 더글러스 던컨(David Douglas Duncan)이 철수작전에서 전사자들의 뒤를 따르는 미 해병대의 모습을 찍은 것이다.
1950년 12월 25일 자 LIFE 지에 개재된
당시 미 해병대원들이 고군분투했던 장진호 전투 사진들 가운데 한 장이다.

▲ 1950. 12. 3. 남으로 후퇴하고 있는 UN군 병사들

▲ 평양 북방에 사는 주민들은 '南 쪽으로 내려가야 산다.'며, 군 차량이 차지한 도로를 비켜 남부여대(男負女戴), 무조건 남쪽으로 가고 있다.

▲ 엄마는 무거운 짐을 지고, 머리에 이고 넘어진 딸애를 일으키고 있다. 이 모습이 외국 기자에게 찍혔다. 1950. 12. 3 평안남도 피난 길에서, "어여 ! 일어나거라! 가야 산다. 아님, 빨갱이들한테 다 죽어."

▲ 1950. 12. 3 평양 대동강, 피난민 속의 한 소녀. 엄마 버선을 장갑 대신 손에 끼고.

UN군의 대처 방안(對處 方案)

중공군의 제2차 공세로 전선이 붕괴되기 시작한 11월 28일, 맥아더는 워커 제8군 사령관과 알몬드 제10군단장을 도쿄(東京)의 UN군 사령부로 소집하여 향후 대책을 논의했는데, 이때까지 만해도 맥아더의 두 선봉장들은 현 상황을 희망적으로 보고 있었다. 워커는 평양을 확보할 수 있을 것으로 보고했고, 알몬드 또한 예하 제1해병사단이 장진호의 중공군을 격파하고 진격을 계속할 수 있다고 보고하였다.

맥아더가 이들 야전 지휘관의 보고를 완전히 신뢰한 것은 아니었지만 적어도 평양을 정점으로 하는 선에서 중공군의 남진을 막을 수 있을 것이라는 생각은 하고 있었다. 11월 말까지만 해도 중공군을 충분히 막을 수 있을 것이라 생각하였다. 그러나 미 제2사단이 군우리(軍禹里)에서 당하자, UN군은 커다란 충격을 받았다.

지금까지는 중공군에게 밀려난 한국군이 그들의 과오를 감추기 위해 엄살을 부렸던 것으로 치부하던 분위기였지만, 미군의 정예(精銳)인 '제2사단의 궤멸'은 어느덧 중공군을 '공포의 대상'으로 인식하게 만들어 버렸던 것이었다. 이어서 12월 3일, 대규모 중공군이 성천을 향해 남하 중이라는 보고를 접하자, 워커는 지금까지의 입장을 완전히 바꾸어 맥아더에게 평양에서 철수하겠다고 건의했다. 워커는 중공군이 평양에서 UN군 주력의 포위격멸을 기도한다고 판단하였을 만큼 두려움을 느끼고 있었다.

UN군은 공식적으로 12월 4일 아침부터 평양을 철수하기 시작하였으나 미 제8군 예하 부대들이 이미 평양 남쪽으로 내려가고 있던 중이었다. 불과 일주일 전 확인된 평양확보 의지는 어디에서도 찾아볼 수 없었다. 워커는 현 단계에서 제8군을 구하는 유일한 방법은 중공군과 접촉을 단절하는 것뿐이라는 극히 비관적인 생각을 하고 있었다.

제8군은 평양에 산재한 각종 시설과 수송하기 곤란한 2,000여 톤의 보급품을 파괴하여 적이 사용하지 못하도록 조치한 후, 서둘러서 남으로 빠져나왔다.(12월 3일 20:00시경 동평양 선교리 일반 도로에 쌓아두었던 탄약을 비롯한 대량물자를 폭파하였다.)

사실 말이 후퇴였지 평양에서 200여 킬로미터 떨어진 38도선 일대까지 단숨에 뛰어 내려온 도망이었다. 단지 중공군과 싸우지 않기 위해서였는데 그것은 기동장비가 낙후된 중공군이 추격에 나서지 못할 만큼 빠른 속도였다.

▲ 평양을 철수하는 국군 제1사단 병력의 모습. 1950. 12. 3

대동강 철교 '필사의 탈출'

▲ 1950년 12월, 중공군의 개입으로 압록강까지 진격했던 UN 연합군의 후퇴가 시작되자, 북한 지역 주민들이 유엔군이 폭파한 평양 대동강 철교를 필사적으로 건너 피란을 가고 있다. / 미국 국립문서 보관소
〈후에 퓰리처상 수상〉

이들의 철수 행렬 옆에는 수십만의 피난민도 함께 하고 있었다. 자신을 추스르기에만 급급하였던 미 제8군은 민간인 철수 대책을 수립하지 못했으나 수많은 평양시민들이 아군의 철수가 시작되자 대규모로 피난을 가기 시작하였다. 그중의 정점은, 부교를 이용할 수 없던 피난민들이 대동강을 건너기 위해 추락의 위험을 무릅쓰고 파괴된 철교를 타고 건너는 장면이었다. 그들은 지금까지 이뤄놓은 모든 것을 버리고 엄동설한에 아이를 안고, 업고 줄지어 남으로 향하고 있었고, 내려갈수록 피난민의 규모는 점점 더 커져갔다. 이들은 5년간의 끔찍한 북한 공산정권의 학정을 피해 오로지 자유를 찾아 내려가는 사람들이었다.

그런데 막상 제2차 공세에 임하는 중공군의 입장은 전혀 달랐다. 그들은 UN군이 평양-원산을 연하는 선에서 강력히 저항할 것으로 예상하였다. 예상되는 아군의 격렬한 반격을 우려한 마오쩌둥은 숙천 - 순천 선 이북에서 일단 쉬면서 주력부대를 재정비한 후 평양으로 진격하도록 명령했을 정도였다. 12월 1일 경 중공군은 지쳐서 거의 탈진상태에 있었고 또한 최초 공세 시 휴대하였던 모든 보급품이 바닥나고 재보급 또한 전혀 받지 못한 상태였다.

> ### 12월 4일 (163일째)
> ### 장진호, 불시착 함재기에 전우애

▲ 트루먼 미 대통령이 직접 영웅 하더 중위에게 훈장을 수여하는 장면. 1951. 4. 13 백악관

▲ 1950. 12. 4. 장진호에서 작전 중이던 함재기를 구출하는 작전 모습

▲ 1951. 4. 13 백악관, 트루먼 대통령과 영웅 하드너 중위

8천 명의 해병대 병력이 부들부들 떨었다. 초신저수지의 영하의 온도에서 1950년 12월 4일 북한에서 8대의 F4U-4 코세어가 USS 레이테의 갑판을 떠났다. 중무장을 했지만 구식인 8명의 전투기들은 각각 해군 비행사에 의해 조종되었다 지상에서 그들의 동지들을 방어하기 위해 돌진하는 것. 대부분의 조종사들은 20대 초반의 젊은 사람들이었다. 하지만 모두 헌신적인 '무장한 군인', 지상에 있는 병사들을 위해 목숨을 걸고 그들은 알지도 못했지만, 큰 위험에 처한 미국인이었기 때문에 변호했다.

▲ F4U-4 Corsairs 편대 동료, 하드너 중위, 브라운 준위

훗날 스미스 미 해병 제1사단장은 장진호 철수 작전 보고서를 통해 "낮에는 항공기가 유일한 지원 수단이었다. 우리가 후퇴할 때 항공지원은 아주 효율적으로 이루어졌다. 지상과 항공기 간에 통신과 협조가 아주 이상적이었다. 우리의 탈출 성공은 이러한 근접 항공지원의 양과 질이 없었다면 불가능했을 것이라고 해도 과언이 아니다."

해군의 근접항공지원을 이렇게 평가했다. 마치 가려운 데를 골라서 긁어 주듯이, 함재기들은 지상군이 요청하는 곳에 정확히 폭격을 가해 주었다.

▲ USS Leyte 上空의 콜시아 함재기들

그 위험한 전투에서도 뜨거운 전우애가 꽃피었다. 브라운 소위(준위)는 미 해군 역사상 첫 흑인 조종사였다. 그는 12월 4일 작전 임무 수행 중 장진호 북서쪽 산악지역에 '불시착'했다.

눈 덮인 땅에 떨어져 불이 붙은 비행기를 보고 동료 조종사들은 가망이 없다고 생각했다. 그러나 토머스 허드너 중위는 달랐다. 그는 바퀴를 들어 올린 채 동체로 착륙해 동료에게 달려갔다. 활주로가 있는 곳에서도 동체 착륙은 목숨을 걸지 않고 할 수 없는 모험이다. 다행히 눈덮인 설원이어서 동체 착륙에 성공한 그는 불타는 비행기로 다가갔다. 브라운 소위는 아직 살아 있었다. 그러나 조종실 문이 열리지 않아 구출할 수가 없었다.

허드너 중위는 불타는 비행기 동체에 눈을 퍼부어 폭발을 막고, 자기 비행기로 돌아가 무전으로 절단기를 요청했다.

곧 나타난 헬기에서 투하된 절단기를 이용해 조종석 문을 여는 데 성공했다. 동료를 밖으로 끌어낸 그는 혹한 속에서 비통하게 울부짖었다. 애석하게도 브라운 소위는 절명한 것이었다.

트루먼 대통령은 허드너 중위에게 가장 높은 군사훈장인 명예훈장(Medal of Honor)을 줬다. 이 전우애를 역사에 남겼다. 허드너 중위는 장진호·흥남철수 작전에서 Medal of Honor를 받은 유일한 해군 장교다.

▲ 전사자 브라운 소위 부인, 트루먼 대통령 그리고 허드너 중위

4개월 후인 1951년 4월 13일, 해리 트루먼 대통령은 허드너 가족을 백악관으로 초대했다. 그곳에서 그는 해군 중위 토마스 허드너에게 명예 훈장을 수여했다.

허드너 가족에게는 큰 기쁨의 순간이었다. 기념식에 참석하여 커다란 장미꽃다발을 들고 조용히 옆에 서 있다. "젊은 흑인 여성이었어요." 그녀는 눈물을 흘리며 미소를 지으며 허드너 중위와 악수를 했다. 그는 메시지를 전달했다. "데이지에게 사랑한다고 전해줘"

▲ F4U-4 함재기 조종석에 앉아있는 브라운 소위 모습

▲ 허드너 중위가 백악관에서 트루먼 대통령으로부터 명예훈장을 받은 후 전사자 브라운 소위 부인으로 부터 축하 인사를 받고 있다.

"부인, 부라운 형제는 자기가 당신을 사랑한다는 말을 전해달라고 하였습니다."

12월 5일 (164일째)
진남포 해상 철수,
미 제7사단, 혜산진-흥남으로 철수

* 미 제5공군, 24시간 출격,
서부전선 적군의 남하 견제 작전 수행
* 평양 일대 피난민들 자유 찾아 남하 계속
* 혜산진 - 길주 -함흥 - 흥남 철수작전 개시
* 국군과 유엔군, 38선으로 철수작전 개시

진남포 철수작전

서해에서 해상 철수작전이 벌어졌는데, 감동적인 철수작전이었다.

사실 중공군의 주력이 진입한 곳은 평안도 방향이었고 따라서 이곳을 담당하던 미 제8군이 동부전선의 미 제10군단보다 더 많은 압박을 받아, 일부 부대들이 붕괴되는 등 상당히 고전하던 중이었다.

중공군의 참전이 확인된 지 불과 40일 만인 1950년 12월 4일, 서부전선의 UN군은 어렵게 차지한 평양을 포기하고, 38선을 향하여 남하하기 시작하였다.

이때 대부분의 병력은 경의가도를 통해 빠져나왔지만, 1,700명의 병력들은 퇴각로를 최후까지 지켜야했다. 이들은 진남포를 통한 해상 철수가 결정되었고, 중공군이 평양으로 진입하기 직전인 12월 5일 작전이 개시되었다.

▲ 얼어붙은 진남포 바다를 헤치며 나오는 철수 작전 구축함

마지막 잔여 병력들이 켈리 대령이 지휘하는 수송전대에 탑재되었다. 그런데 바다도 얼어붙은 혹한의 진남포항에는 공산학정을 피해 피난 가려는 수많은 북한주민들이 모여 있었다.

12월 5일 12시 30분, 선단의 마지막 함정인 호위구축함 포스(USS Foss DE-59)가 진남포 항을 떠날 때는 8,000여 명의 피난민들이 선단의 빈자리를 촘촘히 메웠고, 철수선에 탑승하지 못한 많은 이들이 100여

척의 민간 선박을 타고 함께 남으로 향하였다.

▲ USS Foss의 출항 후 파괴되는 진남포항 부두 시설물

혜산진 - 길주 - 흥남 철수작전의 개요

국군 제1군단의 동북해안에서의 철수작전은 당초 1950년 12월 1일부터 12일까지는 한국군 단독으로 합수 및 청진 북쪽에서 성진 경유 흥남으로의 철수작전이었으나, 그다음부터는 미 제10군단의 엄호 아래, 12월 16일 승선할 때까지 흥남 동북 외곽의 교두보 확보의 하나로서 차단진지를 점령하고 있다가, 최종부대가 17일에 흥남항을 출항한 것으로 끝나게 되는데, 전반적으로 볼 때 이는 미 제10군단이 주도한 흥남철수작전의 일환이다.

한국군 제1군단은 미 제10군단의 흥남교두보 확보와 이의 엄호 아래, 제3사단 주력은 이미 12월 12일 이전에 흥남항에서 출항하여 구룡포 및 부산항에 상륙하여 20일까지는 신 담당지역인 홍천으로 전진을 완료하였으며, 수도사단은 17일 흥남항을 떠나 18일 묵호에 상륙하고, 20일에는 주력이 함양으로 진출하여 이미 진지를 점령하고 있던 제9사단의 함양 - 서림 진지를 교대하게 되었다.

이와 같이 군단이 흥남에서 미 제10군단 주력보다 먼저 해상 철수를 완료하게 된 것은, 철수 순위도 순위려니와 동부전선의 38°선 북방에서 적 제2전선 부대와 그들의 남하 정규군의 연계를 차단 격멸할 임무이행에서였다.

군단이 흥남을 철수한 다음에도 흥남 교두보작전은 계속되어 12월 24일에 최종부대가 출항함으로써 종결되었는데 이 무렵 적은 흥남 교두보 작전에 중공 제3야전군 제9병 단 소속 9개 사단과 북괴군 예비대인 제6, 제7, 제8군단의 대병력이 투입되고 있었다.

장진호 하갈우리 '야전 비행장'
(간이활주로, Air Stop)

전투 초기 스미스 소장 (미 해병 사단장)이 유담리, 하갈우리, 고토리 등지에 야전비행장(비상활주로) 건설을 강력히 추진하는데 대해 일부에선 야전지휘관이 너무 신중을 기하는 것 아니냐는 비판을 하기도 하였으나, 결과적으로는 UN군 작전을 성공적으로 수행할 수 있게 되었으며, 미국 정부는 그에게 훈장을 수여하였다.

▲ 미 해병 사단 사령부가 있었던 하갈우리의 간이 비행장에 비상착륙한 해병대 콜세어기

▲ 동체착륙 후 연소하는 미 해병대 수송기 (하갈우리 간이활주로) 1950. 12

미 제10군단 사령부로부터, 중장비는 유기시키고, 병력만 공중으로 철수하라는 제의가 들어왔으나, 스미스 사단장은 최소한 2개 대대가 마지막까지 활주로에 잔류해야 하는데 이것은 이들을 사지로 몰아넣는 것으로써, 불명예스러운 행동이라며, 일언지하에 거절하였다.

단 4,300명의 부상자만 수송기로 공수하고, 미 해병 제1사단은 탈출 길(새로운 공격로)에 올랐다. 그들이 장진호에서 써 내려간 위대한 신화가 본격적으로 시작되는 순간이었다.

> ## 12월 6일 (165일째)
> ## 장진호 전투-7,
> ## 미 해병사단, 중공군 포위망 돌파

* 국군, 곡산 재탈환
* 콜린스 미 육군 참모총장 이승만 대통령 방문
* 트루먼. 애틀리 영국 수상양 '중국 유화정책은 불가극' 언명
* UN정이치, 중국 즉시 철퇴 요구 포함한 6개국 신 결의안 상정

장진호 전투 속 미 해병대의 투혼

장진호 전투(The Battle of the Chosin Reservoir, 근래는 CHANGJIN Reservoir라고도.)는 한국전쟁 중인 1950년 겨울, 미 제1해병사단과 배속 예하 부대(미 제7사단 제31연대전투단, 영국군 해병 코만도 제41부대 등)의 병력 약12,500명이 함경남도 개마고원의 장진호에서 소위 중국 인민지원군, 제9병 단(3개 군 12개 사단) 병력 약 12만 명에 의해 완전히 포위되어 전멸위기에 처했었으나, 직접 포위망을 친 중공군 8개 사단에 대해 궤멸적인 타격을 주면서, 흥남에 철수 도착, 건제 전투력을 유지한 채 민간인 10만 명과 함께 육군 제3사단 등 총 10여 만 명의 병력이 무사히 중공군의 포위망을 탈출하여 삼척등 지에서 재편, 곧이어 전투에 투입됨으로써 한국전쟁 기간 동

안 한국의 운명을 바꾸는 전기가 된 전투이며, 중공군과 주력 전투를 벌인 1950. 11. 26부터 12. 11일까지 총 15일간의 미국 전사상 가장 고전한 전투로 기록되지만 또한 가장 성공적인 돌파 후퇴 작전으로 기억되는 전투이기도 하였다 -

▲ 스미스 사단장

" 후퇴라니, 말도 안돼!
우린 다른 방향으로 공격하고 있어! "

12월 4일 흩어져 있던 미 해병 제1사단이 주요 거점인 하갈우리에 집결했다. 여기에 모인 병력은 1만여 명, 차량은 1,000여 대였다. 1주일 전에 이곳에 미리 도착한 스미스 장군은 부하들에게 "우리는 이제부터 후퇴가 아니라 '새로운 방향으로의 공격'을 한다"고 외쳤다.

▲ 철수 시작 단계. 1950. 12. 6

해병대는 휴식을 취하고, 전사자와 부상자 전원을 수송기 편으로 후방으로 후송한 후 남쪽으로 출발했다. 이들 뒤에는 수천 명의 피난민과 중공군 포로들이

따라오고 있었다.

▲ 철수 행군 중 휴식을 취하는 해병대원들; 그래도 웃음을 잃지 않았다.

에피소드

'전쟁 영웅'
윌리암 E. 발버 대위(제7연대 제2대대 F 중대장)

▲ F 중대장 'William E. Barber' 대위 (예비역 대령)

미 해병 제1사단 제7연대 제2대대 F중대(중대장 발버 대위, Capt. William E. Barber)는 덕동고개에서 중공군에게 포위되어 전멸의 위기 속에 있었으나 중공군의 공격을 5박 6일 동안 6회에 걸쳐 격퇴하면서, 진지를 사수하여 사단을 구했다.

이 계속된 전투에서 F 중대는 중공군 1,000 명을 사살 혹은 부상을 입히는 큰 전과를 올렸다.

전투가 끝난 후의 F중대의 병력은 220명 중 보행이

가능한 인원은 82명뿐이었다. 이때 유담리일대에는
8,000명의 미 해병대 병력이 갇혀 있었다. 이때의 F
중대 중대장의 용감하고 탁월한 전투지휘의 공로로
미국의 최고 훈장(Medal of Honor)이 중대장 윌리
암 E. 발버 대위에게 수여되었다.

윌리암 E. 발버 대위는 2002년 4월 19일 캘리포니아
주 Irvine 자택에서 향년 82세로 타계했다.

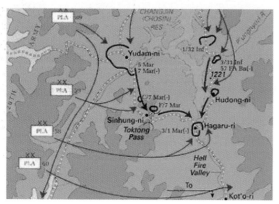

▲ 덕동고개(Toktong Pass) 전투 요도

**12월 7일 (166일째)
장진호 전투-8,
동북 전선 구출 작전 진척**

* UN 공군, 장진호 좌측 맹폭
* UN 해군, 원산지구 함포사격
* UN 해군, 서해안 (영국 및 네덜란드 함대) 교란작전

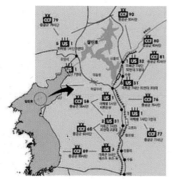

▲ 장진호 전투 피아(被我) 배치 요도

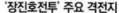

'장진호전투' 주요 격전지

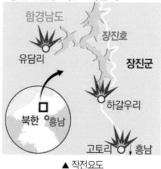

▲ 작전요도

12월 1일 오전 8시, 철수를 시작한 미 해병 2개 연대
는 도처에 매복하고 있던 중공군 4개 사단으로부터
집중 공격을 받아 진출이 매우 부진했다. 그 가운데
서도 2개 연대의 협조 된 철수작전이 빛을 발휘했다.

악전고투를 거듭한 2개 연대는 12월 4일, 마침내 사
단사령부가 위치한 하갈우리에 집결할 수 있었다. 그
들이 유담리에서 하갈우리까지 22㎞를 돌파하는 데
걸린 시간은 무려 77시간이었다. 1㎞를 진출하는 데
3시간 30분 정도가 소요된 셈이었다.

▲ 근접 항공기로 네이팜탄을 폭격하는 것을 보며 행진하는 해병들

그런데도 그들은 철수 중에 발생한 600여 명의 부상
자를 들것에 태워 부대 건제를 유지하면서 질서 있
는 철수를 계속했다. 해병대의 용맹성을 또다시 확
인해 준 쾌거였다. 당시의 제5연대장이었던 머레이
중령은 후일 다음과 같이 회고했다.

"악몽과 같은 곳에서 혈로를 개척하고 나온 지난 5일간의 낮과 밤은 지금까지 해병대가 겪어 본 일이 없는 최악의 사태였다. 특히 유담리 부근에서는 매일 밤 다시는 햇빛을 보지 못하게 되리라는 생각까지 했었다."

장진호 전투의 황초령 협곡 사건

1950년 12월 7일, 북한 산맥 오지의 뼈저리게 추운 날이 밝았다. 고토리평원 함정에 빠진 14,000명의 UN군은 지옥과 같은 10일간을 견디고 있었다.

11월 26일, 중공군 제9군은 장진호의 산악로 몇 km에 걸쳐서 길게 늘어선 미 제1해병사단의 2개 연대와 미 육군 연대 전투단 Regiment Combat Team과 혼성부대를 강습했다.

▲ 해병들의 후퇴하는 모습

장진호 동쪽의 중공군은 이미 육군 제31연대를 궤멸시켰고 생존자는 흥남항구까지 살기 위해 달려야 했다. 이제 중공군은 해병을 포위했다.

10일 동안 끊임없이 달려드는 중공군과 이제까지 겪어보지 못했던 추위를 견딘 미 제1해병사단은 탈출 준비를 마쳤다. 그렇지만 황초령 협곡을 잇는 다리가 날아가 버려 북한에서 발이 묶일 위험에 처했다.

'콘크리트 다리'가 약 9m 정도 끊어져 해병은 부상자, 전사자와 차량을 모두 뒤에 남겨두고 사격을 받아가며 포위망을 돌파해야 할 판이었다.

끊어진 다리를 연결해야 하는데, 해병은 고토리에 가교 장비를 가지고 있지 않았다. 미 공군에게 가교를 만들 수 있는 철판 투하를 급히 요청했다. 다리를 연결하기에는 부족했지만, 그것이라도 있어야 했다.

▲ 끊어진 다리

장진호의 물을 보내는 대형 송수관이 있는 지역의 다리가 끊겨있다. 건너편의 산악지형을 보면 장진호 전투의 악전고투를 짐작할 수 있다.

돌파하는 연합군뿐만 아니라, 빈약한 보급에 공습까지 받아야 했던 중공군도 큰 피해(최소 37,000명의 전상자)를 입었다.

12월 7일 오전 9시, 8대의 C-119 플라잉 박스카(Flying Boxcar)가 고토리 상공에 나타났다.

▲미 공군 C-119 Flying Boxcar가 가교 장비를 투하하는 장면

해병사단의 새로운 방향으로 공격[1]

장진호 남쪽 끝에 위치한 하갈우리는 산악으로 둘러싸인 분지형 지형으로서, 사단사령부와 보급시설이 위치한 중추적인 지역이었다.

당시 하갈우리 일대에는 1만여 명의 병력과 1,500여 명의 피난민, 그리고 1,000여 대의 차량이 집결해 있어 매우 혼잡했다. 그 같은 대규모 병력과 4,300여 명의 부상자를 대동하고 황초령을 넘어 함흥까지 철수한다는 것은 불가능에 가까운 것이었다.

궁여지책으로 사단은 공사 진척이 40% 수준인 하갈우리의 간역 활주로에 C-47 수송기를 착륙시켜 본 결과 항공기의 이·착륙이 가능하다는 사실을 확인했다. 이에 따라 해병사단은 4,300여 명의 부상자를 항공기로 후송할 수 있었다.

그때 극동군 수송 사령관 터너 준장이 사단을 방문했다. 그는 사단장에게 "모든 전투장비를 버리고 병력만이라도 공중 철수할 것"을 제의했다. 그러나 스미스 소장은 "해병대 역사상 그와 같은 불명예는 없었다"라며 터너 준장의 제의를 일축하고 정상적인 방법으로 철수하기로 했다.

항공 철수를 할 경우 활주로 엄호를 위해 최소한 2개 대대 정도는 마지막까지 공항에 잔류해야 했다. 그러나 그 남아야 하는 2개 대대의 생사를 보장할 수 없었다. 따라서 스미스 소장은 "주력의 철수를 위해 2개 대대를 사지로 몰아넣는 것은 불명예스럽다"라고 생각했던 것이다.

정상적인 철수 결심을 굳힌 사단장은 각 제대가 철수준비를 하는 동안 장병들에게 "사단은 철수를 하는 것이 아니다. 후방의 적을 격멸하고 함흥까지 진출하는 새로운 방향의 공격이다"라고 강조하면서 장병들의 전투의지를 고양시켰다.

철수 준비를 마친 사단은 12월 6일 06시에 하갈우리에서 철수를 시작해 12월 7일 두 번째 집결지인 고토리에 도착했다. 이때 하갈우리에서 공산군의 격퇴를 위해 협조했던 1,500여 명의 민간인도 함께 철수했다.

이제 해병사단에 남은 과제는 영하 32도를 넘나드는 혹한과 함께, 중공군이 사단의 철수로 차단을 위해 파괴시킨 수문교에 조립교를 설치하는 것과 황초령을 통제할 수 있는 1081고지를 사전에 확보하는 것이었다.

▲ 중공군 제9병 단장 쑹스룬

그 무렵 중공군 제9병 단장 쑹스룬은 "이번이 유담리와 하갈우리에서 실패했던 치욕을 만회할 수 있는 마지막 기회다"라며 4개 사단을 황초령 일대에 추가 투입해 강력한 저지선을 구축하게 했다.

황초령은 신라의 진흥왕이 순수비를 설치했던 지형상의 요충지였기 때문이다.

▲ 장진호 전투의 전사자들을 한곳에 모아둔 모습

* 미 해병, 고토리 남방 80km 지점 중공군과 격전
* UN군, 겸이포-중화-수안-곡산-신계 ; 방위선 구축
* 이승만 대통령, 미국에 50만 명 무장 요구

장진호 전투
- "來日을 달라 !" -

▲ 장진호(長津湖)에 포위당한 채 사투를 벌이고 있던 미 해병대원들이다.

추위를 피하기 위해 이것저것 몸을 감싸고 손에는 얼어붙은 레이숀 깡통을 들고 있으나 '다른 방향으로의 공격'과 '살아야 한다는 의지'에 찬 눈빛이 인상적인 이 사진은 1950년도의 "US 사진작가 공적상(功績賞)"을 받았다.

사진사 던컨은 당시 상황을 이렇게 묘사했다. "때는 모든 것이 얼어붙을 것 같이 매섭게 추운 아침이었다. 그야말로 매일 아침을 맞이하는 것이 감사 그 자체였다. 그것도 그럴 것이 저녁이면 그 밤이 샐 때까지 견딜 수 있을지, 없을지도 모르기 때문이다.

이곳은 곧 인생이 짧게도 또는 영원 같게도 느껴지는 세계다. 여기에서 해병대원에게 "크리스마스 날 가장 원하는 것이 무엇이냐?"고 묻는다면, "내일을 달라"라고 대답하는 세계가 이곳이다."

여기자 마가릿 히긴스는 스미스 사단장에게 "이 작전이 후퇴 작전이냐" 고 물었다. 그는 이렇게 대답했다. "사방을 포위당해 어딜 가나 적군인데 후퇴는 가당치 않다." "후퇴라니, 빌어먹을 우리는 다른 쪽으로 공격 중이라고~!"라고 호기 있게 대답했다.

이 말은 지상을 통해 세계 각국에 보도됨으로써 유명한 말이 되었는데 특히 이 전투를 상징하면서 미 해병대의 불굴의 투지를 알리는 말로 역사에 남게 된다. 특히 사단장의 이 말이 장병들에게 전파되면서 중공군에 의해 완전히 포위되어 기약 없는 철수 작전을 수행 중이던 많은 장병들의 사기를 크게 고양시키는 결기가 되었다.

해병 사단장 스미스 장군은 사단 병력을 제5연대를 근간으로 영국 41코만도, 육군 제31연대 전차 중대, 포병 제1연대 등으로 구성된 제5연대 전투단, 제7연대를 근간으로 육군 제7사단 제31연대 임시대대, 포병 제11연대 2개 대대, 사단 지휘부 등으로 구성된 제7연대 전투단, 그리고 제1연대를 근간으로 육군 7사단 31연대 2대대, 사단 본부대대 등으로 구성된 제1연대 전투단으로 부대를 구성했다.

▲ 1950년 12월 8일 항공촬영
장진호 인근의 개마고원 산악지대를 헤치고 고토리에서 철수하는 UN군 대열

떼거리로 달려드는 중공군 포위망을 뚫고 흥남을 향하여 진군하고 있다. 피란민들도 대한민국으로 가고자 UN군을 따라나섰다.

▲ 1950년 12월 8일, 장진호 인근의 개마고원 일대, 일명 고토리(古土里)에 주둔하고 있는 미 해병 제1사단과 미 육군 제7사단 제31연대 전투단 생존 병사들로 구성된 임시 대대, 영국 해병 제41특공대, 한국인 카투사 병사들, 그리고 천여 명의 북한 피난민들이 대한민국 경찰의 임시 캠프 주변에 모여 있다. UN군은 흥남을 향하여 새로운 공격의 길을 개척하는 중이다.

▲ 미 해병대가 장진호 전투에서 후퇴하는 도중 '악몽의 계곡'이라고 불린 계곡에서 쉬고 있다. 1950. 12. 8

투혼

애초부터 미 해병대의 장진호 전투는 지휘부의 적정 분석 실패와 오판으로 재앙을 예고하고 있었다. 지옥 같은 개마고원의 혹한과 중공군의 인해전술에도 불구하고 부족한 병력의 열세를 특유의 투지와 전투 정신으로 극복했다.

이는 전장에는 죽음이 따른다는 것을 알면서도, 동

료 전우와 부대 명예를 위해 임무 수행을 다 하다 전사한 수많은 병사들의 희생이 있었기에 가능했다.

특히 한국전쟁 중 미국의 무공훈장 중 최상위급에 해당하는 명예훈장 수여자가 총 131명인데 그중 미 해병대에 수여된 명예훈장이 무려 46명으로 1/3가량이 되고 그중 장진호 전투에 참가한 장병 중 명예훈장을 수여 받은 이가 13명이나 된다는 점이다. 한국전쟁 때 파병된 미 해병대 수가 고작 1개 사단 규모임을 감안하면 장진호 전투에서 보여준 미 해병대원들의 투혼이 얼마나 대단했는지를 여실히 알 수 있는 것이다.

▲ 죽음의 드라이스데일 특수임무부대를 하갈우리로 이끈 공로로 명예훈장을 받은 제1해병연대 제3대대 G 중대장 칼 시터 (Carl Sitter) 大尉

고토리에서 철수 준비를 마친 해병사단은 12월 8일 08시, 황초령을 향해 철수를 시작했다. 이들에게 주어진 첫 번째 관문은 수문교 통과였다. 이를 위해 사단의 공병대대는 군단의 지원을 받아 12월 9일 15시쯤, 항공기로 수송된 조립교(組立橋)를 파괴된 수문교(水門橋)에 설치했다.

그리고 밤을 이용해 병력과 차량들이 유도병의 안내를 받으며 통과했다. 이 일대에서 적의 완강한 저항을 예상했지만 의외로 손쉽게 수문교를 확보할 수 있었다. 중공군도 살인적 추위와 보급 등의 어려움으로 인해 전투력 발휘에 많은 제한을 받고 있었던 것이다.

두 번째 관문인 황초령 통제를 위해 제1연대 제1대대에게 황초령 정상의 1081고지 확보를 명령했다. 제1

대대는 강력한 화력을 앞세워 적의 완강한 저항을 극복한 끝에 사단의 본대가 도착하기 직전에야 가까스로 황초령을 장악할 수 있었다.

이에 따라 해병사단은 살인적인 혹한과 사투를 거듭하면서 천신만고 끝에 황초령을 넘을 수 있었다. 중공군은 추위와 굶주림에 지쳐 전의를 상실한 듯 엄체호 속에서 저항을 포기하고 있었다.

무엇보다 공군과 포병의 지속적인 근접지원이 반드시 필요했다. 화력지원 없이는 양쪽 고지대를 공격하는 병력이 훨씬 많은 적을 밀어낼 수 없었다.

해가 떠 있는 동안에는 제1해병항공단 Marine Air Wing이 24대의 공격기를 띄워두고 바로바로 화력지원을 해주었다.

▲ 1950. 12. 15 장진호 현장 취재 후, 도쿄 비행장에 도착한 마가렛 히긴스와 극동군사령부 참모 윌리엄 마켓 장군

12월 9일 (168일째)
"서울 포기하지 않는다"
-워커 사령관 -

* 맥아더 유엔군 사령관, 흥남에서 미 제10군단 해상 철수
* 부산 · 마산 · 울산으로 이동, 미 제8군 사령관 지휘하에 편입 명령

영국 항공모함 테세우스(THESEUS)의 한국전쟁 출동

테세우스의 세 번째 작전 출동은 UN군이 밀리던 12월 4일 있었다. 호위 함정들인 콘코드와 코색, 에버튼 함들을 대동한 테세우스는 일본 사세보를 출항하였다. 테세우스의 씨 퓨리 와 화이어 플라이기들은 작전지역에 도착하자 곧 집중적인 출격을 개시하였다.

▲ 테세우스함에 새로 탑재된 신형 전투기 '씨퓨리' 함재기의 위용

함재기들은 전진하는 중공군을 저지하기 위해 적지의 교량, 화차, 군수물자 집합소, 그리고 '중공군'들을 공격하였다. 마침 공군들은 전방 기지들을 폐쇄하고 철수해야 하는 불리한 상황이었다. 이 불리한 시기에 바다의 이동기지인 테세우스는 공백이 생긴 항공력을 대체하는 능력을 훌륭히 발휘하였다. 겨울 바다에서 테세우스 함재기들의 출격은 12월 5일 시작하였다. 첫 임무는 아군들과 피난민이 철수하는 전남포항으로 진격해 오는 중공군들을 공격하는 것이었지만, 전황은 시시각각 악화되고 있었다.

12월 8일 두 번째 출격이 있었다. UN군을 추격하는 중공군을 공격하는 것이었다. 이날의 총출격 시간은 무려 115시간으로, 테세우스가 취역한 이래 최대의 기록이었다. (영국 항공모함 테세우스, 서해에서의 작전:작전기록문서 copy)

피난민 행렬에 대한 영국 함재기의 '오폭'

12월 8일 오전 10시경, 앞뒤의 피난민 물결이 끝이 보이지 않는 황해도 어느 작은 언덕들이 있는 들판에 도달했을 때, 어디선가 전투기(쌕쌔기) 2기 영국 비행기로 보였음)가 나타나, 우리 주위를 선회하더니, 우리들 먼 앞길 쪽 약 2km 되는 피난민 물결을 향하여 급강하를 하면서 로켓포와 기관총으로 사격하는 것이 아닌가! 항공기의 지상공격은 UN군이 평양에 진격하기 이전에 매일 봐오던 낯익은 것이었다.

앞쪽에서의 폭격에도 불구하고, 피난 행렬은 잠시 멈칫하였지만, 잠시 후엔 흩트림없이 계속 남쪽으로 흘러갔으며 우린 약 30분 후에 현장에 도착하여, 그 폭격 당한 참상을 볼 수 있었다. 아직까지 아비규환. 시체들이 여기저기 널려 있었고, 어느 죽은 엄마 위에서 울다가 지쳐 멍하니 앉아있는 애기, (난 이 장면을 평생 지울 수가 없다) 누구 한 사람, 챙겨주는 이 없었다. 우리도 어찌할 도리가 없었다. 솔직히 그럴 사람이 있을 수가 없는 것이 현실이었다.

생지옥으로 변한 그 주위에는 화약 냄새는 가시지 않은 채 '잔혹의 현장'을 뒤덮고 있었고, 나는 소달구지를 꽉 잡고 눈을 감고 끌려가다 싶이고 있었는데, 발끝에 무엇이 차이는 것을 느껴 내려다보니 어른의 팔과 다리들이 아닌가. "아~ 이런게 전쟁이구나...." '놀람'과 '포기상태'가 가슴에 못박히는 생의 한 매듭을 경험하는 순간이었다.

"우린 지금 '적지'에 있는가 보다...."
그래서 행렬을 따라 계속 남쪽으로 걷고 또 걸었다.

- 증언 -

대한민국에 내려와서 나중에 목사가 되어, 현재 미국 L.A.에서 사시는 분의 이야기.

"비교적 따뜻한 날 오전에 앞뒤 끝이 보이지 않는 피난민 행렬열이 남쪽으로 움직이고 있는데, 난데없이 호주 비행기(기체의 표시가 영국과 호주를 혼동)가 나타나 한 바퀴 돌더니, (이때 많은 사람들은 반가움(?) 때문에 손들을 흔들기도 했다고) 다음 바퀴에 급강하하면서 로켓탄을 발사, 이어서 기관총을 쏴대면서 피난민 한쪽을 폭격, 이렇게 서너 번 가격하고 돌아갔는데, 마침 내 바로 옆에는 신혼부부 같은 두 분이 있었는데, 그만 두 분이 모두 그대로 기총소사에 희생되고, 나는 그만 정신을 잃을 정도로 나뒹굴면서 그 자리를 피했는데 나중에 정신을 차리고 보니, 어떤 부인이 죽어있었고, 아기만 살아서 엄마를 붙잡고 울고 있는 것이 보였다."

> **12월 10일 (169일째)**
> **장진호 전투 - 10**
> **미 제1해병사단 선두,**
> **함흥지역 도착**

* UN군 38도선 확보
* 장진호 철수부대 선두진, 함흥지역에 도달
* 황해도 서해안 일대 패잔 북괴군, 안악 방면 집결
* 북한 동포 50만 명, 자유 찾아 남하
* 리 UN사무총장, 중국과의 타협 가능을 기대한다고 언급

장진호 전투 정리 (10월 26일~12월 15일)

전사 604명(KIA), 부상으로 인한 사망 114명
(DOW), 실종 192명, 전투 중 부상 3,508명,
비전투 부상 7,313명
(사망 실종; 910명, 부상; 10,821명)

적군; 살상 11,500명, (항공대 공격 1만 명 추정)
부상 12,500명(지상군 공격 7,500명 추정)

▲ 1950. 12. 10 살아남은 해병들이 함흥 지역에 도착하기 시작하고 있다.

오늘의 각 전선 현황

가. 서부전선 상황
38도선으로 철수한 미 제1군단은 김포반도에 터키 여단을, 개성-문산 도로를 가로지르는 임진강 하류에 미 제25사단을, 고랑포-적성 일대에 국군 제1사단을 배치하여 주저항선을 편성하였고, 영국군 제29여단은 군단 예비로 고양군 신둔리에 집결하도록 하였다.

한편 신계에서 철수한 미 제9군단은 국군 제6사단을 연천-의정부 축선상의 전곡 일대에, 미 제24사단을 김화-의정부 축선상의 영평 일대에 배치하고, 영 제27여단을 군 예비로 덕정 부근에 집결시켰다.

나. 중부 전선 상황
국군 제3군단은 12월 10일 후방지역 공비 토벌 작전을 종료한 제9, 제11사단을 육군본부에 원복시켰다. 그리고 군단은 양평으로 이동하여 제2, 제5, 제8사단을 배속받아 군단 창설 이후 최초로 전선에 투입되었다.

다. 동부전선 상황
동부전선을 담당하게 된 국군 제2군단은 미 제8군이 청천강에서 철수할 무렵인 11월 28일 그동안 덕천 전투에서 지연전을 펼친 국군 제6사단을 미 제9군단으로 배속 전환하고, 군단 주력은 강동 일대에서 재편성을 한 후 평양 동측방을 엄호하였다. 이후 군단은 신계-곡산으로 이동하여 미 제8군의 우측방 방어와 미 제10군단과의 배치 공간을 통한 적의 후방 진출을 차단하던 중 다시 육군본부 명령에 의거 이천-평강-김화 선을 방어하기 위하여 12월 5일 시변리에 집결하였다. 그러나 12월 8일 UN군의 38도선 방어 계획에 의거군단은 다시 화천 동쪽의 방어진지를 점령하게 되었다.

그런데 이 무렵 북괴군 제2, 제5군단의 패잔병들이 평강-금화-화천 도로를 차단하고 있어 군단은 부득이 연천을 경유하여 철수하게 되었다.

동장군(冬將軍)

한참 유담리를 향해 진격하던 11월 초에 첫눈이 내리기 시작하고 기온이 서서히 강하하기 시작했다. 장진호 주변의 위도는 북위 40° 30', 고도는 평균 1,200m, 이 일대는 한반도에서 가장 추운 지역 중 하나로 겨울철 평균 기온이 영하 30도인 극한지대(極寒地帶)이다.

얼마 지나지 않아서 심심하면 영하 35도의 강추위가 양군(兩軍)을 습격하기 시작했다. 미처 방한복을 제대로 준비하지 못했던 UN군은 두껍게 옷을 껴입었어도 동상자가 속출했다. 중공군이라고 미군보다 사정이 나을 건 없었다.

그리하여 양군의 사상자는 교전보다 이 강추위 때문에 훨씬 많이 발생하게 된다. 하지만 추위로 따지자면 장진호 전투는 모스크바 전투는커녕 그보다 더 추웠던 스탈린그라드 전투와도 비교도 안 될 정도로 추웠다.

스탈린그라드 전투에서 영하 30도 이하는 전투 기간 내내 딱 한 번 기록되었지만, 장진호에서는 영하 30도 이하를 밥 먹듯이 기록했는데 시베리아에서 불어오는 시속 60km의 칼바람이 내내 몰아쳐 체감

기온은 그보다도 훨씬 아래였다.

(참고로 스탈린그라드 기온 측정 역사상 최저기온은 영하 32.6
도이며, 1월 평균 기온은 영하 9.6도 정도인 반면에 장진호 지
역은 1월 평균 기온이 영하 20.6도다. 철원의 1월 평균 기온은
영하 5.5도 정도니 얼마나 추웠을지 상상해 볼 수 있다. 그 나마
비교하자면 1940년 유례없는 추위를 기록해 수십만의 소비에
트군이 떼로 얼어 죽은 겨울 전쟁이 이와 비슷한 기온을 기록했
을 정도이니 장진호 전투는 가히 인류 역사상 가장 추운 전투
중 하나라고 할 만한 수준이었다)

▲ 추위에 동사한 병사들 모습, 1950년 장진호 전투 중

▲ 얼음판 대동강을 건너는, 중공군 병사들.1950. 12. 10

▲ 미 제8군 사령관 워커 중장(우)과 제24사단장 처치 소장

**12월 11일 (170일째)
장진호 철수작전-11
-작전 완료-**

* 중공군, 3개 사단 격파됨
* 미 해병 흥남으로 철수 완료
* 중공군, 곡산,. 수안. 신계 도달
* 이승만 대통령, 수도 서울 사수 언명

▲ 11월초 장진호로 향하는 미해병 제1사단. 이 때는 해병대 기세가 드높았다.

▲ 장진호는 중공군의 기습보다 추위가 더 무서웠다.

▲ 부상당한 미 해군군목이 전사한 해병전우의 시체들 앞에서
영결 기도를 하고 있다.

그 후 사단은 철수를 계속해 12월 11일 23시쯤, 함흥을 거쳐 흥남에 도착함으로써, 적과의 접촉을 단절하고 기나긴 철수작전의 막을 내리게 됐다. 해병사단이 11월 27일, 유담리에서 철수를 개시한 이래 적과 접촉을 단절한 12월 11일까지 17일간이 소요됐다. 기간 중 인원 손실은 전사 393명, 부상 2,152명, 실종 76명으로 총손실은 2,621명이었다.

반면 해병사단과 맞섰던 중공군 제9병 단은 12개 사단을 투입해 해병사단의 철수를 포위하고 차단했다. 그러나 해병사단의 강력한 화력과 강인한 공격에 의해 돌파를 허용할 수밖에 없었다. 그뿐만 아니라 제9병 단은 막대한 인원손실을 입고 궤멸돼 함흥 일대에서 4개월 동안의 부대정비 후에야 차후 전투에 참가할 수 있었다.

장진호 전투의 교훈(敎訓)

중공군은 정예부대로 이름난 미 해병사단을 포위·섬멸할 경우 미국 국민들이 입게 될 심리적 충격을 잘 알고 있었다. 따라서 중국은 해병사단을 포위한 후부터 선전매체를 통해 "미 해병사단의 포위·섬멸은 시간문제다"라고 계속 선전하고 있었다. 미국 언론들도 미 해병사단의 포위와 철수 과정을 대대적으로 보도하고 있었다.

장진호 전투는 단 한 1개 사단의 철수 전이 아니라, 미·중 양국의 자존심 대결이었다. 그런 상징적인 전투에서 해병사단이 결국 포위망을 뚫고 철수하는 데 성공한 것이다. 또한 해병사단이 항공기로 철수하지 않고 지상 철수 과정에서 부대 건제를 유지하면서 중공군 병단에 가한 치명타는 중공군 전체 작전에도 심각한 타격을 줬다.

나아가 전쟁의 전반적인 국면에도 큰 영향을 줬다. 만약 미 해병사단이 중공군 병단의 포위망을 돌파하지 못했거나 항공 철수를 했을 경우 어떤 상황이 야기됐을까? 아마도 함경도 일대에까지 진출했다가 철수하는 국군 수도사단과 제3사단은 물론 미 제10군단 전체가 중공군에게 포위당했을 가능성이 크다. 따라서 해병사단의 철수는 단순히 1개 사단의 후퇴 작전 성공이 아니라 1개 군단을 위기에서 구해낸 엄청난 성과였다.

한편 중공군 병단은 장진호 전투에서 입은 피해로 인해 그해 12월 31일부터 시작해 이듬해 1월 4일 서울을 점령했던 제3차 공세에 참가하지 못했다. (* 당시 UN군은 중공군 제3차 공세 당시 한반도 포기와 철수를 검토해야 할 정도로 위기에 몰렸었다. 따라서 병단이 장진호전투에서 피해를 입지 않았다면 제3차 공세에서 주력으로 활용됐을 것이다. 그렇다면 제3차 공세를 감행한 중공군이 수원 일대에서 진격을 멈추는 일이 없었을지도 모른다. 당시의 중공군이 병단을 투입해 금강, 또는 대전선까지 진출했다고 가정한다면 어떤 상황이 야기됐을까? 그 경우 UN군은 또다시 낙동강까지 철수하거나 아니면 아예 한반도를 포기할 가능성도 있었다.)

결과적으로 해병사단이 수행한 장진호 전투는 "나라를 구한 결정적인 전투"로 까지 평가될 수 있는 것이다.

미 해병 제1사단은 치열한 전투를 벌이면서 남하를 계속해 드디어 12월 15일 흥남에 도착하여, 대기 중인 함정에 승선했다.

▲ 미 제8군의 평양 철수 직후 모습. 1950. 12

12월 12일 (171일째)
UN군 흥남 해상 철수 작전 개시
(1950.12.12 - 24)

* 미 제8군사령부, 'UN군 38선 이북 작전 중' 발표
* 국군, 연천에서 포천으로 남하하는 북괴군과 격전

▲ 장진호 - 함흥 - 흥남 철수 요도

▲ 옛 흥남 비료공장 모습

미 제10군단의 철수작전은 공식적으로는 12월 15일 부터로 되어있지만, 실제로는 12월 12일부터 철수가 준비되고 있었으며, 이루어지고 있었다. 흥남철수작전은 전 세계의 이목이 집중된 가운데 성공적으로 이루어졌다.

흥남 철수 작전은 중공군이 6.25전쟁에 개입함으로써, 동부전선 전세가 불리해지자, 1950년 12월 15일에서 12월 24일까지 열흘간 흥남항에서 미 제10군단과 국군 제1군단을 피난민과 함께 선박편으로 안전하게 철수시킨 작전이다.

12월 15일 미국 제1해병사단을 시작으로 12월 24일까지 열흘간 철수가 이뤄졌다. 장진호에 머물렀던 미 제1해병사단도 12월 24일에 마지막으로 흥남에서 철수하였다.

▲ 미 제10군단과 국군 제1군단이 1950년 12월 12일부터 흥남항구를 통해 해상 철수를 시작했다.

▲ 1950.12.12 흥남 부두에 내려놓은 물자, 장비들

▲ 피난민들은 나중엔 어선을 타고라도 남하해야 했다.

12월 13일 (172일째)
미 제1해병사단,
전사자 묘지에서 고별 의식

* 이천. 신계 방면 공산군,
유격대와 합류하여 남진 기도
* 국군, 화천 · 사창리 · 양구 방면
공산군 공격을 저지
* B-29 전폭기, 평양 폭격

▲ 1950년 12월 13일. 흥남 임시묘지에 전우들을 매장하고 떠나는
미 제1해병사단 장병들이 고별경례를 하고 있다. -(미 해병 Uthe 촬영)-

▲ 1950년 12월 13일 흥남항에서 철수하는 선박에 승선하기에 앞서 미 해병 임
시묘지에 묻힌 전사한 동료 병사들을 찾은 미 제1해병사단장 올리버 스미스 소
장과 지휘부는 세 발의 예포에 맞춰 희생된 전우들을 추모하였다.
이들은 자유민주주의 국가 대한민국을 공산주의자들의 손에서 구출하느라 자
신을 희생한 영웅들이었다.

▲ 해병대를 따라 피난가겠다고 나선 장진호 주변 주민들

▲ 부모잃은 형제.
동생의 손이 시릴까 큰 장갑을 끼워주고,
그래도 형은 웃으며 갈길을 재촉한다.

12월 14일 (173일째)
미 해병대 제1사단 및
미 육군 제7사단,
흥남 교두보 철수 -2

* 국군 제1군단과 미 제10군단, 원산·흥남에서
해상 철수 개시
* 국군, 이천-철원 산악지역; 북괴군과 대치,
사창리, 양구, 화천지역에서 격전

▲ 미 해병제1사단장 스미스 장군이 흥남에 설치된 해병 전사자 임시묘지에서
부하 전사자들에게 마지막 이별을 하면서 묵념을 하고 있다.

흥남 철수 작전(興南撤收作戰)은 UN군이 전세가 불리해지자, 1950년 12월 15일에서 12월 24일까지 열흘간 미 제10군단과 국군 제1군단을 흥남항에서 함정 및 선박편으로 피난민과 함께 안전하게 철수시킨 작전이다.

그날 아침의 배는 6시 15분에 닿았다. 눈바람을 무릅쓰고 얼음판 위에서 밤을 새운 군중들은 배가 부두에 와닿는 것을 보자 갑자기 이성을 잃은 것처럼 "와~" 하고 소리를 지르며 곤두박질을 하듯이 부두 위로 쏟아져 나갔다.

- 중략 -

부두 위는 삽시간에 아수라장이 됐다. 공포(空砲)가 발사되고 호각이 깨어지고 동아줄이 쳐지고 해서 일단 혼란이 멎었으나 그와 동시에 이번에는 또 그 속에 아이를 잃어버린 어머니, 쌀자루를 떨어뜨린 남편, 옷보퉁이가 바뀐 딸아이들의 울음소리와 서로 부르고, 찾고, 꾸짖는 소리로 부두가 떠내려 가려는 듯했다. 그들은 모두 이 배를 타지 못하면 그대로 죽는 것으로 생각하는 듯했다. (김동리의 소설 '흥남 철수' 중에서)

▲ 1950.12.14, 철수작전 前의 흥남부두

▲ 소주정(小舟艇) LCM에 오르는 군 장병들, 1950.12.14

▲ 흥남 부두에 몰려든 북한 피난민들, 일부 군인들도 보인다.

▲ 부두로 몰려드는 함경도 주민들, 1950.12.14
보따리를 머리에 이고 배를 타기 위하여 마냥 기다리고 있다.

12월 15일 (174일째)
흥남 철수작전-3
중공군, 흥남 교두보 포위 공격 중

* 미 제10군단, 교두보 방어작전 중 적군 격멸
(해상 함포, 공중 근접지원)
* 중공군 대부대, 평양 남쪽에서 남동쪽으로 이동

▲ 흥남 교두보 방어작전을 하는 미 해병들,
중공군과 북괴군의 집요한 추격과 방해로 발목을 잡힐 때가 많았고
그때마다 근접항공지원 또는 함포사격 등이 길을 터주었다.

▲ 해군 해병 근접지원 항공기들이 중공군 및 북괴군의 추격을 저지했다.
1950. 12 초 작전 중인 항공기들

▲ 미 해군 항공모함 함재기들의 지상목표에 대한 근접지원 작전차 출동 중
1950년 12월 흥남 외해에서

자유는 공짜가 아니다!　333

▲ 미 해병들이 승선하기위하여 흥남부두에 트럭으로 들어오고 있다.

▲ 미 제1해병사단 병사들이 지친 몸으로 흥남지역으로 들어오다가 쉬고 있다.

* 미 대통령; 국가 비상사태 선포
* 서부전선, UN군과 북괴군 접전
* 국회, '국민방위군 설치법안' 통과
* 니카라과 쌀 100톤, 주정 5,000kg 원조 제공

▲ 철수작전 총 지휘자 미 제10군단장 알몬드 소장

▲ 당시의 현봉학 박사

▲ 흥남까지의 요도

흥남 해상 철수작전

'철수'를 미군은 '재배치(The Hungnam Redeploy-
ment)'라는 용어를 썼다.

이 작전은 기를 쓰고 남한으로 가기를 원하는 북한
주민들을 군 병력과 함께 실어 나른 대대적인 10만
명의 피난민 수송 작전이기도 했다.

이 작전은 물론 막강한 군사력을 가진 미 해군이 주
축이었다. 그렇지만 한국 해군도 모든 함정을 총동
원해 지원했고, 교육 중인 해군사관학교 사관생도들
까지 투입했을 정도로 총력을 기울인 작전이었다.

미 제10군단의 민사 고문으로 참전한 군의관 현봉학 박사(2007년 11월 25일 별세)는 제10군단장 알몬드 장군에게 "적군이 흥남으로 밀어닥칠텐데 저 많은 피난민을 죽게 놔둘 수 없다"고 일주일 동안 집요하게 설득해 피난민들을 수송선에 태워 철수할 수 있었다.

그리고 사람들을 배에 태우느라 지연된 시간 동안 중공군을 막다가 희생된 군인들도 많았다.

▲ 수심 때문에 LCVP를 이용하여 수송선으로 이동하는 군인들 모습

철수작전에 동원된 함정은 LST(Landing Ship Tank, 전차 양륙함) 81척, LSD(Landing Ship Dock, 도크형 상륙함) 11척, MSTS(해상 수송부대) 함선 76척을 비롯해 모두 200척이 넘었다.

10여 일간의 작전 기간 중 UN군과 한국 해군 함정, 그리고 민간 선박을 이용해 철수한 인원과 장비는 미군과 한국군이 모두 10만 5천 명, 차량 17만 5천 대, 화물 35만 톤에 이르렀고, 피난민이 9만 1천 명에 달했다.

피난민들의 숫자에는 부모의 품에 안긴 영유아나 어린이들은 포함되지 않았으니, 어선 등 민간 선박을 타고 넘어온 피난민들 숫자를 감안하면 10만 명이 훨씬 넘을 것으로 추정된다.

특히 7천6백 톤급 미국 상선 '메러디스 빅토리'호는

1만 4천 명의 피난민을 빽빽이 싣고 철수하는데 성공해 기네스북에 기록될 정도였다.

▲ 지게에 가재도구와 함께 아내까지 태운 중년 가장의 모습이 이채롭다.

▲ 흥남부두로 몰려든 피란민들

12월 17일 (176일째)
F86 신예기,
MIG 15기 최초로 격추

* 평양지구 중공군, 별다른 변동 없음
* 북한군, 공백 지구 계속 남하하여 신진지 접근 기도
* B29 전폭기, 원산폭격. 227kg 136톤 투하로
평양 진남포 등지 폭격
* 미 제5공군, 신형기 F84 선더볼트 제트기로
공산군 2개 연대 이상 살상 및 공산군 MIG기와 조우

* 흥남 동북 지역 공산군, 북괴군으로 확인
* 함흥 서족 탄약고에 함포 사격
* 연천 방면의 국군, 연천 동남방 14km 지점에
소수 공산군 침투 즉시 격퇴
* 평양 - 화천 도로상에 공산군의 교통 활발
* B29 전폭기, 진남포-신안주 간
공산군 야영지 폭격으로 피해 심대
* 오스트레일리아 공군, 신천 철교 폭격

* 유엔군, 흥남 교두보 방위진지 강화 중 공산군 공격의
점증에 포격으로 저지
* 서해안 - 양양 간 전방위선 완성
* 공산군, 개성 주변에 침투 기도
* 유엔 해군 · 공군 화력, 공산군 진출 저지,
미조리 · 렌트 쏠 · 로체스터 함선 참가
* 뉴질랜드 지상군 도착
* 캐나다 보병 제2대대 도착

* 서부전선 특별한 이상 없었으나 임진강 11km 지점에
북괴군 출몰
* 전곡 - 양구에서 소규모 전투 산발적으로 전개
* 중서부 전선에 18개 북괴군 사단 및
여단이 있는 것으로 판명

'대수압도'의 굿판

약 80명의 평안도 학생으로 이루어진 학도의용군을 실은 대한민국 해군 YMS-503 광주함은 해주 시내쪽을 향하여 40미리 함포를 사격하면서, 당일(19일) 밤중 간조 시간에 마추어 부랴부랴 출항, 외해로 나오다가 다음 날 새벽에 어선을 이용, 우리를 대수압도에 내려놓고, 작전해역으로 가버렸다.

1950년 12월 20일, 받아주는 사람도 없는 생소한 섬에서 그날 하루는 꼬박 굶을 수밖에 없었고, 어느 빈 헛간 같은 곳에서 잠 같은 잠을 잔다고 했으며, 다음 날 21일 아침에도 추위와 굶주림으로 어찌할 바를 모르면서 햇살이 비치는 어느 집 처마를 등지고 앉아 들 있었는데 어디선가 장구치며 꽹가리 같은 소리가 나서 우리들의 발을 그곳으로 이끌게 하였다.

'굿판'이 벌어지고 있는 것이 아닌가. 생전 처음 보는 굿판에 굶주려 혼미해지는 나에게는 별천지에 온 것 같은 생각이다. 어쨌든 모두가 정말 춥고 배고픈 젊은이들인데 그 굿판 앞에는 먹을 음식들 돼지머리, 백반, 떡, 삶은 닭, 사과 등이 즐비하게 펼쳐져 있었으니, 별의별 생각이 다 나는 것이 아닌가.

그러나 우린 그저 그 굿판 한쪽에 쭈구리고 앉게 되고 말았다. 누가 앉자고 해서도 아니었고, 그렇다고 그냥 지나가자고도 하지 않았다. 피곤해서 그렇게 되엇겠지만, 그냥 주저앉았을 뿐이었다.

한창 신나게 춤을 추던 여무당이 갑자기 춤을 멈추더니, "어? 여기에 누가 왔나~? 굿이 안 된다 !! 안 돼!!" "오~ 여기 예수 믿는 사람이 왔구만 !!, 왔어~!!" 하면서 "물렀거라 좀 나가 주시오 !! 쌀라 쌀라~~~"

눈을 부릅뜨면서 우리를 노려 보는 것이 아닌가.

그런 와중에 그렇게 먹고 싶었던 그 음식들이 구역질이 날 것만 같았다. 순간, 불현듯, "아, 나는 살 것이다!! "라는 삶의 자신감이 샘솟음을 처음으로 느꼈다. '저 귀신이 우리를 알아보는구나 그러면 우리는 죽지 않고, 살 것이야! 할렐루야 !!'

평양동부교회 고등부 학생들인 우리를 귀신도 알아보니 우리는 죽지 않는다!!! (사실, 처음 그 굿판을 봤을 때에, '다윗이 굶주렸을 때 성전에선가 무슨 제물을 먹은 일'을 주일학교에서 배운 생각이 났었고, 나도 저 제물을 먹어도 되는 거 아니냐 먹고 싶은 생각이 굴뚝같았었는데 말이다)

▲ '1950년 12월 대수압도 청년들'

▲ 대수압도 포구 쪽 전경. 1950. 12 (현재는, NLL 북쪽, 북한 지역)

* 중공군 신정 공세 준비 명령 하달
* 미 제5공군 연 출격 250회 폭격,
적군 사상 250명 추정, 건물 102동 파괴

▲ 중공군 대장 Yang Dezhi 제19병 단 총사령관(우측).

▲ 중공군 집결, 대기 중 모습 (중국 해방군 화보사)

▲ 공세를 대기하고 있는 중공군 모습 (중국 해방군 화보사)

▲ 당시 기온은 영하 20-30도 내외로 중공군은 잘 훈련되고 추위에 강하였다

중공군 새로운 공세를 위한 준비

12월 중순, 38선 일대에서 UN군과 대치하게 된 중공군과 북괴군은 열악한 보급과 계속된 작전으로 부대 정비와 휴식이 절실한 입장이었다.

따라서 중공군 사령관 펑더화이(팽덕회)는 38선 일대에서 2~3개월간 부대를 정비한 후 38선을 돌파해 서울을 점령하기로 했다.

▲ 중공군 사령관 펑더화이와 김일성이 작전회의를 하고 있다. (1950. 11)

그러나 마오쩌둥(모택동)의 생각은 달랐다. 그는 "2~3개월간의 부대정비가 필요하다."는 펑(팽)의 건의를 인정하면서도 자유 진영 국가들이 기대했던 것처럼 "중공군이 정지할 경우, 38선이 고착화될 수 있다."는 정치적 문제를 우선시했다.

따라서 마오는 펑(팽)에게 부대 정비 기간은 서울을 점령한 후에 부여할 것이라며 즉각적인 공세로 서울

을 점령할 것을 명령했다. 마오의 지침에 따라 펑은 즉각 공세 준비에 착수하면서 12월 31일을 공격개시일로 선정했다.

한편 38선 남쪽으로 황급히 후퇴했던 UN군 각급 부대는 책임지역을 할당받아 전열을 정비하고 있었지만, 중공군의 공세에 대한 대비책은 엄두도 내지 못하고 있었다.

대부분의 지휘관들 역시 "중공군이 공격해 올 경우 후퇴하는 방법밖에는 없다."는 식으로 패배주의에 빠져 있었다.

중공군이 실시한 공세 목적과 규모 제1차 공세는 국군 및 UN군이 북진을 단행하여 서부전선에서는 청천강을 도하하고 동부전선에서는 함흥 및 흥남을 점령한 다음 장진호와 청진 방향으로 총공세를 펴고 있던 1950년 10월 25일 실시되었다.

중공군은 이때 제1차로 압록강을 도하한 제13병단 6개 군 중 5개 군을 적유령산맥 남단에 전개시키고 1개군을 장진호 북쪽에 전개시켜 동부에서는 국군 및 UN군의 전진을 저지 및 견제하였으며, 서부에서는 운산-희천 방향으로 공격을 감행하여 국군 및 UN군을 청천강 이남으로 격퇴시켰다.

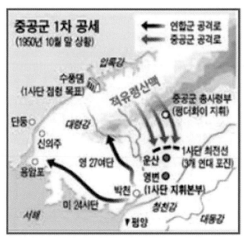
▲ 제1차 공세 요도

제2차 공세는 제1차 공세를 취한 지 한 달이 지난 1950년 11월 25일에 실시되었다. 이 날은 국군 및 UN군이 제1차 공세 후 소강상태가 지속되는 시기를 이용하여 서부전선에 1개 군단을 증강시키고 동부전선에 계획대로 1개 군단을 원산에 상륙시켜 전선의 전력을 증강하여 중공군의 조직적인 공격이 실시되기 전에 전쟁을 종결지으려던 계획하에 한만 국경선으로 진출하기 위하여 이른바 크리스마스 총공세를 취한 바로 다음 날이었다.

중공군은 제1차로 북한에 진입한 제13병 단 18개 사단이 적유령산맥 남단 지역 일대에서 제2차로 입북한 제9병 단 12개 사단이 장진호 및 개마고원 일원에서 전투대형을 갖추고 국군 및 유엔군을 동서로 양분하여; 서부에서는 청천강 선에서, 동부에서는 장진호- 함흥 선에서 포위하여 격멸한 다음, 남진할 계획하에 대공세를 취했다.

▲ 제2차공세 요도

> 12월 23일 (182일째)
> 연천·김화 화천지대에
> 상당수 중공군 집결

* 헬리콥터기, 철원 · 사리원지구에서 낙오된 미군 · 국군 35명 구출
* 미 제8군 사령관 워커 중장, 전선 시찰 도중

의정부 남쪽에서 지프 사고(전사)
* F86 제트기, MIG 15기 6대 격추
* 워커 중장 후임에 리지웨이 중장 임명

▲ 워커 8군 사령관

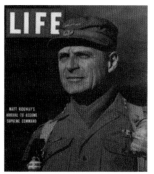

▲ 리지웨이 중장

> 12월 24일 (183일째)
> 국군 포함 유엔군, 피란민
> 흥남지구 완전 철수

* 국군 포함한 10만 5,000명 유엔군 및 9만 1,000명 피란민, 132척 수송선 동원하여 흥남지구 완전 철수, 흥남철수작전 완료
* 중공군, 춘천 동북부 쪽에서 남하 기도했으나 격퇴
* 중공군, 양구 38선 부근 출몰
* 개성지구에 상당수 중공군 병력 집결
* 고랑포 부근에서 유엔군의 정찰부대와 중공군 충돌
* B29 전폭기 평양 대폭격, 이천 · 철원 등 대폭격
* 중공군, 전선에서 이날 중 공세 준비 계속 가미
* 공군본부, 대구로 재차 이동

▲ 한국 전선에서 크리스마스트리를 만들며 즐거운 한때
1950. 12. 24

▲ 앞바다에서 흥남철수작전을 지켜준 콜세어 함재기들.
흥남교두보를 포위하고 있으며, 틈만 나면 침공하여 해상 철수작전을
격파하고자 하는 북괴군(중공군과 교대)을
최후 순간까지 저지한 해상 부대들

12월 25일 (184일째)
북괴군, 현리. 홍천 지역에서
남하 기도

* 미 해군 폭파대, 흥남 부두 최종정리
* 국군 제3사단, 홍천 부근에서 북괴군과 공방전
* 국군 제9사단, 현리 부근에서 북괴군과 공방전

▲ 1950년 12월 25일 미 해군 폭파대, 흥남 부두 시설 및 포기한 장비,
보급품들 폭파 모습

▲ 1950.12.25 흥남철수작전. 흥남 시가지에 쌓아두었던 장비 탄약 등을 폭파

▲ 흥남 최종 폭파

▲ 흥남철수작전 완료 후, 사진기자들의 기념 촬영

▲ USS Missouri BB-63 전함 미주리호, 함포사격 위용

▲ 하선망을 타고 배에 오르는 피난민들, 1950년 12월

▲ 1950년 크리스마스의 기적

▲ 크리스마스 날 특별한 점심, 영국군 C 중대원들.
1950. 12. 25

12월 26일 (185일째)
미 제8군 보고;중공군, 서울을
목표로 38도선 이남으로 진격

* 전 전선 전적 상태
* 동북 전선에서 철수한 유엔군(미 제10군단 국군 포함),
한국 동남부 부산 포항기지에 상륙
* 연천 부근 중공군 집결
* 춘천 방면에서 북괴군과 교전
* 개성지구 공산당 병력 계속 증강
* 서부전선에서 전투 상황 평온
* 고랑포 방면 전투 치열

자유는 공짜가 아니다!   341

12월 27일 (186일째)
UN군 개성에서 후퇴

* 영국 항공모함 테세우스 서해상에서 작전
* UN군, 관대리(춘천 동북방)-내평리 사이,
중공군 침투기도 저지위한 격전 전개
* 북괴군 김무정, 패전책임으로 숙청

▲ 1950. 12. 27 중공군의 제3차 공세로 경기 북부 주민들의 피난 모습

▲ 1950. 12. 27. 지게에 아이를 태우고 남쪽으로 피난 떠나는 모습

▲ 1950. 12. 27. 남으로 내려가야 산다.

12월 25일, 국군 전선(중동부) 개황

적 제2군단 소속으로 보이는 수 미상의 제2전선부대가 이날부터 급격히 침투 공격을 기도하자 국군 제9사단(사단장 준장 오덕준)은 38도 분계선 부근에서 이 적들을 격퇴하기 위하여 공격으로 전환하였다.

즉 제28연대(연대장 대령 이창정)가 현리 남쪽을, 제29연대(연대장 대령 고백규)가 현리-서림 부근을 각각 공격하게 되었는데 특히 전날 제28연대의 제2대대의 현리 철수에 따른 적의 침투를 동 연대의 제1대대가 막기 위하여 고사리에서 원대리로 진격하고, 제3대대는 진목정에서 하남리로 진격하게 되었다.

이와 같이 현리-서림 부근의 전황이 좋지 못하자, 수도사단장은 예하 전 부대에게 진지를 더욱 강화토록 하는 반면 군단장의 지시에 따라 제1기갑연대(연대장 대령 김동수)로 하여금 방어력이 결여된 서림지구를 담당 공격토록 하였다. 이에 따라 연대장 김동수 대령은 제2대대(대대장 소령 박익균)를 서림에 진출토록 하고 제3대(대대장 소령 임권묵)를 서림리 북동쪽 정족산 일대로 진출토록 조치하였다.

양양-서림지구 전투의 결과

아군 및 우군은 중공군의 침략으로 전 전선에서 축

차적인 철수를 단행하여 38도 분계선 부근인 임진강-연천-춘천 북방-양양을 연하는 선에서 새로운 방어선을 형성하였는데, 이 무렵 UN군 총사령관 맥아더 원수는 미 합동참모본부로부터 한국전쟁의 국지화와 중공군 격퇴에 대한 전권을 부여받고 미 제8군 사령관 릿지웨이(Ridgway) 중장에게 명령하기를 『우군은 최소한의 손실로써 적에게 최대한의 피해를 가하면서 현진지를 방어하라.』고 강조한 바 있었다.

이와 같은 작전개념은 한국군에도 그대로 적용되어 동부전선을 단독으로 담당하고 있던 제1 및 제3군단은 춘천 동쪽에 있는 미 제10군단 우측으로부터 동해와 접한 양양 부근까지 38도 분계선을 중심으로 한 일대에서 진지를 점령하고, 다음 작전에 대비하게 되었다.

특히 제1군단은 군단 지휘소가 강릉에 개설하였고 예하 수도사단이 군단 우익으로 양양-서림-도채동을 이은 선에서 진지를 강화하면서 적 제2군단 주력의 남침에 대비하는 한편으로 오대산 부근의 적 제2전선의 유격대를 격멸하여 그들의 남북 연결을 차단하는 데 주력하였다. 그러나 춘천과 홍천 동북쪽에서 제12, 제2, 제10사단의 주력이 계속 남침하고, 현리 부근의 전황이 악화되자 육본 작명 제257호에 따라 동부선 일대를 점령 방어하기 위하여 수도사단도 전선 정리를 위한 준비에 임하게 되었다.

▲ 1950. 12. 27. 남쪽으로 떠나는 피난민 행렬

한편 서부전선의 미 제8군은 개성에서 후퇴하기로 하였다.

▲ 피난가는 누나와 동생, 이태리 기자 촬영

12월 28일 (187일째)
리지웨이 미 제8군 사령관, 중부전선 시찰

* 유엔군, 춘천 동북방에서 내평리 부근 북괴군에 대하여 맹공격
* 서해안 - 고랑포선에 중공군 제39 · 50 · 66군 집결 배치
* 고랑포 - 철원 · 김화선에 중공군 제38 · 40 · 42군 점차 남진 기도
* 중공군 제40군의 정예, 38선 돌파하여 개성 점령 후 계속 남하
* 미 제5공군 소속 전투기, 철운 · 김화 · 전곡 등지 맹폭격 - 연출격 728대, 중공군 제트기 50기 시찰

* 춘천 동북방에 북괴군 패잔병 재집결
* UN군, 동부전선 전략적 전진; 중공군 동쪽으로
이동 개시
* 중공군, 임진강에 임시가교 시설 준비

군경 등 100만 명 수송계획 수립

한국 정부 '망명 안' 검토

UN군 사령부는 중공군 참전 이후 새로운 전략을 모색하는 가운데 한국 정부를 망명시켜 후일을 도모한다는 계획안을 심각하게 검토하기 시작, 이는 한국 정부도 모르는 실로 놀라운 계획이었다. UN군의 전쟁지도 지침에 "강압에 의한 철수 시 UN군은 일단 일본으로 철수하되 한국 정부와 군경을 제주도로 이전시켜 망명정부를 설치하고 저항을 계속할 수 있도록 지원한다"는 내용이 포함돼 있었다.

당시 미국이 극비리에 추진한 이 계획에 따르면 "대한민국이 법적 정통성을 유지하고 전쟁을 계속할 수 있도록 한국 정부와 군경을 제주도로 이전시킨다"고 전제하고 그 대상 인원을 행정부 관리와 그 가족 3만 6,000명, 한국 육군 26만 명, 경찰 5만 명, 공무원, 군인·경찰 가족 40만 명을 포함하고 기타 요원을 고려해 도합 100만 명으로 판단해 수송계획까지 세웠다.

정부 위치는 제주도가 적지로 결정됐다. 그러나 그곳에는 이미 25만 명에 달하는 피란민·포로가 수용돼 있고 식수가 부족해 추가 수용이 불가능한 실정이었다.

그러므로 UN군은 먼저 이곳에 수용된 포로들을 근해 도서로 이송키로 계획했다. 그러나 어떠한 경우에도 한국민을 일본으로 이동시키지는 않기로 했다.

한국민 절체절명의 기로

당시 UN군 입장으로서는 철군 계획이 적에 누설돼서는 안 된다는 측면보다 국군에 미칠 영향을 보다 심각하게 우려하고 있었다. 철군 결정 시점을 전선이 금강선으로 남하할 때로 판단하고 있었지만 한국군 붕괴를 우려해 부산 교두보에 도착할 때까지는 철군 준비명령을 하달하지 않는다는 방침이었다.

결과적으로 UN군이 철군 마지노선 부근인 37도선에서 적을 저지하고 또 중공군이 더 이상의 공세를 멈춤으로써 망명정부 계획은 전면 취소됐다. 우리 입장에서는 천만다행의 일이었지만 당시 양측의 전세 판단은 분명 역사의 아이러니였다.

UN군이 세운 망명 계획에 따라 제주도로 이전할 것인지 아니면 UN군이 철수하더라도, 부산교두보에서 끝까지 저항하기로 선언할 것인지의 선택은 오직 우리 정부와 국민들의 몫이었다.

적어도 우리 정부 입장에서 보면, UN군 계획안은 한국민의 처리를 UN이 담당한다는 정도만 언급됐을 뿐, 베트남의 패망 때 나타난 바와 같이 자유를 위한 '보트 피플'이 얼마나 발생할지, 그리고 식량·예산 등은 어떻게 처리할 것인지 등에 관한 구체적 대책이 전혀 없는 계획이었다. 아무튼 제주도 망명 계획안은, 도서로 정부를 이전하느냐, 아니면 교두보에서 마지막까지 저항하느냐 하는 운명적 선택의 기로가 될 수 있는 것이었다.

우리는 이 과정에서 적의 기도와 전략을 오판하게 되면 국가 운명마저 크게 위태롭게 할 수 있다는 귀중한 교훈을 얻었다. <군사편찬연구소 발행 발췌>

▲ 항모 갑판에 곤두박질친 함재기

▲ 어설프게 얼어붙은 한강을 건너지 못해 우왕좌왕하는 서울 시민들
1950년 12월

12월 30일 (189일째)
UN군 전전선에서
38선 이남 16km 지점으로 철수

* 공중전 전개;
미 전투기(세이버) 15대 작전 중,
MIG-15 35~40대 출현하여 아군기를 공격;
공산군 전투기 1대 격추
* 서울 시민 피난;84만여 명(49%)

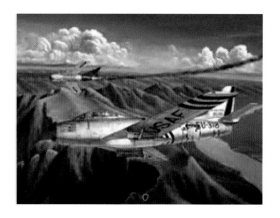

UN군의 새로운 전략

UN군은 중공군의 3차 공세를 격퇴하고 대대적인 반격에 들어갔으나 새로운 상황에 대비한 지도노선을 수립해야 하는 상황에 봉착하였다.

UN군은 38도선에서 종전하려 했다. 이러한 논의에서 미국 정부는 "중공은 두 번째 팀이며 진짜의 적은 소련이고, 미국이 중공과의 전쟁에 깊이 말려들어 군사력의 주력을 투입해 전면전을 전개해서는 안 된다"고 판단하였다.

그러나 UN에 파견된 한국대표단은 이러한 움직임에 대해, "한국의 통일은 이 전쟁에서 승리함으로써 이루어질 뿐이다. 중공의 개입은 북한의 침략과 마찬가지로 UN에 대한 도전이다. UN의 참전은 침략을 격퇴하기 위해서이며, 그런 정신으로 중공도 격퇴해야 한다"고 주장하였다.

대표단은 우방국에 우리의 통일 정책목표와 의지를 강조하는 한편, 어정쩡하게 전쟁 직전 상황으로 되돌아가는 것은 한국 국민들의 소망과 크게 상치된다는 점도 역설하였다.

미국의 지도부는 중공의 침략에 대한 대처 방안도 반드시 UN의 집단안전보장 조치를 통해 강구되어야 하며, 서방측 UN 회원국의 결속이 무엇보다 중요하다는 점을 강조하였고, 이후 UN군의 전략은, UN 주도하에 38도선에서 휴전하여 현장을 유지하는 것으로 결정되었다.

▲ 열차로 서울을 떠나는 피난민들. 1950.12.30

12월 31일 (190일째)
국군 제1군단, 적성·
문산 동쪽에서 격전

* 중공군, 야간부터 중대 공격 개시
*공산군, 38도선 부근에서 점차로 병력 증강화, 제3차 공세 개시
* 개성 부근에 다수의 공산군 전차·장갑차 집결
* 국군 제6사단, 동두천 북쪽에서 중공군 3개 사단과 교전 끝에 격퇴

▲ 북한주민들 피난하는 모습. 1950년 12월

특집 : 전쟁고아(戰爭孤兒)

고아 공수 작전

매서운 칼바람이 몰아치던 1950년 12월, 서울 시민들은 봇짐을 싸고 다시 피난길에 올랐다. 중공군이 평양을 점령하고 38선을 넘으며 남하하고 있었기 때문이다. 고아(孤兒)들을 돌보고 있던 러셀 블레이즈델 대령도 '특단의 대책'을 강구해야 했다.

그는 한국 공군이 12월 15일 인천 부두에서 LST 배로, 시멘트 3천 포를 제주도까지 옮기려는 계획을 알게 되었다.

고아들을 태워 주겠다는 한국 공군의 약속을 받은 블레이즈델 대령은 9백 50 명의 아이들을 인천 부두로 데려갔다. 하지만 약속된 시간이 돼도 선박은 오지 않았고, 다음 날도, 그다음 날도. 이렇게 나흘이 지났다.

그는 아이들을 인천 부두 근처의 작은 학교 건물에 대기시켰다. 그런데 난방시설도 위생시설도 마련되지 않은 건물에서 버티던 아이들 사이에서 '백일해(百日咳)'와 '홍역(紅疫)'이 돌기 시작했다. 가장 어린 8명이 추위와 질병을 견디지 못하고 죽었다. 시간은 가고, 러셀 블레이즈델 대령은 점점 초조해졌다.

12월 20일에는 인천 부두를 지키고 있는 미군 대대 병력도 퇴각할 계획이었기 때문이다. 그는 절박한 심정으로 제5공군 사령부를 찾아갔다.

대부분의 병사들이 퇴각하고 텅 빈 사령부에서 기적적으로 작전 사령관인 T.C. 로저스 대령을 만났다. 그는 총사령관을 제외하고는 유일하게 비행단의 출격 명령을 내릴 권한이 있었다.

로저스 대령은 여기저기 전화를 돌리더니, 마침 C-54 수송기가 일본에서 대기하고 있다며, 다음 날 오전 8시까지 김포공항으로 보내겠다고 말했다. 기적이 일어난 것이다.

▲ 1950. 고아들이 실려와 내리기 직전

다음 날 아침 블레이즈델 대령은 부두에서 트럭을 찾아 헤맸다. 아이들을 인천에서 김포까지 옮겨야 했기 때문이었다. 가까스로 아침 7시가 넘어 낡은 배에 시멘트를 싣고 있던 해병대 트럭을 몇 대 발견해, 아이들을 태우기 시작했다.

당시 16살로 고아들 틈에 섞여 있었던 이강훈 씨는 급박했던 상황을 아직도 생생히 기억하고 있다.

▲ 고아, 1950.12 수송기에 올라가는 고아들

이강훈 : "그 목사님이 애들을 빨리빨리 옮겨야 하니까 '허리 허리' 그러는 거예요. 나중에 알아보니 '빨리빨리'라는 말이더라고요..."

약속 시간을 두 시간이나 넘겨 김포공항에 고아들이 도착했을 때, 제5공군 소속 C-54 수송기 16대가 적군의 폭격을 받을 수 있는 위험한 상황에서도 아이들을 기다리고 있었다. 두 번째 기적이었다.

마지막 남은 힘까지 써가며 버텨낸 아이들은 공군 병사들에게 안겨 비행기에 실렸다. 강훈 씨는 난생처음 타는 비행기였지만 아무런 느낌이 없었다. "아 그때... 모르죠. 왜냐하면 생각이 부모님 없이 우리끼리죠. 하니까 그런 거 생각할 겨를이 없어요. 저는 비행기 타는데 무섭지도 않더라고요."

강훈 씨와 다른 1천 명이나 되는 고아들과 함께 구출됐던 수지 앨런 씨도 "그때의 기억이 생생합니다."라고 했다. 앨런 씨는 제주도로 옮겨진 몇 년 뒤에 미국으로 입양됐다. "우리는 비행기에 정어리처럼 빽빽하게 실렸어요. 매우 좁았던 기억이 나요. 우리는 모두 울었죠."

몇 시간 후 비행기 14대가 제주도에 무사히 착륙했다. 두 대는 엔진 문제로 부산과 일본으로 우회해 다음 날 도착했다.

블레이즈델 대령은 당시 심정을 다음과 같이 기록했다. "비행기가 착륙하는 순간, 처음으로 안도감이 내 몸을 휘감았다. 고아원 직원들은 기뻐 환호하며 껴안았고, 몇몇 아이들의 얼굴에는 미소가 떠오르기까지 하였다."

1950년 12월 20일, 미 공군 군목이 1천여 명의 고아를 수송기에 실어 생명을 구한 이야기는 미군이 한국전쟁 도중 어린이들에게 보여줬던 사랑의 대표적인 사례라고 조지 드레이크 박사는 평가했다.

1952년 미 육군 정찰병으로 한국전쟁에 참전했던 드

▲ 한국판 쉰들러 리스트 브레이즈델
제주도에 닿은 비행장에서 고아를 내리는 모습 오른쪽 아이를 안고 있는
사람이 브레이즈델 목사

▲ 미군 군목과 전쟁고아의 즐거운 모습, 1951년

레이크 박사는 외교관과 대학교수를 지낸 뒤 은퇴해 한국전쟁 고아들을 위한 인터넷 사이트를 운영하고 있다.

"한국전쟁 3년 기간 동안 육, 해, 공, 해병대 등 모든 병사 들이 약 1만 명 어린이들의 생명을 구했다. 월급이 50달러~ 60달러밖에 되지 않는 미군 병사들이 2백만 달러 이상을 걷어 고아원들을 지원했다. 4백 개의 고아원에 있는 5만 4천여 명의 고아들을 후원했다.

우리는 고향의 어머니, 아버지, 친척, 친구, 이웃에 편지를 써 한국 어린이들을 위해 돈을 부쳐달라고 부탁했다. 병사들이 총을 겨누는 방법은 배워야 했지만, 어린이를 돕는 것을 배울 필요는 없었다. 이는 미국인이면 누구나 실천하는 가치이기 때문이다."

서울에서 미 공군 수송기로 구출돼 제주도의 고아원에서 자란 수지 앨런 씨, "Well. I loved American soldiers. Because they always brought us treat and stuff"

"나는 당시에 미군들을 매우 좋아했어요. 미군들은 언제나 우리들에게 간식거리를 가지고 찾아오곤 했었죠. 위험을 뚫고 우리를 구출해 준 블레이스델 대령님은 멋진 분이에요. 그분이 없었다면 우리는 모두 죽었을 거예요"

블레이즈델 대령은 지난 2001년 91살의 나이에 전쟁 이후 처음으로 다시 한국을 방문해 당시 자신이 구했던 고아들과 감격적인 만남을 가졌다. 그때의 만남이 인생에서 가장 기억에 남는 순간이었다고 회고했다.

- 옮김: 글 '미국의 소리', 조은정 -

1951년 1월
전황

▲ 북풍한설을 무릅쓰고 남으로 향하는 피난민. 1951. 1

▲ 이승만 대통령

이승만 대통령, 1951년 신년 연사 발표

"지난 한 해를 다 보내고 새해를 맞이하게 됨에 그동안 모든 파괴와 살상 중에서 우리가 당한 모든 악몽은 묵은해에 묻혀 액막이해서 버리고, 이 새해를 세계 우방들과 협동함으로써 내외의 적군을 토멸하고 통일을 완수하여 우리 민국을 건설하고 생활을 개량해서 전진 부강을 날로 도모하기를 축하하는 바입니다.

이북 괴뢰군을 토멸한 후 중공군이 침입하매 그 세력의 강약을 알지 못해서 우리의 전선을 다시 공고케 하기 위하야 국군과 유엔군을 이북에서 점차로 후퇴시키는 중에서 오해와 선동이 생겨 이북 이남에 많은 혼란을 주게 된 것입니다.

그러나 지금 와서는 우리의 전선이 완성되어 철통같이 막아 놓고 있으며 또 리지웨이 중장이 새로 와서 용기나는 결심으로 하루바삐 밀고 올라갈 것이요, 퇴보는 없다는 선언이 나오기에 이르렀으니, 이만한 세력과 이만한 결심으로 나가면 중공군 몇백만 명이 들어온다 할지라도 우리가 다 토멸하야 없애기를 의려치 아니하며 오직 맹렬히 싸워서 밀고 올라갈 줄로 확신하는 바입니다.

우리는 정부와 국민이 마음을 합하고 힘을 합해서 먼저 하나님께 감사를 올리며 트루먼 대통령과 맥아더 장군의 명철한 지혜와 공고한 결심을 뼈에 맺히게 감사하며 유엔대표단에 끝없이 감사하는 동시 또 유엔군의 장병들에게 만세불망의 사의를 표하면서 1951년 새로운 복을 촉하는 바입니다."

중공군 제3차 공세(신정 공세)
(1950년 12월 31일 - 1951년 1월 8일)

중공군의 제3차 공세는 한국군 및 UN군이 38도선 부근으로 철수하여, 임진강 하구 - 연천 - 춘천 북방 - 양양을 연한 방어선을 형성하고 있을 때인 1950년 12월 31일에 실시되었다. 이 공세는 1951년 1월 1일을 전후하여 실시되었다는 뜻에서 일명 신정 공세라고도 불리었다.

이때, UN군은 중공군의 공세를 수개의 방어선에서 축차적으로 약화시킨 다음 공세로 이전한다는 방어 개념하에 제1방어선을 38도선을 연하는 선에, 제2방어선을 수원 - 양평 - 주문진을 연하는 선에, 그리고 제3방어선을 평택 - 삼척을 연하는 선에 설정하고 제1방어선과 제3방어선에 중점적으로 부대를 배치하였다.

중공군의 신정공 세는 12월 하순 38도선 북방에 도착한 제13병 단 6개 군과 그동안 전투력이 회복된 북괴군에 의하여 감행되었다.

제9병단은 제2차 공세 시 한국군 및 UN군에게 입은

심한 손실로 인하여 함흥 부근에서 재편성 중에 있었다.

중공군은 최초 북괴군의 남침 경로와 유사한 철원 - 의정부 - 서울 축선에 주공을 지향하고, 화천-춘천-홍천 축선에 조공을 지향하여 대공세를 취하였다.

이때, 중공군은 개성 - 화천 지역에서, 북한군은 화천 이동 지역에서 공격을 실시하였다.

▲ 중공군 사령관 주덕과 팽덕회

이 공세로, UN군은 1951년 1월 4일 재차 서울에서 철수하여 평택 - 제천 - 삼척 선으로 물러나게 되었으며, 이 선에서 중공군의 공세를 저지하는 데 성공하였다.

이때, 중공군은 1950년 10월 공세 이후 계속된 공격 과정에서 입은 손실과 신장된 병참선으로 보급이 뒤따르지 못하여 더 이상 공격을 지속할 수 없는 상태에 이르게 되었다.

▲ 영국군 왕실기갑연대 대원들이 전투에 임하기 전 포즈를 취하고 있다. (51년 1월 중공군의 3차 공세를 앞둔 시기로 추정) 오른쪽 뒤편 병사가 목에 두르고 있는 실크 스카프는 영국군 기갑부대 장교들의 애용품이었다.

반면에, 한국군 및 UN군은 기습적인 중공군의 대공세를 맞게 된 충격으로부터 점차 벗어나게 되었고, 상대적으로 전력을 재정비하여 조직적인 지연전을 펴나감으로써 전세를 회복하고 반격의 여력을 축적하게 되었다. 이리하여, 한국군 및 UN군은 1월 25일에는 다시 반격 작전으로 전환하게 된다.

▲ 서울 북방 지역에서 미군 병사들이 북괴군 포로들을 심문하고 있다. 북괴군은 민간인 복장을 하고 피란민 인파에 잠입하는 경우가 많았다.

▲ 영등포 역에서 남으로 피난하는 시민들이 기차를 타고 있다.

▲ '자유를 잃지 않으려면' 南으로 가야 한다 !
" 다시는 종의 멍에를 메지 말자 !! "

우리에게 새해, 새 희망을 주소서

1951년 1월 1일 오전, 미 제8군 사령관 리지웨이 중장이 전투 현장을 확인했다. 그때 국군 제6사단 지역에는 커다란 돌파구가 만들어져 있었고, 중동부 전선의 국군 제3군단도 집중적인 공격을 받고 있었다. 따라서 그는 국군과 UN군이 현 위치에서 더 이상 지체할 경우 주력이 중공군에게 포위될 가능성이 큰 것으로 판단했다.

위기를 실감한 제8군 사령관은 전 부대를 한강-양평-홍천을 연하는 선으로 철수하게 했으며, 이어서 1월 3일 오후에는 한강선에서 평택-안성을 연하는 선으로 철수하게 한다.

1월 2일 (192일째)
국군 제1·제6사단,
한강 이남으로 철수

제1사단장의 회고

1950년이 저물던 12월 31일 늦은 오후에 중공군은 공세를 다시 시작했다.

▲1951년 1월 2일, 중공군의 공세로 아군이 한강 남쪽으로 밀려 내려가게 되자 미군은 어린이와 노약자를 비행기에 태워 남쪽으로 보내는 작업에 들어갔다. 1·4 후퇴 당시 한 어린아이가 미 공군 수송기에 오르고 있다.
-백선엽 장군 제공-

마침 그날 낮에 당시 한국은행 이사였던 장기영(작고, 한국일보 창업자) 씨와 재무차관이었던 송인상 씨가 연말연시 일선 장병 위문차 찾아왔다.

"은행원들이 국군을 위로하기 위해 직접 김치를 담갔다"면서 커다란 김치 항아리 두 독을 싣고 왔다. 심신이 지친 장병에게 이런 선물은 얼마나 반가운지 모른다. 예하 부대에까지 김치를 돌렸다. 그러나 그것은 아주 짧은 즐거움이었다. 저녁 무렵이 되자 내려앉는 어둠 속에서 중공군의 공격이 시작됐다.

특유의 피리와 꽹과리 소리가 난 뒤에 기관총과 박격포 사격이 시작됐고, 이어 적들이 나타났다. 엄청난 수였다. 헤아릴 수 없이 많은 적군이 들이닥치면서 전면에 있던 12연대가 뚫리기 시작했다. 동료의 시체를 넘고 넘어 물밀듯이 전진하는, 전형적인 중공군식 인해전술이었다.

우리 제1사단과 인접한 국군 제6사단 사이의 경계인 전투지경선(戰鬪地境線)이 먼저 밀렸다. 우리 쪽에서는 제12연대가 나가 있던 곳이다. 눈앞이 캄캄했다.

제15연대를 예비진지에 투입한 뒤 전황을 파악하기

에 급급했다. 밤이 깊어지면서 앞에 나가 있던 부대
와는 통신도 끊겼다. 제11연대는 그대로 버티고 있었
으나, 제12연대와 제15연대는 걷잡을 수 없이 밀리고
있었다.

▲ 제3차 공세 때 중공군의 공세 모습

중공군의 돌파를 저지하기 위해 나는 공병대와 통신
대 병력까지 투입했으나 역부족(力不足)이었다. 낙
동강 전선에서의 선전과 '평양 제1호 입성' 등 제1사
단이 쌓았던 전공이 신기루처럼 여겨졌다. 역전의 제
1사단도 무너지다니….

참모들과 미군 고문관들에게 모두 후방으로 이동하
도록 했다. 나와 주요 참모 몇 사람만 파주군 법원리
근처 초등학교에 있던 사단 지휘소에 남아 후퇴 상
황을 점검했다. 그때 나는 엄청난 좌절감과 허탈감
에 빠져 기력을 거의 상실했다. 내 막사를 드나들며
전선과의 교신을 시도하던 통신참모 윤혁표 중령은
훗날 당시의 나를 '마치 넋이 나간 사람 같았다'고 표
현했다.

"전화기를 손에 쥐어 주면 통화를 한 뒤 제자리에 놓
지 못하고 떨어뜨릴 정도"였다고 했다. 그는 또 내가
무전기를 내려놓은 뒤 방금 했던 말을 계속 반복했
다고 한다.

혼잣말로 중얼거리는 모양이 마치 실성한 사람 같았
다고 했다.

▲ 얼음을 깨고; 얼어붙은 한강 피난길. 무너져 내린 한강대교. 1950년 12월

▲ 1950. 12. 30, 건너야 할 강, 중공군의 남침을 피해 다시 서울을 떠나는
피난민 대열

▲ 1951.1.3, 헝겊으로 둘러싸서 둘러멘 기관총,
집결지로 가는 국군 제7사단 5연대 기관총 사수들

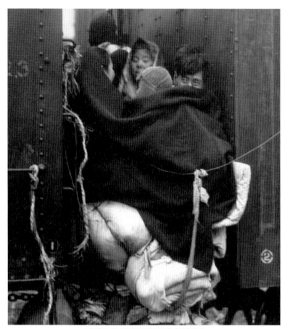

▲ 그래도 운 좋게 列車를 탈 수 있었다....
두 화물칸 사이 공간을 차지한 가족들
1951. 1. 3, 영등포역

1951년 1월 3일
이승만 대통령의 지시사항
"서울의 식량 태우지 말라, 市民에게 나눠줘라."

오전 9시에 서울 비행장 활주로를 이륙할 비행기를 타려면 8시 30분에 경무대를 출발해야 했다. 그러나 대통령은 떠나고 싶어 하지 않았다. 대통령은 시간을 지연시키려고 괜히 이 일 저 일을 하려고 했다.

나는 슬픈 감정을 억제하며 눈물을 감추느라 애쓰면서 비통한 기색을 보이지 않으려고 무척 노력했다. 차마 떨어지지 않는 발걸음을 옮겨 대통령과 나는 경무대를 떠났다.

우리는 한 사람의 비서(황규면 씨)와 양 노인과 고용한 여자 한 사람을 데리고 떠났다. 그 이외의 직원들은 이미 각자가 가족들을 데리고 기차나 배로 떠나도록 했었다. 그들 대부분은 벌써 1주일 전에 정부의 모든 공무원들이 가족들과 함께 철수할 때 떠나가도록 조치를 했었다.

평양에서 철수할 때 군대에서 수송해 오기 힘든 양식을 소각했다는 보고를 받은 대통령은 이기붕 서울시장에게 모든 쌀과 양식을 한 톨도 태워서는 안 된다는 명령을 내렸다. 그 대신 양식을 전부 피난하지 못하고 남아야 하는 사람들에게 남김없이 나누어주도록 지시했다.

- 프란체스카 女史의 '난중일기' 중에서 -

▲ 1951.1.3. 서울역 앞의 피난 행렬.
"기차를 타긴 타야 할 텐데, 이들 짐은 어떻게 하나?"
AP통신 맥스 데스퍼 촬영

1월 4일 (194일째)
1·4 후퇴

1950년 12월 말에서 51년 1월 초 사이,
중공군의 공격으로 UN군의 주력이 서울에서
물러나고, 공산 진영이 서울을 재점령한
사건을 가리킨다.

▲ 대부분의 중장비를 버리고 한강을 건너 후퇴하는 국군 (시민들이 보고 있다.)

1950년 12월 제2차 청천강 전투와 장진호와 같은 곳에서 벌어진 공산진영의 예상치 못한 강력한 반격에 부딪힌 한국군과 미군, UN군은 38도선 이북에서의 대대적인 철수를 계획하였다.

이후 대한민국이 12월 4일에 평양을 철수하고, 이를 평양 철수 작전이라고 부르기도 한다.

12월 14일부터 24일 사이에 동부 전선의 한국군/UN군 12만과 피난민 10만이 흥남 부두에서 해상으로 철수하였는데, 이를 가리켜 흥남 철수라고 한다.

장진호 전투에서 중공군 속에서 간신히 빠져나온 미국 제1해병사단도 12월 24일에 흥남에서 철수했고, 1월 4일에는 대한민국 수도 서울을 두 번째로 다시 내주었다. 1월 7일에는 수원이 중공군에게 함락된다.

▲ 1.4후퇴 피난민 행렬의 대표적 사진; 끝없이 늘어선 남행길. 1951년 1월 4일

중공군의 2~3차 공세 동안 북괴군과 중공군을 피해 피난민들의 행렬이 끝도 없이 이어졌고 그 대혼란 속에서 수많은 이산가족이 생겨나게 된다.

왜냐하면 대부분의 피난민들이 이 후퇴가 전략상 후퇴이며, 다시 국군과 UN군이 전열을 정비하여 북진할 수 있을 것이라는 생각에 "며칠 동안 몸만 피하다 온다"는 생각으로 가장과 몇몇 자식들만 간단하게 피난한 경우가 많았기 때문이다.

아니면 피난하기 힘든 어린 자식들을 친가 또는 외가에 맡겨두고 피난한 사람들도 많았다.

그런데 이때의 이별이 평생의 이별이 되고 만 경우가 허다했다.

▲ 1951. 1. 4. 기차로 남하하려는 피난민들

엄청난 추위로 인하여 많은 피난민들이 고통받았지만, 역설적이게도 한강이 차가 지나다닐 수 있을 정도로 얼어붙었기 때문에 전쟁 초기와 달리 다리를 건너지 못해 피난하지 못하고 발이 묶이는 경우는 드물었다.

정부 또한 개전 초기의 교훈을 통해 신속하게 소개령을 내려 서울시민들은 혼란스러웠던 개전 초기와는 다르게, 그나마 미리미리 피난할 수 있었다. 그 결과 신석기 시대 이래 사람이 모여 살던 서울이 텅 비어버렸다. 1949년 제1회 인구주택 총조사 기준으로도 140만의 인구가 살던 한반도 최대의 대도시가 텅 비어버린 것이다.

이것은 앞서 있었던 9.28 서울 수복 이후, 전쟁 초기에 피난을 가지 못했던 사람들이 전쟁 초기 이승만 정부가 서울시민들에게 안심하고 생업에 종사하라고 해서 말 잘 듣고 서울에 남아 있었는데도 정작 국군과 유엔군이 서울을 탈환했을 때 자신들이 북괴군 부역자로 차별받은 기억이 남아 있었기에, 너나 할 것없이 '가라 할 때 가자'고 생각했기 때문이다.

또 정부에서 적극적으로 피난을 권장한 것도 있었고. 서울에 남은 것은 몸을 움직이지 못하는 노인들과 환자들, 그리고 그 가족 극소수뿐이었다.

'1·4 후퇴'는 1950년 가을 이후 북진하던 UN군이 중공군의 개입으로 다시 남쪽으로 후퇴한 과정을 총괄하는 단어이다. 1951년 1월 4일 일제히 후퇴를 시작한 게 아니다. 오히려 이날 서울은 텅 비어 있었고, 바로 다음 날 중공군은 서울을 점령한다. 이미 12월 초에 시작한 평양 철수, 12월 중순 시작한 흥남 철수 이래 한반도 중부는 피난과 후퇴의 소용돌이에 휘말려 있었다.

경의선을 달리는 열차는 평양 이남의 피난민들을 지붕 위까지 싣고 기적을 울렸고, 서울 시민들은 전세가 이상하게 되어 간다는 소문이 퍼진 이후 연일 서울역 앞에 장사진을 쳤다.

▲ 부교(浮橋) 고무보트 위에 판자를 올린 다리를 통해 후퇴하는 군 차량

"부교(浮橋)의 상하류에는 인류사의 비극이 펼쳐지고 있었다. 혹한 설풍 중에 많은 피난민들이 채 얼지도 않은 강 위를 미끄러지며 넘어지면서 건너고 있었다. 얕은 얼음에 빠지거나 넘어져서 고통을 호소

하는 이는 있었으나 누구 하나 이웃을 돌볼 여유는 없었다. 그러나 누구 하나 눈물을 흘리거나 흐느껴 우는 사람도 없었다. 눈을 밟는 신발 소리만이 가팔랐고, 이따금의 탄식만을 남긴 채 피난민들은 묵묵히 걸어가고 있었다."

- 미 제8군 사령관 리지웨이 장군의 저서 'Korean War' 중에서-

리지웨이는 피난민들이 몰려들어 작전에 차질을 빚을 것을 두려워했다. 이후 전쟁에서 "도살 작전"을 펼쳐 중공군을 밀어 올리게 되는 이 강골 군인은 "유사시 무기를 써서라도" 피난민을 통제하라고 명령한다.

그러나 그는 그것이 기우(杞憂)임을 깨닫게 된다. 이미 한국인들은 생존의 방식을 터득하고 질서정연하게 한 줄로 서서 혹한(酷寒)을 견디고 있었던 것이다.

이후의 피난 과정을 지켜보고 리지웨이가 남긴 기록(1967, 'Korean War')은 읽는 사람으로 하여금 한 번은 하늘을 바라 보게 만든다. 전쟁이란 죽고 죽이는 군인들만 서로에게 악마로 만드는 것이 아니다.

채 얼어붙지 않은 강물을 건너는 중 이웃이 살얼음에 빠져 허우적거려도 그를 돕기는커녕 행여 내 발밑이 꺼질세라 저만치 돌아가야 하고, 그 모습을 보면서도 '눈물을 흘리거나 흐느껴 울지도 않고' 부지런히 걸음아 날 살려라 걷게 만드는 것이 전쟁이었다.

내가 살기 위해서 누구를 죽이지는 않더라도 누가 죽는 것 따위는 눈 하나 깜짝하지 않을 수 있어야 하는 것이 전쟁이었다.

▲ 추위를 무릅쓰고 자유를 찾아 길을 떠난 피난민들

▲ 1951년 1월 4일 중공군 선발부대, 서울 독립문 근방으로 進入하고 있다.

1950년 12월 31일, 중공군이 38도선을 넘어 1951년 1월 5일까지 3차 공세를 지속하였다.

▲ '조선전선'에 나온 중공군 위문공연단 공연 모습

1월 6일 (196일째)
UN군 평택 장호원 등에서
반격 준비

* 국군 제1사단, 안양 부근에서 중공군과 교전
* 중공군, 홍천 점령

1월 5일 (195일째)
중공군 서울 침공 점령

* 국군 제1 · 제3군단, 원주 - 삼척선으로 철수
* 중공군, 원주 침공

▲ 1951. 1. 5 중공군 병사들이 대한민국 중앙청 앞에서 점령 자축.
즐거워하고있다.

▲ 북 · 중 연합군이 서울과 한강 이북을 점령한 후, '축배'를 즐기고 있다.
1951. 1. 6.

국군과 UN군은 1951년 1월 4일 서울에서 철수하여, 평택 - 제천 - 삼척 선으로 물러나게 되었으며, 이 선에서 중공군의 공세를 성공적으로 방어 저지하였다.

이때, 중공군은 1950년 10월 공세 이후 계속된 공격

과정에서 입은 손실과 신장(伸長)된 병참선으로 보급이 뒤따르지 못하여 더 이상 공격을 지속할 수 없는 상태에 이르게 되었다. 반면에, 국군 및 UN군은 기습적인 중공군의 대공세를 맞게 된 충격으로부터 점차 벗어나게 되었고, 상대적으로 전력을 재정비하여 조직적인 지연전을 펴나감으로써 전세를 회복하고, 반격의 여력을 축적하게 되었다. (이리하여, 한국군 및 UN군은 1월 25일에는 다시 반격 작전으로 전환하게 된다)

▲ 1951년 1월 3일, 미 제2사단, 홍천-원주간 국도에서 퇴로가 차단되자, 고립방어에 돌입하고있다.

1951년 1월 원주 일대에서 미 제2사단이 북괴군 제5군단에게 밀려나기 시작했는데, 배후가 차단 당하자 후퇴를 포기하고 고립방어에 나섰다.

그런데 방어선을 구축하고 화력의 지원을 받아 결사적으로 항전하자 오히려 공산군이 무너져 내리기 시작한 것이었다. 지금까지 중공군에 놀라 도망치기에 급급했지만, 막상 이처럼 아군이 결사저항하자 공산군이 애를 먹었다는 사실은 암울한 시기에 UN군에게 반격의 단초를 제기하여 주었던 것이다.

1월 7일 (197일째)
태국 'Prasae'함,
동해작전 중 좌초

6.25 전쟁 기간 동안 태국 왕립해군은 UN군의 일원으로 한국전쟁에 참가하였다.

전쟁에 참가한 태국의 군함은 모두 3척으로 그중 2척의 함명은 모두 Prasae이다. 첫 번째 태국의 Prasae는 영국 해군의 플라워 클레스 콜벳함으로 925톤급 함정이다. 아래의 사진은 영국 해군 시절의 모습으로 HMS Betony(K274) 이다.

1951년 1월 7일 겨울 폭풍을 만나 동해 적정지역에서 좌초되어 배는 파괴되고, 승조원들은 미 해군에 의해 구출되었다.

▲ Thai Frigate Prasae stranded on the korean coast, Jan,7, 1951
멀리 외해에 미국 구축함들이 보인다.

▲ 승조원들 구조 대기 중

▲ 미 해군 헬리콥터가 승조원 구출 작전을 펼치고 있다.
1951년 1월 7일, 한국 동해안

에피소드

미 제2사단 제23연대에 배속되어 있던
프랑스대대의 혁혁한 공로

지원병(志願兵)만으로 구성된 프랑스 대대는 한국에
도착한 직후인 1951년 1월 7일부터 2월 15일까지 전
개된 일련의 전투에서 몽클라르 대대장(스스로 중령
으로 강등하여 참전한 전 육군 중장)의 지휘하에 영
하 30도를 오르내리는 혹독한 추위 속에서 강력한
공산군의 공격에 맞서 방어진지를 고수하는 전공을
세웠든 것이다.

'최후의 총검 전투'로 적을 물리쳤다는 데에 미군으
로부터 찬사를 받았으며, 특히 리지웨이 제8군 사령
관으로 부터 격찬을 받았다.

▲ 미군 병사가 부상병을 내려놓으며 고통스러워 하고 있다.
이 병사는 부상당한 동료를 업고 전선에서 대전 인근까지 2,000야드를
내려왔다. (출처 : War In Korea, 히긴스 기자)

▲ 제15연대장이 된 김안일 중령은 적정을 수집하기 위해
기발한 작전을 구상했다.
그는 중공군과 싸우려면 중국말을 하는 병사가 필요하다면서, 한국에 사는 중국
화교들을 끌어 모아, 약 50명으로 구성된 수색대를 편성했다.

"그들의 활약은 대단했다.
그들은 적진에 들어가 중공군과 관련된 정보를 수
집하기 시작했다.
수색 작전 중 포로를 붙잡아 오기도 했다.
작전 중 전사한 수색대 용사들 중에는
동작동 국립묘지에 묻힌 사람도 있다."

(백선엽 장군 제공)

▲ 몽클라르 대대장

1월 8일 (198일째)
중공군 신정(3차) 공세 종료
중공군 3차 공세의 결과 및 교훈

중공군은 3차 공세 시 모택동의 '서울점령' 지침에
따라, 작전목표를 UN군 주력 격멸 보다는 서울이라

는 지역목표에 지향했다. 그 결과 중공군은 서울을 점령할 수 있었지만, 국군과 UN군 역시 서울에서 조기에 철수함으로써 주력을 보존해 후일을 기약할 수 있게 됐다.

그때 만약 중공군이 "UN군 주력을 격멸한다."는 목표를 수립하고, 후속부대를 증원해 서울을 점령한 후 계속 공격하거나 북괴군과 함께 주력을 원주 - 충주 - 대전 방향에 투입했었다면 수습하기 어려운 상황이 되었을 가능성이 컸을 것이라고 볼 수도 있겠다.

▲ 1 · 4후퇴 당시의 피난민 대열

그러나 중공군은 후속부대가 도착하기 이전에 서둘러 3차 공세를 감행함으로써, 공세 지속력을 갖지 못하고 말았다. 또한 공세에 참가했던 병력들은 서울 점령을 최대의 목표로 생각하고 있었기 때문에 원주의 호기를 활용하지 못했다.

▲ 퇴각 중 UN군 전차에 의해 파괴된 인민군 T-34 전차

한편 그때까지도 UN군 사령부는 중공군에 대한 대비책을 강구하지 못하고 있었다. 따라서 당시의 UN군은 중공군이 공세를 계속했다면 기약 없는 후퇴를 거듭할 수밖에 없는 입장이었다.

▲ 북괴군 군수물자 저장소를 집중사격 중인 UN군 전투기

후일 밝혀진 사실이지만, 그 시기에는 미국 정부에서 조차 "중공군이 공세를 멈추지 않는다면 한반도를 포기할 수밖에 없다"는 주장이 심각하게 제기되고 있었으며, 제주도에 임시정부를 수립하는 문제까지도 검토되고 있었다.

> ## 1월 9일 (199일째)
> ## 원주 지구 전투-1
> ## (1.6 ~ 1.12)

* 유엔군, 원주지구 소규모 반격으로 철수작전 중지 계기 마련
* 미 극동 공군 및 제5공군 예하 B29폭격기 및 전폭기 300대, 평양 등지 맹타

참전 부대 미 제10군단 :
미 제2 보병사단, 한국군 제18연대,
프랑스대대, 네덜란드대대,
미 제37포병대대, 미 제187공수여단

원주는 중부전선 제1의 요충지로, 원주가 적에게 탈

취 되면 원주-충주- 대전-금천으로 진출하여, 서울
지역의 아군 고립과, 제천- 영주로 진출하여 대구를
압박하므로 미 제2사단을 중심으로 원주에서 치열
한 방어적 전투가 전개되었다.

1951년 1월 5일 미 제2사단은 원주 정면을 확보하고
있었으며 적군은 아군 제3군단의 방어선을 돌파하
고, 1월 2일에 춘천-가평선에 진출, 양평 원리에서 철
수 중인 아군 제5, 제8사단을 급습하고 여주 방면으
로 진출하였으며, 동부의 북괴군 주력인 제2, 제9, 제
31사단은 아군 제3, 제8사단 사이의 간격을 뚫고 1월
4일에는 홍천을, 6일에는 횡성을 점령하였다.

원주의 미 제2사단장 Robert B. McClure 소장은 12
월에 프랑스대대를 제23연대에, 네덜란드대대를 제
38연대에 배속하였다.

▲ 미 제2보병사단 마크를 단 프랑스 대대가
이승만 대통령으로 부터 훈장(勳章)을 받고 있다. 1951

▲ 네덜란드 대대원 전투 행진 모습. 1951년 1월

▲ 1951.1, 미 제2보병사단 장병들의 전투 모습, 부상자 처리

원주를 중심으로한 공방전에 있어, 북괴군의 전력은
한계가 있었다. 군우리 전투(중공군의 제1차 공세)에
서 심한 타격들 입었던 미 제2사단은 그 사이에 전투
력을 회복하여 적에게 역습을 감행했다.

그 결과 1월 11일, 격렬한 공방전 끝에 북괴군에게 빼
앗겼던 원주를 회복함으로써 북괴군은 막대한 피해
를 입은 채 철수할 수밖에 없었다. 그 같은 미 제2사
단의 원주 전투는 미8군 전체의 위기를 수습하고, 차
기 반격을 위한 발판을 확보할 수 있게 했다. (제2사
단은 군우리 전투에서 중공군에게 당한 패배의 앙금
을 말끔히 털어 버리고, 예전의 전력을 회복하게 됐
든 것이다)

여기서 특기할 사항으로는; 지난해(1950년) 12월 26
일, 워커 장군의 유고로; 제8군 사령관에 부임한 리
지웨이 장군의 새로운 지휘통솔력에 의해 새로 거듭
나고 있는 미군들의 전투의지가 원주작전의 결실이
라고 평가할 수 있겠다.

▲ 신임 미 제8군 사령관의 모습

▲ 미 제8군 기장

▲ 한 미군 병사의 전투 중 모습(1951년).

▲ 몽클라르 장군의 외동딸 파비엔느 몽클라르가 2010년 訪韓하였다.
(국방부 제공)

1월 10일 (200일째)
원주 지구 전투-2
(1.6 ~ 1.12)

신임 미 제8군 사령관 리지웨이 장군은 자신의 실험이 성공적으로 끝난 것을 확인하고 자신감을 가졌다. 그는 중공군의 우세한 병력은 아군의 우세한 화력으로 대응해야 한다고 주장했다. 특히 중공군의 병참의 문제점을 예리하게 찾아냈다.

"아버지는 억압받는 민족을 돕는 게 프랑스의 오랜 전통이라고 말씀하셨습니다. 제 아버지가 한국을 위해 6.25전쟁에 참전하신 것처럼 언젠가는 프랑스인들이 한국인의 도움을 받을 것이라고 믿습니다"

2010년 10월 몽클라르 장군의 외동딸 파비엔느 몽클라르는 한국을 방문해 지평리(砥平里) 전투 현장도 둘러보고 강연회도 가졌다.

장군이 한국전쟁에 참가했을 때 태어난 파비엔느는 생전의 아버지를 이렇게 회고했다.

"아버지는 말수가 적은 편이었는데도 유독 한국에 대해서는 많은 얘기를 해주셨습니다. '한국인들은 매우 용감해. 만약 프랑스가 위험에 처하면 한국에 지원을 요청하면 되겠다.' 할 정도로 훌륭한 군인이 많았다고 말씀하셨습니다."

"아버지는 또 한국인들의 인내심을 높이 평가했어요. 아마도 한국인들이 36년이라는 긴 일제강점기를 이겨내고 독립을 쟁취했다는 점에 깊은 인상을 받지 않았나 싶습니다."

▲ 미 리지웨이 8군 사령관과 프랑스 몽클라르 대대장

몽클라르 장군은 본국으로 귀국해 두 번째로 제대한 후, 한국을 그리다 서거(逝去)했다.

전투 경과

▲ 미군의 셔먼 탱크

1월 5일
제38연대는 배속된 네덜란드 대대와 추동리 - 횡성 간의 진지에서 적과 치열한 교전을 벌인 다음 횡성에 집결하였으며, 상창봉리를 점령하고 있던 제23연대의 주력 제2, 제3대대와 유동리 프랑스 대대는 적의 기습을 받고 횡성에 집결, 원주 철수 준비를 하고 있었으며, 제1대대는 목계에서 사단 사령부를 경계하고 있었다.

사단의 예비대인 제9연대의 1·3대대는 원주의 D방어선을 점령하고, 사단 주력부대의 철수를 엄호하던 중 횡성 서북쪽 도로를 차단하고 있던 1개 중대는 적 200명의 기습으로 치열한 교전을 벌여 장교 1명과 사병 10명의 전사자를 내고 횡성에 집결하였다.

1월 7일
전날에 이어 제9연대는 봉양면 장평리로 이동하는 가운데 사단 주력 부대는 적 제2, 9, 31사단과 원형진지를 중심으로 치열한 접전을 벌이고 있었으며 원형진지 중심에는 미 제37야전포대가 중심하고 있었다.

원주 상공에는 포병의 화력 유도를 위한 관측기가 선회하고 있었으며, 지상군의 요청에 의거 미 제5공군의 폭격기가 대지공격을 하였다. 산야는 무릎을 덮는 눈으로 황야를 이루었으며, 기온은 -12℃에 달하였다.

북괴군 제2, 제9, 제31사단은 이날 원형진지 1km까지 접근하여 동동북 방향의 제38연대 진지에 공격을 가하였으나, 곧 격퇴되었다. 낮에는 전폭기의 폭음과 공중에서 산비하는 작렬의 섬광으로 대지가 흔들리고 하늘에는 때아닌 무지개가 나타났다.

이날 밤 공산군 3개 사단은 동북면 3개 지역에서 일제히 포위 공격하였는데 제37 포병대대는 18문의 포열로 탄막을 구성하여 1문당 500발 이상의 화력을 사용하였으며 수류탄과 소총을 집결 사용하여 물리쳤으나 3차, 4차 백병전에서는 피아의 구분이 어려운 혼전이 계속되어 자정부터 시가지 도로를 따라 남쪽 고지로 철수를 시작하였음.

1월 8일
어제에 이어 계속 철수를 한 사단 주력은 이날 06:00 관설리 - 서곡리 - 흥업리 에 방어 진지를 구축하였다. 제5공군과 제37야전포대의 화력이 적진에 집중되는 가운데 제23연대 2대대는 09:45분에 적을 공격하기 시작하여 12:30분까지 치열한 접전 끝에 적 200명을 사살하였으나, 증원된 적에게 밀려 후퇴하였다.

포병대는 이날 10,000발의 포탄을 사용하였다. 서쪽에서는 북괴군 제12사단의 공격에 한국군 제10연대와 제38연대가 있는 미촌까지 밀려서 미 제23연대 2대대가 서쪽 공백을 메웠다.

1월 9일
적군의 미미한 저항을 보고 받은 제10군단장은 9일 정오까지 원주 비행장을 확보하라고 명령하였다. 미 제8군의 작전명령에 따라 원주 - 제천 - 충주를 연결하는 삼각진지를 구축하였다.

제23연대를 지원하기 위해 제38연대 2개 대대를 제

23연대에 배속시켰다. 눈이 내려서 공중 엄호가 취소된 가운데 2개 대대가 10시에 원주로 출발했다. 정오에 247고지에 도착하였으나 적의 저항으로 멈추었다.

네덜란드대대와 프랑스 대대를 보강한 뒤 10일 공격하기로 하였다.

▲ 네덜란드 대대원 행군 모습. 1951년 1월

1월 10일

이날 사단 주력은 원주 부근의 247고지의 적과 계속 교전을 하여 제23연대 3대대와 제38연대의 제1, 3대대가 흥업리에 있는 방어 진지를 점령하였으며 공격 제대인 프랑스 대대 및 제23연대 제2대대와 제38연대 제2대대는 전방으로 진출하여 나옹정-외남송-은행정-사제리 선상을 점령한 다음 16:30분에 진지로 공격해 온 적과 교전을 하여 물리쳤다. 적 사상자는 200명으로 추정되었다.

1월 11일 (201일째)
원주 지구 전투-3
(1.6 ~ 1.12)

*미 제2사단, 프랑스, 네덜란드 대대의
공산군과의 전투
(7천명 敵 중 3천 명 전멸)

1월 11일

원주-제천 간을 점령한 제9연대는 연대본부를 신림리에 전진 배치하고 신림역 제3대대를 공격 제대로 하여 금창리로 북상시켰다. 이날 제23연대 본부는 매지리에, 제38연대 본부는 운남리에 위치하였다.

이날 오후 200여 명의 적군이 또아리굴 주변에 출현하였다. 이들은 아군 포병 중대의 공격으로 50%의 손실을 입고 퇴각하였다. 프랑스대대와 네덜란드대대로 보강된 병력과 원주에 대한 B-29의 폭격으로 적군 1,100명을 사살했다.

▲ 프랑스군 병사, 1951. 1.(히긴스 기자 촬영)

1월 12일

이날 사단의 각 부대는 제천-원주선과 충주-원주선을 따라 원주를 탈환하기 위한 총공격을 개시하였다. 즉 사단의 좌일선으로 제천-원주선을 따라 북상한 제9연대의 제3대대는 금창리에서 진격을 시작하여 전날 포병대에 의하여 격퇴된 회론굴을 경유하여 계속 북상하여 금대리 해미산성(원주 동남 6km)을 점령하였다.

이에 적은 패병을 독전하여 다시 반격을 시도하였는데 이들은 비정규 혼성편대로 파상적인 공격을 계속하였다.

이 무렵 은행정-하정안동 간에 진출한 좌일선 부대들은 원주 시내에 돌입하는 좌일선 부대를 엄호하면서 북으로 진격하여 사제리 일대의 적을 격퇴하고 420고지-339고지-243고지 등의 대소고지선을 모두 탈환하였다.

원주 지구 공방전의 결과

12일에 원주를 점령한 사단은 야간진지를 구축하고 사주방어에 들어갔는데 다음 날인 13일 04:00부터 제23연대의 점령지역을 목표로 공세 전이한 적은 이 날 07:00에는 제38연대 진지에도 급습을 시도하여, 피아간에는 다시 치열한 교전이 반복되었다.

그러나 적은 계속된 병력의 증강으로 완강하게 저항하였으므로 사단 주력은 169여 명을 사살한 다음 원주의 방어진지를 철수하고, 충주를 향하여 전투를 하며 퇴각하기 시작하였다.

원주지구 전투는 지평리 전투로까지 이어진다.

1951년 1월 5일, 미 제2사단은 원주 정면을 확보하고 있었으며, 적군은 아군 제3군단의 방어선을 돌파하고 1월 2일에 춘천-가평선에 진출, 양덕원리에서 철수 중인 아군 제5, 제8사단을 급습하고, 여주 방면으로 진출하였으며, 동부의 북괴군 주력인 제2, 제9 및 제31사단은 아군 제3, 제8사단 사이의 간격을 뚫고 1월 4일에는 홍천을, 6일에는 횡성을 점령하였다.

원주의 미 제2사단장은 12월에 프랑스 대대를 제23연대에, 네덜란드 대대를 제38연대에 배속하였다.

중공군 제4차 대공세

2월 11일 중공군 10개 사단이 횡성 북방 제3사단, 제5사단, 제8사단에 대한 공격을 하여 제3사단에 막대한 피해를 입혔다. 아군 정찰기 관측에 의하면, 중공군은 2대대로 나누어 일부는 지평리로, 일부는 횡성으로 이동했다.

▲ 1951년 1월. 부서진 러시아제 T-34 탱크 옆에서 빨래하고 있는 아낙네들.

▲ 1951년 1월. 나이든 아버지를 업고 서울 한강을 건너 피난가는 부자

1월 12일 (202일째)
남행하는 피난민들 (속)

* 원주 전투에서 전략적 고지 확보
* 1 · 4후퇴 피난민들 남하 계속

또다시 공산당에게 시달리지 않기 위하여 서울시민 대부분은, 부득이한 경우를 제외하고는, 남쪽으로의 피난길에 올랐다. 여유 있고, 줄이 있으면 자동차로 먼저 떠났고, 대부분은 기차를 이용하였으나 그것도 그리 쉬운 길은 아니었다.

▲ 화물차 지붕에 올라 탄 사람들.
졸다가 떨어졌다는 사람도 있었다.

▲ 1951.1. 아기를 업고 매달려 오르는 엄마

▲ 1951.1. 서울역

▲ 1951.1. 화차판위에 탄 피난민들

▲ 1951.1. 끊어진 한강대교 옆에 가설된 '부교'를 타고 남으로,
남으로 향하는 서울 시민들의 행렬

▲ 1951. 1. 한강 상류 쪽에서 넘는 피난민들

1월 13일 (203일째)
경기지역 오폭 사건
(1951년 1월~2월)

이 시기는 중공군이 서울을 침공 남하하여,
대한민국을 점령하고자 하던 때였으며,
1·4후퇴 직후, 용인 수지지역 등에는
미처 남하하지 못한 피난민들이 길이 막혀
(UN군과 중공군 사이에 끼여) 우왕좌왕하던 때였다.

그리고 미군은 마침 반격 작전을 위하여 Wolfhound Operation을 격렬하게 실시하던 무렵이었다. 이 사건은 미 공군의 지상공격 중에 일어난 민간인 등의 희생을 다룬 사건이다.

지금까지 알려진 사건으로는 '노근리' 사건이 대표

적인 민간인 피해 사건이였었는데, 이 용인지역 폭격 사건에 관하여는 그리 알려지지 않고 있었다.

- 아래 조사위원회 조사서를 간추려 게재함-

▲ 우군기의 오폭으로 희생된, 사진으로만 전해오는 사진, 시간 장소 미상

【결정 사안】
1951년 1월~2월경 경기지역에서 민간인 47명이 미 공군에 의한 폭격과 기총사격으로 희생된 사실을 진실 규명한 사례.

【결정 요지】
1). 1951년 1월 4일, 유엔군은 서울에서 후퇴하였고, 1월 8일경 중공군 선두 부대가 오산까지 진격하였다. 경기지역의 도로, 민가, 산 등에 중공군이 포진하자, 유엔군 철수와 함께 뒤따라 피난을 떠난 서울. 경기지역 피난민들과 용인, 신갈-오산, 화성, 시흥, 남양주지역의 주민들은 전장에 갇히게 되었다.

2). 1951년 1월 8일 이후, 미 제8군 사령관 리지웨이와 제5공군 사령관 패트리지 지휘하의 미군은 경기지역에 포진한 중공군의 남하를 저지하고, 전세를 역전시키기 위해 한국전쟁 발발 이후 최대의 공중폭격을 실시하였다. 또한 미군은 피난민이 유엔군의 퇴로를 막거나, 중공군이 피난민으로 가장하여 침투하는 것을 우려하여 민간인의 이동 자체를 금지하였다. 더욱이 중공군이 야간에 이동을 하자, 미군은 공중공격의 목표물을 찾아내는 데 어려움을 겪었으며, 결국 지상 및 공중통제관과 전폭기 조종사들은 중공군이 은거할 것으로 추측되는 마을을 무차별 폭격할 수밖에 없었다.

3). 당시 경기지역에서 미군의 폭격과 기총사격에 의해 희생된 민간인 희생자는 다수이나 위원회의 조사 결과, 신원이 확인된 희생자는 총 47명이었다. 위원회에 신청하여 확인된 희생자 32명 중 남성은 14명(44%), 여성은 18명(56%)이며, 19세 이하 미성년자는 16명(50%), 13세 이하는 12명(38%)으로 확인되었다. 특히 여성과 어린이의 수를 합하면 24명으로 희생자 중 75%를 차지하였다.

4). 위원회가 수집한 공중폭격 문서에 따르면, 1951년 1월 11일~ 15일 용인 일대의 폭격을 처음 요청한 부대는 미 제1군단 미 제25사단 제27연대였다. 미 제25사단은 제27연대의 폭격 실행요청을 미 8군 항공작전참모부(G-3 Air)에 보고하였고, 합동작전센터(JOC)의 전투작전부는 미 제8군 항공작전참모부의 요청을 전술항공통제센터(TACC)에 지시하였다.

- 중략 -

▲ 작전 중인 전투기, 시간 장소 미상

6). 진실화해위원회는 희생자와 그 가족들에 대한 국가의 공식적 사과, 배상 또는 보상 조치를 위한 미국 정부와의 협상, 위령비 설립 및 공식 기록물 정정, 전시인권교육 강화 등을 권고한다.

가. 용인군 현암 기총사격 및 폭격 사건

죽전리 현암(감바위) 사건의 신청인 이병훈(다-9175 사건)은 1951년 1월 15일 오전 8시~10시경, 용인군 구성면 죽전리 현암(감바위)지역에서 미군의 비행기 기총사격과 폭격에 의해

나. 용인군 풍덕천리 기총사격 사건

신청인 홍원기(다-6986사건)는 1951년 1월 12일 오전 9시경, 용인군 수지읍 풍덕천리 개천을 지나던 중, 비행기 기총사격에 의해

다. 신갈-오산 기총사격 사건

신청인 김인숙(다-7324 사건)은 1951년 1월 10일 전후 오전 10시~11시경, 피난 중 신갈-오산의 어느 민가에서 비행기 기총사격에 의해.

라. 화성 발산리 민가 폭격 사건

신청인 김복자(다-10507 사건, 당시 8세)는 1951년 1월 10일 11~12시경, 화성군 정남면 발산리 정남국민학교 부근의 어느 민가(방앗간) 행랑채에서 비행기 폭격에 의해.

결론 및 권고사항

1. 결론

가. 한국전쟁 시기인 1951년 1~2월경 경기지역에서 민간인 최소 47명이 미군에 의한 폭격과 기총사격으로 희생되었다.

나. 조사 결과 희생자로 신원이 파악된 사람은 총 32명이다. 그 명단은 다음과 같다.

- 중략 -

바. 1951년 1~2월, 경기 일대에서 미군의 공중폭격과 기총사격으로 인해 비전투 민간인들이 집단으로 희생된 이 사건은 몇 가지 점에서 국제인도법을 위반한 것으로 판단된다.

첫째, 공중공격은 군사작전상 필요했지만, 미군은 대규모 공중폭격에 앞서, 민간인 희생을 막기 위한 사전정찰과 피난 조치 그리고 소개 의무를 충실히 이행하지 않았다. 당시 이 지역을 관할한 미 제25사단 제27연대 및 한국군 제1사단 지휘관들은 소개 의무와 관련하여 더 체계적이고 적극적인 조치를 취하지 않았다. 이는 국제인도법의 '민간인에 대한 무차별 공격 금지' 규정을 위반한 것이다.

둘째, 당시 미군의 전투방식은 미군의 안전을 최우선으로 보장하면서 동시에 중국군에게는 최대한의 손실을 주기 위한 것이었는데 이러한 전투방식의 최대 피해자는 민간인들이었다. 이는 '군사적 필요성에 비해 과도한 살상 및 파괴를 금지'하는 국제인도법의 규정을 위반한 것이다.

셋째, 경기 일대의 공중공격에서 전폭기 조종사는 중공군과 민간인을 식별하기 위한 주의 의무를 충실히 이행하지 않았다. 이는 '민간인과 교전자를 엄격하게 구별하여 공격이 이루어져야 한다'는 국제인도법 구별의 원칙을 위반한 것이다.

2. 권고사항

가. 한미협상 권고

한국 정부는 미국이 향후 이 사건에 대해 한미합동조사, 희생자에 대한 배상 또는 보상 등의 적절한 책임을 지는 조치를 행할 수 있도록 미국 정부와 적극 협상할 것을 권고한다.

나. 국가의 사과

국가는 피해자들과 그 가족들에 대해 사과하는 것이 필요하다. 1951년 1월 당시 대한민국 정부와 관할 부대는 체계적인 소개 정책을 마련하지 않았으며, 민간인들에게 기본적인 폭격 대피 요령조차도 고지하지 않는 등 자국민 보호를 소홀히 하였다. 이에 대한 국가의 공식적인 사과가 필요하다.

다. 화해 및 위령 권고

한국 정부가 미군 사건 발생지역의 해당 지자체를 통해 위령비 설립 등의 화해 조치를 강구하도록 적극 권고한다.

라. 공식 기록물 정비 조치

해당 기관이 미군 사건과 관련된 공식 기록물과 가족관계등록부 등의 작성 및 정정을 행하도록 적극 권고한다.

마. 국제인도법 등의 교육 조치

국가는 군인과 경찰, 공무원을 대상으로 전쟁 중 민간인 보호에 관한 관련 법률과 국제인도법 및 국제인권법 교육을 실시하는 등 전시 인권교육을 강화하는 것이 필요하다.

▲ 길가에서 죽은 엄마를 안은 어린 두 남매

1월 14일 (204일째) 미 제8군 반격 작전 준비 (1951. 1. 15~2. 9)

* UN군 평택-삼척 신방어선 구축
* 중부전선; 북위 37도선에서 공산군 30만 명과 대치

UN군은 37도선 중서부전선에서, 30만 중공군과 대치 중에 있었으며, 리지웨이 미 제8군 사령관은 이를 타개하기 위하여 일련(一連)의 반격 작전을 전개한다.

미 제8군, 1951년 1~2월 주요 작전 개요

작전명	작전기간	내용	비고
Wolfhound 작전	1951.1.15 - 1.25	제8군의 오산까지의 위력수색(威力搜索)작전	미 제25사단 27연대
Thunderbolt 작전	1951.1.25 - 2.1	제8군의 한강 이남으로의 진격작전	
Round Up 작전	1951.2.5 - 2.11	미 제10군단 원주·횡천·춘천 진격작전	
Punch 작전	1951.2.5 - 2.9	미 제25사단 서울 남측 440고지 공략작전	미 제1군단 배속

(참고; 국방전사편찬위)

1951년 1월 15일 미군 제25사단 27연대 특수임무부대는 오산~수원 간의 적 배치상황을 탐색하기 위하여 탐색정찰전, Wolfhound 작전을 개시했는데, 별다른 저항을 받지 않고 복귀하는 전세호전의 징후가 엿보였기 때문에 리지웨이 장군은 1월 25일부터 선더볼트 작전 즉 항공지원 아래 보전포 협동작전으로 적군을 분쇄하면서 한강선까지 진출했다. 이토록 수많은 작전으로 성공과 실패 등을 거치면서 반격을 계속하여 서울 재탈환 목표에 다가가고 있었다.

▲ Wolfhound 작전 중 중공군 진지로 육박하고있는 미 제25사단 27연대 장병들. 1951. 1. 15

▲ 1951.1. Thunderbolt 작전, 미 8군 병력 일부가 한강 이남 지역으로 진격 중

▲ Round-up 작전 수행 중인 미 제10군단 병사들. 1951. 1. 원주 근방

▲ Punch작전 중, 피격되는 적진지를 주시하고 있다. 서울 남방 440고지에서

1월 16일 (206일째)
미 제5공군,
원산·평양 비행장 폭격

* 미 제8군, 수원 탈환, 탱크 보병 전투부대 수원 입성,
오전 9시 유엔군 서울 남방 37km 지점 접근
* 미 제2사단, 원주에서 신방어선으로 철수
* B26, 밤새도록 수원 북방의 공산군 공격
* 미 공군참모총장 일선 시찰
* 공산군 측, 판문점에 도착한 적십자 대표 입국 거부

1월 15일 (205일째)
미 제8군, 오산-수원
수색 작전 전개

* 동부전선 종일 조용
* 원주지구 평온
* 공산군 약 4,000명 영월 침공, 유엔군이 격퇴
유엔군, 영월 탈환
* 유엔군, 콜린스 미 육군참모총장 성명 2시간 후
서부에서 돌연 공격 개시
* 유엔군, 산발적인 저항 속 오산 탈환
* 유엔군, 금랑장 도달, 공산군 맹공으로
야간 남방으로 일시 후퇴
* 중공군, 공군 폭격에 수원 포기하고 북으로 도주
* 유엔 공군, 서울 동남방지구에 새로 도착한
중공군 제48군 공격, 1,000명 살해
* 미 제5공군, 연 650대 이상 출격, 공산군 1,550명 살상
* 리지웨이 미 제8군 사령관, 오산-수원 간 중공군 배치
상황 탐색 위해 미 제27연대에 부임 후 첫 공세작전인
'월프 하운드' 공세작전명령
* 콜린스 미 육군참모총장 및 반데버그
공군참모총장 내한
* 콜린스 장군 성명, 유엔군 계속 주류 언명

▲ 남진하는 중공군 행렬. 1951. 1

1월 17일 (207일째)
Wolfhound 작전

* UN군 정찰대 원주 돌입
* 미 해군 함재기 편대, 단양 근방에서
공산군 3천여 명에 폭격 감행

▲ 야전 막사에서의 리지웨이 제8군사령관. 1951년 1월 17일

연대전투단은 늑대처럼 거침없이 나아갔다. 평택에서 오산을 거쳐 수원으로 향했다. 미군의 우세가 아주 뚜렷했다. 미군의 진군에 적은 숨기에 급급했다. 미군을 피하려는 자세가 분명했다. 길을 따라 밀고 올라가는 미군을 보고 중공군은 여주 등지의 산악지대로 숨기에 바빴다. 때로 격전이 벌어지기도 했지만, 중공군은 미군의 화력을 당해낼 수 없었다.

▲ 3개 포병대대 지원하에 위력수색 작전을 실시하고 있다. 1월 17일

▲ UN군은 중공군의 보급시스템에 문제가 있음을 간파했다.

미군은 6·25전쟁에 뛰어든 중공군을 신비한 대상으로 본 적이 있다. 평안북도 운산에서 직면했던 중공군은 이상한 전술을 펼치는데 능했다. 피리와 꽹과리 등을 불고 두들기면서 컴컴한 밤에만 나타나는 모습에 귀기 비슷한 것을 느꼈다. 미군은 이들에게 심리적인 공황을 느꼈던 게 사실이다.

그러나 이번에는 양상이 완전히 달랐다. 중공군은 차가운 가을바람에 덧없이 흩날리는 낙엽과도 같았다. 밀고 내려왔던 전선을 무기력하게 내주는 중공군의 실제 모습에 미군은 자신감을 얻었다.

미군뿐이 아니다. 마이켈리스(연대장)의 질풍과 같은 진격, 맥없이 길을 내주는 중공군의 모습을 지켜보는 국군과 다른 연합군의 사기도 오르기 시작했다. 중공군은 더 이상 '신비의 군대'가 아니었다. 지치고 굶주려 정면 대결에 나서지 않는 허약한 군대였다. 그 와중에 잠시 만났던 미 제25사단의 윌리엄 킨 소장은 나를 보자 울프하운드 작전의 경과를 설명하면서 "앞으로 중공군과 싸울 때 이번 작전이 모델이 될 것"이라며 기쁨을 감추지 못했던 것을 기억한다.

리지웨이의 리더십이 발휘되고 있었다. 그는 미군 장병을 향해 "우리는 미국의 합법적인 정부의 명령에 따라 한국에 왔다. 반드시 싸워서 이겨야 한다"며 꺼져 가던 미군의 전의를 다시 일깨웠다. 그는 전임 월튼 워커 장군과는 다른 전법을 선택했다. 워커 장군은 전차전의 명수였던 패튼의 부하답게 기갑부대를 앞세워 돌파를 시도하는 타입이었지만 리지웨이는 달랐다.

그는 '각 부대를 옆으로 펼쳐 인접 부대 사이의 연결'을 중시하면서 한 걸음씩 앞으로 나아가는 전법을 택했다. 우회와 매복, 그리고 포위에 능한 중공군의 전술을 염두에 둔 작전이었다.

- 백선엽 장군 회고 中 -

> **1월 18일 (208일째)**
> **미 전폭기 24대,**
> **수풍발전소 맹폭**

* 영월 동북방 16km 지점에서 교전
* 유엔탐색대, 치열한 시가전 후 영월에서 철수
* 공산군의 정찰 소부대, 오산에 출현

* 유엔군 기병 부대, 오산 북방 3km인 평천 돌입
* 미 제8군, 은율에 유격대 활동 발표
유엔 공군, 공산군 300여 명 사살

* 맥아더 제8차 전선 시찰
* 중공군 1개 연대, 원주 공격 - 시가전,
* 공산군, 강릉 점령

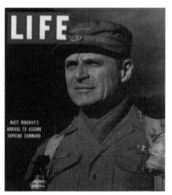

▲ 미 제8군 사령관 리지웨이 장군

'리지웨이'의 직선 전법

리지웨이는 중공군의 공격 수법에 당하지 않기 위해서는; 아군 각 부대 사이의 간격을 줄이고 각 부대의 좌우 측면이 노출되지 않는 것이 중요하다고 생각했다. 정면이 아니라 부대 측면이 적에게 노출되면 포위당할 위험성이 높아지기 때문이었다.

이 문제를 해결하기 위해 리지웨이 미 제8군 사령관은 다소 극단적인 해법을 내놓았다. 각 부대를 나란히 배치한 후, 어느 한 부대가 먼저 앞서가지 않게 '진격 속도를 맞추도록' 한 것.

인접 부대 간에 진격이나 후퇴 속도를 맞춰 '측면이 노출되지 않도록 하는 것'은 작전의 기본이지만 리지웨이는 그것을 보다 엄격하고 철저하게 요구한 것이 달랐다.

사실 리지웨이의 작전방식은 좀 우스꽝스러운 작전 형태이기는 했으나 효과는 좋았다. 너무도 특이한 작전 형태이기 때문에 아군 중에서는 이 같은 전법을 '손에 손잡고(Hand to Hand)' 스타일의 작전으로 부르는 사람도 있었다.

적들도 '일자' 전법, 혹은 직선 전법으로 부르며 관심을 가졌다.

▲시골집들을 거치면서 수색 작전을 펴고 있다.
경기도 1951. 1. 20 주민들이 환영 만세를 부르고 있다.

리지웨이 장군은 이 수원-여주선에서 한강선까지 5개의 통제선을 설정하고 전 부대로 하여금 각 통제선 통과 때마다 군단장의 승인을 받게 하면서 적을 소탕해 나갔다.

적은 관악산 등에서 저항했으나 아군은 2월 10일께에는 인천-소사-남한산-양자산까지 진출한 후 작전을 종료했다. 이처럼 신임 리지웨이 미 제8군 사령관이 연달아 작전을 성공시키면서 50년 11월 이후 극단적인 상황으로 치닫던 UN군과 아군의 상황은 다소 안정 국면을 되찾게 됐다.

▲ 1951. 1. 20 조심조심 위력수색 작전을 펼치는 부대 요원들

매튜 리지웨이는 누구인가?

12월 23일 워커 미 제8군 사령관이 의정부와 서울 사이의 도로에서 교통사고로 목숨을 잃었다. 불행 중 다행으로 미 육군참모총장 콜린스 대장과 극동군 사령관 맥아더 원수는 12월 초 유사시 워커 장군의 후임을 이미 의논해 놓고 있었다고 한다.

그는 바로 미 육군행정참모부장 매튜 리지웨이(Matthew Ridgway・1885~1993) 중장. 미 웨스트포인트 출신의 정통파 장교였던 리지웨이 장군은 제2차 세계대전 중 제82공수 사단장과 제18공수 군단장으로 노르망디 상륙작전과 벌지 전투에도 참전한 역전의 장교였다.

그는 야전군 사령관으로 근무하던 시절에도 '가슴에 수류탄'을 달고 다닐 만큼 독특한 캐릭터를 갖고 있었다. 엄격한 군인정신을 지닌 인물이었을 뿐만 아니라 작전과 전술에 탁월한 감각을 지닌 장군이었다.

한마디로 명장 같은 면모와 용장 같은 면모를 동시에 지닌 군인 중의 군인이었다.

워커 장군에서 리지웨이 장군으로

미 제8군 사령관이 바뀐 것은, 단순히 지휘관 한 명이 교체된 그런 수준의 사건이 아니었다.

맥아더 원수가 지휘하는 美 극동군 사령관, 브래들리 합참의장을 비롯한 워싱턴의 미군 수뇌부, 애치슨 장관이 통제하는 미 국무부의 의견이 서로 엇갈리는 상황에서 UN군과 미군의 지상군 주력부대를 통제하는 미 제8군 사령관이 교체된 것이다.

워커 장군도 제2차 세계대전 중 패튼 장군 휘하에서 명성을 떨친 역전의 용장이었지만, 그는 맥아더 원수 휘하의 참모들과 잘 어울리지 못했다.

맥아더의 미 극동군사령부에는 오랫동안 맥아더와 함께 근무한 참모들로 가득 차 있어 이방인에 가까운 워커 장군은 사령부 참모들과의 의사소통에 어려움을 겪었다.

리지웨이도 그런 점에서는 사정이 비슷했지만, 그는 워싱턴과 강력한 연결고리를 갖고 있었다는 점이 달랐다.

미 육군의 행정참모부장(Deputy Chief of Staff for Administration)이었던 그는 콜린스 미 육군참모총장의 신임을 바탕으로 이미 워싱턴 근무 시절부터 6・25전쟁에 깊숙이 개입하고 있었다.

리지웨이는 맥아더 원수와 자주 의견 충돌을 벌였던 워싱턴의 미군 수뇌부에게 실무적인 조언을 하던 핵심 인물이었다.

그런 그가 韓國에 온 것이다.

▲ 터키군 부대를 방문한 리지웨이 미 제8군 사령관

1월 21일 (211일째)
Wolfhound 작전 계속
(1951.1.15 ~ 25)

* 원주 전투 치열; UN군 TANK 지원 원주 재탈환
* 한국 해군 전투함(P F) 4척, 미국으로부터 인수

▲ 1950년 10월 미국에서 인수한 Patrol Frigate(P F) 전투함 4척
1951년 1월 21일 첫배가 진해항에 입항,
한국 해군 세력의 증강(PF-61, 62, 63, 65)
〈세계 제2차대전 당시, 미국이 소련에 대여했던 PF를 되돌려 받았고,
이를 한국에서 인수하였음〉

▲ 해군참모총장 손원일 제독

전쟁 상황판단

당시 공산권의 의견, 상황판단의 상호 불일치

▲ 6,25 남침전쟁 원흉 삼인방

1951년 1월 16일 UN군의 갑작스러운 후퇴 중지에 충격을 느꼈는지 김일성은 팽덕회를 찾아갔다. 그리고, 김일성은 북괴군의 단독 남진은 위험하다는 점과 중공군이 2개월 동안 휴식을 하는 것이 불가피하다는 팽의 강력한 뜻에 동의한다는 말을 남길 수밖에 없었다.

이에 앞서, 중공군이 1950년 12월 제3차 공세로 38선을 재돌파하는 과정에서 공산권 진영 수뇌부 사이에 남진 논쟁이 벌어졌었다.

펑더화이 팽덕회 중국인민지원군 사령관은 이미 1950년 12월부터 공격 지속에 부담을 느끼고 있었다. 1·2차 공세에서 중공군이 압승을 거두긴 했지만, 중공군도 적지 않은 피해를 입은 상태였으므로 급하게 추격해서 무작정 남쪽으로 내려가는 것은 위험하다고 생각한 것이었다.

하지만 라주바예프 북한 주재 소련 대사의 생각은 달랐다. 소련 대사는 "미군이 신속하게 퇴각하면, 우리 군도 신속하게 진격해야 한다"며 "이것은 내 의견일 뿐만 아니라 조선로동당 중앙 당수 동지의 요구다"라고 압박을 가했다.

이처럼 추격 문제로 의견이 엇갈리자, 펑더화이는 1950년 12월 8일 베이징에 전보를 보내 '38선 부근에서 진격을 멈추겠다'고 보고했다.

하지만 보고를 받은 중국 지도자 마오쩌둥(모택동)은 12월 13일 "38선을 넘어야 한다"며 "38선 이북에서 정지한다면 정치적으로 크게 불리하다"는 답변을 펑에게 보냈다.

마오쩌둥의 의견에 따라 펑더화이는 결국 38선을 돌파하기 위한 3차 공세를 감행할 수밖에 없었다.

1950년 12월 31일 시작된 3차 공세는 이처럼 현장의 군 지휘관이 아닌 국가지도자인 마오쩌둥의 판단과 소련, 북한 정권의 희망에 따라 이뤄진 것이다.

중국과 소련의 견해(見解) 차이

▲ 1949년 12월 29일 밤 스탈린 생일 기념공연을 보는 毛와 스탈린

비슷한 논쟁이 1951년 1월 8일 중공군 3차 공세가 끝난 후 또다시 벌어졌다. 펑은 3차 공세로 서울을 점령했지만 더 이상 남쪽으로 내려가지 않으려 했다. 펑은 결코 미군을 경시해서는 안 된다고 판단했다. 미군을 상대로 단기간에 승리를 거두려고 서두르다가는, 오히려 '1950년의 북한군'처럼 미군의 반격에 막대한 피해를 입을지도 모르는 일이었다.

하지만 김일성을 비롯한 북한 지도부는 펑더화이의 생

각을 이해하지 못했다. 중공군의 대승리에 고무된 북괴군 지도부는 이대로 조금만 더 밀어붙이면 미군이 한반도에서 철수할 것이라고 믿었다. 김일성은 이런 결정적 순간에 중공군이 공세를 중지하는 것에 강한 불만을 가졌다.

소련군 장교 출신인 라주바예프 북한 주재 소련 대사도 중국의 펑더화이보다는 북한 지도부와 비슷한 생각을 품고 있었다. 기갑부대를 이용한 전선 돌파와 추격에 익숙한 소련 측 인사들은 UN군이 후퇴하는 상황에서 중공군이 자발적으로 추격을 멈추는 것은 군사적으로 오류라고 생각했다.

논쟁은 확대돼 자하로프 소련군 총참모장과 니에룽쩐 중국인민해방군 총참모장 대리가 서로 전보를 주고받으며 토론을 하는 상황까지 벌어졌다. 니에룽쩐은 잠정적인 공격 중지와 휴식이 불가피하다고 주장했으나 자하로프는 "이기고 있는 군대가 적군 추격을 중지해 전과를 확대하지 않은 사례가 세상에 어디 있느냐"고 반문했다.

자하로프는 1951년 1월 9일 "그 같은 추격 중단은 적군에게 숨돌릴 기회를 제공하고 기회를 상실하게 하는 잘못을 범하는 것"이라고 불만을 표시했다.

펑더화이와 김일성의 논쟁

▲ 펑더화이와 김일성, 한국전쟁 전선에서

이 같은 논쟁에 소련 지도자 스탈린까지 끼어들면서 상황은 더욱 묘하게 돌아갔다.

1951년 1월 9일 스탈린은 "중공군은 38선 북쪽과 해안에서 대기하더라도 북한군은 계속 남진하게 하자"는 제안을 담은 전보를 중국의 마오쩌둥에게 보냈다.

이 전보가 아직 펑더화이에게 전달되기 전인 1월 10일 김일성과 펑더화이는 남진할지를 놓고 일대 논쟁을 벌였다. 김일성은 2개월을 쉬지 말고 바로 추격하든가 아니면 휴식 시간을 1개월로 줄이자고 제안했다. 그러나 펑더화이는 2개월 동안 휴식과 정비를 해야 한다는 입장을 고수했다.

펑더화이는 지금 계속 UN군을 추격한다면 일부 지역을 추가 점령할 수 있겠지만, 유엔군 섬멸이라는 본질적 목표에는 아무런 성과도 거둘 수 없다고 주장했다. 더구나 UN군이 좁은 지역에 몰리면 분산 섬멸하는 것보다 격파하기 더 어려울 것이라고 강조했다. 하지만 김일성은 점령지역 확보도 매우 중요하다고 주장했다. 특히 김일성은 만약 전쟁이 끝나고 선거로 문제를 해결해야 할 상황이 왔을 때 많은 점령지를 확보하는 것이 중요하다는 점을 내세웠다.

이 같은 주장에 대해 펑더화이는 "너무 많은 것을 고려할 필요가 없으며 현재 가장 중요한 것은 전투에 승리하고 적을 섬멸하는 것"이라고 응수했다.

팽덕회 중공군 사령관

1월 11일 마오쩌둥은 스탈린의 제안에 기초해 '중공군 주력은 38선 이북에 포진하면서 일부 부대로 서울을 방어한다. 필요하다면 북한군은 계속 남진하도록 하자'는 타협안을 담은 전보를 펑더화이에게 보냈다.

하지만 김일성은 "아군의 휴식 시간이 길면 UN군이 한숨 돌려 장비를 보충할 것"이라고 공격 재개를 채근했다. 박헌영도 공격을 재개해야 미군이 철수할 것이라고 주장했다. 격분한 펑더화이는 고함을 질렀다. 내전과 항일전을 통해 수십 년간 전투 일선을 누빈 펑이 볼 때 김일성은 제대로 된 대부대 운용 경험이 전혀 없는 '애송이'에 불과했다.

"당신들은 틀렸다. 당신들은 과거에도 미군이 전쟁에 개입하지 않을 것이라고 주장하면서 미군이 개입할 경우 어떻게 할지 전혀 대비하지 않았다. 지금도 미군이 반드시 철수할 것이라고 주장하면서 미군이 철수하지 않을 경우 어떻게 할 것인지에 대해서는 전혀 대비하지 않는다. 당신들은 신속한 승리를 기대하면서 아무 준비도 하지 않는데 그 결과는 전쟁의 연장일 뿐이다. 전쟁의 승리를 운에 맡기고, 인민의 사업을 갖고 도박을 한다면 전쟁에 실패할 뿐이다. 지원군은 2개월의 휴식과 정비가 필요하며 단 하루도 줄일 수 없다. 나는 적들을 경시하는 당신들의 태도에 반대한다. 펑더화이가 이 직책에 어울리지 않는다면 내 자리를 박탈해라."

훗날, 팽덕회는 문화혁명 때 숙청당하고 사망했다.

팽은 국방부장과 중앙군사위원회 부주석의 지위에서 해임, 문화 대혁명이 시작되자, 모에게 반기를 들었다는 이유로 자기가 일본군 - 국민당군과 싸울 때, 태어나지도 않았을 애송이 홍위병들에게 잡혀서 구타를 당하고 조리돌림당하는 모욕을 당했다. 그 후 암으로 사망했다. 훗날 등소평에 의해서 모든 명예가 회복되었다.

1월 22일 (212일째)
유엔군, 원주 비행장 및 주변의 233고지 탈환

* 북괴군, 안동 근교에서 돌연 공격 개시
* 단양 남방에서 북괴군이 경중화기로 공격 개시
* 유엔군 정찰대, 서울 40km 지점까지 돌입 후 복귀
* 유엔군, 오산 · 김양장, 이천에 재돌입
* 유엔군 정찰대, 인천 공격
* 육군 제1훈련소, 대구에서 제주도 모슬포로 부대 이동
  - 최초 육군본부 직할로 창설(1950. 7. 11)
  육군중앙훈련소로 편입(8. 14)

1월 23일 (213일째)
유엔군, 북괴군과 영원 시가에서 격전 전개

* 유엔군 전차정찰대, 원주돌입
* 유엔 공군, 아산만에서 공산군 소단정 23척 격침
* 미 태평양함대사령관 레드포드 제독, 조이 미 극동 해군 사령관과 함께 리지웨이 미 제8군 사령관 회담

1월 24일 (214일째)
유엔군, 영월에 재돌입

* 유엔 탱크부대, 원주 점령
* 유엔군, 횡성 여주 탈환
* 미 제5공군 머스키트유도기 1기, 안양 북방 16km에서 북괴군 포화에 격추당함. 승무원은 헬리콥터가 구출
* 미 제8군, 남한지구의 공산군 게릴라 약 2만 명, 행동 휴식 중이라고 발표

1월 25일 (215일째)
미국 캐나다 함정, 인천항 포격

* 인천지구에 공산군 동향 없음
* 국군과 유엔군, 한강 남쪽에서 위력 수색작전 개시
* 미 제1 · 9군단, 오전 7시 30분부터 일제히 공격 개시 (선더볼트 작전)
* 미 제9군단 예하 미 제25사단, 이천 - 수원선 돌파
* 미 제7사단, 역곡천 북쪽 T-Bonc 능선 및 Aligator턱 (높이 324m)에서 격전
* 유엔군 정보장교, "전 전선에서 공산군이라고는 소수의 북괴군뿐" 이라고 언명
* 알몬드 미 제10군단장, 국군 제4군단의 공훈 표창

1월 26일 (216일째)
한국 해병대, 인천에 상륙

* 유엔군, 서울 24km 지점까지 육박, 중공군 477명 총검으로 자살(刺殺)
* 유엔군, 수원 김양장 탈환
* 터키 여단, 김양장리에서 격전
* 유엔정찰대, 평창 돌입
* 유엔지상군, 공산군 1,152명 살상

미 제8군 사령관 리지웨이는 1·4후퇴로 평택-삼척 선까지 밀려난 전선을 38선 인근으로 다시 올리기로 결심했는데, 인천항 일대에 교두보를 다시 확보한다면 차후 반격 시에 상당히 유리할 것이라 생각하였다. 그는 1950년 9월 15일에 있었던 거대한 상륙작전까지는 필요 없고 강력한 제해권을 발판 삼아 단지 인천항을 확보할 수 있는 소규모의 작전을 지시했다.

이에 따라 한국 해군과 해병대가 작전 주체로 선정되었는데, 인천 앞바다와 도서는 아군의 통제권 하에 있었고 인천항 주둔 공산군도 그리 강력한 것으로 판단되지 않아 충분히 가능한 작전으로 분석되었다. 작전을 총괄한 미 제95기동부대의 사령관 스미스(Allan Edward Smith) 소장은 YMS-510 강경함의 함장인 함덕창 대위에게 인천항 현황에 대한 보다 자세한 정보의 수집을 지시하면서 작전이 본격적으로 개시되었다.

1월 27일 07시 **만조 때**, 인천항 북쪽 인천 기계 제작소(현 만석부두 인근) 앞에 침투한 강경함은 적 1개 소대가 경비하던 방어진지에 포격을 가하여 적을 격멸시킴과 동시에 4명의 특공대가 기습 상륙하여 정보 획득을 위한 2명의 포로를 생포하여 귀환하는 데 성공했다. 이날의 전과로 적의 방어 형태를 파악한 아군은 본격 상륙작전을 2월 초로 예정하고 준비에 착수했다.

수립된 계획에 따라 인천에 상륙하기로 예정된 부대는 덕적도에 주둔하고 있던 김종기 해군 소령 지휘하의 해병대 1개 중대였고, 이를 지원하기 위해 노명호 소령이 지휘하는 PC-701 백두산함이 2월 2일

덕적도에 도착했다.

여러 차례의 기만작전을 통하여 면밀히 분석을 마친 아군은 37도선에 정렬한 아군이 다시 북진을 개시하는 것(Thunderbolt 작전)과 발맞추어 2월 10일 18시 만조 시간을 D-Day H-hour로 잡아 상륙작전을 감행하기로 결정했다.

▲ 작전 주력함, PC-701 백두산함

아군 함대가 포격을 가하여 탄막을 만드는 동안 100여 명의 해병대가 상륙하여 교두보를 확보하여야 하는데 바로 그때 심각한 문제가 발생했다. 날씨가 갑자기 나빠져 덕적도에 주둔한 해병대의 탑승이 지연되어 예정 시간에 상륙이 불가능했던 것이었다. 이 같은 급보를 접한 노명호 함장과 김종기 소령은 인천 외항에 집결한 각 함정의 수병들 중에서 지원자를 모집해 총 37명의 특공대로 구성된 상륙 부대를 긴급 편성하였다.

드디어 D-day H-hour에 지원사격이 시작되어 포탄의 불벼락이 공산군 진지에 정확히 떨어지면서 적을 혼란에 빠뜨리게 하자 이틈을 이용하여 김종기 소령이 지휘하는 특공대가 인천 기계 제작소 앞 부두에 안전하게 상륙하는 데 성공했다. 교두보를 확보한 후, 김종기 소령은 전 대원에게 각자 담당한 목표를 제압한 후 21시까지 기상대 고지(현 제물포 고등학교 인근)에 집합하라고 명령을 내렸다. 다음은 전사에 기록된 내용이다.

"이제 우리들은 적지에 있다 …(중략)… 너희들은 돌아가려 해도 보다시피 우리를 싣고 온 함은 이미 떠나고 없다. 나를 믿고 나의 명령에 따라 행동하지 않으면 너희들은 살아나지 못할 것이다. …(중략)… 지시한 대로 인천시 기상대 고지에 집합하라. 21시까지 집합하지 않는 사람은 사망자로 확정한다."

탄막이 걷히자, 아군 특공대원은 함성을 지르며 각자 목표한 지점을 확보하기 위해 달려 나갔다. 당시 인천항은 적 1개 중대 규모가 방어하고 있었던 것으로 파악되었는데 아군의 진격에 놀라 뒤도 돌아보지 못한 채 도망가기에 급급했다. 당시 아군은 소수의 특공대가 아니라 대부대가 상륙한 것처럼 위장하기 위해 "제1대대 돌격 앞으로, 제2대대 돌격 앞으로" 하는 식으로 크게 소리 지르며 적을 기만하였고 적은 이에 속아 넘어갔다.

21시, 특공대는 계획대로 기상대 고지를 완전히 점령하여 인천항을 장악하는 데 성공했고 23시에는 시청(현재 중구청)까지 진출하였다. 전의를 상실한 적은 방어를 포기하고 시 외곽으로 도주하였고, 악천후로 덕적도에 대기하고 있던 해병대 본진이 다음날 07시에 상륙하여 점령지를 특공대로부터 인수·인계 받음으로써 성공적으로 인천항 확보 작전이 종료되었다.

이처럼 소수의 자원 특공대원들에 의해 1·4후퇴 이후 한 달 만에 인천은 다시 탈환되었다. 전사에는 이를 제2차 인천상륙작전으로 표기하고 있는데, 비록 1951년 2월의 작전은 5개월 전에 있었던 인천상륙작전과 비교할 수 없을 만큼 작고 제대로 소개되어 있지도 않지만, 엄연히 적진 속으로 강습하여 거점을 안전하게 확보한 상륙작전이었다.

바로 그때 UN군이 북진 작전을 개시하자 공산군은 더 이상 한강 이북으로 철수할 수밖에 없었고 그 결과 1·4후퇴 한 달 만에 아군은 다시 서울부근까지 다다를 수 있게 되었다. 이렇게 된 데는 적의 측면에 비

수를 들이대는 위치인 인천을 확보한 해군 특공대도 커다란 역할을 하였다. 제2차 인천상륙작전은 그 규모와 상관없이 전술적으로도 그리고 전략적으로 길이 빛날 위대한 작전이라 하여도 결코 과언이 아닐 것이다.

1월 28일 (218일째)
유엔군,
서울 남방 16km 지점에 돌입

* 유엔정찰대, 강릉 남방 1.6km 지점에서
공산군 1개 중대와 교전, 공산군 15명 생포
* 유엔 함대, 인천지구 함포 사격
* 북한군 제2군단, 영월 · 단양에서 궤멸
* 국군 공군고문단장, 국군 공군 개전 이래 3배로
강화 언명
* 맥아더 원수, 전선 시찰

▲ 'Thunderbolt 작전'; 공지협동작전(空地協同作戰), 1951.1.28

1월 29일 (219일째)
유엔장갑정찰대,
횡성에 재돌입

* 유엔군, 단양 서북 24km 지점에서 공산군 게릴라
1,300명과 교전, 23명 사살, 9명 생포

* 중공군 1개 대대, 서울 남방 18km 지점에서 반격
* 미 전함 미주리호 등, 간성지구 맹폭격
*미 제77기동함대 및 함재기군, 간성지구 맹폭격

▲ 1951년 초 중앙청 앞에 포진한 미군 포병대

1월 30일 (220일째)
국군, 북괴군 제2군단
격멸 작전 종료

* 유엔군 1개 중대, 강릉 남방 1.6km 지점에서 공산군
1개 중대와 교전하여 약 200명 사살, 15명 생포
* 유엔군, 강릉 탈환
* 유엔군 함대, 간성지구 폭격
* 중공군, 소년 밀정 다수를 한국전선에서 사용

▲ 진주에서 경찰의 안내로 공산 게릴라들을 추적하는 미군과 미군과 국군
1951. 1

1월 31일 (221일째)
1·4후퇴 이후 UN군 작전 양태
(1951. 1~2월)

* UN군 동부전선에서 공산군의 경미한 저항
물리치고 457m 전진
* 미군 및 오스트레일리아군 비행기, 공산군 3,500명 살상
* 유엔지상군, 공산군 1,580명 살상
* 벨기에 · 룩셈부르크군, 부산에 입항 즉시 전선으로

후퇴만 하던 UN군이 '지평리 작전' 이후 반격에 들어가면서 다시 한강을 바라볼 수 있는 곳까지 북상을 하는 과정에 여러 '작전'을 실시하기에 이른다.

한국군 및 UN군의 수많은 희생이 따랐으며, 실의에 처했던 아군이 다시 전의를 찾아 승리로 이끄는 과정이 어떤 큰 '드라마'를 보는 듯하다.

리지웨이와 같은 지휘관의 영도 아래 '필사의 전투력'으로 싸운 선열들께 감사를 드린다.

▲1951년 1월 UN전투기, 북한 조차장 폭격 모습

자유는 공짜가 아니다!　381

▲ 서울을 떠나 수원과 오산까지 후퇴하는 국군과 유엔군 탱크 행렬

1951년 2월
전황

한국전쟁의 은인

트루먼 대통령

맥아더 장군

딘 애치슨 국무장관

스미스 장군

워커 장군

리지웨이 장군

밴 플리트 장군

▲고아 소녀에게 음식물을 제공하는 미군 병사. 1951. 2. 5.

2월 1 (222일째)
국군, 안양 돌입

* UN군, 지평에서 세방향으로 내습한 공산군 저지
* 여주북방에서 백병전으로 공산군 3개연 대 격퇴

UN軍 참전국

▲ UN기를 받는 맥아더 총사령관

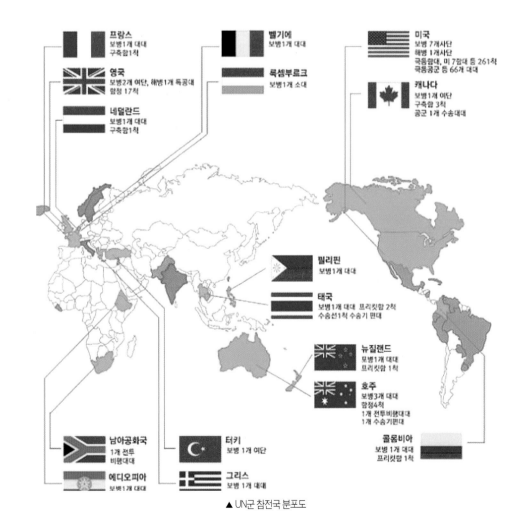

프랑스
보병1개 대대
구축함1척

영국
보병2개 여단, 해병1개 특공대
함정 17척

네덜란드
보병1개 대대
구축함1척

벨기에
보병1개 대대

룩셈부르크
보병1개 소대

미국
보병 7개사단
해병 1개사단
극동함대, 미 7함대 등 261척
극동공군 등 66개 대대

캐나다
보병1개 여단
구축함 3척
공군 1개 수송대대

필리핀
보병1개 대대

태국
보병1개 대대 프리깃함 2척
수송선1척 수송기 편대

뉴질랜드
포병1개 대대
프리깃함 1척

호주
보병3개 대대
함정4척
1개 전투비행대대
1개 수송기편대

남아공화국
1개 전투
비행대대

에디오피아
보병1개 대대

터키
보병 1개 여단

그리스
보병 1개 대대

콜롬비아
보병 1개 대대
프리깃함 1척

▲ UN군 참전국 분포도

자유는 공짜가 아니다!   385

〈Wolfhound 작전〉에 뒤이어 비슷한 성격의 작전이 제9군단 정면에서도 실시되었는데, 이로써 미 제8군은 서부전선의 UN군 방어진지 전면에 별다른 중공군의 위협이 없다는 것을 확인하게 되었다.

이와 같은 상황을 포착한 리지웨이는 작전의 규모를 확대하여 제1, 제9군단으로 하여금 각각 미군 1개 사단과 국군 1개 연대씩을 차출하여 공격부대를 편성하게 한 다음, 1월 25일부터 작전을 개시하였다.

이들 공격부대는 항공지원 아래 보전포 협동작전으로 적의 모든 방어부대를 남김없이 분쇄하면서 한강선까지 진출하게 되어 있었다.

리지웨이 작전개념은 보다 많은 부동산을 획득하는 것이 아니라 적의 인원을 최대한 살상하여 전투 능력을 고갈시키자는 것이었다. 그것은 화력과 기동성의 우세를 활용하여 적으로 하여금 도저히 감당할 수 없을 정도의 병력 소모를 강요하려는 <살상 작전>이었다.

▲ 미군이 위력수색 작전을 수행하고 있다.

수색정찰전은 마침내 전면 공격으로 확대되었다. 적의 저항은 수원에서부터 비교적 치열해졌으나 미 제8군은 제3사단을 추가로 증원하여 2월 9에는 한강 이남에서의 모든 저항을 분쇄하고 인천과 김포를 점령하였다.

▲ 미군, 킬러 작전 중 중공군 포로들을 나포하고 있다. 1951. 2

▲ 전방 가까운 곳에서 미군들이 주민들에게 DDT를 뿌려주고 있다.

▲ 1951.2 전쟁으로 인하여 부모를 잃었지만 웃음을 잃지 않은 어린이 모습

* UN군, 지평에서 세 방향에서 내습한 공산군을 저지 중
* UN군, 장거리포로 수원 북방 공산군을 포격
* UN군, 횡성에 수차례 돌입했으나 실패
* 터키군, 서울 남방 27km 고지를 재탈환
* UN군, 서울 포격사정권에 드디어 진출
* 장면 국무총리, 취임식 거행

6.25한국전쟁에서의 은인(恩人)-1

트루먼 미국 대통령

미국 대통령 트루먼 결단으로 한국이 살아났다. 6.25가 일어난 가장 큰 원인은 미군철수 데모에 염증을 낸 미국이 미군을 철수했고, 한미동맹도 없는 상태였기 때문이었다.

그런데 왜 미국은 연 180여 만 명의 병력을 한국으로 보내 우리를 구해주었던가?

미 군부는 <한국은 지킬 수도 없고, 지킬 필요도 없는 곳>으로 판단하고 주한미군을 1년전에 철수시켰었다.
그런데 왜 군대를 다시 보내 3만 6,940명을 죽게 하

는 혈전을 벌인 끝에 '알지도 못하는 조그만 나라의 만나본 적도 없는 국민들'을 공산침략으로부터 구출했었던가? 도대체 누가 이런 일을 했는가? 우리 역사상 한민족 전체의 운명이 '단 한 사람의 외국인'에 의해 결정된 것과 같은 일이 일어난 적은 없었다.

그는 누구인가?

▲ 트루먼과 애치슨

맥아더를 한국 전선으로 보낸, 즉 미군의 참전을 결단했던 해리 S 트루먼 미국 대통령이다.

1950년 6월 24일 트루먼 대통령(당시 66세)은 주말을 고향에서 보내고 있을때 딘 애치슨 국무장관으로부터 걸어온 전화였다.

"각하, 매우 심각한 소식입니다. 북한군이 남한을 전면적으로 공격했습니다. 무초 대사의 보고에 따르면 그 전에 있었던 총격전과는 다른 본격적인 공격입니다. UN사무총장에게 안보리소집을 요청했습니다."

트루먼 대통령은 일설에 의하면 "무슨 수를 써서라도 '그 개자식들을' 저지해야합니다" 라고 말했다고 한다. 그런 결정을 하는 데 10초밖에 걸리지 않았다고 한다

트루먼은 전화를 받고 돌아오면서 매우 격앙되고 격정스런 표정이었다고 한다. 3차대전의 서막이 오른

것이 아닌가하는 생각도 하는 것 같았다고 한다. 정오 직전-무초 대사가 보낸 전보가 그에게 건네졌다.

〈공격의 양상으로 보아 한국에 대한 전면적인 공세임이 분명해졌다〉

그는 이번 공격을 방치한다면 3차대전이 일어날 것이다. 트루먼은 말했다. "하나님께 맹세코 그자들이 대가를 치르도록 해주겠어."

러스크 국무차관은 "4년간 한국에 주둔했던 미국으로서는 특별한 책임이 있다. 한반도가 공산화된다면 이는 일본의 심장을 겨누는 비수가 될 것이다"고 했다.

셔먼 해군참모총장과 반덴버그 공군 참모총장은 해공군만으로도 남침을 저지할 수 있다면서 육군의 투입을 반대했다

트루먼은 -도쿄의 극동군 사령관- 맥아더 원수는 최대한 빨리 한국 측에 무기와 보급품을 제공할 것, 미 공군력의 엄호 아래 주한 미국인을 철수시킬 것, 제7함대는 필리핀으로부터 대만 해협으로 전개하여 중국의 공격에 대비할 것 등, 이날 회의는 미군을 사용한 한국 방어를 결의하고 밤 11시에 끝났다

참석자들은 기자들을 피해 뒷문으로 빠져나갔고, 대통령은 함구령을 내렸다.

"육군도 보내라"

다음날(서울 6월 26일, 워싱턴 6월 25일) 트루먼 대통령은 두 번째 긴급 각료회의를 소집했다. 이 자리에서 한국전 개입 결정이 공식화되었다.

미국은 한국군을 돕기 위해 '해, 공군력'을 사용하도록 결정한 것이다.

다음날 6월 27일, 북한군 탱크가 서울에 진입했다는 뉴스가 일제히 나갔다

오전 11시 30분 의회 지도자들, 국무장관, 국방장관, 합참의장 등 40명의 요인들이 백악관 서관 각료실에 모였다. 이 회의에서 트루먼은 대통령의 고유권한으로 전쟁을 지도하라는 충고를 받았다. 의회가 별도로 전쟁 결의안을 낼 필요가 없다는 것이었다.

상·하원 합동회의도 이날 315 대 4의 압도적 표차로 징병 기간을 1년 연장하는 결의를 했다. UN 안보리는. 1950년 6월 30일 새벽 3시, 미 국방부는 한국전선을 시찰한 맥아더의 전문을 받았다. 그는 미국의 해공군뿐 아니라 육군이 투입되어야 북한군을 저지할 수 있다고 보고했다.

타이밍이 핵심이다. 지체 없는 명확한 결정을 바란다. "프랑크 페이스 육군장관이 백악관으로 전화 건 시각은 새벽 4시 47분, 페이스 장관은 맥아더가 우선 2개 사단의 투입을 건의했다고 말했다

트루먼은, 한국으로 지상군을 파병하는 결정이 가장 어려웠다고 회고했다. 일본에 원자탄 투하하는 결정보다도 더 어려웠다는 것이다. 그는 이날 일기에서 '모택동은 무슨 짓을 할까, 러시아의 다음 행동은 무엇일까'라고 썼다. 애치슨 국무장관은 나중에 이렇게 평했다.

대통령이란 직책은 결정하는 것이다. 트루먼 대통령은 결정했다.

이렇게 하여 '알지도 못하는 나라의 만나본 적도 없는 사람들을 지키기 위하여' 미국의 젊은이들이 한국으로 파병된다. 3년간 전장에서 36,940명이 죽고 10만 명 이상이 다쳤다.

우리 역사상 한국인의 운명이 외국인 단 한 사람에

의해서 결정된 것이, 이 경우가 처음이었다.

당시 미 군부는, 한국은 미국이 싸워서까지 보호할 만한 전략적 가치가 없는 곳이란 판단을 내려놓고 있었다. 그런 점에서 트루먼의 파병 결정은 극히 예외적인 조치였다.

그는 육사에 들어가고 싶어 했었다.
제1차 대전이 터지자 나쁜 시력을 속이고 자원입대하여 프랑스 전선에서 포병장교로 용감히 싸웠다. 아마도 그런 트루먼을 기억하는 한국인들은 많지 않을 것이다.

2월 4일 (225일째)
국군, 강릉지구에서
공산군 3개 대대 격파

* 국군, 이천(利川)지구 공산군 반격 격퇴
* UN군, 서울 남방 산록에서 공산군과 격돌, 육박전

6.25 한국전쟁에서의 두 번째 은인(恩人) - 2

더글러스 맥아더 장군

▲ 이승만 대통령과 함께

그는 거의 모든 관계자가 반대하는 인천상륙작전을 성공시켰다. 낙동강 전선까지 밀렸던 UN군과 국군은 전세를 역전시켜 북진을 개시했다.

맥아더 장군은 물론 중공군의 개입 가능성을 무시하는 실수를 저질렀다. 이로 인해 북진통일 직전에 UN군은 퇴각하고 한때 미국은 한국 포기를 심각하게 고민해야 했다.

맥아더 장군은 한국전 수행 방법에 대한 '이견'을 노출했다가 트루먼 대통령에 의해 해임되었다.

맥아더, 트루먼 두 사람은 6.25전쟁으로 많은 곤욕을 치렀다. 그러나 그들은 대한민국을 사랑하였고, 이곳에 민주주의 새싹이 시들지 않도록 물을 주었으며 튼튼해지도록 거름을 주었다.

▲ 1950. 11. 24 미 제8군 사령관 워커 장군과 맥아더 사령관,
평양 비행장에서

▲ 미 제8군 사령관에 부임한 후 전방을 시찰하는 리지웨이 대장. 1951. 2

2월 5일 (226일째)
유엔군, 서울 남쪽 8km에 돌입

* 개전 후 최대의 탱크대,
서울 남쪽 8km의 공산군진에 돌입
* 소해정, 1척 강릉 연해에서 기뢰 접촉으로 침몰,
전사 4명, 행방불명 4명, 부상 9명
* 국군 제3군단과 미 제10군단, 홍천 포위공격 개시
* 리지웨이 미 제8군 사령관, 전선에서 유엔군 공세
순조롭게 진행 중이라고 언명
- 중동부전선 국군 제3군단 미 제10군단에 서부전선보다
약간 북상하도록 라운드 업(Round Up) 작전 명령
* 공군 전과: 출격 534회, 공산군 살상 약 600명,
공산 군기 1대 격추 등
* 이승만 대통령, 유엔군 38선 정지 절대 반대 입장 천명
- "38선은 이미 없어졌다"라고 '진격정지설' 반박
* 국회, 피란민 실정 조사 위문단 구성, 각지로 출발
* 신성모 국방부 장관, 전선 시찰 중 차량사고 발생
* 합동수사본부, 북한공작대원 검거

2월 6일 (227일째)
유엔군, 서울 남쪽 8km에 돌입

* UN군, 중부전선, 38선 40km 육박
* 리지웨이 미 제8군 사령관이라고 담화,
공산군과 연합군 피해는 100 대 1

▲ 미 해병대 병사가 공산군 진지에 화염방사기를 분출하고 있다. 1951. 2.

6.25 한국전쟁에서의 세 번째 은인(恩人) - 3

딘 애치슨 미 국무장관

▲ 미 극동 방위선 애치슨 라인

그는 트루먼 대통령과 호흡을 함께 하면서 미군의 참전과 UN군 파병을 성사시켰다.

(그는 1950년 1월 '내셔널 프레스 클럽' 연설에서 한국이 미국의 태평양 방어선에 포함되지 않는다고 시사함으로써 김일성의 오판을 불렀다. 이 연설에서 애치슨 국무장관은 "태평양 방어선은 알류샨 열도-일본-오키나와-필리핀으로 연결된다"고 말했다)

1950년 1월 12일, 미 국무장관 '애치슨 라인' 선언.
1950년 1월 12일, 미국 국무장관 '딘 G. 애치슨'(Dean Gooderham Acheson)이 워싱턴의 '내셔널 프레스

클럽'에서 행한 연설에서 극동에서의 방위선 구축을 내용으로 하는 이른바 '애치슨 라인'(Acheson Line)을 언급한다.

발언의 골자는 소련과 중국의 영토적 야심을 저지하기 위한 미국의 태평양 방어선은 "알류산 열도에서 일본으로, 그리고 오키나와를 거쳐 필리핀으로 이어진다"는 내용이었다.

애치슨에 의하면 이 방위선 바깥에 위치한 남한, 타이완, 인도차이나반도 등은 국제연합(UN)의 보호를 받아야 한다는 것이다.

▲ 미군 탱크 부대 포격 모습. 1951. 2

2월 7일 (228일째)
Round up 작전

* 국군 해병대, 동해 도서 확보 작전 개시.
* 공산군, 이천 서북쪽에 25만 명 대군 집결하고 있음을 파악.
* 미 해군 전 폭격기, 압록강 철교 폭격, 파괴.

미 8군 사령관 리지웨이 장군의 소규모 '위력정찰' 작전이 개시되었다.

Wolfhound 작전은 아직 소규모였으며, 1월 15일에 개시되었다. 이는 50년 11월 이래 최초 공세작전이었다.

1월 25일부터는 Thunderbolt 작전이 실시되었으며, 항공지원 아래 '보전포 협동작전'은 성공적으로 실시되었다.

리지웨이는 전선의 균형을 고려하여 이번에는 중부전선에서 공세작전을 실시하기로 계획하였다. 당시, 중부전선에서는 미 제10군단의 수색정찰대가 이미 원주를 거쳐 횡성까지 진출을 하고 있었다.

2월 5일, 리지웨이는 미 제10군단과 국군 제3군단으로 하여금 그 북쪽에 있는 홍천을 '양익포위'하여 서부전선보다도 전선을 조금 더 북상시키도록 명령하였다. 이 작전을 Round up 작전이라 명명되었다.

그러나 중공군은 주력을 서부전선으로부터 중부전선으로 이동시킨 다음 2월 11일 밤 중공군 2개 사단과 북괴군 1개 군단을 투입하여 대규모 역공세를 개시하였다.

전방의 국군 3개 사단이 한꺼번에 붕괴하자, 미 제10군단은 원주 일대를 확보하려 하였으나, 적은 원주 서북방 교통의 요지인 지평리로 쇄도하였고 이를 점

령한 다음 서남방으로 확대하려 하였다.

▲ 미 해군 폭격기가 신의주 압록강 다리를 폭격하고 있다

2월 8일 (229일째)
국군 해군, 동해안 주문진에 돌입

* 국군과 미군, 횡성 북쪽 8km 진격.
평창 동북쪽의 창평 탈환.
* 미 전차부대, 서울 포격.
유엔군, 신의주 대공습, 600대 출격

▲ 부산에서 거제도로 가는 배를 기다리는 피난민들(1951. 2. 8)

2월 9일 (230일째)
미군 정찰대, 인천 돌입

* 미 제25사단 예하 국군 부대,
서울에 돌입 후 중공군과 시가전
* 서울 남쪽 17.7km 지점에서 서울-인천 연락 차단
* 횡성에서의 전투 계속 중

▲횡성지구 전투에서 돌격을 감행하는 중공군 (1951. 2)

2월 10일 (231일째)
유엔군, 서울 재탈환

* 국군 제1사단 한강변으로 진출.
* 09 : 30 영등포 진입, 16 : 30 김포 공항 탈환, 한강 도달
* 유엔군, 김포에 낙하산 부대 투하
* 인천 탈환하고 시청에 태극기 게양
* 유엔군, 선두 부대 관악산 도착
* 중공군, 서울 방위를 북괴군에 맡기고 북방으로 도주
* B29 폭격기, 평양 근방 철교 폭격, 선천 조차장 파괴
* 미 DC-6, 첫 비행

6.25 한국전쟁 은인(恩人) - 4

미 제8군 사령관 워커 대장(추서)

▲ 워커 장군

6.25전쟁이 일어나자, 일본에 있던 미8군 병력을 이끌고 와 낙동강 전선에서 최후의 방어에 성공했다. 이는 인천상륙작전의 기회를 만들어 준 셈이다. 그는 북진 중 중공군의 침략을 맞아 잘 싸웠다.

1950년 12월 말 의정부에서 그를 태운 지프(jeep)가 한국군 트럭과 충돌하여 사망했다. 그의 아들은 한국전쟁에 참전하고 있었다.

한국을 지극히 사랑한 대장 부자의 희생

"아버지는 그날 중공군의 인해전술에 밀려 고전하고 있는 우리 미 24사단을 독려하고 한국 정부의 영국군 27여단에 대한 부대표창을 이승만 대통령을 대신하여 수여하는 한편, 후퇴 작전 중 큰 전공을 인정받아 미국 정부가 저에게 수여하는 은성무공훈장을 직접 가슴에 달아 주시고자 짚 차로 달려오는 중이었습니다. 그러나 의정부 근처에서 후퇴 중인 한국군 트럭에 부딪쳐 현장에서 돌아가시고 말았습니다.

계속되는 추위와 끝없이 밀려오는 중공군의 대공세

에 밀려 모든 전선이 계속 패주할 수밖에 없는 상황 속에서 모처럼 아군이 큰 승리를 했고 그 승리의 주인공이 아들이라니 얼마나 기뻤겠습니까?

크리스마스 이틀 전인 1950년 12월 23일이었습니다. 나중에 알았지만, 며칠 전 맥아더 사령관은 미국 정부에 아버님의 대장 진급을 상신해 놓았더군요. 이렇게 해서 부자간의 영원한 이별이 시작되었습니다."

'불독'이라는 별명으로 유명했던 아버지 미 8군 사령관 월튼 워커 중장(대장 추서)의 우락부락한 모습과는 달리, 아들은 멋진 미 육군 정장 차림에다 네 개의 별 (★★★★)이 반짝이는 바나나 모자를 쓰고 있었다.

1980년 4월 알링턴 국립묘지, 훤칠하고 잘생긴 아들 샘 워커 예비역 육군 대장은 아버지 무덤에 한참이나 거수경례를 한 뒤 눈물을 글썽이며 한국 TV방송사 6.25한국전쟁 30주년 다큐멘터리 제작팀과의 인터뷰를 이어갔다.

"이틀 뒤 저는 도쿄의 UN군 사령관 맥아더 원수에게 불려갔습니다. 사령관이 제게 말씀하셨습니다. '워커 대위! 아버님의 전사를 진심으로 애도한다. 월튼 워커 대장은 정말 훌륭한 군인이었다. 그의 죽음은 우리 미군은 물론 미국의 커다란 손실이다. 귀관에게 워커 대장의 유해를 알링턴 국립묘지에 안장하는 임무를 맡긴다.' 이때 저는 매우 격렬하게 반대했습니다.

'각하, 저는 일선 전투중대장입니다. 그리고 지금 저희 부대는 후퇴 중입니다. 후퇴 작전이 얼마나 어렵고 위험하다는 것은 각하께서도 잘 아실 것입니다. 지금, 이 순간에도 제 부하들은 목숨을 건 위험에 노출되어 악전고투하고 있습니다. 지금 중대장이 바뀌면 안 됩니다. 아버님의 유해 운구는 의전 부대에 맡

기십시오. 저는 전선으로 돌아가겠습니다.' 그때 문을 향해 걸어 나가던 맥아더 원수가 뒤 돌아서더니 조용히 말했습니다. '이것은 명령이야.' 그리고는 방을 나가버렸습니다.

군인이 명령을 어길 수는 없었습니다. 그래서 저는 아버님의 유해를 가슴에 안고 이곳 알링턴까지 와서 바로 이 자리에 안장했습니다. 예상했던 것처럼 저는 이미 워싱턴의 육군본부로 발령이 나 있었습니다. 저는 지금, 그때 맥아더 장군이 왜 그런 명령을 내렸는지 이해합니다. 사랑하는 부하와 그의 아들을 한 전선에서 한꺼번에 죽여서는 안 된다는 판단이었습니다. 그러나 저는 결코 그 결정에 찬성하지 않습니다.

명령이라 어쩔 수 없이 따를 수밖에 없었지만, 군인이 부하들을 치열한 전투가 계속되는 위험한 전장에 남겨놓고 떠나왔다는 생각이 지금도 가슴을 무겁게 합니다."

그러나 그가 결코 한국을 완전히 떠난 것이 아니었다. 아버지인 초대 주한 미 제8군 사령관 고 월튼 워커 대장과 함께 미군 최초의 부자대장이자 육군사상 최연소 대장 진급자였던 전도유망한 샘 워커 장군이 젊은 나이에 예편된 것은 바로 한국을 위한 행동 때문이었다.

1970년대 후반 카터 미 대통령이 주한 미군을 대거 철수시키려고 했을 때 주한 미8군 참모장 존 싱그러브 소장이 반대하다가 예편된 사실은 잘 알려진 일이다.

이때 미국에서는 미 육군의 엘리트 중 엘리트이며 차기 육군 참모총장이나 NATO군 사령관으로 유력하던 샘 워커 대장이 카터 대통령에게 반대를 하다가 예편된 사실을 아는 사람은 매우 드물다.

그뿐 아니라 워커 미 8군 사령관의 짚 차와 부딪힌 한국군 트럭 운전병을 이승만 대통령이 사형시키려 하자 미군 참모들이 적극 만류하여 사형을 면하도록 해주고, 대신 가벼운 징역형으로 감형케 한 감격적인 역사도 묻혀 왔다.

백선엽 장군의 회고

"나와 워커 장군과의 인연은 남달랐다. 6·25전쟁 때 워커 미8군 사령관과 나는 군사령관과 사단장의 관계로 직책상 또는 업무상 만나기가 그리 쉬운 일이 아니었다. 워커 장군은 맥아더 원수를 대신해 한국 전선의 모든 지상군을 총괄하는 총사령관의 역할을 수행하고 있었고, 나는 한국군의 일개 사단장에 불과했기 때문이다.

그런데도 나는 워커 8군 사령관과 여러 차례 직접 상면(相面)했고, 때로는 전화상으로 작전 성공에 따른 격려와 작전 지시를 받았다. 이런 점에서 나와의 인연은 보통이 아니라고 할 수 있다."

2월 11일 (232일째)
중공군, 2월 공세 개시

* 국군 수도사단, 38선 돌파하고 양양 탈환
* 서울 북방에서 약 2,000명의 공산군 준동
* 유엔군, 서울 협공 태세, 시내에 중공군 전무

▲ 1월 25일 유엔군 재반격으로 잃어버린 지역을 회복했으나, 2월 11일 중공군의 제4차 공세로 다시 어려움을 겪었다. 미군의 행군 대열(1951. 2)

2월 12일 (233일째)
국군 제8사단, 횡성에서 분산 철수

* 미 제8군 대변인, 양양 탈환부대 귀환
* 공산군 반격 개시
* 중부전선의 공산군 반격전 전개
* 공산군, 영등포에 야포사격
* 공산군의 한강도하 기도 분쇄
* 네덜란드 대대, 횡성 방어작전

'지평리 전투'의 배경

1950년 10월, 중화인민공화국의 중국인민지원군이 한국전쟁에 개입하면서 1·4 후퇴와 장진호 전투로 대표되는 참담한 후퇴를 겪어야 했던 유엔군은 평택-원주-삼척 선에서 전열을 정비하고, 1951년 2월부터 반격에 들어갔다.

선더볼트(Thunderbolt) 작전, 라운드업(Round up) 작전, 킬러(Killer) 작전, 리퍼(Ripper) 작전, 러기드(Rugged) 작전 그리고 돈틀리스(Dauntless) 작전 등으로 진행된 반격 작전은 이전과 달리 산악 지형을 이용한 중국군의 우회 및 포위 섬멸전을 염두에 두고 종 방향으로의 진격이 아닌 횡 방향의 연결을 중요시하여 한 번에 최대한 멀리 가는 것이 아니라 인접부대의 진격 속도에 맞추어 모든 전선에서 천천히 진격하는 형태로 진행되었다.

▲ 선더볼트(Thunderbolt) 작전 중. 1951. 2

▲ 리퍼(Ripper) 작전 앞두고. 1951. 2

이런 유엔군의 반격 작전에 공산 측은 2월 11일에 2월공세로 답했다. 수원 - 이천 - 원주 - 강릉까지 진격해 있던 중공군은 유엔군이 울프하운드 작전과 썬더볼트 작전으로 한강을 회복하고, 다시 라운드업 작전을 개시하자 횡성군과 홍천군 사이 '삼마치 고개' 및 '지평리'로 대규모 공격을 감행한 것이다.

중공군은 지평리에 주둔하고 있던 유엔군을 몰아낸 다음 한강을 도하하여 서울 남쪽으로 진출하고자 했다. 삼마치 고개에 진출했던 한국군 및 미군은 중공군의 공격을 버텨내지 못하고 후퇴했고, 2월 초 미국 제9군단의 우측 방을 엄호하기 위해 지평리에 진주한 미국 제23연대 전투단의 방어 진지는 견부진지로 남게 되었다. 지평리에 남게 된 제23연대 전투단(23RCT)은 '라운드업 작전'을 위해 편성된 전투단으로, 중공군을 끌어내기 위한 미끼 역할을 하게 되었다.

중공군은 그 미끼를 물었던 것이다. 지평리의 제23연대 전투단은 미국 제2보병사단 제23연대와 제23연대에 배속된 프랑스 대대를 주축으로 미국 제37포병대대, 미국 제82방 공포대대 B 포대, 미국 제503포병대대 B 포대가 연대 전투단으로 편성되어 있었다. 중국은 이 지평리에 제39군 예하 3개 사단을 투입했다.

좌우 인접 부대가 모두 철수하는 바람에 고립상태가 된 제23연대 전투단의 철수를 미국 제10군단이 미 제8군 사령부에 요청했으나, 매슈 리지웨이 제8군 사령관은 진지 사수를 명령했다.

제23연대 전투단은 1.6km 길이의 원형 방어진지를 구축했으며, 북쪽에 제1대대, 동쪽 제3대대, 남쪽 제2대대, 서쪽 프랑스 대대를 배치하여 전투에 대비했다.

지평리 전투는 1951년 2월 13일부터 16일까지 경기도 양평군 지평리 일대에서 원형 방어진지를 구축한 미국 제2보병사단 제23연대전투단(Regiment Combat Team,RCT)과 23RCT에 배속된 프랑스 대대가 중국인민해방군 제39군과 3일간 벌인 격전이다.

3일 동안 완전히 포위된 미군 23RCT와 프랑스대대는 포위 3일째인 2월 16일에 미국 제1기병사단 제5기병연대 제3대대를 주축으로 편성된 크롬베즈 특별임무 부대에 의해 구출되었고, 중공군은 큰 피해를 입고 철수한다.

▲ 프랑스 대대에 한국 병사들도 배속되어 싸웠다. 1951년

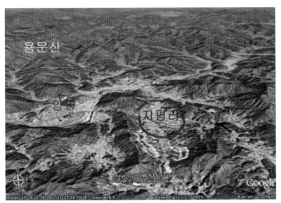

▲ 프랑스 대대에 한국 병사들도 배속되어 싸웠다. 1951년

2월 13일 (234일째)
지평리 전투 -1
(2월 13일~16일)

지평리 전투는 1951년 2월 13일부터 2월 16일까지 경기도 양평군 지평리 일대에서 원형 방어진지를 구축한 미 제2보병사단 제23연대 전투단 (Regiment Combat Team, RCT)과 23RCT에 배속된 프랑스 대대가 중국 인민해방군 제39군과 3일간에 걸쳐 벌인 격전이었다. 3일 동안 완전히 포위된 미군 23RCT와 프랑스 대대는 포위 3일째인 2월 16일에 미 제1기병사단 제5기병연대 제3대대를 주축으로 편성된 크롬베즈 특별임무 부대에 의해 구출되었고, 중공군은 큰 피해를 입고 철수했다.

▲ 순시 중인 맥아더 장군(오른쪽)과 리지웨이 장군(왼쪽에서 두 번째).
워커 장군 후임으로 미 제8군 사령관에 임명된 그는 지평리 전투를 승리로
이끈 주역이다.

배경

1950년 10월, 중국인민지원군이 한국전쟁에 개입하면서 1·4 후퇴와 장진호 전투로 대표되는 참담한 후퇴를 겪어야 했던 UN군은 평택-원주-삼척 선에서 전열을 정비하고 1951년 2월부터 반격에 들어갔다. 선더볼트 작전, 라운드업 작전, 킬러 작전, 리퍼 작전, 러기드 작전 그리고 돈틀리스 작전 등으로 진행된 반격 작전은 이전과 달리 산악 지형을 이용한 중국군의 우회 및 포위 섬멸 전술을 염두에 두고 종 방향으로 진격이 아닌 횡 방향의 연결을 중요시하여 한번에 최대한 멀리 가는 것이 아니라 인접 부대의 진격 속도에 맞추어 모든 전선에서 천천히 진격하는 형태로 진행되었다.

지평리의 제23연대 전투단은 미 제2보병사단 제23연대와 23연대에 배속된 프랑스 대대를 주축으로 미 제37포병대대, 미 제82방 공포대대 B 포대, 미 제503 포병대대 B 포대가 연대전투단으로 편성되어 있었다. 중공군은 이 지평리에 제39군 예하 3개 사단을 투입했다. 좌우 인접 부대가 모두 철수하는 바람에 고립 상태가 된 제23연대전투단의 철수를 미 제10군단이 제8군사 령부에 요청했으나, 매슈 리지웨이 제8군 사령관은 진지 사수를 명령했다. 제23연대전투단은 1.6km 길이의 원형 방어진지를 구축했으며, 북쪽에 1대대, 동쪽 3대대, 남쪽 2대대, 서쪽 프랑스 대대를 배치하여 전투에 대비했다.

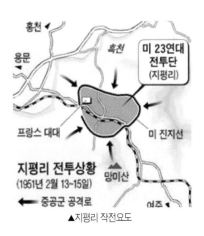

▲지평리 작전요도

전투 경과

▲ 미 제23연대장 Freeman 대령

▲ 몽크라르 대대장

2월 13일 저녁, 중공군 2개 사단이 전방 2개 대대에 8차례에 걸친 파상 공격을 해왔으나, 미군은 이를 모두 격퇴했다. 이날 전투 중에 폴 프리먼 제23연대장은 부상을 입었으나 후송을 거부하고 계속 전투를 지휘했다.

▲ 중공군의 공격 모습, 1951. 2. 13 지평리 전투

다음 날 미군은 공중보급으로 지평리의 미군 및 프랑스군에게 필요한 물자를 보급했으며, 중공군은 UN군의 공군력 때문에 낮에는 숨어서 대기했다. 이날은 리지웨이 사령관이 직접 헬기 편으로 연대를 방문하여 연대원들을 격려하기도 했다.

▲ 공중보급, 1951.2.14. 지평리 전투

2월 14일 (235일째)
지평리 전투 -2
(2월 13일~16일)

* 한미 해병대, 원산항 2개 도서(호도, 여도)점령
* 공산군, 이른 아침에 지평을 포위하고 전차 및 자동포로 공격
* 원주 지평 전투에서 공산군 2개 사단 섬멸
* 공산군, 중부전선 원주 횡성지구에서 맹반격
* 한강도하 공산군 1,152명 섬멸, 250명 생포

▲ 1951. 2. 14. 지평리를 방어하는 미군 병사들 모습

2월 14일 저녁 7시, 중공군은 4개 사단 규모의 병력으로 다시 일제 공격을 시작했고, 중공군 1개 연대 병

력이 방어선을 돌파하여, 아군 진지 내에서 백병전이 벌어졌으나, 미군 및 프랑스군은 끝내 진지를 사수했으며, 중공군은 새벽녘에 철수했다.

▲ 1951. 2. 14 지평리 전투 (재연) 백병전 모습 (출처 :양평=연합뉴스)

위는 2010년 5월 26일 경기 양평 지평리 일원에서 열린 '지평리 전투' 기념행사에서 병사들이 6.25전쟁 당시 지평리 전투를 재연하고 있다. 한국군과 미군, 프랑스군이 중공군에 맞서 싸워 이긴 뒤, 각국 국기를 흔들며 기뻐하고 있다. 이 행사는 전쟁 당시 이 일대에서 중공군에 맞서 싸워 대승을 거둔 프랑스와 미군에 감사를 표하고 그 뜻을 기리기 위해 마련됐다.

▲ 1951. 2. 14 지평리 프랑스군 백병전 모습

몽클라르 중령의 프랑스 대대도 위기에 빠졌다. 정면뿐만 아니라 측면에서도 새까맣게 중공군이 몰려왔기 때문이다. 전투가 시작된 다음 날인 2월 14일 새벽 2시쯤 중공군의 다음 진격 대열이 '피리와 나팔'을 불면서 공격해 왔을 때 전투는 극에 달했다.

프랑스군도 '나팔'과 '피리' 소리에 맞서 수동식 사이렌을 요란하게 울리며 적의 기세를 제압했다.

또 적이 진지까지 기어 올라와 백병전이 불가피해지자 몽클라르 대대장을 비롯한 프랑스군은 철모를 벗어 던지고 머리에 빨간 수건을 둘러매고 총검과 '개 머리판'으로 적과 싸웠다.

▲ 프랑스군은 중공군의 '피리' 에 대항, 이 사이렌으로 제압, 백병전에 임했다.

▲ 지평리에 공수된 보급품 들. 1951. 2

크롬베즈 구조대 편성, 이 무렵 후방에서는 미 제1기병사단 제5기병연대(연대장 마셜 G.크롬베즈 대령, Marcel G. Crombez)를 주축으로 한 구조대대 (크롬베즈 특임대)가 편성되고 있었다.

2월 14일, 크롬베즈 대령의 제5기병연대는 기본 보병 3개 대대에 의무 중대, 전투 공병 중대, 자주포를 장비한 2개 야전포병대대, 2개 중전차 소대와 추가로 전차 중대를 배속 받았다.

전차대는 제6전차대대 D 중대와 제70전차대대 A 중대로 편성되었는데, 제6전차대대 D 중대는 본래 제1기병사단 소속이 아니었으나 가장 가까운 곳에 배치되어 있던 전차 중대여서 제5기병연대에 배속되었다.

제6대대는 M-46 패튼을 장비했으며, 제70전차대대는 M4A3를 장비하고 있었다. 어둠이 깔릴 즈음 제5기병연대는 진격을 개시했으나, 부서진 다리 때문에 진격이 멈추었고, 배속된 전투 공병 중대가 급히 교량 복구에 투입되었다. 나머지 병력은 적의 공격에 대비해 방어 진형을 갖추었다.

▲ 크롬베즈 구조대의 진격 도중 모습. 1951. 2. 15

▲ 지원부대 탱크 사격 모습. 1951. 2. 14

2월 15일 (236일째)
지평리 전투 - 3

* 동부전선, 전투 없음
* 미 증원군, 지평에 도달
* 미 제8군, 원주 지평지구에서 공산군 4개 사단 섬멸 발표
* 공군 출격, 1,025회로 개전 이래 최다 출격
* 캐나다 육군 참전

2월 16일 (237일째)
지평리 전투 - 4

* 미 공군 B-29, 함흥, 원산 맹폭 (120톤 투하)

▲ 중공군의 공세를 위한 이동 모습. 1951년 2월

총정리

2월 13일 밤이 되자, 중공군은 '피리'와 '나팔'을 불고, '꽹과리'를 두드리며 전 정면에서 동시에 아군 진지로 공격을 개시하기 시작했다. 이때, 미 제23연대장 프리만 대령은 심리전에 휘말리지 않고, 중공군이 유효사거리까지 다가올 때까지 침착하게 기다렸다. 그리고 마침내 적이 유효사거리에 도달하자, 155mm 곡사포 6문과 105mm 곡사포 18문으로 구성된 포병 화력이 일제히 중공군을 강타하였고, 적들은 무너져 내리기 시작하였다.

중공군은 미·프랑스군에 비해 10배가 넘는 병력과

유리한 고지군을 점령하고 있었음에도 불구하고 전술적인 과오를 범하였다. 이번 공세 간 중공군은 4개 사단에서 각각 1개 연대씩 총 4개 연대가 동원되었는데, 각 연대는 한 면씩 맡아 지평리를 포위하였으나, 서로 협조하여 공격하지 않고 중구난방으로 사방에서 각각 공격을 실시하여, 지평리 중심에 배치된 미 23연대 포병대대는 분산된 적에 대해 축차적으로 포격을 가할 수 있었다. 그러나 포병 화력만으로 적의 공세를 막기에는 역부족이었다.

탄막을 뚫고 접근한 일부 중공군들이 진지를 향하여 수류탄을 던지며 공격을 해왔으며, 미·프랑스군은 중공군이 사격으로 격퇴하기 힘들 만큼 가까이 접근하자 일제히 착검을 하고 밖으로 뛰어나가 치열한 백병전을 벌여 물리치는 용맹함을 보여주었다. 특히, 프랑스군은 중공군의 '나팔 소리'에 대한 맞불 작전으로 '수동식 사이렌'을 울리며 적의 기세를 제압하였고, 또 적군이 진지 안으로 들어와 백병전이 불가피해지자 대대장 몽클라 중령을 비롯한 프랑스 군은 철모를 벗어 던지고 머리에 '빨간 수건'을 둘러매고 총검과 '개머리판'으로 적과 싸워 중공군을 격퇴하였다.

2월 14일 새벽, 중공군의 공격이 재개되었으나, 전날과 전투 결과는 대동소이하였고, 시간이 지날수록 중공군 전사자의 시신이 점차 산을 이루어 갔다.

2월 15일 02시경에는 중공군이 G 중대가 담당하던 진지를 붕괴시켜 위기가 고조되었으나 인접 부대들이 방어선을 사수하여 돌파구의 확대를 막아내었다.

한편, 전투가 벌어지는 동안에, 미 제8군 사령관은 지평리 상황을 주시하며 공군과 보급품을 지원하였으며, 14일 전투가 절정에 이르렀을 때는 지평리를 구하기 위해 미 제9군단의 예비인 크롬베즈의 제5기병연대를 주축으로 한 '크롬베즈 특수임무부대'를 편성하여 투입하였다.

▲ 크롬배즈 전투단 도착

결국 크롬베즈 대령이 지휘하는 공격조는 중공군의 무차별 공격 속에서 15일 17시쯤 드디어 미 23연대와 연결하였고, 16일 날이 밝자 지평리를 포위하고 있던 중공군은 퇴각하기 시작하였다.

지평리 전투에서 미 제23연대와 프랑스 대대는 사망 52명, 부상 259명, 실종 42명의 인명 손실을 입은 반면, 중공군은 5천여 명의 사상자를 냈고, 79명을 생포하는 전과를 올려 미·프랑스군의 용맹성을 보여주었으며, UN군이 중공군과 싸워 최초로 승리한 전투로써, 38도선을 확보의 발판을 마련한 결정적인 계기가 되었다. 적에게 포위당한 상태는 위험한 것이지만 결코 절망하거나 두려워할 상황이 아니라는 점을 UN군은 지평리에서 알게 되었고, 그러한 원동력은 바로 불굴의 용기였다.

▲ 지평리 전투(미국)군 전승 충혼비

▲ 지평리 전투 UN(프랑스)군 참전 충혼비

▲ 이승만 대통령과 밴 프리트 사령관

2월 17일 (238일째)
유엔군, 지평 동북 32km까지 진격

* 국군부대, 강릉으로 철수
* 공산군 제5군단, 제천 4.8km까지 선견부대 파견
* 리지웨이 미 제8군 사령관, 중부전선 시찰

6.25전쟁 중 은인(恩人) - 5

밴 플리트 미 제8군 사령관
James Alward Van Fleet,
1892년 3월 19일 ~ 1992년 9월 23일

▲ 한국군의 아버지 '제임스 밴 플리트(James Alward Van Fleet)'

1951년 4월 11일 워싱턴은 당시 미국 본토 제2군 사령관인 밴 플리트 장군을 미 제8군 사령관으로 임명했다. 잠시 휴가를 받아 플로리다의 과수원에서 오렌지 나무를 심고 있던 밴 플리트 장군은 당장 한국으로 떠날 준비를 하라는 갑작스런 통보를 받고 한국행 비행기에 올랐다. 4월 14일 전쟁 발발 10개월 만에 미 제8군 사령관으로 부임한 밴 플리트 장군은 지휘권을 인수한 후 지휘관과 참모들에게 첫 지침을 하달했다. "제군들, 나는 항복하고 이 나라에서 철수하기 위해 온 것이 아니오. 나는 승리하기 위해 여기 왔소. 따라서 나와 함께 일하기 싫다면 당장 집으로 보내 주겠소." 밴 플리트 사령관은 곧바로 경무대로 향했다.

한국 대통령과의 첫 대면에서 장군은 차렷 자세로 경례를 붙였다. 이승만 대통령은 만족한 듯했다. 그는 미국에서 오래 생활했지만, 엄격한 유교적 윤리가 몸에 밴 사람이었다. 유엔군 사령관과 제8군 사령관이 교체되자 공산군은 그 틈을 노려 총공세를 퍼부었다.

1951년 4월 22일 밤, 밴 플리트 장군은 공산군의 대공세를 방어하는 데는 성공했지만, 한국군에게 훈련과 충분한 화력이 절실하다고 판단했다.

그는 소수 병력으로 싸워야 하는 어려움을 감수하고

한국군 사단을 재훈련시키며 전력 향상을 꾀했다. 언젠가 미국을 비롯한 유엔군이 철수할 경우를 대비한 것이다. 이런 생각은 이승만 대통령과 일치했다. 중공군의 참전으로 두 번이나 위기를 맞았던 상황에서 이 대통령은 국군의 재편성과 증강을 위해 육군사관학교를 재건하길 바라고 있었다.

밴 플리트 장군은 그런 대통령의 마음을 이해하고 육군사관학교 지원을 추진해 상부의 허가를 받아냈다. 그 결과, 국군은 전쟁 기간에 10개 사단에서 20개 사단으로 증편했고 우수한 장교를 육성하는 4년제 육군사관교학교를 재창설하기에 이르렀다. 이를 계기로 밴 플리트 장군은 이승만 대통령으로부터 큰 신뢰를 받았고 두 사람은 많은 시간을 함께했다.

"2년간 나는 이승만 대통령과 1주일에 한 번씩은 전선을 시찰했고 군사훈련소를 방문했다. 추운 겨울에 지프로 이동하면서 나는 죄송하다고 말하곤 했는데 그는 손사래를 치며 늘 웃음으로 화답했다."

전쟁이 막바지에 이르자 미국 정부는 협상을 통한 전쟁 종식을 발표했다. 이승만 대통령은 단호하게 휴전을 거부했다. 밴 플리트 장군도 같은 생각이었다.

"만약 이번에 공산주의자들이 대가를 치르지 않고 휴전에 성공하면 민주국가들, 특히 미국은 수 세기 동안 악몽에 시달리게 될 것입니다."

하지만, 밴 플리트 장군은 자신의 힘으로 전쟁의 양상을 바꿀 수 없다는 것을 깨닫고 전역을 결심했다. 밴 플리트 장군은 1953년 1월 28일에 경무대에서 이승만 대통령으로부터 건국훈장 대한민국장을 수여받고 2월 12일 한국을 떠났다.

1954년 미국을 국빈 방문한 이승만 대통령은 7월 28일 대한민국 대통령으로는 처음으로 미 의회에서 연설했다. 서두에서 이 대통령은 한국전쟁에 참전한 미군 지휘관과 장병들에게 경의를 표한 후 특별히 한 사람에 관해서 이야기했다.

"1951년, 밴 플리트 장군이 미 제8군을 지휘하기 위해 한국에 왔습니다. (중략) 그는 한국 청년들을 제주도, 광주, 논산, 기타 여러 곳에 모으고 주한 미 군사고문단의 장교들을 보내 주야로 훈련시켰습니다. 수개월도 지나지 않아 한국 청년들은 전선에 보내졌으며 경이로운 성과를 올렸습니다. 오늘날 이렇게 훈련받은 군대는 아시아를 통틀어 최강의 반공군으로 알려졌으며 한국 전선의 3분의 2 이상을 담당하고 있습니다. 그래서 한국인은 밴 플리트 장군을 '한국군의 아버지'라고 부릅니다."

▲ 이승만 대통령과 밴 플리트 사령관

퇴역 후에도 이승만 대통령과의 우정 어린 관계는 계속됐다. 밴 플리트 장군은 이승만 대통령에게 제주도 목장 건설을 제안했고, 이 대통령은 그의 제안을 쉽게 받아들였다. 하지만, 실행할 형편이 못 되었다. 당시 미국 민간 원조 단체인 한미재단 이사장이었던 밴 플리트 장군은 목장 건설에 따른 모든 계획과 실행을 도맡아 한국의 재건에 힘을 쏟았다. 국립 '송당목장'은 그렇게 만들어졌다.

1965년 7월 19일 이승만 대통령은 하와이 마우나라니 요양원에서 마지막 숨을 거뒀다.

밴 플리트 장군은 이승만 대통령의 유해를 미 의장대 특별기편으로 옮기고 고국의 땅에 묻힐 때까지 그의 곁을 지켰다.

한국의 재건과 부흥을 위해 노력했고 한미 우호 협력단체 '코리아 소사이어티'를 만들어 한미 우호 증진사업에 발 벗고 나섰던 밴 플리트는 1992년 100세의 일기로 타계했다. 그의 뜻을 기리기 위해 '코리아 소사이어티'는 1992년 '밴 플리트 상'을 제정해 한미관계 증진에 공헌한 양국 국민을 선정해 매년 시상하고 있다.

▲ 한국전선에서의 밴 플리트 장군 부자의 만남
밴 플리트 장군의 아들 지미(왼쪽)가 1952년 3월 19일 환갑축하 케이크를 자르고 있는 아버지 어깨에 손을 올리고 축하 노래를 부르고 있다. '파일럿'이었던 지미는 4월 4일 북한 순천지역으로 야간폭격 임무에 나갔다가 실종됐다. (밴 플리트 외손자 조셉 맥크리스천 2세 제공)

Van Fleet's Son Reported Missing

SEOUL, Korea, April 5 (P)—Lt. James A. Van Fleet Jr., 26 years-old only son of the U.S. Eighth Army commander, was listed by the Fifth Air Force today as missing in action on his third night bombing mission.

Young Van Fleet and his two-man crew failed to return Friday from a strike near Suchun in Northwest Korea. With him were Lt. John A. McAllister of Portland, Ore., navigator - bombardier; and Airman First Class Ralph L. Phelps of Bemidji, Minn., engineer-gunner.

Another Western commander, the late Marshal Jean de Lattre de Tassigny of France, also lost a son fighting the Communists. The son, 1st Lt. Bernard, 23, was killed in action south of Hanoi, May 30, 1951.

Young Van Fleet and his crew went out Thursday night, but radi-...ood they were diverted from their target- a rail center—by fog and low clouds.

At 3:15 a.m. Friday Van Fleet reported his fuel supply was too low to permit a strike on a secondary target. It was the last message from the B-26 twin-engine bomber.

An Air Force spokesman said the bomber should have had enough fuel to last until 4:30 a.m.

Hundreds of planes searched Friday and Saturday, dumping bombs on Communist supply lines as they ranged over the target area. The search was called off Saturday night.

Gen. J. Lawton Collins, Army chief of staff, notified the young flier's mother at her home in Long Beach, Calif. Young Van Fleet, a West Point graduate, and his wife were separated. She and their son, James, reside in New York City.

LT. JAMES VAN FLEET, JR.

▲ 6.25전쟁에 참전했다가 1952년 4월 4일 비행기 추락으로 사망한 밴 플리트 2세의 실종을 보도한 기사

2월 18일 (239일째)
국군과 유엔군, 양평-원주 진출

* 동부전선, 평온, UN군 주문진 확보
* 북괴군, 1개 사단 병력 제천 6.4km 이내 공격
* 공산군, 중부전선에서 총퇴각 개시
중공군, 양평의 사령부 포기
제천선에서 중공군 2월 공세 저지
미 구축함, 원산항에 함포사격

▲ 지미 밴 플리트 중위가 탑승했던 B-26

밴 플리트 2세가 '어머니에게 보낸 편지'

사랑하는 어머니에게
눈물이 이 편지를 적시지 않았으면 합니다.
어머니 저는 지원해서 전투비행 훈련을 받았습니다. B-26 폭격기를 조종할 것입니다. 저는 조종사이기 때문에 기수에는 폭격수, 옆에는 항법사, 후미에는 기관총사수와 함께 있습니다.

아버님께서는 모든 사람들이 두려움 없이 살 수 있는 권리를 위해 지금 한국에서 싸우고 계십니다. 드디어 저도 미력한 힘이나마 아버님에게 힘을 보탤 시기가 도래한 것 같습니다.

어머니 저를 위해 기도하지 마십시오. 그 대신 미국

이 위급한 상황에서 조국을 수호하기 위하여 소집된 나의 승무원들을 위해 기도해 주십시오. 그들 중에는 무사히 돌아오기만을 기다리는 아내를 둔 사람도 있고, 애인이 있는 사람도 있습니다.

저는 최선을 다할 것입니다.
그것은 언제나 저의 의무입니다.
그럼 안녕히 계십시오.

아들 짐 올림

이 편지는 밴 플리트 미 8군 사령관의 아들 지미 밴 플리트 2세 공군 중위가 이제 막 해외 근무를 마쳤으므로 한국전에 참여할 의무가 없었음에도 불구하고, 자원해서 아버지가 사령관으로 있는 한국전에 참여하면서 어머니에게 보낸 편지이다. 그리고 그것이 그의 마지막 편지였다.

1952년 4월 2일, 이 훌륭한 군인은 압록강 남쪽의 순천지역을 폭격하기 위해 출격했다가 새벽 3시 김포비행단의 레이더와 접촉한 후 표적을 향해서 날아가더니 레이더에서 사라진 뒤 소식이 끊겼다. 즉시 수색 작전이 시작된 것은 물론이다.

4월 4일 아침 10시 30분, 8군 사령관 밴 플리트는 미 제5공군 사령관 에베레스트 장군으로부터 지미 밴 플리트 2세 중위가 폭격비행 중 실종되었고, 지금 수색 작전이 진행되고 있다는 보고를 받았다. 그는 묵묵히 듣고 있다가 담담하게 다음과 같이 지시했다고 한다.

"지미 벤 플리트 2세 중위에 대한 수색 작업을 즉시 중단하라. 적지에서의 수색 작전은 너무 무모하다."

아버지가 아들 구출 작전을 무모하다고 중지시킨 것이다.

▲ 밴 플리트, 아들과의 만남

며칠 뒤 부활절을 맞아 그는 전선에서 실종된 미군 가족들에게 아래와 같은 편지를 보냈다.

"저는 모든 부모님들이 모두 저와 같은 심정이라고 생각합니다. 우리의 아들들은 나라에 대한 의무와 봉사를 다 하고 있습니다. 예수님께서 말씀하신 바와 같이 벗을 위해서 자신의 삶을 내놓는 사람보다 더 위대한 사람은 없습니다."

2월 19일 (240일째)
국군, 전선정리 위해 강릉 철수

* 유엔군, 중부전선에서 공산군의 총퇴각 속에서
1.8km 전진
* 전차대 제천 북방으로 진격
* 유엔군, 원주 동남방의 중공군 3개 사단 격퇴
* 영국군, 공산군의 저항 격퇴하고 서울 동북
17km까지 진출
* 미 제5공군, 안주 · 청주 지역에서 출격
* 리지웨이 미 제8군 사령관, 38선 돌파 3개국에 통고

* UN군 수색대 서울 동남 8km 지점 도하, 공산군과 교전
* 횡성지구에 공산군 3만 명 집결
* 해군, 원산에서 함포 사격
* 맥아더 원수, 한국전선 시찰 후 원주에서 성명 발표
* UN군 주천탈환, 제천 동북부 산악지대로 전진

▲ 1951. 2. 20 맥아더 사령관, 한강 인근 전선 시찰

참고 사진

▲ 미 공군 B-29 폭격으로 파괴된 원산 정유공장 모습. 1951. 2

Pyok Tong, North Korea POW Camp
Graveyard for many UN prisoners

▲ 약 2,000명의 UN군 포로를 죽게 한 북한 내에 있은 벽동 포로수용소 모습

▲ 1951년 2월 거제도 포로수용소: 미군 병사과 함께 찍은 꼬마 포로

▲ 1951년 2월, 포로로 잡힌 중공군 병사들이 추위에 떨고 있다.

* 리지웨이 미 제8군 사령관 진두지휘하여
중부전선 총공격 개시
* 미 제9군단 및 제10군단 킬러 작전 개시, 중부전선
양평 · 횡성 · 평창을 목표로 2개 전선에서 총공격
* 공산군, 홍천 방면으로 후퇴
* 국방부, 학도의용군 18만 명으로 집계

캐나다 대대 영방군의 가평 전투

영방군 제27여단에 배속되어 킬러 작전(Operation
Killer)에 참가한 캐나다군 제2대대는 중공군의 방어
거점인 지평리 동쪽의 444고지를 탈환하는 데 성공
하였으나 그 과정에서 참전 이후 최초로 4명의 전사
자, 1명의 부상자 손실을 입었다.

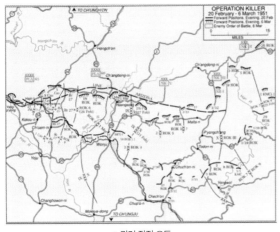

▲ 킬러 작전 요도

킬러(killer) 작전은 미 제8군 사령관 리지웨이 장군
이 1951년 2월 중공군의 4차 공세(일명 2월 공세)로
중동부 전선에 형성된 대돌파구(원주-제천-영월)를
회복하고, 그 지역 내의 공산군을 포위·격멸하기 위
해 수립했던 작전이었다.

이 작전은 중공군 개입 이후, 미 제8군이 중공군에 대
해 제8군 차원에서 실시한 최초의 공세작전이었다.

▲ 한 미군 병사가 '킬러 작전'을 수행 중. 1951. 2. 21

이제까지 미 제8군은 연대전투단 규모를 작전에 투
입해 중공군의 진출선을 확인하는 소규모 정찰전을
전개했고, 이후에도 38선 진출을 위해 확보해야 되
는 한강 진출에 필요한 작전을 군단 주도로 실시했
다.

그러나 이를 주시하고 있던 중공군이 51년 2월 중동
부 전선의 미 제10군단과 국군 제3군단이 홍천 및 서
울~강릉 간 도로를 확보하기 위해 실시한 라운드업
작전이 끝나는 시점에 상대적으로 아군에게 취약한
이 지역에서 2월 공세를 단행, 유엔군에게 막대한 피
해를 줬다.

이때 국군 제8사단은 약 8,000명, 국군 제3·제5사단
은 각각 3,000명의 병력 손실을 입었고, 네덜란드군
은 대대장(중령 오우덴)이 전사하는 불운을 겪었었
다.

전사에서는 수많은 UN군이 전몰한 이곳 횡성 서북
쪽의 협곡을 '학살의 골짜기'로 기록하고 있다.

2월 공세를 통해 횡성에서 미 제2사단과 국군 3개 사
단에 막대한 타격을 준 중공군은 중부전선의 교통
요충지인 지평리의 미 제23연대를 섬멸하고자 했다.

▲ 킬러 작전 중, 전우의 시체옆에서 미군에 나포되는 중공군 병사들. 1951. 2

▲ 킬러 작전 중 한 장면. 1951. 2

미 제23연대장 프리먼 대령과 미 제23연대에 배속된 프랑스의 몽클라 중령은 부상에도 불구하고 중공군 3개 사단의 포위에 굴하지 않고 발군의 지휘로 이를 격퇴했다.

중공군은 지평리에서 첫 패전의 쓴맛을 봤다.

지평리 전투를 계기로 중공군의 2월 공세를 물리친 미 제8군은 적에게 휴식과 재편성의 기회를 주지 않기 위해 야심 찬 공세작전을 계획했다. 이 작전이 '킬러 작전'이다.

이 명칭은 적 병력의 말살에 있음을 강조하기 위해 리지웨이가 직접 명명했다. 하지만 이 작전 명칭에 대해 미 국방부가 '킬러(도살)'라는 말을 사용하기 어렵다고 난색을 보였으나 그는 작전 목적을 잘 나타내고 있는 이 명칭을 끝까지 고수했다.

'킬러 작전'에 참가하는 주공은 중동부 전선의 미 제9군단·미 제10군단이었고, 서부의 미 제1군단과 동부의 국군 제3군단은 양쪽에서 엄호 임무를 맡았다.

이 작전은 51년 2월 21일 개시됐다.

이에 주공인 미 제9군단·제10군단은 양평-횡성선으로 진격했다.

2월 22일 (243일째)
'KILLER 작전' -2

* 신성모 국방부장관, 중부전선 시찰
* 공산군 대부대, 원주 북방 9.7km 지점에 참호 구축
* 유엔군 10만 명, 중부전선에서 19.3km 전진, 횡성·평창 등에 육박
* 제주도 비상계엄령 해제

캐나다 대대 연방군의 가평 전투

연방군 제27여단에 배속되어 킬러 작전(Operation Killer)에 참가한 캐나다군 제2대대는 1951년 2월 22일, 중공군의 방어 거점인 지평리 동쪽의 444고지를 탈환하는 데 성공하였으나 그 과정에서 참전 이후 최초로 4명의 전사자, 1명의 부상자의 손실을 입었다.

▲ 캐나다군 병사들의 전투 행진 모습. 1951. 2. 가평

이후, 2월 24일 밤, 가평 진출을 기도하는 중공군을 맞아 치열한 공방전을 벌였고 대대는 가평천변의 677고지에서 진지 일부가 돌파되는 위기 상황을 맞았으나 2월 25일 새벽에 중공군을 진내로 유인하여 포격으로 격퇴하고, 이 전투의 공로로 후일 미국 대통령 부대 표창을 받았다.

▲ 캐나다군 전투 기념비

▲ 캐나다군 전투 행군

▲ 부대 이동 중인 캐나다 부대, 1951년

2월 23일 (244일째)
중공군, 서울에서 총퇴각

* 유엔군, 동부전선에서 전투 없이 진지 확보,
평창 탈환 횡성 접근
* 유엔군 정찰대, 서울 및 양평지구에서 한강 도하
* 미 순향함 맨체스터 호 등, 원산지구 본토 및 신도 포격
* 미 제5공군, 연 300대 출격
* 황해도 신천지구 의거대, 중요 지구 확보하고 활동
* 정일권 소장, 중장 승진

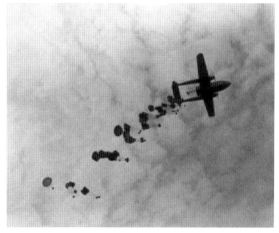
▲ 1951. 2. 23 미 수송기에서 낙하산으로 보급품 투하

2월 24일 (245일째)
국군·유엔군, 한강 남안까지 진격

* 유엔군(미군) 보병부대 및 전차부대, 횡성에 돌입,
방람리 탈환
* 국군 해병대, 원산 인근 각 섬에 상륙
* 원산지구 여도 주민 200명, 국군 환영
* 미 제9군 사령관 브라이언트 무어 소장,
한강변 헬리콥터 사고로 전사

* 미 제9군단장 전사로 중단되었던 killer 작전,
사실상 계속
* 한국군 해병대, 원산만 신도 및 진도 상륙
* 한국군 해군, 진남포 외해 용호도를 탈취하려는
공산군 강습

▲ 한국 전선 부임 직후 이승만 대통령을 방문한 리지웨이 미 제8군 사령관

이승만 대통령의 새 제8군 사령관 평가

미 제8군 사령관 워커 중장의 뜻밖의 전몰에 따라 리지웨이 중장이 그 후임에 임명됐다. 리지웨이는 맥아더 요청으로 미 제8군 사령관에 전격 발탁돼 1950년 12월 27일 한국에 도착했다.

미군 고위 지휘관들에 대한 인물 평점이 박하기로 소문난 이승만 대통령은 리지웨이 장군과 첫 대면 후 "훌륭한 지휘관을 보내 준 워싱턴과 맥아더 장군에게 감사의 말을 전해야겠다"고 말할 정도로 흡족해했다.

리지웨이는 이 대통령을 예방한 자리에서 "미 제8군을 일본으로 철수시키기 위해 부임하지는 않았습니다"고 말했다. 그가 사령관으로 부임할 당시 전선 상황은 최악이었다.

미국이 예상하지 못한 중공군 개입과 인해전술, 미군의 38선으로의 후퇴, UN군의 패배 의식과 사기 저하가 그것이었다.

이때 이 대통령도 중공군에 맞서 싸우기보다 후퇴만 하는 UN군의 전략을 의심했다. 작전상 후퇴라고 하기에는 석연치 않은 것이 많았다.

▲ 1951년 당시 이승만 대통령 모습

미국은 한국에서 군대를 철수시킬 계획까지 세우고 있다는 말이 나돌았다.

그 때문에 이 대통령은 신임 리지웨이 제8군 사령관의 언행에 주목하지 않을 수 없었다.

그런데 이 대통령을 방문한 리지웨이가 가슴에 수류탄, 허리에 권총과 탄띠를 두른 제2차 세계대전 시 전투복 차림으로 "각하, 저는 한국에 온 것을 기쁘게 생각합니다. 저는 한국에 주둔하려고 온 것입니다. 기어이 적을 박살 내겠습니다"라고 군인답게 말하자, 기쁨을 감추지 못했다.

장군은 이 대통령에게 약속한 것처럼 사기가 저하된 미 제8군을 재정비해 중공군을 38선 이북으로 밀어

냈고, 그 때문에 이 대통령은 그를 '아들'처럼 사랑하며 믿었다. 리지웨이는 운동과 문학 등 다방면에 재능을 지닌 진취적 성격의 미 육사 출신이었다.

적극적이고 공격적인 성격을 반영하듯 제8군 사령관으로 부임한 그는 사기가 저하된 미 제8군을 공세적인 부대로 전환하기 위해 여러 가지 조치를 취했다.

그는 부대의 사기와 지휘관의 '리더십'을 중요시했다. 이를 위해 그는 한국의 국방 수뇌들에게 일선 부대를 방문해 사기를 올려주도록 건의했고, 전선부대의 시찰을 통해 미군 장병들의 사기를 고취했다.

그는 지휘관 중심의 전투지휘를 강조했다. 제2차 세계대전을 통해 지휘관의 중요성을 체득한 그는 무능하거나 활동에 지장을 주는 나이 많은 지휘관을 교체했다. 그 결과 미 군단장 3명 중 2명을 비롯해, 사단장 7명 중 4명, 사단포병 사령관 6명 중 4명을 교체해 8군 분위기를 쇄신했다.

그는 고급 지휘관들의 현장 지휘를 강조하면서, 자신도 최전선에 지휘소를 개설해 진두지휘했다. 그의 작전개념은 '가장 작은 희생으로 적에게 가장 큰 타격을 주는 것'으로 근본적인 목표는 중공군의 섬멸에 됐다.

이를 위해 그는 전세가 불리해지면 한 단계씩 뒤로 물러나면서 중공군을 두들겼다가 중공군이 물러나면 그만큼 나아가며 철저히 공격해 섬멸해 나갔다. 그는 치밀한 계획을 세워 실천해 나가는 뛰어난 전략가이자 공격형 지휘관으로 정평이 났다.

이는 38선으로 진격하며 붙인 8군의 킬러(Killer) 작전에서 보듯 그가 어떤 군인인가를 말해 주고 있다.

(참조 : 남정옥 군사편찬연구소)

▲ 리지웨이 사령관

▲ 1951년 당시 이승만 대통령 모습

2월 26일 (247일째)
1.4후퇴 이후
UN군의 지상 작전

* 양평 서북방 및 동북방에서 경미한 정찰 충돌
* 미 제25사단 탐색대, 한강 도하 서울 동남방 돌입 후 복귀
* 미 제9군단 사령관에 에스 소장 임명
* 공산군 방림리 등지에서 완강한 저항 기도

1·4후퇴 이후 UN군의 지상 작전

Wolfhound작전	1951.1.15 - 25	제8군의 수원까지의 위력(威力)수색작전	미 제25사단 27연대
Thunderbolt작전	1951.1.25 - 2.1	제8군의 한강이남으로의 진격(進擊)작전	
Round Up작전	1951.2.5 - 11	미 제10군단 원주-홍천-춘천 진격작전	
Punch작전	1951.2.5 - 9	미 제25사단 서울 쪽 440고지 공략작전	미 제1군단 배속
Killer작전	1951.2.21 - 3.1	중부전선에 중점 둔 미 제8군의 반격작전	
Ripper작전	1951.3.7 - 15	리지웨이의 서울 동북 방 확보 공세작전	
Courageous작전	1951.3.22 - 29	리지웨이의 38선으로 진격작전	맥아더 승인

▲ 1951. 2. 26. 북괴군 포로들이 임시 수용소로 실려 왔다.

중공군 기습 무력화시킨 'KILLER 작전'

"다시 서울이 보인다"

- 백선엽 장군 -

중공군의 4차 공세(1951년 2월 11~18일)는 이렇게 끝났다. 50년 12월 31일에 벌여 이듬해 1월 10일까지 이어진 공격이 3차 공세였다. 우리는 이 공세로 북위 37도까지 밀렸지만, 다음에 벌어진 중공군 4차 공세에서는 전세를 완전히 뒤바꿔 놓았다.

'중국인민지원군 총사령원 겸 정치위원'이라는 직함으로 중공군을 총지휘했던 펑더화이(팽덕회)는 51년 2월 말에 베이징(북경)을 1주일간 방문해 마오쩌둥(모택동)에게 전황을 보고한 것으로 알고 있다.

그는 마오에게 "전쟁에 관한 확실한 방침을 갖게 됐다"고 설명했다고 한다.

그러나 마오의 질책도 받았을 것으로 짐작된다.

▲ 펑더화이(彭德懷)

그 자신도 3차 전역(전역·3차 공세를 말함)에 대해 "부대가 극도의 피로감에 젖었었고 운송선(병참선)이 길어져 보급 또한 불량했다. 부대 인원은 절반으로 줄었다"고 술회했다고 한다

4차 공세에 대해서도 "5개 군을 모아 적의 반격에 맞섰지만 이른 시간 내에 승리하는 것은 불가능하다"고 평가했다. 전세가 전체적으로 기울어졌음을 인정하는 내용이다.

매슈 리지웨이 미 제8군 사령관이 작전 지시를 내렸다. 신속한 반격을 내용으로 하는 '킬러 작전(Operation Killer)'이었다.

작전 개시일은 2월 21일, 서부전선을 맡은 미 제1군단의 제25사단은 남한산성 쪽을 공격했다. 미 제3사단은 의정부를 향하면서 지금의 광진교가 있는 한강 남안의 동쪽을 맡았다.

국군 제1사단의 작전 담당 지역은 광범위했다. 미 제3사단의 서쪽, 그러니까 광나루 다리 서쪽부터 김포의 애기봉에 이르는 넓은 구역이었다. 사단 본부는 시흥에 차렸다. 국무총리를 지냈던 장택상 씨의 별장이었다.

중부 전선을 맡은 미 제9군단과 제10군단은 팔당과 양평, 횡성을 잇는 선으로 진격했다. 미 해병 제1사단도 원주에 도착해 전투에 나섰다.

횡으로 강하게 연결된 아군이 공세를 벌이면서, 한 걸음씩 북상하는 '킬러 작전'은 효과를 드러냈다. 속도는 비록 늦었지만, 적의 반격과 기습을 철저하게 차단하는 이 작전으로 중공군은 계속 북으로 밀려갔다.

▲ 1951.2 작전 중인 미 제8군 병사들이 횡성 이북으로 진격하는 모습

국군 제1사단이 김포반도로부터 한강의 넓은 작전 지역을 지탱하고 있는 동안에 우익의 모든 아군도 한강 이남으로 바짝 다가왔다. 이제 서울 재탈환을 눈앞에 두고 있는 형국이다. 모질게 추웠던 겨울의 강이 봄기운을 맞아 생기를 띠어가고 있었다.

그즈음이었던 것으로 기억된다. 나는 또 지프(jeep) 사고를 당했다. 그 직전에는 미 제9군단장이었던 브라이언트 무어 소장이 헬기 사고로 목숨을 잃었다. 당시의 도로는 좋지 않았다. '강원도 운전수'라는 말이 있다. 전쟁을 전후해서 유행했던 말이다. 당시 기준으로 간선도로와 일제 때 닦아놓은 신작로는 아주 좋은 길에 속했다.

지금 도로 형편에 비춰보면 별것 아니기도 하지만. 다른 길은 울퉁불퉁하고 비좁으면서도 위험했다. 그 중에서도 강원도 길이 가장 험했다. 워낙 깊은 산이 많은 지역이기 때문이다. 그곳에서 차를 몰고 다녔던 '강원도 운전수'는 한국 최고 수준의 드라이버.

그래서 강원도 출신으로 차를 몰았던 사람이 부대에서도 가장 신뢰 받는 운전수였다. 길이 너무 험했기 때문에 나온 말이다.

지휘관들은 험한 도로 사정 때문에 조금 먼 거리는 헬기와 경비행기로 이동했다. 무어 소장도 헬기 편으로 이동하다 불행하게 사고를 당했다. 나는 50년 10월 말 운산 전투를 지휘하다가 지프 사고를 당한 일이 있다.

그때는 차에 있던 기관총 받침대가 공간을 만들어줘 나를 살렸다. 이번에는 수원의 미 제1군단 사령부로 가던 도중 트럭을 비키려다 차가 뒤집어졌다. 함께 탔던 신성모 국방장관과 사단 수석 고문관 헤이즈레트 대령은 무사했으나 나는 허리를 다치고 얼굴이 찢어졌다. 수원의 이동 외과병원에 입원했다. 허리 통증이 심했다. 군의관들은 나를 후송해야 한다고 했다.

그러나 소식을 듣고 달려온 리지웨이 장군의 생각은 달랐다. 그는 "지금은 일선 사령관이 반드시 자리를 지키고 있어야 할 때"라고 말했다. 그는 이렇게 냉정했다.

평시였다면 그 말이 섭섭하게 들렸을지도 몰랐다. 그러나 그의 생각이 옳았다. 중공군에게 밀려 37도 선까지 내려왔다가 어떻게 만들어 낸 반격의 기회였던가.

▲ 백선엽 장군, 교통사고. 1951.2

2월 27일 (248일째)
미 제7사단, 중동부 전선
북괴군 방어선 돌파

* 미 제1해병사단, 횡성 동방 고지 탈환, 횡성 돌입
* 국회 『반공법』 통과
* 중부전선, 북괴군 반격 기도 완전 분쇄
* 미 제8군사령부, 유엔군 한강 남안 진지 계속 확보 발표

▲ 1951. 2, 동생을 업고 釜山에 피난 온 모습

2월 28일 (249일째)
1951년 2월 Killer 작전의
배경 및 결과 (~3.6)

* 서울 주변에서 쌍방 척후전 치열
* 미군, 주문진 - 강릉 간 적부대에 치열한 포격
* 미군 2개 사단, 중부전선 횡성 부근에서 공산군 방어선
  분쇄, 공산군의 중요 동서 보급선 차단
* 미국 · 캐나다 양군 전차대 및 보병부대, 용두리에 진출
* 미 해병대기, 해주-진남포 간 보급지역 공격
* 미 공군, 함흥 및 청진 공격

Killer 작전의 배경 및 결과

(3월 6일까지)

2월 18일 UN군이 지평리에서 승리함으로써 중공군 4차 공세는 공산군의 패배로 막을 내리게 되었다. 이 때의 전선은 서로부터 동으로 한강~양평(지평리)~원주 제천~영월~대관령을 연하는 선이었다. 원주로 부터 제천~영월을 연하는 지역이 과도하게 남하한 상태로 있었다.

▲ 1951. 2 경기도 용인군 양지면, 미군 탱크

지평리의 승리로 자신감을 되찾은 미 제8군 사령관 리지웨이는 중공군의 4차 공세가 불과 1주일 만에 격퇴되고, UN군이 다시 작전의 주도권을 장악하게 되자 적에게 새로운 공격을 준비할 시간적 여유를 주지 않으면서 제천~영월지역의 적 주력을 포위 섬 멸하기 위해 즉각적인 반격 작전을 계획하였다.

중공군 개입 이후 2번째로 실시되는 국군과 UN군의 반격 작전이다.

작전의 명칭은 "적의 주력을 포위 섬멸하는 데 있음"을 강조하기 위하여 "도살 작전(Killer Operation)"으로 명명하였다.

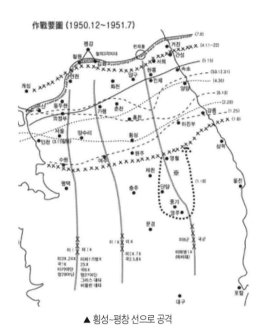

作戰要圖 (1950.12~1951.7)

▲ 횡성~평창 선으로 공격

1951년 2월 21일, 미 제9군단은 횡성을 점령하기 위하여, 4개 사단 병진으로 공격을 시작하였다. 이 무렵 중공군은 4차 공세에 실패한 이후 계속하여 철수하고 있었기 때문에 이들을 포착하여 섬멸하려면 공격을 서둘러야만 했다.

그러나 이때부터 기온이 급격히 상승하고 때때로 비까지 내렸다. 이에 따라 항공정찰과 근접항공지원이 불가능하였고, 도로는 '진창길'로 바뀌었으며 하천은 떠내려오는 유빙으로 도하가 불가했다. 다시 최전선에 돌아온 미 제1해병사단은 브라이언트 무어 소장의 제9군단에 배속되었다. 2월 16일, 사단은 충주에 도착했고 다시 원주로 향했다. 왼편에는 한국군 제6사단이, 오른쪽에는 미 제10군단이 포진하고 있었다.

2월 21일부터 시작되는 지나치게 센 '킬러 Killer'라는 이름의 반격 작전에서 그 주공을 맡게 되었다. 1차적으로는 횡성이 목표였고, 2차적으로는 홍천을 거쳐 춘천을 탈환하는 임무였다. 그러나 공격 첫날부터 2월에 어울리지 않게 호우가 쏟아져 항공지원과 정찰은 물론 산사태까지 발생했다. 그럼에도 진격을

계속했지만, 불상사가 발생하고 말았다.

전선을 정찰하던 미 제9군단장 무어(Bryan E. Moore) 소장의 헬기가 한강에 추락하여 군단장이 전사하는 불상사가 발생하였다.

▲ 미 제9군단장 무어소장 (Bryan E. Moore)

24일 군단장 무어 장군이 전방 시찰차 헬리콥터로 이동하던 도중 거대한 폭발과 함께 추락하고 말았다.

기적적으로, 그를 포함한 승무원들은 살아남았으며 잔해에서 빠져나온 무어 장군은 승무원 구출을 돕기 시작했다. 하지만 구조 작업을 시작한 지 수 시간 후, 무어 장군은 갑자기 심장마비로 인해 가슴을 움켜쥐고는 고통 속에서 세상을 떠났다.

리지웨이는 해병 제1사단장 스미스 장군에게 제9군단을 임시로 지휘하게 했는데, 군단 참모들은 그의 지휘를 반겼지만. 워싱턴 육군본부는 서둘러서 멀리 이탈리아에 있던 윌리엄 호지 William Hodge 장군을 불러다 후임자로 앉혔다.

육군 수뇌부는 자신들의 자리를 해병대 장군이 차지하는 것을 반기지 않았던 것이다. 이렇게 해병대 스미스의 군 지휘는 열흘로 끝나고 말았다. 이에 따라 군단의 공격은 부진을 면치 못하게 되었다. 우여곡

절 끝에 군단의 주공인 해병사단은 퇴각하는 적을 추격하여 3월 4일 횡성을 점령하였다.

한편 원주~횡성 축선의 우측에서 공격하는 미 제10군단과 국군 제3군단의 공격지역에서는 험준한 산악을 이용하여 제2전선을 형성하고 있는 북괴군 유격대와 치열한 교전이 계속되었다.

여기에다가 때마침 산악지역에 내린 폭설은 국군과 UN군의 기동을 극도로 제한하게 되었다. 이에 따라 공격부대들의 진격은 지연되어 3월 6일, 예정된 목표선에 도달함으로써, KILLER 작전은 종료되었다.

미 제8군은 14일간(2. 21~3. 6) 계속된 "Operation Killer"에서 퇴각하는 적의 주력을 포착 및 섬멸하기 위하여 기동성이 우수한 미군 사단 위주로 추격 작전을 펼쳤다.

그러나 예기치 못한 기상이변과 군단장 사망사고가 겹침으로써, 미 제8군의 공격은 적을 포위하지 못하고, 뒤를 쫓아가는 수준에 그쳤다.

▲ 두 동강이 난 미국 구축함 USS Ernest G. Small, 1951 한국 동해

▲ 미군은 한국 어린이들에게 DDT를 뿌려주면서, 방역 도움을 주었다. 1951. 2.

▲ 군수물자를 지게로 져서 나르는 노무자들. 1951. 2. 4.

1951년 3월
전황

▲ 1951. 3. 14 서울탈환 작전 중인 제1사단 제15연대 병사들

▲ 서울 북쪽의 적을 섬멸하기 위한 문산 공수 투하 작전. 1951. 3. 23

* 국군 미 제1해병사단 영국 캐나다 뉴질랜드군,
횡성 중심으로 한 40.2km 전선에서 총공격 개시
* 미군 정찰대, 서울 시내에 야간 돌입,
북괴군 3명 생포하고 귀환
* 미 제1해병사단, 횡성 동쪽, 중공군 88명
백병전으로 사살

아군, 서울로의 진격 겨냥
설정된 작전통제선 개요

Killer 작전	Arizona선	1951.3	남한강 동쪽 양평·횡성·평창	3월 6일 까지
Ripper작전	Albany선	1951.3.7.	양수리·양덕원리·태기산·속사리	홍천, 춘천 점령으로 동측으로부터 수도권 지역 압력
	Buffalo선		미금리·전벌리·홍천 북쪽·한계리	
	Cairo선		가평·춘천 남쪽·한계 북쪽	
	Idaho선		서울 동쪽 덕소·가평·춘천 북방·한계리	최종 작전목표선
서울 재탈환	Lincoln선	1951.3	한강·북한산·용마봉·버팔로선	미 제1군단 전진 한계선

리지웨이 장군은 '킬러 Killer'라는 작전명에 문제가
있었다고 여겼는지 다음 작전에는 '절단기'라는 뜻
의 Ripper라는 이름을 붙였다. 목표는 서울탈환과
함께 가평-춘천 북쪽-한계리를 잇는 아이다호 Idiho
선이었다. 작전의 골자는 우세한 화력을 활용하여 퇴
각하는 적군에게 최대한의 출혈을 강요하고 작전 단
계별 통제선을 설정하여 적의 역습이나 침투를 최대
한 막는 것이었다.

▲ 미군에 의해 나포된 중공군 병사들

▲ 중공군의 소모적 사상자 발생으로 사기 저하

▲ 국군, 한강 도하훈련 중. 1951년 3월 초

▲ 야전병원의 정문과 보초소. / 동두천시 제공

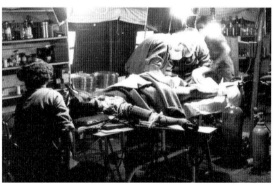
▲ 야전병원에서 수술 모습

자유는 공짜가 아니다!   419

* 미 제1해병사단, 횡성 입성
* 공산군, 안흥 북방에서 완강히 저항 중
* 미군 탐색대, 몇 개소에서 한강 도하하여 적진 탐색

▲ Bell 사에서 개발한 H-13 '수', 1950년
원래 민간용으로 개발한 '30형' 헬기를 기초로 개발된 군용헬기.

▲ 6.25 전쟁 당시 수많은 부상자들을 살려내는 데 일조한 '벨' 사의 H-13 '수'

6.25는 군용 헬리콥터를 본격적으로 사용한 첫 전쟁이었다. 가장 많이 활약한 헬리콥터는 미 육군과 해병대가 보유했던 H-13이다. 인디언 부족에서 딴 '수(Sioux)'라는 별칭으로 불렸다. 민수용은 '벨(Bell) 47'로 불렸다. 둥근 골조로 이뤄진 조종석이 특징이다.

조종사의 시계가 넓어 복잡한 전장에서 운용하기에 편리했다. 미군은 기체 좌측에 후송용 침대를 달아 환자 후송용으로 썼다. 이 기종은 1950년 12월 말 미해병 소속으로 한국에 처음 도착했다. 도착하자마자 중공군 공세로 발생한 미군 사상자 후송에 집중적으로 투입됐다. 51년 1월까지 500명 이상의 전상자를 후송했다.

H-13은 미국 벨(Bell) 사가 46년부터 생산해 미 육군과 영국 육군에서 처음 공급했다. 구조가 단순한데다 고장이 적고 가격도 다른 헬기에 비해 싼 편이었다. 5,600대가 생산돼 1973년까지 전 세계에서 사용됐다. 6·25 때는 이 외에도 시코르스키의 H-19와 H-5 등이 사용됐다. 주로 환자 후송과 병력 투입, 항공모함에서 지상으로의 인원 수송에 사용했다.

미 제9군단장 무어 소장이 헬기 사고로 전사했는데, 어떤 기종의 헬기였는지는 기록에서 찾기 힘들다.

▲ 한국전쟁 당시 R-5 헬기

▲ 미 해군 순양함 함상에서 작전 중인 시콜스키 HO3S 미 해군 헬리콥터

3월 3일 (252일째)
Operation Killer 진행 중, 전 전선 진출

* 미 해병 제1사단 횡성 북방 진격

미 제3사단 서울 동남방 진격

* UN군 공군 서울 폭격

* UN군 전과, 적 2,300명 살상

▲ 끊어진 한강 인도교를 바라보는 유엔군. 1951. 3. 3

▲ 밥 짓는 아이들

3월 4일 (253일째)
미 해병대, 홍천 14.4km에 육박

* 국군 제3사단, 10시간 교전 후 횡성 동남 14.4km

지점의 고지 점령

* 유엔군, 속사리 돌입

* 전시구호대책위원회, 일선 장병 위문운동 전개

3월 5일 (254일째)
국군, 진지 확보

* 국군 제7사단, 38선 40km 하진부 진출

* 미 제2사단, 제7사단 및 프랑스군, 중부 산악지대

북괴군 6천 명 추격

* 미 제3사단 정찰대, 서울 탐색

해군의 활동

▲ 경항공모함 HMS Ttiumph, 13,000톤¹

▲ 마을 사람들과 유엔군. 1951. 3.

1950년 6월 29일 홍콩을 출발한 (40여 대의 항공기를 탑재) 1만 3천 톤 급의 경항공모함(Triumph) 1척과 6" 포를 장착한 순(연)양함 2척(Jamaica, Belfast), 구축함 2척(Cossack, Consort)과 '프리깃' 함 3척(Black Swan, Alacrity, Hart)은 일본 도착과 동시에 벨파스트(Belfast)호 분대는 미 제77기동타격대에, 자마이카(Jamaica)호 분대는 동해지원전대에 각각 배속되었다.

▲ 영국 해군 항모 HMS Triumph의 갑판 모습

영국도 한국전쟁에 항모 기동부대를 파견했다. 파이어플라이 공격기가 이륙 대기 중이고 갑판 바깥쪽에는 '씨퓨리' 전투기들이 시동을 걸고 있다.

7월 3일 서해안으로 북상한 HMS 트라이엄프에서 최초로 항모 작전이 시작되었다. 영국해군의 패어리 파이어플라이 공격기 12기가 슈퍼마린 씨파이어 전투기 9기의 엄호를 받으며 해주의 북한공군 비행장으로 날아갔으며 이곳까지 UN기들이 나타나리라고는 꿈에도 예상하고 있지 않았던 해주 비행장은 완전한 기습을 받았고 지상 시설과 비행장의 항공기들은 지상에 앉아있는 상태에서 대부분 파괴되었다.

자마이카 분대는 7월 2일 북한 어뢰정 4척과 소형 포함 2척이 주문진에서 북상 중인 것을 발견하고, 미 함정과 합동으로 포격하여 어뢰정 3척과 포함 2척을 격침하고 2명을 생포하는 전과를 올렸다.

이 전투는 영국 해군과 북한 해군 간의 첫 충돌이자 마지막 전투가 되었다.

▲ HMS BELFAST - Edinburgh-class Light Cruiser

이후 영국 해군은 7월 3일 극동해군사령부 작전명령 8-50호에 따라 서해안의 북위 37도 선에서 39도 30분까지 해안을 봉쇄하였으나 동해안 지역의 상황이 급박해지자 38도선 동해안 인근 해역에서 경비와 초계 임무를 수행하였다.

그리고 기동 단대 사령관 앤드류스(Andrewes)소장은 7월 하순부터 미국 해군을 제외하고 한국 해군을 포함한 모든 유엔 해군을 지휘·통제하게 되었다.

기동 단대는 유엔군의 인천 상륙에 앞서 원산, 삼척, 울진에 대한 함포사격과 군산 상륙을 지원하였고, 인천 상륙 시에는 상륙부대를 함포사격으로 엄호하였다.

▲ HMS Cossack, 구축함

해병대의 활동

1950년 9월 초 일본에 파견된 해병특공대는 미군과 혼성부대를 이루어 유엔군의 인천 상륙에 앞서 실시된 군산지역 양동작전에 참가하였다. 해병특공대는 하갈우리에 고립된 미 해병사단 주력과 연결하기 위하여 미 제1해병연대 G 중대와 미 제31연대 B 중대를 증원받아 드래스델 특수임무부대(Drysdale TF)를 편성하였다.

특수임무부대는 11월 29일 아침 협소한 계곡 통로를 따라 하갈우리로 출발하였다. 이 과정에서 특수임무부대는 전 화력을 집중하여 중공군의 차단진지를 돌파하고 밤늦게 하갈우리로 진출함으로써 미 해병사단 지휘부를 증원하였다.

이후 해병특공대는 흥남 철수 시 미 극동해군으로 복귀하여 1년여 동안 동해안을 따라 부설된 철도 파괴 작전을 벌여 적의 병참선을 교란시켰다. 이들은 1951년 12월 23일 원산항에 정박 중이던 적 선박에 대한 기습 공격을 마지막으로 한국에서 철수함으로써 해병특공대의 작전도 일단락되었다.

영국은 6.25전쟁에 연인원 56,000명이 참전하여 전사 1,078명, 부상 2,674명의 손실을 입었다. 휴전 후 해군은 1955년 3월에 철수하였고, 지상군은 1954년부터 1957년 사이에 단계별로 철수하였다.

3월 6일 (255일째)
미 제2사단, 장평 탈환

* 국군과 유엔군, 격멸 작전 종료
* 춘천- 홍천 간에 상당수 공산군 이동
* 유엔 공군 야간정찰대, 북한 각지에서 공산군 차량 700대 남하 발견
* 미 제8군, 개전 이래 국군 피해 상황 발표
- 전사 1만 6,000명, 부상 8만 7,000명, 실종 6만 6,000명, 총계 16만 9,000명
* 미군 대변인, 공산군 포로(북한군 포로 13만 6,000명, 중공군 포로 1,000명)에 대한 처우 설명

3월 7일 (256일째)
UN군 6.25전쟁 참전국 - 호주

* 미 제24사단, 양평 북방 153고지, 공산군 격퇴, 백병전
* 미 제25사단, 서울 동남방 한강 도하, 교두보 진지 확보
* 국군 제7사단, 아미동 근방에서 후퇴, 공산군 압력

오스트레일리아(Australia) 6.25 참전

▲ 호주 국기

(1) 참전 경위

UN 안전보장이사회가 1950년 6월 28일 한국에 대한 군사원조를 결의하자 오스트레일리아는 2척의 함정과 일본에 주둔 중인 1개 비행대대의 파견을 결정하였다. 그리고 유엔사무총장은 7월 13일 추가로 지상군의 파견을 요청하였다. 이때 오스트레일리아는 낙동강방 어선을 방어 중인 UN군이 병력 부족의 어려움을 겪고 있는 점을 고려하여 일본에 파견되어 점령군 임무를 수행 중인 제76보병대대에서 지원한 병력과 본국에서 일부 병력을 보충시켜 제3대대(3RAR)를 편성하여 파견하기로 결정하였다.

▲ 호주군 제3대대(3RAR) 대원들이 미국 수송선 에이컨 빅토리(Aiken Victory)호의 갑판에서 부산항과 등대를 바라보고 있다.

(2) 지상군의 활동

연방 제27여단에 배속된 제3대대는 1950년 10월 21일 숙천에 공수 투하된 미 제187공수 연대가 영유 부근에서 북괴군에 포위되려 하자, 구출 작전을 폈다. 이 전투에서 대대는 북괴군 150명을 사살하고 239명을 포로로 잡았다. 그러나 제3대대는 10월 30일 UN군의 최선봉에서 정주를 점령한 직후 적의 박격포 공격에 대대장 그린(C.H.Green) 중령이 전사하는 불운을 맞았다.

▲ 3RAR 대대장 그린 중령

그 후 1951년 4월 22일 춘계공세를 개시한 중공군이 가평 진출을 기도하자 대대는 죽둔리 504고지에서 23일 밤부터 24일 아침까지 일진일퇴의 공방전을 벌여 중공군을 격퇴하였다. 이 혈전에서 대대는 중공군의 가평 진출을 저지한 공로로 미국 대통령 부대 표창을 받았다.

1951년 7월 28일 연방 제1사단이 창설됨에 따라 연방 제28여단에 배속된 대대도 임진강 남쪽으로 이동하였다. 대대는 10월 3일 코만도작전(Operation Commando)을 개시하여 중공군의 강력한 방어거점인 마량산을 공격하였으나 험준한 지형과 적의 강력한 저항으로 고전을 면치 못하다가, 공격 개시 5일 만에야 마량산을 탈취하는 데 성공하였다.

한편 오스트레일리아는 제3대대에 이어 1952년 4월 '제1대대'를 추가로 파견하였다. 이때부터 2개 대대가 6.25전쟁에 참전하게 되었다. 그리고 12월 10일에는 참전 이후 처음으로 고왕산 부근에 나란히 배치

되어 협조 공격으로 '포로 잡기 작전'을 실시하였다.

제1대대와 제3대대는 1953년 1월 31일 '제임스타운선'에서 물러나 동두천으로 이동하여 2개월 동안 휴식과 부대정비를 하였다. 그리고 3월 21일 제1대대가 동두천에 도착하여 제1대대와 교대하여 이때부터 오스트레일리아군은 제1대대와 제3대대가 참전하게 되었다.

▲ 전투 중 부상자들을 돌보고 있는 호주 군인들. 1951

제2대대가 1953년 7월 9일 사미천 서쪽의 전술적 요지인 '후크(Hook)지역'에 배치되자 중공군은 휴전을 눈앞에 둔 24일 야간과 25일 아침에 공격을 하였으나, 강력한 항공지원을 받아 이들을 격퇴하였는데, 이 전투가 호주 지상군의 마지막 일전이 되었다.

> **3월 8일 (257일째)**
> **미 제5공군 전폭기,**
> **공산군 500명 살상**

* 공산군, 유엔군 4개 사단에 정면 반격해 밤새 격전
* 미 순양함 맨체스터 및 구축함 3척·기타 함대,
성진만에 돌입해 군사시설 포격
* B29 전폭기 편대, 춘천에 220톤 투하 대폭격

3월 9일 (258일째)
미 제7사단, 북괴군과 백병전 끝에 대미에서 철수

* 미 제25사단, 한강 교두보 확대하여 수도를 측면에서 압박
* 미 제25사단과 미 제24사단(양평지구) 연결 성공
* 미 제2사단장 카이저 소장, 펜실베니아 제5보병 훈련사단장으로 전출

3월 10일 (259일째)
Ripper 작전

* 용두리 지역, 미군 3km 전진, 연방군 2km 전진
* 서울 동쪽 24km 지점의 미군 제25사단, 1~4km 전진
* 미 제24사단, 양평 북서 10km의 880고지 탈환
* UN 공군기 횡성 북방 공산군 부대에 빈 맥주병 2,400개 투하

Ripper 작전 계속

킬러(Killer) 작전이 진행되는 와중에 리지웨이 제8군 사령관은 후속 작전을 계획, 작전명 '리퍼'(Ripper Operation)으로 명명된 이 계획은 이름 그대로 적의 방어선을 절단하는 것이 목표였다.

서울 동쪽 남양주 덕소리부터 가평, 춘천 북쪽을 연결하는 선까지 북진해 전선 중심부를 '두 토막 내' 적에게 큰 피해를 주겠다는 의도였다.

한강을 건너 직접 서울의 적을 공격할 계획은 없었지만, 수도권 동북 지역까지 아군이 진출하면 서울을 좀 더 용이하게 탈환할 수 있으리란 것이 리지웨이의 기대였다.

앞서 진행된 일련의 작전에 비해 '리퍼 작전'은 상당

히 야심만만한 목표를 잡고 있었던 만큼 아군의 기도를 숨기기 위한 조치도 취해졌다.

미 제8군 사령관은 작전의 주목표인 중부 내륙지방으로 적 병력이 집결하는 것을 막기 위해 북한 서해안과 동해안에서 마치 상륙작전을 할 듯이 양동작전을 펼쳤다.

▲ 북한 서해안 외해에서 소해작전을 실시하는 미 소해 함정들 모습. 1951. 3

미 소해정이 서해안을 따라 기뢰를 제거하다 진남포 외곽의 대동강 입구로 진입했으며, 순양함과 구축함으로 해안을 함포 사격했다. 병력을 실은 수송선들이 인천항을 떠나는 모습도 연출했다. 동해안에서는 미 해군 함정이 함포사격을 가했다.

▲ 미 해군 구축함 5인치 함포사격 모습. 1951. 3

한국 해병대는 중대 규모의 병력을 투입해 원산 근처의 섬을 점령하기도 했다. 모종의 상륙작전이 준비되고 있는 것처럼 소동을 벌여 중공군과 북괴군이 전선 부근에 병력을 집중시키는 것을 막으려 했던 것.

1951년 3월 7일 마침내 리퍼 작전이 시작됐다. 작전 초반의 고비는 미 제25사단이 맡은 양평 양수리 도

하 작전이었다. 원래 이곳의 도하작전은 보병이 고속단정으로 도하해 교두보를 확보하는 방식으로 진행될 예정이었다. 미군 셔먼 전차가 도하하기에는 한강의 수심이 깊었기 때문이다.

하지만 12인승 공격단정으로 한강을 건너간 중대급 병력의 미군 보병들이 적의 기관총 사격으로 오도가지도 못하는 처지에 빠지자, 미군 전차부대가 자진해 지원에 나섰다. 아직 부교가 설치되기 이전이었지만 미 제89 전차대대 소속 셔먼 전차들은 손실을 각오하고 강 속으로 뛰어들어 파괴된 교량의 잔해를 이용해 기적적으로 도하하는 데 성공했다. 양수리 도하작전이 성공되면서, 수도권 동북쪽으로 치고 올라가 서울을 압박하려는 유엔군의 작전은 순조롭게 출발선을 통과했다. (국방일보 참조)

▲ 한강 양수리 도하작전 모습. 1951.3

3월 11일 (260일째)
Ripper 작전 -2

* 홍천지구 중공군 제66군단 UN군 공격에 저항타 후퇴
* 한강 도하한 미군, 서울 쪽으로 진격
* 회성지구 북괴군, 미 제2사단 공격에 후퇴
* 미 해군 순양함, USS Manchester, CL83 성진 함포사격
* 덴마크 병원선, 부산항에 입항

제2차 서울수복 작전은 비교적 적은 관심을 받으면서 계속되고 있었다. 서울을 방어하던 북괴군 제47사단과 중공군 제50군에는 3월 13일 서울에서 철수하라는 명령이 내려졌다. - 철수는 14일까지 완료 예정 -

리지웨이가 판단한 중공군의 '공세'와 '취약점'

▲ 중공군의 취약점 -1, '보급'

고심을 거듭하고 있던 리지웨이 장군이 갑자기 무릎을 쳤다. 중공군이 전선을 돌파 후 결정적인 시기에 공세를 멈추는 것과, 다음 공세를 위하여 '1개월의 기간이 필요한 이유'는 '보급체계에 근본적인 문제'가 있는 것이다. 이제까지 베일에 가려있던 중공군의 약점이 확인된 것이다. 그렇다면 '지금의 중공군은 대규모 공세를 취할 준비가 아직 부족하다'

▲ 중공군의 취약점 -2, '수송'

중공군에게 다음의 공세를 준비할 수 있는 여유를 주지 않기 위해서는 '끊임없는 반격이 필요하다'는 결

론에 도달하게 된 것이다. 이제부터는 리지웨이 장군은 자신감을 가지고 미 제8군 예하의 전 부대에 '적극적인 공세'를 펼치도록 명령하게 되었다. UN군의 작전방침이 다시 '적극적 공세'로 바뀐 것이다.

중공군의 공세 분석

중공군의 2차 공세는 UN군의 크리스마스 공세 직후인 11월 25일 야간에 시작되어 12월 2일 중공군이 추격을 중단할 때까지, 공세 기간은 8일간이었다.이어서 3차 공세는 12월 31일 시작되어 1월 7일 중공군이 진격을 중단할 때까지, 역시 8일간 실시되었다.

▲ 미군의 '셔만' 탱크; 덩치가 작아서 한국 산악을 잘 타는 효과가 있었다.

3월 12일 (261일째) 유엔군 선발대, 홍천 8km 지점에 도달

* 미국, 신예 부대 교체 계속
* 중공군, 서울에서 퇴각 지시
* 국군과 유엔군, 알바니선 점령
* B29 전폭기 20대, 김화 맹폭 200톤 투하
* 신의주 상공에서 대공중전(F86 12대, MIG 30대),
공산기 격추 6대 파손
* 한국전선에서 미군 무선유도탄 사용설(UP)
* 리지웨이 미 제8 군사령관, 중부전선 시찰
* 리지웨이 미 제8 군사령관, "38도선에서 휴전되면
유엔군의 승리"라고 언명

3월 13일 (262일째) Ripper 작전 계속 한강도하 대기 중

* 공산군, 전 전선에서 UN군과 접촉 끊고 후퇴 시작
* 동부전선 공산군, 전면 퇴각.
*UN 구호미 3만 7천 '가마니' 부산항 도착

국군 제1사단, "서울을 되찾아야 할 텐데"

"나는 동작동에서 김포반도에 이르는 광활한 한강 남안을 지키면서, 미 해병대의 상륙용 주정 50척을 지원받아 영등포 일대 강안에서 도하 훈련만 반복했다. 그러면서 매일 서울 시내로 수색대대를 침투시켜 적정을 살폈다."

-백선엽 제1사단장 -

▲ 한강 도하 훈련 중인 제1사단 장병들 모습. 1951. 3

▲ 한강 부근 마을에서 아이들이 박격포 소리에 귀를 막고 있다.
1951. 3. 4.(미 국립문서기록보관청 소장)

▲ 부상당한 아군 병사들 모습. 1951. 3

3월 14일 (263일째)
Ripper 작전 -3
서울 제2차 수복 전야

* 공산군, 전 전선에 걸쳐 후퇴
* 국군 제1사단 제15연대 서울 수복 준비 중
* 미 전차부대, 홍천 통과하여 38선 접근 중
* 미 제1군단(한국군 제1사단 · 미 제3 보병사단),
큰 피해 없이 서울 탈환토록

▲ 마포로 진격하는 한국군. 1951. 3. 14

▲ 서울탈환 작전 중인 제1사단 제15연대 병사들. 1951. 3. 14

중공군의 의도

당시 북경 방문 이후 막 전선 사령부에 복귀한 펑더화이(팽덕회)는 3월 9일 한강 남안 진지에 있던 제38군의 1개 보병사단과 제50군의 1개 보병사단에 한강 북쪽으로 도하에 성공한 미 제25보병사단의 진격을 지연시키면서 철수할 것을 지시하였다. 그리고 3월 11일에는 베이징(북경)의 주은래에게 "우리 군은 그동안의 전투로 전력이 너무 많이 손실되었다. 따라서 재편성할 시간을 벌기 위해 어쩔 수 없이 서울을 포기해야겠다. 그리고 후미 부대로 지방 방어를 펼치면서 일선의 유생역량을 보존하고 적 주력을 흡수해 38선까지 진출하도록 하겠다."는 내용의 작전 의도를 밝히는 전문을 발송했다.

팽덕회는 본국에서 대규모 증원 병력이 도착할 때까지 병력 보존을 위해 3월 11일 서울을 자진해서 포기하고 지연전을 시행키로 결심했다.

'서울 자진 철수' 결정에 대해 김일성은 중국 측에 격하게 항의했으나, 그의 의견은 묵살됐다. 이 사건으로 김일성과 팽덕회는 5월 중순까지 서로 만나지도 않은 채, 냉랭한 관계를 유지했다고 한다.

국군 제1사단장 백선엽 장군은 미 제1군단장에게 서울 시내의 첩보를 보고하고, 서울 진격을 상신하였다. 국군 제1사단장은 3월 14일 제15연대장(김안일 대령)에게 수색대를 내보내 한강을 도하한 후 중앙청까지의 적정을 보고케 했다.

수색대의 지휘를 맡은 제9중대 제3소대장 이석원 중위는 소대를 이끌고 마포 쪽으로 도강해 서울역을 거쳐 중앙청으로 진출했다.

그는 중앙청에 다가갔을 무렵에야 처음으로 기관총으로 저항하는 적을 발견했다.

▲ 1951년 당시 전화(戰禍)로 피해를 입었던 숭례문(崇禮門) 모습

3월 15일 (264일째)
서울 소탕 완료, 재탈환

* 미 제2사단 용두리 북방에서 북한군과 백병전,
사살 600명, 생포 8명
* 미 전차부대, 홍천 장악
* 미 제5공군사령관 패트리지 소장, 중장으로 승진

3월 16일 (265일째)
국군 제1사단, 계속 서울 입성

* 미 해병대, 홍천 확보 중
* 유엔 지상군, 공산군 950명 살상, 77명 생포
* 경찰, 고창지구 잔비 토벌작전, 사살 194명, 생포 61명,
소총 노획 51정

3월 17일 (266일째)
유엔군,
서울 북방 교외로 1km 진출

* 그리스군, 춘천지역에서 중공군의 돌격 세 차례 격퇴
* 미 제10군단, 전선 절단(Ripper) 작전 완료
* 맥아더 13차 전선 방문, 수원에서 38선 돌파문제는

차후 답변하기로 약속
* 경찰, 전북 덕유산 작전으로 공산군 사살 117명,
임실지구 토벌작전으로 공산군 사살 217명, 생포 79명

▲ 1951년 3월 16일, 2차 서울 수복 때 살아남은 시민들 모습

3월 18일 (267일째)
전선에서 전투 상황 거의 없음

"중공군이 비록 서울을 내주고 말았지만 언제든지 반격을 취할 가능성은 충분했다고 본다. 전선은 그런 분위기 속에서 점차 북상했지만, 어느 한구석에서 무엇인가가 비집고 나올 듯했다. 문산 일대에 낙하하는 공정부대와의 연계작전 때문에 마음은 바빴으나 나는 그런 불안감을 떨치지는 못했다."

- 백선엽 장군-

전황 개요 계속

극동공군은 38선으로 신진격하는 아군 지상군을 지원하기 위해 매일 1,000여 회의 근접항공지원임무를 수행했다. 3월 16일 T-6통제기는 홍천근처에서 후퇴하는 적군 약 1,200명을 발견하고 6개 편대의 전폭기를 유도 공격하도록 해서 약 200명의 적군을 사살하고, 달구지를 끄는 소와 말 15두를 사살했다.

공군 전폭기의 공중공격 직후, 진격한 미 제7사단 장

병들은 약 600여명의 적군시체와 300여명의 부상자를 발견하고 이들을 포로로 붙잡았다. 미 제1기병사단은 홍천을 점령한 후에 춘천을 탈환하기 위해 계속 진격했다. 리지웨이 장군은 춘천에는 적군의 보급지원본부가 있어 쉽게 탈환하기 어려울 것으로 판단하고 제187공정부대에 3월 22일 춘천에 공정작전을 시행하라고 명령했다. 그러나 T-6 공중통제기가 춘천시가지를 50피트의 초저고도로 정찰한 결과 적군은 이미 춘천시가지에서 철수하고, 시내는 텅 비어있었다

3월 19일 (268일째)
공산군, 38선 이북으로 패주

* 미 장갑 탐색대, 의정부 남방에서 야포 · 박격포 엄호받는 공산군 1개 소대와 교전 후 철수
* 리지웨이 미 8군 사령관, 공산군의 춘계 대공세 경고

3월 20일 (269일째)
Ripper 작전 중 소강상태 유지

* 대구시, 군민 종합 반공 훈련 실시
* 수도권 북방, 국군 정찰대와 공산군 2개 소대 접전
* 방위군(일명 제2국민병), 각급 교육대 해체

3월 21일 (270일째)
국군, 동부 38선 근접까지 진출

* 중공군 제30야전군 제26병 단, 한반도에 출현
* 미군 탱크 탐색대, 춘천에 무혈입성
* 유엔군, 서울 북방에서 공산군 2개 소대와 교전, 10명 생포
* 해병대, 강원 가리산 공격, 최종 목표 최고봉 (높이 1,051m) 점령

* 유엔 공군, 802회 출격, 공산군 650명 이상 살상
* 유엔 지상군, 공산군 1,500명 살상, 88명 생포
* 개전 이래 주한 영국군 피해 980명(전사 165명)

3월 22일 (271일째)
미 제2군, 용진작전 개시

* 미 제8군 오전 9시 일제히 공격 개시
* F86 4대, MIG 6대와 신의주 상공에서 공중전으로 공산 군기 1대 격추, 1대 손상
* 개전 이래 미군 피해(AP) : 사망 8,335명, 부상 3만 6,893명, 행방불명 1만 586명

3월 23일 (272일째)
유엔군, 의정부 돌입

* 미 제187공정부대(VOA 보도 3,000명), 북괴 제1군단의 퇴로 차단 위해 문산지구에 낙하
* 미 극동 사령관 크레이그 부사령관 헤네브리 제315공수 사단장, 낙하산부대 작전 공중 시찰
* 유엔군, 전 전선에서 1단계 공세 시작, 3월 말까지 대부분의 부대, 38선 근접 전선으로 북상
* 낙하산 부대, 미 기병대와 연락 성공
* 맥아더 유엔 사령관, 중국 본토 공격 시사, 중공군 최고 사령관에게 현지 전쟁 종결 협상 제의

▲ 진지에 포격을 실시하는 유엔군. 1951. 3. 23

3월 24일 (273일째)
공산군, 청평 북방에서 완강히 저항

* 국군 정찰대, 38선 돌파, 공산군과 교전 후 다시 귀환
* 미 제1기병사단 정찰대, 춘천 북방 38선 이남
약 3.2km 지점 돌입
* 유엔군, 의정부 · 포천 간 고지, 공산군 2개 대대와
백병전 끝에 점령
* 국군 해병대, 월사반도 상륙, 공산군 100명 이상 살상,
67명 생포
* 맥아더 유엔군 사령관, 전선 시찰에서 작전상
필요할 때는 38선 재돌파, 현지 사령관에게 명령
* 맥아더 전선 시찰(14차), 서울 의정부 근방

3월 25일 (274일째)
국군 탐색대, 계속 월경

* 공산군, 종일 경미하고 산발적인 저항
* 서부전선, 전투 거의 없음
* 유엔 공군 108회 출격, 야간에는 공산군 차량 180대 중
25대 격파
* 유엔 지상군, 공산군 325명 살상, 180명 생포

3월 26일 (275일째)
춘천 북방에서
공산군 1개 소대와 교전

* 의정부에서 북상 중인 미 전차보병부대,
38선 남방 16km 지점에서 의정부 - 문산지구에서
동진해온 미군부대와 합류
* 국군 해병대, 대동강 하류의 월사반도에 상륙,
공산군 100여 명 사살, 포로 27명
* 미 제7함대 사령관 스트루블 중장, 마틴 중장과 교체

▲ 일감을 얻기 위해 치안대 앞에 몰려든 흥남 시민 1951. 3

3월 27일 (276일째)
국군 제1군단, 양양 점령

* 국군 부대, 양양 북방고지에서 공산군과
교전 끝에 고지 점령
* 미군, 중공군 3개 대대 의정부 동북방에서 포위
* B29 전폭기, 북한 각기 대폭격

3월 28일 (277일째)
국군부대, 고랑포 방향으로 진격

* 중국, 춘천 북방에 약 9만 명의 대규모 부대 병력 집결
* 국군 해병대, 서해도서 확보 작전 개시
* 유엔 기동부대, 원산(38일째) · 성진(19일째)에 함포 사격
* B26, 평양 개성 · 야간 폭격
* B29 전폭기, 평양 · 함흥 폭격
* 공산군, 평양-숙천 간 대형차량부대 이동
* 제1군단장 김백일 소장, 비행기 사고로 실종
* 리지웨이 미 제8군 사령관, 유엔군 고위지휘관들과 비밀
회담 후 무초 대사와 단독 회담

3월 29일 (278일째)
유엔군, 공산군 방어선에 접근

* 춘천 북방에서 격전
* 의정부 방면, 공산군 후방부대 총퇴각
* 미·영부대, 서울 동쪽에서 신공세 전개
* 유엔 함대, 원산에 41일째 포격 실시

3월 30일 (279일째)
국군, 38선 이북 12.8km 진출

* 춘천 - 김화 지대, 공산군 8만 명 포진
* 중공군, 소규모 반격 끊이지 않음
* 유엔군, 정오경 동두천 남방 1km 지점에 진출
* 유엔 공군, 야간에 북한 각지에서 이동 중인 공산군 차량 1,800대 발견, 100대 이상 격파
* B29전폭기, 38대가 한·만국경(신의주 철교)에 폭탄 280톤 투하, 공산군 측의 제트기와 MIG 15기 사이의 공중전 전개
* 공산군 전차증원부대, 38선으로부터 경의가도로 남하
* 개전 이래 미군 사상자 : 5만 7,120명(사망: 9,602명)
* 유엔군사령부, 공산군이 포로수용소를 북한의 군사 목표 부근의 위험구역에 두고 있다고 비난

3월 31일 (280일째)
국군, 38선 이북 16km 지점 도달

* 국군부대, 문산 전면 임진강 도하, 공산군 20명 사살, 35명 생포하고 남안에 귀환
* 미 전차부대, 의정부 북방에서 38선 돌파 후 귀환
* 국군과 유엔군, 전선 절단 작전 완료
* B29 전폭기 편대 한·만 국경 교량 폭격, 유엔군 - 공산군 제트기 80대 대공중전, 공산군 1기 추락, 4기 파손
* 미 육군부, 공산군 피해 상황

- 중공군 29만 3,000명(26만 명은 전투, 3만 1,000명은 비전투 손실, 포로 2,300명). 북한군 46만 7,000명(28만 3,000명은 전투, 4만 5,000명은 비전투 손실, 포로 13만 9,000명)

▲ 홍천에서 방역을 위해 주님들에게 DDT를 살포하는 모습. 1951. 3

▲ 전쟁고아

1951년 4월
전황

▲ 전선으로 향하는 리지웨이 미 제8군 사령관(뒤쪽)과 맥아더 원수. 1951. 4.3

▲ 홍천에서 북진하는 국군과 미군. 1951. 4. 1

4월 1일 (281일째)
국군 해병대 창건 2주년 기념일

* 동해안 현리의 공산군, 수백 미터 남하
* 중공군 4야전군, 중공군 3군과 교대

4월 2일 (282일째)
공산군의 최후 거점, 춘천에서 격전

* 국군, 동해안에서 38선 이북 3.2km 진격
* 유엔군, 서부에서 재차 월경
* 미 군사정보국 심리작전부, 현지 사령관과 정전 교섭하자는 맥아더 원수의 성명문과 항복 권고 삐라를 중공군 진지에 살포
* 유엔 공군, 신안주지구 폭격

4월 3일 (283일째)
국군과 유엔군, 요철 작전 개시

* 유엔군, 공산군 44만 명과 대치
* 동해안 국군, 교두보 확대
* 유엔군, 대거 38선 월경, 중공군 추격
* 그리스군, 춘천 서북방에서 38선 도달
* 국군, 임진강 도하하여 공산군 수 개 중대와 교전
* 신의주 상공에서 유엔 제트기 90대, 대공중전 전개

4월 4일 (284일째)
국군, 간성 점령

* 국군, 개성 진입
* 유엔군, 소양강 북안에 교두보 구축
* 유엔군, 김화로 진격
* 미 F80 제트기, 평양 북방에서 공산군 500명에게 네이팜탄 공격, 300명 살상

* 헬리콥터기, 북한에서 추락한 F80F 42기 조종사 2명 구출 성공

▲ 아이를 업은 노인과 북한강 유역에 탱크를 몰고 온 유엔군 1951. 4. 4

4월 5일 (285일째)
국군, 동부전선에서 38선 이북 진출

* 유엔군, 중부전선에서 개전 이래 최대의 포화 엄호하에 38선 이북 고지 몇 개 공격
* 국군과 유엔군, 문산 - 화천저수지 - 양양선 목표로 진격 개시
* 유엔군, 38선 이남의 공산군 모두 구축
* 양구 · 인제 탈환
* 공군, 공산군 MIG 15형 5대 격파
* 리지웨이 미 제8군 사령관, 캔사스선을 향한 제2단계 공세 러기드 작전 명령
* 조병욱 내무부장관, 공비 소탕 20일간 전과 발표, 사살 3,263명

4월 6일 (286일째)
미 제1군단, 캔사스선 진출

* 미군, 한계 - 인제 간 고지의 공산군 소탕
* 태국군, 화천 남방고지 탈환
* 미군, 용동 · 서방 북방에서 진격

* 백선엽 준장(사단장), 소장 승진해 1군단장으로 영전,
1사단장에는 강문봉 준장 신임

4월 7일 (287일째)
국군 제2사단, 동부전선에서 진격

* 중서부 중공군, 총퇴각
* 국군, 임진강 도하하여 교전
* 국군 해병대, 압도 · 연평도의 향방대와 협동하여
웅진반도의 금산리 · 화산리에 기습 상륙, 전과 확대
* 3남토벌지구총사령관, 최영희 장군 취임

4월 8일 (288일째)
피아 정찰대, 연천 남방에서 충돌

* 유엔군, 춘천 북방에서 공산군의 완강한 저항으로
선견대 일시 후퇴
* 웅진반도 상륙 국군 해병대, 송림면으로 계속 진격
* B29 전폭기, 압록강 철교에 폭탄 160톤 투하
* F80 제트기, 숙천에서 석유탱크에 명중탄

4월 9일 (289일째)
유엔군, 화천으로 진격

* 국군, 간성에 돌입
* 미군, 철원 시내에 포화 세례
* 유엔군, 임진강 북방진지 강화
* 유엔군, 화천저수지에 육박
* 중공군, 화천저수지 수문 11개 파괴,
방수하고 북으로 도주
* 중공군 대부대, 중부전선에서 대거 남하
* 공산군 대수송대 남하, 철원 · 김화 · 화천에 집결

4월 10일 (290일째)
유엔군, 고랑포 탈환 후 계속 진격

* 철원 - 김화 간 공산군 집결지에 포격 세례
* 미군, 소양강 도하
* 연천 남방에서 소규모 산발적 충돌
* 중공군, 서부전선에서 병력 증강
* 신의주 상공에서 피아 공중전

4월 11일 (291일째)
유엔군, 화천저수지로 계속 진격

* 유엔정찰대, 인제 돌입
* 미 제1군단 및 제9군단, 불굴 작전 개시
* 유엔군, 연천 서남방에서 임진강 도하 진격,
연대 이상의 공산군과 격전
* 유엔 공군, 우천으로 113회 출격, 지상군은
공산군 615명 살상, 30명 생포
* 리지웨이 미 제8 군사령관, 후임으로
밴 프리트(Van Fleet) 중장 취임

4월 12일 (292일째)
유엔 선견대, 연천 돌입

* 화천저수지 남방에서 공산군 저항 완강
* 미 제9군단, 캔사스선 진출
* 유엔군, 성천강 남방 중공군 진지 화염방사기로 공격
* 미 전폭기 114~124대(B29 전폭기 30대 포함), 공산군
MIG 제트기 95대, 신의주 상공에서
사상 최대 제트기 공중전
- 공산군 제트기 5대 격추, 3대 격파, 15대 파손,
B29 전폭기 2대 상실
* 중공군 18만 명 한국전선에 재투입, 공산군 총병력
69만 명으로 증가(유엔군 약 50만 명)

4월 13일 (293일째)
유엔군, 연천 탈환

* 전 전선에서 공산군, 반격 개시
* 연천 동남에서 공산군 반격, 화천 서남에서 작은 충돌,
양구 · 인제에서 적 저항 증대

4월 14일 (294일째)
유엔군, 철원 진격

* 장암리 지구에서 공산군의 저항 강화
* 유엔군, 연천에서 공산군의 반격 분쇄
* 국군, 전 전선에서 캔사스선에 도달
* 프랑스군, 새로운 사령관 지휘 아래 작전 진행
* 중국, 북한에 비행장 증설

4월 15일 (295일째)
국군 해병대,
유격대의 지원 아래 진남포 상륙

* 양구 동쪽과 인제 남쪽에 공산군의 저항 완강
* 유엔군, 철원을 포위 협공, 공산군의 발악적 반격 격퇴
* 유엔 해군함대, 원산 · 청진 · 성진항에 대한 포격 계속
* 서해안의 유엔 해군 구축함대, 진남포 남방의 장산 포격
* 주한 영국 제1사단장 케셀 소장, 한국 휴전 성립 후에도
이 사단 계속 주둔 언명

4월 16일 (296일째)
유엔군 전차부대,
화천저수지 동단 양구에 돌입

* 서해안에서 국군 함대 대공사격으로 공산군기 1대 격추,
1대 격파

* B29전폭기, 평양비행장 활주로 폭격
* 리지웨이 장군, 히키 중장을 참모장에 임명

4월 17일 (297일째)
국군, 간성 점령 후 북진

* 인제 방면의 공산군 저항 미약
* 철원 방면의 유엔군, 공산군 제압 전진. 화천 북방
80.4km에 걸친 지대에 공산군 50만 명 집결
* 화천지구의 강력한 공산군 포병부대, 이날부터 침묵
* 유엔 공군 야간 폭격대, 평양 · 금성 · 신의주 ·
안악 등 폭격
* 신임 밴 플리트 미 제8군 사령관, 최초로 전선 시찰

4월 18일 (298일째)
유엔군, 화천과 화천저수지 탈환

* 공산군, 전 전선에서 계속 후퇴
* 미 보병부대, 지포리 탈환
* 미 전차 기동부대, 연천 북방에서 공산군 탄약차 폭격
* 미 최신식 잠수함, 한국수역에서 활동

4월 19일 (299일째)
중부전선에서 공산군,
유엔군 정찰부대에 완강히 저항

* 미군 전차부대, 화염방사기로 공산군 격퇴하며
철원 4.8km 지점까지 진격
* 유엔군, 철의 삼각지대에 대부대 집결시킨 공산군의
기선 제압을 위해 화천 · 김화 · 철원 · 임진강선으로
돌출한 와이오밍선 향해 재공격, 돈틀리스 작전 개시
* 미 제1 · 9군단, 유타선 점령
* 영국 경항공모함 데제우스 호 함재기, 진남포 지역
기뢰부설 중인 정크선 65척과 막사 지역에 명중탄

4월 20일 (300일째)
유엔군, 철원 포격권 내에 도달

* 중공군, 김화 - 평강 간에서 결사적 지연작전
* 공산군, 39도 선까지 철퇴 개시
* 미 제1군단과 제9군단, 유타선 점령
* 유엔 함정, 원산 62회째 포격
* B29 전폭기대, 연포비행장 폭격
* 개전 이래 공산군 피해 : 총 95만 9,018명
- 살상 : 북한군-10만 4,835명, 중공군-29만 1,895명,
불명 1만 7,143명
- 포로 : 14만 5,145명

▲ 대구 근교 훈련소에 입소하는 장정들 1951. 4. 20

4월 21일 (301일째)
유엔군 전차대, 임진강 도하 북진

* 미 제1군단과 제9군단, 와이오밍선 공격 개시
* 유엔군, 철원 남방에서 완강한 공산군과 교전
* 유엔 공군, 공산군 차량 222대 격파

4월 22일 (302일째)
공산군, 춘계공세(4월 공세) 개시

* 국군 제6사단, 사창리 전투 개시
* 국군 제5사단, 인제 전투 개시
* 미 제5공군, 전기 동원 출격
* 벨기에 대대, 금굴산 전투 개시
* 영국 제290여단, 설마리 전투 개시
* 터키여단, 장승천 전투 개시
* B29 전폭기, 안악 · 신막 · 사리원 · 연포의
각 비행장 활주로 폭격
* 밴 플리트 미 제8군 사령관, 영국군의 사단편성 환영
공산군의 위협, 개전 이래 최대. 유엔군의 격퇴 가능

▲ 포격을 실시하는 미군 1951. 4. 22

4월 23일 (303일째)
유엔군 철원 남방 6.4km 지점까지 진출했다 구(舊) 진지로 철수

* 공산군, 김화 남방의 유엔군 진지에 대돌파구 마련
* 유엔군부대, 공산군 반격으로 한탄강 남안으로 철수
* 유엔 공병대, 한탄강 교량 1기와 주교 폭파
* 영국 제27여단, 가평 전투 개시
* 미 제5공군 771회 출격, 공산군 1,800명 살상으로
개전 이래 최대 기록
* 전선 시찰한 밴 플리트 미 제8군 사령관 기자회견.

- "공산군 측, 중공군 북괴군 이외의 각종 의용군 동원하에 제3차 결전 전개 예상된다"라고 발언
 * 밴 플리트 미 제8군 사령관, 현재 수용된 포로 일부 석방을 리지웨이 유엔군 사령관에게 제안
 * 미 극동 공군사령관, "만주폭격 않고는 적 공군 대공세 막을 수 없다"라는 입장 피력

4월 24일 (304일째)
유엔군, 전차부대 반격, 인제 재탈환

 * 공산군, 김화 남방의 돌파구 따라 남진, 증강된 유엔 부대가 저지에 성공
 * 춘천 서방에서 전투 상황 전개
 * 유엔군 2개 사단, 공산군의 야간 공격에 대비하여 임진강 남안에 배치
 * 공산군, 고랑포 남방의 유엔군 진지에 침투, 피아 격전
 * 유엔군, 38선 부근까지 후퇴, 임진강 전선 대부분 포기
 * 부산시에 최초 공습경보

4월 25일 (305일째)
금굴산 전투 (1951. 4. 22 ~ 25)

 * 국군 해병대, 화천지구에서 격전
 * 공산군 약 2만 명, 자월리 남방으로 침투
 * 유엔군, 서부전선에서 38선 이남으로 철수
 * 국군 제1사단, 영국 제29여단 글로스터 대대원 40명 구출
 * B29 전폭기, 영유비행장 맹폭
 * 미 극동 공군, 출격 1,000여 회, 전선 돌파구의 공산군에 집중 공격
 * 유엔 지상군, 공산군 8,830명 살상
 * 밴 플리트 미 제8군사령관, 제8군 장병에게 격문
 - "자유세계 전 시민, 침략자와 결전기가 도래했다. 한국과 모국의 평화를 위하여 투쟁하자"

금굴산 전투는 벨기에 · 룩셈부르크 대대가 중공군 제188사단과 치른 전투이다.

대대는 미 제3사단의 연방 제29여단에 배속되어 임진강 북방의 돌출된 금굴산을 방어하고 있던 중, 중공군의 제1차 춘계공세를 맞게 되었다.

▲ 6.25참전 벨기에, 룩셈부르크 부대원들(출처/국가보훈처)

그 지역이 중공군에게 점령당할 경우에는 전곡-연천-철원 축선의 도로가 차단되어 그 축선상으로 철수하는 부대가 포위될 상황에 이르게 되므로, 대대는 우인접 부대들이 전곡 방향으로 철수를 완료할 때까지 그 진지를 고수하여야만 했다. 이 전투에서, 중공군이 사단 병력을 투입하여 금굴산을 공격하는 한편 대대 철수로 상의 요지인 금굴산 남쪽 임진강 상의 교량을 점령하여 대대가 포위상태에 들게 되었으나, 끝내 그 진지를 고수하였다. 그러는 동안, 우 인접 부대들의 철수가 완료되었다. 그제야 이 대대는 철수 명령을 받게 되었다.

이 대대는, 도보 제대와 차량 제대로 나뉘어 UN 공군이 진지 주변을 엄호하는 가운데, '차량 대열'은 미군 전차의 호위하에 점령당한 교량을 강습 돌파하고, '도보 부대'는 금굴산 동측의 임진강을 도섭하여 전곡 방향으로 철수하였다. 그 후, 이 대대는 동두천 서측 5㎞ 지점인 봉암리에 투입되어 영 제29여단 전방 부대의 철수를 지원한 다음 후위 부대로서 의정부 쪽으로 철수하였다.

▲ 1951.4.25 금굴산 전투가 있은 동이리 마을 (뒤에 금굴산이 보임)

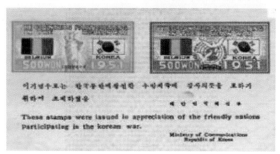

▲ 벨기에 참전 감사 기념우표(記念郵票)

▲ 금굴산 중심, 임진강 줄기 오감도(烏瞰圖)

▲ 호주 대대 병사들이 센츄리온 탱크로 전선으로 이동하고 있다, 1951. 4

* UN군, 중부전선에서 급속히 철수 시작
* UN군, 서울 서북방 27km, 공산군 공격 저지
* UN군, 서울 동북방에서 공산군에 반격, 3.2km 진격.

중공군 제1차 춘계공세에 따른 여러 전투들

사창리 전투:
4월 22일~4월 24일 국군 제6사단, 고전, 후퇴.
장승천 전투:
4월 22일~4월 23일 터키 여단, 작전 후퇴.
임진강 전투:
4월 22일~5월 1일 영국 여단, 미군, 필리핀 부대.
금굴산 전투: 4월 22일~4월 25일
적성 전투: 4월 22일~ 4월 25일
가평 전투: 4월 23일~4월 25일
글로스터 고지 전투 (235고지): 4월 22일~4월 25일

임진강 전투 (4월 22일~5월 1일)

'TO THE LAST ROUND' ('마지막 한 발')
글 - 앤드류 새먼
영국의 영웅 서사시로 남은 '위대한 저항'
-1951년의 임진강 전투-

임진강 전투(Battle of the Imjin River)는 한국의 수도 서울을 다시 점령하려던 중공군이 임진강 하류의 UN군을 공격하여 돌파구를 만들고자 한 전투였다. 1951년 3월 UN군이 성공적인 역공을 취하여 캔자스 전선(Line Kansas) 부근 38도 선을 넘어서자, 이를 제압하기 위한 중공군의 춘계공세였다.

영국 제29 보병여단이 방어하고 있는 지역

전투가 진행됨에 따라 미군과 필리핀군이 영국군에

에 가세하였다. 수적으로 우세한 적을 대면한 영국 여단은 이틀(2일) 이상 위치를 사수하였으며 이들 덕분에 다른 UN군 병력이 서울 북쪽의 방어지점까지 무사히 퇴각할 수 있었다.

규모면에서는 크지 않았지만, 이 전투의 치열함은 상상을 초월한 것이었다. 특히 영국 제29보병여단 소속 제1대대인 글로스터셔 연대(The Gloucester-shire Regiment)는 글로스터 힐(Gloster Hill)이라고 명명된 235고지에서 수십 배나 많은 중공군에게 포위된 상황에서도 끝까지 전투를 치러 영국 전사 상에 큰 족적을 남기며, 귀감이 되었다.

중공군 '춘계공세의 목적'은 한국의 수도 '서울 재점령'이었다. 중공군과 북괴군을 지휘한 팽덕회(팽덕회, Peng Dehuai)는 국군 제6사단, 영국 제27여단, 미국 제3사단, 터키 여단, 영국 제29여단, 및 국군 제1사단의 제거가 목표였다.

▲ '임진강 전투' 2010년 60주년 기념식 현장 모습

▲ Andrew Salmon작; TO THE LAST ROUND 책 표지

4월 27일 (307일째)
유엔군, 서부전선에서 철수

* 유엔군, 춘천-서울 경춘가도에서 철수
* 유엔군, 38선 이북의 최후거점인 양구 포기
* 중공군, 의정부에 침입
* B29 전폭기, 평양 비행장 신활주로에 맹폭격
* 화교지원특수공작대 56명, 한국전선에서 활동
* 리지웨이 유엔군 사령관 겸 극동군 사령관, 합동참모 본부에 공산군 항공기지에 대한 공중 정찰 허가 요청

4월 28일 (308일째)
유엔군, 북한강 남안으로 철수

* 미 제1군단, 서울 북방 골든선 점령
* 국군 제1사단, 화전리 전투 개시
* 유엔군, 춘천 포기
* 유엔군, 서울 북방에서 공산군 3개 중대 격파
* 공산군, 서울 북방에 증원부대 주입
* B25, 레이더 사용하여 평양 비행장 폭격

4월 29일 (309일째)
중공군, 서울 근교 압박

* 유엔군, 중공군의 증원군 투입으로 전 전선에서 철수
* 미 제5공군, 야간전투기대 100여 회 출격, 공산군 차량 200대 격파
* 유엔 지상군, 공산군 4,100명 살상, 80명 생포
* 중공군 제25여단 소속의 일본인 1명 시체를 동부전선에서 발견(『민주 신보』)
* 경찰, 담양군 남면에 잠재한 인민유격대 소탕, 사살 37명, 생포 11명

4월 30일 (310일째)
수색에 침입한 북괴군
제8사단 주력 궤멸

* 인제 동방지구의 유엔군부대, 공산군 1개 연대의
  공격으로 1km 후퇴
* 의정부 방면에서 중공군 춘계공세 이후 최초로
  공산군 전차 5대 출현, 유엔군이 3대 격파
* 국군과 유엔군, 중공군 4월 공세 저지, 김포-서울 북방-
  금곡리-대포리선에 방어선 형성
* 우이동 근교까지 압도한 중공군 제19병 단 주력,
  유엔군의 강력한 반격으로 12km 총퇴각
* 미 극동 공군 출격 1,277회 최고 기록
* 미 제5공군도 최고기록, 960회
* 유엔 해군, 동서양 해안에서 우군 엄호, 공산군 포격

네덜란드 부대, 인제 전투 모습

이 전투는 네덜란드 대대가 인제 동측 2km 지점인
548고지를 확보하고 있던 중, 북괴군의 공격을 받고
치른 방어 전투이다. 북괴군은 중공군의 제2차 춘계

▲ 네덜란드 군인들. 1951. 4. 30

공세가 실패한 다음 반격을 감행한 UN군의 진출을
저지하기 위하여, 인제를 점령할 목적으로 감제고지
인 548고지를 공격하였다.

네덜란드 대대는 사력을 다하여 이를 저지하였으나
한때 고지 정상을 점령당하였다.

그러나, 대대는 대대 예비 중대를 투입하고 공격부
대에 협공을 가하여 다시 548고지를 탈환하였다. 그
결과로 차후 작전의 길목이 되는 인제를 확보할 수
있는 공을 세웠다.

▲ 대구 근교 훈련소에 입소하는 장정들. 1951. 4. 20

1951년 5월
전황

▲ 미 제5해병대 병기중대의 한 저격병. 6.25전쟁에서 가장 위험한 임무 중 하나는 저격수가 맡은 일이었다.

5월 1일 (311일째)
유엔 공군, 동부와 중부 맹폭격

* 제8군, 공산군과 경미한 접전, 소강상태라고 발표
* 유엔군 전차보병대, 서울 북방 탐색전 계속
* 항공모함 · 순양함, 동해 및 서해에서 공산군 시설 포격
* 유엔 공군, 공중지뢰로 화천저수지 대 타격,
공산군 615명 살상
* 손원일 소장, 전선 시찰하고 국군 해병대의 용전 찬양

5월 2일 (312일째)
유엔군 함대, 원산항 포격

* 홍천지구 유엔군, 진지 내습한 공산군 격퇴
* 중공군, 서울 북쪽 지구부터 동쪽으로 이동재 교량 폭파
* B29 전폭기, 평양 북방 64.3km 소재 교량 폭파

5월 3일 (313일째)
UN군 전 전선에서 공세로 이전

*UN군 · 국군 전 전선에서 공세로 이전
- 의정부 돌입
- 인제 주변에서 교전
- 간성 서남방에서 교전
- 춘천 동남부에서 교전
* 미 공군 B-29 폭격기, 평양-사리원 맹폭

재일학도 의용군(在日學徒 義勇軍)

재일교학도의용군은 1950년 6.25전쟁이 발발하자, 일본 전역에 거주하는 청년과 학생 642명이 자진하여 직장과 학업을 중단하고 의용대를 소집해 UN군에 입대하여 인천상륙작전에 참여했다. 출전 당초의 의의를 살린다는 취지 아래 3·1대대(323명)를 창설하였다.

▲ 인천 수봉공원, 재일학도의용군 참전 기념비

그 뒤 200명이 국군에 편입되었는데 그중 30명은 육군종합학교에 입교, 초급장교로서 복무하였으며, 일본군 조종사 유경험자는 조종 장교로 임관되었다. 국군에 편입된 재일학도의용군은 원산·이원 상륙작전, 갑산·혜산진 탈환 작전, 백마고지 전투 등 주요 전투를 겪었으며 135명이 조국을 위해 산화했다.(Konas)

▲ 재일학도의용군

▲ 결의 사인한 태극기

▲ 6·25전쟁 때 전사한 재일학도병들을 추모하는 충혼비가 도쿄(동경)에 설치. 2014. 10. 3

5월 4일 (314일째)
인제 동북 지방에서 공산군 격퇴

* 국군 및 유엔군 반격 개시, 봉일천 - 춘천 - 인제 - 속초
북방선으로 진격 개시
* 서울 서북방지역에서 공산군 북방으로 격퇴
* 유엔 폭격대, 공산군용 건물 200동, 차량 180대 격파
* 지상군 전 전선에서 공산군 755명 살상, 37명 생포
* 캐나다 증원부대 3,000명 부산에 상륙

5월 5일 (315일째)
UN군의 반격 작전 계속

* UN군 탐색대, 인제 돌입
공산군 255명 살상, 57명 생포
* 리지웨이 UN군 사령관 담화;
"UN군, 한국전선에서 주도권 회복하겠다."

▲ 1951. 5, 그리스 부대 작전 중 모습

터키 부대의 용전(勇戰)

▲ 미 제89 전차대대 D 중대의 M-4 전차의 지원하에 적군을 공격하는 터키군

당시 터키군은 미군과의 연합작전에서 언어소통이 원활하지 못해 큰 어려움을 겪었다고 하는데, 언어소통 문제는 급변하는 전쟁 상황에서 국군과 북괴군을 구별하기 어려운 상황을 만들었고, 이 때문에 터키군은 큰 손실을 입기도 했다. 하지만 그러한 어려움에도 불구하고, 각 전투에서 적에게는 10배가 넘는 사상자를 내게 하였다.

'40 대 1이라는 전설의 백병전'
터키군은 '용감한 터키군'의 참모습을 전 세계에 보여주었다.

▲ 한국전쟁에 참전한 터키군인들 모습, 1951

▲ 터키부대원의 전투 모습

▲터키부대 포병대 모습, 1951. 5

▲ 1951, 의정부 시내를 질주하는 미군 전차와 병사

5월 6일 (316일째)
중부전선 전투 계속

* UN 공군, 북한 내 주요 보급로에서 대수송대 발견
- 중공군 차량 4,000대 -
* 북측, "미군 '세균전'을 실시하고 있다."
UN 안보리에 고발

▲ 1951년 5월 6일 중부전선
미 제10군단 제96야포대대, 8인치 곡사포 사격 모습

▲ 8인치 포 사격 후 재장전을 하는 미군 병사들 모습, 1951. 5, 중동부전선

5월 7일 (317일째)
에티오피아 지상군 부산 도착

* 국군 6개 사단, 미주리선 공격 개시
* 유엔군 탐색대, 인제 근교 38선 돌파
* 유엔군 탐색대, 춘천 돌파
* 국군, 의정부 서북방 5km 지점 진출

▲ 에티오피아 국기

황실 근위대 소속 부대원인 '강뉴 부대(Kagnew Bat-talion) 대대 병력이 1951년 5월 7일 선박편으로 부산에 상륙하여 전방(가평)에 배치, 5월 11일 미 제7사단에 배속되었다.

▲ 부산항에 상륙, 에티오피아 대대원들, 1951. 5. 7

자유는 공짜가 아니다!   447

이들은 1953년 휴전이 되는 날까지, 크고 작은 전투에 참전하였으며, 1명의 포로도 생기지 않은 용감한 군대로 싸웠다.

▲ 에티오피아 강뉴대대원들

에티오피아의 참전용사들의 공로를 기리기 위해 춘천시는 국가보훈처의 후원으로 에티오피아의 수도 아디스아바바 아픈쵸베르 공원에 참전용사회관과 기념탑을 건립했다.

이곳은 현재 한국전쟁 당시, 전사하거나 부상한 에티오피아 참전용사들을 기리고 생존자에게는 보은의 쉼터로 사용되고 있다.

▲ 에티오피아 참전용사회관 건립식

에티오피아같이 우리에게 익숙하지 않은 나라에서도 대한민국의 자유 수호를 위해 큰 힘을 보탰다. 시간이 흘렀지만, 이들 나라의 참전용사들은 6.25전쟁에 참전한 자부심을 가지고 대한민국의 경제발전을 자기 일처럼 기뻐하고 있다.

최빈국 하면 떠오르는 에티오피아가 아프리카에서 유일하게 6.25 전쟁 '지상군'으로 참전했다. 에티오피아군은 화천, 금화, 양구, 철원 등 강원도의 최전방 지역에서 공산군과의 치열한 전투는 물론이고, 생전 처음 겪어보는 추위와 싸웠다. 다행히 에티오피아 군

은 6.25 전쟁 참전 16개국 중 적군에 사로잡힌 포로가 유일하게 한 명도 없을 정도로 용맹스러운 부대였다.

휴전 후 에티오피아로 귀국한 참전용사들은 셀라시에 황제로부터 아디스아바바의 북쪽 웨레다 지역에 정착할 땅을 하사받고 이곳에서 명예로운 참전용사로서 대우를 받으며 살 수 있었다.

그러나 안타깝게도 1974년 멩기스투의 공산정권이 들어서 이들 참전용사들에 대한 시련이 시작됐는데. 공산권 동맹국인 북한을 상대로 전투를 했다는 이유로 직장에서 쫓겨나고 얼마 되지 않은 연금까지도 끊기게 되었다. 심지어 공산정권의 횡포에 못 견디고 하나둘 씩 참전용사에게 하사됐던 '한국마을'을 떠나게 되었다.

현재 6.25 전쟁 참전용사 중 생존자 수는 적다. 경제적으로도 매우 어렵게 생활하고 있다. 하지만 이들은 최빈국에서도 가장 힘겨운 생활을 하는 것을 부끄럽거나 슬퍼하지 않고 한국전쟁 참전 경험을 자랑스럽게 생각하고 있다.

5월 8일 (318일째)
국군, 서울 서북방 27km 진출

* UN군, 서울 북방 의정부 방향 300여km 진출, 38선 급박
* 유엔군, 의정부 부근에 완강한 방어선 확립
* 미 공군, 각 전선에서 적 약 300명 살상

5월 9일 (319일째)
국군 제9사단, 맹봉 점령

* 국군, 간성에 돌입
* 유엔군, 접전 없이 인제 돌입

* 국군 제5816부대, 서부전선에서
공산군 제19사단과 제64여단 격멸
* 유엔군 공군, 신의주 비행장 대폭격, 신의주 상공에서
최대 공중전, 공산군기 38대 격파
* 미 해군 소속 제트기 2대, 공산군에 피격
* 유엔군, 공산군 2,130명 살상, 65명 생포

5월 10일 (320일째)
유엔군, 문산 점령

* 국군, 서부에서 서울 포위하려는 공산군 6,000명 격멸
* 의정부 동방 및 동북방 지역에서 대대 이상의
공산군과 격렬한 교전
* B29 전폭기, 함흥 · 청진 · 평양 등의 비행장 폭격

▲ 서해 연안에서 미 해군 함대 맨체스터 호의 검문에 나포된 북괴군.
1951. 5. 10

▲ 폭약을 매설하는 영국군 폭파조. 1951. 5. 10

5월 11일 (321일째)
국군, 인제 재탈환

* 국군 제1 · 3군단, 미주리선 공격 중지
* 공산군, 서울 북방 문산 - 의정부 간에 집결
* 중부전선의 공산군, 가평 부근으로 남하
* 미 공군기, 평양 · 흥남 비행장 강타

5월 12일 (322일째)
중공군, 소양강 남안의 교두보 확보

* 공산군, 김화 동방 - 인제 북방지역까지 연막 사용
* 공산군, 서울 동북방 진지 포기 북으로 퇴각
* 유엔 공군, 가평 서방 맹폭격, 공산군 400명 사살

▲ 양곡을 배급받기 위해 관계기관에 등록하는 피란민. 1951. 5. 12

5월 13일 (323일째)
국군, 인제 부근에서 공산군 반격 격퇴

* 공산군, 소양강 남안 교두보를 향해 대거 남하
* 서울 서북방의 1만 5,000명 추산 병력, 128.7km 떨어진
서부전선으로 이동
* 유엔 공군, 평양 북방 40.2km 지점에서 발견된 적
항공기지 130톤 폭격으로 소멸

5월 14일 (324일째)
유엔군, 인제 서북방지역으로 진격

* 유엔군, 약 2개 대대의 공산군과 격전
- 의정부 지구의 유엔군부대, 동두천 방면으로
14km 이상 진력하여 탐색
* 국군 선견대, 문산 · 남방 · 동남방지역에서
중대 규모의 공산군과 소규모 출동
* 유엔 공군, 춘천 북방지역에서 집결 중인 공산군
맹폭격 175명 사살

5월 15일 (325일째)
공산군, 춘천-인제 간에서 현저히 증강

* 문산 남방 · 동남방 및 의정부 북방 · 서북방지역
경미한 충돌
* 이기붕 국방부장관, 국군 3군 수뇌부와
부산항 LCI호 함상에서 5시간 회담
* 알몬드 장군, 프랑스 장병 23명에게 최고 훈장 수여

5월 16일 (326일째)
중공군, 5월(2차 춘계) 공세 개시

* 전선에서 피아 탐색공격전 치열,
공산군은 유엔군 진지 강약점 탐색 계속
* 북괴군, 인제 점령, 국군 돌격 계속
* 공산군, 인제 남방에서 국군 전선 돌파
* 중공군, 춘천 동방에서 유엔군 진지 공격,
아군 2차에 걸쳐 저지 후 다소 후퇴
* 공산군, 소양강 및 북한강 남방의 교두보에
강력한 병력 투입
* 서부전선 평온
* B29 전폭기, 사리원 · 함흥 맹폭격

5월 17일 (327일째)
용문산 전투

* 인제 - 춘천 간에서 격전 전개
* 공산군, 인제 남방의 돌파구로 대거 침투
* 중공군, 서부전선 공격 개시 (95,000명 추산)

용문산(龍門山) 전투

▲ 캠퍼스에 쓰여 있는 글을 읽어주고 있는 중공군 장교.
허리에 방망이 수류탄을 차고 있다.

- 개요 -

용문산 전투는 1951년 5월 17일~5월 21일(5일간)까지
경기도 양평군 용문면 용문산 및 가평군 설악면 일
대에서 중공군과 대한민국 국군 사이에 벌어진 전투
이다.

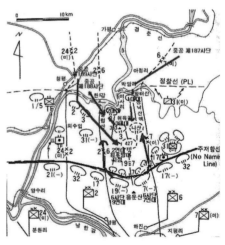

▲ 용문산 전투 요도, 1951년 5월

제1차 춘계 대공세에 실패한 중공군은 동부전선으로 눈을 돌렸다. 1951년 5월 17일, 당시 동부전선 용문산에는 국군 제6사단이 지키고 있었다.

북한강은 춘천-화천-양구로, 남한강은 여주-충주로 이어지는 뱃길이 되어있고, 이곳 용문산 지역은 홍천-인제 방면과 횡성-원주 방면의 도로가 교차하는 육상교통로의 요지이기도 하여, 중공군이 점령할 이유는 충분히 있었기에 이 지역으로 진격하였다.

5월 18일, 중공군의 공세가 개시되었다. 당시 장도영 휘하 제6사단 중 제2연대 제1, 2, 3대대가 방어진을 구축하고 있었는데 제1, 제3대대가 사력을 다해 막아냈지만, 중공군의 막강한 물량 공세에 후퇴, 전초부대를 담당하였던 제2대대와 합류하였다.

그 후 제2연대(1, 2, 3대대 합류)는 전투에 임하며 후퇴하는 게 맞지만, 제2연대는 후퇴는 하지 않고 그대로 진지를 지키며 항전하였다.

이에 당연히 후퇴할 줄 알았던 국군이 제자리를 지키며 항전하자 중공군은 당황해했다. 이때 중공군은 착각을 했는데, 필사적으로 저항하던 제2연대를 주력부대로 알았던 것이다.

중공군은 그대로 착각하여 중국 제63군은 제187, 제188 2개 사단에다 군 예비인 제189사단까지 투입해 우리 제2연대를 총공격하기에까지 이른다.

즉, 중공군 3개 사단이 제2연대, 1개 연대에게 총공격을 감행한 것이었다. 하지만 제2연대는 후퇴하지 않으면서 계속 몰려오는 중공군을 막아내고 있었다.

고립된 제2연대는 겨우겨우 미군의 항공 폭격과 함께 힘겹게 방어하고 있었다.

▲ '결사'(決死)라고 머리띠를 두른 제19연대 제2대대 병사들 모습

- 변수가 생김 -

바로 중공군이 제2연대를 주력군으로 착각하여 총공격을 감행하고 있었을 때 제6사단의 제7연대, 제19연대가 적의 후방을 기습한 것이다. 즉, 포위하여 제2연대를 섬멸할 계획이었던 중공군은 역으로 포위되어 섬멸당할 위기에 처했다.

분명 주력군을 몰아넣고 승리하리라 장담했던 중공군에게 이는 청천벽력과 같은 일이 아닐 수가 없었다. 이 전투의 변수는 중공군 자신들이 만든 것이나 다름없었다. 제7, 제19연대는 중공군이 제2연대를 총공격을 하고 있을 때 기습 준비를 철저히 하고 있었다.

그리고 UN군과 국군 포병들의 집중포화가 시작되었다. 이에 중공군은 많은 전사자를 냈고, 잔존한 중공군은 포위섬멸을 피하기 위해 퇴각하기 시작했다.

- 퇴각과 추격 -

5월 21일 새벽 중공군은 서둘러 퇴각을 하기 시작하였다. 하지만 공이 국군에게 있었으므로 이를 놓칠 리가 없었다. 제6사단(제2, 제7, 제19연대)은 곧바로 추격을 시작하였다.

양평에서 가평과 춘천을 거쳐 화천 발전소까지 60여 km를 추격하며 중공군을 격퇴하기에 이르렀다. 이 과정에서 중공군은 큰 손실을 입었다. 그리고 중공군은 화천호에 이르렀는데, 이로 인해 퇴로가 막혔다. 제6사단은 그대로 중공군의 후미를 들이쳤고, 그 결과 대부분 병력이 화천호에 수장되거나 제6사단에 의해 격멸 당했다.

▲ 용문산 전투에서 나포되어 후송을 기다리는 중공군 포로들. 1951.5

- 전투 결과 -

국군 제6사단의 피해는 전사 107명, 부상 494명, 실종 33명이었고 중공군은 3개 사단 약 2만 명의 병력이 궤멸당하였으며 (간혹 '용문산 대첩'이라 불리기도 한다) 이 전투의 승리를 계기로 UN군 및 국군은 대대적인 반격 작전을 실행하기에 이른다. 그리고 당시 사창리 전투와 현리전투로 사기가 최악으로 떨어진 대한민국 국군의 사기를 최고조로 끌어 올린 시발점이 되었다.

중국인민지원군의 제2차 춘계 대공세로 인해 벌어진 이 전투는 대한민국 제6보병사단이 중국인민지원군을 궤멸시키는 대한민국의 대승으로 마무리되었다.

▲ 전투 승리 후 기념사진 촬영하는 제6사단 장병들 모습

전투 이후, 패배로 인해 엄청난 전력 손실을 입은 중공군은 수세에 몰리게 되어 휴전 협정(停戰 協定)을 제의하기에 이른다.

5월 18일 (328일째) 벙커 고지 전투 (1951.5.17~19)

* UN군 및 국군, 38선 이남으로 후퇴 완료
* 공산군, 의정부 침공
* 인제 서남방 진지의 국군, 예정 방어선으로 후퇴, 공산군 1만 명 침투
* 현리 지역 대돌파구 형성
* 터키 부대, 돌파구 봉쇄 분투

벙커 고지 전투

중공군의 제1차 춘계공세로 후퇴를 거듭하던 중동부전선의 미 제10군단은 1951년 4월 30일 공세 이전을 위한 발판으로 홍천을 확보하라는 임무를 미 제2사단장에게 부여했다.

이에 따라 사단 예하 제38연대 제3대대는 홍천 북방 16km 지점 800고지 일대의 방어 임무를 맡게 됐다.

당시 대대장이었던 헤이스 중령은 이 고지 일대에 호를 구축해 전원이 사격에 견딜 수 있는 강력한 진지를 만들기로 결심하고 5월 2일부터 8일 동안, 각종 호(壕) 구축 · 철조망 가설 · 지뢰지대 설치· 유선 매설 등 견고한 축성 공사를 완료했다.

암반에 호를 파고 갱목과 모래주머니로 덮어 쌓는 형식으로 고지 정상에는 대대 관측소를 비롯해 23개의 엄체호가 완성됐다

▲ 벙커

▲ 벙커

이때의 산 모습이 마치 벌에 쏘인 아이의 머리 같은 형상을 하고 있다 하여 'Bunker 고지'라고 부르게 된 것이다. (실제로 'Bunker Hill'은 미국 보스턴의 한 언덕 지명으로 미국 독립전쟁 당시 치열했던 격전지였음)

적은 공사 기간 동안 아군의 출입을 세밀히 관측한 통로를 정확히 판단한 다음 17일 22시쯤 은밀히 아군 진지로 접근해 기습 공격을 가해 왔다.

적의 공격은 좌측 정면으로 지향돼 방어진지는 순식간에 붕괴되기 시작, 정상마저 빼앗기고 말았다.

아군은 역습을 감행했고, 통신 두절로 인해 포병의 지원사격과 조명도 없이 800고지를 탈취하는 데 성공했다.

다음날 18일, 방어진지에 대한 전반적인 보강작업을 실시했다.

적은 일몰과 동시 916고지 방향에서 밀어닥쳐 100m 전방의 철조망 부근에 이르러 5회에 걸친 파상 공격을 감행해 왔고, 이때마다 아군은 성공적으로 이들을 격퇴했다.

여섯 번째 적의 돌격이 개시되자, 중대장은 전 병력을 호 안으로 들여보낸 후 출입문을 모래주머니로 밀폐해, 마치 철수한 것처럼 기만했다. 적들은 아무런 저항 없이 진내로 들어왔다.

바로 이때 사격이 개시돼 8분간에 걸쳐 무려 2,000여 발의 포탄이 1개 소대 방어지역에 집중됐다.

▲ 그 유명한, 벙커 고지를 사격하는 장면 1951.5.18

적은 완전히 괴멸되고, 더 이상의 공격을 할 수 없게 됐다.

중공군은 벙커 고지 동쪽 속사리와 강릉을 연(連)하는 선까지 돌파구를 형성했으나 이 '벙커 고지'를 확보하지 못해 홍천 방면으로 더 이상 진출하지 못하고 공세(제2단계 춘계)를 끝낼 수밖에 없었고, '방어 작전'으로 전환하게 된 역사상 중요한 전투라 할 수 있었다.

5월 19일 (329일째)
공산군, 중부전선에서 홍천강 도하

* 동해안 국군 부대, 신방어 진지에서 진지 정비
* 미 제2사단, 춘천지구에서 공산군 포위망을 뚫고 대전투
* 공산군, 청평·가평 간과 한계·춘천지구에서 돌파구로 계속 남하
* 국군 제6사단 용문산 전투 개시
* 전 유엔군, 38선 이북 진지로부터 철수

5월 20일 (330일째)
동해안 국군, 38선 이남으로 철수

* 공산군 3사단, 한계·풍암 간 아군 방어선 돌파
* 국군과 유엔군, 토페카선 목표로 공격 개시
* 미 제2사단, 침투한 공산군의 돌파구 봉쇄
* 서부전선, 피아 탐색 접촉 점차 고조
* 미 제트 28대, 압록강 상공에서 공산군 MIG 50대와 교전
* 유엔 공군, 전파탐지 조준기로 미 제2사단 지구의 공산군 병력집결지 야간 대폭격
* 인도 정부, 한국 파병에 관한 미국의 요청 거부

5월 21일 (331일째)
국군 탐색대, 문산에 돌입

* 중동부 전선, 중공군이 미 제2사단 동방 풍암 북방 향해 4개 병 단 투입
* 미 제2사단, 국군 진지의 돌파구 봉쇄로 공산군은 전선에서 새로운 돌파구 기도
공산군 제4차 공세 6일 만에 좌절, 북한강 남안의 교두보에서 후퇴 개시
* 유엔군, 공산군 38선 이북으로 격퇴 위한 전면 공격 개시
* 미군 기동부대, 의정부 돌입
* 이승만 대통령, 강릉지구 동부전선 시찰

5월 22일 (332일째)
유엔군, 전선에서 3.2km 전진

* 중공군, 청평 근방의 교두보 포기 북방으로 후퇴
* 공산군, 서울 북방 15km 지점에서 저항 강화
* 국군, 문산 돌파 임진강 안으로 진출
* 유엔군 함대, 동해안 각지의 공산군 집결지 맹폭격

5월 23일 (333일째)
국군 제1군단, 대관령 확보

* 공산군, 전선에서 일제 후퇴 개시
* 중공군, 미 제2사단 우익면에서 공세 유지
* 유엔군, 중동부전선에서 반격 한계 탈환
* 유엔군, 전 전선에서 강력한 반격
* 공산군, 서부전선에서 후퇴

▲ 복구 중인 한강 철교, 1951. 5. 23

5월 24일 (334일째)
국군 제1사단, 임진강 진출

* 유엔군, 총공격 개시, 공산군의 저항 거의 없음
* 유엔군 기갑탐색대, 동중부전선에서 38선 돌파
* 유엔군, 고랑포를 통과 주변 소탕

* 미군 부대, 춘천 재돌입, 탐색대 소양강
도하 후 북진
* 원산항구의 유엔함대, 새벽에 기뢰 부설하는
공산군 선박 집중사격 가해 공산군 이산시킴
* 공산군, 치열한 대공포화로 미 수송기 3대 추락

5월 25일 (335일째)
국군, 홍천 · 인제 도로로 급진격

* 유엔군, 춘천 서북방에서 38선 돌파
* 공산군, 춘천 · 화천 간으로 퇴각
* 미군, 한계 동북방에서 공산군과 격전
* 국군 선견대, 고랑포 동방 16km 진출
* 밴 플리트 미 제8군사령관, 38선 시찰

5월 26일 (336일째)
국군, 양양 점령

* 미군 인제 도달
* 미군 · 프랑스군, 홍천 · 인제 도로 급진격, 38선
이북의 유엔군 교두보 진지 강화
* 국군 제3군단 해체
* 미 공군 발표,
- "소수의 신형기 B45(제트 경폭격기), F94(복좌 제트기)가
한국전선에서 사용되고 있다."
* 영 글로스터 제1대대 부상 생존병 1명,
33일간 한국인의 보호 중 그리스 군인에게 구출

5월 27일 (337일째)
미 제2사단, 인제 · 현리 점령

* 유엔군, 화천 돌입
* 공산군, 화천 근방에서 투항
* 유엔군, 동두천 및 홍천지구에서 전방으로 진출

* 유엔군 함대, 간성 북방지구에서 패주하는 적에게
집중 포화
* 유엔 공군, 화천저수지 북방에서 공산군 말 4필
수송대 공격, 마필 폭사
* 미 제21보병사단의 1명의 하사관,
단독으로 공산군 112명 설득 생포

5월 28일 (338일째)
미 제9군단, 캔사스선 점령

* 공산군, 화천에서 패주
* 유엔군, 임진강 북안에서 탐색 전개
* 공군, 신의주 상공에서 공산군 MIG 1대 격추
* 한국에 온 최초의 유엔군 장병 어머니, 영국에서 한국행
- 부상당한 아들 마틴 소위를 부산항 병원선에서 면회

5월 29일 (339일째)
유엔군, 간성 재탈환

* 국군 제1군단, 간성 점령
* 공산군, 양구에서 유엔군 진출 저지
* 유엔군, 화천저수지 남방의 공산군 분산시키고
약 9km 전진
* 유엔군, 양암리 동남방지역에서 공산군 597명 살상,
150명 생포
* 공산군, 문산 고랑포 연천 서남방에서
1주일간 초유의 완강한 저항개시

5월 30일 (340일째)
국군, 고성 탈환

* 유엔군, 화천저수지 남안 및 동남안 도달
* 미군, 적의 포격으로 영평 근방 진지에서 철수
* 유엔 공군, 김화 동북방의 공산군 보급품 대집적소 격파

5월 31일 (341일째)
유엔군, 인제 - 현리 간 도로에서
공산군 2,000명 포위

* 화천저수지 재탈환, 공산군 시체 1,028구 발견
* 공산군, 2개 사단 연천 남방으로 이동
* 피아 제트기, 신안주에서 공중전
* 새로 도착한 미 중순양함 로스앤젤레스 호,
  간성 · 고성지구의 공산군 시설 야간폭격

▲ 뗏목을 엮어 만든 한강 부교를 건너는 피란민. 1951. 5

▲ 에티오피아군 장교들에게 한국의 전방 상황을 설명하는 미군 상사. 1951. 5

1951년 6월
전황

▲ 전장을 누빈 미국 헤럴드 트리뷴의 기자 마거릿 히긴스(가운데)가 존 브래들리 준장(오른쪽) 맥매인 중령과 이야기하고 있다.
'이브닝 드레스보다 전투복이 더 잘 어울렸다' 는 평을 받았으며 1951년 여성 최초로 퓰리처상을 받았다.

▲ 출격 명령을 기다리는 미 공군 F86 전투기 1951. 6.

6월 1일 (342일째)
미 전차대, 양구 돌입 후 철수

* 화천 서북 서방에서 공산군의 저항 분쇄
* 중공군 정예부대, 전선 돌입, 철원 · 김화 · 평강지구
방어강화 기도
* 유엔군, 연천 서방 · 적성 북방 · 임진강 북안에
교두보 구축
* 문산 지방 고랑포 방면 국군, 활발한 정찰 활동 전개
* 미 제1 · 9군단, 와이오밍선으로 진출 개시
* 유엔사령부, 남미 최초의 콜롬비아부대 한국 파견 발표
* 미 제24사단장 데이비드슨 준장,
미 군사고문단장서리 임명

6월 2일 (343일째)
국군, 고성 확보

* 국군 제15사단, 351고지 전투
* 화천지구 공산군, 포화 활동 증대
* 공산군의 양구 북방 · 서방의 탐색 공격 격퇴
* 유엔군, 중부전선에서 맹공으로 공산군의 저항
격퇴하고 3.2km 전진
* 유엔군, 한탄강 교두보 확보 후 전진
* 임진강 북안의 공산군 저항 치열
* 영국 순양함 로스앤젤레스 호,
고성 북방의 공산군에 집중포화
* 밴 플리트 미 제8군 사령관, 중공군 제2차 춘계공세
저지하고 진격전 단계 완료했다고 성명,
살상 10만 명, 포로 1만 명

6월 3일 (344일째)
국군 수도사단, 향로봉 전투 개시

* 미 제1군단, 말뚝박기 작전 개시
* 유엔군, 인제지구에서 북진
* 공산군, 화천 · 양구에서 저항에 주력

* 유엔군, 영평 탈환 후 북진
* 유엔군, 연천 돌파
* 유엔군, 문산 서방 고랑포지구에서 탐색 활동
* B29 전폭기, 함흥 - 원산 간 교량 폭파
* 미 태평양함대사령관 래드포드 대장,
극동 해군 사령관 조이 중장과 전선 시찰

6월 4일 (345일째)
중부 · 중동부 전선에서
치열한 전투 전개

* 전 전선에서 1.6km 진출
* 인제지구 공산 군대, 유엔 공군의 공격으로 진지 포기
* 유엔군, 측면작전으로 철의 삼각지대 공격
* 국군 해병대, 난공불락의 천연요새 도솔산 탈환
* 중부 · 중동부 전선에서 치열한 전투 전개
* 공산 군기 2대, 양구 근방 아군 진지 폭격
* 유엔군, 화천호 남방에서 중공군 시체 1,500 구,
말시체 700구 발견, 5월 16일 미 제2사단의 공격 시
발생한 공산군 피해로 추정
* 유엔군, 영평 동북방 고지 탈환
* B29 전폭기, 영흥 폭격, 900kg 폭탄 80톤 투하
* 공군 850회 출격
* 육군참모총장 유재흥 소장 임명

6월 5일 (346일째)
유엔군, 연천지구에서 3km 북진

* 양구 동북방에서 진출
* 화천 · 김화지역 공산군, 후퇴 기세
* 공산군, 인제 주변 전선에서 지연작전
* 고랑포 동방에서 도하한 아군, 공산군과 교전 후 철수,
연천지방에서 2~3km 전진
* 미 제5공군기 2대 손실
* 밴 플리트 미 제8군사령관, 섬멸 결의 거듭 천명

6월 6일 (347일째)
화천 동북방에서 공산군 1개 대대와 교전

* 공산군, 양구 동방 · 동북방에서 강경 저항
* 유엔군, 철원 · 김화 · 평강 연결하는 견고한 철의 삼각지대 돌입
* 공산군, 서부전선에서 국한된 퇴각, 후위 전투 계속 수행
* 공군, 김천 · 시변리 폭격

▲ 미 해군복장을 입은 전쟁고아, 1951. 6

6월 7일 (348일째)
유엔군 전함 · 항공기, 원산항 폭격

* 유엔군, 인제 북방 원통리 지구에서 공산군의 맹렬한 저항 조우
* 화천 · 양구 북방에서 공산군의 저항, 일부는 반격기도
* 유엔군, 평강계곡 입구 도달
* 유엔군, 공산군의 치열한 포화 배제하고 철원 · 김화의 외곽방어선 돌파
* 임진강 북안 탐색, 전투 없음
* B29 · B26 전폭기 23기, 철의 삼각지대 파편 900만 개가

분열하는 230kg 폭탄 투하
* 미 극동 공군, 중부전선 철의 삼각지대에서 대량 살상, 집결부대 분산 위한 신무기 사용 발표
* 공군, 철원 · 김화 주변 공산군 집결지 네이팜탄 · 작렬탄 · 기관총 · 소사로 맹타
* 공군, 사리원 · 해주 근방 철도 맹폭
* 공군 763회 출격, 차량 147대, 건물 520동, 철도차량 65량 격파

6월 8일 (349일째)
국군 제7사단, 군량현 전투 개시

* 공산군, 동부전선에서 맹포격
* 간성 서남방에서 정찰대 충돌 계속
* 공산군, 중동부에서 지연작전 악화로 북방으로 퇴각
* 유엔군, 거포로 철원 · 김화 계속 강타, 공산군 대전차 저지에 홍수작전
* 공산군, 화천 동북방에서 저항 완강, 아군 양국 동북방에서 2~4km 전진
* B2p 전폭기 13대 B26 전폭기 17대, 철의 삼각지대 폭탄 200톤 투하
* 마셜 미 국방장관 내한 전선 시찰, 미 제8군 방문, 밴 플리트 · 정일권 중장과 회담

6월 9일 (350일째)
미 제9군단, 와이오밍선 좌반분 점령

* 유엔군, 기습 폭우를 무릅쓰고 김화 근방 도달, 철원 · 김화 남방 공산군 방어전 강화
* 공산군, 철원 · 김화 · 평강의 철의 삼각지대 포기, 금성으로 퇴각 개시

▲ 적근산 남쪽 고지에서 와이오밍선 진출 작전에 참가한 미 제7사단의 전투 장면. 1951. 6. 9

선전 맹폭으로 건물 400동 파괴

6월 12일 (353일째)
유엔군, 간성 서북방 일대 진지 강화

* 공산군, 금성지구 신방어선 구축
* 유엔군, 철원지구에서 김화지구 우군에 호응, 잔적 소탕하고 3km 진출
* 김회자구의 유엔군, 금성 방면으로 퇴각 중인 공산군 격퇴
* 유엔군, 임진강선 진지 강화
* 공산군, 개성 · 고랑포지구 병력 증강

6월 10일 (351일째)
국군, 공산군의 반격 제지 후 간성 확보

* 밴 플리트 미 제8군 사령관, 철원 · 김화 점령 완료 발표
* 공산군의 유기 무기, 김화지구에 산적
* 양구 · 화천지구에서 공산군의 강력한 저항 계속 서부전선, 대체로 평온
* 해군, 성진지구에 함포사격, 1만 발 이상의 거탄 세례
* 공군, 철의 삼각지대에 230kg 파편 폭탄 200개 투하
* 공군, 평양 사리원에 폭탄 130톤 투하
* 공군, 공산군 비행장 순안 · 평강 · 평양 · 사리원 등 7개소 맹폭

6월 13일 (354일째)
화천지구 공산군 주력부대, 금성 방면으로 퇴각 계속

* 유엔군 선견부대, 12시 15분 평강 돌입
* 국군 및 유엔군, 임진강 하구 -철원 -김화 -해안분지- 거진 북방 방어선 형성
* 유엔군, 임진강 일대 탐색 활동 전개
* 국군 탐색대, 개성 돌입 후 귀환
* 공산 군기, 원산 상공 출현

6월 11일 (352일째)
유엔군, 간성 서남방의 공산군 맹격

* 미 제9군단, 와이오밍선 우반부 점령
* 화천 북방 및 양구 북방 공산군 저항 점차 소멸
* 유엔군, 철원 김화 완전 탈환, 공산군이 막대한 장비 포기한 채 평강으로 퇴각
* 공산군, 철의 삼각지대에서 3개 사단 무장분의 무기 포기
* 임진강 서안의 유엔군, 탐색 활동 계속
* 공군, 우천 중에 377회 출격,

6월 14일 (355일째)
공산군, 중부전선에서 대거 퇴각

* 국군, 간성 북방 공산군의 2차 공격 격퇴
* 공산군, 중동부 양구 · 인제 북방 신방어선에서 맹렬한 도전
* 유엔군 전차부대, 평강 돌파, 평강의 북방고지 소탕
* 유엔군, 고랑포 · 장단지구 탐색 활동 계속
* 미 구축함 톰슨 호, 성진 해상에서 공산군의 해안포화로 사망 3명, 부상 4명 발생

* 공산 군기, 수원 비행장 및 영등포에서 각 1개 내습
* 공군, 순천 사리원 등 비행장 폭격

6월 15일 (356일째)
유엔군, 간성 북방 산악지대와 평강 계곡 따라 북진

* 국군, 3일간 간성 북방지구의 공산군 반격, 유엔 함대의 엄호사격 하에 격퇴
* 김화 · 한계 근방 삼림의 공산군, 진격 중인 유엔군 맹공격
* 삼각지대에 공산군 영향 없음
* 밴 플리트 미 제8군 사령관 전선 시찰 후 적의 3차 공세 예견

6월 16일 (357일째)
유엔군, 철원·양구지구에서 1.6km 전진

* 간선 서북방에서 국군, 경미한 전투
* 금성 남방 진격하는 국군, 완강한 공산군 저항에 부딪힘
* 유엔군, 연천 서북방 · 북방에서 산발적인 전투
* 임진강 연안의 유엔군, 고랑포 · 장단 지역 정찰 활동 계속

6월 17일 (358일째)
파일 드라이버 작전

* 화천저수지 서북방에서 미군 병사 시체 7구 발견
* 공산군, 금성 사수위해 완강한 저항
* 미 제10군단, 캔사스 선 점령
* B29 전폭기 편대, 평양 사리원 비행장에 폭탄 수백 톤 투하
* 공산 군기 1대, 수원 비행장 내습, 폭탄 4개 투하

▲ '파일 드라이버(Pile Driver) 작전' 요도 (철원-김화-양구-간성) 1951.

철의 삼각지대 일원에서의 파일 드라이버(말뚝밖기) 작전은 1951년 5월 27일부터 6월 20일까지 전개된 미군 작전이었는데, 이 작전의 목적은 중공군의 2차에 걸친 춘계공세(1951년 4월 및 5월)를 격퇴한 국군과 UN군이 철원-김화-양구-간성을 연결하는 선으로 진격하는 것이었다.

이 작전에서 국군 제3사단과 제9사단은 6월 11일과 12일에 철원을, 미군 제25사단은 김화를 점령하였고, 13일에는 미 제3사단이 평강에 진입하여 적정을 수집한 후 철수하였다. 이 전투 이후 쌍방 어느 편도 철의 삼각지대 전체를 장악할 수는 없게 되었다. 철의 지대에서 벌어진 전투 중 가장 잘 알려진 전투는 바로 '백마고지 전투'이다. 중공군과 무려 9일 동안의 혈전 끝에 '철의 삼각지대'를 끝까지 확보한 전투였다.

▲ "담배 한 대 어때?" 미군 대위가 한국군 병사에게 1951. 6

6월 18일 (359일째)
도솔산 지구 전투
마무리 단계 돌입

* 화천지구 3개 유엔군 탐색부대, 치열한 교전 후 후퇴
* UN군, 고랑포지구에서 38선 월북
* 간성 서부 침습한 공산군, 공 · 육 합동으로 격퇴
* 공산군, 삼각지대로 포병대 이동,
유엔군 탐색대의 진격 저지

▲ 도솔산, 전투 중 태극기에 서명하며... 애국충정을 표한 해병들... 1951년 6월

▲ 도솔산 지구 전투 설명: 목표물 #1~ #24 진격도 (1951. 6. 4 - 6. 20)

▲ 도솔산에서, 미군 병사가 찍은 사진-1, 1951. 6

▲ 도솔산에서, 미군 병사가 찍은 사진-2, 1951. 6

6월 19일 (360일째)
도솔산 지구 전투 완료

* UN군, 동부전선에서 적 지역 깊숙이 침투
* 공산군, 김화 · 철원 새 진지에서 퇴각 중지
* 콜롬비아 대대(1,050명) 내한

6월 19일 00:01시를 기하여 도솔산에 대한 야간공격을 감행, 제11중대는 동측 능선을 따라 우회하여 목표의 우단 부를 공격하고, 제10중대는 정면에서 공격하여 육탄과 육탄이 서로 마주치는 혈전을 전개한 끝에 05:30분에 도솔산의 정상을 점령하였다. 이리하여 제1연대는 지난 6월 4일에 도솔산 지구에서 공격전을 개시한 이래, 만 16일간에 걸친 격전을 거듭한 결과 피로 얼룩진 24개의 목표를 모두 점령하고, 북괴군의 역습에 대비하여 강력한 진지를 구축하였으며, 이로부터 적극적인 정찰과 수색전을 전개하였다.

▲ 1951. 6. 19 도솔산 지구 전투, 무적 해병의 감투 정신으로 종료 !

▲ 이승만 대통령, 도솔산 전투 승리 현장 시찰 (1951. 6 -연합뉴스)

▲ 도솔산 지구 전투 '충혼탑'

1951년 6월 3일부터 19일까지 치러진 도솔산 지구 전투는 대한민국 '무적 해병대'의 감투 정신과 희생으로 승리로 끝났다. 야간공격으로 적의 저항선을 하나씩 침몰시킨 해병대는 6월 15일부터 24고지의 목표에 대한 공격을 재개했다.

6월 19일 0시를 기해 3개 대대가 일시에 도솔산 공격에 나섰다. 야음을 틈타, 도솔산 적 진지에 대한 마지막 야간공격은, 적진 근처까지 진격해 있다가 5시 30분에 이르러 일제히 적진으로 돌격, 육박전까지 전개하며 24개의 목표를 완전 점령하는 쾌거를 이뤘다.

이틀 전인 17일엔 이미 제2대대가 19고지 점령을 끝낸 상태였고, 22목표는 3대대가, 23목표와 24목표는 1대대가 점령함으로써 17일간에 걸친 작전은 완벽한 승리로 끝냈다. 난공불락 같던 도솔산 암벽 진지가 우리 국군 해병대의 손아귀에 들어온 것이다.

양구군에서는 해병대 5대 작전의 하나로 기록될 만큼 격렬한 전투를 치렀던 '도솔산 승전보'를 널리 전하고, 참전용사의 넋을 기리며, 평화통일의 염원을 기원하고자, 매년 6월 '도솔산 전적 문화제'를 양구읍과 도솔산 일원에서 지내고 있다.

> 6월 20일 (361일째)
> 6.25전쟁과 벙커

* 서부전선 공산군 준동 활성화
* 공산군, 원통리 북쪽에서 저항 약화
* 공산군, 김화 북서방 금성지구에서 활동 증강
* 유엔군, 중부에서 공산군의 수차 탐색 격퇴
* 해병 제1연대, 도솔산 목표 24개 완전히 공격 점령

전쟁 중의 벙커' 모습

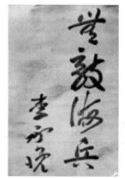
▲ 이승만 대통령 친필 휘호, '무적해병'

▲ 경기 포천 만세교 부근에 남아 있는 벙커.
6 · 25전쟁 당시 국군 제7사단 전방 벙커 중 유일하게 남아있는 것,
文化財로 지정.

▲ 벙커와 참호로 뒤덮혀진 산야; 백마고지의 당시 모습, 1951년 가을

▲ 고지전(高地戰)으로 인해 황폐된 산악모습. 1951년 겨울

* UN군, 고성 남방에서 유리한 고지 탈환
* 공산군, 화천 동북방에서 백암산 부근으로 이동
* 노르웨이 병원선(의료부대) 참전

전쟁과 여인

▲ 계 제2차대전 당시 공주 시절, 영국 엘리자베스 (여왕, 군 복무 모습)

열혈 미군 종군(從軍) 여기자(女記者)
마거릿 히긴스(Marguerite Higgins, 1920 -1966)

▲ 여성에게 최초로 퓰리처상을 안긴 기록은 바로 종군여기자의
한국전쟁 르포인 'WAR IN KOREA'

▲ 마거릿 하긴스

마거릿 히긴스(Marguerite Higgins)는 한국전쟁 발발 이틀(2일) 후부터 6개 월간 전선을 취재한 이 책을 들고 미국 전역(전역)을 돌면서 "한국을 도와야 한다"고 호소했다. 그녀의 호소는 미국의 젊은이들이 미지의 나라인 한국을 위해서, 한 번도 만나보지 못했던 한국인들을 위해서 달려오도록 하는 데 기여했다. 그리고 그들의 고귀한 희생으로 우리는 자유를 얻었고, 지켜냈다.

6.25 발발 이틀(2일) 후인 1950년 6월 27일부터 1950년 12월 중순까지 종군 여기자로 활약한 Marguerite Higgins는 1951년 1월 1일에 한국전쟁 르포 책의 '서문'을 다음과 같이 썼다.

"이 책은 내 눈으로 직접 목격한 한국전쟁의 중요 국면들을 보고하기 위해 쓴 것이다. 나는 한국전쟁 발발 직후인 1950년 6월부터 12월까지의 기간 중 11월의 4주간을 제외하고는 거의 계속 전선에 있었다. 이 경험을 토대로 한국전쟁을 가장 사실적으로 묘사했다고 생각되는 사건들과 일화를 골라봤다. 이를 통해서 적들의 공격과 우리 반격의 실상, 우리의 약점과 강점 그리고 우리의 미래를 위하여 배운 것이 무엇인지를 생생히 보여주려고 노력했다."

Marguerite Higgins
서울 1951년 1월 1일

"한반도에서 우리는 준비하지 않은 전쟁을 치름으로써 값비싼 대가를 치렀다. 또한 승리는 큰 비용을 요구할 것이다. 그러나 그것은 패배할 때 치러야 할 비용보다는 훨씬 저렴할 것이다."라며 "Freedom is not Free" 자유는 거저 얻어지는 것이 아님을 역설했다. 그녀가 그녀 자신의 취재 일지를 통해, 그리고 그를 바탕으로 엮어진 책을 통해 전하고자 했던 메세지는 이것이었다.

▲ 맥아더 사령관과 히긴스 記者, 1950년 6월 28일 수원 비행장

▲ 한국전선 위문공연, 마린 먼로 모습. 1953년

▲ 한국전선 위문공연, 마린 먼로 모습. 1953년

공연이 끝난 후 매린 먼로의 코멘트
"was the best thing that ever happened to me. I never felt like a star before in my heart. It was so wonderful to look down and see a fellow smiling at me."

스타가 된 것을 가슴속으로 느끼기는 처음,
자기 인생 최고의 날 이었다고.

6월 22일 (363일째)
인제 북방 공산군의 2차에 걸친 반격 견제

*김회지구 비교적 평온
* 북한 상공에서 2차에 걸쳐 피아 제트기 87대 간에 공중전 전개
* 극동 공군, 개전 1년간 전과 발표
- 공산 군기 391대 격파, 유엔군 측 손실 245대
* 미 제25사단장 브래들리 준장, 소장으로 승진
* 노르웨이 의료지원 부대 도착

6월 23일 (364일째)
중동부전선,
2일간 공산군 정찰공격 격퇴

* 공산군, 원산 · 함흥 서남 방면에서 서남으로 이동
* 공산군, 전 전선에서 UN군에 저항 강화
- 공산군, 원산 · 함흥 서남방에서, 서남쪽으로 부대이동
- 서부전선에서 아군 정찰대와 접촉
* 리 UN사무총장, 16개 참전국에 증파 요청 호소문
* 미 국무부, 소련의 정전 제안,
"선전이 아니라면, 노력하겠다"
UN 공군, 처음으로 수풍댐 폭격

UN안보리에서 '휴전제의'(1951. 6. 23)
(중국, 체면때문에 소련이 휴전 제안하도록 요청)

▲ 휴전을 제의하고 있는 유엔 주재 소련대표 말리크의
1951년 6월 23일 유엔 라디오 장면

▲ 中國의 마오쩌둥(왼쪽)과 소련의 스탈린

북괴의 불법 남침 과정에 깊숙이 개입했던 두 지도자는, 중공군 5월 공세의 실패 이후 휴전 추진으로 방향을 전환할 때도 전보를 주고받으며 입장을 조율했다. 공산군의 5월 공세가 참담한 실패로 결론이 내려진 1951년 5월 하순 중국 공산당은 마오쩌둥의 주재 아래 6·25 전쟁에 대한 전면적인 검토를 시작했다. 중공군 총참모장이었던 니에룽쩐은 그의 회고록에서 "다수의 동지들이 38선 부근에서 당연히 진격을 멈추고, 전투와 회담을 병행하면서 담판을 통해 문제를 해결해야 한다고 주장했다"고 그 무렵 중국 내부 사정을 기록하고 있다.

중국과 북한의 전략 수정
니에룽쩐 중공군 총참모장도 회담을 통한 해결에 동

의하는 입장이었다. 사실상 중공군과 북괴군이 UN 군과 국군을 몰아내고 전쟁에서 완전히 승리할 가능성은 더 없었다. 중국 측 입장에서 볼 때 일단 북한을 지켜냈기 때문에 38선 주변에 주둔하고 있는 현 상황에서 전쟁을 종결할 수 있다면 큰 체면의 손상 없이 전쟁을 마무리할 수 있으리라고 기대했다.

▲ 팽덕회 공산군 사령과 김일성

몇 달 뒤의 일이지만 1951년 9월 8일 중공군 지휘관인 펑더화이도 "현재의 열악한 장비로 적을 부산까지 퇴각시키려 해도 그것이 결코 쉽지 않다"고 말한 것도 1951년 시점에서 중공군들이 어떻게 상황 판단을 하고 있었는지 잘 보여준다. 이처럼 중국 수뇌부의 분위기가 회담을 통한 전쟁 종결로 기울자 남침전쟁을 시작한 주모자 중의 한 명이었던 북한의 김일성은 1951년 6월 3일 중국 베이징을 찾았다. 당시 김일성이 중국 측의 휴전을 통한 전쟁 종결 입장에 어떤 반응을 보였는지는 분명치 않지만, 현실적으로 공산군 측 전쟁의 주도권을 중공군이 맡고 있는 만큼 북한이 중국의 뜻을 거스를 수는 없었다.

▲ 수많은 중공군 병사들이 UN군에 의해 포로가 되었다.

결국 마오쩌둥과 김일성은 5월 공세의 좌절을 통해 더 이상 공산군이 단기간에 무력으로 승리할 수 없다는 사실에 대해 인식을 같이하면서 "장기전에 대비하면서도 동시에 평화 회담을 통해 '전쟁 종결'을 모색하자"는 새로운 전략 방침에 대해 합의했다.

6월 24일 (365일째)
전 전선 교전 치열

* 공산군, 전 전선에서 강력 저항
* 인제 북방에서 치열한 전투 전투, 김화 · 동북방 고지의 공산군 반격 격퇴, 고지 재탈환
* UN군, 평강 근방 고지 반나절 격전 후 철수
* 유엔군 탐색대, 철원 서방 · 연천 서방에서 공산군의 맹렬한 도전에 봉착
* 공산군, 평강 · 김화방어를 위하여 서울 · 원산 간 막대한 증원부대 투입
* 고랑포 서북방 중공군 3,000명 퇴각

6.25 발발 1주년 '의식'

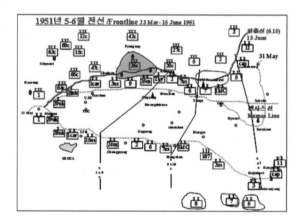

워싱턴의 전쟁종결 방침에 따라 전투는 '사단규모 이내'로 제한되었다. 오직 종전을 위한 회담 압박과 전후 유리한 지형과 방어선 확보를 위하여 전투가 이루어졌다. 전투는 작전적으로 유리한 지역, 즉 삼각지대, 펀치볼, 금성지역 등에서 치열하게 이루어졌다.

▲ 1951.6 미 전투 공병들이 전차가 지나갈 수 있도록
지뢰 제거작업을 하고 있다.

▲ 1951.6 전투에 임하고 있는 벨기에 軍 병사(兵士)들 모습

▲ 1951.6 미 제3군단에 배속된 푸에토리코 병사들이 전투 중,
적이 파 놓은 참호에 들어가 있는 모습

▲ 새로 재편된 영방 사단; 아일랜드, 스코틀랜드, 호주, 캐나다 및
인도군의 혼합 편성

▲ 수심판정(水深判定) 잘못해 물에 빠진 탱크;
견인되어 나오기 꽤 힘들었다. 1951. 6

6월 25일 (366일째)
남침 6.25전쟁 발발 '제1주년'

* 공산군, 전 전선에서 소규모 정찰공격 치열
* UN군, 인제 북방 공산군 탄약집적소 폭파
* 공산군, 서부전선 및 간성 지역, 전투상황 없음.
* 전국, 6.25발발 제1주년 기념식 거행
* 서울시, 멸공 총궐기대회(시민 5만 명 참가).
* 중공군, 팽덕회 주최 각 병단 지휘관(북괴군 박일우) 회의
  - 38도선 및 38.5도선을 '작전지역'으로 결정
* 미 트루먼 대통령, '말리크의 정전 제안이 평화적
  해결을 의미한다면, 수락 용의' 표명
* 서울시청, 서울로 복귀

북한 괴뢰군의 남침계획, 확증

▲ 남침 작전 계획서, 러시아어로 작성, 전쟁기념관

자유는 공짜가 아니다!　　469

한국전쟁은 북의 의지로 발발하였으며, 구소련 스탈린과 중화인민공화국 마오쩌둥의 지원을 약속(김일성은 소련의 지원이 충분하므로, 중국공산당의 지원은 받지 않겠다고 말했음) 받고 일으킨 남침이다. 이 세 명은 대한민국과 미국의 기록, 공개된 구소련의 비밀문서를 통해 증명되었다. 소련공산당의 니키타 흐루쇼프 전 서기장은 그의 회고록에서 '한국전쟁은 김일성의 계획과 스탈린의 승인으로 시작되었다'는 점을 밝혔다. 결국 구소련 비밀문서의 공개에 따라 조선인민군의 남침은 김일성이 주도한 것으로 밝혀졌고, 중화인민공화국의 지원을 약속받은 것도 김일성이라는 것이 밝혀져 내란 확전설, 이승만 주도설 등은 그 설득력이 없다. 비교적 폐쇄적인 조선민주주의인민공화국의 공산주의 체제의 특성, 참전자 증언, 구소련의 공개된 문서를 고록할 때, 조선민주주의인민공화국이 주장하는 이승만 북침설은 설득력이 없다.

중화인민공화국의 경우, 대한민국과의 수교 이전 조선민주주의인민공화국의 주장인 북침설을 공식적으로 동의하였으나, 최근의 경제개방과 대한민국과의 수교 이후에는 '남침설'을 정설로 인정하고 있다. 중화인민공화국은 1996년 7월에 한국전쟁의 기록을 대한민국의 북침에서 북한의 남침으로 수정하는 역사 교과서 개정을 하였다. 소련의 붕괴 이후 베일에 싸여 있던 한국전쟁 관련 비밀문서가 공개된 이후, 한국전쟁의 원인은 [남조선로동당 박헌영의 설득을 받은 조선민주주의인민공화국의 김일성이 대규모의 대한민국 침입을 계획하고, 스탈린의 재가를 얻어 개시된 것으로 밝혀졌다. 이 과정에서 스탈린은 김일성의 재가를 무려 48번이나 거절하고 전방 위주의 게릴라전만 허용했지만, 김일성의 강력한 의지를 꺾을 수 없어서 결국 스탈린은 남침을 승인하고 말았다.]미국의 사회학자 브루스 커밍스에 따르면, 당초 예상했던 것 보다 스탈린이 훨씬 더 깊이 개입해 있었다고 한다. 영국 정보기관에서 나온 문건에 따르면, 스탈린은 김일성에게 '미국은 대한민국

을 지켜 주지 않을 것'이라고 말한 바 있다. 1950년 6·25전쟁 당시 북괴 수뇌부의 남침 계획에 따라 첫 공격 신호 발사 명령을 내린 인물은 소련 국적 고려인인 유성철(1995년 우즈베키스탄 타슈켄트에서 작고) 전 북한 인민군 작전국장이었다.

1945년 소련군 장교로 김일성 부대와 함께 북한으로 들어가 6·25전쟁 당시 문화선전 생성 부상으로 참전한 고려인 정상진(鄭尙進 90·문학평론가)은, 유 씨가 죽기 전에 이런(위) 말을 하는 것을 직접 들었다고 카자흐스탄에서 밝혔다고.

북괴군은 소련이 지원한 T-34/85,242대 1개 전차여단과 1개 독립 전차연대를 편성하여, 남침!!

▲ 서울을 침공한 북괴군 소련제 전차 T-34형, 서울시청 앞. 1950. 6. 28

▲ 중국 인민 부조위원단 단장 라오청즈(왼쪽 첫째)와 부단장 마오둔(오른쪽 첫째) 일행을 북한군 총사령부로 초청한 김일성(1941. 4)

6월 26일 (367일째)
유엔군, 김화 동북방에서 고지 철수 후 재탈환

* 국군 탐색대, 간성지구에서 교전
* UN군, 김화 동북방에서 고지 쟁탈전
* 이승만 대통령, 리지웨이 UN군 사령관 접견
* 한국 정부, 소련의 화평 제안에 긴급 국무회의

6월 27일 (368일째)
연천 서방 공산군 격퇴

* 유엔군 탐색대, 인제지구 공산군 방어선 일대에서 완강한 저항 조우
* 캐나다 구축함 휴런호, 공산군 정크선 포획
* 참전 16개국, 말라크의 정전제의 공동 수락

6월 28일 (369일째)
6.25전쟁의 발발에 따른 '에피소드'

* 전 전선 대체로 평온
* 간성 서남방에서 내침한 공산군 격퇴
* 양미지구 경미한 교전
* 고지전 차츰 활발해 짐
* 이승만 대통령, 정전 문제에 관하여 결의 표명
* "승패 결정 전에는 화평보다 차라리 죽음을 원하라"는 입장 표명

에피소드

1950년 5월 13일 밤, 마오쩌둥을 만난 북 괴수 김일성은 "소련이 남침에 동의했다. 직접 중국 측에 전달하라고 해서 왔다"면서 유창한 중국어로 지지를 요청했다.

▲ 한반도를 초토화시킨 6,25전쟁 주역(主役)들. 김일성, 모택동, 스탈린

마오는 즉답을 피했다. 음식 얘기로 시간을 끌며 김일성이 눈치채지 않게 저우언라이(주은래)를 소련 대사관으로 파견했다. 거짓말인지 아닌지 확인할 필요가 있었다.

이튿날 소련 측에서 답변이 왔다. "조선 동지들과의 회담에서 빌리프(스탈린) 동지와 그의 친구들은 조선인들의 계획에 동의했다"라면서 중국을 난처하게 만들고도 남을 내용을 첨가했다. "이 문제는 중국과 조선의 동지들이 공동으로 해결해야 한다. 중국 동지들이 동의하지 않는다면, 토론을 통해 해결 방법을 찾아라. 상세한 내용은 조선 동지들을 통해 듣도록 해라." 모는 그동안 자신을 따돌린 스탈린의 처사가 괘씸하고 불쾌했지만, 도리가 없었다.

5월 15일 김일성과 다시 만난 자리에서 "속전속결로 끝내라. 생산시설만 집중적으로 파괴하면 된다. 대도시를 점령하려고 애쓸 필요가 없다"고 충고했다. "미국이 참전하면 우리도 군대를 보내 돕겠다"며 김의 자존심을 슬쩍 건드렸다. 모 몰래 소련으로부터 전쟁물자를 공급받은 김은 "동의한 것만으로 족하다"며 자리를 떴다.

김이 베이징(북경)을 떠난 다음 날, 모는 스탈린이 보낸 전보를 받았다. 의견을 구한다며 단둥에서 선양까지 인민해방군 몇 개 사단을 배치해 주기를 희망했다.

모는 그날로 답전을 보냈다. "해방군의 동북 투입은 당장이라도 가능하다. 그간 전쟁을 치르느라 소모가 컸다. 소련 측에서 장비와 무기만 제공한다면 병력은 전혀 문제 될 게 없다. 스탈린도 "장비는 우리가 해결하겠다. 단, 하루라도 빨리 부대를 동북의 동남 지구에 배치하기를 바란다"고 화답했다.

1950년 6월 25일

모는 오후가 되어서야 프랑스 통신사를 통해 북 인민군의 남침 소식을 들었다. 김일성의 정식 통보는 사흘 후, 그것도 베이징(북경) 주재 북한 무관을 통해서였다. 같은 날, 스탈린이 보낸 전보도 받았다. "김일성은 용기가 대단한 사람이다. 그를 설득할 수가 없었다.내가 무슨 말을 해도 결심과 믿음을 바꾸려 하지 않았다."

▲ 1950. 6. 26 조선일보 1면

6.25 관련, 진실들

사실 모택동은 이때 한국보다 더 급한 게 있었다. 대만 점령을 위하여 대만에 약15만 명의 병력과 약 4,000척의 선박을 집결시켜 놓았다. 그런데 대만보다 먼저 한국을 치도록 유도한 스탈린 때문에 중국은 대만 공격의 기회를 놓치게 됐고, 한때 대만을 포기하였던 트루먼 미국 대통령은, 김일성의 남침 직후 미 제7함대를 보내 대만을 방어하도록 명령하면서, 오늘의 대만이 존재할 수 있게 된 것이다. 당시 중국 공산당은 주은래 총리를 소련으로 보내 소련 공군의 엄호를 요청했다.

그러나 스탈린은 그렇게 하면 미국이 소련과 정면 대결로 나올 가능성이 있다면서 중공군에 20개 사단 분의 장비를 제공할 용의는 있지만, 공군 지원은 당분간 불가능하다고 뒤로 빠져버렸다.

당시 미국은 만주 폭격, 중공 해안 봉쇄, 장개석 군대의 중공 상륙 지원, 한국에 대규모 증원군 파병 규모 증원군 파견, '원폭 사용' 검토 등, 이는 중공에 대한 사실상의 선전포고였다.

트루먼 대통령은 중공을 정면으로 공격하면 소련(당시 핵 보유)이 참전, 미국이 이길 수 없는 세계대전으로 발전할 것이라고 판단하고 제한전을 선택하게 된다.

▲ 1950.6.26 남침하는 북괴군 전차부대 모습

김일성의 경솔한 야망과 달리, 전쟁이 장기화 되자 김일성과 모택동은 스탈린에게 휴전을 하게 해달라고 간청했다. 그러나 스탈린은 이를 거절한다. 1953년 3월 5일 스탈린이 죽고 나서야, 2주 뒤인 3월 19일 소련 내각은 한국에서 휴전하기로 결정하게 된다.

3월 29일 소련의 특별 대표로부터 휴전 결정 통보를

받은 김일성은 '좋은 소식을 들어 기쁘다'며 매우 흥분했다고 한다. 이렇듯 김일성은 민족 비극을 불러온 6.25전쟁의 원흉이며, 민족의 원수이다.

▲ 6.25 발발 전 모스크바를 방문한 마오쩌둥과 소련의 최고 권력자 스탈린

6월 29일 (370일째)
중부전선 공산군, 저항 완강

* 전 전선 소강 상태
* 서부전선에서 국부적인 치열한 고지 쟁탈전 전개
* 유엔군사령부, 공산 측에 휴전회담 제의

6월 30일 (371일째)
리지웨이 UN군 사령관,
공산군에 휴전회담 제의

* 국군, 간성지구에서 탐색 작전 중
* UN군, 김화지구에서 고지전 중
* 리지웨이 UN군 사령관, 공산군에 휴전회담 제의
* 이승만 대통령, 휴전 협상 반대 성명 발표

소련, 휴전 협상 카드를 들다

중공군의 5월공세와 이에 대한 아군의 반격과정은

적에게 85,000명이라는 치명적인 인명 손실을 끼침, 지금도 살아있는 생생한 전훈을 남겼다는 점에서 6·25 전쟁의 결정적 국면 중 하나였다고 평가할 수 있다. 그리고 더욱 극적인 결과물까지 바로 남겼다. 바로 '휴전 협상' 논의의 시작이다.

적의 5월 공세를 분쇄하고 반격까지를 성공시킨 직후 메튜 리지웨이 UN군 사령관은 미 합동참모본부에 "(이번) UN군의 승리가 적을 휴전협상의 무대로 불러오는 데 결정적 역할을 할 것"이라고 보고했다. 이 같은 리지웨이 장군의 장담은 오래지 않아 현실로 나타났다.

▲ 환하게 웃고 있는 미 합참의장 브래들리 장군과 매튜 리지웨이 장군. 리지웨이 오른쪽 가슴에 달린 수류탄은 그의 강인한 군인정신을 상징하는 '트레이드 마크' 였다.

소련의 UN 대표인 야코프 말리크는 1주 전, 6월 23일 UN이 후원하는 라디오 연설을 통해 "소련은 한국에서의 무력 충돌 문제가 해결될 수 있다고 믿는다"라며 "회담은 교전 당사자들이 서로 군대를 철수할 수 있게 하는 정전과 휴전에 목표를 두고 시작돼야 한다"고 제안했다. 겉으로 드러난 형식상 소련이 6·25전쟁에 직접 참전하지는 않았지만, 이 같은 제안은 교전 당사자인 중국과 북괴의 공식 휴전 회담 제의나 마찬가지였다.

소련은 애당초 북괴의 불법 남침을 사전에 협의하고

계획한 국가 중의 하나였고, 북괴군이 침략할 수 있게 무기를 제공한 국가였으며, 무엇보다 중국과 북괴에 실질적인 영향력을 행사할 수 있는 사회주의 국가 중 최고의 강대국이었기 때문이다.

근간의 전황과 전회담 발전개요

* 1951.5 ~ 6 UN군 총반격 시도
* 전선 일대에서 교착 상태, (초여름)
* 미국, 소련에 휴전회담 비공식 제의
* 1951. 6. 23 소련 말리크, UN에서 휴전회담 제의

한미동맹의 근간

훗날, IKE는 한미상호방위조약 체결을 약속한 대가로 이승만의 휴전 동의를 얻어 냈다. 휴전을 공약으로 내세웠던 아이젠하워는 이승만의 노련함에 이끌려, 한국 정부가 휴전을 막지 않는다면 '한미상호방위조약' 을 조속히 체결하여 주기로 약속하였다. 애

▲ 아이크 대통령 당선인 방한 때,
이승만 대통령은 '태극기' 를 기념으로 증정했다.

당초, 아이젠하워, 덜레스 국무장관, 콜린스 육군참모총장 등 미국 전쟁 수뇌부 대부분이 한국에 대한 방위조약을 반대하였을 만큼 부정적인 견해가 컸었다.

하지만 '반공포로 석방' 은 이를 일거에 뒤엎었고, 이렇게 해서 체결된 '조약' 은 현재 한미동맹의 근간이 되고 있다.

▲ 한국전쟁 휴전회담 장소로 선정된 개성의 내봉장을 둘러보는 중공군 사령관 펑더화이. 1951. 6

인명 피해

○ 국군 전/사망 및 실종자

(단위: 명)

구분	계	전사/사망	부상	실종	포로
한국	621,479	137,899	450,742	24,495	8,343

※ 전사/사망에는 부상, 실종, 포로 중 사망 포함.
※ 포로 수는 교환포로와 추가 송환포로를 포함, 송환거부포로는 제외한 수치.

* 자료: 국방부 군사편찬연구소 홈페이지(2013년 현재).

○ 유엔군 전/사망 및 실종자

(단위: 명)

구분	참전현황		피해현황				
	연인원	참전군	계	전사/사망	부상	실종	포로
	1,938,330		154,878	40,667	104,280	4,116	5,815
미국	1,789,000	육·해·공군	137,250	36,940	92,134	3,737	4,439
영국	56,000	육·해군	4,908	1,078	2,674	179	977
캐나다	25,687	육·해·공군	1,557	312	1,212	1	32
터키	14,936	육군	3,216	741	2,068	163	244
오스트레일리아	8,407	육·해·공군	1,584	339	1,216	3	26
필리핀	7,420	육군	398	112	229	16	41
태국	6,326	육·해·공군	1,273	129	1,139	5	-
네덜란드	5,322	육·해군	768	120	645	-	3
콜롬비아	5,100	육·해군	639	163	448	-	28
그리스	4,992	육·공군	738	192	543	-	3
뉴질랜드	3,794	육·해군	103	23	79	1	-
에티오피아	3,518	육군	657	121	536	-	-
벨기에	3,498	육군	440	99	336	4	1
프랑스	3,421	육·해군	1,289	262	1,008	7	12
남아공	826	공군	43	34	-	-	9
룩셈부르크	83	육군	15	2	13	-	-

* 자료: 국방부, 『국방백서』, 2012.

○ 공산(중공)군 전/사망 및 실종자

(단위: 명)

구분 / 인원	전투 피해				비전투 피해
	전사	부상	실종/포로	계	
계	116,000여	220,000여	29,000여	366,000여	25,000여

* 자료: 『중화인민공화국사편년』, 당대연구소, 1953, 2009, 438쪽.

중공군은 6.25전쟁에 개입한 이후 제1단계로 한국군 및 유엔군의 한·만 국경선까지의 진출을 저지하였다.

제2단계로 총반격 작전을 실시하여 북한 지역을 회복하였고, 제3단계로 38도선 이남으로 남침을 감행하여 서울을 점령하고 유엔군을 한반도에서 축출한다는 계획하에, 5차에 걸친 대공세를 취하였다.

그 결과, 그들은 그들의 계획을 완전히 달성하지는 못하였으나, 북한 지역을 거의 회복하고 한때 서울 이남 수원선까지 진출하는 데 성공하기도 하였다.

▲ 중공군 참전 후, 첫 포로 모습

제1차 공세

1950년 10월 25일 중공군 포로가 잡혀 중국의 참전이 확인됐음에도 불구하고 미군 정보 당국은 11월 1일에 가서야 중공군의 부대 단위 공식 참전을 인정했다. 중공군의 제1차 공세는 한국군 및 유엔군이 북진을 단행하여 서부전선에서는 청천강을 도하하고, 동부전선에서는 함흥·흥남을 점령한 다음 장진호와 청진 방향으로 총공세를 펴고 있던 1950년 11월 1일에 실시되었다. 중공군은 이때 제1차로 압록강을 도하한 제13병단 6개 군 중, 5개 군을 적유령 산맥 남단에 전개시키고 1개 군을 장진호 북쪽에 전개시켜, 동부에서는 한국군 및 유엔군의 전진을 저지 및 견제하였으며, 서부에서는 운산-희천 방향으로 공격을 감행하여 한국군 및 유엔군을 청천강 이남으로 격퇴했다.

▲ 중공군의 인해전술 모습. 1951년

제2차 공세

중공군 제1차 공세 제8기병연대가 포위돼 상당한 손실을 입은 탓에 전선에 배치된 미 육군 야전부대에서는 중공군에 대한 경계감이 강했다. 국군도 2개 사단이 큰 손실을 당한 만큼 중공군에 대한 경계심을 풀지 못했다.

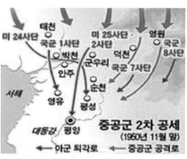

▲ 중공군의 2차 공세 요도

중공군의 제2차 공세는 제1차 공세를 취한 지 한 달이 지난 1950년 11월 25일에 실시되었다. 이날은 한국군 및 유엔군이 제1차 공세 후 소강상태가 지속되는 시기를 이용하여, 서부전선에 1개 군단을 증강시키고, 동부전선에 계획대로 1개 군단을 상륙시켜 전선의 전력을 증강하여, 중공군의 조직적인 공격이 실시되기 전에 전쟁을 종결지으려는 계획하에 한·만 국경선으로 진출하기 위하여, 이른바 '크리스마스 총공세'를 취한 바로 다음 날이었다. 한국군 및 유엔군의 '크리스마스 공세'에 맞서 취하여진 중공군의 제2차 대공세는 그들의 계획대로 진전되어 갔다. 그 후 한국군 및 유엔군은 후퇴 작전으로 전환하였다. 서부전선 부대는 12월 중순에 38도 선까지 후퇴하게 되었으며, 동부전선 부대는 흥남에 집결하여 12월 14일부터 12월 24일간에 해상을 통하여 철수하게 되었다.

제3차 공세

중공군의 제3차 공세는 한국군 및 유엔군이 38도선 부근으로 철수하여, 임진강 하구-연천-춘천 북방-양양을 연한 방어선을 형성하고 있을 때인 1950년 12월 31일에 실시되었다. 이 공세는 1951년 1월 1일을 전후하여 실시되었다는 뜻에서 일명 '신정공세(新正攻勢)'라고도 불리었다. 이때, 유엔군은 중공군의 공세를 수개의 방어선에서 축차적으로 약화시킨 다음 공세로 이전한다는 방어 개념 하에 제1방어선을 38도선을 연하는 선에, 제2방어선을 수원-양평-주문진을 연하는 선에, 그리고 제3방어선을 평택-삼척선에 설정하고 제1방어선과 제3방어선에 중점적으로 부대를 배치하였다. 이 공세로, 유엔군은 1951년 1월 4일 재차 서울에서 철수하여 평택-제천-삼척선으로 물러나게 되었으며, 이 선에서 중공군의 공세를 저지하는 데 성공하였다.

▲ 중공군의 인해전술 모습. 1951년

제4차 공세

중공군의 제4차 공세는 한국군 및 유엔군이 1951년 1월 25일 재반격 작전을 단행하여 김포-한강 남안-남한산-양평-지평리-횡성-하진부리 선까지 진출한 다음, 서울을 재탈환하기 위한 작전의 일환으로 홍천 공격에 중점을 두고 작전을 진행 중이던 2월 11일에 개시되었다. 이 공세로, 중공군은 중부전선에서 양평-원주-제천-평창에 이르는 대돌파구를 형성할 수 있었으나, 한국군과 유엔군의 강력한 화력과 조직적인 저항으로 2월 18일경에는 그 공세가 약화되었으며, 한국군 및 유엔군은 다시 반격작전을 계속하게 되었다.

제5차 공세(6차 공세)

중공군의 제5차 공세는 유엔군이 재반격을 계속하여 1951년 3월 15일 서울을 재탈환하고, 3월 말에는 38도선을 재차 회복하여, 임진강-영평천-화천 저수지-남애리를 연하는 방어선을 구축하는 한편, 철원-김화 지역으로 공격을 계속 중이던 1951년 4월 22일에 개시되었다. 이 공세는 봄에 실시되었다고 하여 '춘계공세(春季攻勢)'라고도 불리었다. 중공군은 제5차 공세가 실패로 돌아가자, 이를 만회하고, 작전의 주도권을 다시 장악하기 위해 새로운 공세, 즉 "5차 전역 제2단계 공세"(제6차 공세)를 계획했다.

제5차 공세에서 시도했던 서울 점령이라는 정치적 목적보다는 "중동부 산악지역에서 한국군 사단들을 격멸하게 되면, 고립된 미군을 섬멸할 수 있는 전기를 마련할 수 있을 것"으로 판단했다. 5월 16일부터 22일까지 중공군은 강원도 현리 지역에서 한국군 제3군단을 격파하고, 70km를 진출했으나 한국군과 유엔군의 반격으로 치명적인 손실을 입은 채 38선 북방으로 철수했다. 중공군의 제1차 공세로부터 제5차 공세까지의 총체적인 손실은 밝혀진 바가 없지만, 춘계 공세 시의 손실은 16만 명에 달하였다. 뒤따른 유엔군의 재 반격 시에는 43,000여 명이나 손실을 입음으로써, 이때의 손실만도 200,000여 명이나 되는 것으로 밝혀졌다.

이와 같은 막대한 손실로 인하여 중공군은 더 이상 공격을 지속할 수 없게 되었다. 중공군은 그 후 1951년 7월 10일부터 개시된 휴전회담(休戰會談)을 계기로 형성된 전선 교착 전기 유엔군과 제한된 범위 내의 국지적인 전투를 지속하다가 1953년 휴전을 맞게 되었다.

6·25전쟁 상황지도

1. 개전 직전 국군과 북한군의 대치상황

(1950. 6. 24 현재)

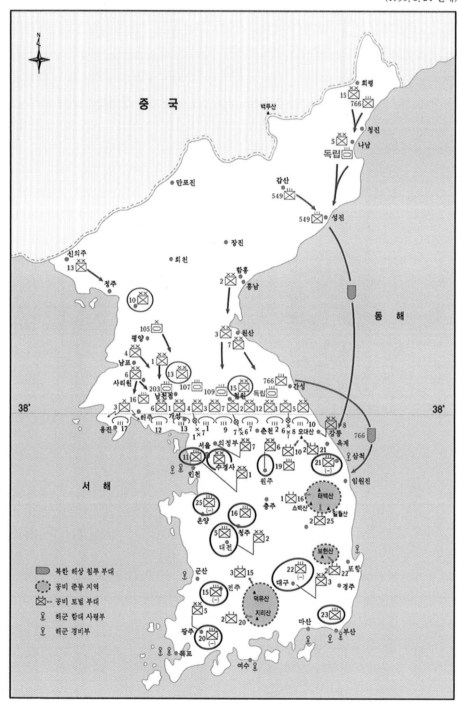

2. 북한의 남침과정

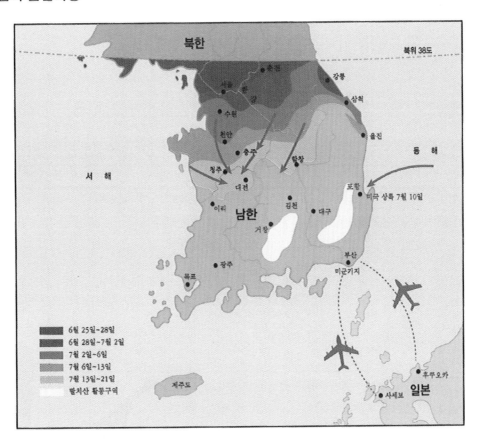

3. 중공군 참전 초기 전개상황

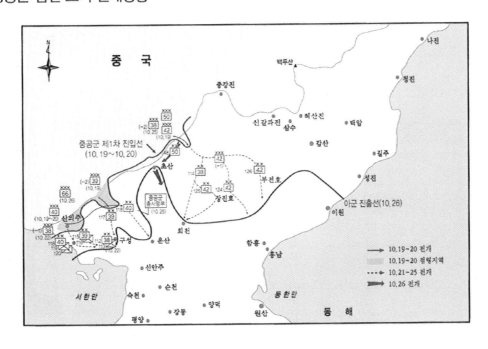

멸공의 횃불

아름다운 이 강산을 지키는 우리 사나이 기백으로 오늘을 산다
포탄의 불바다를 무릅쓰면서 고향 땅 부모 형제 평화를 위해
전우여 내 나라는 내가 지킨다 멸공의 횃불 아래 목숨을 건다

조국의 푸른 바다 지키는 우리 젊음의 정열 바쳐 오늘을 산다
함포의 벼락불을 쏘아 붙이며 겨레의 생명선에 내일을 걸고
전우여 내 나라는 내가 지킨다 멸공의 횃불 아래 목숨을 건다

자유의 푸른 하늘 지키는 우리 충정과 투지로서 오늘을 산다
번갯불 은빛 날개 구름을 뚫고 찬란한 사명감에 날개를 편다
전우여 내 나라는 내가 지킨다 멸공의 횃불 아래 목숨을 건다

조국의 빛난 얼을 지키는 우리 자랑과 보람으로 오늘을 산다
새 역사 창조하는 번영의 이 땅 지키고 싸워 이겨 잘 살아가자
전우여 내 나라는 내가 지킨다 멸공의 횃불 아래 목숨을 건다

- 3 · 1운동 104주년 -

독립운동가들이 남긴
하나님과 조국에 대한 울림

유관순

김구

안창호

안중근

조만식

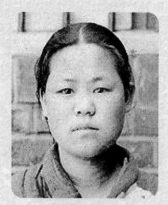

유관순
(1902~1920)

유관순 열사가 매일 드리던 기도

"주님! 우리는 어찌하여 하나님께서 주신 이 나라를 빼앗기고 이렇게 시달리는 슬픈 민족이 되었나요? 저희를 버리지 마시고 도와주세요.

주님! 어린 소녀에게도 나라를 위해 일할 수 있는 지혜를 주십시오. 아무리 어려워도 아무리 괴로워도 참고 이겨내겠습니다.
부디 저의 갈 길을 가르쳐 주세요!"

3.1 만세운동을 주도하기 전 올린 기도

"오오, 하나님이시여!
이제 시간이 임박하였습니다.
원수를 물리쳐 주시고 이 땅에 자유와 독립을 주소서! 내일 거사할 각 대표에게 더욱 용기와 힘을 주시고 이로 말미 암아 이 민족이 행복의 땅이 되게 하소서!

주여 같이 하시고 이 소녀에게 용기와 힘을 주옵소서! 대한 독립만세! 대한 독립만세!"

유관순 열사의 유언

내 손톱이 빠져나가고
내 귀와 코가 잘리고
내 다리가 부러져도

그 고통은 이길 수 있사오나

나라를 잃어버린
그 고통만은 견딜 수가 없습니다.
나라에 바친 목숨이
오직 하나밖에 없는 것이
이 소녀의 유일한 슬픔입니다.

나는 당당한 대한의 국민이다.
대한 사람인 내가
너희들의 재판을 받을 필요도 없고,
너희가 나를 처벌할 권리도 없다.
-유관순-

백범 김구
(1876~1949)

"내가 동학 운동도 했고 불교의 스님이 돼 보기도 했지만 이 기독교야말로 참 진리구나!"

"나는 그리스도인!!! 고로 거짓 없는 내 양심은 내 죽음을 초월하여 이 나라를 사랑하였습니다. 눈물과 피로 우리들이 갈망하는 조선을 하나님의 나라로 세워봅시다!"

도산 안창호
(1878~1938)

"기독교 신앙은 회개와 사랑이 주축을 이룬다. 우리는 먼저 회개하여야 한다. 회개를 통하여 개조가 이루어질 수 있다. 또한 서로 사랑하여야 한다. 주님은 독생자 예수를 보내시어 사랑으로써 피를 흘렸다. 하나님의 뜻이 곧 사랑이고 성경 전체의 골자가 사랑이며 개인의 가정, 사회, 인류의 평화와 행복이 사랑에 있고 우리를 이해하지 못하고 악평하고 중상하는 이들까지 사랑해야 하는 이들 안에 포함시켜야 한다."

안중근 의사
(1879~1910)

이토 히로부미를 처단하기 직전 올린 기도
"주님! 저는 단 한 번도 당신을 잊은 적이 없습니다. 언제나 당신의 뜻대로 살고자 노력했습니다. 그러한 저에게 당신은 새로운 임무를 주셨습니다. 이것은 제 자신의 영광일 뿐 아이나 제 조국과 겨레의 영광임을 잘 알고 있습니다. 전 임무를 기어이 실행에 옮기겠습니다. 그러나 모든 것은 당신의 능력으로 이루어짐을 믿사오니 끝까지 보살펴 주옵소서! 이미 마음의 준비는 다 되어 있습니다. 최후 순간까지 저를 지켜 주소서! 그리하여 제가 방아쇠를 당 길 때에 추호의 흔들림이 없이 이토 히로부미를 명중시켜 쓰러트리게 하여 주소서!"

"대한독립의 소리가 천국에 들려오면 나는 마땅히 춤추며 만세를 부를 것이다"

고당 조만식
(1883~1950)

"자네들 다 좋은 친구들인데(술을 마시는 거) 오늘이 마지막일세. 난 예수님을 믿기로 작정했네. 이제부터 나는 숭실학교에 가서 공부하기로 했네. 하나님의 일을 하기 위함일세! 앞으로 자네들 내 친구가 되려면 예수님을 믿어야 하네 예수님을 믿으면 새사람이 된다네~"

제자들이 월남을 제안했을 때...
"나는 이 땅 1천만 동포와 살아도 같이 살고 죽어도 같이 죽을 것이다. 이것이 내가 섬기는하나님께서 명하신 것이다!"

3·1운동, 임시정부, 대한민국

The March 1st Independence Movement, The Provisional Government,
and The Republic of Korea

이승만의 독립운동과 대한민국 건국을 중심으로

Independence Movement
and the Foundation of Republic of Korea of Syng-man Rhee

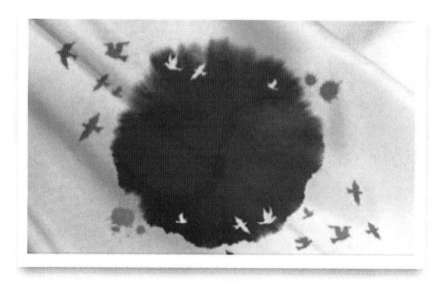

정성구 박사

Dr. S.K. Samuel Chung

(전 총신대, 대신대 총장, ICSK원장)

(Former President of Chongshin University & Theological Seminary,
Former President of Daeshin University & Theological Seminary,
President of the Institute for Calvinistic Studies in Korea)

한국칼빈주의연구원

※ 이 글은 2019년 3·1절 100주년 기념을 위하여 내외신 기자에게 발표하려고 준비하였던 자료이다.

금년은 3·1운동 100주년이다. 그리고 상해임시정부 100주년이기도 하다. 이처럼 뜻 깊은 해를 맞아 정부와 언론, 학술 단체들이 3·1운동 정신을 되살리고, 대한민국의 정통성을 지지하는데 여러 가지 이벤트와 기념사업을 하고 있다. 더구나 한국기독교회도 3·1운동 당시 교회가 주도적으로 3·1운동의 견인차라는 것을 부각시키고, 오늘 우리에게 당면한 평화통일의 방향을 제시하겠다고 잔뜩 고무되어있다. 하지만 상해 임시정부의 중요성을 강조하는 것은 고마운 일이나, 상대적으로 1948년 8월 15일 자유 대한민국 건국일은 가리워지는듯한 인상을 지울 수가 없다. 마치 대한민국이 100년 전에 탄생한 듯 회자되고 역사기록을 바꾸려는 듯하고 있다. 상해 임시정부의 의미가 아무리 크다 해도, 임시와 정시를 구별해야 할 듯하다. 또 하나, 오늘날 우리 사회의 분위기는 대한민국은 태어나지 말아야 할 국가인 듯이 폄하하는 세력이 있는가 하면, 입장을 달리하는 식자층이나 역사가들도 그리 몰고 가는 듯한 인상이 짙다. 필자는 이 글에서 3·1운동전후의 사건과 임시정부를 살피면서 대한민국 건국의 의미를 기독교적 시각에서 조명해 보고 싶다. 특히 이 과정에서 우남 이승만 박사의 역할과 공적에 대해서 생각하고자 한다.

This year marks the 100th anniversary of the March 1st Independence Movement. It is also the 100th anniversary of the Shanghai Provisional Government. In this meaningful year, Korea's government, media, and academic organizations are conducting various events and commemorative projects to revive the spirit of the March 1st movement and to support the legitimacy of the Republic of Korea. Furthermore, the Korean church is also strongly encouraged to highlight that the Korean church was the driving force behind the March 1st movement, and to present the direction of peaceful reunification which is Korea's facing task. It is grateful to emphasize the importance of the provisional government in Shanghai. But when this outweighs the greatness of the foundation of the Republic of Korea on August 15, 1948, there is a danger of misleading as if the Republic of Korea was born 100 years ago. This sounds like a try to change the history record. No matter how significant the meaning of the provisional government in Shanghai may be, it is likely that it should distinguish between the provisional and the permanent. Also, in our society today, there are some people who denigrate the Republic of Korea as if she is a country that should not have been existed at all and even many other scholars and historians with different opinions seem to work as a driving force behind it. In this article, I would like to examine the events before and after the March 1st Movement and the provisional government, and to shed light on the meaning of the foundation of the Republic of Korea from a Christian perspective. In doing so, I would like to give a special attention to Woonam Syng-man Rhee's role and contribution to the foundation of the Republic of Korea.

지난 세월 동안 수많은 책이나 글에서 독립운동과 이승만의 대한민국 건국에 대해서 부당한 비판이 정설로 생각하는 분들이 참으로 많았다. 그래서 흔히 이승만 하면 <독재자>, <3·15부정 선거>, <권력의 화신> 같은 말을 만들어 그것을 고착화 시키고 젊은이들을 의식화 해왔다. 누구나 한 시대나 한 사건을 볼 때 서로 다른 시각과 세계관이 있음을 인정한다. 필자는 이 사안과 관련하여 신학자로, 역사학자와 서지학자로서 이 짧은 글에서 한두 가지 독립운동과 이승만에 관해서 살펴보려고 한다.

Everyone admits that there are various different perspectives and worldviews in understanding and interpreting a certain era or event. Over the years, there have been many books and articles on criticisms against the independence movement and Syng-man Rhee's establishment of the Republic of Korea, which misled many people to believe such criticisms as truth. In such writings, Syng-man Rhee was portrayed as "the dictator" and "the incarnation of power," and his name was linked to "the March 15 fraudulent election." Many young people believed as it is. Taking seriously that such criticisms are inappropriate, I will examine Syng-man Rhee with a couple of independence movements of Korean people as a theologian, historian, and bibliographer.

필자는 근 50년간 개혁주의 신학과 신앙이 한국교회의 토양 속에서 어떻게 뿌리 내렸는가를 연구하기 위해서 힘써 왔다. 그래서 이것과 관련해서 적잖은 사료를 수집 정리 해왔다. 뿐만 아니라 필자는 이승만 박사의 거처였던 <이화장>에 가서 예배를 인도하기도 했고, 이승만 박사의 독립운동 지역인 하와이를 세 번이나 가서, 하와이 대학교 동서센터에서 독립운동의 희귀한 자료를 구하기도 했다. 뿐만 아니라 이승만 박사가 공부했던 프린스턴 대학교를 10여 차례 방문하고 그의 족적을 연구하기도 했다.

For nearly 50 years, I have endeavored to research how the Reformed theology and beliefs were rooted in the soil of the Korean Church. I have collected and managed a large number of resources on it. In addition, I visited Ewha Jang House where Dr. Syng-man Rhee lived and I led a worship service there. I also visited Hawaii three times to find rare materials of the independence movement at the University of Hawaii's East and West Center. I also visited about 10 times Princeton University where Dr. Rhee studied to intensively research his traces there.

I. 3·1운동과 기독교

3·1독립선언과 만세운동은 근세에 와서 우리 민족의 위대한 민족운동의 하나이다. 일제의 탄압과 만행의 사슬을 끊어버리고 자유를 갈망하는 민족적 항거는 온 세계를 놀라게 했다. 이 3·1운동의 발원은 교회이지만, 3·1운동의 지도자들은 교회의 배경을 업고 나선 운동은 아니었다. 다만 3·1운동에 가담한 분들이 기독교 교인 개인자격으로 이 운동의 선봉에 선 것뿐이다. 최근에 많은 학자들이나 목회자들이 한국 교회가 3·1운동의 주도적 역할을 했다고는 하나 엄밀히 말하면 그것은 사실과 다르다. 하지만 3·1운동 전후해서 목사들의 설교에서 <민족적 자각을 깨우는 설교>가 많았고 <일제의 폭정에서 자유를 쟁취>해야 한다는 메시지가 있었다. 그리고 머지않아<하나님의 심판이 불의한 세력을 망하게 하고 하나님의 나라의 궁극적 승리>를 소리 높이 외친 설교들은 결과적으로 민중을 깨워 자주독립을 쟁취해야 한다는 의식을 심어준 것은 맞다. 당시에도 교회의 숫자가 주재소(파출소) 숫자보다 많았고, 목사들이야말로 외부 세계의 정보를 선교사들을 통하여 가장 잘 알고 있었다.

I. The March 1st Movement and Christianity

The March 1st Declaration of Independence with the Man-Se Movement (aka Independence Demonstration) is one of the great national movements of Korean people in modern times. This national resistance of Korean people surprised the world. It was the yearning for freedom against the oppression of Japanese colonial rule. It is true that the March 1st movement originated in the Korean Christian church. But this does not mean that the leaders of the March 1st movement got the official support from the church; rather they took the lead in the movement just as a Christian individual. Many scholars and pastors have said that the Korean church played a leading role in the March 1st movement. Although this is technically not true, it is true that before and after the March 1st movement, there were many sermons awakening the national consciousness that Koreans should gain their freedom from the tyranny of Japanese colonialism and proclaiming the ultimate victory of the Kingdom of God. It is right that such sermons awakened Korean people and instilled a sense of independence to them. At that time, the number of churches was higher than that of the police offices, and the ministers were the ones who could know best the information of the world outside Korea through the foreign missionaries.

그러므로 3·1운동은 위대한 애국자들을 많이 배출했다. 한국에 기독교 복음이 들어와서 지역마다 자유, 평등, 민주주의 정신이 싹트기 시작하여 마침내 열매를 맺게 되었다. 한국의 근대화는 기독교 없이는 설명할 수 없다. 26년전에 모스크바에서 한국학 세계대회가 열렸는데, 그때의 주제는 「한국의 현대화」(Modernization of Korea)였다. 그 당시 한국에 여러 대학 대표들이 참가해서 의미 있는 발표를 했지만, 필자는 기조연설에서 한국의 근대화는 두 말 할 필요 없이 기독교 신앙 곧 복음이 한국 현대화의 근거라고 발표한 일이 있다.

Therefore, the March 1st Movement produced many great patriots. As the Christian gospel entered Korea, the spirit of freedom, equality, and democracy began to sprout from region to region, finally bearing its fruits. Modernization of Korea cannot be explained without Christianity. Twenty-six years ago in Moscow, the World Congress of Korean Studies was held, and the theme was Modernization of Korea. While the representatives from various Korean universities participated in this congress and made meaningful announcements, I, as a keynote speaker, emphasized Christian faith, the gospel as the basis of Korean modernization.

기독교는 한글보급을 통해 민중을 깨우고, 학교를 세워 교육을 통해 신지식을 배우게 하고 과학의 발전과 생활개량, 자유사상을 함양했다. 이러한 예비적 활동이 사실상 3·1운동의 도화선으로 볼 수 있다. 대한민국 초대 대통령 우남 이승만 박사는 배제학당 출신이고, 고당 조만식 장로는 숭실학당 출신으로 오산학교 교장을 역임했다. 3·1독립선언서의 서명자이며 기독교 대표인 남강 이승훈은 오산학교 창립자로서 인재를 많이 배출했다. 그리고 3·1운동전에 이미 자유 언론이 싹트기 시작한 것이다. 우리나라 근대신문은 <독립신문>이 그 첫 기수이고 서재필이 주관했다. 그 밖에 이승만, 남궁억, 윤치호 등은 모두 한국초대 언론인들이었다. 1896년는 4월7일에 <독립신문>이

이 나왔고 이듬해인 1897년 2월 2일에는 <조선 그리스도신문>이 나왔는데 이 신문에는 모두가 <자유><민족주의><민권>사상을 계몽했다. 특히 한국교회가 1907년 평양대흥운동과 인간개조 운동을 벌인 것이 3·1독립운동의 직접적 원인이 되었고 그 후 상해 임시정부를 조직하게 된다.

Christianity awoke the Korean people through the dissemination of Hangul, educated them and let them learn new knowledge through the establishment of schools, and fostered the development of science, improvement of life, and spirit of freedom. It can be deemed that such preliminary practices of Christian churches functioned as a fuse of the March 1st movement. Dr. Syng-man Rhee, the Republic of Korea's first president, graduated from the Baejae Hakdang. Godang Mansik Cho, the principal of Osan School, graduated from Soongsil Hakdang. Seung-hoon Lee, the leader of the March 1st Declaration of Independence and Christian leader, has nurtured many talented people as the founder of the Osan School. The free press has already begun to sprout before the March 1st Movement. Korea's first modern newspaper was Dokrip Shinmoon (the Independent Newspaper), edited by Jae-pil Seo. Syng-man Rhee, Uk Nam Gung, and Chi-ho Yoon were all the first journalists in Korea. On April 7, 1896, the Independent Newspaper was first published, and on February 2, 1897, the following year, the Christ Newspaper of Chosun was first published. Both newspapers enlightened Koreans' spirit of freedom, nationalism, and sense of civil rights. In particular, the Great Revival Movement at Pyongyang in 1907 and the human reform movement, held by the Korean church, directly contributed to the March 1st Independence Movement, which led to form the Provisional Government in Shanghai later.

그런데 3·1독립 선언문에는 우리 기독교적 시각에서 보면 받아드릴 수 없는 문구도 있다. 독립선언문의 작성자는 육당 최남선(崔南善)이다. 그는 훌륭한 학자이지만 불교인이었고 해방 후에 로마 카톨릭으로 개종했다. 독립선언문에는 「천백세 조령이 오등을 음우하며, 전세계 기운이 외호(外護) 하나니 착수가 곧 성공이라 다만 전두(前頭)에 광명으로 매진할 따름인저」라고했다. 즉 천백세의 조상의 영혼이 우리를 음으로 돕는다는 발상은 유교적 개념이다. 33명의 대표 중에 절반이 기독교 대표로서 목사도 여러 명 있었으나 그것을 수정하지 않고 그냥 발표했다.

In the March 1st Declaration of Independence, however, there are some phrases that cannot be accepted from the Christian perspective. The author of the Declaration of Independence is Yookdang Nam-seon Choi. He was a good scholar but a Buddhist who converted to Roman Catholicism after the Independence. The Declaration of Independence said, "Since a large number of the spirits of our ancestors help us in secret and the energy of the whole world protects us, to start means to succeed for us. Therefore we just need to go forth." The idea that a large number of the spirits of our ancestors help us in secret is from Confucianism. The half of the 33 delegates was Christian and several of them were even pastors, but the Declaration was simply announced as it was without any modification.

전 기독신문 주필이었던 채기은 목사는 그 이유를 설명하면서, 기독교 대표였던 남강 이승훈은 평신도였고 길선주, 김병조, 김창준, 양전백, 유여대, 신흥식, 오화영, 전춘수 목사들은 독립선언서를 직접 검열할 기회가 없이 인쇄되어 선포된 것이라고 추측했다. (채기은, 한국교회사 1977) 그리고 신앙이 다른 천도교, 불교도와 함께 독립선언서에 서명한 점도 생각해 볼 일이다. 그러므로 3·1운동은 어디까지나 민족운동이고 애국 정치운동이었다. 비록 기독교 대표니 천도교 대표니, 불교 대표니 하지만 물론 그들은 교단이 공식적으로 파송한 것은 아니었다.

Ki-eun Chae, a former Christian newspaper editor, explained the probable reason of it: Namgang Seung-hoon Lee was a layman; other Christian leaders could not have a chance to directly censor the Declaration of Independence (레퍼런스로àChae Ki-eun, Korean Church History, 1977) before the Declaration was printed and proclaimed (Chae, 1977). It is also a considering point that other religious leaders like Buddhists and Cheondoists also signed the Declaration of Independence. Therefore, the March 1st movement was profoundly a national movement and a patriotic political movement. Although they were representatives from each religion, the 33 were not officially sent by each religious group.

실제로 만세 시위를 모의한 장소, 태극기를 만들고 독립선언문을 등사하는 처소가 교회부속 건물을 사용하거나 예배당 일부를 사용했다고 해도 그것은 어디까지나 개인적 행위이지, 총회나 노회나 당회가 공식 결의하고 가담한 것은 결코 아니었다. 그러므로 3·1운동이 오늘날 흔히 교회 지도자들이 말하는 종교통합, 종교다원주의 「에큐메니칼 운동」은 아니었다. 그리고 33인이 모두 거사에 합석한 적은 없고, 이북출신 몇 몇 인사는 남강 이승훈 장로에게 도장을 위임하여 날인했다고 한다(P. 204). 그러므로 3·1독립선언서 서명자인 목사, 장로가 교회적 배경이나 지지를 업고 독립운동에 가담한 것이 아니라, 민족의 한 사람으로 애국운동에 가담한 것이다. 그런데 교회가 3·1운동에 적극 가담하지 못했어도 교회 지도자와 성도들이 체포, 구금되고 예배당이 불타는 수난을 겪었다. 그 후 3·1 독립선언이 실효를 거두지 못하고 일본의 탄압이 격심하게 되자 지도자들은 국외로 망명가고, 일반 대중은 깊은 실의에 빠졌다.

In fact, church buildings were used as the place for planning the demonstration, making national flags, and copying the Declaration of Independence. But this was a personal act, not a formal action of the entire church. Therefore, the March 1st movement was neither an act of the religious pluralism, religious consolidation, nor the "Ecumenical Movement," like recent church leaders commonly misunderstand. Not all the 33 people have joined together in the meeting for signing and sealing onto the Declaration of Independence. And some of them from North Korea are said to have entrusted the task of signing and sealing to the elder Seung-hoon Lee (p. 204). Therefore, the ministers and the elders who signed the March 1st Declaration of Independence did not take part in the Independence Movement under the support of the Korean church, but they participated in the patriotic movement as members of the Korean people. However, even though the church did not actively participate in the March 1st movement, the church leaders and believers were arrested and detained, and some church buildings were burned during the Movement. Finally, the March 1st Declaration of Independence failed, and Japan's oppression became severe. And the leaders went to other countries as exiles and this made the Korean public fall into deep disappointment.

당시에 입교한 자 중에는 독립운동을 위해, 또는 도덕적 수양을 위해 교회로 들어온 사람이 많았다. (주기철, 일사 각오 설교) 그런데 아이러니 한 것은 그토록 열렬한 3·1운동의 애국자들이 1938년 제 27회 장로회 총회에서 신사 참배를 공식 가결하고 합동으로 신사참배를 하고 목사 장로들이 일본의 신도(神道) 의식에 의한 <미소기 바라이>를 실행하는 따위는 애국애족의 변질이며 신앙의 타락이었다. 그 당시 목사들은 설교할 때마다, 이스라엘의 민족 해방 역사를 들먹였고, 모세와 다니엘을 숭모하는 설교를 외치던 자들이다. 한국교회는 없어지고 일본기독교가 되어 예배 시간에 동방요배를 비롯해서 천황을 찬양하는 의식을 함께 했다. 3·1운동에 앞장섰던 교회 지도자들뿐 아니라 과거에 손꼽히는 애국지사들도 변절하여 <황국신민>으로서 일본에 지사 충성했다. 민족주의나 인격수양을 위해 교회에 들어왔던 지도자들은 나중에 일본식 기독교를 표방하고 <어용종교>를 지지하는 쪽으로 전락하고 말았다.

Many of those who were converted to Christianity that time did so for the independence movement or for moral discipline (Kicheol Ju's sermon "Be ready to die for"). Ironically, the Christian patriots of the March 1st Movement officially approved the Shinto Shrine worship at the 27th Presbyterian Assembly in 1938, and even they did the Shinto Shrine worship altogether. And the pastors and elders of the Korean church performed the "Misogi Barai" according to the Shintoism ritual. These are the change of patriotism and the corruption of faith. In those days the ministers, whenever they preached, had brought up the history of Israel's national liberation, and did sermons expressing respect and admiration to Moses and Daniel. The Korean Church was gone. It became the Japanese style of church: during the service period, it held a ceremony to praise the Japanese Emperor, including the Dongbangyobae. Not only the church leaders who were at the head of the March 1st movement but also the famed patriots turned away and were loyal to Japan as a member of the "Hwangguk Shinmin." Leaders who entered the church to promote nationalism and character building later turned to advocate Japanese-style Christianity and support the government religion.

이와 대조적으로 1638년 스코틀랜드 언약도(Covenanters of Scotland)들은 국왕 챨스왕이 <짐은 국가에도 머리이고 교회에서도 머리>라고 하자 목사, 장로, 남작, 신사, 귀족, 하원의원들 1,200명이 분연히 일어나 명쾌한 개혁주의 신앙고백을 하고 모두 서명을 한 후 1,200명이 지붕 없는 감옥에 갇혀 모두 순교의 잔을 마셨다. 그리하여 그들은 우리 장로교회의 전통을 따라 성경만이 신앙과 생활의 유일한 법칙이며, 예수 그리스도만이 우리의 구주이며 교회의 머리라는 신학과 신앙을 오롯이 지켰다. 3·1운동에 개인적으로 가담한 사건을 교회 전체가 한 듯이 포장할 것이 아니라 독립선언만 했지, 독립항쟁, 독립청원이 아니었으니 오히려 민족적 수난을 크게 당했다. 3·1운동 100주년에 과거의 우리의 모습을 다시 돌아보았으면 한다.

In contrast, in 1638, when King Charles of Scotland said, "I am the head of the country and the head of the church," the Covenanters of Scotland including 1,200 ministers, elders, barons, gentlemen, nobles, and congressmen rose up in a rage and clearly proclaimed the Reformed faith. And then all the 1,200 signed and sealed. They were finally arrested in a prison without roof and martyred. Following the tradition of our Presbyterian Church, they kept the theology and faith that the Bible was the only principle of our faith and life, and that only Jesus Christ was our Savior and the head of the Church. In our case, people tried to exaggerate the events that were personally involved in the March 1st Independence Movement as if the entire church had done so. We declared our independence, but we could not protest or make petition for it. And we faced great ethnic distress. I hope that we can look back on our past on the 100thanniversaryof the March 1st Movement.

II. 상해 임시정부

3·1운동의 거대한 민족적 독립운동은 임시정부를 탄생하게 되었다. 그런데 임시 정부도 여러 곳 있었다. 첫째는 한성 임시정부였다. 물론 여기서도 이승만 박사는 한성 임시정부의 대통령이었다. 그리고 또 하나는 연해주 임시정부였다. 그리고 한성 임시정부의 정통성을 이어 받고 연해주 임시정부가 합해서 드디어 상해 임시정부가 출범했다. 상해 임시정부의 대통령도 역시 이승만 박사였다. 상해 임시정부는 그 인적 배경이 다양했다. 당시 44세의 이승만이 임시정부의 대통령이었고 이동휘는 국무총리였다. 이승만은 철저한 반공주의자였지만, 이동휘는 지독한 공산주의자였다. 그래서 임시정부 안에서 내분이 휩싸이게 되었다. 1921년 1월에는 여운형, 김두봉을 주축으로 <고려공산당>이 조직되고, 이들은 소련 공산당으로부터 40만 루불의 공작금을 받아 상해 임시정부를 소련식 독재정부조직으로 개편하려 하자, 자유 민주주의 신봉자인 이승만은 당연히 이를 반대했다. 또한 국무총리 이동휘를 비롯해서 여운형, 안창호, 이동영 등도 이승만이 추구하는 미국식 해양 민주주의 의회정치를 반대하여, 결국 1925년 3월 이승만을 탄핵하여 제거했다. 더구나 미주에서 독립운동을 했고 한성감옥의 동기였던 박용만은 이승만과 대결하여, 사사건건 물고 늘어졌다. 박용만은 조선의 독립은 군사를 길러 무력항쟁을 해야 한다고 했으나, 이승만은 외교의 귀재답게 조선의 독립은 서구 열강과 외교를 통해서 되어야 한다고 주장했다. 박용만의 기상은 칭찬할만하나 당대 최고의 군사력을 가진 일본을 장총 몇 자루와 테러로 대항하겠다는 발상은 골목대장 수준이었다. 한편 이승만은 동서양 학문을 통달하고 국제 무대에서 잔뼈가 굵은 사람으로 국권회복은 국제외교를 통해서 된다고 주장했다. 당시 미국의 조야에도 공산주의가 포진하여서, 이승만이 공산 독재를 비판하고 반공주의를 택했으므로 미국은 이승만을 달갑지 않게 생각했다.

II. The Provisional Government of Shanghai

The March 1st Movement, the great national independence movement of Korean people, resulted in the birth of the Provisional Government. However, at first there were several temporary governments in various places. Among those, the most influential one was the temporary government at Hansung (Seoul), where. Dr. Syngman Rhee served as the president. Another one was at Yeonhaeju (Vladivostok). These two joined under the legitimacy of the temporary government of Hansung, and finally, the Provisional Government of Shanghai was inaugurated. The president of Shanghai's provisional government was also Dr. Syng-man Rhee. Various individuals from diverse backgrounds served the Shanghai Provisional Government together. Forty four-year-old Syng-man Rhee was the president and Dong-hui Lee, the Prime Minister. Syng-man Rhee was a thorough anti-communist, but Lee Dong-hui was a thorough communist. This is why internal strife has taken hold within the Provisional Government. In January 1921, when the Korea Communist Party was formed, led by Un-hyung Yeo and Doo-bong Kim, they sought to make the Provisional Government of Shanghai following a Soviet Union style dictatorship with 400,000 ruble of funds from the Communist Party of the Soviet Union. Syng-man Rhee, a believer in free democracy, naturally opposed it. The Prime Minister Dong-hwi Lee, Un-hyung Yeo, Chang-ho Ahn, and Dong-young Lee opposed Rhee's pursuit of the U.S.-style democratic parliamentary politics. They eventually impeached Rhee in March 1925. Moreover, Yong-man Park, who fought for independence in the U.S. and was imprisoned together with Rhee at the Hansung prison, fought against Rhee, and keep attacking him in every case. Park said, "Chosun's independence should be armed by raising soldiers," but Rhee insisted that Chosun's independence should be through Western powers and diplomacy, who was good at diplomacy. Park's spirit is laudable. But his idea to fight Japan, which has the best military power of its time, with a few rifles and terrorism was childish. Meanwhile, Syng-man Rhee, who mastered both Eastern and Westtern studies, claimed, "The restoration of national sovereignty is through international diplomacy." At that time, the U.S. where communism was influential in its political fields in those days did not like Rhee because he criticized communist dictatorship and chose complete anti-communism.

오늘 한국정부는 정치계, 교육계, 문화계, 종교계가 상해 임시정부의 의미를 극대화해서 독립운동의 의미를 되살리고, 3·1운동 100주년과 임시정부 100주년의 의미를 생각하는 것은 귀한 일이다. 그러나 오늘의 정치, 사회, 문화의 분위기는 화해, 평화, 통일 무드를 타고 과거나 현재에 공산주의 운동을 했던 사람들도 민주화로 포장해서 엄청난 재정을 들여서 포상을 주고, 영웅으로 대접을 하고 있는 실정이다. 지금의 흐름은 자유 민주주의를 정착시킨 이승만 박사의 말을 하면, 입장을 달리 하는 사람들이 벌떼처럼 공격하는 세상이다. 통일만 된다면 이념이나 사상 따위는 필요 없다는 식으로 나가는 것이 요즈음 세상이다. 정말 그럴까? 나는 6·25 북한 공산당이 남침 했을 때 피난 길에 올라 죽을 고생을 했고, 우리 집이 공산당에 의해서 불타는 것을 내 눈으로 보았다. 지금도 나는 70여년전의 일을 엊그제처럼 생생히 기억한다. 북한은 마치 거대한 이단종파 집단과 같이 38,000개의 김일성, 김정일 동상을 세워 그 우상 앞에 절하도록 한다.

It is precious for the Korean government to realize the meaning of the independence movement by maximizing the meaning of the Shanghai Provisional Government and to ponder the meaning of the 100th anniversary of the March 1st Independence Movement and the 100th anniversary of the Provisional Government. But the atmosphere of today's politics, society and culture in Korea, along with the mood of reconciliation, peace and unification, is encouraging to give rewards to (with enormous national funds) and treat as heroes even those who have done communist movements in the past, considering them as those who have been involved in the democratic movement of Korea. In such a trend, talking about Syng-man Rhee as the founder of free democracy of Korea triggers people's attack just like bees sting. In these days, many Korean people think that ideology does not matter as long as we can reunite. Is that really true? When the North Korean Communist Party invaded the South on June 25, 1950, I went on a refuge and died a thou sand deaths. I saw my house being burned by the Communist Party with my own eyes. I still remember what I experienced 70 years ago as vividly as I did yesterday. The North Korea sets up 38,000 statues of Il-sung Kim and Jung-il Kim for people to bow before those statues; they just look like a huge heretical group.

지난 70여년간 공산독재에 의해서 얼마나 많은 사람들이 죽어갔는지 알 수 없다. 온 세계가 모두 자유의 길을 걷는데, 유독 북조선(북한은 나라이름이 아니고 남한도 나라 이름이 아니다. 우리나라 이름은 <대한민국>이다)만이 3대 세습왕조를 구축하고 70여년동안 백성을 탄압하고 철권통치하며 공산주의를 실현해왔다. 나는 1980년부터 대학 총장을 해봤기에 잘 안다. 당시는 전두환 정권에 반기를 들고 민주화를 도모한다고, 그쪽 사람들이 경기도 근교에 똑똑한 학생들을 MT라는 명목으로 불러모아 철저히 의식화 교육을 했던 것을 잘 알고 있다. 그 때 의식화 교육을 받은 젊은이들이 지금 각계 각층에서 지도자로 활동하고 있다. 공산주의자들은 잘 훈련된 요원들을 한국사회에 그럴듯한 명칭으로 포장해서 정치, 경제, 사회, 문화, 예술, 종교 등에 침투해서 사회를 교란하고 청년들을 의식화 하여왔다. 그들은 그러나 대한민국의 자유 민주주의는 달갑지 않게 생각하면서 북한의 인권은 한 마디도 거론하지 않는다. 1945년에 연합국의 전승으로 우리는 그리던 해방을 맞았다. 그러나 2차 대전에서 별로 한 일이 없고 막판에 몇 개월 참전한 러시아가 한반도 북쪽을 점령하고 33세의 김일성을 앞잡이로 세워 공산주의 운동을 했다. 해방 정국의 혼란한 틈을 타서 공산당의 공작은 남쪽에 집요하게 움직였다. 이 공산당 운동은 경상도에서, 전라도에서, 제주도에서 봉기로 일어났다. 어째서 임시 정부의 의미를 그토록 귀히 여기고, 1948년 8월 15일 자유 대한민국의 정부수립보다 지금에 와서 임시정부를 들먹이는 것은 아무래도 남북대화, 평화, 통일에 남북간의 공동분모를 찾기 위한 것이라고 본다.

So many people have been killed by the North Korean Communist dictatorships in the past 70 years. The whole world is on the path of freedom, but the North Korea (it is not a name of the country, nor the South Korea; the official name of our country is the Republic of Korea), has built the third hereditary dynasty, has been oppressing and dominating the people, and has tried to realize communism for more than 70 years. I was serving as a president of a university around 1980. At that time, the university students opposed the president Doo-hwan Chun's administration and sought democratization. A certain kind of people collected smart students in the suburbs of Gyeonggi Province under the name of MT to conscientize them thoroughly. Conscientized young people at that time are now serving as leaders from all the fields of Korean society. The communists infiltrated well-trained agents under plausible names into politics, economy, society, culture, art and religion of Korean society. They have been disrupting Korean society and conscientized Korean young people. They do not, however, mention a word of human rights of the North Korean people while they do not like South Korea's free democracy. The Allied Force's victory in 1945 liberated Korean people from Japan. But Russia, who did little in World War II and participated in the last few months, occupied the northern part of the Korean Peninsula and spearheaded the communist movement with the 33-year-old Il-sung Kim in the forefront. In the midst of the turmoil of the liberation regime, the Communist Party moved tenaciously to the south. The Communist movement took place in Gyeongsangdo, Jeonlado, and Jeju Island as an up rising. Korean people in recent days tend to focus more on the Provisional Government rather than the establishment of the government of the Republic of Korea on August 15, 1948. I think the reason of it is to find a common denominator between the two Koreas for the inter-Korean dialogue, peace, and unification.

III. 대한민국과 이승만

1948. 8. 15. 뉴욕타임즈 조간 신문에는 다음과 같은 톱뉴스가 나왔다. (The New York Times, 1948. 8. 15. New York. Sunday) 즉 "초대 대통령 이승만 박사에 의해서 주권국가가 선포 되었다. 국가 이름은 The Republic of Korea로 한국말로는 대한민국(Tai Han Min Kook)이라 하였다." 했고, 대한민국은 자유(Freedom)와 민주주의(Democracy)를 표방한다고 썼다. 특파원 리챠드 J. H. 존스톤은 헤드라인으로 「Korea Set Up Republic」이라 했고 부재로는 "일본으로부터 해방 된지 3년만에 미군정에 종지부를 찍고 남한 단독으로 주권국가를 선포하다"라고 했다.

III. South Korea and Syng-man Rhee

In the morning newspaper of the New York Times, on August 15, 1948, the following top news came out: "A sovereign state was declared by Dr. Rhee Syng-man, the first president. The Republic of Korea is called the Republic of Korea, and in Korean, it is called the "Dae Han Min Kuk." The Republic of Korea advocates freedom and democracy." (The New York Times, 1948 8. 15 New York. Sunday). The news was written by a correspondent Richard J. H. Johnston. The main title of the news was, "Korea Set Up Republic," and the subtitle was, "After three years of liberation from Japan, Korean people terminated the U.S. military rule and declared a sovereign nation in South Korea alone."

대한민국의 건국일은 1948년 8월 15일이고, 우남 이승만 박사는 초대 대통령이자 국부(國父)였다. 유엔(U.N)은 1948년 12월 12일에 대한민국이 한반도에 유일한 합법정부로 결의했다. 대한민국의 건국일을 부정하는 것은 대한민국을 부정하는 것과 같다. 북한정권은 지난 70년동안 대한민국을 부정하며 공산주의 통일을 위해 온갖 침략을 일삼아 왔다. 오늘의 정치권과 교육계와 역사학계는 상해 임시정부의 의미를 크게 보는 것은 좋은 일이나, 대한민국의 건국일을 부정하거나 무의미하게 만드는 듯한 인상을 받는 것은 나뿐만 아닐 것이다. 대한민국이 태어나기까지 공산주의자들이 길길이 날뛰며 얼마나 많은 파괴와 방해공작을 했는지는 역사적으로 모두 증명된 마당에 여기서 모두 언급할 필요가 없을 듯 하다. 최근에 학계와 정치계는 이승만이 만든 <대한민국>은 바로 남북 분단의 원인이라고 말하면서, 상해 임시정부의 의미를 오늘의 되살려 <우리는 하나>라는 것을 말하고 싶었던 것이다. 상해 임시정부 안에는 공산주의자와 이승만과 같은 자유 민주주의 주창자들과 더불어 있었으니 다 함께 평화 공존 모델로 삼을 만하다는 발상일수도 있다. 하지만 생일을 모르는 사람은 사생아라 할 수 있다. 건국일도 모르는 나라 백성은 사생아란 말인가?

The date of foundation of the Republic of Korea is August 15, 1948, and Dr. Syng-man Rhee of the South was the first president and the father of the nation. On December 12, 1948, the United Nations recognized the Republic of Korea as the only legitimate government in the Korean Peninsula. To deny the date of foundation of the Republic of Korea is to deny the Republic of Korea itself. The North Korean regime has been denying the Republic of Korea for the past 70 years, and has been engaged in all kinds of invasions seeking for the communistic reunification. Today's political and educational circles and history academia put great value on the meaning of the Provisional Government in Shanghai. It is a good thing for sure. I will not be the only one to get the impression that the date of the founding of the Republic of Korea is either denied or degraded. There is no need to mention about how many acts of sabotage by the Communists went on a rampage until the birth of the Republic of Korea. Recently, academia and political circles have said that Syng-man Rhee's foundation of the Republic of Korea is the very cause of the division of the two Koreas, and thus they wanted to revive the meaning of the Provisional Government in Shanghai so that they could say, "We—the North and the South—are One." They might think that the Shanghai Provisional Government could be a model of peaceful coexistence as it was with the Communists and the advocates of free democracy at the same time. A person who doesn't know his/her birthday can be said to be a bastard. Then what kind of people are those who were born in this country but do not know the date of its birth?

3·1운동의 위대함은 세계적으로 평가 받을 것이다. 그리고 상해 임시정부도 나라의 독립을 찾으려는 선각자들의 삶을 높이 평가해야 한다. 하지만 상해 임시정부에는 공산주의자들이 많았고, 상해 임시정부는 실제로 대한민국의 건국과 연속성 없고 임정 요원들은 해방 후에 한참 후 개인적으로 한 분씩 귀국했다. 김구 선생 같은 독립운동의 대표자는 좌우 합작, 통일한국을 열기 위한 그의 열정이 도리어 김일성에게 실컷 이용당하고 말았다. 김구선생은 민족주의자로서 오늘 우리들이 흔히 말하는 <우리는 하나>에 올인 하였다. 이승만은 김일성이 주도하는 남북협상이 실패로 돌아갈 것을 예견하고 김구 선생의 주위를 극구 말렸으나 무위로 돌아갔다. 유엔이 1948년 2월 26일 감시가 가능하고 자유선거가 가능한 남한만이라도 자유총선거를 실시하기로 결의함에 따라, 1948년 3월 17일 국회의원 선거법이 발표되어 5월 16일에 투표하기로 결정 되었다. 이승만 박사를 중심으로 자유진영이 5·10 선거 준비를 하는 동안 중도좌파 세력과 김구 세력의 5·10 선거 반대로 남한 사회는 극심한 혼란에 빠졌다. 총선 반대 저지를 위한 선거 업무 방해는 무장 폭동 등 다양한 투쟁으로 선거를 방해했다.

The greatness of the March 1st Movement will be appreciated worldwide. And the provisional government of Shanghai and the lives of pioneers seeking independence in it should be also highly appreciated. However, there were many Communists in the Provisional Government of Shanghai, and the Provisional Government of Shanghai actually had no continuity with the establishment of the Republic of Korea. As a matter of fact, the officers in the Provisional Government of Shanghai privately returned to Korean land one by one long after the Korean liberation. Koo Kim was one of the representatively passionate activists for the independence. His passion for realizing the unified Korea with joint efforts from the right and the left was exploited by Il-sung Kim. As a nationalist, Koo Kim has occupied to the idea of so called "we are one." Rhee predicted that the inter-Korean negotiations led by Il-sung Kim would fail, and so he earnestly tried to stop Koo Kim, but he failed. On February 26, 1948, the United Nations decided to hold free general elections only in South Korea, where monitoring and free voting were possible. According to this, in the South, the National Assembly Election Act was announced on March 17, 1948 and decided to vote on May 16. While Syng-man Rhee was preparing for the May 10 election, the South Korean society was plunged into utter confusion due to opposition against the May 10 election from the center-left party and Koo Kim's party. There were various interruptions and hampers in election work to oppose the general elections with various actions—even with armed riots.

이러한 와중에 김일성이 남파한 간첩 <성시백>이 내민 김일성의 초청장을 받아 쥔 김구와 김규식 등 일행이 김일성의 각본에 따라 개최되는 남북협상, 즉 남북 연석회의에 참석하러 1948년 4월 19일 38선을 넘어 평양으로 갔다. 바로 이때에 여기저기서 공산당의 무장 폭동이 일어나 남한 사회는 내란에 가까운 혼란 상태로 치닫고 있었다. 김구는 남북통일 정부라는 이상에 함몰되어 현실에 대해서나 국제정치에 너무나 어두웠다. (김현태 편, 이승만 대통령에 대한 불편한 진실, 범아 출판. p23) 특히 김구가 월북했을 당시, 북한에서는 이미 북한헌법이 제정되고, 공산 정권 수립의 절차가 착착 진행되고 있음을 목격하고도, 김구 일행은 평양에서 붉은 군대의 사열까지 받았다. 김구는 이러한 사실을 철저히 숨기고 국민을 기만했다. 김구를 위시한 남북협상(전조선 제정당 사회단체 대표자연석회의)파들은 김일성과의 약속에 따라 5·10 선거를 철저하게 반대하고 나섰다.

Meanwhile, Koo Kim and Gyu-sik Kim, upon the invitation from Il-sung Kim through his spy Si-baek Sung, went to Pyongyang on April 19, 1948 to attend the inter-Korean talks, the inter-Korean joint meeting, which was held under the plan and will of Il-sung Kim. Just then, due to many armed insurgency by the Communist Party, the South Korean society was into the state of turmoil close to civil war. Koo Kim was so obsessed with the ideal of a unification government that he was blind to reality and international politics (Kim, p. 23). Especially when he went to North Korea, Koo Kim witnessed that the North's constitution and the process of establishing the Communist regime had already done in full swing. Nevertheless, Koo Kim and his party were even inspected by the Red Army in Pyongyang. Kim completely hid those and deceived the people. The pro-North Korean negotiators, including Kim Koo, strongly opposed the May 10 election in accordance with their promises to Il-sung Kim.

1945년 8월 15일 대한민국 정부수립이 있던 그날, 김구는 말하기를 「비분과 실망이 있을 뿐이다. 새로운 결심과 용기를 가지고 강력한 통일운동을 추진해야 되겠다」(김현태 p.24) 고 했다. 김구 선생은 위대한 독립운동가 이기는 해도, 철저한 민족주의자로서 남북합작, 민족통일을 염원한 나머지 결과적으로 공산당에 이용되고 말았다. 한편 지금도 비판자들은 이승만을 남북분단의 책임자로 몰아 부쳤다. 남쪽의 공산당 박헌영의 계략과 술수로 대한민국은 공산화 될 뻔 했으나, 박헌영은 도리어 김일성에게 당하고 말았다.

On the day of the establishment of the Republic of Korea government on August 15, 1945, Koo Kim said, "There is nothing but resentment and disappointment. We need to push for a strong unification movement with new determination and courage" (Kim, p.24). Even though he was a great independence activist, because he so longed for the unity of the South and North as a nationalist, Koo Kim was eventually used by the Communist Party of the North. Current critics still blame Rhee for the division of Korea into north and south. As a matter of fact, the south part of Korea was also about to be almost communized by the plot and trick of Heonyoung Park a Communist of the south. But Park was ironically attacked by Il-sung Kim.

지난 70여 년 동안 모든 언론, 역사가들, 교육가들은 남북통일, 민족통일과 화해와 평화를 앞세워서 우남 이승만 박사 흠집 내기와 이승만 약점 캐기, 이승만 죽이기를 앞 다투어 해왔다. 이른바 역사를 알고 정치를 안다는 학자들과 논객들이 마치 이승만 비판을 해야 신지식인인 듯 생각해 왔다. 그도 그럴 것이 북한에서는 모든 교과과정에서 이승만 폄하와 죽이기를 했고, 김일성이 세운 북조선 공산주의 집단만이 정통인 듯이 세뇌시켰다. 어찌된 일인지 자유대한민국에 사는 사람들은 자기가 태어난 부모도 태어난 생일도 부정하는 꼴이 되었다. 최근에 이르러야 연세대학교 안에 <이승만 연구소>가 만들어지고 이승만 전집출간을 위해 준비 중에 있다. 또 깨어있는 학자들이 그간의 상식으로 알려졌던 이승만을 재조명하고 우남 이승만박사의 대한민국 국부로서 위대한 정치가요 외교가요, 전략가로 다시 보기 시작한 것은 고무적이다. 하지만 이승만 연구소도 재정후원이 없어 커다란 어려움에 있다고 한다. 필자는 3·1운동 100주년과 상해 임시정부 100주년을 기해서 조국의 광복과 독립을 위해서 해외에서 40년을 일하신 건국 대통령을 다시 생각 하고자 한다.

Over the past 70 years, all the media, historians, and educators have been scrambling to find fault with Syngman Rhee with reasons of unification, reconciliation, and peace. Historical and political scholars and commentators have thought that criticism to Syng-man Rhee attests to their updated-ness as scholars and commentators. The North Korea denigrated Rhee in every curriculum and brainwashed people as if only the Communist group of the North founded by Kim Il-sung was legitimate. For somehow, people of the Republic of Korea ended up denying their birth parents and their birthdays. Only recently, Syng-man Rhee Research Institute was established in Yonsei University and is preparing for the publication of Syng-man Rhee complete collection. It is also encouraging that some scholars have re-evaluated Rhee as a great politician, diplomat, and strategist as well as father of our nation. However, unfortunately, the Institute is undergoing a big trouble due to lack of financial support. On the 100thanniversaryof the March 1st Independence Movement and the 100th anniversary of the Provisional Government of Shanghai, I would like to rethink the founding president of the Republic of Korea, who has worked for the independence of his country for 40 years abroad.

첫째로 우남 이승만 박사는 청빈하고 깨끗한 대통령이었다. 1980년대 나는 이승만 박사의 사저였던 <이화장>에 가서 예배를 인도했다. 그때 나는 프란체스카 여사를 만나고 양자 이인수 박사 내외를 만나 대화를 나누고, 이승만 박사의 유품들을 돌아 보았다. 프란체스카 도너 여사는 경무대의 살림살이가 얼마나 검소했으면 양말을 기워 신은 것을 볼 수가 있었다. 그 후 하와이 대학의 동서센터연구소에 자료를 보니, 이승만 박사는 사탕수수밭에 일하던 동포들의 1불, 2불 헌금을 받고 영수처리 한 것을 볼 수 있었다. 국부, 이승만 박사는 40여 년간 국내외에 독립운동을 하면서도 깨끗하게 살았다. 이승만은 나라의 독립과 건국을 위해서 평생을 바쳤으나 그가 남긴 것은 아무것도 없었다.

First of all, Syng-man Rhee was a clean and honest president. In the 1980s, I went to Ewha Jang (Rhee's house) to lead the worship service. At that time, I met Mrs. Francesca and her adopted son In-soo Rhee and his wife. I had a good conversation with them and looked around the artifacts of Syng-man Rhee. I could see that Mrs. Francesca was very frugal; her socks were sown up. Afterwards, I saw the data from the University of Hawaii's East and West Research Center which showed that Rhee gave receipts to the sugarcane field workers even for their one or two dollar donations. Rhee lived a clean life while he was working for the independence at home and abroad for around 40 years. Rhee dedicated his entire life to the independence and establishment of the nation, but he left nothing for himself.

둘째로 우남 이승만 박사의 독립운동가로서의 일생은 동서양 학문을 통달하고 어학의 천재요, 외교의 귀재로서 뿐만 아니라 문필가로서 우리 민족의 등불이었다. 그의 <독립정신> <일본 내막기> <일민주의> 등의 저서나 그의 국제무대의 연설 등은 국내외의 모든 자유민주주의 국가의 지도자였음이 입증되었다. 미국 국회를 비롯해서 미국의 정치무대에서 연설 한 것과 두 번에 걸친 타임(The Time)지 표지 모델과 특집을 보면 이승만은 미국마저도 만만히 볼 수 없는 대인이었다.

Second, Syng-man Rhee, a Korean independence activist, was a master of both Eastern and Western studies, a genius in language, a genius in diplomacy, and a literary genius. He was like a lamp for our people. Through his writings like "The Spirit of the Independence," "Japan's Inside Out, and "Ilminism," and his international speeches proved that he was the leader of all other liberal democratic countries. Judging from the fact that he gave a speech before the U.S. Congress and other speeches in the U.S. political arena, and that he was on the cover of The Time magazine twice with featured stories about him, Syng-man Rhee was a figure that even the U.S. could not ignore.

셋째 우남 이승만 박사는 신앙의 사람으로서 대한민국을 기독교 입국으로 세우려 했다. 이승만은 한성감옥에서 선교사들을 만나 성경을 배우고 복음을 깨닫게 되었다. 그는 감옥에서 학교와 도서관을 만들 정도로 신앙의 사람으로 학자였고 언론인이었다. 배제학당에서 기독교와 접촉하여 인생관과 세계관이 바뀐다. 사람들은 배제학당, 하와이 감리교회, 정동감리교회 장로 등을 들어서 그를 감리교인이라고 한다. 그 말은 틀린 것은 아니지만 이승만은 어느 교파, 어느 교단 사람이 아니었다. 1904년 미국으로 유학 가기 전에 남궁혁 박사 댁에 머물면서 신앙의 지도와 사랑을 받았다. 남궁혁 박사는 조부가 평양감사를 지냈던 부유한 양반으로 후일 프린스턴 신학교를 졸업하고 평양

신학교에서 최초로 한국인 교수가 되었다.

Third, Syng-man Rhee, as a believer, tried to establish Korea as a Christian country. Rhee met with missionaries at the Hansung prison and learned the Bible from them and realized the gospel. He was a scholar and journalist who made a school and a library in prison. His worldview was changed after he encountered Christianity in Baejae Hakdang. People say he was a Methodist because he was attending Baejae Hakdang and Hawaii Methodist Church and he was an ordained elder of Jungdong Methodist Church. This is not untrue. But Rhee was not a member of any denomination. Before going to the U.S. to study in 1904, Rhee stayed at Dr. Hyuk Nam Gung's house. There Rhee was loved and religiously mentored by Nam Gung. Nam Gung, a wealthy man whose grandfather was an auditor of Pyongyang, later graduated from Princeton Theological Seminary and became the first Korean professor at Pyongyang Theological Seminary.

그리고 이승만 박사는 미국에 가서 1904년 4월 23일 워싱턴 D. C. 의 커버넌트 장로교회 루이스 헴린(Rev. Lewis Hamlin) 목사로부터 세례를 받았다. 커버넌트 교회는 스코틀랜드정통 장로교회였다. 이승만이 죠지 워싱턴 대학교에 공부할 때에 이 교회에서 철저한 스코틀랜드 언약도들의 신앙 곧 칼빈주의 신앙을 배웠으리라고 본다. 특히 프린스턴 대학교에 박사학위를 공부할 즈음에 이승만은 일 년 동안 신학공부에 주력했다. 지금도 그러하지만 프린스턴 대학과 프린스턴 신학교는 경계가 없고 한 캠퍼스이다. 그 시절에는 학문의 분화(分化)가 되지 않았던 시절이었으므로, 이승만은 프린스턴 신학교에서 1년간 공부하는 동안 당대의 프린스턴 신학의 대표적 학자인 비 비 월필드(B. B. Warfield)와 겔할더스 보스(Geerhardus Vos) 박사 아래서 공부했을 것이다. 당대의 비 비 월필드는 아브라함 카이퍼의 영향을 가장 많이 받은 세계 3대 칼빈주의 학자였다. 월필드 박사는 1902년에 교장 직에서는 물러 났지만 여전히 구 프린스턴을 대표하는 교수였다. 한편 성경신학의 아버지 보스(G. Vos)박사는 화란 이민자로서 철저한 칼빈주의 신학자였고, 성경을 구속사적으로 보는 성경신학(Biblical Theology)의 창시자였다. 특이한 것은 그의 아들 요하네스 겔할더스 보스(Johannes Geerhardus Vos)목사는 만주 한인들을 위한 선교사로 한부선 목사와 함께 일본의 신사참배 반대운동 500인 서명을 주도했는데, 한부선 목사는 이 사건을 <한국의 언약도>로 명명했다. 후일 J. G. 보스 목사는 커버넌트 후예들이 세운 피츠버그에서 가까운 제네바대학(Geneva College 1848)의 교수를 지냈다.

Syng-man Rhee went to the United States and was baptized on April 23, 1904 by Rev. Lewis Hamlin of the Covenant Presbyterian Church in Washington, D. C., an orthodox Scottish Presbyterian Church. I reasonably believe that when he studied at the George Washington University, he must have learned in this church the faith of the Scottish Covenanters, which is the Calvinist faith. In particular, while he was studying in the Ph.D. program at Princeton University, Rhee focused on studying theology for a year. Even now, Princeton University and Princeton Theological Seminary are unbounded and share one campus. Since it was not a time of academic differentiation, Rhee would have studied under Dr. B. B. Warfield and Dr. Geerhardus Vos, the representative scholars of the contemporary Princeton theology during his one-year study at Princeton Theological Seminary. Warfield was one of three great Calvinist scholars in the world at that time, most influenced by Abraham Kuyper. Dr. Warfield had resigned his office as principal in 1902, but was still a professor representing the Old Princeton at that time. Meanwhile, Dr. G. Vos was a through Calvinist theologian as a Dutch immigrant and the founder of the redemptive historical Biblical theology. What is interesting is that his son, Johannes Geerhardus Vos, was a missionary for the Manchurian Korean people and led the signing of the 500 people for opposing the Shrine worship in Japan along with missionary Rev. Bruce Hunt and called that 500 people "Korean Covenanters." Later, Rev. J. G. Vos served as a professor at Geneva College near Pittsburgh, which was founded by the descendants of the Covenanters in 1848.

이승만은 프린스턴 신학교에서 1년 동안 라틴어, 헬라어, 신학과 철학을 공부했다. 즉, 그는 프린스턴 신학교 기숙사인 핫지홀(C. Hodge Hall)에 머물면서 1년 간 신학공부를 했다. 그 후에 그는 윌슨(Willson) 총장의 사랑을 받으면서 정치학으로 철학박사(Ph. D.) 학위를 받게 된다. 아마도 이승만 박사의 세계관은 프린스턴에서 공부하는 중 칼빈주의적 세계관을 배웠으리라고 본다. 특히 프린스턴 신학교의 밀러 채플이나, 프린스턴 대학 채플에 참석하여 예배를 드렸고, 당대의 프린스턴 석학들의 설교와 강의의 영향을 고스란히 받았을 것으로 생각된다. 당시 프린스턴 신학교는 아브라함 카이퍼 영향이 컸는데 아브라함 카이퍼는 화란의 푸라야대학(Vrije Universiteit)를 세운 대 칼빈주의 학자요 정치가로서 화란 수상을 지냈다. (1901-1905) 현재 프린스턴 신학교 안에 <아브라함 카이퍼 연구소>가 있는 것을 보면, 1898년에 비 비 월필드 박사가 아브라함 카이퍼를 초청해서 <칼빈주의 특강>을 하게 하고 프린스턴 대학에서 명예 법학박사를 수여한 일이 있다. 아마도 이승만 박사의 가슴에는 카이퍼가 꿈꾸던 이상대로 장차 대한민국이 독립국가로 세워진다면 하나님 중심, 그리스도 중심, 성경중심의 기독입국을 하고 싶었던 것이 아닐까? 그래서 대한민국 헌법이 제정되어 대한민국을 세울 때, 먼저 이윤영 목사를 불러내어 기도하게 했다. 그래서 대한민국은 기도로 세워진 나라였다. 그래서 우남 이승만이 대통령 재임 시 토지개혁, 군목제도, 경목제도 등을 만들었다. 이승만 대통령의 성경사랑과 기도의 사람인 것은 익히 알려진 사실이다.

Rhee studied Latin, Greek, theology, and philosophy for a year in Princeton Theological Seminary, staying at the Hodge Hall, one of the seminary's dormitories. He then got a Ph.D. in political science from the university, being loved by president Wilson. Perhaps Rhee has been taught the Calvinistic worldview while studying at Princeton Theological Seminary. He attended chapel services at Miller Chapel of Princeton Theological Seminary or Princeton University Chapel. He is believed to have fully influenced by the sermons and lectures of contemporary Princeton scholars. When Rhee was studying there, Princeton Theological Seminary was largely influenced by Abraham Kuyper, a great Calvinist scholar and politician, the founder of Free University at Netherlands, and the prime minister of Netherlands (1901-1905). There still exists Abraham Kuyper Institute in Princeton Theological Seminary. In 1898, Abraham Kuyper was invited by Dr. Warfield to give a special lecture on Calvinism and he was awarded an honorary degree of Doctor of Law from Princeton University. Rhee might dream a God-centered, Christ-centered and Bible-oriented nation when Korea was established as an independent nation, just as Kuyper dreamed. And so, when the Constitution of the Republic of Korea was established, Rhee invited Rev. Yoon-young Lee to pray for the Republic of Korea. The Republic of Korea was built by prayer. Rhee did the land reform, built the army chaplain & police chaplain policy during his presidency. It is a well-known fact that Rhee was a Bible-loving and prayerful man.

사실 이승만 박사는 미래 통찰과 예지가 넘치는 세계적 지도자였다. 재임 중에 한미 상호방위조약과 오늘의 자유 민주주의 대한민국의 기초를 든든히 놓았다. 그는 40년동안 오직 조국 독립을 위해서 일하고, 이 나라를 건국한 국부이다. 그럼에도 불구하고 이승만 박사는 철저한 반공주의자였기 때문에, 북쪽 공산주의자들은 이승만 박사가 미제국주의와 함께 하는 민족의 원수라고 선전 선동했다. 거짓말도 자주 들으면 사실처럼 들릴 수 밖에 없다. 더구나 나라 전체가 세작들에게 노출되고 집단적으로, 교육계, 언론계, 학계가 담합하여 대한민국의 정통성을 부정하는 이때에 이승만은 벼랑 끝으로 내몰리고 있다. 이승만은 남북분단의 책임자라는 것도 거짓이고, 친일 청산을 하지 않았다는 것도 거짓이고, 3·15 부정 선거를 했다는 것도 잘못이다.

In fact, Dr. Syng-man Rhee was a world leader full of vision and insight. During his tenure, he settled the ROK-U.S. Mutual Defense Treaty and laid the foundation of the Republic of Korea as a free democratic nation. He is the nation's founding father and worked for the independence of Korea from Japan for 40 years. Nevertheless, since he was a thorough anti-communist, the North Korean Communists instigated people claiming that Rhee was the enemy of the people because he was in company with the U.S. Imperialism. When you hear lies so often, you can't help but believe the lies as truths. Furthermore, at the time like today when the whole nation is exposed to the spies and when education, media and academia have collectively colluded to deny the legitimacy of the Republic of Korea, Syng-man Rhee is being pushed to the cliff. Rhee has been blamed for the division of South and North Korea. It is not true. He was believed that he did not clean up the pro-Japanese group and activities. It is also not true. He was said that he conducted an illegal election on March 15.

당시 이승만 대통령은 야당대표 조병욱 박사가 선거일 한 달 전에 위암으로 이미 세상을 떴으니, 뭐가 답답해서 부정선거를 했단 말인가? 다만 최인규 내무장관을 위시한 참모들이 과잉 충성한 것은 맞다. 4·19 학생운동이 일어났을 때, 이 박사가 먼저 하야하겠다고 했고, 절대로 학생들을 다치게 하지 말라고 했고, 하야 후에 걸어서 이화장으로 갔다. 그리고 다친 학생들을 위로 격려했다. 세계 어느 독재자가 이렇게 했는지는 모르겠다. 70년간이나 3대 세습 독재체제와 북한의 인권에 대해서는 말 한마디 못하면서, 자유 민주주의를 지키기 위해서 평생을 바친 우남 이승만 박사를 말끝마다 독재자로 몰아세우고 김일성, 김정일, 김정은 3대 공산주의자들을 예찬하는 것은 참으로 이해 할 수 없다.

At that time, there was no reason for Rhee to conduct an illegal election. Rhee knew that Byungwook Cho, the opposition presidential candidate died of stomach cancer a month before the election. However, it is true that some of his staffs, including the Secretary of Interior In-kyu Choi, showed excessive loyalty to him.

When the April 19 Student Movement took place, Rhee first said that he would step down. He also ordered, "never hurt the students." And then he actually stepped down from his presidential office and walked to Ewha Jang. And he consoled and encouraged the injured students. No dictator in the world did what he did. It is incomprehensible to call Syng-man Rhee who has devoted his entire life to safeguarding free democracy as dictator, and to praise Il-sung Kim, Jeong-il Kim, and Jeong-un Kim, the three major North Korean communists, while unable to criticize the hereditary succession of the North Korea for three generations and to concern the human rights of the North Koreans.

세상의 지도자들 모두가 완전한 자는 없다. 이승만도 인간적 약점이 있다. 하지만 우남 이승만 박사가 없었으면 대한민국은 없었다는 올리버 박사의 말은 옳다고 본다. 나는 미국의 많은 대통령의 기념관을 직접 가서 보았다. 그 대통령이 모두 잘 한 것은 없지만, 장점만 높이 세워 그의 사상과 삶을 기념하는 것을 보았다. 역시 미국은 미국이었다. 건국 70년 동안 건국 대통령 이승만의 기념관 하나 못 세우는 우리들의 모습이 참으로 부끄럽다.

There is no perfect leader in this world. Syng-man Rhee also has weaknesses as a human being. However, I think Dr. Oliver was right when he said that without Rhee Syng-man, the Republic of Korea would not exist. I have been to many U.S. presidential memorial halls. I saw that even though he did not serve very well as a president in every aspect, each presidential hall celebrated each president's thoughts and life through focusing on each one's merits and contributions. I envy the U.S. presidential memorial halls. I feel shameful that we have been so far unable to build a memorial hall for our nation's founding president, Syng-man Rhee.

1954년 8월 13일 U. S. News & World Report에서, 우남 이승만 박사와 장문의 특별 인터뷰에서 이 박사의 핵심 메시지는 "공산주의자에게 굴복하지 마라"(Don't surrender to Communists)였다. 대한민국을 건국한 이승만 박사의 공적은 이 땅에 공산주의를 몰아내고, 자유 민주주의 국가를 세우는 일이었다.

On August 13, 1954, the U.S. News & World Report introduced a special interview with Dr. Syng-man Rhee. His key message was, "Don't give in to the Communists" (Don't Surrender to Communists). Syng-man Rhee, the founder of the Republic of Korea, did his best to drive the Communism out of the Korean land and to establish a nation of free democracy.

References
Kim, H. T. Uncomfortable truth about President Syng-man Rhee. Seoul: Bum Ah.

Intelligencer Journal
1945년 8월 15일 수요일, 헤드라인!

일본 항복하다!

▲ 위 사진 제공 : 한국칼빈주의연구원장 정성구 박사

8.15 광복 제78주년을 맞으며

제2차 세계대전 第二次世界大戰, Second World War은 1939년 9월 1일부터 1945년 9월 2일까지 치러진, 인류 역사상 가장 많은 인명 피해와 재산 피해를 남긴 가장 파괴적인 전쟁이었다.

1. 제2차 세계대전(大戰)의 종결(終結)

제2차 세계대전 第二次世界大戰, Second World War은 1939년 9월 1일부터 1945년 9월 2일까지 치러진, 인류 역사상 가장 많은 인명 피해와 재산 피해를 남긴 가장 파괴적인 전쟁이었다.

통상적으로 전쟁이 시작된 때는 1939년 9월 1일 새벽 4시 45분 아돌프 히틀러가 다스리는 나치 독일군이 폴란드의 서쪽 국경을 침공하고, 소비에트 사회주의 공화국 연방군(CCCP, USSR)이 1939년 9월 17일 폴란드의 동쪽 국경을 침공한 때로 본다. 그러나 또 다른 편에서는 1937년 7월 7일 일본 제국의 중화민국 침략, 1939년 3월 나치 독일군의 프라하 진주 등을 개전 일로 보기도 한다.

2차 세계대전은 1945년 8월 6일과 8월 9일, 일본의 히로시마와 나가사키시에 미국의 원자폭탄 투하 이후 1945년 8월 15일 일본 제국이 무조건 항복하면서 사실상 끝이 났으며, 일본 제국이 항복 문서에 서명한 9월 2일에야 공식적으로 끝난 것으로 본다. 이 결과로 동아시아에서 일본의 식민지로 남아 있던 지역들이 독립하거나 모국으로 복귀하고, 그 외에도 여러 제국의 식민지가 독립하게 되었다.

▲ 해방을 환호하는 서울역 광장과
남대문로 일대의 인파

1944년 10월 맥아더 장군은, 필리핀의 레이테 만 전투에서 승리함으로 쫓겨났던 호주로부터 필리핀으로 귀환할 수 있었는데, 이는 미 해군과 호주 해군의 연합작전이 성공한 결과였었다. 일본은 이 전투에서 처음으로 가미카제神風특공대 돌격작전을 시행하였으며, 26척의 수상함을 잃는 패전을 겪어야만 하였다.

───────

제2차 세계대전의 전사자는 약 2,500만 명이고, 민간인 희생자도 약 3천만 명에 달했다. 전쟁 기간 중 일본 제국은 1937년 중국 침략 때 난징南京 등에서 대학살을 감행하여 겁탈과 방화를 일삼으며 수십만 명의 난징 시민을 무자비하게 살해하였고, 포로 학살 등 여러 전쟁 범죄를 저질렀다.

또한 나치 독일은 '인종 청소'라는 이유로 수백만 명 이상의 유대인과 집시를 학살하였다. 미국은 1945년 3월 10일 일본의 수도 도쿄東京와 그 주변 수도권 일대를 소이탄을 사용해 대규모로 폭격한 이른바 '도쿄 대공습'을 감행해 민간인 15만 명을 살상했고, 같은 해 8월 6일과 9일에 각각 히로시마와 나가사키에 원자 폭탄原子爆彈 공격을 감행하여 약 34만 명을 살상하였고, 영국 공군과 미국 육군항공대는 드레스덴 폭격과 뮌헨 공습을 감행하여 각각 20여만 명을 살상하는 등, 전쟁과는 상관없는 민간인들의 피해도 매우 심했었다.

전쟁은 크게 서부 유럽 전선, 동부 유럽 전선과 중일전쟁, 태평양 전쟁으로 구분할 수 있다. 이외에도 아메리카, 오세아니아, 아프리카, 중동, 대서양 해역과 인도양 해역 등 기타 하위 전선도 2차 대전의 전역에 포함된다.

2. 연합국(聯合國)의 대 일본(對 日本) 전쟁(戰爭)의 종결(終結)

하와이 진주만에서의 1941년 12월 7일(일요일) 새벽에 일어난 일본 제국 해군이 저지른 '진주만 기습작전'은 예상했던 것 이상으로 콧대 높은 미국 해군을 박살 낸 쾌거였었다고 일본 군인들은 자랑하며, 앞으로 태평양상에서의 모든 이익을 독차지할 것이라 호언장담하기에 부족함이 없었던 '대일본제국'의 빛나는 해상작전이었다.

중국대륙을 장중에 쥔 일본군은 남태평양을 석권하면서 필리핀에 있던 맥아더 장군을 호주로 내쫓아버렸고, '대동아공영'大東亞共榮을 부르짖으며 인도지나印度支那 일대를 석권하기에 이르렀다. 그러나 미국 해군은 1942년 6월에 침략군의 위세를 꺾고자 하여, 미드웨이 해전에서 진주만의 악몽을 씻을 수 있는 전과를 올리게 된다. 일본군은 정규 항공모함 5척과 경항공모함 2척, 수상기모함 2척 및 전함 11척, 중重 및 경輕 순양함 계22척, 구축함 65척, 잠수함 22척 그리고 함재기(함재기)들총 264기機의 막강한 세력을 보유하면서도 패배하고 말았다.

1944년 10월 맥아더 장군은, 필리핀의 레이테만 전투에서 승리함으로 쫓겨났던 호주로부터 필리핀으로 귀환할 수 있었는데, 이는 미 해군과 호주 해군의 연합작전이 성공한 결과였었다. 일본은 이 전투에서 처음으로 가미카제神風특공대 돌격작전을 시행하였으며, 26척의 수상함을 잃는 패전을 겪어야만 하였다.

미군은 점차 승세를 몰아 북으로 진격을 하면서 일본 본토에 다가오고 있었는데, 1945년 3월 유황도硫黃島 전투에서는 일본군의 피해율은 무려 96%, 20,933명 중 20,129명으로 일본군 거의 모두가 전사한 소위 '옥쇄'玉碎작전이었다.

1. 히로시마 우라늄-암호명 Little Boy 2. 나가사키 플루토늄-암호명 Fat Man 3. 히로시마 원폭 1945년 8월 8일

미군 역시 전사자 6,821명, 부상자 21,865명으로 집계되었다. 미국은 1945년 8월 6일과 8월 9일 양일에 히로시마와 나가사키에 원자폭탄原子爆彈을 투하하였으며, 일왕日王은 8월 15일 정오에 방송을 통해 무조건 항복降服을 선언함으로써, 소위 대동아전쟁大東亞戰爭 -世界 第2次 大戰-은 종지부를 찍게 되었고, 우리 한민족(당시는 조선민족이라 불렸지만)은 36년간이라는 일제日帝의 압박과 통치에서 해방되어, 자유를 누리는 나라에서 살 수 있다고 믿어 기쁨의 백성으로 변하게 되었다.

3. 8.15 광복

그날이 오면 / 심 훈

그날이 오면 그날이 오며는
삼각산이 일어나
더덩실 춤이라도 추고 한강물이
뒤집혀 용솟음칠 그날이,

이 목숨이 끊기기 전에 와주기만 하량이면,
나는 밤하늘에 날으는 까마귀같이
종로의 인경人磬을 머리로 들이받아
울리오리다.
두개골은 깨어져 산산조각 나도 기뻐서
죽사오매
오히려 무슨 한이 남으오리까

그날이 와서 오오 그날이 와서 육조六曹 앞
넓은 길을 울며 뛰고 뒹굴어도
그래도 넘치는 기쁨에 가슴이 미어질 듯
하거든
드는 칼로 이 몸의 가죽이라도
벗겨서 커다란 북을 만들어 들쳐 메고는
여러분의 행렬에 앞장을 서오리다.
우렁찬 그 소리를 한 번이라도 듣기만 하면
그 자리에 거꾸러져도 눈을 감겠소이다.

백범 김구 선생의 글

나는 이 소식을 들을 때 희소식이라기보다 하늘이 무너지고 땅이 갈라지는 느낌이었다. 몇 년을 애써서 참전을 준비했다. 산동 반도에 미국의 잠수함을 배치하여 서안훈련소와 부양훈련소에서 훈련받은 청년들을 조직적, 계획적으로 각종 비밀무기와 무전기를 휴대시켜 본국으로 침투케 할 계획이었다. 국내 요소에서 각종 공작을 개시하여 인심을 선동하며, 무전으로 통지하여 비행기로 무기를 운반해서 사용하기로 미국 육군성과 긴밀한 합작을 이루었는데, 한 번도 실시하지 못하고 왜적이 항복한 것이다. 이제껏 해온 노력이 아깝고 앞일에 걱정이었다.

- 백범 김구(金九) 선생이 일본의 항복 당시 상황을 술회하며 쓴 글 중에서 -

4. '8.15'를 중심으로 한 역사적 사건들

가. 1945년 8월 7일

1945년 8월 7일 오후 4시 30분 모스크바의 크렘린궁宮. 일본의 히로시마에 신형폭탄 원폭이 투하됐다는 소식을 들은 소련 스탈린은 일본에 대한 공격명령에 서명을 했다.

1945년 8월 8일 : 소련 대일본對日本 선전포고宣戰布告! 그는 부하들에게 힘주어 말했다. "전쟁의 열매는 힘으로 따지 않으면 확실히 맛볼 수 없다" 이틀이 지난 8월 9일 새벽 0시. 소만국경蘇滿國境에 진주해 있던 소련군이 일제히 국경을 넘어 만주로 쏟아져 들어왔다. 이 작전에는 소련군 157만 명과 화포. 박격포 2만 6,137문, 전차와 자주포 5,566량, 군용기 3,721대를 동원했다.

소련군의 진격은 만주에 그치지 않고 이틀 후에는 한반도 북단 동해안의 경흥, 함흥까지 밀고 내려왔다. 사할린 남부에도 소련 육군과 해군, 해병대가 국경선을 넘어 일본군을 공격했다. 소련군의 기습에 놀란 것은 공격을 당한 일본만이 아니었다.

원폭을 투하한 뒤 일본의 항복 소식만 기다리던 미국도 당황했고, 만주를 포함한 중국 전체를 통일하려던 장개석도 충격을 받았다. 다만 연안에서 일본군이 철수하면 장개석 정부와 일전을 벌이려던 모택동毛澤東과 소련군에 편입되어 한반도 진입을 준비하던 김일성(본명 金聖柱)의 88여단旅團만 회심의 미소를 지었다.

소련군은 만주를 북중국에서 고립시키고 한반도로 향하는 통로를 만들어 나갔다. 8월 15일 일왕日王이 항복 선언을 했으나 소련군과 관동군關東軍의 전투는 계속되었다. 동부 국경에 있던 후토우 요새에서 민간인을 포함한 1,900명이 옥쇄로 모두 죽은 26일에야 만주에서의 전투가 종식되었다.

시계방향으로 1.1945년 8월 6일 피폭 후 히로시마 거리 2. 모택동과 스탈린 3. 싱가포르에서 영국군의 포로가 된 철창속의 일본군 장교들 - 1945년 8월 4. 일본천황의 항복선언 (1945년 8월15일 라디오 방송)

만주를 점령한 소련군은 제일 먼저 관동군의 수뇌부와 '푸이 황제'를 비롯한 일본의 괴뢰국傀儡國 만주국滿州國의 황족과 수뇌부를 연행해 전범재판戰犯裁判에 넘기면서 시베리아로 끌고 갔다. 이어 전리품戰利品이 된 공장 등 산업시설을 뜯어내 기차에 싣고 소련으로 가져갔다.

포로로 잡힌 관동군 60만 명은 노동력으로 활용하기 위해 시베리아로 끌려갔다. 이 와중에 군기가 풀린 소련군은 도처에서 약탈과 폭행, 강간을 일삼았다. 소련군의 군정軍政이 실시되자 중국 공산당은 그 기회를 틈타 세력을 확대해 나갔다.

스탈린이 낮게 평가했던 모택동의 홍군紅軍이 소련군의 점령이라는 특이한 정치 공간을 이용해 저변을 넓혀 나간 것이다. 일본이 패망한 후 만주에는 조선인이 110만 명이나 남아 있었다. 일본군이 떠나자 만주 각 지역에서 중국인에 의한 조선인 박해사건이 잇따랐다. 특히 조선인 비율이 낮은 마을이 괴뢰 만주국의 패잔병이나 마적들의 집중적인 공격 대상이 되었다.

상황이 악화되자 조선인들은 생존을 위해 주거지를 버리고 하얼빈, 목단강, 가목사, 연길, 길림 등 좌익계열의 독립군인 항일연군抗日聯軍이 장악하고 있는 도시로 몰려들었다. 이들은 자연스럽게 '반국민당, 친공산당'으로 기울어 중공군中共軍, 전 팔로군前 八路軍에 대거 입대入隊한다.

나. 8월 11일, 소련 군대 북한으로 진격, 소비에트화 준비 착수

소련은 6개월 전 '얄타회담'에서 미국과 체결한 결의에 근거해 8월 8일 '선전포고'와 동시에 대일전(對日戰)을 개시했다. 그리고 미국으로부터 무기와 장비를 지원받아 157만 명의 대군을 소·만 국경을 넘어 중국의 동북지역과 한반도로 진격시켰다. 소련군의 북한 진입은 8월 15일과 17일 사이에 급속히 이루어졌다.

소련 공군기는 함경도 웅진, 나진, 청진 등지에 폭격을 개시했고, 치스챠코프 대장이 이끄는 소련 극동 방면군 소속의 제25군이 동해 해상을 통해 청진, 흥남, 함흥, 원산 등지를 거쳐 24일에는 평양으로 진입했다. 소련은 1차 미·소 공동위원회가 결렬되자, 북한 임시정부 수립에 본격적으로 나섰다. 소련 군정과의 긴밀한 협의를 거쳐 소위 북조선임시인민위원회(위원장 김일성, 전 소련군 대위)는 1946년 3월 토지개혁, 11월 3일 도·시·군 인민위원회 선거 등을 발 빠르게 추진해 나갔다.

일본이 패망한 후 만주에는 조선인이 110만 명이나 남아 있었다. 본군이 떠나자 만주 각 지역에서 중국인에 의한 조선인 박해사건이 잇따랐다. 특히 조선인 비율이 낮은 마을이 괴뢰 만주국의 패잔병이나 마적들의 집중적인 공격대상이 되었다.

- 그 이후 -

1947년 2월 북조선인민위원회 수립에 이어 1948년 2월 '인민군 창건' 단계에 이르면서 북한 지역에는 사실상 행정부와 군 조직이 완성되었고, 무력으로 통일하고자 하는 준비가 착착 이루어지기 시작하였다.

다. 8월 13일, '분계선'이 '39도선'이 아니라 '38도선'으로 선정- 運命의 1度-

1945년 8월 11일 미국의 국무부·해군부·육군부 3부 조정위원회(SWNCC)는 그동안의 미 육군 부 제안들을 바탕으로 38선 이북은 소련군이, 이남은 미군이 일본군의 항복을 접수하도록 하는 '38선 분할초안'을 기안했다. 38선 분할 안이 최종 결정되기 전인 8월 12일에 이미 웅기·나진 등에 진주한 소련도, 미국이 제안한 이 조항을 반대 없이 받아들였다.

이어 태평양 방면 연합군 최고사령관 더글러스 맥아더가 1945년 8월 15일 발표한 '일반명령 제1호'에서 "38도선 이북의 일본군의 항복은 소련이, 이남 일본군의 항복은 미군이 접수한다."라고 선언하여 38선이 공식 기정사실화 되었다. 트루먼은 38선 분할 안에 대해 "한국에서 힘의 공백이 생겼을 때 실질적 해결책으로 우리들에 의해 제안된 것"이라고 회고했다. 38선 확정은 별도의 미·소 간 비밀협약에 의한 것이라기보다 미·소 간 항복 접수 구획선으로 제안된 미 육군부의 건의에 그 기원을 두고 있다고 할 수 있다. 이는 단순히 군사작전의 구획설정을 위해 편의적으로 그어진 작전구획선 이상의 의

로우니 장군의 저서 '운명의 1도'

▲1945년 8월 15일 해방의 기쁨을 누리고 있다.

미를 갖는다.

38선은 전후 한반도에 단일세력 진입을 막기 위한 신탁통치안, 제2차 세계대전 중 군사점령과 항복 접수를 일국에 맡길 수 없다는 구획선 안 등 전후 처리 과정에 줄곧 내재된 미·소의 국제정치적 흥정과 이익이 작용한 결과로 보인다.

에드워드 L. 로우니 장군의 증언

일본의 제2차 세계대전 공식 항복일(1945년 9월 2일) 직전 링컨 장군의 상관인 조지 마셜 장군은 남북 분단선 설정 안을 건의토록 지시했다. 회의에서 딘

러스크 대령은 한반도에서 가장 폭이 좁은 곳이어서 군사분계선 방어에 많은 병력이 필요치 않다는 이유로 평양 바로 아래쪽 39도선에 긋자고 주장했다. 하지만 링컨 장군은 예일대 지리학과 교수인 스파이크만이 1944년 저술한 '평화의 지리학'을 인용하면서 38도선을 지목했다.

스파이크만은 38도선 북쪽이 우위를 점하고 있다는 학설을 제기한 인물이다. 상황을 지켜본 로우니 장군은 '운명의 1도'에서, "돌이켜 보면 잘못한 일"이라며 "39도선 방어가 훨씬 쉬웠을 뿐 아니라 많은 미군 생명도 구할 수 있었을 것"이라고 지적한다.

▲ 미국 - 일본 항복 조인

리챠드 알렌, 전 미국 백악관 안보 보좌관 증언

"실수는, 아시아에서 미래를 결정하는데 소련에게 동등한 지위를 준 것입니다. 특히 한국을 생각하면 그렇습니다. 소련은 단지 6일 동안 극동 전쟁에 참여했습니다. 스탈린이 한 일은 그게 다였지만 북한에 손을 뻗었습니다. 그래서 유럽의 독일처럼 38선에 의해 나라가 분리됐습니다." 북위 38도선이라는 낯선 경계는 일반명령 1호에서 처음 그 존재를 드러냈다.

라. 8월 15일, 日王 '무조건 항복(無條件 降服)'

일본의 항복(Surrender of Japan)은 일본이 1945년 8월 14일에 연합국에 통보하였고, 8월 15일 낮 12시에 日王 쇼와昭和 천황天皇이 항복 선언을 한 것을 말한다. 9월 2일에는 일본의 도쿄(東京)만에 정박 중이던 미국 전함 USS 미주리 (BB-63) 함상에서 일본 대표가 정식으로 항복문서에 서명을 하였다. 이 항복으로 제2차 세계대전은 종결되었다.

日王의 항복선언 안 믿어… 8월 15일 당일 서울은 쥐 죽은 듯 조용했다.

다음날이 되어서야 비로소 항복조항 내용대로 형무소에 있었던 죄수가 풀려나고서야 인정되기 시작했다.

그 때서야 경성(서울) 시민들은 어제 방송이 일왕의 항복방송인 줄 알게 되었고, 해방, 광복을 환호하기 시작했다.

일본군 대본영(日本軍 大本營)은 미국의 지시대로 항복 절차와 방법을 명시해 각 지역에 있는 일본군에게 하달했다. 두 점령군을 위한 경계선. 38선은 이렇게 처음 한반도에 나타났다. 1945년 8월 15일. 원자폭탄이 투하된 지 1주일 만에 일왕은 라디오 연설을 통해 항복을 선언했다.

제2차 대전의 완전한 종말. 일본의 패망으로 군국주의 망령은 역사 속에서 자취를 감추게 됐다.

소련 군정당국은 김일성 일파로 하여금 지주들의 토지를 몰수케 하고,(무상몰수 무상분배) 이를 농민들에게 분배해 주면서 일반 대중에게 공산주의에 대한 동경과 환상을 심어 주는 계급투쟁을 전개했다. 동시에 그들은 북한 내 국내파 공산주의 세력과 민족주의 세력을 포섭 혹은 흡수하는 노력도 기울였다. 그 과정에서 소련 군정에 협조하는 동조자는 포섭하고, 비협조자들에 대해서는 남한탈출을 묵인하거나, 혹은 구금하는 방법으로 숙청작업을 전개했다. 이렇게 소련 군정당국은 불과 약 4개월 만에 김일성을 정점으로 한 북한 권력체제를 형성시켜 놓았다.

한반도는 해방의 감격에 휩싸였다. 일본은 물러갔다. 다시 제 나라의 주인으로 살 수 있게 된 것이다. 그토록 염원하던 자주독립 국가를 세울 수 있게 된 한반도는 희망과 희열로 넘쳐났다. 그러나 한반도에는 해방과 함께 분단의 그림자가 드리워지고 있었다.

마. 8월 22일, 소련군 北韓(38도선 이북) 軍政 시작

북한으로 진출한 소련군 치스챠코프 대장은 1945년 8월 하순 평양에 군사령부를 설치했다. 그리고 북한 각지에서 현지 일본군의 항복을 받고 무장해제를 실시하면서 38도선 일대에 초소를 설치했다. 남북을 왕래하는 통행인에 대한 검문검색을 강화했고, 남북을 연결하는 주요 철도, 도로 및 통신도 차단했다.

그 후 치스챠코프는 본격적인 군정실시 기관으로 민정관리총국을 설치했다. 이 기관은 정치, 경제, 교육, 문화, 보건, 위생, 출판, 보도, 사법지도부 등 군정에 필요한 9개의 지도부가 있었으며 정치사령부의 통제를 받았다. 소련 군정당국은 원활한 군정실시를 위한 사전 정지작업으로 평양진입 후 초기 얼마간은 조만식 등 민족주의자들의 명망과 조직을 이용했다.

그들은 조만식이 위원장으로 있던 평안남도 인민정치위원회를 승인해 한국인이 주권을 행사하는 것처럼 보이도록 했지만, 결과적으로는 8월 24일부터 9월 말에 걸쳐 민족주의자들이 중심이 돼 자발적으로 조직한 각지 자위대, 치안유지위원회, 건국준비위원회 지부와 좌익계열의 보안대, 적위대 등의 각종 정치 군사단체들을 흡수 통합해 도별 인민위원회를 세웠다. 각 도별 인민위원회 위원장에는 한국인을 기용했다. 그러나 고문관에는 소련군 장교들을, 실권 있는 요직에는 소련계 한인들을 앉혔다.

그러므로 이 기구는 외관상 자주적으로 운영되는 것처럼 보였으나 실질적으로는 소련 군정당국에 지배되고 있었다. 따라서 각 도의 인민위원회는 시간이 경과함에 따라 민족진영 세력이 점차 배제되면서 주로 친소적 공산주의자들에 장악됐다.

각 도별 인민위원회는 행정기관, 경찰관서, 경제기구 등 구 일본의 모든 행정기관들을 접수하고 행정권을 인수했다. 그런 후 소련 군정당국은 10월 14일 평양에서 군중대회를 열고 소련군 대위 김일성을 북한주민 앞에 내세웠다.

또 11월 18일에는 5도 인민위원회를 통괄하는 5도 행정국을 설치하고 산업, 교통, 체신, 농림, 사법, 재정, 교육, 보건, 사법, 보안 등 10개국으로 된 행정체제를 정비했다. 이어서 김일성은 12월 중순 북조선 공산당 책임비서로 선정되면서 소련 군정 당국의 하수인으로서 북한의 최고 권력자로 부상했다.

소련 군정당국은 김일성 일파로 하여금 지주들의 토지를 몰수케 하고,(무상몰수 무상분배) 이를 농민들에게 분배해 주면서 일반 대중에게 공산주의에 대한 동경과 환상을 심어 주는 계급투쟁을 전개했다. 동시에 그들은 북한 내 국내파 공산주의 세력과 민족주의 세력을 포섭 혹은 흡수하는 노력도 기울였다.

그 과정에서 소련 군정에 협조하는 동조자는 포섭하고, 비협조자들에 대해서는 남한탈출을 묵인하거나, 혹은 구금하는 방법으로 숙청작업을 전개했다. 이렇게 소련 군정 당국은 불과 약 4개월 만에 김일성을 정점으로 한 북한 권력체제를 형성시켜 놓았다.

바. 9월 2일, 일본 항복 조인식, 東京 灣, 미주리艦上

▲1945년 9월 2일 도쿄, 미 미조리 함상에서 일본의 항복 승인을 서명하는 맥아더 미 극동사령관 (일본인의 '살아있는 신 (現神人)을 무릎 꿇린 점령군 총사령관 맥아더)

위. 1945년 9월 2일 도쿄, 미 미조리 함상에서 일본 대표가 항복문서에 서명하는 장면을 맥아더 미 극동사령관이 지켜보고 있다. 아래. 1945년 9월 9일 조선 총독, 항복문서에 서명.

사. 9월 9일, 미군 南韓(38도선 이남) 軍政 시작

1945년 9월 9일 오후 4시, 조선 총독부 제1회의실에서 아베 노부유키(阿部信行) 총독이 미 제24군단의 '존 하지' 중장과 제7함대 사령관 '킨케이드' 제독 등 미군 장성들이 지켜보는 가운데 항복문서에 서명을 했다. 이미 1주일 전 동경만에 정박한 미주리 함상에서 공식적인 항복 조인식이 있었지만, 이날 항복문서의 효력은 38선 이남에만 적용된다는 것이 달랐다.

오키나와에 주둔하고 있던 미군은 바로 전날인 9월 8일 인천을 통해 한반도에 상륙했던 터였다. 잠시 후, 총독부 앞뜰에서는 8월 15일 일왕의 항복 선언 뒤에도 23일간이나 게양되어 있던 일장기日章旗가 내려지고 성조기星條旗가 올라갔다.

한반도의 통치권이 일본 제국주의의 총독부에서 미 군정으로 넘어가는 순간이었다. 일본인들의 한국 식민정책 최종 총독, 아베 노부유끼阿部信行는 1944년 제 10대 마지막 조선 총독으로 취임하여 한국에서 전쟁 물자를 지원하기 위해 인력과 물자를 일본으로 착취해 갔다.

조선총독으로 부임 후 전쟁 수행을 위한 물적 · 인적 자원 수탈에 총력을 기울였다. 징병·징용 및 근로보국대의 기피자를 마구잡이로 색출했으며, 심지어는 여자 정신대 근무령을 공포해, 만 12세 이상 40세 미만의 여성에게 정신 근무령서를 발부했고, 이에 불응 시는 국가 총동원법에 의해 징역형을 내리기도 했다. 아베 노부유키는 미국이 우리나라에 들어오자 총독부에서 마지막으로 항복문서에 서명했다. 대한민국을 떠나면서 그때 남긴 아베 총독의 기막힌 말

"우리는 패했지만, 조선은 승리한 것이 아니다. 장담하건대, 조선민이 제정신을 차리고 찬란하고 위대했던 옛 조선의 영광을 되찾으려면 100년이라는 세월

징병으로 간 사람들은 만주와 남양군도南洋群島 등으로 끌려갔다. 만주로 간 사람들은 장개석 군대로 도망쳤으며, 혹은 잘못되어 우리 독립군과 싸우는 기구한 운명에 부닥치는 사람들도 있었다. 남양군도南洋群島로 간 사람들은 미군과 싸웠다. 극도로 열악한 보급으로 연명할 뿐...., 아사 직전의 형태에서 싸웠던 것 같다. (강제징병 약 21만 명, 지원병 형식 43만여 명, 여자정신대 약 20만 명, 소계 84만여 명,)징용은 군인이 아니라 노무자로 끌려가는 것이며, 각 전쟁용품을 생산하는 기업체, 광산 노무자, 군속軍屬; 군대에서 군을 보조하는 노무자)등으로 징집되어 갔다.

이 훨씬 걸릴 것이다. 우리 일본은 조선 사람에게 총과 대포보다 무서운 식민교육을 심어 놓았다. 결국은 서로 이간질하며 노예적 삶을 살 것이다. 보라! 실로 조선은 위대했고 찬란했지만, 현재 조선은 결국 식민교육의 노예로 전락할 것이다. 그리고 '아베 노부유키'는 다시 돌아온다."

일제日帝는 강점기强占期 중 식민정책植民政策:'징병徵兵'과 '징용徵用', 창씨개 명創氏改名 등 악정을 시행하였다. 그러나 일제 말엽, 제2차 세계대전이 일어나면서, 정국政局은 종국終局으로 치닫고 있었다. 젊은이들은 강제로 징병과 징용으로 잡혀 나가야 했다.

징병으로 간 사람들은 만주와 남양군도南洋群島 등으로 끌려갔다. 만주로 간 사람들은 장개석 군대로 도망쳤으며, 혹은 잘못되어 우리 독립군과 싸우는 기구한 운명에 부닥치는 사람들도 있었다. 남양군도南洋群島로 간 사람들은 미군과 싸웠다. 극도로 열악한 보급으로 연명할 뿐...., 아사 직전의 형태에서 싸웠던 것 같다. (강제징병 약 21만 명, 지원병 형식 43만여 명, 여자 정신대 약 20만 명, 소계 84만여 명,)징용은 군인이 아니라 노무자로 끌려가는 것이며, 각 전쟁

용품을 생산하는 기업체, 광산 노무자, 군속軍屬; 군대에서 군을 보조하는 노무자)등으로 징집되어 갔다. 징용자들도 보급품이 열악해 겨우 생명을 연명하는 정도에서 극도의 강제노동에 시달렸다. (강제 노력 동원은 주로 해외 탄광, 군수공장, 전선 노역 등 150만 명 이상으로 추산)

창씨개명創氏改名:1938경부터 …

동서고금을 다 털어 봐도 이런 처사는 우리나라가 처음 당하는 일이었다. 악랄한 일본은 한국 민족을 근본적으로, 뿌리부터 없애려는 계책으로 우리의 뿌리인 성姓을 없애고 우리식의 이름마저 자기들 일본식 방식으로 강제 변경하였다.

물자 수탈物資收奪 및 신사참배神社參拜 강요:

제2차 세계대전 말기에 이르자 우리들 가정에 있는 모든 쇠붙이, 놋그릇 할 것 없이 수탈해 갔고, 초등학교 학생부터 민간인들까지 마초馬草받치기, 비행장 및 도로 건설 노력 동원 등 온갖 착취를 당하였다.

조선총독부, 국기 게양대에 일장기, 성조기 그리고 태극기

1910년 강제로 추진한 '한일합방' 이래 한반도를 식민지로 삼은 일본의 국기 '일장기'는 당연히 1945년 8월 15일 찢기어 내려졌어야 했거늘, 미국 군대가 일본군이 항복을 하고, 무장해제를 할 때까지 기다려야 하는 기가 막히는 시간이 흘러갔다.

1945년 9월 9일, 미군은 일본의 '조선총독'으로부터 정식으로 항복을 받았으며, 이에 따라 일장기日章旗는 하강했으며, 태극기太極旗대신 미국의 국기인 성조기星條旗가 걸렸다.

글을 마치며···

올해로 우리 민족이 해방된 지 78주년이 되는 해이다. 사실, 우리 힘으로는 일제의 억압과 수탈 속에서 광복의 기쁨을 맞이하기란 역부족이었다. 만약 해방이 되지 않았다면 우리 민족의 상황은 지금 어땠을까 하는, 만약이라는 경우의 수도 생각해 보곤 한다. 우리 민족의 찬란한 문화, 언어, 이름, 고유한 전통들은 다 말살되고 사라졌을 것이다.

해마다 우리는 광복절을 맞는다. 하나님께서는 1945년 8월 15일 우리에게 광복을 허락하셨다. 일제로부터의 광복이지만, 또한 이 민족이 지은 죄과로부터 회개시키기 위한 광복이었다. 돌이켜 보면, 하나님께서는 이 백성을 사랑하셔서 내버려 두지 아니하시고 일제 치하에서 고통하게 하시고, 회개토록 하시기 위해서 이 백성에게 살길을 열어주셨다.

그런데 우리는 지금 하나님의 은혜를 까마득히 잊어버리고 살고 있다. 아이러니하게도 교회 안에는 무속신앙인들과 미신이 가득하다. 광복 이후 우리 한국교회는 신사참배에 대한 회개는커녕 더 많은 죄를 범하고 있다. 급기야 하나님께서는 1950년 6·25동란이라는 채찍을 드셨고, 그 상처가 아물기도 전에 기독교는 맘몬의 사상에 사로잡혀 그때를 까마득히 잊어버리고 있다.

중세기 로마 교황청은 물질적으로 풍요했다. 그러나 실상은 아무것도 베풀 것이 없는 가장 가난한 집단이었다. 한국교회가 그랬다. 그동안 한국교회는 넘쳐나는 헌금으로 자기도취에 빠져있는 교회들이 비일비재했었다. 그 풍요의 그늘 한켠에는 배를 움켜쥐고 교회 월세, 생활비, 자녀 교육비 등으로 쥐엄 열매를 먹고 살아야 될 정도로 피폐해진 목회자(사역자)들이 얼마나 많이 있는가.

코비드 19의 강타로 한국교회는 휘청거렸다. 엔데믹 시대가 왔다고는 하지만 한국교회 상황이 녹록지 않다. 더는 시간이 없을지도 모른다. 지금이 마지막 기회라고 생각하고 이 땅의 모든 교회와 기독교인들은 하나님 앞에 비통한 심령으로 무릎을 꿇어야 한다.

중앙청中央廳에 국기國旗가 게양된 역사歷史들

1910년서부터 1945년까지 일장기가 올려졌으며, 온갖 약탈과 탄압의 역사가 이루어졌다. 해방, 1945년 8월 15일에 당연히 올려져야 할 태극기를 올리지 못하다가 해방 후 1945년 9월 9일에 태극기 대신 성조기가 게양되었으며, 미군 군정이 끝나고 대한민국 정부가 수립된 1948년 8월 15일에야 우리 국기인 태극기가 게양되었다.

다시 1950년 6월 25일 불법 남침한 북괴군의 서울 점령으로 태극기는 내려졌고 인천상륙작전과 수도권 수복작전에 따라 9월 28일 한국 해병대에 의해 다시 태극기가 게양되었으며, 미 영사관에는 성조기, 중앙청 다른 게양대에는 UN기도 게양되었었다.

그 후 1.4 후퇴에 따른 수도권의 포기에 의해 태극기는 다시 내려졌었으나 1951년 3월 15일 서울 재수복으로 또다시 태극기가 게양되는 어지러운 역사가 이어지는 시대였었다. 9.28 수복작전 때, 중앙청 일대는 미 해병 제1사단 작전지역이었다.

좌. 1945년 9월 9일 총독부 광장 국기 게양대에 일본 국기가 내려지고 있고
우. 태극기 대신 성조기가 게양되고 있다.

Langcaster New Era

1945년 8월 14일 화요일 헤드라인

"워싱턴에서는 일본의 항복선언이
빠른 시간내에
이루어질 것으로 예상한다!"

(사진 자료 제공:한국칼빈주의연구원장 정성구 박사)

▲ 모택동을 만난 김일성

▲ 김일성이 1948년 9월 10일 북한 정권 수립 선포 이후
정부 정강을 발표하는 모습

▲ 스티코프 군정사령관

▲ 1945년 미해군 미조리함 승전 축하비행

▲1945년 9월 9일 미군 서울 입성

▲1945년 10월 연합군 환영 현수막이 걸린
옛 화신백화점앞

▲빅토리 유럽 데이(V-E Day) 영국 런던 피카디리 앞에 운집한 인파 - 1945년

▲ 1945년 8월 15일, 일본의 항복 후에 실린 신문광고

▲ 1945년 8월 15일, 종전을 알리는 승리의 신문광고 (자료제공 : 한국칼빈주의연구원장 정성구 박사)

1948년 8월 15일
정부 수립 선포식

자유는 공짜가 아니다!　　521

▲1948년 7월 24일 이승만 대통령 취임선서

좌. 8.15 해방을 맞아 서울 남산 국기게양대에 처음으로 태극기를 게양하는 모습
우. 1950년 9월 29일 중앙청에 걸린 UN깃발

1. 8.15해방 이전(일본 제국주의 강점기)의 상황

가. 일본군의 '진주만 기습공격'

1941년 12월 8일(미국시간 12월 7일 일요일 새벽) 제국주의 일본의 해군은 태평양 가운데 있는 하와이 오하우섬의 진주만(眞珠灣, Pearl Harbor)을 기습 공격하였다. 미국 태평양 함대와 이를 지키는 공군과 해병대를 대상으로 감행하였다. 이 공격으로 12척의 미 해군 함선이 피해를 입거나 침몰했고, 188대의 비행기가 격추되거나 손상을 입었으며 2,403명의 군인사상자와 68명의 민간인 사망자가 발생했다. 루즈벨트 대통령은 12월 7일 이날을 치욕의 날로 선포했고, 그로부터 3일 뒤 미국 의회는 전쟁을 선포했으며, 미국인들은 일본이 본토로 쳐들어올 것을 대비해 전쟁 준비를 했고, 애국심에 군대에 자원하는 사람도 많아졌다고 한다.

1945년 10월 14일 평양 모란봉 운동장에서 개최된 '김일성 장군 및 소련군 환영 시민대회'

나. 태평양 전쟁의 확대와 종결

1941년 12월 7일(하와이 시간) 07시(일요일): 소위 '대일본제국'의 해군 항공기들이 하와이 오하우 섬의 진주만에 있는 미국 태평양 함대를 기습적으로 공격을 가하였다. 일본 해군 연합함대는 항공모함 6척, 전함 2척, 순양함 3척, 구축함 11척으로 이루어졌으며, 하와이 북쪽 440km 지점에서 어뢰를 탑재한 함재기 36대를 출격시켰다. 이에 따라 일요일 아침 잠들었던 미군들은 혼비백산하였고, 1차 공격에 전함 3척과 수많은 군함들이 격침되었으며, 제2차 공격에서도 전함 4척이 큰 손실을 입었다. 군인 사상자는 사망자 2,300명을 포함 3,400명에 달하였으며, 180여 대의 비행기가 파괴되었다. 미국 의회는 12월 8일(단 1명을 제외) 전원의 찬성으로 일본에 대한 전쟁을 선포하였다. 이로써 태평양에서도 세계 제2차 대전 전쟁이 불붙기 시작하였다.

일본은 1910년 우리 한국을 강제 합방하여 36년을 강점하여 왔으나, 이날을 계기로 하여 '대한'의 독립을 보장할 수밖에 없는 역사적 운명이 만들어지게 되었다.

미국은 이 날을 잊을 수 없는 'Remember Pearl Harbor'라고 하고 있지만, 우리 대한민국도 이날을 '8.15 해방을 오게 한 날'로서 '잊을 수없는 날'로 기억되어야 하겠다. 이날로 미국은 팽창주의적, 군국주의적 일본과 일대 대결을 하기 시작한다.

진주만 공격 이후에 일본은 필리핀과 동남아시아 제국을 침탈하였으며, 현 인도네시아 지역 남태평양 일대를 점령하는 것 같았지만 반격을 준비한 미군 등 연합군의 공세로 미드웨이 해전을 비롯한 여러 해전에서의 승리로 미군들이 일본 본토에 접근하기 시작하였다. 유황도 및 오키나와를 공략한 미군은 드디어 일본 본토에 원자폭탄(原子爆彈)을 투하하기에 이른다.

1943년 11월 25일: 미국, 영국 및 중국의 3개 연합국이 이집트의 카이로에 5일간 모여, 일본에 대한 전략을 토의했다. 이 가운데는 '한국을 자유 독립 국가'로 승인할 결의도 있었다. 즉, 처음 있은 '국제적 독립 국가 승인'이었다.

얄타 회담

1945년 2월 4일~11일: 미국(루즈벨트), 영국(처칠) 그리고 소련(스탈린)의 수뇌들이 얄타(현 우크라이나 영토)에 모여 나치 독일의 패전과 그 관리에 대하여 의견을 나누었다.

포츠담 선언

1945년 7월 26일: 연합국 세 수뇌인 미국(트루먼), 영국(처칠) 및 중국(장제스, 장개석)이 포츠담에 모여서 일본의 항복 권고와 제2차대전 이후의 일본에 대한 처리(處理) 문제를 논의하고, '포츠담 선언'으로 공포되었다. 그리고 소련 공산당 서기장 스탈린도 참전과 동시에 이 선언에 서명하였다. 선언의 요지는 "일본이 항복하지 않는다면, 즉각적이고 완전한 파멸"에 직면하게 될 것을 경고한 것이며, 그 내용은 모두 13개 항목으로 되어 있다.

제1항~제5항 – 서문. 일본의 무모한 군국주의자들이 세계인민과 일본 인민에 지은 죄를 뉘우치고 이 선언을 즉각 수락할 것을 요구.
제6항 – 군국주의 배제.
제7항 – 일본 영토의 보장 점령.
제8항 – 카이로선언의 실행과 일본영토의 한정.
제9항 – 일본 군대의 무장 해제.

시계방향으로 1. 1945. 6. 8, 히로시마에 투하된 원폭 2. 일본, 무조건 항복 서명, 미주리함상 3. 38선 설정 때, 1945년 설정 4. 여기가 북위38도선입니다!

제10항 – 전쟁범죄자의 처벌, 민주주의의 부활 강화, 언론 종교 사상의 자유 및 기본적 인권 존중의 확립.

제11항 – 군수산업의 금지와 평화산업 유지의 허가.

제12항 – 민주주의 정부 수립과 동시에 점령군의 철수.

제13항 – 일본군대의 무조건 항복

그러나 일본은 이 포츠담 선언을 묵살했으며, 이에 미국은 8월 6일 히로시마(廣島)에, 8월 9일 나가사키에 각기 1발씩의 원자폭탄을 투하하였고, 소련도 8월 8일 일본에 대한 선전포고와 함께 일본군에 대한 공격을 개시하였다.(8월 폭풍 작전) 참고로 소련은 애당초 일본과는 불가침조약을 체결한 바 있었다.

* 히로시마에 '리틀 보이' 투하.

UN기(旗)를 수령하는 맥아더 UN군 사령관

2. 8.15해방과 38도선 설정으로 한반도 분할

가. 소련군의 만주, 한반도 침공

1945년 8월 7일 일본 히로시마에 신형폭탄이 투하됐다는 소식을 들은 스탈린 소련 수상은 일본에 대한 공격을 명령하였다. "전쟁의 열매는 힘으로 따지 않으면 확실히 맛볼 수 없다"라고 주위 부하들에게 이야기하면서, 8월 9일 새벽 0시 소만국경(蘇滿國境)에 진주해 있던 소련 붉은 군대는 일제히 국경을 넘어 만주로 쏟아져 들어갔다. 이 작전에는 소련군 157만 명과 화포, 박격포 26,137문, 전차와 자주포 5,566량, 군용기 3,721대를 동원했다. 소련군의 진격은 만주에 그치지 않고, 이틀 후에는 한반도 동해안의 경흥, 함흥까지 밀고 내려왔다.

만주를 점령한 소련군은, 만주를 북중국에서 고립시키고 한반도로 나가는 통로를 마련해 나갔다. 그리고 제일 먼저 일본 관동군 수뇌부와 푸이황제(皇帝)를 비롯한 일본의 괴뢰국 만주국(滿州國)의 황족과 수뇌부를 연행해 전범재판에 넘겼다. 이어 '전리품'이 된 공장 등 산업시설을 뜯어내 기차에 싣고 소련으로 가져갔다. 포로로 잡힌 관동군 60만 명은 노동력으로 활용하기 위해 시베리아로 끌고 갔다.

이 와중에 군기가 풀린 소련군은 도처에서 약탈과 강간을 일삼았다. 소련군의 군정(軍政)이 실시되자 '중국 공산당'은 그 기회를 틈타 세력을 확대해 나아갔다. 일본군이 떠나자, 만주 각 지역에서 중국인에 의한 조선인 박해 사건이 잇따랐다. 특히 조선인 비율이 낮은 마을이 괴뢰만주국(傀儡滿州國)의 패잔병(敗殘兵)이나 마적(馬賊)들의 집중적인 공격 대상이 되었다. 상황이 악화되자 조선인들은 생존을 위해 주거지를 버리고 하얼빈, 목단강, 가목사, 연길, 길림 등 좌익계열의 독립군인 항일연군(抗日聯軍)이 장악하고 있는 도시로 몰려들었다. 이들은 자연스럽게 '반국민당, 친 공산당(親共産黨)'으로 기울어 대거 그 군대에 입대하는 현상이 일어났다. (장차 조선인민군 또는 중공군으로서 6.25전쟁에 참전하게 됨.)

나. 미국 '북위 38도선(北緯 38度線)' 설정

소련의 진격에 당황한 미국은 한반도의 38선 분할을 결정했다. 1945년 8월 11일 미국의 국무부·해군부·

육군부 3부 조정위원회(SWNCC)는 그동안의 미 육군부 제안들을 바탕으로 38선 이북은 소련군이, 이남은 미군이 일본군의 항복을 접수하도록 하는 '38선 분할' 초안을 기안했다. 38선 분할(안)이 최종 결정되기 전인 8월 12일에 이미 웅기·나진 등에 진주한 소련군도, 미국이 제안한 이 조항을 반대 없이 받아들였다. 이어 태평양 방면 연합군 최고사령관 더글러스 맥아더가 1945년 8월 15일 발표한 [일반명령 제1호]에서 "38도선 이북의 일본군의 항복은 소련이, 이남 일본군의 항복은 미군이 접수한다"고 선언하여, 38선이 공식적으로 기정사실화되었다.

트루먼은 38선 분할안에 대해 "한국에서 힘의 공백이 생겼을 때 실질적 해결책으로 우리들에 의해 제안된 것"이라고 회고했다. 38선 확정은 별도의 미·소 간 비밀 협약에 의한 것이라기보다 '미·소 간 항복접수구획선'으로 제안된 미 육군부의 건의에 그

기원을 두고 있다고 할 수 있다. 그러나, 이는 단순히 군사작전의 구획설정을 위해 편의적으로 그어진 작전 구획선 이상의 의미를 갖는다. 38선은 전후 한반도에 단일 세력 진입을 막기 위한 신탁통치안, 제2차 세계대전 중 군사점령과 항복 접수를 일국에 맡길 수 없다는 구획선 안 등, 전후 처리 과정에 줄곧 내재된 미·소의 국제정치적 흥정과 이익이 작용한 결과이다.

*에드워드 L. 로우니 장군의 증언

일본의 제2차 세계대전 공식 항복일(1945년 9월 2일) 직전 링컨 장군의 상관인 조지 마셜 장군은 남북 분단선 설정 안을 건의토록 지시했다. 회의에서 딘 러스크 대령은 한반도에서 가장 폭이 좁은 곳이어서 군사분계선 방어에 많은 병력이 필요 없을 것이라고 생각하여 39도 선에 긋자고 주장했다. 하지만 링컨

시계방향으로 1. 모스크바까지 가서 늙은 스탈린에 갖은 아양을 떠는 김일성 2.1950. 6. 18 6.25 전쟁 발발 일주일 전 의정부 북방 38 접경에서 3. UN 안보리, 1950. 6. 27
4. 1950. 6. 29 맥아더 장군, 한국 시찰차, 오산 비행장에 내려 기자회견

장군은 예일대 지리학과 교수인 스파이크만이 1944년 저술한 '평화의 지리학'을 인용하면서 38도 선을 지목했다. 스파이크만은 38도 선 북쪽이 우위를 점하고 있다는 학설을 제기한 인물이다. 상황을 지켜본 로우니 장군은 [운명의 1도]에서, "돌이켜 보면 잘못한 일"이라며 "39도선 방어가 훨씬 쉬웠을 뿐만 아니라 많은 미군 생명도 구할 수 있었을 것"이라고 지적한다. 45년 7월 미국, 영국, 소련의 세 거두가 포츠담에 모여 일본의 무조건 항복을 촉구하는 선언을 발표했다. 루즈벨트의 갑작스런 사망으로 인해 대통령직을 이어받은 트루먼은 공산주의를 경계하는 인물이었다.

회담 직전 핵무기 개발에 성공했다는 비밀 전문을 받을 수 있었던 트루먼은 소련의 도움없이 일본을 단독으로 패망시킬 수 있는 가능성을 염두에 뒀다. 1945년 8월 6일 오전 8시 15분. 미군은 인류 최초, 원자폭탄을 히로시마에 투하하여 수십 만의 사람들이 사망했다. 일본에 원폭이 투하된 직후, 소련군이 대일전 참전을 선언했다. 소련으로서는 전투의 피해를 최소화하면서도 실리를 얻으려는 것이었다. 소련의 태평양 함대는 웅기, 나진에 상륙작전을 전개했다. 무서운 기세로 남하하던 소련군은 개전 6일 만에 이미 한반도 북부의 상당 부분을 점령했다.

당시 미군은 아직 오키나와에 있었다. 한반도에서 1천km나 떨어진 곳이다. 미군은 소련군이 한반도를 단독 점령할 것을 우려해 한반도 점령 계획 일부를 수정했다. 하지 중장의 제24군단을 중화기 없이 경장비만 갖추게 하고 급히 한반도로 이동시켰다. 예상치 못한 소련의 참전과 빠른 남하 속도에 당황한 미국은 소련의 단독 점령을 막기 위해 분주해졌다. 단지 두 점령군의 작전 지역을 구분하기 위한 선, 그것은 북위 38도 선이었다.

*예브게니 바자노프, 러시아 아카데미 부원장 증언

"1945년에 한국은 스탈린에게 어떠한 중요한 의미도 역할도 하지 못했습니다. 일본과 중국이 있었고, 일본은 파괴하고 약화시켜야했던 나라였습니다. 스탈린은 한반도 전체를 지배하려고 하지 않았기 때문에 만주에서부터 38선 지점까지 군대 동원하기로 합의를 했습니다."

*리챠드 알렌, 전 미국 백악관 안보 보좌관 증언

"아시아에서 미래를 결정하는데 소련에게 동등한 지위를 준 것이 실수였습니다. 특히 한국을 생각하면 그렇습니다. 소련은 단지 6일 동안 극동 전쟁에 참여했습니다. 스탈린이 한 일은 그게 다였지만 북한에 손을 뻗었습니다. 그래서 유럽의 독일처럼 38선에 의해 나라가 분리됐습니다."

- 북위 38도선이라는 낯선 경계는 일반명령 1호에서 처음 그 존재를 드러냈다.

다. 일본의 무조건 항복, 1945년 8월 15일 일왕(日王)의 선언

일본의 항복은 일본이 8월 14일에 연합국에 통보하였고, 8월 15일 정오 12시에 일본의 쇼와(소화)가 무조건 항복을 선언한 것을 말한다. 그리고 9월 2일, 일본 도쿄만(東京灣)에 정박한 미국 해군 전함 미주리, USS Missouri,BB-63 함상에서 일본 대표가 정식으로 항복문서에 서명하였다. 이 항복으로 세계 제2차 대전은 종결되었다.

3. 남한에서의 미군정 시행 및 대한민국 수립

가. 미군의 서울 입성, 일본군 항복 서명 및 군정 시행.

1945년 9월 9일 일본군의 항복을 받으려고 인천항을 거쳐 한국을 찾아온 미군은 오후 4시 조선총독부 제1회의실에서 일본 총독 아베 노부유끼가 미국 육군 제24군단의 존 하지 중장과 제7함대 사령관 킨 케이드 제독 등 미군 장성들이 지켜보는 가운데 항복 문서에 서명하였다. 이 항복 문서는 '38선 이남'에만 적용된다는 특색이 있었다. 그리고 잠시 후에는 총독부 앞뜰의 국기 게양대에서, 일본국기(일장기)가 하향되고, 미국 성조기가 게양되는 예식이 거행되었다. 한반도(38선 이남)의 통치권이 일본 제국주의 총독부에서 미군정으로 넘어가는 순간이었다. 안타깝게도, 일본 국기는 8월 15일부터 계속 게양되어 있었으나 통치권 문제로 태극기가 게양되지 못하는 운명이었다. 그 23일간 후에야 성조기가 뒤이어 게양되는 '국가' 없는 서글픈 약소민족의 쓰라린 고뇌의 기간이었다. 그리고 3년 후에야 태극기가 이 게양대에 올려지게 된다.

나. 대한민국 정부 수립

1948년 5월 10일 총선거를 통해 제헌국회를 구성, 8월 15일에 대한민국 정부를 수립하였다. 초대 대통령은 이승만이었다. 1945년 12월의 '모스크바 3국 외상 회의'에서 미·영·중·소 4개국에 의한 최고 5년의 '신탁통치안'이 결정되었다. 이 안이 국내에 전해지자, 임정을 중심으로 국민총동원위원회가 결성되어 반탁운동이 전개되었다.

이 신탁 운동을 둘러싸고 임시정부 측은 결사적으로 반탁을 주장한 반면, 박헌영의 조선공산당 등 좌익 측은 찬탁을 주장하여 의견이 엇갈리게 되었고, 이리하여 좌우의 제휴에 의한 민족통일 공작은 절망적인 것이 되었다. 이러한 와중에서 1946년 1월, 미·소 공동위원회 예비 회담이 열렸고, 이어 3월에는 정식 위원회가 개최되었다.

그러나 회의가 거듭되는 동안 차츰 결렬 상태에 빠졌고, 이 혼돈 속에서 타개를 위한 몇 가지 방도가 모색되었던 것이다. 첫째는 이승만을 중심으로 한민당

이 호응하여 조직한 민족통일 총본부의 자율정부운동이었다. 얄타회담과 모스크바 3상 결의를 취소하여 38선과 신탁통치를 없애고 즉시 독립 과도정부를 수립하라는 것인 정읍발언이었다. 한편 김구를 중심으로 한 임시정부 계통의 한독당은 국민의회를 구성하여 반탁운동을 근본으로 하되 좌우합작과 남북통일을 실현할 것을 주장하였다. 그런가 하면 김규식, 여운형 등 중간 우파와 중간 좌파가 주도하여 좌우합작운동을 적극 추진하였다.

이들 좌우합작운동 주도 세력들인 중도파 인사들은 '선 임정 후 반탁'(先臨政後反託)을 주장하여 찬탁의 입장에서 미·소 공동위원회의 재개를 통해 통일 임시정부 수립을 주장하였다. 동시에 좌익세력들은 남한의 정치·경제·사회를 교란하는 여러 수단을 사용하였다. 1946년 5월 '정판사 위폐사건'을 계기로 공산당은 지하로 숨어들었고, 부산의 철도 파업을 계기로 일으킨 대구 폭동은 그들의 지하운동의 대표적인 예였다. 이 사건 이후 미군정은 12월 남조선과도입법의원을 창설하였고, 1947년 6월에는 미군 정 청을 남조선 과도정부라고 칭하였다.

1947년 5월에 제2차 미·소 공동위원회가 열렸다. 그러나 이 무렵 미-소 냉전이 격화되면서 미·소의 의견 대립으로 양측의 입장만 확인한 상태로 완전 결렬되고 말았다. 1947년 9월 17일 미국은 한반도의 문제를 UN에 제출하여 이관(移管)하였다. 미국은 한국에서 UN 감시하에 총선거를 실시하고, 그 결과 정부가 수립되면 미·소 양군은 철수할 것이며, 이러한 절차를 잠시 협의하기 위해 '유엔 한국 부흥위원단'을 설치할 것을 제안한 것이다.

이 결의안의 수정 통과로 UN 한국위원단은 1948년 1월에 활동을 개시하였다. 그러나 소련의 반대로 북한에서의 활동은 좌절되었다. 1948년 2월의 UN 총회에서는 가능한 지역 내에서만이라도 선거에 의한 독립 정부를 수립할 것을 가결하였다. 이와 같이 하

여 1948년 5월 10일에 남한에서만의 '총선거'가 실시되어 5월 31일에는 최초의 국회가 열렸다. 이 '제헌국회'는 7월 17일에 헌법을 공포하였는데, 초대 대통령에는 이승만이 당선되었다. 이어 8월 15일에는 대한민국 정부 수립이 국내외에 선포되었으며, 그해 12월 UN 총회의 승인을 받아 대한민국은 한반도의 유일한 합법정부가 되었다.

4. 북한에서의 소련 군정 시행 및 김일성 등장: 인민위원회 / 정권 수립

일제강점기가 종식된 뒤, 소련은 한반도 북부를 점령하여 군정을 실시하였는데, 그들의 목적은 동구라파에서의 정책과 마찬가지로 한반도의 북부나마 소비에트화(化)로의 정책이었다. 이 기간에 김일성으로 하여금 소비에트로의 정부를 수립토록 조종하였다. 보통 미군정과 더불어 소군정이라고 부르지만, 당시 소련 입장에선 공식적으로는 '민정', 즉 민간 정부로 칭했다. 소련은 종전 후 독일 같은 전범 지역에서만 군정이란 말을 썼고, 추축국의 피해지역(폴란드, 북한 등)에서는 민정이란 말을 썼다. 1945년 8월, 만주 작전으로 일본군과 교전하며 청진 등의 북한지역에 진입한 소련군은 8월 말경에는 북한 전역을 장악하였다.

1945년 8월 26일, 소련 연해주군관구 제25군 사령관 치스차코프 대장은 "조선인민들이여, 그대들은 독립과 자유를 회복했다. 이제 그대들의 행복은 바로 당신들 손에 달려 있다"고 언명했다. 또한 소련군정은 미군정처럼 직접 통치가 아닌 간접 통치를 표방하며 각지에 세워 조선건국준비위원회 지부와 인민위원회를 인정하였다. 소 군정 내내 북한지역에서는 소련군에 의한 강간, 폭행, 약탈이 끊이지 않았다.

소련군 중좌 페드로프는 소련군이 1945년 8월부터 이후 5개월간 북한지역에서 벌인 행태를 기록했는

1945년 8월 26일, 소련 연해주군관구 제25군 사령관 치스차코프 대장은 "조선인민들이여, 그대들은 독립과 자유를 회복했다. 이제 그대들의 행복은 바로 당신들 손에 달려 있다"고 언명했다. 또한 소련군정은 미군정처럼 직접 통치가 아닌 간접 통치를 표방하며 각지에 세워 조선건국준비위원회 지부와 인민위원회를 인정하였다. 소 군정 내내 북한지역에서는 소련군에 의한 강간, 폭행, 약탈이 끊이지 않았다.

———

데, 12월 29일 작성된 해당 문서에는 "우리 군인(소련군)의 비도덕적인 작태는 실로 끔찍한 수준이다. 사병 장교 할 것 없이 매일 곳곳에서 약탈과 폭력을 일삼고 비행(非行)을 자행하는 것은 (그렇게 해도) 별다른 처벌을 받지 않기 때문이다"고 전제하면서 "우리 부대가 배치된 시(市)나 군(郡) 어디서나 밤에 총소리가 끊이지 않고 있다", "특히 술에 취해 행패를 부리고 부녀자를 겁탈하는 범죄도 만연해 있다"고 지적했다.

이렇게 소련이 한반도 북부를 점령하고 군정을 실시한 1945년 9월경, 소련은 김일성을 평양으로 귀국시켰다. 김일성은 평남 인민위원회에 가입하였으며, 1945년 10월 북조선 5도 인민위원회가 세워졌다. 이를 즈음하여 조만식은 조선민주당을, 김일성은 조선공산당 북조선지부를 세워 정치 활동에 나섰다. 한편 1945년 10월 소련은 포고령을 발표하여 여러 조선인 무장단체를 해산하였고, 군대 격인 '조선보안대'를 창설했다.

그러나 신탁통치안이 발표되면서 조만식 등이 반탁운동에 나서자, 소련 측은 조선민주당을 탄압하고 조만식을 가택 연금해 사실상 정치 생명을 끊었다. 신

의주 반공 학생 사건 등 반공 활동 또한 탄압하였으며, 조선의용군이 압록강 근처까지 진군해 들어오자, 소련 포고령을 들어 이들을 무장 해제하는 사건도 있었다. 연안파가 일부 귀국하여 1946년 2월 조선신민당을 세웠으나, 이들은 국공내전에 참전하느라 일부 간부만이 참여했으므로 큰 세력을 갖추지 못했다.

이후 김일성 등은 공산주의적 소비에트 개혁을 진행해 나갔다. 북조선임시인민위원회가 세워진 1946년 2월부터 토지 개혁법, 8시간 노동제, 주요 산업의 국유화령 등이 제정되었으며, 이에 반발하여 월남한 사람들은 남한 내 반공 세력으로 자리 잡았다. 한편 1946년 4월 북조선 공산당이 세워졌는데 이는 남한 내 조선공산당의 정통성을 축소시킨 것이며, 단독 정부 수립에 대한 의도도 보인다. 이후 김두봉 등의 조선신민당을 통합하여 1946년 8월 북조선노동당으로 세력을 재편하였다.

이후 1947년 2월 북조선 인민 위원회가 세워지고, 단독 정부 수립 작업이 진행되어 1948월 2월경에는 조선인민군이 창설되었다. 1948년 4월경에는 남북연석회의가 열렸으나 형식상의 합의만이 이루어졌고, 김구와 김규식 등이 돌아간 이후로는 북한에 남은 인사들을 끌어모아 6~7월에는 북한이 남한 지역에 대한 통치권을 가지고 있다는 선전용으로 '2차 남북연석회의'를 열었다. 이후 남한에서 대한민국 정부가 수립되었는데, 북한에서도 '최고인민회의'를 개최하여 '사회주의 헌법'을 만들고 조선민주주의인민공화국이라는 이름으로 정권을 수립하였다. 이때 북한의 헌법에서는 수도를 서울특별시로 정하였는데, 이는 당시 남한 지역을 북한 정권의 미수복지로 보는 선언으로 볼 수 있다.

시계 방향으로 1. 6.25 남침 보병부대 2. 1950. 6. 25 북괴군 남침 진격하는 모습 3. 남침 대기 중인 탱크부대 모습 4. 남하하는 북괴군 진격 장면(인민군 촬영 제작)

5. 김일성의 무력 남침 준비 군사력 확보

- 후에 러시아가 제공한 기밀문서 내용 중

1949년 대한민국에서 미군이 철수하자 김일성은 고심 끝에 무력 통일 계획을 세운다. 그러나 조선민주주의인민공화국의 남침이 시기적으로 적절하지 못하다는 소련 공산당 정치국의 지시문이 김일성에게 전달되었다.(1949년 9월 24일) 1950년 1월 17일 박헌영의 관저에서 열린 만찬에서 김일성은 조선민주주의인민공화국 주재 소련 대사 스티코프(군정 사령관)에게 남침 문제를 다시 제기하고 이를 논의하기 위하여 스탈린과의 면담을 희망한다는 의사를 피력했다. 이 대화에서 김일성은 국공 내전에서 중국 공산당이 승리한 다음에는 대한민국(남조선)을 해방시킬 차례라고 강조하고, 조선민주주의인민공화국은 기강이 세워진 우수한 군대를 보유하고 있다고 주장했다.

또 김일성은 이전에도 그러했던 것처럼 대한민국의 선제공격에 대한 반격만을 승인한 1949년 3월의 스탈린의 결정에 불만을 토로했다. 1월 30일, 스탈린이 서명한 전보를 평양으로 타전했다. 전문에서 스탈린은 김일성의 불만은 이해가 되나 '큰일'에 관해 치밀한 준비를 해야 하며 이를 실현하기 위해 지나친 모험을 해서는 안 된다는 점을 이해해야 한다고 언급했다. 스탈린은 김일성을 접견해 이 문제를 논의할 준비가 돼 있으며 그를 지원할 용의가 있다고 밝혔다. 3월 20일, 김일성은 스티코프와의 면담에서 4월 초에 자신과 박헌영이 스탈린과 만나고자 한다는 것을 전해달라고 요청하였다. 김일성은 이번 방문을 46년의 방문처럼 비공식(비밀)으로 할 것을 제의하였다.

김일성은 남북한 통일의 방법, 북한경제개발의 전망, 기타 공산당 내 문제에 관해 스탈린과 협의하기를 원하였다. 4월, 모스크바에서 열린 스탈린과 김일성간의 회담에서 스탈린은 국제환경이 유리하게 변하고 있음을 언급하고 북한이 통일 과업을 개시하는 데 동의하였다. 다만, 이 문제의 최종결정은 중국과 북조선에 의해 공동으로 이루어져야 하며 만일 중국 쪽의 의견이 부정적이면 새로운 협의가 이루어질 때까지 결정을 연기하기로 합의하였다.

5월 12일, 스티코프가 김일성 및 박헌영과 면담한 자리에서 김일성은 마오쩌둥과의 면담계획을 밝혔다. "소련에서 돌아온 후 이두연 주 베이징 대사로부터 마오쩌둥과의 면담 결과를 보고받았다. 마오는 '조선통일은 무력에 의해서만 가능하며 미국이 남한 같은 작은 나라 때문에 3차 대전을 시작하지는 않을 것이므로 미국의 개입을 두려워할 필요가 없다'고 말했다. 마오와 면담하기 위해 5월 13일 베이징으로 출발할 것이다.

마오는 내가 대남 군사행동을 곧 시작할 생각이라면 비공식으로 만나겠다고 한다. 마오에게 북한으로 이양되는 중국군 소속의 조선인 사단을 위해 중국이 노획한 일본 및 미국무기를 제공해줄 것을 요청할 계획이다. 50년 6월께로 예정하고 있는 남침계획을 구체적으로 수립하라는 지시를 북한군 총참모장에게 시달했다. 작전이 6월에 개시될 것이나 그때까지 준비가 완료될지 자신이 없다." 5월 13일, 김일성과 박헌영이 베이징에 도착하여 마오쩌둥과 면담하고 스탈린이 모스크바 회담 때 '현 국제환경은 과거와는 다르므로 북한이 행동을 개시할 수 있으나 최종결정은 마오쩌둥과의 협의를 통해 이뤄야 한다'고 했음을 설명했다.

5월 14일 스탈린은 마오쩌둥에게 보낸 특별전문에서 "국제정세의 변화에 따라 통일에 착수하자는 조선 사람들의 제청에 동의한다. 그러나 이는 중국과 조선이 공동으로 결정해야 할 문제이고 중국 동지들이 동의하지 않을 경우에는 다시 검토할 때까지 연기되어야 한다"고 했다. 5월 15일, 모스크바의 메시지를 받은 뒤 마오는 김일성·박헌영과 구체적으로 의견을 교환하였다. 김일성은 북조선이 '군사력 증강-평화통일 대남제의-대한민국 쪽의 평화통일 제의 거부 뒤 전투행위 개시'의 3단계 계획을 세웠다고 언급했다.

마오가 이 계획에 찬성을 표명하고 일본군의 개입 가능성을 물은 데 대해 김일성은 일본군이 참전할 가능성은 별로 없는 것으로 보나 미국이 2만~3만 명의 일본군을 파견할 가능성을 전혀 배제할 수는 없다고 답변했다. 그러나 일본군의 참전이 상황을 결정적으로 변화시키지는 못할 것이라고 말했다. 마오는 만일 미군이 참전한다면 중국은 병력을 파견해 북한을 돕겠다고 했다. 소련은 미국 쪽과 38선 분할에 관한 합의가 있기 때문에 전투행위에 참가하기가 불편하지만, 중국은 이런 의무가 없으므로 북한을 도와줄 수 있다고 했다.

북한이 현시점에서 작전 개시를 결정함으로써 이 작전이 양국 간의 공동 과제가 되었으므로 이에 동의하고 필요한 협력을 제공하겠다고 했다.

5월 29일, 김일성은 스티코프에게 4월 모스크바 회담 시 합의된 무기와 기술이 이미 대부분 북조선에 도착했음을 통보하였다. 이 통보에서, 또한, 김일성은 새로 창설된 사단들이 6월 말까지 준비 완료될 것이라고 말했다. 김일성의 지시에 따라 북한군 참모장이 바실리예프 장군과 함께 마련한 남침 공격 계획을 북한지도부가 승인하였고, 군 조직 문제는 6월 1일까지 끝내기로 했다. 북조선 군은 6월까지 완전한 전투준비 태세를 갖추게 된다는 것이었다.

김일성은 6월 말 이후는 북한군의 전투준비에 관한 정보가 남쪽에 입수될 수 있으며 7월에는 장마가 시작된다는 점을 지적했다. 6월 8~10일께 집결지역으로의 병력 이동을 시작할 것이라고 보고되었으며, 김일성과 면담 뒤 스티코프는 바실리예프 장군 및 포스트니코프 장군과 의견을 교환했다. 그들은 7월에 공격을 시작하는 것이 가장 시의적절하나 일기관계로 6월로 변경할 수밖에 없다고 말했다. 이와 같이, 김일성은 스탈린을 상대로 끈질기게 남침을 허락해 달라고 48회나 요구했고 스탈린은 시기적으로 맞지 않다는 이유로 계속 거절했다. 스탈린은 48번씩이나 거절했음에도 불구하고 끈질기게 요구하는 김일성의 고집을 꺾을 수 없다고 판단하여 결국 남침을 허락하고 만다.

이때 스탈린은 김일성을 북한의 통제관으로 옹립한 것을 후회했다. 1950년 3월에는 박헌영 당시 조선공산당 총비서와 허가이 조선노동당 책임 비서와 함께 소련으로 물자 원조와 무기 공급을 요청하기 위해 방문했으며, 스탈린의 지원을 받아 남침을 감행했다. 전쟁 발발에서 김일성의 주동적인 책임은 고르바초프의 방한을 계기로 공개된 구소련의 외교문서를 통해 증명되었으며, 국제학계의 정설로 인정되고 있다. 1950년 6월부터 1953년 7월까지 3년 동안의 한국 전쟁 시기 교전 일방인 조선인민군의 최고사령관으로서 전쟁을 이끌었다.

6. 북괴군의 남침(남쪽으로 불법 기습 침공) 준비

가. 대한민국 후방지역의 정세

1) 제주도 4.3 폭동 사건(48년 4월~49년 5월)
2) 여수, 순천, 국방군의 반란 사건(48년 10월~49년 4월)
3) 대구 반란 사건(3차: 48년~49년)

상기 여러 사건들은 지방 및 군대 내에 잠입한 공산분자들이 침투하여 폭동 또는 반란을 일으킨 사례들이다.

국방부 정보판단에 의하면 인민군 유격대에 의한 빨치산 침투 사건은 1948년 11월 ~1950년 3월 기간에 10차, 2,400명에 의한 유격 작전으로 약탈, 살인, 유언비어 유포 등 후방교란 작전을 하였지만, 국군의 빨치산 소탕 작전으로 많은 손실을 입고, 1950년 6월 24일 현재 지방 공비 세력 270명이 잔존하고 있었다고 하고 있지만, 많은 병력이 잠적하고 있었을 것이라고 생각된다.

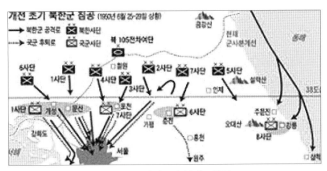
개전 초기 38선 침공한 북괴군 침공로

나. 남침을 위한 준비 들

김일성의 남침 전쟁 제안에 스탈린이 조건부로 승인하고, 최종적으로 마오쩌둥이 동의함으로써 전쟁은 논의 차원을 넘어 실행단계로 들어섰다. 이에 김일성은 스탈린으로부터 받아온 종래 군사 지원의 양과 질을 대폭 개선하는 데 역점을 두었다. 스탈린은 해방 후부터 줄곧 북한의 전쟁 준비를 도와 왔다. 특히 북한 주둔 소련군의 철수에 대비해 특별 군사고문단의 북한 파견을 지시하기도 했다. 스탈린의 지시에 따라 40여 명으로 편성돼 북한으로 들어온 소련 군사고문단은 1949년 1월 말부터 북한 정규군의 돌격사단과 전투사단의 편성 및 전투 훈련 지원과 함께 공군부대의 지원, 육·해·공 합동 기동훈련을 실시하면서 각종 소요장비를 제공했다.

스탈린은 북한이 선제공격하더라도 북한군의 전력이 한국군의 그것에 비해 절대적인 우위를 확보하지 못하면 감행해선 안 된다는 생각을 갖고 있었다. 그 때문에 북한의 전력이 여전히 미비하다고 판단한 그는 1949년 3월 자신을 찾아온 김일성에게 남침 공격

은 시기상조라며 김일성의 조급함을 잠시 눌러 놓았다. 그러나 스탈린은 남침 자체를 반대한 게 아니었기 때문에 기왕의 대북 군사 지원을 멈추지 않았다. 그는 김일성이 소련 방문 전 1950년 1월 초순과 2월 초순 두 차례에 걸쳐 무기를 원조해 달라는 요청과 또 지상군을 10개 사단으로 증편토록 지원해달라는 요청을 모두 승낙했다.

그 결과 김일성의 모스크바 방문 귀국 후인 1950년 3월부터 6.25전쟁 개시 직전까지 당시 한국군에는 단 한 대도 없었던 소련제 T-34 전차, 자주포와 같은 다량의 기동장비와 각종 항공기 등이 집중적으로 북한에 운송됐다. 물론 무상은 아니었다. 무기장비 구입 대금은 소련이 차관으로 빌려준 2억 루블과 북한산 각종 광산물로 결제하기로 했다. 스탈린은 또 북한 지상군의 증강에 따른 무기뿐만 아니라 해군창설에 필요한 소해정과 전투함 그리고 공군력 증강을 위한 교육 훈련용 항공기 등도 지원했다.

물론 북한군 간부의 소련 군사학교 위탁교육을 통해, 혹은 소련 군사전문가들을 파견해 각종 중장비와 항공기를 조작, 운전할 수 있도록 기술지원도 했다. 각 사단에는 사단 고문관으로 대좌급을 파견했을 뿐만 아니라 중대급까지도 군사전문가 150명을 배치했다. 또 전차, 항공부대에도 고문관들을 파견하여 전술훈련과 장비 교환, 연료 문제의 해결에서부터 정비 분야에 이르기까지 전반적으로 지도했다. 한편 중국의 마오쩌둥도 김일성의 한반도 적화구상을 근본적으로 반대하지 않았다. 단지 시기상조라고 여겼을 뿐, 시기가 도래하면 언제든지 지원하겠다는 생각이었다.

그래서 마오쩌둥은 중국 내전이 끝나지 않은 관계로 그 시기가 무르익지 않았음에도 불구하고 가능한 한 지원할 수 있는 것부터 북한에 제공하기로 했다. 우선 제1차로 1949년 8월부터 중국공산당 인민해방군 소속 한인 부대 1만여 명을 북한으로 건네줬다.

그 후 마오쩌둥은 자신이 바라는 대로 내전의 최종 승리를 비롯해 소련과의 새로운 관계 설정이 이루어진 후 1950년 전반기에 남침 전쟁을 동의해 줬을 뿐만 아니라 지원도 아끼지 않았다. 여기서 소련과의 새로운 관계 설정이란 마오쩌둥이 소련을 방문해 1950년 2월 중순 스탈린과 새로운 중·소 동맹을 체결한 것을 말한다. 중·소동맹의 체결은 여러 가지 정치적 의미를 띤 것이었지만, 6·25전쟁 발발의 한 배경적 요인이라는 점에서 그것은 일본의 재침략 혹은 미·일 양국의 직접 또는 간접적인 침략에 대비하기 위한 공동 대응의 협력관계 구축과 세계 공산주의 운동을 위한 동서 양면의 역할 분담을 약정한 것을 뜻했다.

특히 중국에게 그것은 방심할 수 없는 잠재적인 적으로 인식한 소련과 새로운 동맹관계를 구축함으로써 역사적으로 늘 중국영토에 흑심을 품어온 소련의 위협을 잠정적으로 제거한 의미가 있었다. 따라서 마오쩌둥에게 중·소동맹의 체결은 북방으로부터의 국가안전의 확보를 의미했다. 또 그것은 그가 김일성의 남침 전쟁 발의에 대해 동의 가부를 결정짓는 최소한의 선결 조건이었다. 그래서 그 조건이 실현되자 마오쩌둥은 스탈린으로부터 전쟁 발동을 결정했다는 사실을 확인한 후 그때까지 중국국민당군의 소탕에 총력을 기울이던 종래의 방침을 바꿔 북한을 전향적으로 지원하기 시작했다.

1950년에 들어와 중국공산당 수뇌부는 중국에 잔류

시계방향으로 1. 북괴군 보병부대 남침 모습, 1950.6.26   2. 북괴군의 소련제 자주포   3. 북한군 탱크부대, 1950. 6. 24 남침 명령을 기다리며   4. 미국 전함 아리조나호가 격침되고 있는 모습

한 나머지 한인 병사들의 북한 이송 문제 협의차 북경을 방문한 김일성의 특사 김광협에게 약속한 대로 전년도에 이어, 또다시 1만 4,000여 명의 조선인 병사들을 북한에 인도해 줬다. 이 병력은 4월 중순 북한으로 이송됐는데, 송환은 그들의 자유의사에 따른 게 아니라 중국공산당과 북한 정부가 강행한 것이었다. 중국의 이 조치는 북한이 소련으로부터 무기 장비를 지원받고 있지만, 가장 중요한 병력이 충분하지 못하다는 판단에서 취해진 것으로서 마오쩌둥이 소련방문 기간 중인 1950년 1월 중순에 내린 지령에 따른 것이었다.

당시 중국의 군 고위층은 북한군이 소련의 무기로 무장하고 있지만 병력 면에서 3,000만 인구의 남한과 정면 대결하기에는 역부족이라고 판단하고 있었다. 이처럼 중국은 1949년부터 다음 해 6.25전쟁 발전까지 2년에 걸쳐 3개 사단과 2개 연대 병력 최소 5만 명 이상의 조선인 사병과 개인용 화기 등의 각종 경장비를 북한으로 들여보냈다. 중국의 전폭적인 협조로 입북한 그들은 주로 북괴군 제5·제6·제12사단 등에 편입됐다. 북괴군에 이첩된 조선인 병력은 개전 초기 북괴군 10개 사단 총 18만여 병력 중 약 3분의 1에 해당하는 숫자였다. 이 점을 감안하면 전쟁 전 중국공산당이 인계해 준 조선인 병력은 남·북한의 군사력 균형을 결정적으로 무너뜨린 요소 가운데 하나였을 뿐만 아니라, 김일성의 남침 공격을 결정지은 중요한 조건이었다. 이러한 사실은 북한이 군사 장비와 병력 확보를 소련에만 의지한 것이 아니었음을 알 수 있다.

다. 남침 전야 (1950년 6월 24일)

북괴군 제1군단은 금천에, 제2군단은 화천에 각기 군단 사령부를 설치하였고, 그 예하 사단은 서부전선으로부터 제6, 1, 4, 3, 2, 12, 5사단 순으로 배치되었으며, 제13, 15사단은 북괴군의 예비대로서 금천과 화천에 각각 배치되었다. 그리고 제10사단은 북괴군의

북한 제4보병사단 작전명령 제1호(1950. 6. 22)

예비사단으로 숙천에 위치하였다. 북괴군의 남침 공격 암호명 '폭풍', 1950년 6월 24일 공격 개시 명령을 기다리고 있었다.

라. 남침, 서울 점령과 UN의 조치

1950년 6월 25일 새벽 4시, 북한괴뢰군은 38선 전역에 걸쳐 전면 남침을 개시하였다. 전쟁 발발 소식을 접한 미국은 25일(미국 시간) 'UN 안전 보장이사회'를 긴급 소집하여 북한의 무력 공격은 평화를 파괴하는 '침략 행위'라 선언하고, 북한은 즉시 전투행위를 중지하고 그 군대를 38선으로 철퇴시킬 것을 요청하는 결의를 채택하였다. 그리고 UN 회원국들로 하여금 UN에 원조를 제공할 것과 북한에 대하여는 어떤 원조도 중단되었고, 6월 27일에 이르러 미국 대통령 트루먼은 미국의 해군, 공군으로 하여금 한국군을 지원하도록 명령하였다.

남침을 감행한 북괴군은 계속 남하하여 27일 저녁에는 서울 외곽지대인 미아리 고개까지 밀고 내려왔으며, 28일 오전에는 소련제 탱크 T-34를 앞세우고 미아리 고개를 넘어 서울 시내로 진격해 들어왔다. 들어온 보병부대는 서울대학병원에 부상을 당하여 입원하고 있는 국군장병 병실에 들어가 총살하는 만행도 저질렀다. 여기서 한강교를 폭파하여 수많은 서

울 시민들이 희생된 아쉬운 사건이 발생하였었는데, 이 일이 27일 밤에 발하였었다. 미처 남쪽으로 피란을 가지 못한 수많은 시민들은 그 후 3개월 동안(9월 28일까지) 공산 치하에서 자유 없는 고난의 생활을 하지 않으면 안 되었다.

UN 안전 보장 이사회는 UN 회원국들에 대하여 북한의 무력 공격을 격퇴하고 국제평화와 한반도에서의 안전을 회복하기 위하여 필요한 원조를 한국에 제공할 것을 내용으로 하는 권고를 채택함으로써, 미국의 군사 조치를 추후 승인하기에 이르렀다. 곧 이어 6월 28일에는 동경(東京)에 있던 미 극동군 사령관인 맥아더 원수가 수원 비행장으로 내한하여 한강 남쪽, 노량진에서 전선을 시찰하고, 미 국방성에 지상군의 파견을 요청하기에 이르렀다.

이러한 미국의 군사 조치는 다시 7월 7일에 안전 보장 이사회에서, 한반도에서의 UN의 군사 활동을 위하여 미국에게 최고 지휘권을 위임하는 결의를 채택함으로써 미국의 맥아더가 UN군 총사령관에 임명되고, UN군에 많은 우방국가가 파병을 하기에 이르렀다. 이로써, 한반도에서의 군사 지휘권은 미국의 맥아더 원수에게 주어졌으며, 한국을 원조하기 위하여 육군과 해군, 공군 및 지상군을 파견한 16개국의 군대는 UN군 사령관의 지휘를 받게 되었다. 이때 한국의 이승만 대통령도 한국군에 대한 작전 지휘권을 UN군 사령관에게 이양한다는 각서를 썼는데, 이것이 이른바 대전각서로서 7월 14일에 수교하였다.

시계방향으로 1. 모택동, 스탈린   2. 북에서 생산한 따발총   3. 카이로, 미, 영, 중 수뇌회담 한반도에 독립 국가 세우자   4. 이승만 대한민국 초대 대통령

대한민국의 건국일이 1919년이라고?

주요 기념일

▶ 1919. 3.1. 삼일절 (3.1운동)

▶ 1919.4.11 임시정부 수립일

▶ 1945. 8.15 해방일

▶ 1948. 7.17 제헌절 (대한민국 헌법 제정일)

▶ 1948. 8.15 대한민국 정부수립일 겸 건국일

(대한민국 독립기념일=광복절)

대한민국 건국일은 1948년 8월 15일

광복절도 1948년 8월 15일 기념일

맞습니다!

건국(국가)의 4가지 요인

- 영 토
- 국 민
- 정 부
- 통 치 권

문재인, 대한민국 건국일은 임시정부 수립일(1919) 이라고 주장.

문재인은 2017년 8월 15일 광복절 행사에서 이런 연설을 했다. "2년 후 2019년은 대한민국 건국과 임시정부 수립 100주년을 맞는 해입니다. 내년 8.15는 정부 수립 70주년이기도 합니다."

대한민국이 건국된 것은 임시정부가 수립된 1919년 4월이라는 것이다. 1948년 8월 15일은 대한민국 정부수립 일일 뿐 대한민국 건국일은 아니라는 의미다. 대한민국 정부수립일인 1948년 8월 15일은 대한민국 독립기념일이자 건국일이라는 입장이었는데, 건국일을 갑자기 1919년 4월 11일로 바꾼 이유는 뭘까? 1948년 8월 15일 대한민국의 건국을 부정하려는 의도에 따른 것이다.

임시정부 수립일이 대한민국 건국일이 아닌 이유

그렇다면, "1919년 4월 11일 대한민국 임시정부 창설일은 대한민국의 건국일로 볼 수 있을까?"

이를 알기 위해서는 "임시정부를 국가라 할 수 있는가?" 라는 문제를 검토해 봐야 한다. 정치학적으로 볼 때, 국가가 되려면 4가지 요건이 있어야 한다. (1) 영토 (2) 국민 (3) 정부 (4) 주권(통치권)이 그것이다.

먼저, 일정한 영토가 있어야 하고, 그 영토 위에 사는 국민들이 있어야 하며, 이들을 통치하는 정부가 있어야 하며, 정부가 행사하는 통치권이 있어야 한다. 그러나 임시정부는 중국 상해 프랑스조계(조차지) 내 한 골목에 있는 건물에서 창설된 조직이다. 통치하는 영토도, 정부도, 국민도, 통치권도 없었다. 그래서 국가라 할 수는 없다. 당시 우리 민족은 국가를 잃은 상태, 즉, 망국 상태였던 것이다.

그래서 김구 등 임시정부 요인들도 임시정부에 대해 국가라고 하지 않았다. 임시정부는 1941년 11월 '대한민국 건국강령' 을 발표했는데, 일제로부터 국토와 주권을 되찾아 새로 건국할 독립(광복)국가의 청사

진을 밝힌 것이다. 이는 임시정부 요인들이 임시정부가 국가가 아님을 잘 알고 있었다는 의미다. 1945년 8월 15일 해방된 날, 국내에서는 좌익 주도의 건국준비위원회가 만들어졌다. '건국 준비' 용어가 있었다는 것은 건국이 이루어지지 않았다는 의미이고, 장차 독립국가의 건설을 지향하고 있음을 의미하는 것이다.

대한민국 건국일은 1948년 8월 15일

1945년 8월 해방된 후 3년간의 준비 끝에 건국이 이루어졌다. 1948년 5·10선거를 통해 국회가 만들어지고, 국회가 헌법을 만들었으며, 헌법에 따라 대통령 등 행정부와 사법부 등 정부가 만들어졌다. 드디어 1948년 8월 15일 오전 10시 대한민국 정부 수립식이 개최됨으로써 대한민국을 통치할 정부형태가 갖추어진 것이다.

이렇게 형태가 갖추어진 대한민국 정부에 밤 자정(0시)을 기해 미군정이 갖고 있던 통치권이 이양되었다. 이로써 대한민국은 정상적인 독립국가로 건국된

것이다. 그러므로, 1945년 8월 15일은 일제로부터 해방된 해방일이고, 1948년 8월 15일은 명실공히 독립국가를 수립한 날, 즉 독립기념일, 건국일인 것이다.

광복절도 사실은 1948년 8월 15일을 기념하는 날

우리나라 많은 국민들은 광복절이란 1945년 8월 15일인 것으로 알고 있다. 그러나 광복절, 즉 광복일은 1948년 8월 15일을 의미하는 것이다. 1945년 8월 15일은 일제로부터 해방된 날일 뿐 국민과 영토를 통치할 정부도 없고 주권도 없었다. 그날은 일본 천황이 일본어로 항복을 선언한 날일 뿐, 아무런 일도 없었다.

우리 민족은 그날 해방된 줄도 몰랐다. 해방된 줄 안 것도 다음날인 8월 16일이었다. 더욱이 미군이 입국하여 미군정을 수립한 9월 9일까지 조선총독부가 통치하고 있었다. 1945년 8월 15일은 독립을 위한 첫걸음일 뿐 건국일 (1948년 8월 15일)과 비할 바가 아니다.

독립 국가를 만드는 데는 3년간의 기간이 필요했다. 미군정은 3년간 준비를 거쳐 대한민국 정부를 만들고 독립된 주권 국가를 완성한 것이다. 사람으로 비유하자면, 1945년 8월 15일은 임신한 날이고 1948년 8월 15일은 드디어 아이가 태어난 날, 즉 생일이다. 축하할 날은 바로 아이가 탄생한 날이지, 임신한 날이 아니다. 가장 기쁜 날은 1910년 일제에 의해 잃었던 주권을 되찾고 독립 국가를 회복한 날이다. 그것이 1948년 8월 15일이다. 이날이 진짜 잃었던 빛을 되찾은 광복일이다.

대한민국의 4대 국경일은 3.1절, 광복절, 제헌절, 개천절이다. 대한민국을 탄생하기 위해 헌법을 만든 날(제헌절, 7. 17)을 국경일로 정하면서 정작 대한민국이 탄생한 날을 국경일로 하지 않는 것은 이상하지 않은가? 광복절을 영어로 Liberation Day(해방일이라고 하지 않고 Korean Independence day(한국독립기념일)이라고 사용하는데, 광복절이 독립 국가를 수립한 1948년 8월 15일을 지칭하는 용어이기 때문이다.

대한민국 정부가 수립된 후 1년 뒤인 1949년 8월 15일 행사를 개최했는데, "제1회 독립기념일 행사"로 치렀다. 이후 국회에서 국경일에 관한 법률을 개정하면서 독립 기념일을 광복절로 명칭을 바꾸었다. 따라서 1950년 8월 15일 행사 때 정부는"제2회 광복절" 명칭으로 독립 기념일 행사를 진행했다.

당시는 6.25 전쟁 중인 탓으로 대구에서 개최했는데, 유일하게 참석했던 언론인 대구매일신문 기자가 "제6회 광복절 행사"로 잘못 기사를 냈다. 이후 언론을 중심으로 광복절이란 1945년 8월 15일(해방일)을 기념하는 행사인 것으로 보도했고, 정부도 이를 추종하면서 일반 국민들도 광복절=1945년 8월 15일 해방일 행사라는 관념으로 가지게 된 것이다.

문재인 정부는 1919년 임시정부 수립 일을 대한민국 건국일이라고 주장했으나, 정권 중에 슬그머니 그 주장이 사라졌다. 왜냐하면, 북한이 반발했기 때문이라고 한다. 1919년 4월 11일을 건국일이라고 하면 대한민국 건국일(1948. 8. 15.)만 부정하는 것이 아니고 북한 정권 수립일(1948. 9. 9)마저 부정하는 결과를 낳았기 때문이다. 그런 측면에서도 북한의 눈치를 많이 보는 문 정권의 특성을 여실히 드러냈던 것이다.

문 정권, 주장해 놓고도 북한 반발에 1919년 대한민국 건국일 주장, 임기 내 슬며시 사라져...

문재인 정부는 1919년 임시정부 수립 일을 대한민국 건국일이라고 주장했으나, 정권 중에 슬그머니 그 주장이 사라졌다. 왜냐하면, 북한이 반발했기 때문이라고 한다. 1919년 4월 11일을 건국일이라고 하면 대한민국 건국일(1948. 8. 15.)만 부정하는 것이 아니고 북한 정권 수립일(1948. 9. 9)마저 부정하는 결과를 낳았기 때문이다. 그런 측면에서도 북한의 눈치를 많이 보는 문 정권의 특성을 여실히 드러냈던 것이다.

■ 글 / 전광훈 목사

하나님께서 세우신 나라
자유민주주의 대한민국

대한민국 제헌국회 기도문
- 대한민국의 첫 헌법은 이 기도의 정신을 바탕으로 만들어졌다.-

우리에게 독립을 주신 하나님!

제헌국회 개원식에서 연설하는 국회의장 이승만

이승만연구원
李承晩研究院
The Syngman Rhee Instit

상해 이승만 대통령 환영회

▲ 상해 이승만 대통령 환영회

大韓民國三年一月一日
臨時政府及臨時議政院新年祝賀式紀念撮影

▲ 1921년 임정 신년축하 기념사진

1948년 5월 31일, 대한민국의 역사적인 제헌국회 개원식이 거행되었다. 초대의장에 이승만, 부의장에 신익희, 김동원 의원이 선출되었다. 이날 의원 일동이 기립하여 감사기도를 올렸다. 당시는 '정치와 종교는 분리된다'라는 헌법조항이 없었기에 허용되었다. 임시의장 이승만 박사가 의장석에 등단하여 전 국회의원들에게 먼저 하나님께 기도하자고 제의하고, 이윤영 의원 (목사)이 기도했다.

▶ 임시의장(이승만)

대한민국 독립민주국 제1차 회의를 여기서 열게 된 것을 우리가 하나님에게 감사해야 할 것입니다. 종교, 사상 무엇을 가지고 있든지, 누구나 오늘을 당해가지고 사람의 힘으로만 된 것이라고 우리가 자랑할 수 없을 것입니다. 그러므로 하나님에게 감사를 드리지 않을 수 없습니다. 나는 먼저 우리가 다 성심으로 일어서서 하나님에게 우리가 감사를 드릴 터인데 이윤영 의원 나오셔서 간단한 말씀으로 하나님에게 기도를 올려주시기를 바랍니다.

▶ 이윤영 의원 기도(일동기립)

이 우주와 만물을 창조하시고 인간의 역사를 섭리하시는 하나님이시여 이 민족을 돌아보시고 이 땅에 축복하셔서 감사에 넘치는 오늘이 있게 하심을 주님께 저희들은 성심으로 감사하나이다.

오랜 시일동안 이 민족의 고통과 호소를 들으시사 정의의 칼을 빼서 일제의 폭력을 굽히시사 하나님은 이제 세계만방의 양심을 움직이시고 또한 우리 민족의 염원을 들으심으로 이 기쁜 역사적 환희의 날을 이 시간에 우리에게 오게 하심은 하나님의 섭리가 세계만방에 현시하신 것으로 믿나이다.

하나님이시여, 이로부터 남북이 둘로 갈리어진 이 민족의 어려운 고통과 수치를 신원하여 주시고 우리 민족 우리 동포가 손을 같이 잡고 웃으며 노래 부르는 날이 우리 앞에 속히 오기를 기도하나이다.

원컨대, 우리 조선독립과 함께 남북통일을 주시옵고 또한 민생의 복락과 아울러 세계평화를 허락하여 주시옵소서.

거룩하신 하나님의 뜻에 의지하여 저희들은 성스럽게 택함을 입어 가지고 글자 그대로 민족의 대표가 되었습니다. 그러하오나 우리들의 책임이 중차대한 것을 저희들은 느끼고 우리 자신이 진실로 무력한 것을 생각할 때 지와 인과 용과 모든 덕의 근원되시는 하나님께 이러한 요소를 저희들이 간구하나이다.

이제 이로부터 국회가 성립되어서 우리 민족의 염원이 되는 모든 세계만방이 주시하고 기다리는 우리의 모든 문제가 원만히 해결되며 또한 이로부터서 우리의 완전 자주독립이 이 땅에 오며 자손만대에 빛나고 푸르른 역사를 저희들이 정하는 이 사업을 완수하게 하여 주시옵소서.

하나님이 이 회의를 사회하시는 의장으로부터 모든 우리 의원 일동에게 건강을 주시옵고, 또한 여기서 양심의 정의와 위신을 가지고 이 업무를 완수하게 도와주시옵기를 기도하나이다.

역사의 첫걸음을 걷는 오늘의 우리의 환희와 우리의 감격에 넘치는 이 민족적 기쁨을 다 하나님에게 영광과 감사를 올리나이다.

이 모든 말씀을 주 예수 그리스도 이름 받들어 기도하나이다. 아멘.

(이윤영 목사는 기독교대한감리회 목사이다)

근대사를 상기해 보면 초대 대통령 이승만은 1945년 크리스마스를 국경일로 지정하고 기독교계의 요구를 수용해 형목 제도를 만들어 교도소 교화 사업을 기독교가 전담하도록 했다. 1947년 서울 중앙방송을 통해 선교 방송을 하게 하였으며, 국기 우상화, 반대 운동을 펼쳐 국기 배례를 '주 목례'로 바꾸고, 군종 제도를 실시해 군 선교를 하도록 했다. 또 경찰 선교를 시행하고, 기독교 청년회(YMCA) 등 기독교 단체에 후원하였으며, 1954년에 기독교 방송국을, 1956년에 극동방송을 설립하여 이에 따라 군의 경우 1950년 군종창설 당시 5%에 불과했던 군내 기독교인 비율은 1956년 15%까지 상승했다.

이승만은 해방 뒤 귀국해 1945년 11월 한 연설에서 "지금 우리나라를 새로이 건설하는 데 있어서 튼튼한 반석 위에다 세우려는 것입니다" "오늘 여러분이 예물로 주신 이 성경 말씀을 토대로 해서 세우려는 것입니다. 부디 여러분께서는 하나님의 말씀으로 반석을 삼아 의로운 나라를 세우기를 위해 매진합시다."라고 했다.

이어 1946년 3.1절 기념식에서는 "한민족이 하나님의 인도하에 영원한 자유 독립의 위대한 민족으로서 정의와 평화와 협조의 복을 누리도록 합시다."라고 했다. 또 1948년 5월 27일 국회의원 예비회의에서 임시의장으로 선출, '하나님과 순국선열과 3천만 동포 앞에 감사 선서함'이란 문구의 선서문을 채택했다. 이어 4일 뒤인 1948년 5월 31일 제헌국회 개원식에선 "대한민국독립 민주 국회 제1차 회의를 열게 된 것을 하나님께 감사해야 할 것"이라며 당시 제헌국회 의원이자 감리교 서부연회장인 이윤영 목사를 단상에 불러 기도를 부탁했다.

역사적인 대한민국 처음 국회가 목사의 기도로 문을 열었다는 것이다. 이승만은 그해 7월 24일 대통령의 취임식에서도 하나님의 은혜를 되새기며 "오늘 대통령 선서하는 이 자리에서 하나님과 동포 앞에 나의 직책을 다하기로 한 층 더 결심하며 맹세합니다."라고 밝혔다. 이는 하나님께 약속한 일이 이 민족 가운데 이루어지게 하는 사명 의식이 필요하다는 것을 상기시키는 대통령 취임사였다.

이렇게 대한민국은 건국 초기에 하나님과의 언약의 당사자로 국가적인 차원에서 1948년 5월 31일 하나님과의 분명한 언약 관계를 맺었다. 동족상잔의 비극인 6·25 3년 전쟁의 폐허 속에서 혹자는 당시, 대한민국이 전쟁의 폐허를 복구하려면 족히 100년은 걸려야 회복이 될 것이라고 할 정도로 그 참상은 실로 끔찍했다. 전 국토는 회생 불가할 정도로 완전 초토화되어버렸다. 우리 민족이 6·25의 폐허를 급속도로 복구하고 산업, 군사, 경제, 교육, 문화 등을 기적같이 발전, 부흥시킨 것은 집권자의 지도력이나, 기업의 공헌, 국민의 근면에서만 기인했다고 설명할 수는 없다.

6·25의 참상을 겪은 하나님과 언약의 당사자인 한국교회의 간절한 눈물의 기도가 있었기 때문임은 두말할 나위가 없다. 하나님께서는 하나님과 언약 관계의 당사자인 우리 자유대한민국을 빠르게 회복시켜주셨다. 대한민국을 세계 10대 경제 대국, 군사, 교육, 문화 대국으로 만들어주셨고 세계 선교 대국이 되게 하셨다. 넘치는 부요와 풍요로움 속에 부족한 것이 없을 정도도 잘 먹고 잘살도록 축복의 통로로 길을 활짝 열어주신 것은 하나님과의 언약의 당사자로서 가정과 사회, 문화, 국가를 성서 위에 바르게 세우는 건전한 기둥을 이루도록 한국교회에 주신 사명이요 몫이었기 때문이다.

그러나
한국교회는 하나님과의 언약의 당사자로
언약을 파기하기 시작했다.
그 결과 지금 한국교회는 혹독한 하나님의 심판 속에 들어있다.
그래도 정신 못 차리면 심판의 혹독함은 더 할 것이다.

대한사람
대한으로
길이 보존하세

자유민주주의 나라 대한민국 건국 대통령
우남 이승만은 보석 같은 인물이었다.
나라는 약했지만,
이승만은 강한 지도자였다.

■편집부

자유민주주의 나라 대한민국 건국 대통령 우남 이승만은 보석 같은 인물이었다. 나라는 약했지만, 이승만은 강한 지도자였다. 이승만이 국제적으로 얼마나 중요한 인물이었는가는 그가 유학생 자격으로 미국 땅을 밟은 1904년부터 하와이에서 생을 마감한 1965년까지〈뉴욕타임스〉게재된 1,256건에 이르는 기사로도 알 수 있다.

이승만은 '대륙문명권'에 속했던 우리 민족을 '해양문화권'으로 확실하게 편입시켰다. 다시 말해 이승만은 문명사적 전환을 주도한 인물이었다.

우리 대한민국이 오늘날의 자유와 번영을 누리게 된 것은 구한말부터 형성되어온 문명개화의 꿈을 국가 차원에서 실현한 개화파 지식인인 이승만의 공로였다. 오늘에 이르기까지의 대한민국의 지도자들은 이승만이 그처럼 어렵게 만들어 놓은 반석 같은 자유민주주의 토대 위에서 오늘날 '자유와 번영'을 이룩해낼 수가 있었다

아쉬운 점은 '대한민국의 건국'이 헌법 전문에서 빠져있다는 것이다. 그것은 이승만에 대한 부정적인 평가가 만연한 결과이기 때문이다. 역사 이래 어느 왕조이든, 대통령이든 공, 과실이 없을 수가 없다. 이것을 인정하지 않으려는 불온 세력들의 선동과 주장들, 나아가서 국민적 자존감의 결여이다. 분명한 것은 해방 3주년이 되는 1948년 8월 15일 대한민국의 건국과 정부 수립을 만천하에 널리 선포하였다는 것이다.

누가 뭐래도 이승만은 한국 현대사에서 지울 수 없는 거목 중에 거목巨木이다. 소련과 미국의 신탁통치를 거부하고 대한민국을 세웠다. 한미방위 조약을 체결하여 대한민국의 안보와 국방의 틀을 견고히 세웠고 그 틀 위에서 대한민국이 세계적 역량을 발휘하는 기초(초석)를 다져냈다. 이때 만일 이승만 대통령이 없었고 미군이 대한민국에서 철수했다면 당시 혼란한 시대의 여건상 대한민국은 곧바로 공산화가 되

었을 것이다. 교회는 다 무너지고 지금은, 우리와 우리의 후손들은 공산 치하에서 김일성 삼부자의 우상화와 모진 핍박과 고문, 고통 속에서 차마 죽지 못하고 근근이 생명을 연명하고 있을 것이다.

이승만은 한반도의 공산화를 막은 자유민주주의자이며, 철저한 반공주의자였다. 지금 우리가 누리는 자유와 번영은 이승만 대통령이 우여곡절 끝에 닦아 놓은 토대 위에서 이루어진 것임을 후손인 우리는 잊지 말아야 할 것이다.

클라크 유엔군 사령관은 회고록 '다뉴브강에서 압록강까지'에서 "이승만은 지혜롭고 존경할 만한 애국자다. 그 앞에 서기만 하면 나는 소년처럼 작아진다."라고 술회할 정도다. 그는 강력한 리더십을 갖고 작지만 큰 나라와 겨룰 만큼 강한 리더십의 소유자로 그것이 열강의 틈속에서 살아남는 기적을 만들어 냈다. 이승만의 결단과 리더십, 국제적 감각과 외교력, 뛰어난 통찰력까지 그가 없었으면 전쟁에서 살아남을 수 있었을까? 그는 대한민국의 초대 대통령으로 대한민국의 건국을 세계에 선포한 대통령이며, 공산침략으로부터 나라가 풍전등화에 처해 있을 때 나라를 구한 대통령이다. 이렇게, 하나님께서는 대한민국을 사랑하셔서 이승만 같은 지도자를 미리 예비해 놓으신 것이다.

이승만의 결단과 리더십, 국제적 감각과 외교력, 뛰어난 통찰력까지 그가 없었으면 전쟁에서 살아남을 수 있었을까? 그는 대한민국의 초대 대통령으로 대한민국의 건국을 세계에 선포한 대통령이며, 공산침략으로부터 나라가 풍전등화에 처해 있을 때 나라를 구한 대통령이다.

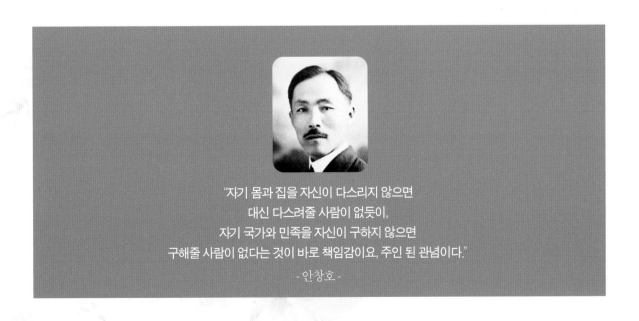

"자기 몸과 집을 자신이 다스리지 않으면
대신 다스려줄 사람이 없듯이,
자기 국가와 민족을 자신이 구하지 않으면
구해줄 사람이 없다는 것이 바로 책임감이요, 주인 된 관념이다."

- 안창호 -

자유대한민국의 國父, 건국 대통령 이승만

2023년 8.15, 75주년 건국절

이승만은 자유대한민국의 建國 대통령이며
진정한 國父로서 존경받을만한 보석 같은 존재이다.

▲대한민국 제헌국회 헌법 기초위원회 일동(1948년 7월)

아름드리나무, 든든한 뿌리와 같은 이승만

사람이나 나무는 그 근원과 생명의 원천인 뿌리가 있듯이 정상적인 국가라면 국가의 뿌리인 건국일과 건국 대통령이 반드시 존재한다. 마찬가지로 자유대한민국의 뿌리와 건국 대통령도 당연히 존재할 수밖에 없으며, 올바른 역사관과 사고를 하는 사람이라면 그 뿌리가 우남羽南 이승만李承晩 대통령임을 부인할 수 없을 것이다. 뿌리가 없는 나무가 생존할 수 없듯이 이승만을 잊은 대한민국은 있을 수 없다. 대한민국의 건국과 이승만은 떼려야 뗄 수 없는 불가분不可分의 관계이다.

이승만은 오늘의 자유대한민국이라는 아름드리나무의 든든한 뿌리와 같은 존재였다. 만약, 이승만이 없었다면 십중팔구 우리는 지금, 조선민주주의인민공화국 공산 공포 정권 치하에서 김일성 삼부자 만세삼창을 목이 터져라 외치며, 그들의 동상 앞에 꿇어 엎드린 채 죽지 못해 근근이 초근목피草根木皮의 비참한 삶을 살아가고 있을 것이다.

지난 문재인 정부는 이승만의 건국을 인정하지 않고 임시 정부를 대한민국의 뿌리라고 인식하는 데서 시작됐다. 대한민국을 태어나지 말았어야 할 나라라고 규정했다. 완전한 역사 왜곡이다. 태어나지도 않은 나라가 75년 동안 이렇게 잘 먹고 잘살 수는 없다. 세상에 태어나지 말았어야 할 존재는 그 무엇도 없다. 안철수는 과거 문재인 정부를 7無 대통령이라 말하며 과는 많고 공은 하나도 없는 유일한 정권이라고 진단했다.

이승만 대통령이 자유대한민국을 굳건히 지켜줬기 때문에 세계열강들의 각축 속에서도 건재하게 서 있는 것이며, 우리 모두가 안전하고 평화로운 가운데 부족함 없이 풍요를 누리며 살아가고 있다.

이승만 대통령이 자유대한민국을 굳건히 지켜줬기 때문에 세계열강들의 각축 속에서도 건재하게 서 있는 것이며, 우리 모두가 안전하고 평화로운 가운데 부족함 없이 풍요를 누리며 살아가고 있다.

우리 자유대한민국은 반만년의 유구한 역사를 자랑한다지만, 긴 역사만큼이나 파란만장했던 굴곡진 피의 역사는 이루다 말 할 수 없다. 허나, 수많은 질곡의 역사 가운데 비례해서 작금의 시대처럼 가장 풍요롭고 자랑스러운 시기 또한 없었다. 우리의 선진들이 위험을 무릅쓰고, 목숨을 초개와 같이 여기며 나라를 지켜왔던 것은 결국 오늘과 같은 부강한 자유대한민국을 꿈꿔왔기 때문이다.

우리는 전 세계에서 유일하게 후대를 생각할 줄 아는 민족이었고, 후대를 위해 이처럼 세계가 부러워하는 강국을 만들었다. 나라를 빼앗기고 36년이라는 수모와 혹독한 일제의 침탈을 거치고, 제2차 세계대전과 6·25전쟁 이후 포화의 잿더미 속에서도 보란 듯이 경제성장 1위라는 최상의 발전과 부흥을 이뤄낸 기적의 나라이다.

6·25전쟁 이후 우리 자유대한민국을 바라보는 세계의 시선은 주로, 대한민국의 전후 회복은 100년에 걸쳐서야 겨우 회복될 수 있다고 할 정도로 전 국토는 전쟁의 참화로 초토화 그 자체였다. 미국은 "이제 대한민국은 희망이 없는 나라다". 영국 또한 "더 이상이 이 나라는 미래가 없는 나라이다". 프랑스는 "평생 후진국이 될 것이다"라는 혹평은 참혹한 6·25전쟁 이후의 당시 상황을 너무나 잘 설명해주고 있다.

대한민국은 이름도 없는 세계 최변방 최빈국이었으며, 미국(UN)의 물자 원조 없이는 도저히 살 수 없을 정도로 잿더미 위에 놓여 있던 회복 불능의 나라였다.

그랬던 이 나라가 이제는 어엿이 세계 10위의 경제 대국, 세계 6위의 무소불위의 국방력, 세계 1위의 IT 강국으로 세계가 롤 모델로 주목하고 있는 선진국반열의 나라로 성장하며 세계중심 국가로 발돋움을 하고 있다. 우리 생애에 이렇게 나날이 시시각각으로 변모하는 나라를 보게 되고 이런 나라에서 산다는 것 또한 하나님의 은혜요 축복이 아닐 수 없다.

이승만, 자유민주주의 국가로 대한민국 건국

참혹한 6·25전쟁 이후 전 국토가 황폐화가 된 세계 최악의 빈민 국가에서의 대역전은 과히 홍해의 기적이 아닐 수가 없다. 이 기적을 과연 누가 만들었으며, 이 기적이 과연 어떻게 가능했을까? 먼저는 하나님의 전적인 은혜와 축복이다. 또한 기독교 정신의 나라를 세우려고 고통과 희생을 감내하며 밤낮으로 뛰어다닌, 이승만과 같은 불세출不世出의 지도자가 있었기 때문이다.

일찍이 이승만과 같은 지략이 있는 지도자의 지도와 역량이 없었다면 오늘날과 같은 선진국 대열의 부강한 국가를 결코 이뤄낼 수가 없었을 것이다. 이승만의 등장과 그의 희생은 잿더미뿐인 폐허 위에 자유 대한민국을 일으켜 세우는 초석이 되었다.

이승만은 미국이라는 나라를 자유대한민국의 든든한 지렛대로 십분 활용하여 김일성과 러시아, 중국 공산당의 남침야욕을 분쇄한 사람이다. 그는 대단한 전략가이자, 미래를 뚫어보는 통찰력과 예지가 넘치는 외교의 귀재요 희대의 영웅이자 거목巨木이었다.

프로파간다, 가스 라이팅의 존재들

그런데도 감사를 모르는 뒤틀린 역사관을 가진 사람들이 이승만 대통령의 잘못된 단면만 꼬집어 강조하다 보니, 그들에게서 왜곡되고 편향된 교육을 받아온 사람들이나 그들의 프로파간다 propaganda(일정한 의도를 갖고 여론을 조작하여 사람들의 판단이나 행동을 특정 방향으로 이끌어 가는 것. 선전, 선동)에 끌려들어 간 사람들은 당연히 이승만 대통령을 나쁜 사람이라고 가스 라이팅(자기 쪽으로 유리하도록 심리적 상황을 조작해서 상대방의 판단력을 완전히 잃어버리도록 하는 행위)을 당할 수밖에 없었다.

아무리 뛰어난 영웅호걸이나 지도자들도 공과 사는 있기 마련이며, 대한민국 건국의 정체성을 부정하려는 사람의 입장에서 가장 건드리기 좋은 인물이 이승만일 수밖에 없을 것이다.

지금 좌파 교육감들과 좌 편향 전교조 조직들이 교육 환경에 대거 포진하고 있다. 그들은 좌파 김구를 내세우며 찬양 고무하다시피 하고, 이승만 대통령에 대해서는 온갖 비하 발언을 하며 심하게 왜곡된 교육을 순진무구한 학생들에게 반복해 오고 있다.

중고생 70%가 배우는 교과서는 대한민국 건국을 정부수립으로 기술하고, 북한을 조선민주주의인민공화국 수립으로 묘사해 정부 수립의 정통성과 합법성이 김일성 정권에 있는 것으로 가르치고 있다. 이와 같이 좌편향된 교육을 받은 젊은 세대는 이승만을 꺼내면 친일파 독재를 변호하고 합리화한다고 비난하기 일쑤다. 심지어 도올 김용옥은 우리 대한민국의 국부 이승만을 '개새끼'라고도 부른다.

이상하게도 우리나라 근현대사에 가장 중요한 인물인 건국 대통령 이승만과 조국의 근대화를 이뤄낸 박정희 대통령에 대해서는 부정적으로 비판하는 젊은 이들이 많다. 그런데 더 이상한 점은 두 사람을 그렇게도 비판하면서도 북한의 3대 세습을 통한 인류 최악의 전체주의 체제에 대해서는 침묵으로 일관하고 있다. 이승만, 박정희에 대하여는 '독재자, 친일파'로 매도하고 북한의 공개처형, 정치범 수용소, 인권유린, 핵무기와 미사일개발에 대해서는 침묵을 지킨다.

이렇게 부끄러운 역사로 가르쳐 패배감을 심어줌으로 학교 현장에서의 성숙한 인간교육과 안보교육에 실패하고 있다. 지금은 불행하게도 좌파세력이 대한민국의 교육, 언론, 문화 3박자를 모두 장악하다시피 한 심각한 상태이다.

▲ 대한민국 초대 대통령 및 부통령 취임식이 1948년 7월 24일 오전 10시부터 중앙청 광장에서 열렸다.

그들은 조작질의 고수들이요, 마구잡이로 아니면 말고 식의 우기고 보는 뻔뻔하기 그지없는 선동의 달인이요, 내로남불, 갈라치기와 거짓말의 고수들이다. 그리고 이들은 계속해서 갖가지 궤변들로 이승만의 실책을 거론하여 이승만의 공의 업적을 전부 삭제 없애버리려 한다. 이승만의 업적을 쏙 빼놓고 정리하는 것은 그 의도가 충분히 악의적일 수밖에 없으며, 이들의 악의적인 레퍼토리는 오랜 세월 바뀌지도 않고 집요할 정도로 반복하며 전수 되고 있다.

뿐만 아니다. 그들의 최대목표는 어떻게 해서라도 이승만을 악덕 군주로 바꾸는 것이다. 그 순간 우리는 대한민국 역사상 가장 위대했던 보석 같은 대통령을 잃게 되니까 말이다. 이승만은 19세기 말부터 한민족이 겪은 슬픈 역사의 표상이다. 그러나 그 슬픈 역사를 자유대한민국의 건국이라는 희망찬 미래의 역사로 전환시킨 인물이 바로 이승만이다.

좌파 정권 15년 동안 자유대한민국 건국의 역사가 왜곡되거나 뿌리째 흔들려 뽑혀 나갈 뻔한 아찔한 상황들이 수시로 연출되었지만, 천년만년의 시간이 지난들 이승만은 자유대한민국을 대표하는 초대 대통령이며, 자유대한민국의 건국일(절)은 분명히 1948년 8월 15일임을 부인할 수 없으며, 자유대한민국의 건국 대통령과 國父는 자연히 이승만을 떠올릴 수밖에 없다. 이승만은 하나님께서 준비해 두신 대한민국의 상징과도 같은 탁월한 존재이며 표상이다.

또한, 이들은 이승만을 친일파, 독재자라고 비판하며 적대시한다. 이는 혼란한 해방정국에서의 건국과정을 모르고 하는 억지 주장일 뿐이다. 해방정국에서의 공산당에게 나라를 빼앗기지 않기 위해 일제에서 근무했던 사람을 부득불 재기용할 수밖에 없는 상황이었다. 이승만에게는 친일파를 청산하는 것도 중요했지만, 조선노동당의 지령에 따라 남한에서 활동하는 남로당 추종자들인 좌익세력이 중심이 된 공산주의를 청산하는 것이 더 시급한 과제였다.

해방 이후 대한민국의 경제도 암울한 상황이었지만 더 시급한 문제는 국가의 기강을 바로잡고 자유민주주의를 세워가며 지키는 데 있었다. 적대적인 이념대결로 치열했던 냉전 시대 속에서의 분단 상황은, 앉으나 서나 나라 생각과 국가안보를 책임져야만 했던 철저한 반공주의자 이승만에게는 그 무엇과도 바꿀 수 없는 절대적 가치였기 때문이다.

대다수의 국민들은 "초대(건국) 대통령 이승만이 강력한 반공 정책을 펼쳐 공산주의 세력으로부터 자유민주주의를 지켜낸 것을 알고 있는데, 좌파 세력은 입만 열면 김구 좌우 합작을 통해 우리나라를 김일성이 주도한, 공산주의 통일 국가로 건국하지 못한 것은 이승만 때문이라며 이승만을 원흉으로 몰아가고 있다. 그러나 이승만은 반공으로 나라를 수호하였고 자유민주주의 시장경제로 국가의 틀을 세워 오늘의 자유 민주주의 국가 대한민국을 세웠다.

이승만, 공산주의와 타협은 적화 음모 방조

이승만은 자신의 대통령 자리가 위태로운 줄을 뻔히 알면서도 대한민국이 공산화되는 것을 막기 위해 필사적으로 일선에서 최선을 다했던 사람이다. 이승만은 상해임시정부의 초대 대통령, 대한민국 건국 초대 국회의장, 초대(건국) 대통령으로 자유대한민국의 건국을 세계만방에 선포한 대통령이다. 그리고 공산 침략으로부터 풍전등화風前燈火일촉즉발一觸卽發 찰나의 위기에서 나라를 구한 구국 대통령이다.

지금의 자랑스러운 우리 자유대한민국은 누군가가 선물해 준 것이 아니다. 해방정국에서의 공산 일념으로 날뛰는 남로당 공산주의자(지금의 좌편향 주사파)들과 피땀 흘리며 악전고투 속에서 국민을 지켜내며 자유민주주의 국가를 건국케한 한 사람의 값진 희생과 헌신이 있었기에 북한이라는 시한폭탄을 머리에, 휴전선을 지척에 두고도 우리 모두의 안위와 평안을 누리며 오늘을 살아갈 수 있는 것이다.

이승만은 공산주의와 타협하는 것은 적화 음모를 방조하는 것임을 일깨워 주며 공산주의와 민주주의 간에는 중립이란 존재 할 수 없다고 못 박고, 단지 싸워 이겨야 할 대상이며 위장된 평화를 물릴 칠 수 있는 힘은 자유와 정의뿐이라는 신념이 확고한 사람이었다.

해방정국의 걷잡을 수 없는 혼란한 위기 속에서 이승만이 자유대한민국을 건국하지 않았다면? 참혹한 6·25전쟁 속에서 살아남을 수 있었을까?? 만약, 이승만이 없었다면??? 진작 우리는 김일성이 주도하는 조선민주주의 인민공화국에 흡수통일되어 김일성, 김정일, 김정은 삼부자에게 일찌감치 쥐도 새도 모르게 처형당했거나 정치범 수용소에서 평생을 고생하다가 죽음을 면치 못했을 것이며, 한국교회는 두말할 것도 없이 몽땅 불태워지던지 폐허가 됐을 것이다.

이승만은 미래, 오늘의 자유대한민국의 초석을 다져놓을 정도로 그만큼 강력한 리더십, 국제 감각과 탁월하고도 뛰어난 외교력과 정확한 통찰력으로 대한민국의 생존과 안보는 '좋으나 싫으나' 미국의 의지와 정책에 달려있다는 당면한 현실을 정확하게 직시했다. 대한민국이 자유민주주의 국가로 발전할 것인지 공산주의 국가로 갈 것인지는 이승만만이 풀어야 할 중차대한 숙제였다.

▲가족사진
(큰누이, 경선공, 찬주, 조카, 이승만, 아내 박승선, 1904년 11월)

▲ ① 프린스턴대학교 기숙사 핫지홀 ② 기독학생 대회 ③ 상하이 교민단 환영식(1920. 12. 28) ④ 광화문을 본떠서 지은 호루놀루 한인 기독교회(1939. 2)

이승만의 한미방위조약,
한미동맹 대한민국을 반석 위에

이승만 대통령이 한미방위조약을 체결함으로 지금까지 우리 대한민국의 자유민주주의는 굳건히 수호될 수 있었다. 이승만이 이룩한 한미동맹이 없었다면 대한민국의 눈부신 경제 발전은 불가능했다. 이승만은 힘없고 만만한 국가는 필연적으로, 수시로 열강이나 오랑캐의 속국이 되어 한없이 짓밟힐 수밖에 없다는 역사의 만고불변의 진리를 간과하지 않고 있었다.

이승만이 취한 한미방위조약체결과 군사원조, 미군 주둔, 경제 원조를 확보한 후에 6·25전쟁의 휴전을 받아들인 자세는 대한민국의 외교사의 큰 성공이 아닐 수가 없다. 우리 주변에 민폐 국가들이 즐비한 것을 보면서 이승만의 토대 위에서 일궈낸 자주국방의 힘이 얼마만큼 소중한 것인지 후대들에게 일깨워 줘야 한다.

이승만은 이렇게 외교 감각이 뛰어난 '외교가'였다. 연마되고 준비된 탁월한 수완 능력으로의 대미 외교에서 그의 진가는 서슴없이 발휘됐다. 만약 그가 없었다면 지금의 세계 10대 경제 대국 6위 군사 강국, IT 강국, 문화강국 또한 꿈도 꾸지 못했을 것이다.

어느 국가, 뛰어난 영웅호걸, 대통령들일지라도 공과, 실은 다 있다. 이승만의 공과도 분명히 존재한다. 당연히 있을 수밖에 없다. 그러나 우리는 위인들의 '공'의 업적은 더욱 갈고닦아 빛나는 보석으로 가공해 내어 후세 역사의 길잡이가 되게 하고 '실'은 이념(사상)에 함몰되어 마냥 흠집만 내어 비틀어 깎아 내리며, 마녀 사냥식의 갈라치기로 치졸하게 폄하만 할 것이 아니라, 성숙한 자유민주 시민으로서 오늘의 우리, 내일의 후손들이 반면교사로 삼게 하여 국가 발전의 피가 되고 살이 되게 해야 할 것이다.

이승만 대통령이 주도한 대한민국 건국을 기초로 하여 남북한이 극한 대치하고 있는 상황에서 박정희 대통령으로 이어오며 국가 주도의 모범적인 산업화와 근대화의 기적을 이뤄낸 것 또한 부인할 수 없는 일이다. 이를 기반으로 하여 지나온 대통령들이 크던, 작던 국가 발전에 이바지할 수 있었던 것이다. 우리 자유대한민국은 IT 강국이라는 전 세계 4차 산업의 최강국이 되었다.

사람이 먼저, 국민이 먼저가 아닌 북한이 먼저, 북송이 먼저, 반미를 외치면서도 자식들은 미국으로 유학 보내…

반면에 좌 편향된 주사파 세력들이 추종하는 김정은의 북한은, 세계 최빈국 수준에 폐쇄적 1인 체제의 인권유린 공포 독재 집단이다. 이럼에도 좌, 주사파 세력들은 오히려 이 땅에서 자기네들이 잘 먹고 잘 면서 자유대한민국을 헬 조선이라 부르며 태어나지 말았어야 할 나라라고 악담들을 해댄다. 헬 조선이라고까지 부르면서 그들은 가증스럽게도 자유대한민국에서 온갖 것의 혜택을 다 받아 누리면서, 큰소리는 더 친다.

그 잘난, 문 정권 5년 내내 고작 한 일이라고는 김정은의 2중대로 전락, 북한 집단의 눈치만 보며 하수인 역할을 다하느라 제정신이 아니었다. 실적이라고는 여기저기 터져 나오는 경제 파탄과 경악을 금치못할 안보 실패의 성적밖에는 아무것도 없다. 문재인이 즐겨 쓰던 '사람이 먼저, 국민이 먼저'가 아닌, '북한이 먼저', '북송이 먼저'였다.

그들의 롤 모델인 친 중, 친 러를 부르짖는 북한은 상위 1% 정도 빼놓고 모든 인민은 지금 아사 일보 직전이다. 반면에 친미를 하는 우리 자유대한민국은 이렇게 세계 10대 경제 강국이 돼서 세계가 주목하는 부강한 나라가 됐다. 그들은 있지도 않은 광우병 사태를 조작, 촛불시위를 일으키고, 자나 깨나 반미를 그렇게 외치면서도 자식들은 미국으로 앞다투어 유학 보낸다. 아예 미국에서 사는 사람들도 많다. 그뿐만 아니라, 휴가차, 출장, 관광 등, 또는 자식들 만나러 이런저런 명분으로 수시로 미국을 들락거린다. 참으로 후안무치한 자들이 아닐 수가 없다.

우리 자유대한민국을 다녀간 외국 관광객들은 이구동성으로 대한민국처럼 살기 좋고 안전한 나라는 없다고 한다. 교통문화는 세계 제일이고, 선진국인 그들의 나라에서도 장소에 따라 인터넷이 잘 안 터지는데 대한민국은 어딜 가나 장소와 관계없이 인터넷이 잘 터져 놀랍다고 한다. 우리는 늘 상 대하는 일상이라 당연시하는 여러 많은 것들이 그들은 마냥 신기하게 여길 정도이다.

글을 마치며

손톱 곪는 것은 알아도 염통 곪는다는 것은 모른다는 말이 있다. 대한민국은 지금 이념의 벼랑 끝에 서 있다. 대한민국 젊은 세대의 염통을 곪게 만드는 전교조, 또는 좌파 교육감들의 실체에 대해서 방관만 할 것이 아니라, 자유민주주의 대한민국 미래의 안위를 위해서라도 비록, 때늦은 감은 있지만 어른들이 나서서 한목소리를 내고 바로 잡아줘야 할 때이다.

교육 현장이 저들에 의해서 속수무책으로 무너지는데 이렇다 할 대안이 없다. 후대에 올바른 역사관과 국가관을 물려주기 위해서 이제부터라도 물러서면 안 된다. 한발 물러서면 반드시 두발 들어온다는 경각심을 갖고 준비(대비)하는 것만이 미래세대에 대

▲ ①반탁에서 공산당지령으로 찬탁으로 입장바꾼 좌익 군중대회 ②닉슨 대통령과 ③인접 해양에 관한 선언 - 독도 영유권 문제 ④한미방어조약

한 미룰 수 없는 대책이다.

우리는 지금부터라도 모든 한국교회가 한뜻으로 나서서 건국 대통령 이승만의 애국, 애족, 기독교 정신에 의한 건국이념에 대해 다시 한번 깊이 연구, 고찰하고 자유대한민국의 성숙한 미래를 위하여 가, 감 없이 진실을 올바로 가르치고 배우고, 숙지시킬 필요가 있다.

사람이나 국가나 내가 바로 든든히 서야 남도 나를 어려워하며 존경하며 인정해 준다. 우리는 후대에 물려줄 아름답고도 정직하고 정겨운 나라를 꿈꾸게 해 주기 위해서는 무엇보다도 지금의 비정상을 정상화하는 것이 가장 시급한 문제이다. 〈Kojy〉

"공산주의와 민주주의 싸움에서 중립은 없다."
"공산주의와는 전염병과 싸우는 것처럼 싸워야 한다."
"치명적인 바이러스 공산주의 퇴치 투쟁, 미루면 재앙"
(이승만 대통령의 1954년 7월 방미 연설 초록 중)

▲ 5만인파, 옛 총독부 건물 앞, 대국민 첫 연설 이승만. 뒤 - 윤치영, 좌 - 하지 중장 (1945.10.17)

▲1965년 7월, 이승만 대통령 장례식 (국립묘지로)

상하원 합동회의 연설

이승만연구원
李承晩研究院
The Syngman Rhee Institute

자유는 공짜가 아니다!   557

한 · 미동맹 70주년, 이승만의 신학 사상을 중심으로

이승만과 칼빈주의 세계관

이승만의 '기독 입국론'의 근거와 그의 칼비주의 사상

한 · 미동맹 70주년을 맞아, 건국 대통령 이승만 박사의 신학과 신앙이 무엇이었는지 생각하고자 합니다. 발제자의 관심사는 이승만의 독립운동과 대한민국 건국과 초대 대통령의 업적도 중요하나, 이승만이 신학 공부를 어떻게 했으며, 그에게 사상적인 영향을 준 것은 누구이며, 그의 〈기독 입국론〉의 근거가 무엇이며, 특히 이승만이 받은 칼빈주의 사상은 무엇인가를 연구해 보았습니다.

정성구 박사
· 전총신대, 대신대 총장
· 한미동맹 이승만
기념재단 총재

물론 이승만은 황제국가에서 공화 국가를 시도하다, 한성감옥에 종신형 죄수로 있다가 선교사들의 탄원으로 석방되었습니다. 그는 감옥에서 영어공부를 해서 <한·영사전>을 편집까지 하여 영어에 통달했습니다. 그래서 영어에 유창했던 이승만은 1905년에 미국으로 유학을 떠나게 됩니다. 물론 이승만은 독립운동의 근거지로 하와이 한인교회를 세웠고, 대통령 재임 시에는 정동 감리교에 출석했고, 감리교 장로로서 일한 것은 맞습니다. 하지만 발제자의 연구 범위는 이승만이 미국유학에서 만났고, 그에게 영향을 주었던 인물과 사상을 연구하는 것은 매우 뜻있는 것이라 하겠습니다.

그러므로 모든 사람은 일생동안 누구를 만났고, 누구의 영향을 받았고, 무슨 책을 읽었느냐가 중요하다고 봅니다. 그러면 다음에서 이승만 박사의 학문의 여정을 살펴보기로 하겠습니다.

1. 자유대한민국과 이승만 박사

1948년 8월 15일, 미국의 New York Time 지의 조간지 일면 Top News는 「이승만 박사에 의해서 자유 대한민국 공화국이 탄생했다」라고 분명히 쓰여 져 있습니다. 1) 그리고 대한민국은 U.N이 승인한 유일 합법적 국가인 자유대한민국이었습니다. 이렇게 우리나라를 자유대한민국이라는 합법적인 국가로 만들기 위해 힘쓴 사람이 바로 이승만 박사입니다. 그러기에 이승만 대통령은 우리 민족의 위대한 선지자요, 위대한 독립운동가요, 위대한 외교가요, 저널리스트요, 위대한 정치 전략가였습니다.

---

1) 이 기사를 쓴 분은 Richard J.H. Johnston이고, 미국판으로 1948년 8월 15일 새벽이었다. 이 신문의 머리기사 제목은 〈Korea Set up as Republic〉라 하고, 일본으로부터 해방된 지 3년 만에 미 군정이 종식되고 자유대한민국이 건국되었음을 공포했다.

때문에 나는 이승만 박사가 우리 민족의 별이며, 자유 대한민국을 만든 위대한 건국 대통령으로 확신합니다. 또한 이러한 위대한 이승만 박사를 대한민국의 국부로 모신 것은 하나님의 은혜요, 축복이었습니다. 필자는 여기에 한 걸음 더 나아가서 이승만은 위대한 설교가요 신학자라는 것을 말씀드리려고 합니다. 물론 이승만의 신학사 학위(M. Div)는 없지만, 그에게 신학적 영향을 주신 분은 당대 최고의 칼빈주의자였던 비.비. 월필드를 비롯 프린스턴 신학교 채플에서 설교를 들었고, 당대 최고의 학자들 아래서 칼빈주의 신학을 공부했습니다.

2. 이승만 박사의 신앙 배경

서두에서 말한 대로 이승만은 한성감옥에서 6년 가까이 있다가 출소하자, 선교사들의 주선으로 30세에 미국유학을 가게 됩니다. 이승만이 5년 7개월 동안 종신형을 받고 죄수로 있다가, 선교사들의 탄원으로 풀려났습니다. 그리고 옥고로 인한 병약한 몸의 기력을 회복하기 위해, 이승만은 평양의 남궁혁씨 댁에 몇 달 동안 머물렀습니다. 당시 남궁혁의 조부는 평양감사를 지냈던 양반 가문이라 넉넉한 살림살이를 하고 있었습니다. 그 후 남궁혁은 미국유학 후에 평양신학교의 최초의 한국인 교수가 되었습니다.

미국유학 온 이승만은 워싱턴 D.C에 있는 정통 장로교회인 언약교회(Church of Covenant)에 출석하면서 조지 워싱턴 대학(George Washington University) 대학에서 공부했습니다. 그런데 그 언약교회의 담임 목사는 헴린(Rev. Teunis S, Hamlin, 1886~1907)이었고, 당시 그는 하버드 대학교(Harvard University)의 이사장이자, 조지 워싱턴 대학의 이사였습니다. 특히 헴린 목사는 미국의 막강한 지도자로서 서재필 박사의 결혼주례까지 했습니다.

그렇게 헴린 목사는 1900년대 초에 미국 교회의 대지도자로서 이승만을 신앙적으로 알뜰히 보살폈습니다. 이승만은 헴린 목사님에게 1905년 4월 23일 세례를 받고, 그로부터 신앙적 사상적 교육을 받았습니다. 즉 이승만은 워싱턴의 카브난트 교회의 헴린 목사로부터 정통 개혁주의 신앙을 배웠습니다.

워싱턴 카브난트 교회는 1795년에 세워진 스코틀랜드 언약도 후예들이 세운 교회로서, 언약도들의 신앙고백 위에 세워진 교회입니다. [2] 당시 영국 국왕 찰스 I (Charles I)는 칙령을 내려, <짐은 국가에도 머리이고, 교회에서도 머리이다>라고 하자, 1638년 2월 28일에 칼빈과 존 낙스와 멜빌의 신앙 노선을 이어받은 스코틀랜드의 언약도들(Covenanter) 1200명이, 에딘버러에 있는 그레이 프라시어스(Greiflairs) 교회 앞마당에 모여, 국왕의 오만한 태도 즉, 국왕이 <교회의 머리>라는 칙령에 항거하고, 오직 주 예수 그리스도만이 교회의 머리라는 신앙고백서를 만들고 모두 서명을 했습니다.

당시 이 모임을 주도하고 앞장서서 인도하신 분은, 알렉산더 헨더슨(Alexander Henderson) 목사였습니다. 그렇게 신앙고백을 하고 거기에 서명을 했던 1200명의 성도들은 정부의 박해로 지붕 없는 감옥에 갇혀 어린아이들까지 포함해서 모두 순교했습니다. 이러한 순교자 적인 신앙 위에 세워진 언약도 교회에 이승만은 출석하여 교육을 받았고 세례를 받았습니다. 물론 이승만은 한성감옥에서 예수 그리스도를 영접하고, 영어에 능통한 자로 많은 글을 썼지만, 언약교회 헴린 목사를 만나고서부터 바른 신앙의 체계를 세웠다고 할 수 있습니다.

3. 이승만의 신학적 배경

---

2) 처음 세워질 때 교회의 이름은 '제일장로교회' 라 했고, 1885년부터 언약교회로 이름을 바꾸었다. 그리고 1946년부터는 '언약제일', '국립장로교회' 로 이름을 바꾸었고, 현재는 '국립장로교회' 로 불려지고 있으면서, 주로 미국 대통령이 출석하는 교회가 되었다.

이승만은 독립운동가요, 국제 외교가로서 하와이 한인교회를 근거로 일한 것은 맞습니다. 이승만은 프린스턴대학교에서 정치외교학을 공부하기 전, 프린스턴신학교에서 1년간 역사적 칼빈주의 신학과 신앙을 배웠습니다. 기록에 의하면 1908년 이승만은 프린스턴신학교에 입학원서를 제출했습니다. 자료를 보면 1953년 이승만 대통령 재임 시에 <프린스턴신학교의 동창회>에 가입원서를 냈습니다. 1900~1910까지 프린스턴신학교와 대학교의 분위기는 칼빈주의적이고, 보수주의적 신학의 메카였습니다.

그래서 이승만의 가슴속에는 장차 조선이 일본으로부터 독립된다면, 기독교 신앙 위에 즉 <성경적 세계관> 위에 나라를 세우리라는 확신을 가지고 있었습니다. 이승만의 〈기독교 입국론〉은 여기서 시작되었다고 볼수 있습니다. 이승만이 깨달았던 성경적 세계관이란, 바로 카이퍼 박사(Dr. Abraham Kuyper, 1837~1920)와 월필드 박사(B.B. Warfield)가 말하는 칼빈주의 세계관이고, 그것은 곧 미국의 건국이념과 같습니다. 그래서 이승만은 조선이 일본으로부터 독립된다면 하나님 중심의 나라, 성경 중심의 나라를 세우는 것이 이승만의 꿈이었습니다.

피터 헤스람(Peter Heslam)은 그의 논문에서 쓰기를, '프린스턴에서 화란의 거목 아브라함 카이퍼와 미국의 거목 월필드가 만났다'고 했습니다. 카이퍼는 당시 미국이 자유주의 침투로 교회와 사회와 정치가 흔들릴 때, 1898년 미국으로 초대되어 위대한 <칼빈주의 대강연>을 하고, 드디어 월필드는 미국의 카이퍼라는 별명을 얻었습니다.

물론 이승만은 배재학당에서 공부했고, 하와이 한인교회에서 봉사한 것도 맞습니다. 그러나 이승만은 그의 멘토였던 헴린 목사와 대 칼빈주의자 B.B 월필드와 페톤 교수로부터 받은 칼빈주의 사상으로 하나님의 나라를 세우려는 독립운동을 했습니다. 또한 이승만은 프린스턴신학교에서 공부할 때, 칼빈 클럽(Calvin Club)에서 어려운 학생들에게 주는 식권을 받아서 식사를 해결했습니다. <칼빈 클럽>이란, 칼빈의 신학과 신앙을 좋아하는 사람들의 모임입니다. 오늘 우리식으로 하면 <칼사모>라 할 수 있을 것입니다.

이런 것도 이승만의 학문과 사상에 영향을 주었다고 할 것입니다. 그래서 1945년 귀국한 이승만은 오늘의 대한민국을 세우기 위한 기초를 다졌고, 1948년 이승만 대통령은 헌법을 만들고, 선포하기 전 이윤영 의원을 향하여 앞으로 나와 기도하도록 했습니다. 이것은 세계역사에 대한민국 같은 나라는 처음입니다. 여기서 이승만의 하나님 중심, 성경 중심의 사상을 엿볼 수 있습니다. 시편에 있는 대로,「이러한 백성은 복이 있나니 하나님을 자기 하나님으로 삼는 백성은 복이 있다」라고 했습니다.

4. 1900~1910년 프린스턴신학교의 분위기

이승만이 공부하던 시절의 프린스턴신학교는 칼빈주의 사상으로 충만하던 시기입니다. 왜냐하면 1898년 아브라함 카이퍼가 <스톤렉처>에서 칼빈주의 강연(Lecture on Calvinism)이 있는 후, 1900~1910까지가 프린스턴신학교는 정통 칼빈주의 운동의 절정이었기 때문입니다. 그 이유는 당대의 프린스턴신학교의 위대한 칼빈주의 신학자 B.B 월필드가 1898년 아브라함 카이퍼 박사를 초청해서 칼빈주의 사상을 강좌로 들었기 때문입니다. 아브라함 카이퍼 박사는 네덜란드가 낳은 위대한 칼빈주의 신학자요, 대 정치가로 수상을 역임(1901~1905)했고, 대 저술가, 대 설교가, 저널리스트로 223권의 저술을 남긴 문필가였습니다. 그는 19세기 자유주의와 맞서 싸웠습니다. 당시 프린스턴 신학교 신학의 방향은 바로 아브라함 카이퍼가 던진 <칼빈주의 사상>이었습니다.

그렇다면 이승만이 프린스턴신학교에서 가슴으로 받은 아브라함 카이퍼의 칼빈주의란 무엇일까요?

칼빈주의는 삶의 모든 영역에 <하나님의 영광>과<주권>(主權)을 인정하는 것입니다. 즉 우리의 모든 삶은 하나님의 영광을 위한 것이어야 합니다. 하나님의 주권은 교회당 울타리 안에서만 있는 것이 아니라, 정치, 경제, 사회, 문화, 예술, 법조계 등 삶의 전 영역에 하나님이 주인이고, 하나님이 주권을 가지고 있다는 <하나님 중심의 세계관> 또는 <성경 중심의 세계관>입니다. 즉 그것은 삶의 모든 영역에 <그리스도>가 <왕>이 되게(Pro Rege) 하려는 사상입니다.

특히 이승만은 월필드의 대를 이은 페톤(Paton 교장) 아래에서 헬라어, 라틴어, 철학을 공부했고, 어드만(Prof, Charles R. Eerdman) 교수 아래에서 <바울 신학연구>를 수강했고, 그린(Prof. Dr. William Brenton Greene) 교수로부터 <기독교 변증학>을 배웠습니다. 그 당시 프린스턴신학교는 위대한 칼빈주의자 월필드(B.B. Warfield) 박사와 칼빈주의 성경신학자 겔할두스 보스(Geerhardus Vos) 박사의 영향 아래 있었는데, 그중에 이승만의 사상적 배경이 되는 두 분의 교수를 소개하고자 합니다.

5. 비 . 비 . 월 필 드(Benjamin Breckinridge Warfield, 1851~1921)

이승만이 프린스턴신학교에서 공부할 때 그 직전까지 월필드 박사가 학장이었습니다. 월필드는 페튼 박사에게 학장 자리를 물려주었지만, 그는 여전히 프린스턴 신학의 거목으로 대표적 신학자였습니다. 미국의 위대한 칼빈주의 신학자 B.B 월필드 박사는 1851년 11월 5일 켄터키주의 렉싱톤에서 출생하였습니다. 그는 프린스턴대학과 신학교에서 공부를 마친 후 독일로 건너가 라이프취리히 대학에서 연구하였습니다. 그리고 보니 프린스턴의 초기 칼빈주의자들 알렉산더, 찰스 핫지, 월필드 등 모두가 유럽에서 유학하였던 것입니다.

그 후 그는 1879년 약관 28세로 웨스턴 신학교에서 약 8년 동안 신학교 교수로 봉직하였습니다. 그러다가 1887년부터 그가 세상을 떠나던 1921년까지 모교인 프린스턴신학교에서 설교학, 변증학, 조직신학을 34년간이나 가르쳤습니다. 월필드는 그의 선배인 찰스 핫지와 더불어 구 프린스턴 신학의 대표적인 인물이요, 변증가였습니다. 여기서 구 프린스턴 신학이라 함은, 프린스턴신학교에 자유주의 사상이 들어오기 전에 있었던 신학을 의미합니다.

그는 인상적인 강의를 하였을 뿐 아니라, 문자 그대로 정통적 칼빈주의의 기수이며 옹호자였습니다. 확실히 그는 역사가들이 지적하는 대로 세계 3대 칼빈주의 학자의 한 사람으로 손꼽히게 되었습니다. 세계 3대 칼빈주의자로는 아브라함 카이퍼, 헬만 바빙크(Herman Bavinck), 그리고 월필드입니다. 그는 그레샴 메이첸(G. J. Machen) 박사에게 가장 많은 영향과 감화를 끼쳐준 사람이었습니다. 그들은 스승과 제자일 뿐 아니라 서로 배우는 친구가 되었습니다. 그러므로 메이첸 없는 월필드나 월필드 없는 메이첸은 생각할 수 없을 만큼 그들의 관계는 깊었습니다. 이승만이 프린스턴신학교에서 공부할 때, 그레샴 메이첸은 아직 교수가 아니고 전임강사로 사역하고 있었습니다.

이승만이 프린스턴에서 공부할 당시, 월필드 박사는 1909년에 어떤 글에서 말하기를, "칼빈주의는 과거보다 오늘 우리 시대에 필요한 것이다"라고 말하면서 그는 칼빈주의를 정의하기를, "칼빈주의자는 모든 만물의 현상의 배후에 역사하시는 하나님을 발견하며, 이와 같은 모든 현상 속에서 하나님의 뜻에 의하여 역사하시는 하나님의 손길을 볼 줄 아는 자이며, 항상 기도하는 자세로 자기의 전 생애를 살아가는 자이다. 또한 구원 문제에 있어서는, 인간이 자기 힘으로 구속하지 못할 줄알아 온전히 자신을 하나님의 은혜 중에 내어 맡기는 자이다.

칼빈주의자는 하나님의 목전에서 자신을 볼 때, 자신은 철저히 부패한 죄인이요, 피조물로 서 자신의 무가치함을 깨달으면서, 그래도 하나님은 죄인을 용납하시고 용서하시는 자이심을 믿고 나아가는 자이다. 칼빈주의자는 자기 나름의 공로를 만들지 않고 하나님을 믿는 것이다. 자신의 감정이나, 모든 사고 방식에서나 특히 그의 생활의 모든 범위에서 지적, 도덕적, 영적 생활에서 개인적, 사회적, 종교적 관계를 통해서 하나님이 그에게 하나님이 되도록 결심하는 것이다"라고 말하였습니다.

월필드 박사는 그 당시 프린스턴신학교의 대표적 신학자로서 강한 칼빈주의 사상을 표현한 것인데, 이것이 이승만의 가슴속에 <하나님 중심>, <성경 중심>의 사상을 갖도록 한 것이라고 볼 수 있습니다.

6. 윌리암 B. 그린(Prof Dr. William Brenton Greene)
이승만은 윌리암 B. 그린 교수에게서 <기독교 변증학>과 <기독교 윤리학>을 수강했었습니다. 기독교 변증학(Christian Apologetics)이란, 기독교가 참된 종교라는 것을 논리적으로, 지성적으로 증명하는 학문입니다. 이 학문은 초대교회 사도 바울을 비롯해서 어거스틴, 터툴리안(Tertullian)을 통해서 발전되었고, 프린스턴의 그린 교수는 그의 후임인 코넬리우 반틸 박사(Cornelius Van Til)이전에 크게 활동했습니다. 기독교 변증학 교수는 정통신학자들로서 종교다원주의(Religious Pluralism)이나 유물주의, 공산주의 사상에 반대하고 철저한 성경적 신학을 변호하는 학문입니다. 19세기는 자유주의 사상으로 신학도, 교회도 포용주의를 받아 드리고, 세속과학의 도전으로 신신학(新神學)의 도전에 노출되던 시기였습니다.

그러나 1900~1910년 사이의 프린스턴신학교를 가르쳐 흔히 구 프린스턴(Old Princeton)의 시대였는데, 그 당시에는 대 칼빈주의자 아브라함 카이퍼와 헬만 바빙크 그리고 프린스턴신학교의 대표적 신학자인 월필드의 노선을 그대로 유지하고 있었습니다. 그러므로 올드 프린스턴의 사상이 농축되어 있는 그린 박사에게서 이승만이 과목 이수를 하고, 학점을 딴 것은 놀라운 일이 아닐 수 없습니다. 특히 이승만은 프린스턴의 대학자였던 챨스 핫지(Dr. Charles Ho-dge)박사의 기념 홀로 지은 기숙사 3층에 기숙하면서, 그 신학생들과 교분을 가지고 토론했을 것입니다.

특히 이승만은 프린스턴신학교가 날마다 드린 밀러 채플(Miller Chapel)에서, 월필드 박사를 비롯해서, 교수들의 설교를 들었습니다. 이승만이 특히 성경신학의 아버지인 겔할두스 보스(Geerhardus Vos)박사의 설교를 들었다면 구속사 적 성경에 눈을 뜨고, 칼빈주의적 세계관에 눈을 떴다고 볼 수 있습니다. 그리고 이승만이 머물렀던 프린스톤 신학교의 챨스 핫지 기숙사 3층은, 아직도 <이승만 기념 방>으로 비어 있습니다.

이승만은 배재학당에서 서양 학문의 오리엔테이션을 이미 받았고, 옥중에서 독학으로 영어에 통달한 것이 근거가 되어 빠른 속도로 학사, 석사를 마치고 프린스턴에 와서 히브리어, 헬라어, 라틴어까지 배우면서 신학의 핵심과목인 바울 신학과 기독교 변증학을 통해서 또한 당시의 모든 교수의 설교를 통해서 칼빈주의적 세계관에 눈을 떴다고 볼 수 있습니다.

7. 챨스 어드만(Charles R. Eerdman, 1866~1960)의 영향
어드만 박사는 당시 프린스턴신학교의 실천신학 교수이면서 바울서신을 가르치고 있었습니다. 물론 그는 후일 미국 장로교의 총회장(Moderator)을 지내면서 후일 웨스트민스터 신학교를 세운 그레샴 메이첸 박사(Dr. J.G. Machen)와는 입장을 달리했습니다. 하지만 이승만이 공부할 때까지는 그는 든든한 보수신학 또는 칼빈주의 신학을 확고히 붙들었습니다.

그 후 프린스턴신학교는 진보파들이 서서히 득세하자, 1929년 메이첸 박사는 올드 프린스턴의 정통성을 그대로 계승, 유지 발전을 위해서 필라델피아에 웨스트민스터 신학교(Westmi-nster Theological Seminary)를 세우게 된 것입니다.

이승만은 어드만 교수에게서 <바울 신학 연구>를 과목으로 이수하고 학점을 얻었습니다. 어드만 박사는 한국의 위대한 보수신학자인 박형룡(朴亨龍)박사의 스승이기도 하고, 대설교자요, 목회자인 영락교회 설립자 한경직 목사님의 스승이기도 합니다. 사실 모든 성경이 다 중요하지만, 특히 바울서신은 바울 신학의 핵심이고, 기독교 교리의 핵심이기도 했습니다. 이런 과목을 배우면서 익히는 동안 이승만의 신학은 무르익어 갔습니다.

8. 평가와 제언

필자는 이승만의 칼빈주의적 세계관이란 글을 통해, 그의 신앙적, 신학적 배경을 살펴보았습니다. 물론 이승만은 신학사(M. Div)의 학위를 얻지는 못했습니다. 그러나 그는 조지 워싱턴(B.A), 하바드(M.A) 프린스턴대학에서 Ph. D를 얻었습니다. 그런데 그는 프린스턴신학교에 분명히 입학원서를 제출했고, 신학공부를 했습니다. 그리고 1953년 대통령 재임 시에 프린스턴신학교 동창회에 낸 서류에서 그의 인적사항을 분명하게 기입했습니다. 이승만은 프린스턴신학교에서 공부한 것을 자랑스럽게 생각했습니다. 그래서 프린스턴신학교 동창회 서류 제출 시에 이승만은 대한민국의 대통령이며, 주소는 서울 경무대(Kung-mudae)로 썼습니다.

한 사람이 걸어온 인생의 발자취는 다양합니다. 어떤 이는 이승만을 한국의 귀인(VIP of KOREA)라고 했습니다. 그는 외교의 귀재요, 평생을 독립운동가로, 대한민국을 세운 건국 대통령입니다. 하지만 장기집권으로 말미암은 4·19의거가 일어나고, 자진 하

야 하여 이화장으로 걸어갔고, 망명 노인이 되어 하와이에서 임종하고 국립묘지에 안장되었습니다. 그럼에도 지난 70면 동안 종북 세력들과 지식인들의 이승만에 대한 평가는, 긍정적인 면보다 부정적인 면을 더 부각(浮刻)시켰습니다.

그래서 이른바 민주화 운동권자들은 이승만을 향해 독재자라는 말을 서슴치 않았고, 마치 이승만에 대한 비판이 곧 지성인인 것처럼 생각하고, 언론인, 지식인, 정치가들은 온갖 비판과 비평의 글을 썼습니다. 심지어 그중에는 '대한민국은 태어나지 말아야 할 나라이고, 이승만은 국민을 버리고 도망갔다'는 등 김일성이 보낸 세작들과 뜻을 같이 하는 것이 마치 민주화의 기수로 생각하는 이도 참으로 많았습니다.

필자는 평생을 신학교육에 몸 바친 학자로서 이승만의 신학과 사상적 배경을 알아보려고 오랫동안 연구했었습니다. 물론 이승만은 하와이 기독교회의 지도자였고 대통령이 된 후, 정동 감리교 교인이었고, 감리교의 분위기에서 일한 것은 맞습니다. 그러나 이승만이 미국의 교육 중에는 오히려 장로교의 칼빈주의 사상체계로 그의 신학이 정립된 것이라고 생각해 봅니다. 그래서 그는 아브라함 카이퍼 박사의 칼빈주의적 기독교 정치 이론을 가슴에 새기고, 조선이 독립이 되면 <기독 입국>을 세울 것이라고 마음에 다짐했을 것입니다. 그래서 나라를 세우던 날, 이윤영 의원(목사)에게 기도하게 했습니다. 그래서 이 지구상에서 기도로 세워진 나라는 우리 대한민국이 처음 있는 일이지 싶습니다. 이승만은 Wesley 목사가 섬겼던 교회의 이름처럼, 그는 Calvinistic Methodist라고 불러도 좋을 듯합니다. 이승만은 목사는 아니었지만, 당대의 최고의 칼빈주의 신학자 아래에서 신학을 공부했던 위대한 설교자요, 독립운동가라는 사실을 밝히는 바입니다. (이승만과 칼빈주의 세계관(강연초)은 지난 5월 8일 서울대학교 호암 교수회관에서 한·미동맹 이승만 기념재단의 주최로 정성구 박사에 의해서 발표된 발제문 전문.)

문재인은 정의(正義)롭다?

정의'의 뜻

네이버 어학사전에 따르면 정의는 '진리에 맞는 도리'이다. 남한의 국민들은 대부분 이런 의미를 받아들이고 있다.

그러나 북한의 '조선대백과 사전'은 '공산주의적 인간은 인간에 대한 지극한 사랑을 지닌 사람이며 개인의 리익(이익)보다 집단의 이익을 귀중히 여기는 사람'이라면서 이 세상에서 가장 정의로운 사람은 바로 공산주의적 인간이라 적고 있다. 즉 태양신 김일성의 주체사상에 따르면 가장 정의로운 사람은 바로 공산주의적 인간이다.

조국과 문재인

지난 9월 6일(2019년) 당시 법무부장관 후보였던 조국의 국회청문회가 열렸다. 이 청문회에서 김진태 의원의 질문에 대한 답변으로 조국은 다음과 같이 대답하였다. "… 지금도 사회주의 개혁들을 충분히 받아들일 수 있다고 생각합니다." 그러면서 그는 또 자신의 사상 전향에 대한 답변을 끝내 하지 않았다.

정리하자면 그는 사회주의 정책을 지속적으로 시행하겠다는 의사를 지닌 인물이다. 그러므로 그가 말하는 '사법개혁'이란 사회주의 혁명의 일환임을 알 수 있는 대목이다. 또 하나 알 수 있는 점은 조국은 비교적 사상적 일관성을 유지하려는 인물임을 알 수 있다.

이런 면은 문재인과 크게 비교된다.
전 방송문화진흥회 이사장이며 서울남부지방검찰청 검사장을 지낸바 있는 고영주변호사는 2013년 1월 4일 서울 프레스센타에서 열린 '애국시민사회진영 신년하례회'에서 '문재인은 공산주의자'라고 공개적으로 발언하였다.

문재인은 2015년 9월 고영주변호사를 명예훼손 혐의로 고소하였다. 공산주의자 문재인은 자신의 사상적 정체성이 드러나는 것을 극도로 두려워한다. 고영주 씨를 고발한 이유는 국민들이 자신을 공산주의자로 이해하고 판단하는 것이 심히 걱정스러웠기 때문일 것이다.

고영주 씨는 색깔론 자로 치부되어졌고 결국 그는 국민 다수의 인기와 동정표를 얻어 자유대한민국의 대통령직을 차지한다. 문재인은 자신이 공산주의자임을 숨기고 공산혁명을 진행하고 있는 것이다. 문재인식의 혁명방식이다. 이것은 문재인의 교활함과 비열함을 엿볼 수 있는 대목이 아닐 수 없다.

이와는 달리 같은 공산주의자라도 조국에게는 사상적 지조는 있는 셈이다. 그는 온 국민이 보는 국회 청문회 자리에서도 자신은 사회주의 정책을 추진할 것이며 또 자신은 전향의 표현은 하지 않겠노라고 선언하였다.

아마도 이러한 점 때문인지 북조선 주사파들은 문재인에 대해서는 '삶은 소대가리'로 욕하지만, 조국에 대해서는 두둔하는 추세이다. 북조선이 조국 법무부장관 임명 강행(9월 9일) 직전인 9월 8일 '조국 임명을 다그치라'는 요지의 대남선동을 자행하였다.

사회주의와 대한민국 헌법

국회 청문회에서 조국이 한 답변 중에 모든 국민이 유의해서 보아야 할 점이 있다. 조국은 자신은 '대한민국 헌법을 준수한다'라고 대답하였다. 또 '사회주의 사상과 정책이 대한민국 헌법의 틀 안에서 필요하다는 점을 말씀드립니다'라고 말했다.

여기서 우리가 궁금한 것은 사회주의 사상과 대한민국 헌법이 어떻게 함께 갈 수 있겠는가 하는 점이다. 물론 사회주의와 자유민주주의는 종국에는 양립되지 못한다. '뜨거운 아이스크림'이란 언어상으로만 성립된다. 법을 전공한 조국이 이 내용을 모를 리가 없다.

조국과 남조선 '주사파'에게 있어서 이 문제에 대한 해결은 아주 단순하고 분명해진다. 혁명 즉 사회주의 혁명을 진행해 나가면서 대한민국 헌법을 바꾸어 나가면 되는 일이다. 사회주의 가치와 정책을 담은 사회주의식 헌법으로 개정해 나가고 대중선동을 통하여 표를 얻으면 되는 일이다. 공산주의자가 촛불선동과 세월호 정치 이슈화로 대통령이 되었듯이 헌법개정도 그리 어려운 일이 아닐 수 있다.

그리고 나서는 법치주의를 주장하고 모든 국민들에게 대한민국 헌법 준수를 요구하면 되는 일이다. 프로레타리아 폭력혁명 대신 일단 합법적 방식을 통한 혁명을 사용하는 것으로 보인다. 이 합법적 민주적 방식은 대중선동에 능했던 히틀러가 이미 사용했던 방식이다.

실제 한국에서는 2017년 헌법 개정 시도가 있었다.

만약 우리 헌법에서 '자유민주주의'의 '자유'의 의미가 빠진다면 우리는 북한의 '조선민주주의 인민공화국'과 유사한 이념과 체제 즉 인민민주주의 체제로 들어가게 될 환경이 조성되어 지고 김대중 이후 추진하려 했던 '낮은 단계의 연방제'에 의한 남북연합의 길로 어렵지 않게 가게 될 것이다.

북한은 어떤 일이 있어도 태양신을 포기하지 않는다. 소위 민족의 태양 김일성의 그늘 아래에서 그의 우상에게 경배하며 '한 번도 경험해 보지 못했던 세상'을 경험하게 될 것이다. 북한은 이것을 외세를 배격한 '우리민족끼리'의 자주통일이라고 말한다.

또 헌법과 법률에 나타난 '양성평등'을 '성평등'으로 바꾸거나 '성적지향 차별금지' 등을 삽입한다면 이는 동성애와 동성혼의 합법화를 의미한다. 이것은 결국 대한민국 국민의 건전한 시민의식과 윤리 의식이 무너지는 결과를 초래하고 가정의 단란함을 붕괴시킬 것이다. 국민건강도 치명상을 받는다.

보건복지부가 발표한 '제3차 국민건강증진종합계

획'(2011년)에는 '남성 동성애자 간 성 접촉이 에이즈 확산의 주요 전파 경로'라고 밝혔다. 그리고 국민의 기본권의 중요한 내용, 신앙과 양심과 언론의 자유가 극도로 제한받게 될 것이다. 동성애가 죄악임을 밝힌 성경이 불법 서적이 될 것이고, 동성애가 죄악이라고 말하거나 동성애자에게 회개를 촉구한다면 법에 따라 처벌을 받게 될 것이다. 이미 그러한 나라가 다수 나타났다.

1968년 프랑스혁명에서 비롯된 '억압으로부터의 자유와 평등을 위한 차별 없는 사회구조 개선'이 지닌 정체는 자유주의 국가들의 체제전복이었고, 하나님의 창조 질서의 붕괴이었다. 그 목적은 신 마르크스 세상의 건설이었다. 이를 위하여 앞세운 명분이 인권이었다. 신 마르크스주의자들은 동성애를 인권으로 포장하였고 동성애자들을 정치적으로 혹은 혁명의 도구로 이용하고 있다. 동성애 합법화를 위하여 헌법 개정, 차별금지법 제정, 지자체 조례개정을 끊임없이 시도하고 있다.

동성애자들은 소외된 자들이나 약자가 아니다. 동성애는 성적 타락이며 동성애자들은 회개와 회복을 필요로 한다. 그들 역시 회개와 예수그리스도의 은혜가 필요한 죄악에 빠져있는 영혼들이다.

이념의 농간에 넘어간 국민들

많은 대한민국 국민들은 조국 사태를 보고 분노와 실망을 금치 못하였다. 좌파 정권의 민낯이 드러났다고 생각한다. 조국 일가의 수많은 비리와 의혹 등으로 충격을 받았다. 또 그럼에도 불구하고 조국을 옹호하는 세력들이 아직도 남아 있음에 대해 놀라워한다. 이것이 바로 이념의 차이 때문이라는 점을 아직도 이해하지 못하고 있는 것이다.

소위 위대한 수령 김일성의 주체사상 하에서 북한의 조선대백과사전은 '가장 정의로운 사람을 바로 공산

주의적 인간'이라 적고 있다. 그러므로 주사파의 입장에서 지조 있는 사회주의자 조국은 굉장히 정의로운 사람이다. 주사파의 입장에서 정의는 바로 공산주의이다.

문재인 대통령 취임사의 잘 알려진 구절은 다음과 같다. "기회는 평등할 것이고, 과정은 공정할 것이며, 결과는 정의로울 것이다"

국민과 학생들이 최근 '하늘이 무너져도 정의를 세우라고' 외치지만 그는 자신의 이념에 따라 공산주의를 세워나간다. 왜냐하면 그에게는 그것이 바로 정의니까.

성경 구절을 하나 적어 본다.
'존귀에 처하나 깨닫지 못하는 사람은
멸망하는 짐승 같도다'(시49:20)

오늘 이 구절을 다음과 같이 이해하고 싶다.
자유에 처하나 그 소중함을 알지 못하는 사람은
멸망하는 짐승 같도다.

2019. 10. 31
시민미래연합

편집자주
위 글 '문재인은 정의롭다'는 2019년 11월 초 크리스천언론인 협회의 간행물인 '아고라젠'의 인터넷 판에 실렸던 글임을 밝힙니다.

참고 자료
신마르크스의 핵탄두 '동성애' 한국교회에 터지다/ 나라사랑 자녀사랑운동연대
우리 청년들은 행복을 누려야 합니다/ 한재능 기부회
헌법개정 국민대토론회 자료집/국회헌법개정특별위원회
북한교과서 대해부, 서옥식/해맞이미디어
리버티코리아포스트/ 2019.09.27 인터넷판

광복과 건국, 그리고 자유민주주의

■ 차진태 / 교회연합신문 국장

광복의 아침을 맞은 1945년 8월 15일, 온 국민들이 거리로 뛰어나와 외친 '대한독립만세'는 36년간 억눌리고 빼앗긴 자유를 되찾은 감격의 포효였다.

1945년 8월 15일, 그날은 '대한'이라는 우리 민족의 이름에 하나님께서 자유를 선물하신 날이었다. 36년을 지속한 일제의 만행이 한반도의 자유를 송두리째 빼앗았을 때, 우리는 모든 것을 잃었지만 대한의 이름만은 가슴에 몰래 새기고 있었던 것은 혹여 저들의 뼈를 깎는 채찍에 내 아비가 누군지 잊을까 하는 두려움 때문이었다.

1948년 8월 15일, 그날은 '대한'으로 하나 된 우리 백성들에게 하나님께서 나라를 선물하신 날이었다. '대한민국(大韓民國)' 오직 국민이 주인 된 나라, 더 이상 이 나라와 이 땅을 그 누구도 함부로 짓밟을 수 없으며, 오직 하나님의 보우하심과 우리 스스로의 의지만이 나라의 미래를 결정지을 수 있다는 거룩한 선포였다. 대한민국의 건국은 이 땅이 5,000년 역사의 진정한 주인인 국민에게 돌아간 날이었다.

오늘날 불의한 이들이 저지르는 가장 큰 죄악은 '자유'와 '민주'라는 숭고한 가치에 특정 이념을 투영한다는 것이다.
자유와 민주의 가치는 절대 어느 한쪽 이념만의 전유물이 될 수 없다.
적어도 대한독립만세를 목놓아 외쳤던 우리의 선진들은 서로를 진보와 보수라는 이념의 잣대로 구분치 않았다.

'자유' 그리고 '민주주의', 이 땅의 선진들이 자신의 목숨까지 바쳐 지켜냈던 숭고한 가치들이 큰 위기를 맞고 있다. 일제 치하의 혹독한 억압 속에서 그토록 열망했던 '자유'와 대한민국 건국으로 국민들을 이 땅의 주인으로 만든 '민주주의'의 실현이, 오늘날 불의한 이들의 그릇된 가치관에 갈기갈기 찢어지고 있다.

광복의 아침을 맞은 1945년 8월 15일, 온 국민들이 거리로 뛰어나와 외친 '대한독립만세'는 36년간 억눌리고 빼앗긴 자유를 되찾은 감격의 포효였다. 짐승의 울부짖음조차 비교되지 못했을 그들의 처절한 외침은 자유를 잃어본 자들만이 알 수 있는 간절함이었다. 조선인들에게 있어 자유는 꿈이었고, 평생의 한이었다.

하지만 그런 자유의 가치가 지금 땅바닥에 떨어졌다. 누군가에게 꿈이었던 자유가 이제는 태어남과 동시에 당연하게 주어지며, 그 존재적 감사를 잊고 살고 있다. '자유'라는 단어를 지우겠다는 그들의 시도가 너무도 위험한 것은 자유가 없는 민주주의는 존재할 수 없고, 자유를 빼앗긴 나라에 국민은 존재할 수 없기 때문이다.

무엇보다 이 나라의 자유는 적어도 이를 없애려는 자들의 소유가 아니다. 하나님의 계획으로 선진들이 목숨으로 쟁취한 자유는 온전히 국민들의 소유이며, 대대로 후손들이 누려야 할 은혜의 산물이다.

오늘날 불의한 이들이 저지르는 가장 큰 죄악은 '자유'와 '민주'라는 숭고한 가치에 특정 이념을 투영한다는 것이다. 자유와 민주의 가치는 절대 어느 한쪽 이념만의 전유물이 될 수 없다. 적어도 대한독립만세를 목놓아 외쳤던 우리의 선진들은 서로를 진보와 보수라는 이념의 잣대로 구분치 않았다.

6.25역사기억연대는 올바른 역사, 상식적인 나라를 만들겠다는 일념에서 출발했다. 6.25전쟁이 북한의 침략으로 시작됐다는 명백한 역사적 사실조차 왜곡되어 있는 현시대의 부조리함에 대한 분노와 이를 바로 잡겠다는 의지가 투영된 곳이 바로 6.25역사기억연대다.

그리고 우리는 또 하나 이 땅의 자유와 민주를 위해 쓰러져 간 수많은 애국 열사들의 피를 기억한다. 그들의 순결한 신앙과 굳건한 결단이 만들어 낸 자유 대한민국의 건국에 경의를 표한다. 건국을 부정하는 행위는 대한민국을 부정하는 것이며, 곧 우리 자신을 망국의 백성으로 만드는 매우 위험한 발상이다.

우리는 오늘 대한민국의 하루를 사는 당당한 국민으로서, 우리의 역사를 지키는 당연한 사명을 감당해야 한다. 역사를 잊은 민족에게는 미래가 없지만, 역사를 왜곡한 민족에게는 당장의 오늘도 없다. 우리가 아무렇지 않게 누리는 이 놀라운 자유는 지금도 왜곡된 역사를 바로잡기 위해 부단히도 애쓰는 누군가의 공로가 있기 때문이다.

그렇기에 역사를 지키는 것은 애국의 첫 걸음이다. 조선의 광복과 대한민국의 건국이 빛나는 8월, 이 시대의 진정한 애국에 대해 다시 한 번 되새길 수 있기를 바란다.

기독교와
8·15 광복(건국)절
(갈라디아서 5:1, 13)

■ 이범희 목사 / 6.25역사기억연대 부대표, 6 · 25역사위원장

올해는 3·1운동 104주년과 임시정부 수립 104주년, 광복 78주년, 건국 75주년이 되는 해다.

일본은 1853년 미국의 페리제독이 흑선을 갖고 와서 일본을 강제로 개국시킨 지 40여 년 만에 서양에 맞먹는 강국이 되고 제국주의의 야심을 갖고 집요하고 치밀하게 한국과 아시아 국가를 침략해 간다. 일본은 한국침략의 합법성은 위해서 다음의 5가지 조약을 차례로 체결한다.

1. 시모노세키 조약 1894. 4. 17.

1894. 7. 20. 충남 아산만 풍도 앞바다에서 일본 해군이 청의 군함을 기습포격으로 시작한 청일전쟁은 1895. 3. 일본의 완승으로 청일전쟁을 마무리하기 위해서 이토오가 이홍장을 시모노세키로 불렀다. 이 조약에서 1) 조선을 독립시키고 2) 랴오닝 반도, 타이완, 펑후 반도를 할당받고 배당금 2억 냥을 받기로 한다. 조선을 독립시킨다는 것은 청나라에서 떼어내서 식민지를 위한 첫 작업이다.

2. 영, 일 동맹 1902. 1. 30.

대영제국과 일본, 아시아의 작은 나라 일본이 동맹을 맺음으로써 일본은 단숨에 서구 열강과 같은 지위로 뛰어올랐다. 영일동맹은 한반도 우선권이 일본에 있고 러, 일 전쟁 시 영국이 군사적 지원을 한다. 영일동맹 이유는 한, 러가 1900. 3. 거제도 비밀 협약 등 조선이 러시아에 기운 것이 서구열강의 경계심을 갖게 했다는 것이다.

3. 포츠머스 조약 1904. 1. 21.

고종은 전시 중립국을 선언한다. 하지만 1904. 2. 러, 일 전쟁과 함께 일본이 일본군 2개 대대를 서울에 입성시킨다. 그리고 그달 23일 대한제국은 일본의 지도와 보호를 받는다는 한, 일 의정서를 체결한다. 이 의정서는 1905. 을사늑약과 1910. 강제 병합의 예고편이다.

미 햄프셔주의 군사도시 포츠머스 해군 조선소 안 평화회관에서 1905. 9. 5. 11시 47분 미 루즈벨트 대통령의 주선으로 러, 일 전쟁을 끝낸다.

포츠머스 조약이 조인되므로 일본이 한국에서 정치, 군사, 경제의 전권을 갖고 지도하고 보호한다. 배상금 포기한다. 사할린 남부를 받는다. 루즈벨트는 이

뉴욕 타임스에 나라로서의 한국은 이번 주 사라진다. 어떤 소요도 예상되지 않는다.
철저한 경찰의 통제로 한국인들은 현재 무슨 일이 일어나는지도 전혀 모른다.
영국의 더 타임즈는 1910. 8. 25. 일본의 한국병합은 이미 예견되어 왔으며 놀랄 일이 아니다.
대영제국의 영, 일 동맹에서 이미 인정했다.
1910. 8. 22. 창덕궁 한, 일 합병 처리 마지막 어전회의가 있고 남산 조선 통감 관저에서
이완용, 데라우치가 합병을 조약한다.

조약을 성사시키고 미국인으로는 처음으로 노벨평화상을 받는다. 1905. 8. 12. 제2차 영, 일 동맹에서 일본은 한국에 대한 지도, 보호권을 승인받는다. 이승만은 고종의 밀사로 1905. 8. 4. 루즈벨트를 만나서 한미 통상수호 조약에 근거한 포츠머스 회담에서 한국의 독립을 보장해 달라는 주장을 했다.

하지만 루즈벨트는 이미 1905. 7. 27. 국무장관 태프트를 일본에 보내서 일본의 가쓰라 수상과 한국에 대한 종주권을 인정하기로 밀약을 맺었다.

4. 헤이그 만국 평화회의.
국제적 갈등을 전쟁이 아닌 국제중재 재판소를 통해서 해결한다는 국제적 합의체이다. 1907. 6. 15. 15시. 43개국 3,239명이 기사의 집에서 만국평화회의가 열렸다. 1907. 6. 25. 헤이그역에 도착한 고종의 밀사 이상설 등은 이 회의장에 들어가지도 못했다. 초청장은 받았지만, 외교권이 일본에 있기 때문이다. 이 회의에서 협약 13개, 선언 2개, 권고 5개를 결의했다. 고종은 일본의 주권 침해를 고발하려 했지만, 오히려 밀사 파견에 대한 추궁으로 강제 폐위당한다. 또한 당시 미국 등 서구 열강들은 한국의 호소를 외면하고 일본이 한국의 보호국, 지도국임을 인정했다. 자력으로 지킬 힘이 없는 나라의 운명이다.

5. 한, 일 강제 병합 1910. 8. 22.
뉴욕 타임스에 나라로서의 한국은 이번 주 사라진다.

어떤 소요도 예상되지 않는다. 철저한 경찰의 통제로 한국인들은 현재 무슨 일이 일어나는지도 전혀 모른다. 영국의 더 타임즈는 1910. 8. 25. 일본의 한국병합은 이미 예견되어 왔으며 놀랄 일이 아니다. 대영제국은 영, 일 동맹에서 이미 인정했다. 1910. 8. 22. 창덕궁 한, 일 합병 처리 마지막 어전회의가 있고 남산 조선 통감 관저에서 이완용, 데라우치가 합병을 조약한다.

한국 국민의 감정을 고려해서 1주일 후 발표키로 한다.(8. 29) 국호는 조선으로 존속시키고 이왕전하로 한다고 일본에서 통지가 있었다고 한다. 일본은 영국 등 한국과 외교관계에 있는 모든 나라에 한, 일 병합 체결을 조선의 요청으로 접수했다고 통지한다. 어느 나라도 놀라지 않고 반대하지 않았다.

하지만 한국 국민은 당시 민간인 2만 명, 의병 15만 명, 투옥 4만 7천 명 등 일제 36년간 60 만여 명이 희생하면서 병합을 반대했다. 일본은 창씨개명, 신사참배, 전쟁물자 징발, 통제 폭압 정치, 징병, 징용, 정신대 등 끝없는 수탈로 한국 국민의 생명과 재산을 유린했다. 당시의 고통이 얼마나 컸는지 민족시인 심훈은 해방을 간절히 원하는 시를 이렇게 썼다.

그날이 오면

그날이 오면 삼각산이 두둥실 춤이라도 추고
한강물이 뒤집혀 용솟음칠

그날이 와 주었으면, 와주었으면, 와주었으면,
두개골 깨어져 산산조각이 나도 기뻐서 죽사오니
오히려 무슨 한이 남으오리까
단칼에 이 몸의 가죽이라도 벗겨서
커다란 북을 만들어 들쳐 메고는 여러분의 행진에
앞장서 오리다.
우렁찬 독립만세 소리 한 번이라도 듣기만 한다면
그 자리에서 거꾸러져도 눈을 감겠소이다.

독립만 된다면 자기 살가죽을 벗겨 북을 치며 앞장
선다는 지식인의 절규이다. 역사의 주인이신 하나님
께서는 기독교인들을 통해서 해방된 자유 대한민국
을 설계하신다.

1) 자유 대한민국의 뿌리는 기독교이다.
3·1절 운동과 임시정부는 대한민국의 중요한 뿌리
이다. 3·1운동은 나라 찾기 운동이고 임시정부는 독
립을 실행해 나가는 정통기관이다. 그 결과 오늘의
대한민국이 태어났다. 우리 헌법은 3·1절과 임시정
부의 법통을 계승한다고 명시했다.

당시 우리나라엔 민주, 공화국이라는 말이 없었다.
가정엔 가장이 있고 국가엔 군주가 있다. 국민이 주
인인 민주와 공동 정치한다고 하는 공화주의는 불경
스럽고 혼란스럽다. 이제껏 들어보지 못한 자유 민
주, 공화국, 자유, 경제, 신앙, 평등 모두가 기독적인
말이다. 왕이 지배하는 나라가 아니다. 남녀노소 빈
부귀천 모든 국민이 주인인 나라이다. 국민이 주권
을 갖고 여자도 약자도 대통령이 될 수 있고 지도자
가 될 수 있다.

   -1919. 3. 1. 독립선언문에 우리는 자주 국가이며
     자유민임을 선포한다.
   1919. 4. 11. 상해에서 임시정부를 만들고 헌법
     1조에 대한민국은 민주공화국이다.

   -1948. 8. 15. 대한민국 헌법에 그대로 명시되었다.

기독교 사상은 인간의 원죄를 믿는다. 인간은 욕망
의 지배를 받는다고 했다. 국가권력은 견제가 필요
하다. 국민이 국가권력을 견제하는 것이 민주주의이
다. 개신교 사회 중심의 서양에서 주권을 행사하는
것으로 시작되었다.

1882년 견미 사절단이 한미수교 후에 미국에 가서
대통령 집이 크지 않고 퇴임 후 평민으로 사는 것을
보고 충격을 받는다. 이런 나라가 있다니 인간이 평
등한 나라다! 독립협회 서재필, 윤치호, 이상재 등의
기독교인들이 자유민주주의를 열망하고 민주주의
를 시도할 시민의식이 필수라고 보고 신문을 보급하
고 민주적 회의 법을 가르친다. 이승만과 안창호가
독립협회에서 민주주의를 배웠다.

또한 기독교 학교에 다니면서 구체적으로 민주주의
를 이해하게 되었다. 이승만은 한 국가의 미래는 어
떤 정치체제를 갖추느냐에 있다고 철저히 깨달았다.
자유민주공화국 제도가 그 답이라고 생각한다. 도산
은 새로운 국가는 먼저 새로운 국민이 되어야 한다
고 보고 신민회를 결성하고 시민의식을 가르친다.

1910. 8. 29. 조선이 망하고 일본에 합병된다. 독립에
2가지 방안이 제기된다.

(1) 복권 운동이다. 대한제국을 다시 세운다.
당시 러시아에 가서 고종 복권 운동을 했다. 처음 러
시아는 찬성했지만 1914. 세계 1차대전시 러, 일 연합
으로 독일과 싸우느라 무산된다. 다시 중국, 독일과
연대해서 고종을 복권하고 독립하려고 했지만, 독일
이 지고 복권 운동은 끝났다.

(2) 민주국가 실현이다.
미국 이민 사회가 중심이었다. 1909. 미국에 세워진

1919. 3·1운동과 임시정부는 제1차 세계대전 후 새로운 국가건설의 재편의 영향이다.
독일에 밀리던 동맹국은 미국의 참전으로 승기를 잡았다.
당시 미국 윌슨 대통령은 세계평화를 위해서 민족마다 자결권을 가져야 한다고 주장하였다.
당시 제국들은 식민지를 더 많이 갖기 위해서 분쟁의 원인이 되었다.

대한인 국민회다. 조선을 미련 없이 포기하고 국민이 주인 되는 민주공화국을 세우자고 결단한다. 1910. 8. 나라는 망한다. 1910. 10. 대의 민주제의 삼권분립에 기초한 나라를 만들자고 결의한다. 1912. 대한국민회는 조선은 사라지겠지만 새로운 민주주의가 탄생하고 있다고 선전한다. 안창호, 박용만, 윤병구 등의 기독교인들이 미국에서 한국에 이를 알리게 한다.

2) 3·1운동은 기독교 정신에서 시작되었다.

1919. 3·1운동과 임시정부는 제1차 세계대전 후 새로운 국가건설 재편의 영향이다. 독일에 밀리던 동맹국은 미국의 참전으로 승기를 잡았다. 당시 미국 윌슨 대통령은 세계평화를 위해서 민족마다 자결권을 가져야 한다고 주장하였다. 당시 제국들은 식민지를 더 많이 갖기 위해서 분쟁의 원인이 되었다.

따라서 국제전쟁을 종식시키기 위해서는 각 민족마다 민주주의에 의한 자결권과 권리를 가져야 한다는 것이다. 프린스턴대 총장을 지낸 윌슨은 장로교 신자로서 기독정치실현을 신앙의 정도로 알았다. 칼빈주의 핵심은 계약신앙이다. 계약은 상대의 동의가 있어야 한다. 전제, 왕정에서 자유민주주의 실현은 싸워서 이뤄내야 한다. 이것이 미국의 사명이고 기독교 정신으로 가능하다고 생각하며 기독교와 자유민주주의를 전파하는 것이 자신의 사명이라고 고백한다.

윌슨의 민족자결주의와 기독교 민주주의의 이론을 제공한 사람이 윌슨의 수제자 이승만이고 (박사논문-미국의 영향을 받은 중립) 가장 먼저 이해한 사람들이 당시 미국의 한국교포이고 대부분 기독교인이었다. 1918. 11. 25. 한인 교포 단체인 대한인 국민회는 윌슨에게 한국의 독립을 알리고 국제사회에 선포하기 위해서 이승만, 민찬규, 정현명을 파송했다.

이 소식이 일본에 알려지고 1919. 2. 18. 일본 동경 기독청년회관에서 유학생들이 한국의 독립을 선언한다. 상해에서 윌슨의 민족 자결주의 소식을 듣고 김규식을 대표로 파송한다.

미국, 상해, 동경에서 독립선언이 이루어지고 국내에 알려져서 1919. 3. 1. 운동이 시작되었다. 당시 일본 경찰이 왜 3·1운동하느냐?고 만세시위자에게 물으니 한국의 독립을 전 세계에 알리기 위해서라고 거침없이 대답한다. 당시 기독교인 20만, 천도교 300만이다. 천도교의 자금으로 기독교가 행동한다.

기독교가 앞장선 이유가 있다.
(1) 기독교는 개화된 인물이 많다. 민족지도자 역할을 한다.
(2) 국제적인 네트워크가 있다. 세계 사정을 한국에 알리고 한국을 세계에 알린다.
(3) 선교사가 많아서 치외법권적 위치에 있어서 3·1운동 회합에 적합했다.
(4) 전국적인 네트워크가 있어서 3.1의 연락과 확산이 용이했다.

3) 기독교는 임시정부의 본체이다.

3.1 직후 서울(한성), 노령, 상해에 임시정부가 생겼다. 서울 임시정부의 유지가 어려워지자, 이규갑 목사를 중심으로 상해로 갔다. 이미 1918. 상해 기독청년들은 신한청년당을 만들고 독립운동을 하고 있었으며 상해 한인교회에는 고국에서 밀려드는 기독교 지도자들이 넘쳤다. 1919. 4. 11. 이들이 상해 임시정부를 수립하고 1919. 9. 노령정부와 통합하여 단일정부를 구성하고 이승만을 대통령으로 선출했다.

이에 이동휘 등 공산주의자들이 탈퇴했다. 상해 임정의 핵심은 기독교인들이다. 임시정부 헌장은 임정이 어떤 국가인가를 정확히 명시했다.

(1) 민주 공화국이다. 국민이 주인 된 민주이고 함께 운영하는 공화국이다. 전제, 왕정, 식민지는 끝났다.
(2) 계급을 초월하는 국가이다. 옛것은 사라지고 새것이 등장한다. 옛 국가 양반사회 봉건국가는 사라지고 새 국가 인민(노동자와 농민) 공화국인 공산주의가 있다. 임시정부는 봉건계급도 인민계급도 용납하지 않는 자유민주주의 공화국이다.
(3) 삼권분립의 정부이다. 당시 볼세비키 혁명의 영향을 받은 노령정부는 소비에트식 즉 인민위원회 정부를 지지했다. 공산주의자들은 입법, 사법, 행정을 다 갖는 인민정부를 구성했다. 이런 정부는 공산주의 독재 국가이다. 하지만 임정은 삼권 분립으로 상호견제가 가능한 자유 민주주의 국가를 건설했다.
(4) 개인의 자유를 존중한다. 자유민주주의의 핵심은 개인의 자유를 국가권력이 제한할 수 없다. 이다. 이것이 자유민주주의와 시장경제주의이다.

1919. 상해 임시정부는 기독교 국가를 준비했다.
① 인적지원 – 1919 임정 의원 중 기독교 21명, 대종교 12명, 천도교 1명, 불교 2명
② 임시헌장 – 제7조. 대한민국은 하나님의 의지에 의해서 건국되었다. 맹세문, 대한민국은 하나님 나라의 건설을 위한 기초이다. 선포문, 신인(하나님과) 일치로 하나님과 협응해서 일어난 3.1운동에 기초하고 있다.

4) 기독교가 공산주의를 막아내고 자유 대한민국을 세웠다.

1945. 8. 15. 광복이 왔다. 한반도의 두 세력은 죽음으로 싸운다.

① 3·1운동과 임시정부의 정신을 이어받은 자유 민주주의 공화국 세력이고, ② 러시아 볼세비키 공산주의 혁명을 이어받은 인민공화국을 만들려는 세력이다.

해방 당시 인공들은 지하 혁명 세력이 막강했다. 이 남로당이 소련의 지시로 한반도에 공산주의 국가를 만들려고 했다. 기독교 중심의 민족주의자는 미국과 협력하여 한반도에 자유 민주주의 국가를 세우려고 일했다.

결국 공산주의 세력은 북한을 점령하여 볼세비키 혁명사상으로 인민공화국을 세웠다. 자유 민주주의 세력은 남한에 3·1정신과 임정정신을 이어받아 자유 대한민국을 건국했다. 바로 이 점이 남과 북이 다른 점이다. 북은 자신의 뿌리로 3·1정신과 임시정부에 두지 않는다. 3·1 정신은 부르조아 종교인의 실패한 운동이다. **임시정부는 공산혁명 반대 세력이며 조선에 인민공화국 건설을 방해하는 세력이다.** 조선 인민공화국의 뿌리는 만주의 빨치산이고 영도자는 김일성이다. 북은 3·1정신도 임정도 인정하지 않는다. 김일성이 근본이라고 한다.

문재인은 2019. 3·1절을 3·1운동과 임시정부의 100주년 기념으로 남북 연합으로 한다고 크게 선전했지만 북은 냉담했다. 대한민국은 3·1과 임정의 법들을 계승해서 세워진 국가이다.

말씀과 기도로 깨어있어서 파수꾼의 사명으로 국민과 교회를 지켜야 할 기독교인들이
진실과 거짓을 구분하지 못하고 있다.
정통국가는 진실하고 정통 신앙과 인간관계도 진실하다.
사이비 국가는 거짓되고 사이비 신앙과 인간관계도 거짓된다.

즉 임정이 정한 국호, 자유 민주공화국 체제, 대의 민주주의, 국민주권, 삼권분립, 개인의 인권과 기본권을 존중하고 가치를 계승하고 있다.

1945. 대한민국의 광복은 갑자기 온 것이 아니다. 조선 말의 무능, 부패와 봉건사회와 일제 식민지의 비참함을 자각하면서 믿음의 선진들에 의한 수십 년 임시정부의 연구와 실험과 단련 속에 자유 민주주의 대한민국을 꿈꾸고 키워 왔으며 끊임없이 방해하는 공산주의를 물리치고 맞이한 소중한 광복이다.

올해는 3·1운동 104주년과 임시정부 수립 104주년 광복 78주년 건국 75주년이 되는 해다. 감격스러운 이때에 한반도는 남, 북이 위기를 맞고 있다. 북한의 위기는 – 핵무기로 세계의 견제와 채찍을 맞고 있으며 경제가 최악이다. 개혁 개방 없이는 경제 안정은 어렵다. 한국의 위기는 – 불법, 무질서, 떼쓰기 폭력, 국가관과 정체성의 상실이다. 질서의 하나님이 무시되고 거짓, 불법의 마귀의 하수인이 된 증거이다.

3·1운동 당시 기독교와 학생, 시민운동은 애국심을 가지고 독립을 위한 헌신과 희생이다. 지금의 시민운동, 학생운동은 반기독교, 반국가 운동이다. 애국 시민, 호국인들은 침묵하고 신앙인들은 눈치보고 종북 주사파들은 이간질로 나라를 흔들고 자유 대한민국의 뿌리를 흔들고 사상, 문화, 교육에 문화 마르크스 사상을 주입한다. 그 결과 육사생도와 병사까지도 3·1절을 모른다. 6·25는 북침이다. 미국은 적이다. 김정은이 통일 대통령이라고 세뇌 되어가고 있다.

특히 말씀과 기도로 깨어있어서 파수꾼의 사명으로 국민과 교회를 지켜야 할 기독교인들이 진실과 거짓을 구분하지 못하고 있다. 정통국가는 진실하고 정통 신앙과 인간관계도 진실하다. 사이비 국가는 거짓되고 사이비 신앙과 인간관계도 거짓된다.

라오디게아 교회는 진실하지 못했다.
기회주의자이다 - 이익을 따라 움직인다.
부끄러움을 모른다 - 교회 정체성을 버렸다.
눈이 보이지 않는다 - 희망이 없다.
교만하다 - 부족함이 없다고 한다. 이대로가 좋다고 한다.

지금의 한국교회가 이 모습이 되면 안 된다.
한국교회와 국민 모두는 하나님이 허락하신 광복이며 애국선열들의 목숨으로 되찾은 광복이며 기독 선진들의 순교로 맞이한 광복 78주년, 건국 75년을 맞이하면서 그때의 감격을 가슴에 깊이 간직하고 자유 민주주의, 시장경제, 한미 동맹, 기독교 국가관을 통해서 뿌리내리고 열매 맺는 이 엄청난 대한민국의 업적들이 훼손되지 않도록 광복을 주신 하나님께 늘 감사해야 한다.

자유 대한민국의 가치를 훼손하는 망국 세력을 몰아내자. 애국선열들의 독립정신을 계승 발전해 나갈 수 있도록 하자. 그리스도께서 우리를 자유롭게 하려고 자유를 주셨으니 다시는 종의 멍에를 메지 말라. 오직 사랑으로 서로 종노릇하라!

끝나지 않은 전쟁

6·25

진정한 평화는 강력한 국방력과
투철한 안보 의식에서 나온다.

한민족은 오랜 역사와 문화적 전통을 지닌 통일 민족국가다.

하지만 주변 강대국들이 식민지 쟁탈전을 전개하면서 한반도는 위기에 처하게 됐다.

ㅋㅋ

꿀꺽.

어떤 나라든 침략해서 뺏어버려!

먼저 차지하면 우리 땅이다.!

1910년 8월 22일. 일본이 대한 제국을 침략했다.

으악!

퍽

일본은 강제로 <한일합병조약>을 체결해 대한 제국을 약탈했다.

매국노 이완용

통감 데라우치

제1조.
한국 전부에 관한 일체의 통치권을 완전히 또 영구히 일제에게 넘긴다.

도장!

꾹.

1943년 11월 27일, 미국·영국·중국 등 3개국의 정상이 참석한 〈카이로 회담〉이 열렸다.

장제스

루스벨트

처칠

식민지 상태의 한국을 독립시키기로 합의합시다.

찬성합니다!

1945년 2월 4일~ 11일, 2차 세계대전 이후를 의논하기 위해 〈얄타 회담〉이 열렸다.

스탈린   루스벨트   윈스턴 처칠

전쟁이 끝나면 한국은 미국, 영국, 중국, 소련 등 4개국이 일정 기간 동안 신탁통치를 거친 후 독립시킵시다.

프랭클린 루스벨트

오케이! 합의합시다.

1945년 8월 6일과 8월 9일, 일본의 히로시마와 나가사키에 원자폭탄이 떨어졌다.

1945년 8월 15일, 일본이 항복을 선언함으로써 제2차 세계대전이 종결되었다.

드디어 한국은 36년 일제 강점기 식민 지배에서 해방되었다.

대한 독립 만세!

만세!

이제 한국 스스로

새로운 나라를 세워봅시다.

그런 상황에서 소련이 한반도 전역을 점령하려고 시도하자 미국이 반대했다.

중간 지점인 북위 38도 선을 경계선으로 정해서 북쪽에는 소련군이, 남쪽에는 미군이 진주하여 일본군을 몰아냅시다.

좋습니다.

그때부터 한국은 미군과 소련군에 분할 점령당한 분단 국가가 되었다.

슬프다. 비극의 시작.

1945년, 소련군은 평양에 진주했고 미군은 서울에 진주했다. 그러나 두 나라의 생각은 달랐다.

소련군
•평양
•서울
미군

38도선은 일본군의 무장해제를 위해 임시로 정한 것이다.

미국
쭈욱

38도선을 만든 후 북쪽을 서서히 소련처럼 만들어야겠다.

소련

미국과 소련이 한반도 문제를 해결하지 못하자 결국 이 문제는 국제연합 유엔(UN)으로 이관되었다.

한국에서 유엔 감시아래 <통일한국의 정부>를 수립하기 위한

총선거를 실시합시다.

미국

새로운 정부가 수립되면 미국·소련 양군은 철수합니다.

그러나 소련은 <통일한국 정부> 수립 총선거에 반대했다.

안돼!

북한에서의 유엔 활동을 반대합니다. 우리 맘대로 할 것입니다.

소련

1948년 2월.

그렇다면 총선거가 가능한 남한에서 먼저 선거를 하고 독립정부를 수립합시다.

UN

찬성.

1948년 8월 15일. 유엔의 감시아래 남한에서 먼저 선거가 실시되었고 초대대통령으로는 이승만대통령이 취임했다.

이승만

하나님과 동포 앞에서 나의 직무를 다하기로 맹세합니다.

동포 여러분들도 민족의 행복을 위하여 최선을 다해 주십시오.

소련은 북한에서 소련식의 선거를 실시했고

김일성을 내세워 <조선 인민공화국>이라는 공산정권을 발족시켰다.

김일성

수단과 방법을 가리지 않고

목표를 이루고야 말겠다.

소련의 도움을 받은 북한군 규모는 점점 커지는구나.

내 목표는 남침을 통해 통일을 성취 하는 것이다.

1950년 4월, 김일성은 남침 동의를 얻기 위해 소련 공산당 서기장 스탈린을 찾아갔다.

중국이 동의한다는 조건으로 북한의 남침 전쟁을 승인 하겠소.

스탈린

1950년 5월, 김일성은 중국공산당 주석 모택동을 방문해 전쟁 승인을 받아냈다.

알겠소.

군인과 무기를 동원해 당신을 지원하겠소.

모택동

감사합니다. 남한을 불바다로 만든 뒤에 .

통일시키겠 습니다.

김일성

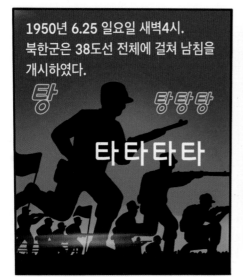

북한군은 무섭게 쳐들어왔다.

콰앙.

타타타.

포천

춘천

강릉

인천

한국의 많은 군인은 외박이나 휴가를 나간 상태였다.

맛있다

쩝

북한의 김일성은 6월25일 오후 1시35분 평양방송을 통해 거짓말로 남침을 은폐했다.

치직

치직

남한이 오늘 옹진반도에서 북한을 공격해서 북한이 반격했습니다.

이 전쟁은 남한을 해방시켜 <조선민주주의인민공화국>으로 통일을 성취할 전쟁입니다.

자유는 공짜가 아니다!   585

1950년 6월 28일, 북한의 기습남침으로 무방비상태의 수도 서울은 3일 만에 힘없이 점령당했다.

7월 5일에는 오산, 7월 24일 대전, 7월 말엔 목포와 진주, 8월 초엔 김천과 포항을 함락시켰다.

이승만 대통령과 국군은 서울을 포기하고 남하할 수밖에 없었다.

북한군의 남침으로 38선 전역이 초토화됐을 때 동해에서 승전보가 전해졌다.

타타타타
쿵

대한민국 해군의 첫 전투함 PC-701백두산 함이 승리했다!

와!
와

1950년 6월 26일 새벽 1시 38분, 부산 상륙을 위해 침투하던 북한 인민군 선박을 격침한 것이다.

쿵 콰

백두산 함이 적선을 발견한 것은 6월 25일 오후 8시 20분쯤이었다.

남하하는 국적 미상의 괴선박을 발견했습니다.

국적 확인을 위해 1시간이나 추적하면서 신호를 보냈으나

답이 없습니다! 수상합니다.

뚜 뚜 뚜
뚜 뚜 뚜 뚜 뚜

적선이라고 판단한 우리 해군은 즉시 해군 본부에 보고했다

정체불명의 괴선박을 발견했습니다!

잠시 후 해군본부로부터 명령이 떨어졌다.

즉시 격침 하라!

백두산 함은 3km 밖의 괴선박을 향해 3인치 주포를 발사했다.

콰콰 쾅 쾅

괴선박에서도 응사해왔다. 대한 해협에서 해상 전투가 벌어진 것이다.

쿵쿵쿵 쾅 쾅 타타타타타

오후 9시 30분부터 시작된 전투로 괴선박은 마침내 26일 새벽, 울산 앞바다에서 침몰됐다.

쿵 으악!

대한민국 해군의 함포 사격에 명중된 것입니다.

와! 승리했다!

와 와

평상시에 훈련만 하고 실제 함포 사격을 한 번도 해보지 못했는데

그런 승조원들이 승리했다고?

이것은 완벽한 기적입니다.

괴선박은 600명의 북한 무장 게릴라 병력을 싣고

부산으로 침투하려던 북한 인민군 특수부대의 선박인 것으로 확인됐다.

북한은 남침을 시작한 6월 25일에 부산에 상륙, 후방을 교란할 목적으로

부산

인민군 특수부대 요원을 동해상으로 침투시켰던 것이었다.

만세 !

예상치 못했던 대승리다!

해군 본부

출항하기 전 승조원들은 물 한 잔으로 건배하며 승리를 다짐했다.

챙

필승 !

죽을지도 모르니 시체만이라도 깨끗하게 전원이 새 군복으로 갈아입어라!

한 번도 실탄 사격을 못해 봤는데

내가 처음 쏜 총이 명중할 줄은 몰랐다.

탕 탕 탕

만일 그때 괴선박을 발견하지 못하고 북한 특수부대원 600명이 부산에 상륙했다면?

낙동강 방어선이 구축되기 전에 부산은 쑥대밭이 되었을 것이다.

부산

끔찍해 !

북한 특수부대의 후방 공격으로 인해 아군이 우왕좌왕했다면

하마터면 대한민국이 사라졌을지도 모를 일이었다.

생각만 해도 소름 끼친다.

대한민국 해군은 1945년 11월 11일 창설됐지만 전투함은 단 1척도 없었고 경비 전함 어업 지도선(목선)뿐이었다.

뚜우우웅

해군 참모총장 손원일 제독은 전투함을 구하기 위해 모금 활동을 전개했다. 해군 장교들 봉급에서 매월 5~10%를 떼어 기금적립을 했고, 장교 가족들은 삯바느질을 해가며 기금조성에 보탰다.

해군의 아버지 손원일 제독

모금한 총 6만 달러를 가지고 미국 해양대학교에서 퇴역한 초계정 <화이트헤드소위>호를 구매한 뒤

와 와 701

2달간 정비 후 1949년 12월 26일 뉴욕에서 명명식을 갖고 <백두산 함>이라는 이름을 붙였다.

멋지다!

귀국하는 길에 하와이 진주만에서 3인치 주포 3문을 장착하고 괌에서 3인치 포탄 100발을 구매했다.

1950년 4월 10일, <백두산 함>이 하와이를 거쳐 한국에 들어왔다.

역사적인 순간이다.

드디어 왔어.

대한민국 해군이 보유한 자랑스러운 첫 전투함 이었지만 내용은 초라했다.

……

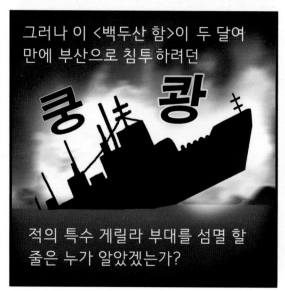

그러나 이 <백두산 함>이 두 달여 만에 부산으로 침투 하려던

적의 특수 게릴라 부대를 섬멸 할 줄은 누가 알았겠는가?

정말 기적 같은 일이다!

대한민국 해군 만세입니다!

미국은 소련을 의심했다.

6.25 한국 전쟁은 북한이 단독으로 일으킨 것이 아니다.

소련은 한국을 공격한 다음엔 일본, 그 다음엔 미국을 공격할 것이다. 가만 둘 수 없다.

1950년 6월 25일, 미국은 유엔(UN) <안전보장 이사회>를 소집하고 북한군의 불법 전쟁행위를 중지하라고 결의했다.

NO!

북한의 무력공격은 평화를 파괴하는 침략행위입니다.

북한은 즉시 전투행위를 중지하고 그 군대를 38선으로 철군시킬 것을 요청합니다.

동의합니다!

북한군이 미아리고개를 넘어서면서 국군 방어선이 돌파되었다.

콩 콩 콩 콩 콩

비상입니다! 서울 최후의 방어선이 무너졌습니다.

매우 심각한 상황입니다!

북한군의 진격을 늦춰야겠다.

한강교를 폭파하라!

채병덕 소장

넷! 알겠습니다.

1950년 6월 28일 새벽 2시 30분경, 국군은 한강인도교와 함께 3개의 철교를 폭파했다.

콩 콩 콩

1950년 7월, 국군은 북한군의 공격에 후퇴를 거듭하다가 낙동강 이남 지역만 남기고 모든 지역을 빼앗겼다.

• 포항
• 대구
• 부산

한국 정부는 부산을 임시 수도로 정하고 낙동강 일대에 최후 방어선을 구축했다

1950년 8월 1일부터 9월 24일까지 국군과 유엔군이 낙동강 부근에서

북한군의 공격을 방어한 <낙동강 전투>가 벌어졌다.

1950년 7월 20일, 김일성은 수안보까지 내려와 명령했다.

8월 15일까지 반드시 부산을 점령해야 한다! 알겠지?

경상도는 거의 점령했다!

대구와 부산만 삼키면 된다! 공격!

낙동강 전선이 뚫리면 대한민국이 끝장난다!

목숨 걸고 사수하라!

전원 돌격하라!

와 와 와 와

탕

낙동강 전투로 북한군은 7만여 명의 병력을 잃었지만 공격은 9월에도 이어졌다.

쿵 쾅 쿵

포기할 수 없다! 동무들 다시 공격하라우!

탕

타타타타타타

국군은 북한군에 밀리다 낙동강 지역에 방어선을 구축했다.

다부동이 뚫리면 전쟁에서 승리하기 힘들 것이다!

목숨 걸고 이곳을

지켜야 한다.

다부동 전투는 6.25전쟁 당시 가장 치열했던 전투로 꼽힌다.

대한민국 국군이 대구로 진출하려던 북한군의 공세를 저지시킨 전투이다.

북한군은 낙동강 방어선을 뚫기 위해 백선엽 장군이 사단장이었던 국군 1사단을 공격했다.

국군들은 굶주림에 점점 지쳐갔고 공포에 질려 하나 둘 무단이탈을 했다.

이제 더 이상 못 버티겠습니다.

우리는 후퇴하겠습니다.

후다닥

그때 국군 1사단 백선엽 장군이 공포에 질린 병사들 앞에 나섰다.

나라가 망하기 직전이다.

미군들도 싸우고 있는데 우리가 후퇴 할 수는 없다.

쿵 쿵 쿵

……

내가 등을 돌리면 나를 쏴라. 내가 앞장 서겠으니

제군들이여 나를 따르라!

알겠습니다!

장군님과 함께 반드시 승리하겠습니다!

충성!

자유민주주의를 지키기 위해 중, 고, 대학생들이 학도병으로 군대에 자원했다.

조국이 위기에 빠졌는데 보고 있을 수만은 없다.

저희도 싸우겠습니다!

학도병들은 전쟁 시작 3일 후부터 기꺼이 전쟁터로 나섰다.

조국이 없으면 우리도 없다. 나라를 지켜야 한다.

군번은 없지만 국가를 위해 목숨을 바치겠습니다.

와아아아아

처절한 전쟁 속에서 학도병 5만 여명이 공산군들과 싸웠고 수많은 학생들이 희생당했다.

물러설 수 없다!

공격하라!

타타타타

탕

악.

펙!

당시 포항에는 많은 군수물자와 비행장도 있었다.

심각하군.

포항이 뚫리면 경주, 울산까지 속수무책으로 당할 텐데.

부우우웅

북한군은 장갑차와 기관포, 자동소총으로 무장한 12사단, 5사단, 유격 766 부대 등 2만 5천여 명이 몰려왔다.

와 와

불과 2개 소대밖에 안 되는 학도병들은 후퇴도 거부한 채 목숨을 걸고 끝까지 싸웠다.

이 자리를 끝까지 지켜야 한다!

악

퍽

와

물러설 수 없다!

돌격하라!

와

와

애국

애국

학도병들은 실탄이 떨어지자
북한군이 던진 수류탄을
주워서 다시 던지기도 했다.

슈우우우우

콰콰쾅

급기야 사단사령부에 지원을
요청했지만 통신은 되지 않았다.

아무 소리도
안 들려.

이제 육탄전뿐
이다. 절대 포기
할 수는 없어.

탕.

조국에 목숨을
바치자! 공격!

다 죽여!
돌격!

쿵   퍽   팍

악

학도병들이 싸우는 동안에 포항 시민
20여만 명이 피난을 했고 국군은
재정비를 할 수 있었다.

포항여중전투에서 학도병들은 교복 차림 그대로 48명이 전사했고
대부분 부상, 실종됐으니 사실상 전멸한 셈이었다.

그중에 학도병으로 참가한
이우근 학생은 죽기 전에
뜻깊은 글을 남겼다.
(17세, 서울 동성중 3학년)

1950년 6월 29일, 도쿄에 있던 맥아더 장군은 북한군과 치열한 전투가 벌어지던

서울 영등포의 한강 방어선을 시찰한다.

진지에서 당시 스무 살이던 한 병사와 맥아더 장군이 만났다.

병사! 다른 부대는 다 후퇴하는데 자네는 왜 방어선에서 물러서지 않는가?

쿵

상관의 명령 없인 절대 후퇴하지 않는 게 군인입니다.

쿵

쿵 쿵

철수 명령이 떨어지기 전까지 죽어도 여기서 죽고, 살아도 여기서 살 것입니다.

!

대단한 민족이구나. 내가 이 나라의 자유를 찾아주어야겠다.

소년 병사에게 훌륭한 군인이라 전해주시오.

그리고 약속합니다. 일본으로 돌아가는 즉시 지원군을 보내 주겠습니다.

한국은 부산 근교만 남기고 대부분 북한군에게 빼앗겼다.

전방과 후방을 단절 시켜 보급로를 끊기 위해서는 인천을 공격해야겠다.

인천

굿!

인천은 섬이 많아서 쉽지 않을 겁니다. 적의 기뢰도 많고 갯벌도 걱정입니다.

현재 상황을 뒤집을 카드는 기습적인 상륙 작전뿐이다.

국군은 인천 상륙작전 실시에 맞추어 북한군을 교란하기 위해 인천과 정반대 방향인 경북 영덕군 장사리 일대에 상륙작전을 시도했다.

돌격하라!

그러나 유격대와 전투 경험이 없는 772명의 학도병들을 태운 LST 문산 호는

악천후 속에서 좌초하고 만다.

아악!

발사!

깡그리 죽이 라우!

그때 북한군의 대대적인 공격을 받고 평균 나이 17세, 훈련 기간 단 2주에 불과했던 많은 학도병들이 희생되었다.

.....

하지만 장사리 상륙작전은 악전 고투 끝에 성공하여 북한군의 주요 보급로인 7번 국도를 차단했다.

절대 포기 할 수 없다.

휘이이

끝까지 지켜야 돼.

7일 넘게 방어한 장사리 상륙작전은 인천 상륙작전의 성공과 북한군 전력 약화에 큰 힘이 됐다.

쿵

정말 중요 하고

의미 있는 전투였다.

잊지 않겠다.

인천 상륙 작전이 성공한 뒤, 장사리 아군 구조작전이 진행되어 철수 했지만 전사 139명, 포로 39명의 막대한 피해는 막을 수 없었다.

전쟁 발발 3개월 만인 9월 27일, 연합군은 서울을 탈환했고 9월 말까지 북한군을 모두 물리쳤다.

와
와
와
와

서울을 다시 찾았다!

UN 군이 진격하여 38°선에 접근하게 되자 긴급 명령이 떨어졌다.

북한으로의 진격을 승인합니다.

10월 7일, UN 총회에서 북한 진격을 허용하는 결의안이 통과되자 한국군과 맥아더장군, 유엔군이 북진을 시작했다.

한국

전 병력을 투입해 압록강과 두만강까지 진격하라!

와

그러나 이러한 계획은 중국군의 참전으로 빗나가고 말았다.

와
와
와
와
와

국군과 UN군이 압록강까지 진격하자 중국은 북한의 요청을 받아들여
3차에 걸쳐 100여만 명의 군대를 파병했다.

쿵

돌격!

콰 콰

콰콰

앞으로
진격하라!

타타타타

탕!

저게 뭐야?
개미 떼처럼
몰려드는구나.

중국군의 개입과 동시에
북한군은 38선을 남하해
공격했다.1951년 1월 4일,
서울이 다시 북한군에게
점령되었다.

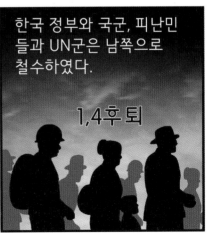

한국 정부와 국군, 피난민
들과 UN군은 남쪽으로
철수하였다.

1,4후퇴

미군 1 해병사단이 북한의 임시 수도인 강계를 점령하려다

오히려 장진호 근처의 산속에 매복한 중공군에 포위되었다. (7개 사단 병력, 12만 명 규모)

미 연합군 3만 명, 중공군 15만 명이 대치한 장진호 전투는 전사자보다 동사자가 더 많은 끔찍한 전투였다.

영하 40도의 추위.

얼어 죽겠다.

칠흑 같은 어둠 속에서 치열한 육탄전이 계속 됐다.

죽여라! 돌격.

이 전투로 미군은 2,500여 명, 중공군 은 25,000여 명이 전사했다.

그러나 아군은 전멸 위기를 겪었다가 후퇴에 성공했다.

아군의 철수는 1950년 11월 27일부터 2주간 계속되었다.

휘이이이이

이 후퇴작전을 통해 미군은 중공군의 남하를 지연시켰다.

한국군과 유엔군, 피란민 등 20만 명이 이 후퇴작전으로 남쪽으로 철수할 수 있었다.

휘이이이이이

우리는 후퇴하는 것이 아니라 다른 방향으로 공격하는 것이다.

스미스 장군

만약 미군이 장진호에서 몰살당했다면?

그렇다면?

한반도는 다시 공산군에 점령되었을 수도 있었다.

그래서 장진호 전투가 대단한 것입니다.

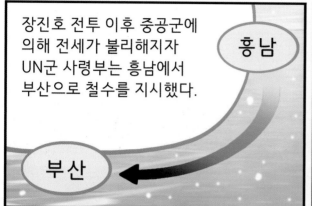

장진호 전투 이후 중공군에 의해 전세가 불리해지자 UN군 사령부는 흥남에서 부산으로 철수를 지시했다.

흥남

부산

이것이 1.4 후퇴의 시작입니다.

1.4 후퇴

함경도 지역의 병력과 피난민이

남쪽으로 내려갈 육로가 끊겼다.

배로 철수해야 한다.

흥남부두 철수작전은 193척의 군함으로 군인 10만 명, 민간인 10만 명을 남쪽으로 탈출시킨 사건이다.

배고파 엄마.

배에 있는 무기를 다 버리고 피난민을 태우세요.

굳세어라 금순아.

승선자:
14,005명.

엄청나게
많이 탔구나.

무려 정원의
230배가 탔어.

메러디스 빅토리호의 라루
선장은 최대한 많은
피난민을 태웠다.

흥남부두는 마지막 선박이
철수 한 뒤 공산군이 사용
하지 못하도록 폭파했다.

피난민들이 도착한 부산에는
이미 백만 명의 피난민들이
살고 있어서

꼬르륵.

메러디스 빅토리호는 행선지를
거제도로 변경했다.

자유를
향해.

MEREDITH VICTORY

가자!

추위와 굶주림 속에서도 빅토리호 승선자들은 3일간 항해를 계속했다.

좌아아아아

운항 중에는 놀랍게도 배 안에서 5명의 아기가 태어났다.

1950년 12월 25일 크리스마스. 승선자 14,005명은 단 한 명의 희생자도 없이 거제도 장승포항에 도착했다.

그것은 크리스마스의 기적이었다.

와
와
와
감사합니다.
드디어 살았다.
MEREDITH VICTORY

메러디스 빅토리호는 기적의 배로 세계 기네스북에 등재되었다.

최고!
TH VICTORY

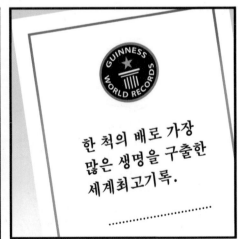
한 척의 배로 가장 많은 생명을 구출한 세계최고기록.

1953년 7월 27일 판문점, 북한과 중국, 그리고 연합군을 대표하여 미국이 정전협정을 체결하였다.

1951년 7월부터 2년 동안 휴전협정이 진행됐지만 대한민국은 제외됐다.

협정의 체결 주체가 아니었다.

미국 북한 중국

대한민국

6·25 전쟁은 휴전 상태로 들어가고

접근금지

통일을 원하는 국민들이 반대 시위를 했지만 분단은 굳어졌다.

와

분단절대반대

반대

남북 분단 절대 반대!

휴전 협정 반대!

아! 슬프다.

와

절대 반대

반대

다행인건 유엔군들과 국군이 흘린 피의 대가로

대한민국은 자유민주주의 국가가 됐다.

하마터면 우리도 공산국가에서 자유도 없이 고통 당하며 살았을 거야.

끔찍해.

3년 1개월 2일간 계속된 6.25 전쟁으로 인한 인명피해는 약 450만 명에 달한다.

동족상잔

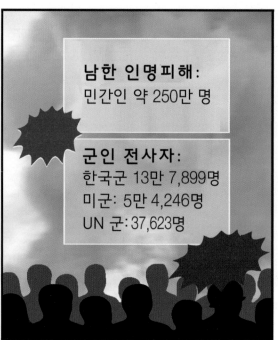

남한 인명피해:
민간인 약 250만 명

군인 전사자:
한국군 13만 7,899명
미군: 5만 4,246명
UN 군: 37,623명

이 땅에는 아직도 남북으로 흩어져 만나지 못하는 이산가족이 존재한다.
기억하라! 남침으로 시작된 끔찍한 6.25전쟁은 지금 휴전 중이다.

전쟁은 아직 끝나지 않았다.

지평리를
사수하라!

1945.10.24.UN 창설,
최초로 한국전쟁에 UN군 참전
UN군 최초의 大승리 지평리 전투

주요병력

유엔군 5,600명 / 전사자 52명, 부상 259명, 실종 42명
중공군 50,600명 / 전사자 4,946명, 포로 79명

폴 프리먼 대령　　　몽클라르 중령　　　크롬베즈 대령　　　펑더화이

세계 10위의 경제 대국, 세계 최고의 IT 강국, 세계 군사력 6위, 그리고 전 세계 젊은이들의 대세로 자리 잡은 'K-culture'의 본산, 바로 대한민국이다.

하지만 이 자랑스러운 업적은 당장 하루아침에 이뤄지고 거저 얻어진 꿈이 아니다. 70~80년대 경제부흥의 사명을 띠고, 전 세계로 퍼져나간 부모 세대들의 피땀 흘린 헌신과 희생이 있었고, 그들이 목숨을 걸고 지켜낸 자유민주주의가 우리의 시대 역사 속에 고스란히 녹아 있기에 가능했다.

그리고 이 모든 것을 침탈하고자 했던 북한 공산당의 침략에 당당히 맞섰던 6·25전쟁의 한복판에서 피로 얼룩진 위대한 영웅들의 오열과 함성이 한반도 곳곳에 스며들어 있다.

하지만 안타깝게도 이 시대의 기억 속에 영웅들의 빛나는 이름들이 점점 바래, 역사의 뒤안길로 멀어져가고 있다. 이제는 아무도 불러주지도, 그 누구도 기억하지 않는 안타깝고도 통탄할 현실 앞에, 6·25역사기억연대는 지난 72년 전 전장의 한복판에서 피를 토하며 이 땅에서 자유를 수호하다 산화한 위대한 영웅들의 빛나는 전투와 그 빛나는 이름들을 다시 한번 이 시대로 초청, 그때 전장 터에서 사선을 함께 넘나들던 그들의 숭고한 희생을 기리려 한다.

오늘을 사는 우리에게 너무나도 당연히 되어버린 자유와 평화라는 단어가 그리 멀지 않은 과거의 누군가에게는 가장 소중한 목숨까지도 걸어야 했던 일생의 소원이었다는 사실은, 왜 우리가 그들의 이름을 꼭 기억해야 하는지를 충분하게 말해주고 있다. 6·25전쟁은 한반도의 동족상잔의 비극이었지만 전 세계에도 돌이킬 수 없는 아픔과 큰 상처를 주었다.

UN 참전용사들의 결연한 의지와 자유민주주의 수호를 위한 희생이 한반도의 자유민주주의를 지켜냈다. 그들의 희생 위에 지금 대한민국은 눈부신 발전으로 경제 대국, 군사 강국을 이루었으며 세계에서도 가장 주목받는 나라, 배우고 싶은 나라, 닮고 싶은 나라로 급부상하게 되었다.

이에 우리 6·25역사기억연대가 6·25전쟁의 역사를 사실적 근거 위에 가감 없이 그 역사를 바로 세우고 알리는 첫걸음이 바로 UN군이 첫 승리를 한 위대한 전장 '지평리 전투'다.

▲ 1951.2 맥아더, 리지웨이... 지평리 작전을 승리로...

지평리 전투, 그 반격의 서막
유엔군 창설, 참전 이후 최초의 승전보 '지평리' 전투

1950년 9월 15일, 더글러스 맥아더 유엔군 사령관의 지휘 아래 인천상륙작전의 성공으로 북한군을 중국 국경 압록강까지 내몰며 진격하던 연합군(국군+UN군)은 1950. 10월 19일 중공군의 참전으로 눈물을 머금고 퇴각하기 시작한다. 중공군의 참전으로 6·25전쟁은 소련을 비롯한 공산국가의 지원을 받는 조.(북한) 중 연합군 대 유엔군의 전쟁, 즉 공산 진영 대 자유 진영의 전쟁으로 전쟁의 양상이 바뀌면서 새로운 국면으로 전환되었다.

당시의 전투는 바로 청천강 전투, 장진호 전투 이 전투가 중요했던 것은 멸망 직전까지 갔던 북괴군이 이로 인해 기사회생 됐고, 반대로 이 전투 이후 급속히 밀린 연합군은 평양은 물론, 서울까지 다시 북한군에게 내주게 됐다. 이로써 6·25 전쟁의 판세가 다시 뒤바뀌게 된 것이다.

상황은 생각보다 매우 심각했다. 전쟁은 기세와 흐름이 매우 중요한데 거세게 물밀듯이 밀고 들어오는 중공군의 공세는 미군으로 하여금 한반도 철수까지 검토하게 할 정도로 1950년 12월, 유엔군의 패배 의식은 만연해 있었다. 그때 지상군 총사령관이 된 매튜 리지웨이(Matthew B. Ridgway) 장군은 장병들의 사기진작을 위해 공격작전을 계획하면서 베일에 감추어져 있던 중공군의 실체를 파악해 나가게 된다.

그야말로 대한민국의 운명이 백척간두에 놓인 그 순간, UN군은 다시 한번 반격을 준비한다. 평택-원주-삼척에 라인을 구축하고, 1951년 2월 본격적인 반격에 나선 것이다. 선더볼트 작전, 라운드업 작전, 킬러 작전, 리퍼 작전, 러기드 작전, 돈틀리스 작전 등 전열

1950년 10월 이후 중공군이 6.25전쟁에 개입하기 시작하면서 계속해서 후퇴에 후퇴를 겪어야만 했던 UN 군은 전열을 재정비하고 1951년 2월부터 재 반격에 들어가기 시작했다. 지평리 전투는 UN 군이 중공군의 대규모 공격에 물러서지 않고 진지를 고수하며 승전한 UN 군 최초의 대전투였다. 이 전투를 기점으로 해서 UN 군이 중공군에 대한 자신감을 갖기 시작했으며, 이후 38도선을 회복하는 반격의 중요한 기폭제가 되었다,.

을 정비한 연합군은 차근차근 전선을 회복해 나갔다.

이에 중공군은 지금의 횡성과 홍천 사이 지평리에서 6·25 전쟁의 승패를 결정지을 결정적 전투를 준비하는데 전쟁 234일째가 되는 '지평리 전투'의 시작이다.

1950년 10월 이후 중공군이 6·25전쟁에 개입하기 시작하면서 계속해서 후퇴에 후퇴를 겪어야만 했던 UN 군은 전열을 재정비하고 1951년 2월부터 재 반격에 들어가기 시작했다. 지평리 전투는 UN 군이 중공군의 대규모 공격에 물러서지 않고 진지를 고수하며 승전한 UN 군 최초의 대전투였다. 이 전투를 기점으로 해서 UN 군이 중공군에 대한 자신감을 갖기 시작했으며, 이후 38도선을 회복하는 반격의 중요한 기폭제가 되었다.

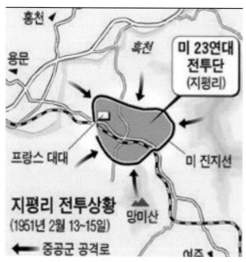
▲ 1951.2.13 지평리 전투 요도-1

'지평리' 전투가 전장 지형에서 매우 중요했던 요인은 바로 서울로 통하는 요충지요 길목이었기 때문이다. 서울은 전쟁의 전체 승패를 가를 한반도의 중심으로, 당시 상황에 비춰 서울 한강을 다시 잃게 된다면, 남쪽은 그대로 북괴군에게 속수무책으로 밀릴 가능성이 컸다. 이때 중공군은 양평을 확보해서 서부전선의 국군과 UN 군을 다시 북위 37도 선까지 물러나도록 압박한다는 계획으로 지평리 방면으로 중공군 39군 제40군, 제42군 4개 사단 규모의 병력을 집결시켰다. 이리하여 지평리 전투는 서부전선과 중부전선의 향배에 큰 영향을 끼치는 아주 치열한 전장터가 되었다.

미 8군 단장 리지웨이 장군은 미 제2보병사단 제23연대 전투단에 "무슨 수를 써서라도 지평리를 사수하라 지평리를 포기하면 인접한 9군단의 우측이 개방되어 전선에 균열을 초래하고, 반격에 중요한 거점을 잃게 된다"라는 명을 내렸고, 폴 프리먼 대령은 5,600명 규모의 미 제23연대 전투단을 이끌고 지평리에 결사의 전투진지를 구축한다.

미 제2보병사단 소속 23연대 전투단에 배속된 프랑스 대대를 주축으로 미군 37포병 대대, 82방 공포 대

대 B 포대, 503 포병 대대 B 포대가 연대 전투단으로 편성되어 있었다. 좌우 인접 부대가 모두 철수하는 바람에 고립상태가 된 미 제23연대 전투단의 철수를 미 제10군단이 제8군 사령부에 요청했으나 매튜 리지웨이 제8군 사령관은 진지 절대 사수를 명령했다.

"지평리를 포기하면
인접한 9군단의 우측이 개방되어
전선에 균열을 초래하고,
반격에 중요한 거점을 잃게 된다."

- 미 8군 사령관 매튜 B. 지웨이 장군 -

반면 지평리 탈환을 위해 중공군이 투입한 부대는 39군 산하 4개 사단, 무려 50,600명의 병력이었다. UN 군과 중공군의 병력 규모만 무려 10배, 1대10의 말도 안 되는 중과부적의 치열한 전투가 시작된 것이다. 중공군은 지평리에 주둔하고 있던 UN군을 몰아낸 다음 남한강을 도하하여 서울 남쪽으로 진출하고자 했다.

삼마치 고개에 진출했던 한국군 및 미군은 중공군의 공격을 버텨내지 못하고 후퇴했고 2월 초 미 제9군단의 우측 방어를 엄호하기 위해 지평리에 진주한 미 제23연대 전투단(23RCT)의 방어 진지는 견부진지로 남게 되었다.

낮은 산으로 둥그렇게 병풍처럼 둘러쳐져 있는 지평리는 일종의 분지 형태를 띠고 있다. 끝도 보이지 않는 중공군의 군세가 새카맣게 산 전체를 에워쌌다. 압도적인 병력 차이로 패배는 도저히 생각할 수도, 있을 수도 없다는 듯 자신만만한 중공군은 산 아래를 내려다보며, 언제든지 UN 군을 초토화시킬 만반의 전투태세의 전열을 갖추고 있었다.

반대로 사방에서 치고 들어올 막강한 적을 막아야 하는 지형적 단점은 병력이 적은 U군에 있어 절대 불리할 수밖에 없었다. 하지만 지평리 사수를 명받은 U군에 있어 불리하다는 판단은 단순한 생각일 뿐, 그것이 결코 패배를 의미하는 것은 아니었고, 반드시 이겨야 한다는 각오와 사기는 그 어느 때보다 충천한 상태였다. 미 제23연대 전투단을 지휘하던 연대장 폴 프리먼(Paul. L Freeman) 대령은 5,000명의 병력으로 지평리 주변의 고지들을 모두 방어하기에는 어렵다고 판단, 포대를 중심으로 1.6km 길이의 원형 방어진지를 편성, 구축했다.

중앙에 포병부대를 배치해서 사방으로 포병 지원이 가능케 했다. 북쪽에 1대대, 동쪽 3대대, 남쪽 2대대, 서쪽 프랑스 대대가 배치됐다. 이렇게 미불 장병은 원형진지를 형성해 전투준비를 하였다.

그렇게 1951. 2. 13 ~ 15, 3일간 한 치의 양보할 수 없는 피아간의 치열한 전투가 전개되었다. 2월 13일 지평리 전투가 본격적으로 시작

됐다. 승리를 예측한 중공군의 기세는 그야말로 맹렬했고 기세등등했다. 사방에서 UN 군을 집중 포위하며 쏟아져 내려오는 중공군은 그야말로 장마철에 둑이 터진 것처럼 거세게 UN 군을 몰아쳤다.

하지만 이에 대항하는 UN 군 특히 프랑스 대대의 활약은 그야말로 눈이 부실 지경이었다. 2차 대전 당시 유럽에서 수많은 전투를 경험했던 프랑스의 특수부대(해병대, 공수부대)원들은 병력의 한계를 전술, 전략으로 극복해 냈다. 당시 중공군은 피리와 꽹과리

▲ 지평리 전투

▲ 지평리 1.6km 원형진지를 사수하는 야간전투

▲ 1951. 2. 14 새벽 전투 막바지 중공군과 육탄전을 펼치는 프랑스 대대

를 치면서 심리적으로 불안하게 하여 압박하며 공격해 왔는데, 프랑스대대 몽클라르 대대장은 기지를 발휘하여 수동식 사이렌을 울리며 맞대응했다. 사방에서 총소리와 포탄이 난무하는 상황에, 수동식 사이렌 소리는 시시각각 연합군의 동태를 파악해야 할 중공군에게 엄청난 혼란과 판단 미숙을 가져다줬다.

프랑스 특수부대원의 교란 작전에 그대로 말려든 중공군에게 UN 군의 기관총과 포탄 세례가 사정없이 쏟아부어졌다. 중공군의 참패, 첫날 전투는 UN 군의 대승리였다.

이날 중공군 2개 사단이 전방 2개 대대에 8차례에 걸친 파상 공격을 해왔으나, 미군은 이를 모두 격퇴했다. 그날 저녁 미 9군단은 중공군에 둘러싸인 미 제23연대 전투단을 지원하기 위해 국군 6사단과 영국 27여단을 지평리 전투에 투입하지만, 중공군의 포위망을 뚫지 못하고 결국 후퇴하게 된다.

그렇게 하루가 지난 2월 14일 중공군의 총공세가 다시 시작된다. 저녁 7시, 중공군은 4개 사단 규모의 병력으로 다시 일제히 공격을 감행했다. 막강한 인해전술을 앞세운 중공군에 결국 UN 군의 방어선 일부가 뚫리게 된다. 중공군 1개 연대 병력이 방어선을 돌파해 아군 진지 한가운데로 밀고 들어왔으나, 미 23연대 전투단은 전혀 후퇴하지 않고, 진지를 사수했고, 끝내 중공군은 새벽녘에 다시 철수할 수밖에 없었다.

특히, 이날 전투에서 지평리 전투의 그 유명한 프랑스군의 총검 돌격이 등장했다. 중공군이 20m 앞까지 밀고 들어와 백병전이 불가피해지자 몽클라르 대대장을 비롯한 프랑스대대원들은 철모를 벗어 던지고 머리에 빨간 수건을 동여매고 총검과 개머리판으로 맞서 싸웠다. 이때 폴 프리먼 대령은 전투 중 큰 부상을 입었지만, 후송을 거부하고 계속 전투를 지휘하는 투혼을 보였다.

또 다른 영웅의 등장 '크롬베즈' 대령

2월 15일은 지평리에 또 다른 영웅 크롬베즈(Marcel G. Crombez) 대령이 등장한 날이다. 연합군의 입장에서는 중공군의 포위망에 꼼짝없이 갇힌 미 제23연대 전투단과 이 전투단에 배속되어 있는

▲ 지평리 중심, 경기 동북부 항공촬영 사진

프랑스대대와의 합류가 매우 시급한 상황이었는데, 반대로 지평리 탈환에 사활을 건 중공군 역시 쉽게 길을 터줄 리 만무했다.

2일간의 전투를 치른 제23연대 전투단과 배속되어 있는 프랑스 대대는 더 이상 버틸 힘도 탄약도 없었다. 그러나 진지를 보수하며 결전의 밤을 대비하고 있었다.

이에 미9 군 단장은 크롬베즈 대령에게 5기병 연대, 2개 포병대대, 2개 전차부대를 편성해, 포위망을 뚫고, 지평리 전투에 합류할 것을 명령했다. 크롬베즈 특수임무부대는 대신 방향에서 북쪽으로 길게 뻗은 좁은 도로를 따라 지평리로 전속 돌진하였다.

▲ 지평리 전투, 크롬베즈 특임대 진격 모습, 195. 2.15

크롬베즈 대령은 좌우에 전차 부대를 1대대씩 배정해 날개를 펼쳤고, 뒤에서는 2개 포병대가 작전을 지원했다. 전차 간격은 13m(15야드)를 유지했다.

그렇게 전투를 계속하는 동안 크롬베즈 대령은 전차대대를 이용한 전선 뚫기를 시도한다. 포위망을 내주지 않으려는 중공군의 반격이 워낙 거센 탓에 전차 외에는 쉽사리 엄두를 낼 수 없었다. 그는 연대에 배속된 전차 23대를 진격 대열에서 분리해 보병만을 태워 적의 포위망에 뛰어들기로 했다.

허나 이 작전에 대해 주변의 반응은 그리 좋지 않았다. 사실상 총알과 포탄이 집중이 될 적의 한복판으로 뛰어드는 것이었기에 주변에서는 이를 강력히 만류했다. 하지만 크롬베즈 대령은 사전에 헬기를 타고 직접 진격로를 점검, 최소한의 성공 가능성을 찾아냈고, 전차대대 투입을 결정한다.

선두는 M46을 갖춘 제6전차대대가 맡았다. M4A3을 주력으로 하는 제70전차대대 A 중대가 그 뒤를 따랐다. 그때가 오후 3시, 그렇게 지평리 전장의 판세를 바꾸는 크롬베즈 대령의 위대한 한판 돌격이 시작됐다.

불안한 예상은 틀리지 않았다. 적진과 마주하는 순간 중공군의 엄청난 집중포화 세례가 전차로 빗발치듯이 날아들었다. 그야말로 쏟아붓는다는 표현이 맞을 정도로, 쉬지 않고 날아오는 포탄은 천지의 공기를 찢어내고 지축을 마구 소용돌이치게 했다. 지평리로 들어가는 길목과 고개마다 중공군은 크롬베즈 특임부대(Task Force Crombez)를 공격하였다. 중공군의 반격은 결사적이었다.

좁은 길은 양쪽이 높은 고지 군으로 둘러싸여 있었고 이곳은 중공군이 미 제23연대 전투단의 퇴로를 차단하고 있는 곳이어서 중대한 어려움에 직면하게 되었다. 전차 위에 탑승한 보병들은 중공군의 집중적인 포화에 맞아떨어져 나뒹굴었고 중공군은 폭약을 들고 전차를 저지하기 위해 필사적으로 기어들어오고 있었다.

결국 사고가 발생한다. 선두 전차가 지평리 정남 측 망미산 자락과 248고지 사이의 애로 지형 입구에 들어섰을 때 중공군의 대전차포에 전차의 양측 궤도가 피격당해 불길에 휩싸였다. 그리고 네 번째 전차도 박격포에 맞게 된다. 피해는 생각보다 컸다. 중대장 히어스 대위를 포함한 승무원 전원이 전사했다. 하지만 더 큰 문제는 전진이었다. 뒤를 잇는 수많은 전차들이 앞 전차에 가로막혀 오도 가도 못할 상황에 놓였다. 자칫 모든 전차 부대가 한순간에 몰살될 수 있는 일촉즉발의 상황, 다행히 네 번째 전차 안에 살아남은 조종수가 전차를 움직여 고립되지 않고 그대로 애로 지형을 빠져나갈 수 있었다.

그렇게 목숨을 건 전투 끝에 크롬베즈 대령의 전차부대는 공격 개시 1시간 30분여 만에 6마일의 거리를 뚫고 파죽지세로 돌진, 악전고투 끝에 지평리 아군 진영 안으로 합류하게 됐다. 크롬베즈 대령이 지휘하는 전차 공격조는 중공군의 무차별 공격 속에서도 2월 15일 17시쯤 드디어 미 제23연대 전투단과 프랑스대대와 성공적으로 연결이 되었다. 치열한 분전 끝에 크롬베즈 특임대가 도착하면서 중공군은 지리멸렬 퇴각하였다

그러나 중대원들의 피해가 컸다. 전차 세 대가 파손되고, 히어스 대위가 몰던 전차가 완파됐다. 전차 위에 보병 1개 중대(165명)를 탑승시켰으나 이중 L중대원의 생존자는 23명, 142명은 전사하거나 중공군의 포로가 되었다. 하지만 전차부대도 진격하는 동안 적군 약 500여 명을 사살(추정)하는 전과를 올렸다.

결국 2월 16일 중공군은 수많은 사상자를 남기고 지평리에서 퇴패, 완전히 물러나게 된다. 중공군들이 물러난 틈을 타서 인접 전선들과 연결시켰다. 이로써 중공군의 4차 공세는 지평리 전투에서 좌절되고 말았다.

미 23연대와 프랑스대대의 기막힌 전술, 전략, 죽음을 각오한 백병전 앞에 중공군은 5,000여 명(전사 4,946명, 포로 79명)의 엄청난 사상 피해를 입었다. 반면 연합군은 300여 명(52명 전사, 259명 부상, 42명 실종)에 그쳤다. 그야말로 대승이었다. 이렇게 지평리 전투의 승리로 중공군을 몰아냈고 중공군은 전의를 상실한 채 완전히 퇴각하였으며, 이로 인해서 중공군은 더 이상 남진을 할 수 없게 되었다.

3일간 치러진 치열한 전투 속에서 프랑스대대를 비롯한 미 제23연대 전투단은 중공군의 2월 지평리 공세를 저지시키고 다시 반격에 나설 수 있게 되었으며 서울 재탈환을 눈앞에 두게 되었다. 지평리 전투

가 승리로 끝나자, 몽클라르는 프랑스 대대를 향해 "그대들은 이제 영광의 포로가 된 것이다"라고 외쳤다고 한다. 이 공로로 프랑스대대는 한국과 미국의 대통령 부대 표창을 받게 되었다.

▲ 한국대통령 표창을 받는 프랑스 대대

1950년 말 연이은 전장의 참패로 떨어질 대로 떨어졌던 UN군의 사기는 지평리 전투의 대승으로 다시 고무되었으며 중공군의 막강한 인해 전술을, 화력과 견고한 방어진지 구축과 일심동체의 정신 무장으로 물리친 UN군 최초의 전투가 되었으며 UN군의 사기진작에도 크게 기여했다.

지평리 전투의 패배로 동력을 상실한 중공군은 남진을 포기하고 38선 이북으로 결국 후퇴했고, 국군과 UN군은 그 기세를 몰아 서울을 재탈환하게 된다. 6·25 전쟁에 있어 지평리 전투를 빼놓을 수 없는 이유는 바로 서울 재탈환의 결정적 계기를 마련하는 교두보 역할을 했기 때문이다.

당시 지평리를 수호하던 UN군에게 있어서 또 하나의 위협은 단순히 중공군의 대병력과 포탄, 총탄만이 아니었다. 그들이 가장 힘들어했던 것은 모든 것을 얼려 버렸던 영하 20도 혹한의 추위였다. 제대로 된 방한용품 하나 없이 추위를 정면으로 맞으며 꼼짝없이 며칠을 견뎌야 했던 병사들에게 지평리 혹한의 추위는 생명을 위협하는 또 다른 적이었다.

▲ 지평리 전투 5일 후, 중공군을 격퇴한 지평리 전장을 찾은 맥아더 사령관을 맞이하는 몽클라르 프랑스 대대장

특히 프랑스 대대는 한반도에 올 당시 이곳의 날씨나 추위에 대한 아무런 인지도 없어 침낭이나 방한용품은 고사하고 반팔 군복 달랑 한 벌만 입고 왔다. 미군에게 부랴부랴 침낭을 빌려 쓰기는 했지만, 매서운 추위를 견뎌내기에는 턱없이 부족할 수밖에 없었다.

▲ "단 한 사람도 내 허락 없이 물러나지 마라. 총알이 없으면 몸으로라도 막아라." - 랄프 몽클라르 -

▲ 지평리 전투. 중공군 포로

세계 10위의 경제대국, 세계 최고의 IT 강국, 세계 군사력 6위

세계 젊은이들의 대세인 K-컬처의 본산이 대한민국이다.

K-Culture

하지만 이 자랑스러운 업적은 하루 아침에 이루어진 꿈이 아니다.

대한민국

70~80년대 경제부흥의 사명을 띠고 전 세계로 나간 부모 세대들의 피땀과 희생이 있었다.

목숨을 걸고 한국 자유민주주의를 지켜낸 그 들의 투쟁으로 가능한 일이었다.

自由民主

하지만 북한 공산당의 6,25 침략에 맞섰던 영웅들은 점점 역사의 뒤안길로 멀어져 가고 있다.

콰콰   콰콰콱

6.25 전쟁은 한반도의 동족상잔 비극이 되었고 큰 아픔과 큰 상처를 주었지만

UN 참전용사들의 결연한 참전과 국군들의 희생이 한국의 자유민주주의를 지켜냈다.

6.25역사기억연대는 지난 72년 전 전장의 한복판에서 자유를 수호하다 산화한

위대한 영웅들의 전투와 그들의 숭고한 희생을 다시 조명하려고 한다.

그들의 희생 위에 지금 대한민국은 눈부신 발전으로 경제 대국, 군사강국을 이루었다.

6.25역사기억연대가 그 역사를 바로 세우는 첫걸음은 바로 UN군이 첫 승리한 지평리 전투이다.

지평리 전투는 1951년 2월 13일부터 2월 15일까지 경기도 양평군 지평리에서 벌어진 전투로

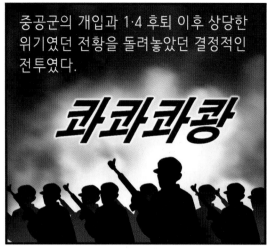

중공군의 개입과 1·4 후퇴 이후 상당한 위기였던 전황을 돌려놓았던 결정적인 전투였다.

당시 폴 프리먼이 중공군을 격퇴한 작전은 미 육군 지휘참모 학교의 교과서에 소개되었다.

Paul Lamar Freeman, Jr

수적으로 우세한 적에 맞서는 최고의 전투 방법은 지평리 전투이다.

1950년 9월 15일, 더글라스 맥아더 유엔군 사령관의 지휘 아래 인천상륙작전의 성공으로 북한군을 압록강까지 내몰며 진격하던 연합군은

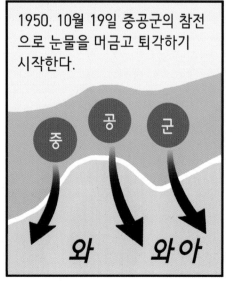

1950. 10월 19일 중공군의 참전으로 눈물을 머금고 퇴각하기 시작한다.

6.25전쟁은 중공군의 참전으로 소련을 비롯한 공산국가의 지원을 받는 북한과 중국 연합군 대

자유 진영인 유엔군의 전쟁으로 바뀌면서 새로운 국면으로 전환되었다.

청천강 전투, 장진호 전투 이후 패망 직전까지 갔던 북괴군이 이로 인해 기사회생했고

돌격!

앞으로!

반대로 이 전투 이후 급속히 밀린 연합군은 평양, 서울까지 다시 북한군에게 내주게 됐다.

쿵쿵쿵쿵

중공군의 공세로 전쟁의 판세가 바뀌고 있다.

상황이 너무 심각해.

미군이 한반도에서 철수해야 되나?

그만큼 유엔군의 패배의식은 만연해 있었다.

당시 지상군 총사령관인 매튜 리지웨이 장군은 공격작전을 계획했다.

아군이 승리하려면

먼저 중공군의 실체를 파악해야 한다.

1951년 2월, UN 군은 본격적인 반격에 나섰다.

평택 원주 삼척
Line

선더볼트 작전, 라운드업 작전 등등

전열을 재정비해서 전선을 회복해 가야 한다.

옛 썰~

전쟁 234일째 시작된 지평리 전투는 UN 군이 중공군의 대규모 공격에 물러서지 않고 진지를 고수하며 승전한 UN 군 최초의 대전투였다.

콰

타타타타타타 타타타

이 전투를 기점으로 해서 UN 군은 중공군에 대한 자신감을 갖기 시작했으며

이길 수 있다!

38도선을 회복하는 반격의 기폭제가 되었다.

38선

반격!

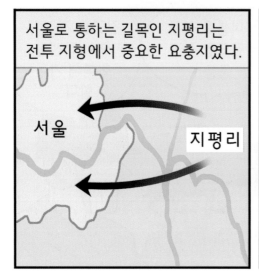

서울로 통하는 길목인 지평리는 전투 지형에서 중요한 요충지였다.

서울

지평리

서울은 전쟁의 전체 승패를 가를수 있는

한반도의 중심이다.

서울과 한강을 잃게 된다면?

남한은 북한군에게 속수무책으로 뺏길 수 있다.

이겨야 한다.

이러한 사실을 잘 알고 있던 중공군도 양평을 확보하기 위해 벌떼처럼 몰려들었다.

와아아아아아아

와아

낮은 산으로 둥그렇게 병풍처럼 둘러쳐져 있는 지평리는 일종의 분지 형태를 띠고 있었다.

그곳에 끝도 보이지 않는 중공군의 군대가 새카맣게 산 전체를 에워 쌌다.

휘이이이이이~

중공군 39군 제40군, 제42군 4개 사단 규모의 병력 50,600명이 지평리로 집결했다.

와아아아~

UN 군과 중공군의 병력 규모는 무려 10배 가까이 차이가 났다.

1:10

1:10의 대결, 말도 안 되는 중과부적의 치열한 전투가 시작된 것이다.

쾅

중공군은 지평리에 주둔하고 있던 UN 군을 몰아낸 다음 원주, 대전, 안동선으로 진출하고자 했다.

중공군은 자신만만했다.

패배는 생각할 수도 없다.

압도적인 병력의 차이다.

UN 군을 박살낼 자신이 있다.

껄껄

폴 프리먼 대령은 5,600명 규모의 미 제23연대 전투단을 이끌고 지평리에 진지를 구축했다.

23연대

23연대

미 제2보병사단 소속 23연대 전투단에 배속된 프랑스 대대가 주축을 이루었다.

필승!

미군 37포병 대대, 82방공포 대대, 503포병 대대가 연대 전투단으로 편성됐다.

콩 콩

콩

그러나 미 10군단 주력이 횡성에서 철수했기 때문에 미 23연대는 고립되고 말았다.

독안에 든 쥐다.

이에 연대장 폴 프리먼 대령은 철수를 건의했다.

여주로 갑시다!

미 8군 사령관 매튜 리지웨이는 거부했다.

철수는 안 된다!

사방에서 치고 들어올 막강한 중공군을 막아야 하는 지형적 단점은

중공군

병력이 적은 UN 군에 있어 절대 불리할 수밖에 없었다.

중공군

UN 군은 지평리에서 중공군을 최대한 흡수해 유엔군의 막강한 화력을 집중해 격멸시켜야 했다.

STOP

방어진지를 구축하라!

진지를 사수하라.

5천 명의 병력으로 지평리 고지를 방어하기는 어렵다.

포대를 중심으로 1.6km 길이의 원형 방어진지를 구축하라.

중앙에 포병부대를 배치하면 사방으로 포병 지원이 가능할 것이다.

이렇게 미국과 프랑스 장병은 원형 진지를 구축해 전투준비를 하였다.

철컥

예비 병력을 모두 배치하고 진지 주위에 철조망과 개인참호, 지뢰 설치도 완료했다.

……

13일 오후 5시 30분을 기해 중공군의 공격이 개시됐다.

쾅 쾅 쾅

밤새워 전 방어선에 걸쳐 계속된 포탄 공세를 아군들이 잘 버텨냈으나

연대장이 중공군의 박격포탄 파편에 다리 부상 당하고, 군수참모가 전사하는 피해를 입었다.

……

100여 명의 병력 손실이 발생하고 프리먼 대령도 부상을 입었지만

그는 후송 명령을 거부했다.

신임 연대장 자문을 위해 24시간 동안 지평리에 남겠다.

아군은 강풍 등 기상 악화로 유엔 공군의 항공지원도 어려운 상태에서 악전고투를 해야 하는 상황이었다.

그래도 지평리를 지켜야 한다.

발사!

14일, 중공군은 2개 연대를 추가 투입해 야간 공격에 나섰다.

남쪽의 제2대대를 집중 공격하라!

아군은 백병전으로 버티면서 저항했으나 순간적으로 진지를 빼앗기게 됐다.

인근에 있던 미군은 200m 가량 이동한 곳에 진지를 구축해 끝까지 저항했다.

전투의 중요성을 파악한 미 제9군단장은 장호원에서 전열을 정비 중이던 제5기병연대에 명령했다.

지평리로 진출하라!

2차 대전 당시 유럽에서 수많은 전투를 경험했던 프랑스의 특수 부대원들은 (해병대, 공수부대)

병력의 한계를 전술, 전략으로 극복해 냈다.

철컥

당시 중공군은 피리와 꽹과리를 치면서 심리적으로 불안하게 하여 압박 공격했는데,

꽹 꽹 꽹꽹

삐이이

프랑스 대대 몽클라르 대대장은 기지를 발휘하여 수동식 사이렌을 울리며 맞대응했다.

앵

애애앵

사방에서 총소리와 포탄이 난무하는 상황에, 수동식 사이렌 소리는

애앵

앵 앵

중공군에게 엄청난 혼란과 판단 미숙을 가져다줬다.

앵앵

으아!

정신이 하나도 없다.

앵 애애앵 앵

애앵

프랑스 특수부대원의 교란 작전에
말려든 중공군에게

UN 군의 기관총과 포탄 세례
가 사정없이 쏟아졌다.

중공군의 참패, 첫날 전투
는 UN 군의 대승리였다.

으아악!

이날 전투에서 프랑스군의
총검 돌격이 등장했다.

중공군들이 20m 앞까지 밀고 들어
오자 백병전이 시작된 것이다.

찔러!

돌격!

퍽!

몽클라르는1, 2차 세계대전을
다 겪은 3성 장군이었다.

그를 비롯한 프랑스 대대원들은
철모를 벗어던졌다.

그 들은 머리에 빨간 수건을
동여매고 총검과 개머리판
으로 맞서 싸웠다.

찔러!

이 싸움에서 프랑스군은 승리
했고 중공군들은 도망쳤다.

쿵 펙! 빡

프랑스 대대는 한 달 전 원주
전투에서도 25명의 소대원이

총검으로 인민군 1개 대대를
섬멸한 강력한 부대였다.

돌격!

와아아아아

2월 15일은 지평리에 또 다른 영웅 크롬베즈 대령이 등장한 날이다.

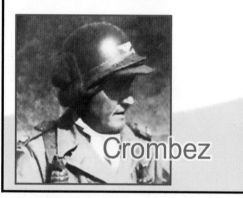
Crombez

연합군은 미 제23연대 전투단과 프랑스 대대와의 합류가 매우 시급했다.

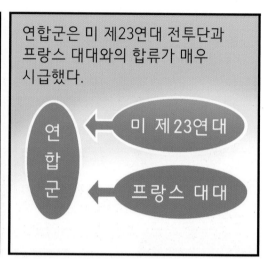

그러나 지평리 탈환에 사활을 건 중공군은 쉽게 길을 터주지 않았다.

절대 물러서지 마라!

타타타

탕탕

돌격!

제23연대 전투단과 프랑스 대대는 지쳐가고 있었다.

더 이상 버틸 힘이 없다.

탄약도 다 떨어졌다.

이에 미 9군단장은 크롬베즈 대령에게 명령했다.

무슨 작전입니까?

5기병 연대, 2개 포병대대 2개 전차부대를 편성해 지평리 전투에 합류하라.

Yes, Sir

크롬베즈의 특수부대는 대신 방향에서 지평리로 돌진했다.

좌우에 전차 부대를 1대대씩 배정했고 2개 포병대가 뒤따랐다.

● 대신 ⟶ ● 양평 ⟶ ● 지평리

크르르르

크롬베즈 대령은 전차 대대를 이용해 전선 뚫기를 시도한다.

전선

뚫기

주변에서는 이 작전을 만류했다.

포탄이 쏟아질 적의 한복판으로 뛰어드는 건 위험해.

아…

작전개시 전에 크롬베즈 대령은 헬기를 타고 직접 진격로를 점검했다.

성공 가능성을 찾았다.

타타타

이길 수 있다.

전차 대대를 투입하라!

돌격하라!

돌격

크롬베즈의 전차대대와 마주친 중공군은 엄청난 집중포화로 반격했다.

전차 위에 탑승한 보병들이 포화를 맞고 떨어졌다.

그러다 결국 문제가 발생했다.

선두 전차가 지평리 정남 측 망미산 자락과 248고지 사이의 애로 지형 입구에 들어섰을 때

중공군의 대전차 포에 피격당해 불길에 휩싸였다.

네 번째 전차도 박격포에 맞았고 중대장 히어스 대위를 포함한 승무원 전원이 전사했다.

선두 전차가 멈춰 서자 뒤따르던 전차들도 움직이지 못하게 됐다.

끙.

모든 전차 부대가 몰살될 수 있는 일촉즉발의 상황이다. 위험해.

그때 놀라운 일이 벌어졌다. 구사일생으로 살아남은 조종수가 전차를 움직이기 시작한 것이다.

끼이익

이제 됐다. 고립되지 않고 지형을 빠져나갈 수 있다.

크르르

돌격!

전차부대는 다시 파죽지세로 돌진했다.

전차부대

중공군

크롬베즈 대령의 전차 공격조는 2월 15일 17시쯤 드디어 미 제23연대 전투단, 프랑스 대대와 성공적으로 연결이 되었다.

미 제23연대

프랑스 대대

전차 공격조

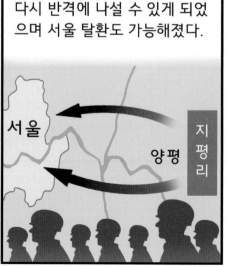

전투에서 패배한 중공군은 공격 개시 1주일 만에 북으로 철수하였다.

지평리 전투는 미군이 중공군과 싸워서 얻은 최초의 전술적인 성공 작전이었다.

이 전투로 유엔군이 중공군에 대해 자신감을 갖기 시작했으며

이후 38도선을 회복하는 반격의 중요한 기점이 되었다.

지평리 전투로 중공군은 약 5,000여 명(전사 4,946명, 포로 79명)의 사상 피해를 입었다.

반면 연합군은 300여 명(52명 전사, 259명 부상, 42명 실종)에 그쳤다.

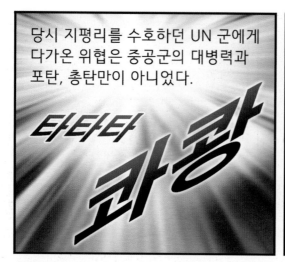

당시 지평리를 수호하던 UN 군에게 다가온 위협은 중공군의 대병력과 포탄, 총탄만이 아니었다.

그들이 가장 힘들어했던 것은 영하 20도 혹한의 추위였다.

으.

병사들은 제대로 된 방한용품 하나 없이 며칠을 견뎌야 했다.

춥다.

지평리의 강추위는 그들의 생명을 위협하는 또 다른 적이었다.

덜덜덜

특히 프랑스 대대는 한국에 올 당시 날씨나 추위에 대한 대비가 부족했다.

휘이이이

침낭이나 방한용품 도 없고

달랑 반팔 군복만 입고 왔습니다.

폴 프리먼의 연대 병력에 가세한 프랑스 대대의 지휘자는 몽클라르 중령이었다.

Ralph
Monclar

그는 제1, 2차 세계대전을 직접 겪은 역전의 용사였다.

원래 계급은 3성 장군인 중장이었으나 대대 규모의 프랑스 부대를 지휘하기 위해

파견하는 병력인 대대 급에 맞춰 계급도 중령으로 낮췄다.

몽클라르 장군은 직접 인사, 정보, 작전, 군수 등의 전문 인력을 구성해서

뚜웅

1950년 11월 29일, 부산항에 도착했다.

뚜우우

전쟁 경험이 풍부한 예비역
해병대, 공수부대를 중심으로

필승!

장교 39명, 부사관 172명,
병사 806명으로 구성된
용맹스러운 특수부대였다.

미 23연대 전투단과 함께 중공군에
대항한 몽클라르 중령의 프랑스
대대는

퍽   퍽   뻑

목숨을 걸고 고지를 사수해
지평리 전투를 승리로 이끌
었다.

팍   윽   퍽

28번의 전투를 치르는 동안
많은 부상을 입은 몽클라르
를 보며

끙

한국 참전을 말리는 그의 아내에게
몽클라르 장군은 이렇게 말했다.

잘 들으시오.

당시 몽클라르 장군은 생후 5개월 된 아들을 두고 있었다.

전쟁터로 향하는 나를 반대하는 당신의 마음도 이해는 해요.

하지만 공산주의 세력은 반드시 무찔러서 한국의 자유를 지켜야 합니다.

네.

이 일은 군인으로 사는 내게 주신 하나님의 명령입니다.

1951년 6월 24일, 몽클라르는 보레이 중령에게 지휘권을 넘기고

!

1951년 12월 6일, 고국 프랑스로 돌아갔다.

뚜웅

그는 귀국 후 다시 중장 계급장을 달고 원래 계급으로 돌아갔다.

진짜 군인.

6·25남침전쟁의 국가적 절명 위기에서 보이지 않는 희생을 통해

나라를 지켜낸 수많은 국내외 영웅들이 있다.

미 8군 사령관 리지웨이 장군, 프리만, 크롬베즈 대령, 몽클라르 장군 등 지평리 전투에 참여한 영웅들도 기억해야 한다.

War Heroes

지평리 전투에 몸을 바친 미군과 프랑스군 장병들의 명복을 기원한다.

충성!

"한국의 자유를 지키는 것은 하나님이 내게 주신 명령"
장군에서 중령으로 자진강등, 전쟁 영웅 '랄크 몽클라르'와 프랑스 대대

지평리 전투에서 결코 빼놓을 수 없는 인물이 있다면, 바로 프랑스 대대를 이끈 몽클라르 장군이다. 몽클라르 장군은 6·25 전쟁에 참전하여 영웅적인 모습을

▲ 몽클라르 장군

보여준 군인의 전형적인 롤 모델이자 자화상이었다.

몽클라르 장군은 프랑스 육군사관학교를 우수한 성적으로 졸업하고, 임관 후 제1차 세계대전에도 참여했다. 이후 수많은 전투에 참전해 전과를 올린 몽클라르 장군은 제2차 세계대전 당시 나르미크 전투를 승리로 이끈 연합군의 군단장이자 3성 장군의 프랑스 전쟁영웅이다.

6·25 당시 프랑스는 UN 안전보장 이사회 상임이사국으로서 한국에 전투병을 파병해야 할 책임이 있었지만, 2차 세계대전으로 입은 심각한 피해 복구와 당시 식민지였던 베트남 문제로 한반도에 파병할 병력의 여유가 없었다. 이에 프랑스 정부는 한반도 파병을 부결했는데, 3성 장군 몽클라르 장군이 국방부 차관을 직접 설득하고 파병부대의 지휘관을 자청하여 끝내 파병부대가 결성된다. 하지만 부대의 지휘관은 '중령'이 맡아야 한다는 문제에 봉착한 것인데 몽

클라르 장군은 단 망설임 없이 자진해서 5계급을 내려 참전 의사를 밝히고 이로써 프랑스대대의 파병이 결정된 것이다.

물론 프랑스의 전쟁영웅인 몽클라르가 전적으로 강등된 것이 아니고 한국전쟁 파병 기간 동안만 임시로 중령계급으로 내려 대대장을 하겠다는 것이었다. 자신보다 젊거나 경력이 짧은 장교의 지휘도 받아야 했지만, 몽클라르는 개의치 않고 하달되는 명령을 충실히 수행하면서 프랑스대대를 전장에서 훌륭하게 지휘한다.

몽클라르 장군은 직접 인사, 정보, 작전, 군수 등의 전문 인력을 구성했다. 전쟁 경험이 풍부한 예비역 해병대, 공수부대를 중심으로 장교 39명, 부사관 172명, 병사 806명으로 구성된 용맹스럽고 전투 경험이 뛰어난 특수부대를 꾸렸고, 1950년 11월 29일 부산항에 도착했다.

▲ UN 안전 보장 이사회 UN 한국 파병 결의안 의결

이후 프랑스대대는 미 23연대 전투단에 배속되어 51
년 1월 원주 전투, 2월 13~16일 지평리 전투에서 엄청
난 전과를 올리게 된다. 그 외에도 쌍 터널 전투, 단
장의 능선 전투, 화살 머리 전투, 증가산 전투, T형 능
선 전투, 281고지 전투 등 약 3년간 15회 전투 수행으
로 큰 활약을 보였고, 휴전 후 53년 11월 6일 제네럴
블랙호를 통해 프랑스대대는 고국 프랑스로 돌아간
다.

28번의 전투를 치르는 동안 셀 수 없는 부상을 입은
몽클라르를 보며, 한국 참전을 말리는 그의 아내에
게 몽클라르 장군이 한 말은 유명한 일화가 되었다.
몽클라르 장군은 생후 5개월 된 아들을 두고 전쟁터
로 향하는 남편을 반대하는 아내에게 "공산주의 세
력은 하나님을 대적하는 악으로, 반드시 무찔러서 한
국의 자유를 지켜야 한다. 이 일이 군인으로 사는 내
게 하나님이 주신 명령이다"라고 말했다고 한다.

또한 1950년 12월 23일, 6·25 전쟁 중에 크리스마스
를 맞은 몽클라르 장군은 아들에 보낸 편지에서 "사
랑하는 아들아, 너는 내가 한국으로 떠난 이유를 언
젠가는 물을 것이다. 아버지는 너와 같은 어린 한국
의 아이들이 길에서, 물에서, 눈 속에서 헤매지 않게
하기 위해 여기 있다"고 써서 큰 감동을 줬다.

몽클라르는 1951년 6월 24일 보레이 중령과 드 세즈
소령에게 지휘권을 넘기고 1951년 12월 6일 고국 프
랑스로 돌아간다. 그는 귀국 후 다시 중장 계급장을
달아 원래 계급으로 돌아갔다. 그리고 1964년 72세
의 나이로 프랑스 파리에서 생을 마감한다. 그는 전
쟁기념관으로 쓰이는 파리 시내 앵발리드에 묻혔다.

한국전쟁 당시 한국은 세계 지도상에서 그 위치도 잘
알려지지 않은 동북아 아시아의 작고 가난한 나라일
뿐이었다. 그런 나라의 자유민주주의를 지키기 위해
서 계급까지 스스로 낮춘 몽클라르 장군, 그리고 자

▲ 1951. 2 지평리 전투, 프랑스 병사

원해서 모인 프랑스 대대원의 정신은 타의 귀감이 되
어 오래도록 기억돼야 할 것이다. 그뿐만 아니다. 3
년의 6·25 한국전쟁 동안 듣지도, 보지도 못했던 나
라의 안위를 위해서 기꺼이 목숨을 바쳐 피 흘린 모
든 분들의 고귀한 정신을 잊지 말고 후대까지 길이
길이 기억해야 할 것이다.

'지평의 병 지평리 전투 기념관'

지평리 전투의 승리를 기념해 전투가 벌어졌던 경기도 양평 지평면에는 '지평의 병·지평리 전투 기념관'이 함께 자리하고 있다. '오늘의 자유와 평화를 있게 한 지평의 병 정신과 지평리 전투의 희생을 기억하겠다'는 취지로 지난 2015년 1월 1일 개장한 기념관은 대한민국 역사에 절대 잊지 말아야 할 지평리 전투의 모든 것을 담아내고 있다.

이곳에는 6·25 전쟁의 타임라인은 물론이고, 지평리 전투의 세세한 기록과 여러 에피소드를 소개하고 있다. 특히 전쟁 당시 실제로 사용됐던 각 나라 군인들의 장비들이 진열되어 있어 큰 흥미를 주고 있다. 단체나 개인, 가족 등 한 번쯤은 꼭 둘러볼 필요가 있는 안보의 명소이다.

지평의병, 지평리 전투기념관
경기 양평군 지평면 지평로 357 / ☎ 031-771-6625 / 입장시간 10:00~16:30 (월요일 휴무)

창과 방패

한국전쟁 호국영웅
Heroes, the Korean War

2011.2 몽클라르 장군, 한국전쟁 호국 영웅선정
General Monclar, as Hero of Korean War

프랑스 대대의 백병전

지평리 현장의 한국군

파비안느 여사는 아버지 몽클라르 장군이 지평리 전투 직후 전장을 찾은
맥아더 사령관과 대화하는 모습을 감회 깊게 바라보고 있다.

지평리 전투 기념관을 다녀간 관람객들의 감사의 메모

자유는 공짜가 아니다!

중공군의 전의를 완전히 꺾어버린 전투

"지평리 전투로 모든 상황이 달라졌다."

- 중국역사가 천첸 -

6.25전쟁의 판세를 뒤집은 통쾌한 대역전의 3대 전투! 인천상륙작전, 지평리 전투, 용문산 전투

그때까지만 해도 중공군은 모든 상황이 유리하다고 믿고 있었다. 최종승리만 남았다고 생각했다. 자신만만한 확신이었다. 아주 처참한 대패로 펑더화이(인민군 지원군 총사령관)는 큰 충격에 빠졌다.

지평리 전투의 승리는 당시 중공군에 의해 미군에 만연해 있던, 패전의식으로부터의 탈출을 고하는 전환점을 마련한 획기적이고도 통쾌한 대승리였다. 지평리 전투는 6.25전쟁의 전면전 중, 전장의 판세를 완전히 뒤집는 3대 전투(인천상륙작전, 지평리 전투, 용문산 전투) 중의 하나이다. 1950년 10월 중공군이 압록강을 넘어 한국전쟁에 개입하기 시작하면서부터 유엔군과 국군은 압록강, 청천강, 장진호 전투 등의 여러 전장에서 패퇴에 패퇴를 거듭하며 남하하기 시작했고 3.7도선 이남으로까지 후퇴하게 되면서 모든 지역에서의 전황은 패색이 짙어만 갔다.

모든 전선에 이르기까지 중공군의 주된 전술, 전략은 주로 소리소문없이 야간 이동을 하여 전선에 은밀하게 침투, 매복하고 있다가 쟁과리, 호각, 나팔 등을 이용해 전장을 시끄럽고 혼란스럽게 만드는 전략이었다. 그 순간을 틈타 숨 돌릴 틈도 없이 사방팔방에서 끊임없이 몰려드는 중공군의 인해전술에 유엔군과 국군은 이렇다 할 전투 한번 제대로 못 해보고 후퇴만을 거듭할 뿐이었다.

결국에는 수도 서울을 또다시 내어 줄 수밖에 없는 암담한 현실과 한 치 앞도 내다볼 수 없는 풍전등화와 같은 전황이 되풀이되고 있었다. 당시 미군은 오죽했으면 중공군의 맹렬한 대규모 공세에 한국을 포기하고 철수한다는 '한국 망명 정부안'을 해외에 계획할 정도로 전선의 상황은 매우 위태롭고 다급했다.

▲ 6.25전쟁 당시 유엔군의 지휘 본부로 사용되었던 지평 양조장

지평리를 사수하라

지평리 전투는 1951년 2월 13일부터 15일까지 미 제2사단 제23연대가 배속된 프랑스 대대와 함께 지평리를 포위한 중공군 6개 연대의 집중 공격을 전면 고수방어로 막아낸 전투이다. 당시 지평리는 국군과 유엔군의 병참선의 중심지이면서 유엔군이 한강에 진출할 수 있는 전략적인 요충지였다. 이 전투에서 미23 연대는 전선의 우측의 국군 제3.8사단이 중공군의 제4차 공세에 밀려 철수함에 따라 중공군 제39군에 포위되고 말았다. 그러나 프랑스 대대와 함께 고립된 상황에서도 전면 방어 태세로 전환해 중공군의 파상공격을 3일 동안 막아냈다. 그 후, 미 제5기병대가 후방에서 적군의 포위망을 돌파하여 미 제23연대와 전선을 연결함으로써 중공군은 퇴각하였다.

지평리 전투는 1950년 10월 중공군의 개입 이후, 유엔군이 처음으로 대규모 공세를 물리치고 진지를 고수한 전투였다. 이 전투로 중공군은 막대한 손실을 보고 제4차 공세에 실패하게 되었으며, 유엔군은 재반격의 기틀을 다지게 되었다. 이후 유엔군은 중공군의 공격에 자신감을 갖게 되었으며, 38도선 회복을 위한 반격 작전을 수행할 수 있었다.

상황

중공군의 제3차 공세로 37도 선까지 후퇴한 국군과 유엔군은 중공군의 공세가 둔화하자 이천에서부터 수원 전방에 걸쳐 위력수색 작전을 전개하였다. 1951년 1월 15일부터 시작된 작전의 결과 수원~ 이천 이남 지역에는 중공군의 소규모 부대만이 배치된 것을 확인할 수 있었다. 이를 토대로 국군과 유엔군은 1월 25일 기해 일제히 반격 작전을 감행하여 작전의 주도권을 만회하려 했다. 서부지역에서는 이른바 "선더볼트 작전"이 이루어져 한강 남안까지, 중부지역에서는 "라운드업 작전'으로 강릉 선까지 진출하여 2월 초순에는 지평리~ 횡성을 연결하는 선까지 점령할 수 있었다. 국군과 유엔군으로부터 강력한 반격을 받은 중공군은 위기를 돌파하고자 중부 전선에 대한 집중 공격을 계획하였다. 제4차 공세를 준비하던 중공군은 유엔군의 지평리 지구와 국군의 횡성지구 중 전투력이 약한 국군을 먼저 공격하여 와해시킨 후 계속해서 유엔군의 지평리 지구를 공격하기로 결정하였다.

작전환경

지평리는 중앙선 열차가 통과하며 원주~문막, 여주~이천, 양평 등으로 진출할 수 있는 교통의 요충지로서 주변이 산으로 둘러싸여 있어 분지를 이루고 있는 전략적 요충지였다. 주위의 280m 내외에 이르는 여러 개의 고지를 연결하여 직경 5km의 사주방어를 편성하기에 적합했다. 그러나 당시 미 제23연대의 3개 대대 병력이 담당하기에는 너무나 방대했으므로 미 제23연대장은 진지를 축소해 마을을 중심으로 1.6km의 방어선을 구축했다. 미 제23연대는 진지를 편성하고 고지대에는 지뢰와 철조망으로 장애물을 설치했다. 작전 기간에는 기온이 영하 15C까지 내려갔으며, 강한 바람 때문에 병사들의 체감온도는 영하 20c를 넘었다.

평가

지평리 전투는 유엔군이 중공군의 공세에서 처음으로 대승을 거둔 전투로서, 그동안 중공군의 인해전술을 적절히 대응하지 못했던 유엔군의 완벽한 승리였다. 또한, 미군과 프랑스 대대가 연합하여 유엔군 상호 간의 협조로 전세를 역전시킨 최초의 전투이다. 지평리 전투의 승리는 유엔군의 사기와 전의를 진작시키는 결정적인 계기가 되었다. 지평리 전투에서 유엔군은 전사 52명, 부상 259명, 실종 42명이 발생하였으며, 중공군은 4,946명 사살, 78명이 생포되었다.

6.25전쟁 10대 전투

지평리 전투의 영웅들

폴 프리먼 대령(Paul L. Freeman)
- 미 2사단 제23연대장
- 박격포탄 파편으로 다리 부상 그러나 후송 거부
- 연결 작전이 필요할 때까지 부대 지휘

"내가 부하들을 이끌고 여기까지 왔다. 내가 반드시 이들을 데리고 나갈 것이다"
(투철한 군인정신 발휘)

몽클라르 중령(Ralph Monclar)
- 프랑스 대대장
- 1, 2차 세계대전에 참전하고 중장까지 진급, 스스로 중령으로 6.25전쟁에 참전

"계급은 중요하지 않다. 곧 태어날 자식에게 UN군의 한 사람으로서 평화라는
숭고한 가치를 위해 참전했다는 긍지를 물려주고 싶다."

마셜 G.크롬베즈 대령(Marcel G. Crombez)
- 미 제5기병 연대장
- 전차 위주 특수임무부대 편성 악전고투 끝에 연결 작전 성공

용문산 전투

중공 오랑캐 격파의 요지!
세계 전쟁사에서 그 유래를 찾아보기 힘든 단일 전투의 전과

중공군 1개 군단, 3개 사단을 괴멸시킨
국군 6사단 최대승리 용문산 전투

용문산 지구전적비(신점리)

▲ 용문산 지구전적비 비문

용문산 지구전투전적비(광탄리)

용문산 전투는 한국전쟁 중에 국군 제6보병 사단이 중공군의 '제2차 춘계공세'를 저지한 방어 전투로, 1951년 5월 18일부터 21일 사이에 있었다. 국군 제6보병사단은 용문산 일대에 주저항선을 형성하는 한편, 경계 부대(2연대)를 용문산 전방의 홍천강과 청평강 남안(南岸)으로 후진 배치하여 방어에 임하고 있었다. 중공군 제63군 예하 3개 사단(제187,188,189사단)이 경계부대를 주요 방어 병력으로 오판하고 총공세를 감행하자, 2연대 국군 장병들은 열악한 환경에서도 물러서지 않고 중공군을 타격하였다.

이후 중공군의 전력이 약화된 기회를 포착하여 반격을 가해 이들을 격퇴하고 공격 이전 하여, 가평과 춘천을 거쳐 화천발전소까지 진출하여 많은 전과를 획득하였다. 용문산 전투를 계기로 중공군 개입 이후 줄곧 수세에 몰렸던 UN군은 공세로 전황을 역전할 수 있었다. 용문산 전투와 관련한 기념비는 양평(광탄리, 신점리)에 각각 소재한다.

용문산 전투

1951년 중공군의 5월 공세 때 경기도 양평군 용문산 일대에서 주저항선을 형성한 국군 제6사단은 효과적인 사주 방어작전과 막강한 화력 지원을 통해 중공군 제63군 예하 3개 사단(제187,188,189사단)의 공격을 격퇴하고 화천 발전소까지 60km를 추격하였다. 이 전투의 승리로 제6사단은 국군의 단독 전투로는 사상 최대의 전과를 올리며 4월 공세 때 사창리 전투의 패배를 설욕함과 동시에 청성사단의 명예를 되찾게 되었다. 공산군 측은 용문산 전투의 패배에 따른 5월 공세의 실패로 마침내 휴전을 제의하게 되었다.

▲ 승전 소식 후 파로호를 찾은 이승만 대통령 (뒤에 있는 사람이 장도영 준장)

참전지휘관

제6사단장 준장 장도영

제2연대장 중령 송대후	제19연대장 대령 임익순
제1대대장 대위 홍재익	제1대대장 소령 김준고
제2대대장 소령 김덕복	제2대대장 중령 박주근
제3대대장 대위 김두일	제3대대장 소령 박종길
제7연대장 대령 양중호	제27포병대대장 소령 박정호
제1대대장 소령 인성훈	사단공병대대장 중령 박정채
제2대대장 소령 민방목	사단교육대장 소령 전동식
제3대대장 소령 송광보	

용문산 전투 지세도

1951년 5월의 용문산 전투에 대한 상세한 전황을 지형도에 옮겨 기록한 자료로, 당시의 치열한 전투 상황을 엿볼 수 있다. 이를 통해, 중공군 3개 사단의 대규모 공격 이동로와 이에 맞선 국군 제6보병사단의 방어선 구축 실태를 살필 수 있다. 자세한 전황을 효과적으로 설명하기 위하여 여러 장의 소축척 지형도를 이어 붙여 제작하였으며, 근래에 제작된 것으로 보인다.

국군 6사단의 현대판 중공군 살수대첩薩水大捷
중공군 수장처水葬處 화천 저수지

지평리 전투(1951년 2.13~15일)에서 미군과 프랑스대대에 의해서 대패당하고 전의를 상실한 중공군(제39군 6개 연대)에 이어 중공군 19병 단 63군 3개 사단이 이번엔 용문산 전투에서부터 시작, 국군 6사단(사단장 장도영 준장)에 의해서 북쪽으로 쫓기다 5월 24~30일 화천(파로호) 저수지 일대에서 전사자 24,141명, 포로 7,905명 등 중공군 1개 군단, 3개 사단의 대병력 3만 2천46명이 전사하거나 포로가 되는 막대한 전력손실을 입었다. 실종자는 집계가 불가할 정도였다.

▲ 6사단 장도영 사단장

남의 땅에 와서 수많은 우리 국민의 피를 흘리고 이 땅을 유린하고 짓밟았으니 이 정도의 대가는 조족지혈에 불과한 것이다. 파죽지세로 노도처럼 밀고 내려오던 중공군 제19병 단 제63군 3개 사단(제187, 제188, 제189사단)의 현 경기도 양평군 용문산 전투에서의 대패는 중공군 전사에 길이길이 불명예로 회자될 정도로 대량 몰살(수장水葬) 당한 참담한 전투였다.

현대판 살수대첩

고구려 영양왕 23년(612년) 살수(지금의 청천강)에서 수나라 30만 대군을 전부 몰살시켜 강대했던 수나라를 멸망에 이르게 한 을지문덕 장군의 살수대첩이 일어난 지 1,400년이 지난 1951년 5월, 중공군은 국군 6사단에 의해서 현대판 살수대첩이라고 불릴 정도로 화천호에서 거의 몰살당했다.

중공군은 유엔군의 막강한 화력 지원과 국군 6사단의 치밀한 작전, 공격에 휘말려 엄청난 사상자와 낙오병, 패잔병이 연이어 발생하면서 사기가 완전히 꺾인 채, 보급품, 무기 등을 전부 버리다시피 하며 지리멸렬, 꽁지 빠지게 도망하기에만 급급했다. 설상가상, 패주 중인 중공군은 화천 저수지 앞에서 오도가도 못하는 배수의 진을 치는 모양새가 되었고 결국, 미군의 항공 포격과 국군 6사단의 맹공격으로 화천저수지에 대량 수장당하는 참사를 당했다. 결국, 화천호는 중공군 대병력의 수장처가 되었다.

전투가 끝나고 며칠 후인 6월 2일부터 파로호에 가라앉았던 중공군의 사체들이 부패하면서 수면 위로 떠오르기 시작했는데, 시체가 너무 많아 별도의 인력을 동원해서 수거해야만 했으며, 어찌나 많은 중공군의 사체들이 화천 저수지에 수장당했으면 중공군의 시체들로 인하여 식수원이 오염

▲ 중공군 포로

되자 외부에서 급수를 해 와야 할 정도였다. 그 후 정전 10년 가까이 시체를 뜯어먹고 자란 물고기라는 이유로 화천 저수지의 고기를 잡지도, 먹지도 않았다고 한다.

용문산 전투는 한국군 1개 사단이 중공군 군단 병력을 짧은 기간에 완전히 궤멸시킨 우리 국군의 최대 승리요 쾌거였다.

이런 일방적인 단일 전과는 세계 전사에서 그 유래를 찾아볼 수 없는 기적의 승전이기도 하다. 이로 인해 중공군은 부득불 3.8 이북으로 퇴각할 수밖에 없었고, 이 전투로 인해 문산, 연천, 양구, 간선까지 전선을 위로 끌어 올렸다. 이후 중공군의 대규모 공세는 더 이상 발생하지 않았다

실로 막대한 병력 손실과 피해를 입은 중공군은 원래 계획의 목적을 달성하지도 못한 채 이 전투의 참패로 전의를 완전히 상실, 적화통일을 포기할 수밖에 없었다. 이에 따라 휴전을 제안하는 전환점 마련의 계기가 되었고, 이후 한 뼘의 땅이라도 더 차지하고자 지리하고도 치열한 고지 쟁탈전이 무려 2여 년 동안 벌어지는 전황의 변화로 이어진다.

용문산 전투는 6.25전쟁 초반 1년간의 치열했던 전면전을 승전으로 마무리 지은 빛나는 전투로 평가된다. 6.25전쟁은 이 전투 이후로 전면전에서 전선 교착 전으로 전쟁의 양상이 바뀌게 될 정도로 용문산 전투는 중공군에게 있어서 씻을 수 없는 굴욕적인 섬멸 수준의 패배였다.

국군 6사단의 불세출의 뛰어난 과감한 작전과 필사의 정신으로, 인해전술로 막강한 공세를 취하던 중공군 3개 사단을 격파, 섬멸시켜 대승을 거둔 세계 전사에 길이 남는 빛나는 전투였다. 6.25전쟁 중, 수세에 몰리던 UN군과 우리 국군에게 지평리 전투에 이어서 6.25전쟁 중에 남아있는 국군 6사단 병력의 무려 10배에 달하는 중공군의 대병력을 완벽하게 전멸, 무력화시킨 전투이다.

당시 용문산 전투의 연장선상인 중공군 63군을 궤멸시킨 파로호는 원래 명칭이 대붕호, 화천 저수지였다. 용문산 전투 이후 이승만 대통령이 오랑캐를 깨트린 호수라며 파로호 破虜湖라고 명명해 현재까지 파로호로 불리고 있을 정도이니 이 전투의 전과와 의의를 짐작할 만하다.

이 전투가 얼마나 치열했으면 한 발짝 전진에, 피 한 바가지였다고 할 정도로 중공군의 피로 산야를 적시었다. 후일담이지만, 중공군의 시체들로 인하여 추격

▲ 국군 6사단 2연대 1대대

하는 우리 국군의 군화 바닥이 중공군의 사체에서 흘러나오는 피로 미끈거릴 정도였다고 하니 그때 그날의 전투가 피아간에 얼마나 치열했는지를 가늠할 수가 있다.

사창리 전투에서 중공군에게 대패하여 유엔군들에게 여러모로 조롱거리가 되었었던 6사단 장병들의 필생즉사必生則死 결사항쟁의 필사적인 정신 무장이 대승리로 이끌었고, 전사에 길이 남을 기념비적인 빛나는 전과였다.

용문산 전투에서부터 파로호 전투까지의 국군 6사단의 전사자는 불과 107명인 반면에 중공군 전사자는 무려 20,000명에 이른다. 6·25전쟁 중, 중공군의 전체 전사자는 약 116,000명, 포로가 8,000명인 점을 감안한다면 중공군은 용문산 전투에서 시작, 파라호 전투까지 막대한 희생자를 냈다. 1개 연대병력으로 중공군 63군을 와해시킨 장도영 장군(당시 6사단장)은 전쟁사에 길이 남을 명장이 되었고, 육군 참모 총장에까지 오르게 되었다.

특히, 지평리 전투와 용문산 전투 두 전투에서의 중공군 전사자는 약 25,000여 명에 이른다. 6.25전쟁에서의 중공군 전체 전사자 대비 약 20%가 이 두 곳의 전투에서 발생한

▲ 결사 철모
용문산 전투에서 국군 제6보병사단 장병이 사용한 군용 철모로 죽을힘을 다하여 싸우겠다고 다짐하며 '결사(決死)'라는 글자를 쓴 것이 특징적이다.

결사 철모決死 鐵帽

용문산 전투에 나섰던 국군 제6보병사단(청성부대) 장병이 사용한 군용 철모이다. 용문산 전투 직전 사창리 전투에서 굴욕적인 패배를 당한 국군 제6보병사단 예하 2연대 장병들은 치욕을 씻기 위해 필사의 항전을 다짐하며, 철모에 붉은색 페인트로 '결사'라는 글자를 쓰고 전투에 나섰다고 한다. 종군기자의 기록 사진에는 흰 천에 '決死'라고 쓰고 이를 군용 철모에 두른 채 전장에 나서는 청성부대 장병들의 모습이 담겨 있다.

▲ 파로호에 세워진 기념비

셈이다. 불과 3~4개월의 짧은 두 전투에서 중공군은 궤멸 수준의 사상자가 발생했고 전투 회복 불능의 치명타를 입었다.

이로써 중공군은 더 이상 계속 한반도에서 전쟁을 수행할 명분과 능력이 한계에 부딪혔다.

글을 마치며 질문 하나

현, 중국의 입장에선 용문산 전투에서 파라호 전투까지 돌이킬 수 없는 치욕적인 대패 중 하나이기에 호수 이름을 개명해달라고 한국 정부에 요청해 논란이 되기도 했다. 중국 측은 자국 관광객들이 불쾌하다는 이유를 대고는 있지만 진짜 목적은 설욕적인 패전의 기록을 지우기 위함일 것이다.

만약, 지평리 전투와 용문산 전투의 승리가 없었다면 자유대한민국은 과연 어떻게 되었을까?

그런데, 우리 자유대한민국을 지켜낸 이런 기적의 대승 전투지인 용문산에 제대로 된 전투 기념관 하

나가 없다는 것이 이해가 안 가는 부분이다. 피 흘리며 나라를 지킨 선혈들에게 너무나 부끄럽고 죄송스럽기만 하다. 〈kojy〉

1950년, 북한의 불법 남침으로 6.25전쟁이 발발했다.

돌격 하라!

전쟁 초기엔 북한이 승리하는 듯 보였다.

그러나 유엔군과 국군의 방어로 전세가 역전됐다.

북한

1950년 9월 5일, 연합군 총사령관인 맥아더 장군은 인천상륙작전을 감행해 9월 28일에 서울을 수복했다.

9.28 서울 수복

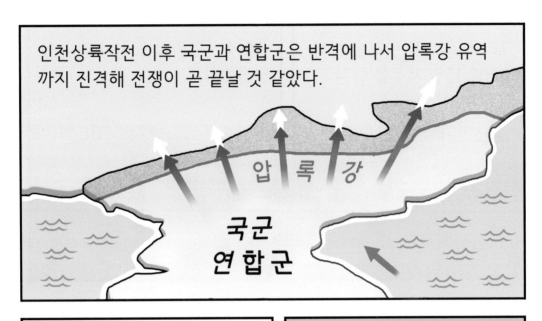

인천상륙작전 이후 국군과 연합군은 반격에 나서 압록강 유역까지 진격해 전쟁이 곧 끝날 것 같았다.

그러나 10월부터 엄청난 수의 중공군이 개입하자 국군은 다시 38선 이남으로 철수했다.

1951년 1월 4일에는 서울마저 포기하고

후퇴!

38선

서울

평택과 삼척을 잇는 북위 37도선 지역까지 물러났다.

삼척

평택

37선

울진

그러나 곧 다시 반격을 시작해 3월 15일 서울을 탈환했으며

4월에는 기존의 38선 지역까지 진출했다.

중국군과 북한군은 4월 말에 대공세를 펼치며 남하해왔으나

국군과 유엔군은 공세를 저지하고 서울을 지켜냈다.

용문산 전투는 1951년 5월 17일부터 22일까지의 중공군 공습에 맞선 국군 제6사단이

용문산과 가평 일대에서 중공군 3개 사단을 격멸한 전투이다.

한국전쟁 당시 국군의 물자와 장비는 매우 열악했고 훈련도 부족했다.

그래서 인민군의 지원 병력으로 참전한 중공군은 1951년 4월 부터

UN군 보다 상대적으로 만만한 국군의 방어 라인인 동부전선을

집요하게 노리는 전략을 취했다.

고성

인제

양양

강릉

평창

정선

이로 인한 대표적인 전투가 6.25 전쟁 최악의 패전 중 하나인

현리전투이다.

1천 명의 사상자와 행방불명자를 냈다.

모택동은 김일성의 요청을 받고 6.25 전쟁에 참전하기로 결정한 후

毛澤東

중공군 사령관 팽덕회에게 명령했다.

彭德懷

유엔군보다는 약한 한국군을 집중 공격하라!

넷! 알겠습니다.

팽덕회가 이끄는 중공군은 파죽지세로 국군 방어선을 무너뜨리고 남한으로 내려왔다.

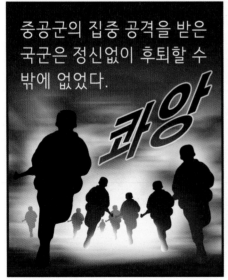

중공군의 집중 공격을 받은 국군은 정신없이 후퇴할 수밖에 없었다.

콰앙

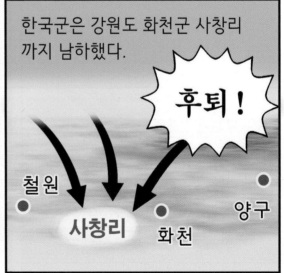

한국군은 강원도 화천군 사창리까지 남하했다.

후퇴!

철원

사창리

화천

양구

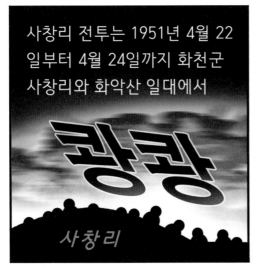

사창리 전투는 1951년 4월 22일부터 4월 24일까지 화천군 사창리와 화악산 일대에서

사창리

중공군 4개 사단의 공격을 받은 국군 제6사단이 패배한 싸움이다.

화악산

인천상륙작전 이후 가장 먼저 압록강에 도달한

국군 내에서 가장 우수하다는 제6보병사단도 이때 치욕적인 패배를 경험했다.

위험하다 후퇴하라!

제대로 된 전투도 없이 사단 전체가 도망치기에 바빴다.

후퇴!

병사들은 장비와 무기도 버리고 무질서하게 후퇴했다.

달려!

갑자기 전선이 무너지자 미군 포병부대도 급히 후퇴해야만 했다.

Help me!

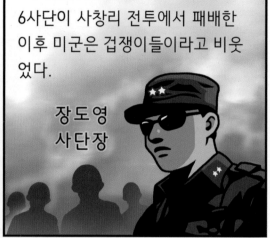

6사단이 사창리 전투에서 패배한 이후 미군은 겁쟁이들이라고 비웃었다.

장도영 사단장

겁쟁이 블루스타! 당신들 전쟁할 줄 알아?

제8군 사령관 리지웨이

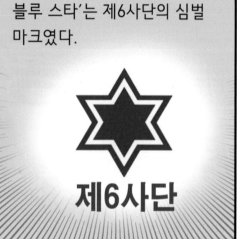

블루 스타'는 제6사단의 심벌 마크였다.

제6사단

제6사단 장병들은 분노의 눈물을 흘렸다.

으아!

분하고 화가 난다!

반드시 복수해 주겠다!

으...

장도영 준장이 지휘하는 제6사단
장병들은 설욕을 벼르고 있었다.

가자!

반드시 블루 스타의
명예를 회복해야 한다!

필승!

제6사단은 청성부대란 명칭처럼
철모 양측에 푸른색 별 마크가
있었다.

그 위로 머리띠를 감았는데 결사
란 두 글자가 선명했다.

용문산에서 뼈를 묻겠다는
각오였다.

목숨을
바치겠다!

오욕을 씻지
않고서는

살아오지 않겠
습니다!

6사단은 부대를 급히 재편했다.

다시
공격한다
준비하라

6사단에게는 경기도 양평군의
용문산 일대를 방어하라는 명령
이 하달됐다.

STOP

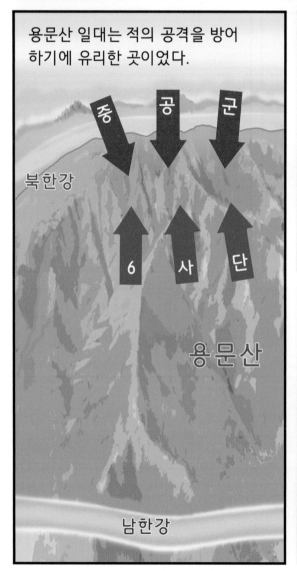

용문산 일대는 적의 공격을 방어
하기에 유리한 곳이었다.

중 공 군

북한강

6 사 단

용문산

남한강

홍천강, 북한강, 남한강 등
3면이 중공군의 공격 막아
주는 역할을 했다.

끙.

기복이 심한 높은 산들이
중공군 접근을 막아준다.

이겨야 한다!

북한강은 춘천-화천-양구로, 남한강은 여주-충주로 이어지는 뱃길이 되었고

또한 홍천-인제 방면과 횡성-원주 방면의 도로가 교차하는 육상 교통로의 요지였다.

용문산 고지를 점령 해야 남부 공격에 성공 할 수 있다!

돌격!

콰

와아아아아

와

중공군은 3개 사단 27,000명을 투입했다.

중공군은 국군 6사단의 10배에 달하는 엄청난 군대였다.

공격에 나선 병력은 사창리 전투에서 승리한 중공군 3개 사단이었다.

우리는 이전 전투에서도 승리했다.

이길 수 있다 공격하라!

중공군은 후방의 예비 사단까지 끌어들여 총공세에 나섰다.

중공군의 돌격에 소대장은 전사했고 중대장은 후퇴하고 말았다.

비상 사태다!

대부분의 병력이 참호에 몸을 숨기고 있을 때

서기종 일병이 소총 사격과 함께 빼앗긴 진지로 달려가며 외쳤다.

물러서면 전부 죽는다!

지원부대가 곧 온다! 돌격 앞으로!

창과 방패

승기를 잡은 국군은 중공군을 맹렬히 공격했다.

6사단은 용문산 전투에서 승리했고

사창리 전투에서 패배한 불명예를 씻게 되었다.

6사단의 피해는 전사 107명. 중공군은 2만 명이 사망했다.

기회를 잡았다! 돌격 앞으로.

6사단은 미 9군단 예하 각 사단과 함께 북상하면서 추가적인 작전을 벌였다.

끝까지 따라 잡아라!

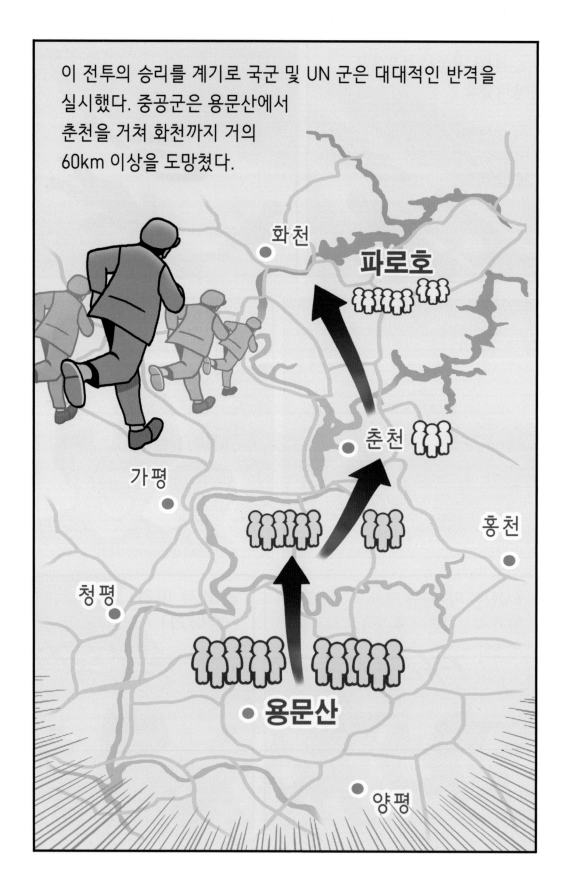

이 전투의 승리를 계기로 국군 및 UN 군은 대대적인 반격을 실시했다. 중공군은 용문산에서 춘천을 거쳐 화천까지 거의 60km 이상을 도망쳤다.

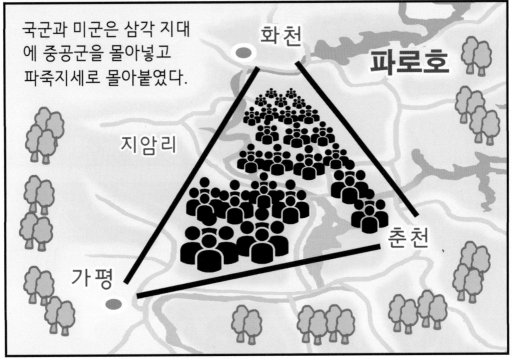

국군과 미군은 삼각 지대에 중공군을 몰아넣고 파죽지세로 몰아붙였다.

화천
파로호
지암리
춘천
가평

유엔군은 항공기로 지원사격에 나섰다.

부우웅 ········ 쾅 쾅

푸른 저수지는 붉게 물들었고 시체가 둥둥 떠다녔다.

부패된 시체들로 인해 물을
마실 수가 없어서

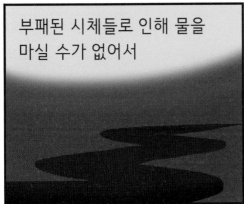

다른 마을의 우물을 이용할 정도
였다.

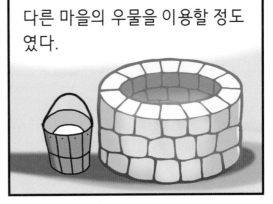

화천 저수지 일대가 중공군의
시신 썩는 냄새로 진동했다.

냄새가 심해서 코에 마늘을
넣고 행군하기도 했습니다.

461번 도로에도 중공군의 시체가 좁은 길을 메우고 있었고

능선과 계곡마다 시체들이 널려 있었다.

……

중공군은 도주 과정에서 2만 4천여 명이 사망했고

항복.

8천여 명이 포로로 잡혔다.

6사단의 강인한 의지는 용문산 일대를 방어했고

전례 없는 대승으로 사창리 전투의 불명예도 씻을 수 있었다.

중공군을 몰아내고 대승을 거뒀다는 소식이 알려지면서

이승만 대통령이 화천 저수지를 직접 방문했다.

끽~

수고들 많았습니다.

이 대통령은 오랑캐를 격파한 호수라는 뜻으로 '파로호'라는 이름을 지어 주었다.

破虜湖

그들을 깨뜨렸다는 점에서 '파'라고 하고

破

중공군을 북방의 침략자 '오랑캐'라는 의미에서 '로'라고 한 것이다.

虜

중공군 수만 명을 격파해 수장한 파로호 전투는

'현대판 살수대첩'이라고 할 수 있다.

1.4후퇴 이후 UN은 지속적으로 휴전 협정을 요청했는데

용문산 전투가 정말 중요한 역할을 하게 됐다.

용문산과 파로호 전투로 큰 손실을 입은 중공군은

더 이상 버틸 수가 없었다. 결국 휴전 회담을 하는데 큰 기여를 한 전투가 용문산 전투였다.

용문산 전투는 북한강 이남 전선을 60km 북상시켰고

60km

휴전 협정 때 비슷한 지역에 휴전선이 지정되도록 만들었다.

휴전선: 군사분계선

6사단의 강인한 의지는 용문산 일대를 막고 중공군을 격퇴했다.

6사단은 더 이상 '겁쟁이 블루스타' 가 아니고 빛나는 별이 되었다.

필승!

'영화 포화 속으로' 원작

"학도병아 잘 싸웠다."
Student Soldiers Fought the good Fight!

"학도병아 잘 싸웠다, 승리의 길로 역적의 공산당을 때려 부셔라
밀려오는 괴뢰군을 때려죽여라 대한민국 만세를 부르며 가자."

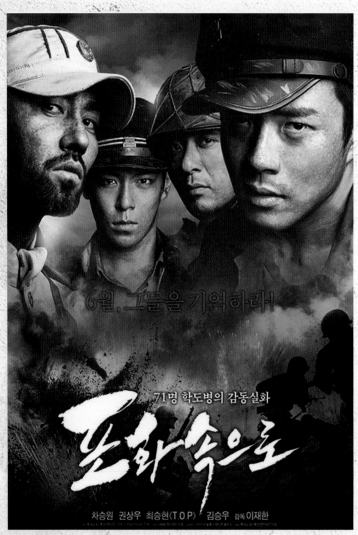

▲ 김만규 목사의 저서 '학도병아 잘 싸웠다!'를 바탕으로 만든 감동 실화 영화
'포화 속으로' 포스터(2010년 6월 10일 개봉)

이 노래는 73년 전 6.25일 새벽 4시(주일)를 기해 북괴 김일성의 전투명령 제1호 발령(암호명 폭풍) 아래 일제히 38도선을 넘어, 무방비 상태였던 이 땅을 침략(남침) 할 때, 민족과 강토를 지키기 위해 반공 구국 전선으로 달려 나가던 학도(소년병)병들이 목이 터져라 외쳐 부르던 한 맺힌 피의 노래, 애국의 함성이요, 처절한 절규였다. 전쟁 발발 4일 차 되던 6월 28일(수요일) 북한군은 이른 아침 서울 시내에 진입했다. 당시 국군은 모든 것이 인민군에 비해 열세하였고, 계속해서 남쪽으로 후퇴하는 상황에서, 곳곳에서 어린 학도병들이 자진해서 모여들어 피의 전투에 가세하게 된다.

이날은 242대의 소련제 전차(T-34) 탱크 226문, 장갑차 54대와 176문의 소련제 자주포, 172문의 곡사포 대전차포 550문, 박격포 2,029문, 211대의 항공 기대(170대의 전투기 포함)와 30대의 함정(수송, 고속정)을 앞세워 한반도를 가로지르는 38도선을 선전포고 없이 북한군 제1, 2, 3, 4, 5, 12사단과 제105 전차여단 등이 11개 지점에서 일제히 침략했다.

▲김만규 목사(생존하는 학도병)의 저서

희미하게 남겨진 그들의 전사戰士기록들과, 자료 사진들, 실제 증언들을 토대로 하여 피의 역사로 얼룩진 과거 상흔의 흔적들을 고스란히 되돌려 재조명해 봄으로써 진정, 국가와 민족을 위한 애국, 애족 정신이 무엇인가를 상기시켜 볼 필요성이 절실하게 느껴지는 해이다.

그날의 학도병 정말 잘 싸웠다!
73년 전 8월 11일 포항여중에서 치열하고 처절했던 피의 전투는 '확실하게 잘 싸웠고, 나라를 잘 지켰으며, 잘했다' 백 번, 천 번, 만 번이라도 칭찬 들어 마땅하며, 청사에 길이길이 빛날 피와 땀과 눈물의 전투였다. 사실 우리는 오랜 세월 동안 1950년 8월 11일 학도병들이 나라와 민족을 위해 장렬히 산화한 포항여중에서 피로 얼룩진 결사 항쟁의 전투를 잊었고, 또한, 평가마저도 저조했으며 그나마 바르게 전하지도 못했다.

1950년 6월 25일 북한 김일성(본명 김성주)의 침략(남침) 전쟁으로 국가존망國家存亡이 풍전등화風前

燈火의 기로에서 촌각寸刻을 다투고 있을 때, 국군은 대한민국의 운명이 달린, 마지막 보루인 낙동강 전선을 방어하랴 한 치의 숨돌릴 겨를도 없이 온 화력과 병력을 낙동강 전선에 투입시키며 북괴군의 공세를 막아내기에만 급급했다.

이때 북괴군은 낙동강 전선을 무너뜨리고 부산으로 진격하기 위해 8월, 거의 무방비 상태였던 포항으로 남진 중이었다. 파죽지세破竹之勢로 진격하던 북괴군은 포항으로 내려가는 길목이요 요충지인 형산강을 넘지 못한 채 발목이 붙잡히고 말았다. 포항여중에서 북괴군을 기다리며 한창 전투 준비 중에 있던 예상치도 못했던 71명의 학도병들에 의해 진격로가 가로막혀 피아간彼我間에 11시간 반 동안 4차례의 치열한 전투가 벌어졌다.

학도들은 자진해서 모여들었고 한마음으로 뭉쳤다. 군인도 아닌 학도들로서 단지, 호국 일념 하나에 공산당과 싸워 자유민주주의 대한민국을 지키겠다는 의분에 불타는 투철한 반공정신으로 무장, 최전선으

로 달려나가 학
도 의용병의 일
원으로 생사를
넘나드는 전투
에 투입됐다.

따발총 소리와
함께 새벽 3시부
터 시작된 전투
는 오후 2시 30
분까지 장장 11시
간 30분 동안 북
괴군과의 결사항
전을 벌이며 오
직 나라를 지키
겠다는 애국 신
념과 용기로 죽
음을 불사한 4차
례에 걸친 피의

이들은 끊임없
이 밀려오는 적
의 대부대와 육
박전은 물론, 혈
전의 용맹으로
피눈물 나는 사
투 끝에 청사에
빛나는 전과를 올렸다. 그때 만약 포항이 적의 손에
더 일찍 떨어졌다면 부산이 적의 수중에 들어가는
것은 시간문제였다.

이들은, 1950년 8월 11일 북한 괴뢰군 5사단, 12사단,
766 유격부대 등 대부대가 밀고 내려올 때 포항여중
을 교두보橋頭堡삼아 배수진背水陣을 치고 북한군
과 치열하게 대치하며 교전한 피의 주역들이었다.
제대로 화기를 갖춘 군인도 아닌 어린 학생(영화 포
화 속으로의 원작 '학도병아 잘 싸웠다'의 저자 김만
규 목사 당시 15세 현 90세)들이었다. 제대로 된 훈
련 한번 받지 못했다. 전투 경험도 전혀 없었고, 총도
한 번 쏴보지 못한 국군 3사단 소속 71명의 어린 학
생(소년)들로 구성된 학도 의용군들이었다.

북한군의 주력부대가 들이닥치자, 국군 3사단 사령
부는 당시 국군과 학도병 사이에 연락병 역할을 하
던 김만규(15세)에게 사단사령부를 사수하라는 작전
명령 한마디와 71명의 학도병을 포항여중에 남겨둔
채 낙동강 전선을 방어하기 위해 후퇴해 버린 상태
였다. 연락병이었던 김만규는 이 작전명령을 학도병
들에게 알렸고, 북괴군과의 전투 준비를 하고 있었
다.

전투를 용맹하게 수행하였다. 자기 키만 한 무거운
M1 소총 하나만 손에 쥐고 71명의 학도병들이 버텨
준 시간은 장장 11시간 30분이었다. 자신들의 목숨
과 바꿔가며 지킨 11시간 30분은 아군이 전의를 다
지고 다시 반격을 준비할 수 있는 더할 나위 없는 금
쪽같은 소중한 시간이었다.

만약, 학도병들이 견디지 못하고 포항여중 전투에서
처참하게 무너졌다면, 미8군이 한창 공격 준비를 하
고 있을 때 북괴군이 노도怒濤처럼 포항으로 들이닥
쳤을 것이다. 포항 부두에 산더미같이 쌓아놓은 아
군의 군수물자는 북괴군에 의해 약탈당했을 것이며,
아니면 국군의 손에 의해 모든 물자가 북괴군의 손
에 넘어가기 전에 먼저 폭파당했을 것이다. 군수 물
자도 그렇거니와 수많은 포항 시민들의 엄청난 인명
피해와 영일만 아군 비행장의 위협도 배나 가중되었
을 것이다.

학도병들은 끝도 없이 밀려오는 북괴군 앞에서 총알
이 떨어지자, 어쩔 수 없이 빈총을 집어 들고 최후의
돌격인 육박전(백병전)으로 싸울 수밖에 없었다, 결
국 중과부적으로 학도병들은 죽거나 포로가 되었다.

한창 꽃다운 나이의, 청순하고 아름다운 젊은이들이 8월의 태양 아래 검붉은 피를 토하며 "대한민국 만세! 학도병 만세!"를 목이 터지라 외치며 하나, 둘 쓰러져 갔다. 시체들은 피와 흙먼지로 물들어 피아간에 식별이 안 될 정도였다. 그야말로 사력을 다해 적을 물어뜯는 혈투였다. 적의 시체 위에 학도병의 시체가 덮이고 학도병의 시체 위에 북한군의 시체가 쓰러졌다.

총성이 멎었다. 아비규환, 고통의 울부짖음, 오열들은 생지옥을 방불케 했다. 포항여중은 완전히 불타버렸고 학도병들은 형체조차도 알아보기 힘들 정도였다. 학도병들의 목이 떨어져 나가고, 팔이 떨어지고, 다리가 끊어져 나갔다. 상체는 상체대로, 하체는 하체대로 포항여중 앞 벌판 여기, 저기에 나뒹굴었다. 차마 눈 뜨고 볼 수 없는 참혹한, 지옥에서나 볼 수 있는 광경 그 자체였다. 처참하고 참혹함만이 가득 쌓여있었다.

전장 곳곳에서의 수많은 학도병들의 결사 항쟁의 피의 전투가 없었다면? 당시 국군은 화기, 수적, 모든 것이 북괴군에 비해 상대가 안 될 정도로 열세했지만, 이 부족한 자리들을 학도병들이 도처에서 자진 보충, 전투에 가세하여 정말 용감무쌍하게 잘 싸워줬다.

이날 학도병 48명 전사, 행불 처리 학도병 10명, 13명은 적의 포로가 되었고 그중 6명이 중상, 반면에 북한 괴뢰군은 학도병에 의해 350명이 사살되었으니 부상자 수도 만만치 않았을 것이다. 6.25 한국전쟁 전선에서 북괴군의 남진을 무려 2시간이나 지연시켰다. 분, 초를 다투는 전장에서의 2시간 지연은 작전 승, 패의 엄청난 결과를 초래하게 된다. 전장에서 5~10분이면 사단 병력(10,000명)이 다시 재구성(편성)돼서 전선에 재배치될 수 있는 천금보다 더 귀한 시간이다.

총성이 멎었다. 아비규환, 고통의 울부짖음, 오열들은 생지옥을 방불케 했다. 포항여중은 완전히 불타버렸고 학도병들은 형체조차도 알아보기 힘들 정도였다. 학도병들의 목이 떨어져 나가고, 팔이 떨어지고, 다리가 끊어져 나갔다.

이런 금쪽같은 시간을 71명의 학도병이 사선을 넘나드는 피의 대가를 치러가며 지연시킨 것이다. 당시 북괴군은 1950년 7월 말 낙동강 전선을 제외한 남한의 90%를 점령한 상태였다. 동족상잔의 비극인 6·25 한국전쟁에 휘말려 수많은 지역에서 치러졌던 학도병들의 전투 중에서도 포항여중 교정 앞, 울타리를 방책 삼아 벌어졌던 전투는 그 절정을 이룬 고귀한 피의 꽃이라 할 것이다. 학도병들의 의義로운 정신은 생사生死를 초월했고 생사를 두려워하지 않은 그들이야말로 천하무적天下無敵 강군强軍이었다.

인민군 5사단, 12사단 766 유격대 등 약 25,000명이 71명의 학도병들에게 그야말로 개떼처럼 달려들었다. 일부만 남겨두고 계속 남진해도 되는데, 학도병들이 얼마나 잘 싸워줬으면 국군의 대병력이 포진하고 있는 줄로 알고 착각하였다. 인민군이 처음에는 종대로 밀려오더니 학도병들이 안 무너지니까 나중에는 횡대로 펼쳐진 전투대형을 갖춰서 몰려왔다.

포항여중 앞 벌판에서 치러진 71명의 학도병들의 결사 항전 피의 전투가 없었다면 북괴군은 부산까지 빠른 속도로 남진해갔을 것이다.

이로 인해 8.15전까지 부산을 함락시키라는 북괴 김일성의 지상명령에 차질이 생겼으며, 중부전선 및 서부 전선에 배치된 인민군이 동부전선 포항으로 밀려들어 오게 되므로, 그 유명한 맥아더 원수의 5,000:1의 성공확률인 인천 상륙작전이 절대적인 성과를 낼 수가 있었다. '공산화 통일'이라는 망상에 빠진 김일성은 당시 공산 진영의 맹주였던 소련의 사주를 받고 오천 년 역사상 가장 큰 민족상잔의 비극을 저질렀다.

저자(김만규 목사 71명의 학도병 중 현, 마지막 생존자)는 이 책에서 '우리(학도병)는 이렇게 목숨을 내놓고 잘 싸워서 나라를 지켰노라고' 말하고 있다. 당시 15세의 어린 김만규 학도병은 북괴군과의 치열한 교전 중 파편을 맞아 오른쪽 시력을 거의 잃었고 오른손가락 세 개가 떨어져 나갔다. 지금도 그때의 상흔이 고스란히 남아있다. 치열한 전투가 끝난 후 포로가 되어 포로수용소에서 10일간 죽을 고생을 하다가 총살 집행을 당하게 되었다. 북괴군은 포로들의 총살집행을 위해 다른 포로들과 함께 한 줄에 5명씩 묶었다. 인민군이 방금 파놓은 총살 집행 현장인 미현동 골짜기 구덩이 앞에서 북괴군의 총살 집행을 바로 앞두고 대구 봉산교회 주일학교에 다녔던 김만규는 울면서 간절히 기도했다. "하나님, 제발 한 번만 살려 주이소!" 짧은 시간에 수십 번을 되뇌었다.

총살집행 명령이 떨어졌다. 거총! 하나, 둘... 하는 그때, 갑자기 유엔군 제트기 편대(전투기)가 날아와 폭탄을 퍼붓고 총살집행 현장인 미현동 골짜기에 기총사격을 가하기 시작했다. 인민군들의 '항공'하는 외치는 소리와 동시에 파 놓은 구덩이에 같이 뛰어 들어가 숨어 있었다. 북괴군은 잠시 포로들의 총살집행을 포기해야만 했지만, 이날 다시 두 번째 총살이

집행될 즈음에는 엄청난 폭우가 쏟아졌다. 폭우로 인해 또다시 총살 집행이 중지되었고 김만규 학도병은 그날 밤 칠흑 같은 어둠을 뚫고 다른 학도병과 함께 탈출했다. 김만규 목사는 그때 인민군 군관이 했던 말이 아직 귀에 생생하다고 한다. "동무들! 동무들은 말이지비, 게딱지처럼 땅에 딱 달라붙어 서리~ 우리를 괴롭힌 아주 악질 반동들 임메"

지금도 우리 자유대한민국을 적화(공산화)통일 시키려는 주적이 바로, 북한 공산주의자 들이다. 그들은 승냥이처럼 호시탐탐 우리의 빈틈을 노리고 있다. 남침 야욕을 포기하지 않고 휴전이라는 기간을 최대한 악용하여 수많은 국지적 도발을 자행하고 있음을 기억해야 한다.

영화(포화 속으로, 장사리/잊혀 진 영웅들)등 여러 기록은 6·25전쟁을 통해 수 없이 산화한 학도병들의 부분적인 기록이겠지만, 6·25전쟁과 같은 동족상잔의 비극이 다시는 발발하지 않도록 경각심을 고취시키고 있다는 점에서 이들의 희생은 너무나 숭고하며 귀하지 않을 수가 없다.

조국이 풍전등화風前燈火와 같은 경각에 놓였을 때. 조국과 민족을 지키고자 과감히 전장에 뛰어들어 죽음을 불사하고 공산군과 싸우다 장렬히 산화한 어린 학도의용군들의 반공정신과 우국충정, 애국심을 다시 고취시키며 그들의 호국정신을 후손만대 기려야

할 것이다.

작금의 우리 대한민국은 마치, 6·25 전쟁 바로 전의 해방정국을 보고 있는 것 같다. 좌·우 이념(사상) 갈등으로 같은 민족끼리 으르렁거리며 첨예하게 대립하고 있고, 남한을 공산화(적화통일)하려는데 동조하는 공산 세력들이 도처에 위장한 체 하나, 둘 그 세력을 확장해 나가고 있다. 이들은 지금 남한에 그들의 정부를 수립하기 위해, 조직적으로 치밀하게 움직이고 있다. 그런데 우리 국민들은 너무나 태평하기만 하다. 설마... 지금이 어느 때인데... 우리는 그 '설마'가 사람 잡는다는 말을 결코, 섣부르게 생각하면 안 된다. 큰코다칠 수가 있다.

이런 위험천만하고 중차대한 시국에, 북한의 남침 야욕을 분쇄하고 자유민주주의 대한민국을 수호하는 데 절실하게 요구되는 것이 있다. 케케묵은 6~70년대적인 발상이요, 원색적인 구호 같다고 하겠지만 이런 때일수록 6~70년대의 '반공', '방첩', '때려잡자, 공산당!!!', '멸공'과 같은 구호(교훈)를 다시금 마음에 새길 때이다. 그 무엇보다도 정신들 바짝 차리고 국가안보를 바로 세우는데 온 국민이 나서서 총력을 기울여야 한다.

우리는 72년 전 그날의 그 앳된 젊은 학도병들이 흘린 고귀한 피의 터전 위에서 자유민주주의를 마음껏 누리며, 분에 넘치는 평화와 풍요 속에 우리와 우리의 후손들이 행복하게 살아가고 있다는 점을 한시라도 잊어서는 안 된다. 비록 세대와 문화, 모든 것이 그때와는 확연하게 다르다고 해도 우리에게 산 교훈으로 남아있는 동족상잔의 비극인 6·25 전쟁의 참상은 아무리 강조해도 지나치지 않다.

일제강점기와 해방정국, 6·25 동란 등 민족의 격동, 수난기를 고스란히 겪은 생존자들의 수는 서서히 줄어들고 있다. 시대가 변하고 세대가 바뀔수록 점점

우리는 72년 전 그날의 그 앳된 젊은 학도병들이 흘린 고귀한 피의 터전 위에서 자유민주주의를 마음껏 누리며, 분에 넘치는 평화와 풍요 속에 우리와 우리의 후손들이 행복하게 살아가고 있다는 점을 한시라도 잊어서는 안 된다.

희석돼 가는 6·25 전쟁의 참상. 우리가 불행하고 아픈 역사를 반드시 기억해야 하는 이유는, 기억하지 않는 역사는 불행하게도 반복될 수 있기 때문이다.

우리가 지금 누리고 있는 이 풍요로운 호사와 자유는 결코 거저 얻어진 것이 아니다. -freedom is not free-그때 그 전장의 한복판에서 자유를 수호하기 위해 쏟아지는 포탄과 빗발치던 총탄 속에서 피범벅이 되어 이리, 저리 나뒹굴던 어린 학도병들의 피의 절규요 그 대가임을 잊지 말고 기억해야 한다. ⟨kojy⟩

너무나 아쉬운 점은 이들 학도병들이
목숨을 초개와 같이 여기며,
이 나라와 이 민족을 지켰음에도 불구하고
그들의 업적을 기리는 훈장 수여도 없었고
제대로된 예우도 하지 않았다는 것이다.
그들의 나라를 위한 희생은
잊혀진 과거 속에 묻혀 있을 뿐이다.

**역사를 잊은 민족에게는
미래가 없다.
자유민주주의 대한민국 만세!!!
모든 학도병 만세!!!**

義勇千秋 의용천추
"의로운 용기는 천년만년 간다."

1974년 7월 12일,
학도병을 기린 박정희 대통령의 휘호.

"학도병아 잘 싸웠다" 저자 김만규 목사

포항여중에 세워진 학도의용군 명비

어머니께 보내는 편지 서울 동성중학교 3년 학도병 이우근

어머님! 나는 사람을 죽였습니다. 그것도 돌담 하나를 사이에 두고, 十 여명은 될 것입니다.

저는 二명의 특공대원과 함께 수류탄이라는 무서운 폭발 무기를 던져 일 순간에 죽이고 말았습니다.

수류탄의 폭음은 저의 고막을 찢어 놓고 말았습니다.

지금 이 글을 쓰고 있는 순간에도 제 귓속은 무서운 굉음으로 가득 차 있습니다.

어머님, 괴뢰군의 다리가 떨어져 나가고, 팔이 떨어져 나갔습니다.

너무나 가혹한 죽음이었습니다. 아무리 적이지만 그들도 사람이라고 생각하니

더욱이 같은 언어와 같은 피를 나눈 동족이라고 생각하니 가슴이 답답하고 무겁습니다.

어머님! 전쟁은 왜 해야 하나요. 이 복잡하고 괴로운 심정을 어머님께 알려 드려야

내 마음이 가라앉을 것 같습니다. 저는 무서운 생각이 듭니다.

지금, 제 옆에는 수많은 학우들이 죽음을 기다리고 있는 듯, 적이 덤벼들 것을 기다리며

뜨거운 햇볕 아래 엎디어 있습니다. 저도 엎디어 이 글을 씁니다.

괴뢰군은 지금 침묵을 지키고 있습니다. 언제 다시 덤벼들지 모릅니다.

저희들 앞에 도사리고 있는 괴뢰군 수는 너무나 많습니다. 저희들은 겨우 七一명 뿐입니다.

이제 어떻게 될 것인가를 생각하면 무섭습니다.

어머님과 대화를 나누고 있으니까 조금은 마음이 진정되는 것 같습니다.

어머님 어서 전쟁이 끝나고 "어머니이!"하고 부르며 어머님 품에 덥석 안기고 싶습니다.

어제 저는 내복을 제 손으로 빨아 입었습니다. 비눗 내 나는 청결한 내복을 입으면서

저는 한 가지 생각을 했던 것입니다. 어머님이 빨아주시던 백옥 같은 내복과 제가 빨아 입은

그다지 청결하지 못한 내복의 의미를 말입니다.

그런데 어머니! 어쩌면 제가 오늘 죽을지도 모릅니다. 저 많은 적들이 저희를 살려두고

그냥은 물러갈 것 같지가 않으니까 말립니다. 어머님, 죽음이 무서운 것은 결코 아닙니다.

어머니랑 형제들도 다시 한번 못 만나고 죽을 생각을 하니, 죽음이 약간 두렵다는 말입니다.

하지만 저는 살아야겠습니다. 꼭 살아서 돌아가겠습니다. 왜 제가 죽습니까, 제가 아니고

제 좌우에 엎디어 있는 학우가 제 대신 죽고 저만 살아가겠다는 것은 절대로 아닙니다.

천주님은 저희 어린 학도들을 불쌍히 여기실 것입니다.

어머니 이제 겨우 마음이 안정이 되는군요. 어머니, 저는 꼭 살아서 어머님 곁으로 달려가겠습니다.

웬일인지 문득 상추쌈을 재검스럽게 먹고 싶습니다. 그리고 옹달샘의 이가 시리도록 차가운 냉수를

벌컥벌컥 한없이 들이키고 싶습니다.

어머님! 놈들이 다시 다가오는 것 같습니다. 다시 또 쓰겠습니다.

어머니 안녕! 안녕! 아빨싸 안녕이 아닙니다. 다시 쓸 테니까요.... 그럼.... 이따가 또....

당시 전쟁의 참담함과 어머니에 대한 절실한 그리움을 담고 있는 어린 학도병의 마지막 편지는 끝내 부쳐지지 못한 채 그가 전사한 다음날 핏자국에 얼룩져 글씨도 알아보기 힘든 상태로 주머니에서 발견되었다고 합니다.

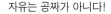

6.25 참전 여성 의용군

국가의 위기 상황 속에서 자신의 청춘과 목숨을 걸었던 그녀들이 있기에
지금 우리와 미래가 있습니다.

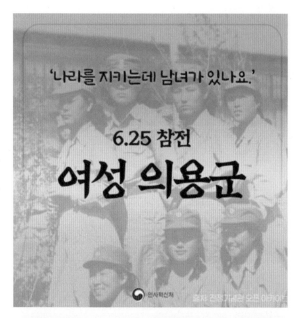

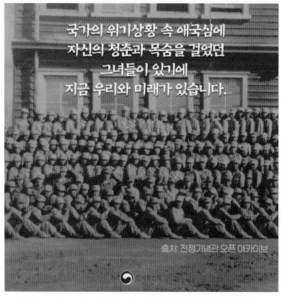

▲ 1950년 9월 여성 의용군교육대 창설 당시 모습

▲ 여성 의용군 행진

▲ 여성 의용군 훈련

6.25 전쟁에서 잊지 말아야 할,
학도병들의 숭고한 정신과 고귀한 희생!

'우리 살아 있는 자의 의무는 기억하는 것이다.'

두 편의 짧은 기록(장사리 전투, 포항여중 전투)이지만,
이를 통해서 오늘을 사는 청소년을 비롯한
젊은 세대들과 어른 세대들이, 이들의 희생으로 누리는 자유의 소중함을
조금이라도 일깨웠으면 하는 바람이 간절하다.

나라를 지키기 위해
목숨을 버린 학도병들의 용기를 기억합니다.
대한민국 만세!!!
학도병 만세!!!

6 · 25의 위기에서 자유대한민국을 지킨 사람들

(신 32:7)

호국 보훈의 달을 맞아서 정확하게 기억하고, 생각하고, 묻고, 가르쳐야 합니다. 그것이 우리의 책무입니다.

■ 이범희 목사
  6.25역사기억연대 6 · 25역사위원장

오늘 본문은 모세가 가나안 땅을 바라보면서 가나안에 가서 살아야 하는 이스라엘의 후손들에게 유언으로 한 내용입니다. 기억하고, 생각하고, 물으라는 이 3가지 명령은 지금 우리가 사는 현실이 거저 얻어진 것이 아니라 조상들의 댓 가가 있었다는 것입니다.

우리 자유대한민국은 1948. 5. 10 유엔선거관리위원단의 지도아래 남한에서 총선을 실시하여 198명의 제헌의원을 선출하였고 1948. 5. 31 이 땅에 최초로 국회를 개원하였고 1948. 7. 1 국호를 자유민주주의 대한민국으로 정하였습니다. 1948. 7. 17일에는 대한민국 헌법 및 정부조직법이 공표되었고 1948. 7. 20 국회에서 정, 부통령 선거를 실시하여 대통령에 이승만, 부통령에 이시영을 선출하였습니다.

1948. 7. 24 정, 부통령 취임식을 가졌고 1948. 8. 15 이승만 대통령은 전 세계에 자유민주주의 대한민국을 선포하였습니다. 이렇게 가장 합법적이고 전 세계가 축하하고 인정한 대한민국을 북한 공산집단은 남조선을 해방시킨다고 선전포고도 없이 불법 무력으로 기습 남침하여 남, 북한의 600만 명의 인명피해 등 말할 수 없는 악행을 저지르고도 피해 보상은커녕 단 한 번의 사과도 하지 않았습니다.

또한 73년이 지난 지금도 적화에 대한 악행을 계속 저지르고 있으며 저들에게 동조하고 추종하는 주사파 종북주의자들은 대한민국의 건국을 부정하고 사람 중심, 종전이라는 거짓 선동으로 국민을 미혹하고 이간질하므로 국민은 심각하게 분열되고 국가의 동력이 급격히 떨어지고 있습니다. 이때야말로 우리는 6·25전쟁의 진실을 기억하고, 생각하고, 묻고, 가르쳐야 합니다.

6.25전쟁의 위기에서 자유대한민국을 지킨 사람들입니다.

1) 김종오 6사단장 1950. 6. 25일 04시

북한 인민군 2개 군단 19만 명은 3.8선을 넘어서 서부, 중부, 동부 전선으로 일시에 공격해 옵니다. 중, 서부 전선은 3일 만에 서울을 빼앗겼지만 동부 전선의 6사단은 적의 2군단을 3.8선 춘천 전선에서 4일이나 막아냅니다. 적의 1군단은 2군단을 기다리며 서울에서 5일을 머무릅니다. 이 5일이 국군이 한강 방어선을 구축하게 해주고 미군의 참전 시간을 갖게 해줍니다. 이 5일이 사라져가는 대한민국을 다시 회생시켜줍니다.

당시 육본과 국방부에는 인민군의 남침 정보가 수시로 보고되고 허술한 3.8선 경계를 경고했지만, 국방부장관은 적이 침략하면 점심은 평양에서 먹고 저녁은 신의주에서 먹는다는 근거 없는 큰소리로 군과 국민을 무력하게 하고 육본은 6. 24일 3.8선 장병 3/1을 휴가와 외박을 보냈습니다.

하지만 6사단은 모든 장병들의 휴가와 외박을 금지하고 적의 예상되는 진출로에 방어 진지를 구축하고 사단장이 직접 간부들에게 전투 훈련을 시키고 포병과 보병과의 협력 훈련을 재점검하고 유사시 민간인과의 협력을 약속받고 철저하게 경계근무에 집중합니다. 파수꾼은 자리를 이탈하지 않는다는 파수꾼의 책임입니다.

2) 백선엽 국군 1사단장

1950. 8. 3. 전선은 남한 면적의 10%인 남북 130km를 미군이, 동서 80km를 국군이 뺏고 뺏기며 사투를 벌이며 방어하고 있었습니다. 김일성은 북의 전선 사령부인 수안보까지 와서 부산이 어렵다면 대구는 반드시 8월 15일까지 점령하라고 다그칩니다. 적은 전선을 총공세로 전환해서 인민군 1군단을 미국 정면에 배치하고 인민군 2군단은 국군 정면에 배치해서 사생결단의 공격을 해옵니다. 워커 미8군 단장은 총사령부에 부산 교두보를 건의하고 한국 정부의 제주도나 일본으로의 이전을 권면하고 미국 정부는 태평양의 작은 섬을 한국의 망명정부로 준비까지 합니다.

그러나 이승만 정부는 단호합니다. 국민 총동원령을 내리고 죽음으로 대한민국을 사수할 것을 선포합니다. 특히 다부동이 뚫리면 대구가 점령되고 순식간에 대한민국은 사라지는 절체절명의 순간입니다. 국군 1사단은 학도병 800명을 포함한 7,600명의 병력과 야포 172문으로 인민군의 주력 3개 사단 23,000명과 34대의 전차와 670대 야포의 무차별 공격을 오직 애국심으로 버텼습니다. 그러나 한 달간의 계속되는 전투로 시체가 산을 이루고 계곡은 피로 물들고 시체 썩는 냄새가 너무나 역겹고 8월 무더위에 시체의 부풀어 오른 배가 터지는 소리에 장병들은 점점 힘을 잃어갑니다.

두려움과 공포에 사로잡힌 장병들이 견디지 못하고 후퇴하자 사단장이 급히 막아섭니다. "여기서 밀리면 우리는 부산 앞바다에 다 빠져 죽는 길밖에 없다. 대한민국은 지구상에서 사라진다. 내가 앞장선다. 죽음이 두려워서 내가 후퇴한다면 나를 쏴라! 전선을 지키자! 나를 따르라!" 하고 앞으로 나아가니 억센 손들이 그의 양팔을 강하게 붙잡으며 "알겠습니다! 사단장님! 죽음으로 전선을 지키겠습니다." 죽음으로 국가를 지킨다는 희생정신입니다.

3) 올리버 스미스 미 해병 1사단장
1950. 11. 27~ 2주간. 한반도의 지붕 개마고원 장진호에서 중공군 9병 단 12만 명이 미 해병사단 1사단을 겹겹이 포위했습니다. 총사령부는 하갈우리 비행장에서 공중 탈출을 권고하지만, 스미스는 거부합니다. 외곽경계부대 2개 대대 전우를 포기할 수 없다는 것입니다. 미 해병대의 최고의 가치는 명예심입니다. 전우를 전선에 남겨두고 철수하지 않는 것이 전통입니다. 우리는 끝까지 함께 합니다. 그래서 명령에 복종할 수 없습니다. 알몬드 미 10군단장은 스미스에게 전선의 지휘권을 맡깁니다. 스미스는 철수작전을 지휘합니다. 28세의 처녀 종군기자 마거릿 히긴스가 묻습니다. "아니 세계 최강 미 해병대도 후퇴합니까?" 스미스가 고함치듯 대답합니다. "이런 제기랄 이건 후퇴가 아니라 다른 방향으로의 공격이야"

해발 1천m의 산속, 영하 30~40도의 강추위 속에서 어느 곳 하나 몸을 숨길 수 없는 빙설 속에서 미 해병사단을 겹겹이 끊임없이 막아서는 중공군의 42km의 포위망을 14일 만에 뚫었습니다. 미 해병 특유의 전우애와 강인한 훈련의 결과와 사령부의 무제한의 지원으로, 세계최강 미 해병과 이제 막 1년 된 중공군의 싸움을 세계의 눈과 귀가 집중해 있음을 아는 미 해병 장군의 자존심이 미 해병대의 명예를 지켜 낸 것입니다. 이 작전으로 중공군 9병 단이 궤멸하고 51년 총공세에 불참합니다. 미 해병과 사단장의 명예를 소중히 여기는 믿음과 강하게 훈련된 병사들

의 전우애가 중공군 12만을 무너트렸습니다.

4) 랄프 몽클라르 프랑스 대대장 1951. 2. 13~16
1951. 2. 13일 홍천 삼마치 전투에서 중공군 6개 사단이 국군 8사단을 궤멸시키고 양평-이천-수원으로 진군해서 37도 선인 평택-삼척선까지 확보하겠다고 지평리에 중공군 4개 사단을 집결시킵니다. 미 23연대는 포병대대와 배속된 프랑스 대대와 10대1의 사방으로 포위당한 전투에서 4일 만에 중공군을 물리치고 승리합니다. 랄프 몽클라르 프랑스 대대장은 2차 대전 때 나르미크 전투를 지휘해서 승리로 이끈 프랑스의 영웅이요 육군 중장 군단장입니다.

당시 프랑스는 전후 복구 등의 사정으로 유엔 상임이사국이면서도 한국에 전투병을 파병할 수 없다는 결정하자 자진해서 계급을 강등하고 2차 대전에 참전한 예비역 해병대, 공수부대 등 전투력이 강한 병사들을 모집하여 전투부대를 만들어서 직접 대대장으로 참전하였습니다. 자유 수호를 위한 스스로 내려가는 겸손함이 한국을 구했습니다.

김일성과 그의 군사참모들은 폭풍개시 3일이면 서울을 접수하고 30만 명의 남노당원의 협력과 환영을 받으면서 한 달이면 부산을 접수한다고 자신했습니다. 그러나 1) 김종오의 파수꾼 정신과 2)백선엽의 죽으면 죽으리라는 희생정신과 3)스미스의 명예를 존중하는 믿음과 4)몽클라르의 자유위한 겸손이 공산침략을 막아냈습니다. 만약 그때에 인민군을 막아내지 못했다면 자유민주주의 수호자들은 사상범으로 신앙인과 공직자들은 반동으로 모두 숙청당하고 모든 국민은 저들의 노예로 전락되어 있을 것입니다.

하지만 우리의 현실은 무신론 공산주의의 모형

가정과 교회와 국가공동체를 위해서
양보하고 죽을 줄 아는
한 알의 묻혀 져서 썩는 밀알이 됩시다.
위기의 국가를 위해서 죽으면 죽으리라는
백선엽의 희생정신을 결단합시다.

인 불신, 교만, 이기주의, 음란의 세력이 가정과 교회를 무차별로 공격하고 있습니다. 이유 없는 불신으로 이혼과 자살이 세계 1등이 되고 대책 없는 교만으로 순종과 섬김이 사라지고 극한 이기주의로 체면도 분수도 모르는 몰상식한 인간이 되고 문화 마르크스에 속은 국민들은 극한 분열과 악행이 일상이 되어가고 있으며, 주사파 종북주의자들은 자유 대한민국을 부정하고 잘못된 교육을 받은 젊은이들은 건국의 아버지들과 6·25전쟁의 영웅들을 부끄러워하고 있습니다.

현재의 위기를 극복하고 호국 용사들의 희생에 보답하고 보훈 하기 위해서 또한 대한민국의 번영을 위해서 앞서 네 분의 정신을 본받는 결단을 해야겠습니다.

1) 파수꾼의 결단입니다. 겔 3:17
국민과 동료를 안심하고 쉬게 하는 파수꾼의 결단입니다. 늘 기도와 말씀으로 깨어 있어서 섬김과 나눔으로 대한민국의 정체성을 생활화해야 합시다. 탐욕과 어둠의 잠에서 깨어나게 해야 합니다. 거짓 선동에 속아서 패륜과 악행을 당연시하는 국민들을 말씀과 성령으로 깨우겠다고 결단합시다.

2) 희생의 결단입니다. 요 15:13

지금 죽어야 합니다. 내 생각, 고집, 감정이 죽으면 모두가 삽니다. 내가 더 많이 죽으면 더 많이 삽니다. 가정과 교회와 국가공동체를 위해서 양보하고 죽을 줄 아는 한 알의 묻혀서 썩는 밀알이 됩시다. 위기의 국가를 위해서 죽으면 죽으리라는 백선엽의 희생정신을 결단합시다.

3) 믿음의 결단입니다. 약 2:26
믿음을 저버리지 않는 것이 명예입니다. 나를 사랑하고 아끼는 사람은 나에 대한 사랑과 믿음이 있습니다. 이 믿음을 저버리지 않는 것이 명예입니다. 명예를 소중히 알 때 가치 있는 행복한 삶이 됩니다. 믿음으로 명예를 지키겠다고 결단합시다.

4) 겸손의 결단입니다. 욥 22:29
하나님이 낮추시면 고통스럽고 망신스럽습니다. 그러나 스스로 깨닫고 낮아지면 소중한 삶의 가치들을 지켜나갈 수 있습니다. 항상 나보다 남을 낮게 여기고 누구에게나 언제나 배우는 겸손의 사람이 됩시다. 이 4개의 결단으로 하나님이 사랑하시고 복 주시는 자유 대한민국을 가꾸어 가십시다. 자자손손 자유 대한민국의 건국과 6.25의 참상을 기억하고 생각하고 묻고 가르쳐서 지구촌을 섬기는 부강한 대한민국이 되게 합시다.

영혼의 황금어장
군복음화 선교

군 신앙 전력화만이
한국교회의 미래이다.

오늘의 한국교회의 미래 대안은 군복음화 선교 밖에 없다고 해도 과언이 아닐 정도로 긴박해졌다. 이제 한국교회는 군복음화를 위한 아낌없는 투자와 다각도의 세밀한 관심과 연구가 필요하다. 그동안 거창했던 성과 위주의 생색내기, 보여주기 식의 군 선교는 이제 지양해야 한다.

작금의 한국교회는 주일 학교가 위기다. 일부 교회를 제외하고 주일 학교 자체가 없는 곳도 있고, 주일 학교가 운영되고 있다고 해도 어린이들의 숫자가 현격히 줄었고 중고등부 또한 비슷한 상황이다. 대형교회도 예외 없이 급속한 하향 현상이 두드러지게 나타나고 있다. 이제는 어린이, 청소년층 전도가 쉽지 않다. 아예 전도 불모 지역이 되어버렸다. 예전처럼 차곡차곡 계단식 성장이 무너지다 보니 두세 세대가 동시에 자동으로 폭삭 주저앉은 형국이 되어 버렸다. 이에 뒤질세라 청년, 대학부의 형편 또한 마찬가지다.

이러다 보니 교회들은 어쩔 수 없이 남아있는 기성세대만 끌어안고 근근이 수명(?)만 연명해 가는 꼴이 되었다. 불과 1~20년 사이에 한국교회는 비참하리만큼 추락하고 말았다. 물론 코로나-19 핑계를 댈 수도 있겠으나 이런 현상은 코로나 전에도 거의 자리 잡은 현실이었고, 단지 엎친 데 덮친 격으로 가속화되어 버렸을 뿐이다.

한국교회는 장차 한국교회의 에너지원이 될 동력을 거의 소실한 상태이다. 그러나 천만다행히도 한국교회가 아직 극적으로 회생할 수 있는 탈출구가 우리 주변 가까이에 있다. 영혼의 황금어장인 군복음화 선교이다. 여기는 한국교회가 서로 힘을 합쳐 두레박 역할만 잘하면 된다. 군부대에는 계속해서 한국교회가 마르지 않는 영혼의 생수를 길어 올릴 수 있는 무궁무진한 인적 자원이 항시 대기하고 있기 때문이다.

그동안 한국교회의 거듭되는 발전과 부흥으로 선교사 파송 인원이 세계에서 2위를 달린 적도 있었지만, 현재는 교회의 자동 쇠락으로 인해 해외 선교도 거의 마무리 단계에 들어서고 있다고 해도 과언이 아닐 것이다. 젊은 신학생이나, 젊은 목회자, 심지어 평신도들도 모든 것이 불투명해진 지금, 예전처럼 선교사로 선뜻 나서려 하지 않고 있다.

선교 1, 2세대는 점점 고령화되어 가고, 한국교회의 재정 상태도 예전처럼 넉넉하지 않다. 선교비로 월 2~3만 원 지출하는 것도 고민해야 하는 재정적으로 힘든 상황에 처해있다. 더구나 코로나-19의 강타로 교회는 운신의 폭이 더 좁아졌고, 지난 한 해 1만여 개 이상의 교회가 문을 닫았다. 올해도 낙관할 수 없다. 이런저런 변수들로 인해 선교지에 가해지는 재정적인 타격은 이미 체감의 수준을 넘어선 상태이다. 하여, 이제 한국교회의 해외 선교 열풍도 서서히 꺼져가고 있다고 해도 틀린 말은 아닐 것이다.

한국교회의 재부흥 진원지 군복음화 선교

해외 선교의 심각성도 문제지만 한국교회 자체가 갈수록 형편과 상황이 심각해지고 있다. 이럴 때 군 복음화 선교는 무너져 내리는 한국교회의 마지막 보루, 한 가닥의 희망이 아닐 수가 없다. 현재 청년 시대 복음화율 3%, 실로 심각한 문제이다. 초, 중, 고, 청년들이 교회에서 점점 사라져가는 세대, 중·대형교회는 그나마 장년 숫자가 많다고는 하지만 결코 안심할 일이 아니다.

예전에는 병사 중에 초등학교, 중, 고등학교, 청년 초년 시절에 교회를 다녀 봤던지, 아니면 다니다 군에 입대하는 병사들이 상당히 많았다. 그래서 군목이나 군종이 군부대 교회를 맡아서 신앙(복음)으로 병사들을 이끌어 가는데 그다지 어렵지 않았다. 필자도 그랬으니까. 그런데 지금은 불행하게도 교회를 다녀 봤거나 신앙생활을 하다가 입대한 병사들이 거의 없다. 초, 중, 고등학생이 미전도 종족의 수준이 되어 버렸으니 이 또한 당연한 이치다.

샛강이 점점 말라버리면 머지않아 저수지들도 다 말라버리게 되는 것은 지극히 자연스러운 현상이다. 지금 한국교회는 지독한 딜레마에 빠져 있다. 샛강이 다시 소생하기에는 지금의 여러 사회적, 문화적, 경제적 여건과 불합리한 상황 속에서 이를 타게 할 만한 영적 동력(능력)은 미미한 상태이다. 그나마 고여 있는 저수지가 시간을 두고 천천히 바닥을 드러내기만을 기다릴 수밖에 없는 지경까지 와버렸다.

현재 군 선교에 동참하고 있는 교회는 한국교회 전체의 2%에 불과하다. 2%의 교회가 지금까지 군 선교에 이룬 업적은 실로 대단하다. 2%의 교회가 군선교에 이룬 업적이 기독 장병 27%라면 나머지 98%의 교회가 한 마음으로 동참해 준다면 얼마나 엄청나고 폭발적인 일이 일어날지 상상해보자.

한국교회가 다음 세대에 신앙을 확실하게 계승할 수 있는 절대적인 대안은 군복음화 선교 외에는 딱히 답이 없을 것 같다. 이제 한국교회는 확실하게 차세대 가능성을 놓고 힘을 모아 대안에 집중해야 한다. 군 선교에 대한 시각을 획기적으로 바꿔야 한다. 청년이 살아야 교회가 살고, 교회가 살아야 나라가 산다. 그러기 위해서는 지금까지 애써왔던 해외 선교에 버금가는 기도와 관심, 연구, 재정 지원이 군 복음화 선교에 절실히 필요하다.

국방부 발표 종교별 통계를 보면 기독교 장병 27%, 군 복무 중인 병사 60만 명 중 기독교 신자가 27%, 군대 밖 사회의 청년들 복음화율 3%와 비교하면 거의 9배에 달하는 놀라운 숫자이다. 군대라는 특수한 상황은 종교에 무관심하고 냉소적인 청년들이 기독교에 대하여 상당히 호의적으로 바뀌게 된다.

이제 한국교회가 그동안 기적을 일궈낸 저력을 가지고 군복음화 선교에 집중한다면, 청년 전도에 기적을 이룰 수 있을 것이라 확신한다. 한국교회가 그동안 부흥을 일궈낸 영적 저력으로 군 선교에 매진한다면, 한국교회의 다음 세대를 든든히 세울 수 있는 통로로 충분한 대안이 될 것이다.

현재 군 선교에 동참하고 있는 교회는 한국교회 전체의 2%에 불과하다. 2%의 교회가 지금까지 군 선교에 이룬 업적은 실로 대단하다. 2%의 교회가 군 선교에 이룬 업적이 기독 장병 27%라면 나머지 98%의 교회가 한 마음으로 동참해 준다면 얼마나 엄청나고 폭발적인 일이 일어날지 상상해 보자.

한국교회 역사 140년, 이대로 내리막길을 걸을 것인가? 아니면 다시 도약의 기회를 잡을 것인가? 선택의 여지가 없다. 군복음화 선교만이 미래 한국교회의 살길이요 최고의 대안이다.

군복음화 (군선교)의 중요성

흔히 청소년기라 하면 만 19세 미만을 지칭한다. 보통의 군인들은 청소년기를 갓 졸업한 건장한 청년들이 나라의 부름을 받고 군에 입대하게 된다. 하지만 요즘같이 대학 진학에 온 힘과 정성을 쏟는 시기의 청소년들이 청소년기의 과업을 올바르게 졸업하고 성인기에 입학하기가 어려운 실정이다. 한 마디로 청소년기에 해야 할 임무를 충분히 달성하지 못한 채 단지 몸이 자랐다는 이유로 미성숙한 성인들로 군에 부름을 받기가 쉽다는 말이다.

청소년기의 꼭 해야 할 임무가 있다면 '나는 누구인가?' '나는 무엇이 되고 싶은가?' 등의 물음에 대해서 충분히 고민하고 흡족한 답을 찾아야만 한다. '내가 누구인가?'란 물음은 '내가 타인과 구별이 되는 고유한 존재임을 깨닫는 것'과 관계가 있고, 이는 '내가 나답다'는 말과 의미가 상통한다.

요즘 같이 대학 진학에 온 힘과 정성을 쏟는 시기의 청소년들이 청소년기의 과업을 올바르게 졸업하고 성인기에 입학하기가 어려운 실정이다. 한 마디로 청소년기에 해야 할 임무를 충분히 달성하지 못한 채 단지 몸이 자랐다는 이유로 미성숙한 성인들로 군에 부름을 받기가 쉽다는 말이다.

군인, 불완전한 시기

불행히도 이와 같은 고민을 충분히 하지 못한 채 성인기에 입학한 청년들이 군의 부름을 받고 가정과 사회 그리고 심지어 문화와 이별하고 군에 격리가 된다. 결과적으로 군에 입대한 성인기 초기의 군인들은 삶의 방향을 다양하게 탐색할 기회를 상실하고 불확실한 미래에 대해서 심한 정신적 고통에 시달리게 될 수밖에 없다.

그러나 성경은 불확실한 미래 때문에 현실의 어두움에 고민하고 방황하는 청년들에게 큰 교훈의 빛을 던져준다. 다니엘과 그 세 명의 친구들은 바벨론 나라에 의해서 조국 이스라엘이 멸망하고 설상가상 바벨론의 포로로 잡혀가게 되었다. 한순간 다니엘과 친구들은 나라를 잃고, 자신의 정체성을 상실한 채 이방 포로의 삶을 살게 된 것이다. 하지만 이 청년들은 그곳에서 하나님의 백성들로 '뜻'을 정했다. 하나님은 뜻을 정한 청년들에게 불확실한 현실을 극복하게 하셨고, 미래를 '선물'로 주셨다.

군인교회와 군 선교사가 할 일

군 선교사들은 길을 잃어 고통 가운데 방황하는 청년들로 현실에서 '뜻'을 정할 수 있게 도움을 주어 그들에게 미래를 선물로 주는 자들이다. 고무적인 것은 3%에 불과한 청년복음화율이 군에 들어온 장병들에게서 27%까지 수직상승한다는 사실이다. 한국교회는 '27'이라는 숫자에 집중해야 한다. '27'이란 숫자는 하나님께서 세상 마지막에 한국교회의 문제를 해결할 기드온의 300명의 용사와도 같은 축복의 숫자이다. '27%의 장병들'을 잘 섬기고 양육할 때 한 명의 군인은 믿음 안에서 자신이 정체성을 바로 찾고 세우게 될 것이고, 미래에 대한 불확실함에 대한 고민과 고통에 방황하던 한 군인이 하나님께서 찾으시

던 진정한 십자가 군병의 정체성을 회복하게 되어서 자신에게 열려 있는 미래의 문을 박차고 나가게 될 것이다. 그 결과 그 십자가 군병으로 한 가정과 그가 속한 교회와 사회가 변화될 것이다.

다행스러운 것은 해마다 '군 선교사연합회'를 통해서 10개의 건전한 교단의 40여 명의 목회자들이 군 선교사가 되기 위해서 11주간의 훈련을 받고 있다. 현재까지 군선교사연합회를 통해서 24기의 훈련생들이 훈련을 받았다. 군선교사들은 하나님께서 그들에게 허락하신 곳이 어디든지 달려갈 만반의 준비를 마쳤다. 그들은 군목들의 손길이 닿지 않는 대대급의 1004(천사) 교회를 출석하는 '27%의 십자가 장병'들을 섬기고 있으며, 더러는 하나님의 섬김의 부르심을 기다리고 있다.

군 선교사들이 할 일

군 선교사들이 해야 할 일들을 열거하자면 끝이 없을 것이다. 하지만 그 수많은 것 중에서 하나를 손에 꼽으라면 '27% 장병들이' 자신들의 정체성을 찾도록 도와서 그 결과 그들로 불확실한 미래의 벽 앞에서 현재를 방황하지 않고 무슨 일에든지 하나님 안에서 뜻을 정하고 도전할 수 있도록 돕는 것이다. 정체성을 회복하고 미래를 위해서 현재에 도전적인 삶을

살 수 있도록 하기 위해서 무엇보다 필요한 것은 자신들이 '사랑을 받는 존재'임을 느끼고 깨닫도록 해야 한다.

여기에 군 선교사들의 비전이 있다. 기독교가 다른 어떤 종교와 다른 점이 있다면 '내가 하나님의 사랑을 받는 존재'라는 사실이다. 군 선교사들은 '27% 장병들'에게 믿음의 선배가 된 자들로서 '하나님의 사랑'을 그들에게 전달하는 것이 그 사명임과 동시에 사명의 완성이라고 생각을 한다. 만일 군 선교사들이 하나님을 사랑하고 그 사랑을 '27% 장병들에게' 전달하려고 할 때 그것이 무엇인들 아까울 수 있겠는가?

성경에도 보면 마리아가 예수님을 너무도 사랑한 나머지 향유 한 옥합을 깨뜨려서 예수님의 발에 붓고 자기 머리카락으로 닦아드린 일이 있다. 이 사건을 목격한 제자들이 여인의 행위를 비하했지만, 예수님께서는 이 여인의 사랑의 행위를 자신의 장례를 예비하는 것으로 받으셨던 것을 기억하자.

결론
군 선교사는 하나님의 사랑이 전달되는 통로이다. 한국교회가 할 일이 있다면 군선교사들이 '27% 장병

마리아의 향유 옥합이 예수님의 장례를 예비한 것이 되었다면 한국교회의 도움을 통해서 군선교사들의 섬김으로 단 한 명의 장병이라도 진정한 십자가 군병이 될 수 있다면 그 하나님의 사람으로 가정과 교회 그리고 사회는 한국 교회 처음의 영광을 회복하게 될 것이다.

들'을 잘 섬기고 양육할 수 있도록 함께 기도로 동역해야 함은 당연한 것이다. 하지만 여기에 머물러서는 안 된다. '27% 장병들'을 위해서 자기 삶의 손해를 각오하고 섬기기로 작정한 군 선교사들을 물질로 도와야 할 것이다. 마리아의 향유 옥합이 예수님의 장례를 예비한 것이 되었다면 한국교회의 도움을 통해서 군 선교사들의 섬김으로 단 한 명의 장병이라도 진정한 십자가 군병이 될 수 있다면 그 하나님의 사람으로 가정과 교회 그리고 사회는 한국 교회 처음의 영광을 회복하게 될 것이다.

■김철회 목사 / 6.25역사기억연대 군복음화선교위원장

"공산주의자에게 굴복하지 마라"
Don't surrender to communists

- 이승만 -

윤석열 대통령 한미동맹 70주년
미국 상하원 합동회의 연설

올해로 70주년을 맞이한 한미동맹을 축하해야 할 이유는 너무나 많습니다. 처음부터 성공한다는 보장은 없었습니다. 하지만 오늘날 우리의 동맹은 어느 때보다 강력하게 함께 번영해 나가고 있습니다. 그리고 우리 두 나라는 그 누구보다도 서로 긴밀하게 연결되어 있습니다. 한미동맹은 대한민국의 자유와 평화를 지키고 번영을 일구어 온 중심축이었습니다. 현대 세계사에서 '도움을 받는 나라에서 도움을 주는 나라'로 발돋움한 유일한 사례인 대한민국은 한미동맹의 성공 그 자체입니다.

윤석열 대통령 한미동맹 70주년 미국 상하원 합동회의 연설 전문

존경하는 하원의장님, 부통령님, 상하원 의원 여러분과 내외 귀빈 여러분, 미국 시민 여러분. "자유 속에 잉태된 나라, 인간은 모두 평등하게 창조되었다는 신념에 의해 세워진 나라." 저는 지금 자유에 대한 확신, 동맹에 대한 신뢰, 새로운 미래를 열고자 하는 결의를 갖고 미국 국민 앞에 서 있습니다. 미 의회는 234년 동안 자유와 민주주의의 상징이었습니다. 미 헌법 정신을 구현하고 있는 바로 이곳에서 의원 여러분과 미국 국민 앞에 연설하게 되어 매우 기쁘게 생각합니다. 특히 '한미동맹 70주년 결의'를 채택해 저의 방문의 의미를 더욱 빛내주신 민주당과 공화당 양당 의원께도 깊은 감사의 말씀을 드립니다. 여러분께서 어떤 진영에 계시는 간에, 저는 여러분이 대한민국 편에 서 계신다는 사실을 잘 알고 있습니다.

지난 세기 동안 미국은 자유를 위협하는 도전에 맞서 이를 수호하는 데 앞장섰습니다. 제국주의 세력 간의 식민지 쟁탈전이 격화되면서 인류는 두 차례의 참혹한 대전을 겪었습니다. 미국은 자유를 지키기 위한 정의로운 개입을 택했습니다. 이로 인해 미국이 치른 희생은 적지 않았습니다. 맥아더 장군과 니미츠 제독이 활약한 태평양 전쟁에서만 10만 명이 넘는 미국 국민이 전사했습니다. 그러나 이들의 희생은 헛되지 않았습니다. 전후 세계 자유무역 질서를 구축한 미국의 글로벌 리더십은 세계 곳곳에서 평화와 번영을 일구었습니다.

하지만 자유시장을 허용하지 않는 공산 전체주의 세력이 참여하지 않은 자유시장의 번영이었습니다.

1950년 한반도는 자유주의와 공산 전체주의가 충돌하는 최전선이었습니다. 소련의 사주를 받은 북한의 기습침략으로 한반도와 아시아의 평화가 위기에 빠졌습니다. 한반도에서 자유민주주의가 사라질 뻔한 절체절명의 순간, 미국은 이를 외면하지 않았습니다. 한국과 미국은 용감히 싸웠고 치열한 전투가 이어졌습니다.

전쟁의 포화 속에서 영웅들의 이야기가 탄생했습니다. 맥아더 장군은 허를 찌르는 인천상륙작전으로 불리한 전황을 일거에 뒤집었습니다. 인천 상륙작전은 세계 전사에 기록될 만한 명장의 결정이었습니다. 미 해병대 1사단은 장진호 전투에서 중공군 12만 명의 인해 전술을 돌파하는 기적 같은 성과를 거두었습니다. 전혀 알지 못하는 나라의 한 번도 만난 적이 없는 국민'을 지키기 위해 미군이 치른 희생은 매우 컸습니다. 장진호 전투에서만 미군 4,500명이 전사했고 6·25 전쟁에서 미군 약 3만 7천 명이 전사했습니다. 원주 324고지전에 참전해 오른쪽 팔과 다리를 잃은 고 윌리엄 웨버 대령은 한국전 참전용사의 숭고한 희생을 기리는 활동에 여생을 바쳤습니다.

오늘 이 자리에 웨버 대령의 손녀 데인 웨버 씨를 모셨습니다. 어디 계신지 일어나 주시겠습니까? 대한민국 국민을 대표해 깊은 감사와 무한한 경의를 표합니다. 여기 계신 의원 여러분들의 가족과 친구 중에도 한국전 참전용사 영웅들이 계실 것입니다. 한국전쟁 참전 용사로 바로 이곳 의회에서 자유와 민주주의를 위해 헌신하신 고 존 코니어스 의원님, 고 샘 존슨 의원님, 고 하워드 코블 의원님, 그리고 지금도 한미동맹의 열렬한 후원자이신 찰스 랭글 전 의원님, 대한민국은 우리와 함께 자유를 지켜낸 미국의 위대한 영웅들을 영원히 기억하겠습니다.

오늘 이 자리를 빌려 한국전쟁 참전용사들과 자식과 남편, 그리고 형제를 태평양 너머 한 번도 가본 적 없는 나라의 자유를 지키기 위해 기꺼이 보내준 미국의 어머니들, 그리고 한국전쟁을 자랑스러운 유산으로 여기고 참전 용사들을 명예롭게 예우하는 미국 정부와 국민에게 깊은 경의를 표합니다. 3년간의 치열했던 전투가 끝나고 한미 양국은 1953년 한미상호방위조약을 체결하면서 새로운 동맹의 시대를 열었습니다. 전쟁의 참혹한 상처와 폐허를 극복하고 번영하는 오늘의 대한민국이 있기까지 미국은 우리와 줄곧 함께했습니다.

올해로 70주년을 맞이한 한미동맹을 축하해야 할 이유는 너무나 많습니다. 처음부터 성공한다는 보장은 없었습니다. 하지만 오늘날 우리의 동맹은 어느 때보다 강력하게 함께 번영해 나가고 있습니다. 그리고 우리 두 나라는 그 누구보다도 서로 긴밀하게 연결되어 있습니다. 한미동맹은 대한민국의 자유와 평화를 지키고 번영을 일구어 온 중심축이었습니다. 현대 세계사에서 '도움을 받는 나라에서 도움을 주는 나라'로 발돋움한 유일한 사례인 대한민국은 한미동맹의 성공 그 자체입니다.

저는 오늘 이 자리에서 1882년 수교에서 시작된 140년의 한미 양국의 교류와 협력, 그리고 동맹의 역사를 되새겨 보고자 합니다. 대한민국 헌법의 기초가 된 자유와 연대의 가치는 19세기 말 미국 선교사들의 노력에 의해 우리에게 널리 소개되었습니다. 그리고 그 후 우리 국민의 독립과 건국 운동에 큰 영향을 미쳤습니다. 19세기 말 한국에 온 호러스 언더우드, 헨리 아펜젤러, 메리 스크랜튼, 로제타 홀 등 미국의 선교사들은 학교와 병원을 지었습니다. 특히 이들은 여성 교육에 힘썼고, 그 결과 한국 역사상 최초로 여성들이 교육, 언론, 의료 등 다양한 분야의 사회 활동에 진출하는 기반을 닦아 주었습니다.

1960년대 초반에 박정희 대통령은 현명하게도 케네디 행정부가 권고한 로스토우 교수의 경제성장 모델을 받아들여 경제개발 계획을 추진하고 신흥 산업 국가의 기반을 마련했습니다. '한강의 기적'으로 불릴 만큼 한국의 경제성장 속도는 타의 추종을 불허했습니다. 1인당 소득 67불의 전후 최빈국이었던 대한민국은 세계 10위권의 경제 대국으로 성장했습니다. 전쟁으로 잿더미가 되었던 수도 서울은 70년이 지난 지금 세계에서 가장 활기찬 디지털 국제도시가 되었습니다.

전쟁 중 피난민이 넘쳤던 부산은 환적 물량 기준 세계 2위의 항만 도시가 되었고, 이제 2030년 세계박람회 유치를 위해 뛰고 있습니다. 대한민국은 이제 자유와 민주주의가 살아 숨 쉬는 활력 넘치는 나라로 세계시민의 사랑을 받고 있습니다. 한미 양국은 한반도를 넘어 전 세계의 자유와 민주주의 수호를 위해 힘을 모아왔습니다. 대한민국은 2차 대전 후 아프간, 이라크 등지에 '자유의 전사'를 파견하여 미국과 함께 싸웠습니다. 지난 70년간 동맹의 역사에서 한미 양국은 군사 안보 협력뿐 아니라 경제 협력도 지속적으로 확대해 왔습니다. 초기의 일방적인 지원에서 상호 호혜적인 협력관계로 발전해 온 것입니다.

2011년 미 의회의 전폭적인 지지로 통과된 한미 FTA가 가동된 이후 10년간 양국 교역액은 약 68% 증가했고 우리 기업의 대미 투자는 3배, 미국 기업의 대한국 투자는 2배 가까이 늘었습니다. 배터리, 반도체, 자동차 등의 분야에서 미국에 진출한 글로벌 한국 기업들은 미국 내 양질의 일자리 창출과 경제 활성화에 기여하고 있습니다. 텍사스주 오스틴에 위치한 삼성전자 반도체 공장은 2020년 기준 약1만 개의 일자리를 창출했으며 2024년 하반기부터 가동될 조지아주 브라이언 카운티 현대차 공장도 년간 30만 대의 전기 차와 수많은 일자리를 만들어 낼 것입니다.

지난해 11월 바이든 대통령께서 방문한 미시간주 베이시티 SK실트론 CSS는 한국 기업이 미국회사를 인수해 성장시키는 또 다른 모범 협력 사례입니다. 이러한 호혜적 한미 경제 협력이 곳곳에서 이어질 수 있도록 의원 여러분들의 각별한 관심과 지원을 부탁드립니다. 친구 여러분, 정치와 경제 분야의 협력을 통해 축적된 양국의 활발한 문화 인적 교류는 두 나라의 우정을 보다 두텁게 했습니다. 올해는 미주 한인 이주 120주년이기도 합니다. 하와이주 사탕수수 농장의 노동자로 진출하기 시작한 한인들은 그동안 미국 사회 각계에 진출해 한미 우호 협력을 증진하고 동맹의 역사를 만들어 가는데 큰 역할을 했습니다.

바로 이 자리에 계신 영 김 의원님, 앤디 김 의원님, 미셸 스틸 의원님, 메릴린 스트릭랜드 의원님 같은 분들이 세대를 이어 온 한미동맹의 증인들이십니다. 문화 콘텐츠는 양국 국민이 국적과 언어의 차이를 넘어 더욱 깊은 이해와 우정을 쌓는 촉매제가 되고 있습니다. 그리고 제 이름은 모르셨어도 BTS와 블랙핑크는 알고 계셨을 겁니다. 이제 한미 양국의 음악 차트에서 상대방 국가의 가수 노래가 순위에 오르는 모습이 자연스러운 일이 되었습니다. 미국이 넷플릭스와 같은 글로벌 플랫폼을 만들고 한국이 <오징어 게임>과 같은 킬러 콘텐츠를 생산해 공급하는 새로운 양상의 시너지 효과도 나타나고 있습니다.

지난해 시카고 국제문제연구소 여론조사에 따르면 미국인의 한국에 대한 호감도가 1978년 이후 가장 높은 것으로 조사되었습니다. 또한 미 여론조사기관 퓨 리서치센터에 따르면 지난해 미국에 대한 한국인의 호감도는 89%에 달했으며 그 증가 폭은 조사 대상

국 중 가장 크다고 합니다. 이제 한미 양국 청년들이 더욱 활기차게 오가며 공부하고 교육받으며 직장을 찾을 수 있도록 한미 정부가 함께 체계적인 지원프로그램을 마련하기로 하였습니다.

의원 여러분, 제 평생의 직업은 두 가지였습니다. 첫 번째 직업은 대한민국 검사이고 두 번째 직업은 사랑하는 나의 조국 대한민국의 대통령입니다. 검사 시절, 저의 롤 모델은 드라마 'Law &Order''에 나오는 애덤쉬프 검사의 실제 모델인 로버트 모겐소였습니다. 저는 검찰총장 재직 시 '미국의 영원한 검사 로버트 모겐소'라는 책을 출간해서 후배 검사들에게 나누어 준 적도 있습니다. 발간사에도 모겐소의 명언인 "거악에 침묵하는 검사는 동네 소매치기도 막지 못할 것"이란 문구를 적었습니다. 지금 우리의 민주주의는 위기에 직면해 있습니다.

민주주의는 자유와 인권을 보장하기 위한 공동체의 정치적 의사결정 시스템입니다. 이러한 의사결정은 진실과 자유로운 여론 형성에 기반해야 합니다. 세계 도처에서 허위 선동과 거짓 정보가 진실과 여론을 왜곡하여 민주주의를 위협하고 있습니다. 법의 지배는 공동체 구성원들의 자유가 공존하는 방식이며 의회 민주주의에 의해 뒷받침됩니다. 허위 선동과 거짓 정보로 대표되는 반 지성주의는 민주주의를 위협할 뿐 아니라 법의 지배마저 흔들고 있습니다.

이들 전체주의 세력은 자유와 민주주의를 위협하고 부정하면서도 우리는 이런 은폐와 위장에 속아서는 안 됩니다. 피와 땀으로 지켜온 소중한 민주주의와 법의 지배 시스템이 거짓 위장 세력에 의해 무너지지 않도록 우리 모두 힘을 합쳐 용감하게 싸워야 합니다. 자유를 소중히 여기는 사람은 다른 사람의 자유도 소중하게 생각합니다. 따라서 자유는 평화를 만들고 평화는 자유를 지켜줍니다. 그리고 자유와 평화는 창의와 혁신의 원천이고 번영과 풍요를 만들어냅니다.

70여 년 전 대한민국의 자유를 위해 맺어진 한미동맹은 이제 세계의 자유와 평화를 지키는 글로벌 동맹으로 발전했습니다. 대한민국은 국제사회에서 대한민국의 신장된 경제적 역량에 걸맞은 책임과 기여를 다할 것입니다. 케네디 대통령은 1961년 취임식에서 "세계시민 여러분, 우리가 여러분을 위해 무엇을 해줄 것인가를 묻지 마십시오. 인류의 자유를 위해 우리가 힘을 모아 무엇을 할 수 있을지를 물으십시오"라고 말했습니다. 이제 인류의 자유를 위해 대한민국이 국제사회와 힘을 모아야 할 일을 반드시 할 것입니다.

대한민국은 미국과 함께 미래로 나아갈 것입니다. 저는 지난해 취임하면서 대한민국을 자유민주주의와 시장경제를 기반으로 국민이 주인인 나라로 만들고 국제사회의 당당한 일원으로서 역할과 책임을 다하는 존경받는 나라, 자랑스러운 조국으로 만들어 가겠다는 소명을 밝혔습니다. 대한민국은 미국과 함께 세계시민의 자유를 지키고 확장하는 '자유의 나침반' 역할을 해나갈 것입니다. 한미 양국의 자유를 향한 동행이 70년간 이어지는 동안에도 이와 정반대의 길을 고집하는 세력이 있습니다. 바로 북한입니다.

자유민주주의를 선택한 대한민국과 공산 전체주의를 선택한 북한은 지금 분명히 비교되고 있습니다. 북한은 자유와 번영을 버리고 평화를 외면해 왔습니다. 북한의 불법적 핵 개발과 미사일 도발은 한반도와 세계 평화에 대한 심각한 위협입니다. 북한의 무모한 행동을 확실하게 억제하기 위해서는 무엇보다도 한미의 단합된 의지가 중요합니다. 레이건 대통령이 말한 바와 같이 "우리가 용납할 수 없는 지점이 있으며 절대로 넘어서는 안 될 선이 있다"는 것을 북한에 분명히 알려줘야 합니다.

어제 열린 정상회담에서 저와 바이든 대통령은 한층 강화된 확장억제 조치에 합의했습니다. 날로 고도화되는 북핵 위협에 대응하기 위해 한미 공조와 더불어 한미일 3자 안보협력도 더욱 가속화해야 합니다. 우리 정부는 도발에는 단호히 대응하되 비핵화를 위한 대화의 문을 열어둘 것입니다. 저는 지난해 북한이 핵 개발을 중단하고 실질적 비핵화 프로세스로 전환한다면 북한의 민생과 경제를 획기적으로 개선하겠다는 '담대한 구상'을 제안했습니다.

북한이 하루빨리 도발을 멈추고 올바른 길로 나오기를 다시 한번 촉구합니다. 한미 양국은 북한의 비핵화를 이끌어내기 위한 노력을 함께 기울여 나갈 것입니다. 북한 정권이 핵미사일 개발에 몰두하는 사이 북한 주민들은 최악의 경제난과 심각한 인권 유린 상황에 던져지고 있습니다. 우리는 북한 주민의 비참한 인권 실상을 전 세계에 알리는 동시에, 북한 주민에게 자유를 전달하는 의무를 게을리해서는 안 됩니다.

 지난달 대한민국 정부는 북한 인권보고서를 최초로 공개 발간했습니다. 보고서는 최근 5년간 북한 이탈주민 508명의 증언을 바탕으로 세계인권선언과 국제 인권조약 등 국제적 기준을 적용해 북한 인권 유린 사례를 두루 담고 있습니다. 코로나19 방역 지침을 어겼다는 이유로 무자비하게 총살당한 사례, 한국의 영화와 드라마를 시청하고 유포했다고 공개 처형한 사례, 성경을 소지하고 종교를 가졌다는 이유만으로 공개 총살을 당한 사례 등 이루 말할 수 없는 참혹한 일들이 발생하고 있습니다.

국제사회는 이러한 북한 인권의 참상을 널리 알려야 합니다. 여기에 계신 의원 여러분들도 북한 주민들의 열악한 인권이 개선될 수 있도록 함께 힘써주시길 바랍니다. 친구 여러분, 자유 민주주의는 또다시 위협받고 있습니다. 우크라이나 전쟁은 국제규범을 어기고 무력을 사용해 일방적으로 현상을 변경하려는 시도입니다. 대한민국은 정당한 이유 없이 감행된 우크라이나에 대한 무력 공격을 강력히 규탄합니다.

1950년 북한이 우리를 침공했을 때 자유민주주의 국가들은 우리를 돕기 위해 달려왔습니다. 우리는 함께 싸워 자유를 지켰습니다. 우리의 경험은 자유민주주의 국가들의 연대가 얼마나 중요한지 말해줍니다. 대한민국은 자유세계와 연대하여 우크라이나 국민의 자유를 수호하고 이들의 재건을 돕는 노력을 적극적으로 펴나갈 것입니다. 의원 여러분, 이제까지 6명의 대한민국 대통령이 이 영예로운 자리에서 연설을 한 바 있습니다. 노태우 대통령은 1954년 대한민국 초대 대통령 이승만 박사가 이곳에서 연설한 지 35년 뒤인 1989년에 여기 연단에 서서 이런 말을 했습니다. "태평양 연안 국가들은 개방사회와 시장 경제를 통하여 이 지역이 세계에서 가장 빠른 성장을 이루도록 만들었습니다. 미국에게 태평양은 더욱 중요하게 될 것입니다. 한국은 이 지역의 평화와 번영에 더욱 기여하는 나라가 될 것입니다. 언젠가 한국의 대통령이 다시 이 자리에 서서 오늘 내가 한 이야기가 내일의 꿈이 아니라 현실이 되고 있다고 말할 날이 올 것입니다." 노태우 대통령의 꿈은 이미 현실이 되고 있습니다. 우리는 지금 인도-태평양 시대에 살고 있습니다. 세계인구의 65%, 전 세계 GDP의 62%, 전 세계 해상 운송 물량의 절반이 이 지역에서 이루어지고 있습니다. 대한민국은 지난해 처음으로 포괄적 지역 전략인 '인도-태평양 전략'을 발표하였습니다.

대한민국은 포용, 신뢰, 호혜의 원칙에 따라 '자유롭고 평화로우며 번영하는 인도-태평양 지역'을 만들어 나갈 것입니다. 인태 지역 내 규범 기반의 질서를 강화하기 위해 주요 파트너들과의 협력을 포괄적이고 중층적으로 확대한 나갈 것입니다. 그만큼 한미 동맹이 작동하는 무대 또한 확장되는 것입니다. 미국 국제개발처의 지원을 받던 한국은 이제 미국과 함께 개발도상국들에 개발 경험을 전수해 주고 있습니다. 한국은 공적 개발원조 규모를 대폭 확대하고, 수혜국의 수요와 특성에 맞는 맞춤형 개발 협력 프로그램을 제공하고 있습니다.

어제 열린 한미정상회담에서 저와 바이든 대통령은 '미래로 전진하는 행동하는 동맹'의 비전을 담은 공동성명을 채택했습니다. 양국은 외교 안보를 넘어 인공지능, 퀀텀, 바이오, 오픈랜 등 첨단 분야의 혁신을 함께 이끌어 나갈 것입니다. 아울러, 양국의 최첨단 반도체 협력 강화는 안정적이고 회복력 있는 공급망 구축과 경제적 불확실성 해소에 기여할 것입니다. 양국은 동맹의 성공적 협력의 역사를 새로운 신세계인 우주와 사이버 공간으로 확장해 나가야 합니다.

세계에서 가장 혁신적이고 창의적인 두 기술 강국의 협력은 커다란 시너지 효과를 창출할 수 있을 것입니다. 존경하는 하원의장님, 부통령님, 상하원 의원 여러분, 한미 동맹은 자유, 인권, 민주주의라는 보편적 가치로 맺어진 가치 동맹입니다. 우리의 동맹은 정의롭습니다. 우리의 동맹은 평화의 동맹입니다. 우리의 동맹은 번영의 동맹입니다. 우리의 동맹은 미래를 향해 계속 전진할 것입니다. 우리가 함께 만들어나갈 세계는 미래 세대들에게 무한한 기회를 안겨줄 것입니다. 여러분께서도 새로운 여정에 함께해주시길 당부합니다. 여러분과 미국의 앞날에 하나님의 축복이, 그리고 우리의 위대한 동맹에 하나님의 축복이 있기를 기원합니다. 감사합니다.

윤석열 대통령의 이번 한미동맹 70주년 미국 상하원 합동회의 연설에서는 자유 46회, 미국 32회, 대한민국 27회 민주주의 18회 언급과 기립박수 26회 60여 회의 박수갈채를 받았으며 중학생도 이해하기 쉬울 정도로 유창한 명연설이었다. 역사적 전환의 성과를 만들어 낸 방미였다.

한·미혈맹 韓美血盟

한·미동맹은 '한·미혈맹'이다.
'한·미방위 조약'은 1953년 6·25 전쟁 중에
리승만 대통령이 만들어 냈다.
정말 신의 한 수였다.

6 · 25 전쟁이 일어난 지 70년이 넘었는데도, 아직도 서울의 길거리에서, 인터넷상에서 한 · 미동맹을 철폐하고, 미군은 물러가라! 는 시뻘건 깃발이 나부끼고 있다. 단순한 교통사고임에도 미순이, 효순이를 지금까지 우려먹고, 미국산 쇠고기를 먹으면 뇌에 구멍이 송송 난다는 웃지 못할 프레임을 만들어 미군 때문에 남북통일이 안되었다고 고래고래 고함치는 붉은 머리띠를 두른 반미 데모대들은 정말 '한 · 미동맹' 이 '한 · 미혈맹' 이란 사실을 알 턱이 없다. 물론 미국은 우리하고만 동맹을 한 것은 아니다. 미국은 일본과 유럽 여러 나라와 동맹을 했었다. 하지만 절체절명의 그 시기에 만에 하나 리승만 박사의 영단이 없었던들 지금의 자유대한 민국은 아예 지구상에 없었다.

■ 정성구 박사(전 총신대, 대신대 총장)

한·미동맹은 <한·미혈맹>이다. <한·미방위 조약>은 1953년 6·25 전쟁 중에 리승만 대통령이 만들어 냈다. 정말 신의 한 수였다. 8월 8일 한국의 변영태 외무부장과 덜레스 미국무장관이 서명했다. 당시 덜레스 장관은 조인식을 지켜보던 리승만 대통령을 격하게 끌어안으며 말하기를, "이것이 당신과 당신 나라에 대한 존경의 표시입니다. 이 조약은 여기서 죽은 우리 청년들의 피로 봉인 되었습니다(This is mark of Respect to you and your country for what it has stood for. It is treaty in the blood of our seal what hae died here). 그래서 한·미동맹은 그냥 군사동맹이나, 경제동맹이 아니고 말 그대로 피로써 맺은 '혈맹' 관계라는 말이 여기서 나왔다.

6·25 전쟁이 일어난 지 70년이 넘었는데도, 아직도 서울의 길거리에서, 인터넷상에서 한·미동맹을 철폐하고, 미군은 물러가라! 는 시뻘건 깃발이 나부끼고 있다. 단순한 교통사고임에도 미순이, 효순이를 지금까지 우려먹고, 미국산 쇠고기를 먹으면 뇌에 구멍이 송송 난다는 웃지 못할 프레임을 만들어 미군 때문에 남북통일이 안되었다고 고래고래 고함치는 붉은 머리띠를 두른 반미 데모대들은 정말 '한·미동맹'이 '한·미혈맹'이란 사실을 알 턱이 없다. 물론 미국은 우리하고만 동맹을 한 것은 아니다. 미국은 일본과 유럽 여러 나라와 동맹을 했었다. 하지만 절체절명의 그 시기에 만에 하나 리승만 박사의 영단이 없었던들 지금의 자유대한 민국은 아예 지구상에 없었다.

그러면 거리에서 미군 철수를 외치는 자들과 인터넷을 도배하고 있는 반미적 구호와 젊은이들은, 6·25 때 미군이, 공산당으로 말미암아 완전히 망가지고, 피바다가 된 대한민국을 지켜주었던 그 사실을 알기나 할까? 하기는 전교조의 집요한 가짜 교재를 통해, 6·25는 공산당의 남침이 아니고, 한국군과 미군의 북침이라고 새빨간 거짓말을 청소년들에게 가르치

"

6·25 전쟁이 일어난 지 70년이 넘었는데도, 아직도 서울의 길거리에서, 인터넷상에서 한·미동맹을 철폐하고, 미군은 물러가라! 는 시뻘건 깃발이 나부끼고 있다. 단순한 교통사고임에도 미순이, 효순이를 지금까지 우려먹고, 미국산 쇠고기를 먹으면 뇌에 구멍이 송송 난다는 웃지 못할 프레임을 만들어 미군 때문에 남북통일이 안되었다고 고래고래 고함치는 붉은 머리띠를 두른 반미 데모대들은 정말 '한·미동맹' 이 '한·미혈맹' 이란 사실을 알 턱이 없다.

"

고 있었다. 십수 년 동안 전 정부는 북한을 위해서 일하는 것처럼 그쪽 구호와 그쪽 정책을 구체화하는 기관으로 전락했다.

하기는 한국의 각계각층의 수만 명의 고정간첩들이 나라의 근본을 흔들어 놓고 있다. 옛날 간첩은 고무보트를 타고 왔지만, 오늘의 간첩은 비행기를 타고 인천 공항에 사뿐히 내린다. 이러니 이 나라의 과반수가 세작들의 선동선전에 물든 정치, 경제, 문화, 법조, 언론의 합작으로 만들어 낸 한·미동맹 철폐, 미군 철수를 외쳐도 누구 하나 말하는 자들이 없다. 나는 한·미동맹 때 외무장관이었던 변영태 선생 아래서 영어 공부를 한 적이 있다. 그는 얼마나 진실하고 정직한 장관이었는지, 해외 순방에서 돌아오면 남은 돈을 반드시 국고에 넣었다. 1960년대에 그는 종로의 시사 영어 학원에서 영어 강의를 하면서 입에 겨우 풀칠했었다. 그는 초대 외무장관으로 영문학자였다.

나는 35년 전에 이화장에 가서 리승만 대통령이 서거하고 난 후 프란체스카 도너를 만났는데, 그때 리승만 대통령의 기운 양말을 보고 마음에 큰 감동을 받았고, 금년에도 다시 이화장을 방문했었다. 역사를 잊어버린 민족은 희망이 없다. 우리나라가 세계 강국 6위가 된 것도 모두 리승만의 '자유민주주의 수호', '시장경제', '한·미동맹', '기독 입국'에 기초했고, 박정희 대통령의 부국강병 정책에 기초했으므로 알아야 한다. 그러나 세상이 바뀌어 IT 시대가 되고 AI 시대가 되니, 인터넷에서 유튜브에서 말도 안 되는 좌파의 공격이 더 심해지고 있다.

그러면 우리는 왜 「한·미동맹」뿐 아니고, 「한·미혈맹」인가를 조금 더 살펴보자.
6·25 전쟁에서 한국군은 137,899명이 전사하고, 연합군 자격으로 미국군은 36,940명이 전사했다. 그래서 우리와 미국은 공동의 가치인 민주주의를 수호하기 위해서 싸운 전우들의 희생과 헌신 위에 맺은 친구이다. 1950년 7월 1일 한국에 첫발을 디딘 미군은, 말 그대로 우리의 혈맹이 되었다. 왜냐하면 미국의 장군 아들들 142명이 참전하여 그중에 35명이나 전사했다. 그중에는 대통령의 아들도 있었고, 장관의 가족도 있었다. 특히 미8군 사령관 아들도 있었다는 점에서 참으로 우리는 낯을 들기 부끄럽다.

당시 한국 사회는 빽 있고, 끗발 좋은 집 자녀들은 모두가 군에 가지 않고 기피자들 천지였다. 설령 군에 가도 후방이나 좋은 보직 자리에 눌러앉던 시기에, 미국 장군의 아들들이 수십 명 전사했었다. 특히 아이젠하워 대통령의 아들 존 아이젠하워 중위는 1952년 미 3사단의 중대장으로 참전했었다. 또 미 8군 사령관 월든 워커 중장의 아들 샘 워커 중위는 미 24사단 중대장으로 참전하여 부자가 모두 6·25 참전 가족이 되었다. 특히 1950년 한국전쟁 발발 시 미국 웨스트포인트 사관학교를 졸업하고 임관한 신임 소위 가운데, 365명이 한국전에 참가했다가 희생당한 장교가 110명이나 되었음을 잊지 말아야 한다. 이런 이야기를 다 쓰려면 책 한 권도 될 수 있다.

나는 1951년 백선엽 장군이 「다부동 전투」에서 기어이 승리하여 공산당을 물리친 것이 너무도 고마워서 대구시민이 유엔군과 미군과 한국군에게 선물로 만들어 준 실크로 된 「감사의 손수건」을 지금도 늘 성경에 책갈피처럼 넣어 다니고 있다. 만에 하나 그 당시 대구가 공산당에 무너졌다면 대한민국은 벌써 없어졌고, 공산화가 되었을 것이다. 그러나 우리와 함께한 유엔군과 미군의 도움으로 자유대한민국을 지키고 오늘의 번영된 국가로 세계 6위에 올랐다.

한국인 중에 무슨 못된 사상을 받았는지, 피 흘려서 나라를 지켜준 혈맹관계인 미군을 나가라고 외치고 있는지? 제발 은혜를 모르는 못된 국민이 되지 않기를 기도한다.

■ 정성구 박사
　전 총신대, 대신대 총장

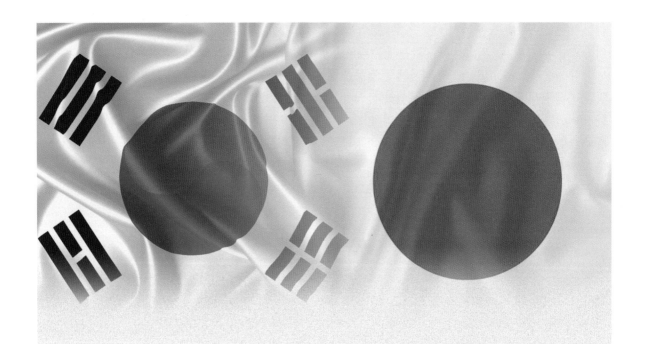

일본과의 관계 개선 왜 필요한가?

■ 이춘근 박사 / 국제 정치 아카데미 대표

국제정치의 영역은 영국의 파머스턴 경이 오래전 말했듯이 영원한 적도 영원한 친구도 없는 곳이다. 영원한 것은 국가 이익일 뿐이다. 그래서 국가들은 수시로 적과 친구를 바꾸고 그렇다고 해서 의리 없는 자라고 비난받지도 않는다. 미국의 조지 워싱턴 대통령은 고별사에서 어떤 나라에 대해 과다한 친밀감 혹은 적대감을 보이는 것은 스스로 노예가 되는 일과 같다고 말했다. 그래서인지 몰라도 미국은 적과 친구를 빈번히 바꿔가며 국가 이익 추구를 극대화 한 결과, 건국 200년 만에 세계 1위의 초강대국이 될 수 있었다. 2차 대전 당시 미국은 독일과 일본이라는 대적과 싸우기 위해 공산국가인 소련과 함께 싸웠다.

1. 일본과의 훈련을 비난하는 한국 좌파 세력의 국제정치학적 무지

지난(2022)해 9월 30일 북한이 발사한 중거리 미사일(IRBM)이 일본열도를 가로질러 북태평양의 한 지점에 낙하했다. 사정거리 4,500Km인 북한의 중거리 미사일은 일본열도를 뒤집어 놓았고 훈련을 마치고 돌아가던 레이건 항모 전단을 다시 동해로 불러들였다. 중거리 미사일 발사 며칠 전 북한은 잠수함 발사 미사일(SLBM) 실험을 단행했고 미국은 한국 및 일본 해군과 함께 대잠수함전 훈련을 실시했다.(9월30일) 일본 해군은 잠수함 작전에 관한 한 세계 최상급의 실력을 갖추고 있다.

그런데 이 훈련을 두고 말들이 많다. 특히 야당 지도자들이 핏대를 올리며 비난을 하는데 한마디로 "일본과의 훈련이 웬 말이냐?"라는 것이다. 야당 대표는 이를 "국방참사" 라고 표현했다. 세월이 어떻게 흘렀고 국제정치가 어떻게 작동되는지를 모르는 사람들이나 할 소리를 대한민국을 책임지겠다는 사람들이 마구 해대고 있는 상황이다.

국제정치의 영역은 영국의 파머스턴 경이 오래전 말했듯이 영원한 적도 영원한 친구도 없는 곳이다. 영원한 것은 국가 이익일 뿐이다. 그래서 국가들은 수시로 적과 친구를 바꾸고 그렇다고 해서 의리 없는 자라고 비난받지도 않는다. 미국의 조지 워싱턴 대통령은 고별사에서 어떤 나라에 대해 과다한 친밀감 혹은 적대감을 보이는 것은 스스로 노예가 되는 일과 같다고 말했다. 그래서인지 몰라도 미국은 적과 친구를 빈번히 바꿔가며 국가 이익 추구를 극대화한 결과, 건국 200년 만에 세계 1위의 초강대국이 될 수 있었다. 2차 대전 당시 미국은 독일과 일본이라는 대적과 싸우기 위해 공산국가인 소련과 함께 싸웠다.

2차 대전 이후 소련 공산주의의 도전에 대항하기 위해 미국은 2차 대전의 주적(主敵)이었던 독일과 일본을 재무장시켰다. 1960년대 말엽 소련을 붕괴시키기 위한 작전의 일환으로 미국은 중국과도 화해했었다. 결국 미국은 소련을 붕괴시키고 세계 유일의 강대국이 되었다. 소련을 붕괴시키는 과정에서 미국에 협력한 중국은 미국의 지원을 받아 급속한 경제 발전을 이룩하여 GDP 총액이 세계 2위로 부상하기에 이르렀다. 우쭐한 중국은 지금 미국의 자리를 빼앗겠다며 팔 걷어붙이고 나서고 있다.

많은 한국인들이 앞으로 2~30년이면 중국이 미국을 앞서는 세계 패권국이 될 것이라고 생각하고 있지만 국제정치의 역사를 모르는 사람들이나 하는 소리다. 중국이 정말로 미국의 지위를 빼앗고 싶다면 미국과 전쟁을 하는 수밖에 없다. 이 세상 어떤 패권국도 도전국의 도전에 평화적으로 자신의 지위를 물려준 적이 없었다. 미국과 같이 전쟁을 국가정책의 수단으로 활용하기 좋아하는 나라가 평화적으로 중국에게 자신의 지위를 물려줄 것이라고 생각하는 것 자체가 국제정치에 대한 무지, 미국이라는 국가의 대전략에 대한 인식 부족에서 나오는 잘못된 것이다.

미국은 수십 년 더 기다리다가 막강해진 중국에게 패권을 빼앗길 정도로 우둔한 무(無)전략의 나라가 아니다. 미국은 전쟁이라는 수단을 쓰지 않아도 중국의 부상을 제어할 수 있는 시기를 허송세월하다 놓치지 않을 것이다. 이미 미국은 중국의 경제를 주저앉히는 작업을 착착 진행한 지 오래되었다. 최근 미국 상무부는 대대적인 반도체 수출 규제법을 통해 중국의 미래를 암담하게 만들고 있다.

한 전문가는 미국의 반도체 수출 규제법을 보고 "미국의 의도는 중국의 산업을 석기시대로 돌려놓겠다는 것이다"고 말했을 정도다. 그런데 우리나라의 정치가들과 시민들 중에는 아직도 원천적으로 말이 되지 않는 안미경중(安美經中, 안보는 미국에게 경제는 중국에게)이라는 허상에 빠져 있는 사람들이 많다.

세계는 급변하고 있으며 미국은 중국과의 패권 경쟁에서 승리하기 위해 일본의 지위를 영국 및 유럽 동맹국들과 함께 미국의 가장 중요한 동맹으로 격상시켰다. 이 같은 상황에서 대한민국은 북한의 안보 위협에 대처하고 빠른 시일 내에 자유통일을 이룩하기 위해 한미일 삼각 안보 협력을 확대 강화해야 할 필요가 있다. 본 발제문은 한반도 주변의 국제정세가 얼마나 급변하고 있으며 위험한 것인지를 기술하고 이에 대처하는 확실한 방안이 한미일 안보 협력이라는 점을 국제 정치학 이론을 원용하여 설명함을 목적으로 한다.

2. 한반도 정세에 대처하는 세계

지난 9월 28일(2022년) 독일에서 일본까지 날아온 유러파이터 전투기 3대가 일본 상공에서 일제 전투기 F-2 3대와 함께 연합훈련을 단행했다. 이 놀라운 훈련의 가상적국이 중국임을 모르는 사람은 없을 것이다. 2차 대전 당시 태평양 전쟁을 치르는 미국의 주요 동맹국이었고, 1970년대 중반 이후부터는 미국의 편이 되어 소련을 붕괴하는데 큰 도움을 주었던 중국을, 70여 년 전 만 해도 미국의 철천지원수였던 독일과 일본이, 가상 적국으로 삼는 훈련을 벌여도 전혀 이상하지 않은 세월이 된 것이다

사안이 너무 예민하다는 이유로 독일의 전투기들이 한국을 방문하는 대신 독일 공군의 수송기가 성남 공항에 착륙했다. 중국 혹은 북한이 대한민국을 위협할 경우 독일은 한국 편에 서서 싸워 줄 것이라는 의미다.

이처럼 변하는 세상에서 아직도 일본을 적으로 보는 정치가들은 대한민국을 이끌어갈 자격이 없는 사람들이다. 변하는 국제정치를 감지하지 못하고 중국, 러시아를 쳐다보다가 나라를 잃어버린 조선 말엽의 고종(高宗) 같은 정치가는 더 이상 필요 없다. 국제정치학의 이론과 역사를 조금만 공부해도 알 수 있는 알기 쉬운 적국(敵國) 판단의 기준을 알아보자. .

3. 국제정치에서 적과 친구를 구분하는 기준

우리나라 사람들을 국제정치를 정서적(情緒的)으로 보기 때문에 국제정치적 현실에 대응하는 능력이 부족하다. 국제정치를 선악(善惡)으로 재단하며 국가들을 좋은 나라, 나쁜 나라라고 보는 경우도 많다. 또한 한번 친구면 영원한 친구, 한번 적이면 영원한 적이라고 생각하는 경우도 많다. 미국을 영원한 친구라고 생각하는 사람도 적지 않으며 일본을 영원한 적이라고 생각하는 국민들은 너무나 많다. 이 같은 생각들은 국제정치의 올바른 분석과 대책을 불가능하게 만든다. 올바르게 생각하는 기준이 있다. 이미 국제정치학자들이 잘 정리 해 놓은 것이다.

우선 자기보다 힘이 더 막강한 이웃 나라들을 모두 자신의 국가 안보를 위협하는 잠재적인 적국으로 상정하는 것이 안전하다. 그런데 잠재적인 나라들이 여러 나라 있는 경우(우리나라처럼 중국, 일본 두 나라)를 상정해서 설명해 보자. 중국과 일본 두 나라는 모두 잠재적인 적으로 상정해야 하지만 두 나라 모두를 적국으로 상정하는 것은 전략적인 파탄을 초래한다. 그래서 우리는 일본과 중국 두 나라 모두를 적으로 돌리면 안 된다.

국제정치학의 가장 고전적인 이론인 세력균형이론(Balance of Power Theory)은 우리에게 중국, 일본 두 나라 중 힘이 상대적으로 약한 나라와 연합하여

힘이 더 강한 나라와 대항하라고 알려준다. 세력균형이론은 힘이 더 강한 나라(중국)를 잠재적국으로 상정하라고 알려주며 힘이 상대적으로 덜 강한 나라(일본)와 연합해야 한다고 말해 준다. 세력균형이론은 역사와 이론에 의해 증명된 국제정치학 최대의 이론이다.

우리나라 주변의 중국과 일본은 둘 다 우리를 위협할 능력이 있는 나라다. 그런데 지금 당장 힘이 더 센 나라는 중국이다. 그 경우 당연히 우리는 일본과 함께 중국에 대항하는 것이 정석이다. 교과서적 이야기이고 세계 모든 나라들이 다 그렇게 한다. 원칙대로 한 것을 '국방참사'라고 말하며 '이게 웬말이냐'며 분개하는 높으신 분들의 국제정치학적 무지를 개탄하지 않을 수 없다.

4. 국제정치에서 친구와 적을 구분하는 또 다른 기준

국제정치는 힘과 이익의 영역이긴 하지만 도덕적 요인이 전혀 없는 것은 아니다. 국가들은 끼리끼리 모이는 속성이 있다. 민주주의국가들은 자신들끼리 힘을 합치고 친구가 될 확률이 높고 독재국가들은 자신들끼리 우호 관계를 형성할 가능성이 높다. 작금 세계정치는 미국을 위시한 자유주의 진영 국가들과 중국, 러시아, 북한 등 소수의 독재정권과의 투쟁과 갈등으로 특징 지워진다.

냉전 시대의 국제정치는 자본주의 vs 공산주의 대결로 특징되었고 당시 공산주의 진영도 상당한 세력을 과시하고 있었지만, 오늘날 공산주의는 사실상 궤멸되었다. 중국은 공산당이 통치를 하는 천민자본주의 국가이며, 러시아는 독재정권이 지배하는 마피아 자본주의 국가이며, 북한은 공산주의라기보다는 중세 봉권 왕조 국가라고 불러야 할 나라다.

> 우리나라 주변의 중국과 일본은 둘 다 우리를 위협할 능력이 있는 나라다. 그런데 지금 당장 힘이 더 센 나라는 중국이다. 그 경우 당연히 우리는 일본과 함께 중국에 대항하는 것이 정석이다. 교과서적 이야기이고 세계 모든 나라들이 다 그렇게 한다. 원칙대로 한 것을 '국방참사'라고 말하며 '이게 웬말이냐'며 분개하는 높으신 분들의 국제정치학적 무지를 개탄하지 않을 수 없다.

대한민국은 자유주의 진영에 속하는 민주주의 국가이며 특히 윤석열 대통령의 자유주의 독트린은 자유주의 국가들과 더불어 세계의 자유를 확산시키는데 기여할 것이며 이는 북의 해방, 한반도의 자유통일을 의미하기도 한다. 대한민국은 당연히 자유주의 국가인 미국, 일본과 힘을 합쳐 독재정권인 중국과 북한에 대항하는 것이 마땅하다.

국제정치 이론은 여타 사회과학 이론과 마찬가지로 정밀성에서 약하다. 그러나 거의 자연과학에서 말하는 법칙 수준의 국제정치 이론이 있는데 1980년대 이후 미국 국제정치학계의 최대 이론이었던 Democratic Peace Theory(민주주의적 평화론)가 그것이다. 이 이론은 '민주주의 국가들끼리는 결코 서로 싸우지 않는다'라는 놀라운 사실에 바탕을 둔 이론이다.

물론 민주주의 국가들도 전쟁을 자주 한다. 미국, 영국 등은 전쟁을 자주 치르는 민주주의 국가들이었다.

> "
지난 5월(2022년) 한국과 일본을 방문했던 바이든 미 대통령은 2025년까지 국방예산을 두 배로 늘이겠다는 일본의 결정을 치하하며 일본의 군사력은 동북아시아의 '선한 힘' 이라는 놀라운 언급도 했다. 지난 9월 한국을 방문했던 미국의 카말라 헤리스 부통령은 북한을 "악랄한 독재정권" 이라고 묘사했다.
> "

이 이론이 강조하는 바는 민주주의 국가들끼리는 서로 결코 전쟁하지 않는다는 점이다. 학자들은 이 같은 현상을 논리적으로 설명했고 경험적으로도 민주주의 국가들이 상호 간 전쟁을 치렀다는 사실을 발견하지 못했다.

민주주의적 평화론에 의하면 민주주의 국가인 대한민국이 민주주의 국가인 일본과 전쟁할 가능성은 없다고 단정한다. 대한민국은 현재 대표적인 독재국가들인 북한, 중국과 갈등 관계에 있다. 당연히 한국은 일본과 함께 중국, 북한의 위협에 대처해야 하는 것이다. 불가능한 가정이겠지만 어느 날 중국과 북한이 민주주의 국가가 된다면 당연히 우리는 중국, 북한과 다툴 일도 없어지게 될 것이다.

5. 미국은 일본의 군사력을 "선한 힘"(Force for Good) 이라고 선언했다

우리는 역사를 제대로 이해하고 활용하지 못하는 나라다. 최근 좌파 이념에 경도된 한국의 역사학은 대한민국을 부정하고 북한을 정통 세력으로 인식할 정

도가 되었다. 그들은 가까운 과거인 일제시대를 극단적으로 악하게 묘사하며 먼 과거인 중국이 지배하던 시대는 너그럽게 분석한다. 일제 강점기에 한국이 경제발전을 이뤘다는 이야기에 경끼(驚氣)를 부리는 사람들이 명나라와 청나라가 조선을 얼마나 짓밟았던 지에 대해서는 별로 말이 없다. 이들의 일본에 대한 관점은 일제시대가 종료된 1945년 이전에 머물러 있다.

세계는 정말 많이 변했다. 지금은 2차 대전의 전범국인 독일의 공군기들이 2차 대전의 전범국인 일본까지 날아와 각각 자신들이 제조한 Euro-fighter, F-2 전투기를 동원해서 훈련을 하는 시대가 되었다. 이들이 함께 군사훈련을 할 수 있었던 이유는 두 나라 모두 자유주의 국가라는 사실에 있고 두 나라 모두 전체주의 체제인 중국과 북한에 대항해야 한다는 현실에서 유래한다.

지난 5월(2022년) 한국과 일본을 방문했던 바이든 미 대통령은 2025년까지 국방예산을 두 배로 늘이겠다는 일본의 결정을 치하하며 일본의 군사력은 동북아시아의 '선한 힘'이라는 놀라운 언급도 했다. 지난 9월 한국을 방문했던 미국의 카말라 헤리스 부통령은 북한을 "악랄한 독재정권"이라고 묘사했다.

미국은 적과 친구를 결정하는 기준으로 그 나라의 정치 제도가 민주냐 독재냐 라는 점을 적용한 것이다. 과거 군국주의 일본은 미국의 적이었지만 오늘 자유주의 일본은 미국의 친구이며 일본의 군사력은 더 이상 미국에 대한 위협이 아니라고 단언한 것이다. 그런데 아직도 한국의 개념 없는 정치가들은 일본을 1945년 이전의 군국주의 독재정권으로 인식하고 죽창가를 부르고 있으니 한심하다.

죽창가를 부르며 한국이 한미일 3각 안보 협력 구조

에 훼방꾼이 될 경우 미국은 '한국을 빼고' 일본에 더 크게 의존할 가능성이 있다. 더욱 막강해질 일본에게 미국은 아시아를 책임지라고 할 수도 있다. 러일전쟁 직후 당시 세계최강인 영국과 부상하던 강대국 미국의 아시아 정책은 러시아보다는 일본이 아시아를 지배하는 것이 낫다는데 근거한 것이었다. 그래서 한국은 일본의 식민지가 되고 말았다. 오늘 그리고 미래에 미국이 중국보다는 일본이 지배하는 아시아가 더 낫다고 생각할지도 모른다.(한국 이 말이 되지 않는 친중, 종북, 반일 행각을 보일 경우 그럴 가능성을 배제할 수 없다)

6. 현재 우리의 적은 중국이다.

우리나라 정치가들은 잘 모르지만, 우리 국민들은 이미 중국을 가상적국 No 1로 지목하고 있다. 2021년 5월 시사인이 행한 여론조사에 의하면 한국인의 중국에 대한 호감도는 26.4%였다. 미국은 57.3%, 일본은 28.8%, 북한은 28.6%로서 한국인의 호감도가 가장 낮은 나라가 중국, 다음이 북한이었다. 물론 일본 역시 호감도가 50% 미만이었지만 국제정치는 현실이다. 마음에 들지 않는 나라와도 더 무서운 나라와 상대하기 위해 힘을 합쳐야 하는 것이 현실이다. 우리 국민들의 외국 호감도 조사 역시 한미일 협력관계가 중요하다는 사실을 잘 말해 주고 있다.

중국을 적이라고 인식한 20대는 무려 62.8%에 이르렀다. 특이한 것은 진보 진영의 중국에 대한 반감(83.3%)이 보수진영(80.8%)보다 오히려 더 높았다는 점이다. 아마도 중국과 북한과의 관계가 나쁘다는 사실이 이러한 결과를 만들었을 것이다. 중국인이 우리나라 기업 주식 매입을 허용하면 안 된 다도 77.1%에 이르렀다. 이 같은 상황에 우리가 중국에 효과적으로 대처하기 위한 일본과의 협력은 당연한 것이다.

2012년 전략적 비전이라는 책을 집필한 브레진스키 박사(카터 대통령의 국가안보 보좌관)는 이 책에서 미국이 국제문제에 대한 개입을 줄일 경우 가장 고생스러울 나라 중 하나로 한국을 지목하고, 한국이 택할 수 있는 전략을 3가지로 요약했다. 첫째, 중국 아래로 들어가는 것 둘째, 스스로 핵무장 하는 것, 셋째 일본과의 안보협력이다. 그는 이 3가지 중 가장 바람직한 것이 일본과의 협력이라고 말했다. 책 출간 몇 달 후 한국 기자와의 인터뷰에서도 그 점을 재확인했다.

일본과의 안보 협력은 오늘 한국의 당면 과제인 한반도 안보 및 자유 통일을 위해 당연한 조치가 아닐 수 없다. 모든 국제정치학 이론이 그렇게 말해 주고 있다. 윤석열 정부는 당연하고 올바른 일을 하고 있는 것이다.

한반도에 '전쟁'을 불러올
종전선언과 평화협정

1953년 7월 27일 휴전으로 끝난 한국전쟁을 완전히 끝내는 것이다. '평화협정' 역시 남북한과 미국 그리고 관련국들이 앞으로는 전쟁을 하지 말자고 문서로 약속하는 것이다. 종전선언과 평화 선언에 반대하는 사람들을 향해 저들은 '그러면 전쟁하자는 말이냐?'며 윽박지른다.

종전선언과 평화협정 체결이 왜 나쁘다 하는가?

대한민국의 좌파들이 한반도 평화를 위해 꼭 필요한 것이라며 줄기차게 외치는 구호 중에 종전선언과 평화협정이 있다. 용어 자체는 대단히 그럴듯하기 때문에 일반인들은 물론, 상당 수준의 의식을 가진 애국 시민들조차 이 위험한 것들을 좋은 것이라고 착각하고 있다. 저들에 의하면 '종전선언'은 1950년 6월 25일 공산주의 소련과 중국의 지원을 받은 북한의 침략으로 시작되었다가 1953년 7월 27일 휴전으로 끝난 한국전쟁을 완전히 끝내는 것이다. '평화협정' 역시 남북한과 미국 그리고 관련국들이 앞으로는 전쟁을 하지 말자고 문서로 약속하는 것이다. 종전선언과 평화 선언에 반대하는 사람들을 향해 저들은 '그러면 전쟁하자는 말이냐?'며 윽박지른다.

우선 쉬운 비유로서 종전선언과 평화협정의 위험성을 말해 보자.

우리는 아주 맛있는 음식, 정말 먹음직스럽게 생긴 음식일지라도 건강을 위해 먹으면 안될 경우가 있음을 잘 안다. 먹음직스럽기도 하고 맛도 있어 보이지만 그것이 우리의 건강을 해칠 수도 있는 나쁜 것이기에 먹지 말라고 충고하는 것이다. 종전선언, 평화협정 등에 먹으면 절대 안 되는, 그러나 대단히 먹음직스럽게 보이는 음식에 비유할 수 있다. 종전선언과 평화협정은 대한민국의 국가안보를 망치고 적화통일을 위한 공산주의자들의 침략전쟁을 초래할지도 모른다. 국가안보를 위해 철저히 대비해야 할 우리의 준비 태세를 와해시킬 몹시 나쁜 것이기에 **반드시 피해야만 할 일이다.**

종전선언과 평화협정의 꼼수

종전선언, 평화협정을 앞장서서 주장하는 사람들은 거의 예외 없이 대한민국을 부정하고, 북한을 추종하며, 미국에 반대하며, 중국에 굴종하는 정치적 성향을 보인 사람들이다. 이들을 통칭해서 주사파라고 부르며 그들의 궁극적 목적은 자유 대한민국을 북한에 가져다 바치는 것이다. 이같은 사악한 목적을 가진 사람들이 종전선언, 평화협정 등 겉모양이 번지르르해 보이는 개념들을 들고나와 일반시민들을 혼돈에 빠뜨리고 있다. 그들의 꼼수를 모르기에 수많은 사람이 속아 넘어갔고 지금도 속는 중이다. 2018년 4월 27일의 남북한 판문점 정상회담은 한반도 평화라는 환상의 절정을 이루었다. 저들의 꼼수에 속은 일반 국민 중에는 '정권이 바뀌니 한반도에 평화가 찾아왔다'며 환호하는 사람조차 있었다. 문재인 정부는 독립적인 대미 정책을 추구한다는 명분으로 전시작전 통제권의 조기 환수에도 노력했다.

주사파들이 생각하는 적화통일의 가장 큰 장애물은 한미 동행, 주한미군, 유엔군 사령부 등이다. 우리 국민들 거의 모두가 주한미군 철수에 반대한다는 사실을 잘 알고 있는 저들은 노골적으로 한미 동행, 주한미군, 유엔군 사령부를 폐지, 철수하라고 말하지 않는다. 지난 대선에서 미군 철수를 원하는 이재명 후보를 지지한 국민들의 93.9%가 한미동맹과 주한미군 계속 주둔에 찬성하는 사람들이었다. 상당수 국민들이 속은 것이다. 그래서 주사파들은 주한미군 철수라는 직접적 구호 대신, 한미동맹의 폐기와 미군 철수를 초래할 꼼수가 숨어있고 일반 국민들을 쉽게 속일 수 있는, 종전선언과 평화협정을 말하고 있다.

종전선언은 6.25 한국전쟁을 끝내자는 선언이기 때문에 종전선언이 합의되면 6.25의 직접적인 생산물인 유엔군 사령부가 해체되어야 한다. 유엔군 사령부는 북한 붕괴 시 북한을 접수, 평정할 수 있는 정당성과 합법성을 가진 아주 훌륭하고 소중한 국제적 안전장치이다. 그래서 북한을 살려 주어야 하고 궁극적으로 북한이 주도하는 적화통일을 원하는 저들이 머리를 굴려 만든 방안 중 하나가 '종전선언'인 것이다. **평화협정**은 종전선언보다 포괄적인 것으로 한미동맹 폐지와 주한미군 철수를 궁극적 목표로 삼는 꼼수가 숨어 있다.

평화협정을 체결한 후 북한과 남한의 주사파들은 한반도에 평화가 왔으니 북한과의 전쟁을 가정하고 성립된 한미동맹은 더 이상 존재해야 할 이유가 없고 당연히 주한미군도 철수해야 한다고 주장할 것이다. 이 글을 읽으시는 독자님들은 평화협정, 종전선언에 동참하라고 부탁하는 사람들에게 종전선언, 평화협정이 체결된 이후에 한미동맹과 주한미군, 유엔군 사령부는 어떻게 되느냐고 먼저 물어보시라. 그리고 그 질문을 받은 자들이 머뭇거리면 결코 동의해 주지 마시라.

평화협정은 성공한 역사가 없다.

그런데도 남북한이 종전선언, 평화협정 등을 체결해서 평화를 유지하려고 노력해야 한다고 주장하는 주사파들에게 '평화협정을 통해 평화가 유지된 사례가 있느냐고 물어보시라.' 평화 협정으로 평화가 이루어진 사례는 국제정치의 역사에 존재하지 않는다. 19세기를 살았던 프랑스의 역사학자 빅토르 셰르불리에즈(Victor Cherbulliez)의 연구에 의하면 BC 1500년부터 1860년까지(3360년 동안) 적어도 8,000건 이상의 아마도 지구 역사상 가장 황당한 평화협정이라고 말할 수 있는 것은 1928년 8월 27일 미국과 프랑스의 국무부 장관들인 켈로그와 브리앙이 체결한 「켈로그-브리앙 협정」일 것이다. 두 나라의 외무장관들은 이 협정을 통해 '모든 전쟁은 불법' 이라고 선언했다. 이 선언에 독일, 일본, 이탈리아, 영국 등 강대국을 위시하여 수십 개의 나라들이 동참했다. 이 평화협정이 체결된 후 꼭 10년 만에 발발한 역사상 최악의 전쟁인 2차 대전에서 가장 치열하게 싸운 나라들이 모두 전쟁은 불법이라는 숭고한 선언에 서명했던 나라들이다.

평화조약이 체결되었다. 이 모든 조약은 모두 다 영원한 평화를 가져다주리라는 가정 아래 체결되었지만, 이들 평화조약으로 인해 평화가 지속된 기간은 평균 2년 정도에 불과했다고 한다.

1860년 이후 오늘에 이르기까지도 수많은 평화 협정들이 체결되었지만, 장기적인 평화를 보장해 준 것들은 하나도 없었다. 세계적인 국제정치학자 예일대학 교수 브르스 러셋(Bruce Russett)박사는 '평화조약, 불가침 조약 등을 체결한 나라들이 그런 것들이 없는 나라들보다 전쟁에 빠져들어 갈 확률이 더 높았다' 라는 황당하기는 하지만 지극히 정상적인 결론을 도출했었다. 전쟁할 이유가 원천적으로 없는 나라들은 애초부터 평화조약을 맺을 일도 없고 불가침조약을 맺을 일도 없지 않겠는가?!

전쟁을 초래한 평화협정의 유명한 사례들

아마도 지구 역사상 가장 황당한 평화협정이라고 말할 수 있는 것은 1928년 8월 27일 미국과 프랑스의 국무부 장관들인 켈로그와 브리앙이 체결한 「켈로그-브리앙 협정」일 것이다. 두 나라의 외무장관들은 이 협정을 통해 '모든 전쟁은 불법'이라고 선언했다. 이 선언에 독일, 일본, 이탈리아, 영국 등 강대국을 위시하여 수십 개의 나라들이 동참했다. 이 평화협정이 체결된 후 꼭 10년 만에 발발한 역사상 최악의 전쟁인 2차 대전에서 가장 치열하게 싸운 나라들이 모두 전쟁은 불법이라는 숭고한 선언에 서명했던 나라들이다.

또 하나 유명한 평화협정은 1938년 9월 30일 영국의 챔벌레인 수상과 독일의 히틀러가 체결했던 「뮌헨 평화협정」이다. 히틀러와 평화협정을 체결하고 영국으로 돌아온 챔벌레인 수상은 비행장에서 환호하는 군중 앞에서 협정문을 흔들며 '이것이 이 시대의 평화올시다'라고 외쳤다. 히틀러는 체임벌린의 어리석음을 비웃었을 것이다. 당시 뮌헨협정에 반대했던 처칠은 영국 국민들이 보기에는 '왕따 전쟁광'이었다. 1939년 9월 1일 나치 독일은 폴란드를 침공했고, 뮌헨협정은 체결 후 1년도 안 된 시점에서 휴지 조각이 되고 말았다. 전쟁이 발발하자 곧 왕따 전쟁광 처칠은 영국 총리가 되어 힘겨운 전쟁을 이끌었다.

국제정치학자들은 뮌헨 협정이 없었더라면 2차 대전은 훨씬 빨리 연합국의 승리로 귀결되었을 것이라고 아쉬워한다. 뮌헨 협정을 통해 시간을 번 독일은 1년 동안 전쟁 준비를 했고, 훨씬 막강해진 군사력으로 영국을 상대로 공격 전쟁을 개시할 수 있었다. 아마도 우리나라에 적용되기 가장 좋은 평화협정 사례는 베트남 전쟁 당시 체결되었던 「파리 평화협정」일 것이다. 미국과 월남 그리고 공산 베트남과 베트콩은 1973년 1월 27일 파리 평화협정을 체결하였다. 전쟁을 평화로 마무리했다는 웃기는 공로로 당시 미국 국무장관 키신저 박사는 노벨평화상을 수상했다.

키신저와 함께 공동 수상자로 지명되었던 북베트남의 외무장관 레둑토는 노벨평화상 수상을 거부했다. 평화협정이 체결된 후 미군과 연합군은 월남에서 철수하기 시작했고 철수가 거의 끝나가던 1975년 4월 30일 북베트남군 수십 개 사단이 남베트남을 기습 공격해서 수도 사이공을 점령했다. 「파리 평화회담」으로 인해 남베트남은 역사에서 사라지고 말았다. 평화협정에 합의했던 북베트남은 미군이 나가자 전면 남침을 통해 남베트남을 손쉽게 점령, 전국을 공산화 시켰다. 북베트남은 남베트남의 수도 사이공을 북베트남의 공산 지도자 호치민의 이름으로 개명, 사이공은 호치민 시티가 되었다. 북한 역시 자신들이 원하는 공산 통일을 이룩한다면 서울은 김일성 시(City)라고 개명할 것이 분명하다.

국제정치는 역설의 영역

국제정치는 역설(paradox)의 영역이다. 평화를 떠들던 나라들은 전쟁에 휩싸이기 더욱 쉽고 나라를 멸망의 길로 이끌 수 있다. 그러나 전쟁을 준비한 나라들은 오히려 평화를 지킬 수 있었다. 고대 로마의 현인 베제티우스(Vegetius)는 "평화를 원하거든 전쟁을 준비하라"(Si vis Pacem Para Bellum)고 역설했다. 지난 수천 년 김정은이 비핵화 의지가 있다며 돈을 대주면 북한은 감동하여 핵을 내려놓을 것이라는 개념 없는 소리를 외국 지도자들에게 말한 김정은의 대변인 같은 한국의 대통령도 있었다. 저들의 꼼수에 더 이상 속지 말자. 저들이 평화협정, 종전선언에 찬성하라고 말하면 "평화협정, 종전선언을 체결 이후 한미동맹과 주한미군은 어떻게 되냐고 물어보자." 그리고 "전쟁의 반대말은 평화가 아니라 항복"이라고 알려주자.

동안, 이 금언은 진리임이 증명되었다. 믿을 수 없는 상대방과 믿을 수 없는 종잇조각을 교환하는 것보다는 스스로 막강한 힘을 기르고 그 힘을 활용할 수 있는 연습, 즉 군사훈련을 잘하는 것이 평화를 유지하는 데 보다 효과적인 방법이었다.

힘을 통한 평화(Peace Through Strength)는 언제라도 더욱 안전한 평화의 수단이었다. 국가들은 돈이 엄청 비싼 무기를 사다가 쌓아 놓고 있다. 일반적으로 상당한 성능을 가진 탱크 한 대는 승용차 300대 가격인 80억 원에 이르며, 비행기 한 대는 1,000억 원 이상, 군함 한 척은 1조 원이 넘는다. 우리는 이 같은 비싼 물건을 '쓰지 않으려고' 즉 평화를 지키기 위해 사 오는 것이다. 이처럼 국가안보와 전쟁의 관계는 역설적이다.

암 환자에게 반창고를 바르자는 좌파들의 꼼수
우리나라 대통령 중에는 북한은 핵을 만들 의사도 능력도 없다고 장담한 사람이 있었다. 북한이 핵과 미사일을 만들면 자기가 책임을 질 것이라는 말도 했다. 자신은 외국을 돌아다니며 북한의 입장을 두둔해 주었다고 자랑스레 말한 대통령도 있었다. 김정은이 비핵화 의지가 있다며 돈을 대주면 북한은 감동하여 핵을 내려놓을 것이라는 개념 없는 소리를 외국 지도자들에게 말한 김정은의 대변인 같은 한국의 대통령도 있었다. 저들의 꼼수에 더 이상 속지 말자. 저들이 평화협정, 종전선언에 찬성하라고 말하면 "평화협정, 종전선언을 체결 이후 한미동맹과 주한미군은 어떻게 되냐고 물어보자."

대답 못 하고 우물거리면 나라를 위해 그런 일은 그만하라고 타일러 주자. 전쟁이냐? 평화냐? 라고 윽박지르듯 묻는 사람에게 "전쟁의 반대말은 평화가 아니라 항복"이라고 알려주자. 그리고 "당신은 고종 혹은 이완용의 정책을 평화를 초래한 정책이라고 믿느냐?" 무슨 근거로 김정은이 평화의 약속을 지킬 것이라고 믿느냐? 라고 물어보자. 미국의 전직 외교관 미첼 리스는 문재인 정권의 종전선언 노력에 대해 "정치, 군사 문제들이 전혀 해소되지 않은 상태에서 '종전선언'을 한다는 것은 마치 암 환자에게 반창고를 발라주는 일과 같다"고 말했음을 알려주자.

■ 이춘근 박사 / 국제 정치 아카데미 대표.

중공 조심

북한과 손잡은 중국이 한국을 향해
또 한 번의 남침을 할 수 있다는 것을
우리는 절대 간과해서는 안 된다.

중국은 미국 중심의 동맹에서 가장 중요한 동맹인
'한국'을 중국의 손에 넣는다면
미국이 구상 중인 아시아-태평양 전략을
망가뜨릴 수 있다는 생각을 하고 있다.

중국은 한국을 집어삼키기 위한 욕심을
드러내고 있기에 중국은 우리의 영원한 적일 뿐
우방이 될 수가 없다.
아울러, 북한 또한 핵을 절대 포기 안 할 것이다.
우리 자유 대한민국도 핵이 답이다.

공포의 균형을 맞추기 위해서라도 핵이 답이다.
언젠가 중국과의 전면전도 각오해야 할 때가
올 수도 있다는 점도 소홀히 해서는 안 된다.
우리 자유 대한민국을 수호하려면
핵무장은 필수이고 그 어떤 우방국에도
우리의 자주권을 담보로 기대해서도 안 된다.

우리의 미래를 보장하는 안보는
우리 스스로 자주국방을 탄탄히 해야 지킬 수 있다.

러시아가 우크라이나를 침공하듯이
중국 또한 언제든지 우리 자유대한민국을
노릴 수가 있기에 우리는 항시 중국을 조심해야 한다.

우리는 어느 쪽이든 불시의 공격에
항시 대비해야 한다.

실제로 중국은 지금도 한국으로
상정한 군사작전을 수립하고 이것을 위한
군사 훈련을 꾸준히 진행해 오고 있다.

여러 가지 경우의 수가 존재하겠지만
'북한'이라는 변수가 한국과 중국으로 하여금
무력 충돌을 일으킬 수 있는 유력한 집단이다.

중국은 북한의 김씨 일가 정권이 무너지면 언제라도
북한의 땅을 점령할 계획을 세우고 있다.

그리고 이때 우리는 중국과의 전쟁이 불가피한데,
대한민국헌법상 현재 북한은 괴뢰정부에 불과하며
북한의 땅은 명실상부한
대한민국의 적법한 영토이자 북한의 주민들도
모두 대한민국 국민이기 때문이다.

중국이 제멋대로 정세안정이라는 이유(명분)로
군대를 끌고 와 이북 지역에 주둔시킬 그것은
대한민국에 대한 선전 포고 임에 다를 바 없다.

그래서 우리는 항상 지금 당장이라도
중국과의 전쟁을 할 가능성을 염두에 두고
철저한 안보 의식과 타의 추종을 불허하는
든든한 자주 국방력을 키우고 있어야만 한다.

자유 월남 패망의 원인

1975년 4월 30일, 이날은 자유민주주의 월남이 북 공산 월맹과
평화협정(종전협정)을 맺자, 미군이 두 달 만에 전면 철수하고, 2년 뒤에 패망한 날이다.

평화 조약(종전협정) 이후 미군은 두 달이 지나 월남에서 전면 철수하였다. 당시 자유 월남은 미군 철수 2년 만에 미군이 놓고 간 최신식 무기를 가지고도 슬리퍼를 신고 쳐들어온 보잘것없는 북 공산 월맹에 전쟁 개시 50일 만에 제대로 싸워 보지도 못하고 패망하여 월남이라는 나라 자체가 지구상에서 영원히 사라지는 비극을 겪게 되었다. - 베트남 사회주의 공화국이 되었고 자유 월남은 영원히 소멸하였다.-

당시 자유 월남은 공군력이 세계 4위의 군사 강국이었고 경제력도 북 공산 월맹보다 월등히 앞서 있었다. 당시 북 공산 월맹은 미군이 개입된 자유 월남과의 오랜 전쟁으로 전쟁 수행 능력을 완전히 상실한 상태였고, 매년 100만 톤의 식량 부족으로 겨우 하루 한두 끼와 소금으로 연명하는 비참한 상황이었다.

위험천만한 '우리민족끼리' 라는 용어

당시 자유 월남의 야당 대표 '쯔옹딘 쥬'는 '우리민족끼리'를 내세우며 북 공산 월맹과 대화를 통해, 평화적으로 남북문제를 해결하자고 계속 주장하며 비밀리에 북 공산 월맹의 간첩 역할을 착실하게 수행하였다. 자유 월남의 안보, 내각 작전 회의의 내용이 1~2시간 후면 북 공산 월맹에 보고될 정도였다. 당시 자유 월남에는 여러 각계각층에 간첩들이 깊숙이 침투하여 있었고 이에 대해 자유 월남 정부는 그야말로 속수무책이었다.

당시, 자유 월남은 총체적인 안보 불감증에 깊이 빠져있었고 좌익인사들의 선전, 선동으로 반정부 시위, 반미 감정을 확산시키며 국론은 4분 5열로 분열, 데모가 그칠 날이 없었다. 자유민주주의 월남 전체인구의 불과 0.5%밖에 안 되는 좌파, 좌경 적대세력(인민혁명당)들은 정치권, 군대, 종교, 언론, 학교 등 각계각층에 깊숙이 침투하여 화려한 선동, 선전 전략(프로파간다)으로 결국엔 자유 월남을 공산주의 생지옥으로 몰락시키고 베트남을 사회주의 공화국으로 바꾸는 데 공헌한 좌익세력들이었다.

이들은 자유 월남에서 잘 먹고 잘살면서 자유 월남에 대한 이적질을 한 것이다. 지금 대한민국에도 이런 이적질을 하는 세력들이 잘 먹고 잘살면서 각계각층에서 독버섯처럼 암약하고 있다는 것을 상기해야 할 것이다.

자유 월남이 공산화되자마자 북 공산 월맹 편을 들었던 자유 월남의 좌익 인사들부터 모조리 즉각 처형

북 공산 월맹은 전쟁 후 50일 만에 자유 월남을 적화통일 시키고 제일 먼저 한 일은 인민재판에 의한 무자비한 숙청이었다. 특이한 점은 자유 월남에 대하여 반정부, 반미를 외치며 선동하던 우편이었던 자유 월남의 좌익, 좌경 인사들부터 먼저 즉각 처형시켰다.

자유 월남 정부하에서 북 공산 월맹의 편을 들어 조국인 자유 월남에서 반정부, 반미 선동에 앞장섰던 군인, 공무원, 종교인, 교수, 교사, 언론인, 학생 등 그 외 각계각층에서 북 공산 월맹에 우호적이었던 16만 5천 명이 가장 먼저 처참하게 처형당했다. 공산화가 되면 북 공산 월맹이 자신들의 공로를 인정해 줄 것이라는 꿈은 망상이었고 하루아침에 그동안의 모든 수고가 물거품(처형)이 되고 말았다.

우리나라도 마찬가지일 것이다. 지금 자유 대한민국에서 김정은의 편에서 공산주의 통일을 꿈꾸고 있는 남한의 좌익(친북, 주사파)인사들이 깨달아야 할 것은 월남과 같이 적화통일이 된다면, 반드시 죽임을 당한다는 사실을 알아야 한다. 이것이 바로 공산주의가 가지고 있는 피의 이념 사상이다. 남한의 '좌익', '친북', '주사파' 세력들은 적화통일을 이룰 때까지만 시한적인 꼭두각시일 뿐이지 더 이상 이용 가치는 없다.

자유민주주의 체제와 1인 독재 공산주의 체제는 물과 기름 같아서 절대 함께 할 수가 없다는 것을 북괴 공산주의 김정은과 그의 수뇌부는 너무나 잘 알고 있다. 이런 이유로 북 공산 월맹은 자기편을 들었던 그들을 가장 먼저, 한 사람도 남겨두지 않고 모조리 숙청했다. 북 공산 월맹에 의해 한순간에 함락된 수도 사이공(지금은 호치민시)은 졸지에 피바다가 되었고 자기 나라를 지킬 줄 몰랐던 자유 월남의 국민들은 너무나도 처절한 피의 대가를 치러야만 했다.

아래는 자유 월남 시절 사이공대학
학생이었다가 탈출했던 한 학생 시(詩)이다.

멀리서 공산주의를 바라보니
금강석처럼 반짝이기에
무엇인가 궁금하여 가까이 가서 바라보니
그것은 피로 범벅이 된 눈물뿐이라네.

확고한 한미동맹과 미군의 한국 주둔은 우리 자유 대한민국의 절대 생존권이 달린 중대한 사안이다. 또한 대북 군사 억지력을 확고하게 확보하는 것만이 평화를 지키는 힘이며 이를 부인하는 모든 세력은 북괴 김정은의 2중대 하수인일 뿐이다.

월남의 패망은 아무리 군사력, 경제력이 뛰어나도 안보 의식이 약해지면 멸망할 수밖에 없다는 교훈을 주고 있다. 나라를 지키는 참된 힘은 군사력도 중요하지만, 국민의 투철한 안보 의식과 애국심, 그리고 적에 대한 분명한 개념이 있어야 한다. 분단국가인 우리는 자유 월남의 패망을 다시 한번 상기하며 타산지석으로 삼아야 할 것이다.

통합 측의 '종전평화협정' 공문을 다시 되새기며
통합, 합동교단의 국가 안보관 차이

정전협정 70주년을 즈음하여 대한예수교장로회 통합 측과 합동 측이 공동으로
남북 평화통일 비전 공동선언문을 발표하면서 각 노회에 공문을 발송한 바가 있다.
그 비전 공동선언문 주요 골자는 한미 군사훈련 중단, 주한미군 철수, 한미 동맹 해체와 같은 뜻이 담긴
'종전선언' '평화협정' 을 맺자는 것인데, 한반도에 전쟁을 불러일으킬 수 있는 위험천만한 일에
기독교회가 팔 걷어붙이고 앞장서보겠다는 것이었다.

■ 고정양 목사 / 6.25역사기억연대 대표, 제2의 실향민, 독립운동가 후손

요약하자면 한반도 '종전평화협정' 캠페인 서명운동인데, 북한 김정은 정권과 과거 문재인 두 정권의 꿈에도 소원인 '종전선언' '평화협정'의 협업이라는 인상을 줬다. 앞서 조선로동신문(2018. 8. 3 자)도 '남조선 단체들 종전선언 채택과 평화협정 체결을 요구'라는 제목으로 '종전선언이 평화협정 체결로 가는 첫 단계이지만 과거에 사로잡혀 아무런 진전도 이룩하지 못하였다'라며 '종전선언과 평화협정'을 주장했다. 이어 북한은 '조선반도에서 전쟁을 막기 위하여서는 조선과 미국이 하루빨리 종전의 정전협정을 폐지하고 새로운 평화협정을 체결하여 영구적인 평화를 마련하여야 한다.'라고 주장해 왔다. -기독언론인 협회 성명서 참조-

친북적인 우를 범한 통합교단
이번에 민족과 한국교회 앞에 물의를 빚은 대한예수교장로회 통합교단은 합동 측과 더불어 장로교단의 양대 축으로 한국교회의 대표적인 대형교단이다. 양 교단에서 지난 문재인 정권의 숙원 사업이요 김정은이 춤추고 좋아할 '종전선언'과 '평화협정'을 위해 교단, 총회가 직접 나서서 교단 산하 1만여 교회와 230만 명의 교인들에게 '종전평화협정' 서명운동까지 추진하겠다고 나섰으니, 어떤 세력에 의해서 계획되고 시작이 되었는지는 몰라도 마른하늘에 날벼락도 이런 날벼락은 없을 것 같다.

한반도에 충분히 전쟁을 불러올 수도 있는 '종전평화협정' 캠페인을 교단 총회 차원에서 나서서 동참, 독려했다는 사실은 실로 어처구니가 없는 일이다. 이런궤계가 장자교단이라고 입버릇처럼 말하며 그렇게도 자부하던 통합 측에 의해서 주도적으로 시도되었다는 것 자체가 예삿일이 아니다.

이들은 서명 운동에 합동 측까지 끌어들이려 시도했다는 것은 한국기독교회의 국가 안보, 안위의 허상(虛像)을 보여주는 단적인 예요, 우리 국민을 사지로 몰아넣으려는 사특하고 참담한 간계가 아닐 수 없었다. 마치, 성냥갑을 손에 쥔 채 휘발유 통 앞에 모여 있는 철부지 어린아이들을 보고 있는 것만 같다.

230만 명의 교인 수를 자랑한다는 통합교단의 총회가 '종전선언' '평화협정'이라는 말이 내포하고 있는 그 진위와 뜻도 모르고 이런 상식 밖의 일을 거리낌 없이 추진하고자 했다면, 이는 국가 안보의 마지막 보루이어야 할 교단이(한국교회) 북괴의 기만전술에 무지몽매(無知蒙昧)하거나 이를 알면서도 교단 내의 '종북 좌파' 세력에 의해 '프로파간다' 내지는 '가스라이팅' 당했다고 볼 수밖에 없다.

이는 직, 간접적으로 자유대한민국의 주적을 이롭게 하는 반국가적 행위가 될 수도 있다. 물론 미수에 그쳤지만, 결코 쉽게 생각하고 넘어갈 사안이 아니다. 국가의 안보와 안위를 몸소 실천하고, 지키고, 교육하고, 길이 보존해야 할 교회의 상위기관인 교단총회 안에 이런 불온사상을 가진 '종북, 좌파' 성향의 목회자들이 당당히 기생하고 있다는 것에 깊은 우려를 표하지 않을 수가 없다.

국가안보, 이제는 교회와 목회자 믿지 못할 때인가
이는 70년간 집요하게 남한의 적화를 위해 음지에서 한국교회의 파괴를 공작해 온 북괴의 상당한 성공수확(노획)물의 일부이며, 작금의 한국교회 지도자, 목회자들의 결여된 국가안보관의 낮은 수준이 빚어낸 결과물의 하나라고도 본다. 이런 일련의 심각한 사태를 접하면서 이제 우리 한국교회 성도들도 국가안보와 안위에 있어서는 한국교회의 연합단체와 목회자들의 말을 전적으로 믿거나, 무조건 따라서도 안 될 불안전한 지경에까지 와있다는 불길한 생각이 든다.

이제, 한국교회도 국가안보에 있어서는 예전처럼 절대 안전지대가 아니라는 것을 이번 통합 측의 안보

결여 사태를 반면교사 삼아 뒤돌아보는 더 없이 좋은 계기가 됐으면 하는 바람이다. 요즘 연일 터지는 간첩단 사건과 맞물려 통합 측의 어처구니없는 이런 행보를 보면서 이제, 한국교회도 국가 안위를 위한 안보 강화의 재정립 차원에서 각 교단총회 단위로 안보강화교육과 시스템 구축이 그 무엇보다도 가장 시급한 때라고 본다.

특히, 통합 측은 오래전부터 좌경 혼합주의 용공 세력인 WCC(세계교회협의회)와 NCCK(한국교회협의회)에 가담하여 그들과 오랜 세월동안 함께 하더니, 급기야는 교단 총회가 직접 발 벗고 나서서 각 노회를 통하여 전국교회의 성도들에게 '종전선언'과 '평화협정'에 상응하는'종전 평화협정' 서명을 적극 독려하는 협조(서명지)공문을 발송했다.

'종전선언'과 '평화협정' 북괴와 남한 '종북, 좌파'의 숙원사업

'종전선언'과 '평화협정'은 빛 좋은 개살구일 뿐이다. 듣기만 좋은 말이지 사실 그 내면은 북괴와 남한 '주사파' (종북, 좌파)세력들이 오매불망 바라는 숙원사업이다. 저들의 바람대로 실현이 된다면 유엔사가 자동 해체되고 주한미군이 철수하게 되며, 국가보안법이 폐지되고 북괴를 '적(敵)이라고 대놓고 말하지도 못할 뿐만 아니라 그냥 속수무책으로 북괴 김정은이의 밥이 되는 자동 코스의 전철을 우리 스스로 밟아 주는 꼴이 되는 것이다. 거짓 평화와 선동, 속임수로 남한을 무장해제 시켜 북괴 김정은 집단에 바치려는 저들의 수작질이요 적화통일의 고속직행 수순인 저들의 계략이다.

북괴의 천인공노 할 잔인한 폭력성과 인민의 비참한 노예 생활, 허구한 날 기아에 허덕임에도 아랑곳하지 않고 하루가 멀다고 핵무기로 세계를 위협하는 끔찍한 현실을 군이 외면하려는 통합교단의 저의는 과연 무엇이었을까. 누가 이런 발상의 주체이며 발상의 주요인은 무엇이었을까. 배부르고 등 따스우니 너무 복에 겨워서일까. 아니면, 70년이라는 긴 휴전 속에 무뎌지고 빛바래진 안보 정신과 해이해진 역사관의 무지에서일까. 북괴의 공격을 받아도 설마 망하기야 하겠어? 그래도 같은 민족인데? '설마'라는 지독한 안보 불감증의 발로發露인가. 아니면...?

만약, 통합 측의 공문에서 원하는 대로 '종전선언' '평화협정'이 체결이 되는 세상이 온다면 그날로 자유대한민국은 물론 한국교회도 절단이 날 것이며, 해외에 나가 있는 동포들은 졸지에 북괴 김정은이의 조선민주주의인민공화국의 인민이 되는 것이다.

북괴는 인간 세뇌 공작에서 세계적 기술을 보유한 집단이다. 우리의 주적인 북괴는 김일성주의 주체사상이란 것으로 획일화된 사이비종교 집단체제인 점을 절대 잊어서는 안 된다. 북괴는 일찍부터 기장(한국기독교장로회)교단 같은 곳을 해방구로 만들려고 문익환, 한상렬 같은 이들을 불러들여 '생쇼'를 하게 만드는 등 오랜 세월 동안 꾸준하게 이념(사상)작업을 치밀하게 바닥부터 다져왔다. 이제 그 뒤를 따라 통합교단마저 그들의 전철을 밟으려고 하고 있으니, 국가의 안위와 교회의 존립이 위태롭기만 느껴진다.

절대 쉽게 지나칠 사안이 아니다.

이제는 간첩 목사까지 심심찮게 나오고 있는 판국이니 더 이상 무엇을 논하랴마는, 기장을 비롯한 NCCK 계통의 속을 세밀하게 파 보면 그야말로 가관일 것이다. 일단은 예장통합 총회장 이순창 목사가 이 캠페인이 본래 취지와는 다르게 노회와 교회에 혼란과 우려를 야기한 것에 대하여 총회장으로서 사과를 표명하며 앞서 전국 노회로 발송한 공문을 철회하고 '종전평화협상' 캠페인을 중단한다고는 밝혔지만, 세부적이고 확실한 후속 조치가 취해지지 않아서 의문과 아쉬움이 남는다.

국가전복의 빌미가 될 수도 있는 이런 사단(事端)은 단순히 총회장의 사과로 끝낼 간단한 문제만은 아닌 것 같다. 시도 행위 자체를 너무 가볍게 보고 지나칠 사안이 아니라는 점이다. 이들의 이런 불순한 사상적인 태동은 어제, 오늘의 일이 아닐 수도 있으며, 만에 하나 이런 기회가 오기만을 내심 기다렸을 수도 있다. 그렇지 않고서야 이런 중차대한 일이 기다렸다는 듯이 전광석화처럼 아주 신속하게 진행되기란 쉽지 않은 일이다.

앞으로 한국교회 안에서 제2, 제3의 이런, 불미스러운 일들은 언제든지 발생할 수가 있다는 예고편을 보는 것 같다. 이런 공문을 기획하고 노회를 통해 전국 교회에 발송까지의 단계를 치밀하게 고려했다면, 이를 주도한 자들을 순수한 목사라고 하기에는 상당한 괴리감마저 든다. 그런데도 "총회에 산하기관과 기관장이 많아서 기관의 공문들을 일일이 체크하기가 쉽지 않았다. 이럴 줄 몰랐다"라는 총회장의 이해불가의 변명으로 나름 분분할 수도 있겠지만. 한국교회와 교단을 난감하고 위태롭게 할 수도 있었던 이런 중차대한 공문을 총회장이 체크도 하지 않았고 담당 기획자가 총회장에게 보고를 안 했다? 이게 과연 가능한 일일까.

우리는 지난 '종북, 좌파' 정권 5년의 치하에서 국가의 안위와 존망이 절체절명의 갈림길에 서 있었음을 뼈가 저릴 정도로 체험한 바들이 있다. 심지어 고등학교 교실 내에 버젓이 인공기가 부착되었었으며, 광화문에는 인공기가 펄럭거렸고, 우리은행 달력에는 인공기까지 그려져 있었다. 간첩 신영복을 존경한다는 문재인의 말대로 신영복의 글씨체가 더불어민주당명, 국정원의 원훈과 경찰청장 이 취임식 때도 심지어는 '소주 브랜드 처음처럼' 등등 나라가 온통 공산 김일성주의자 신영복 글씨체로 도배를 했었다.

용혜당 사건 연루자 신영복(사진)의 글씨체를 사용한 문자인 인용당 대선 후보의 슬로건

여하튼 통합교단의 총회장으로서, 이번 사태의 사실을 인정한 것이기 때문에 유야무야 넘어갈 것이 아니라, 민족과 한국교회 앞에 교단총회 수장으로서의 모든 정무적인 책임을 지고 정식으로 사과 성명서

(이미지 출처: news1)

고등학교 교실 칠판위의 인공기

▲ 지난 정권 때 서울의 심장 광화문에 인공기까지 휘날렸다.

▲ 서울경찰청장 취임식에도 신영복체가 사용되었다. (출처/연합뉴스)

발표가 선행되어 졌어야 함이 마땅했다. 한순간의 오판으로 인하여 걷잡을 수 없는 대 혼란을 야기할 뻔한 아찔한 순간이었다.

만약에 '종전평화협정' 공문의 내용대로 서명운동이 교단 내 노회와 전국교회로 확산 본격적으로 전개되기 시작하였다면, 한국교회는 물론 국가에도 엄청난 혼란이 가중 되었을 것이다. 때를 놓칠세라 북괴의 지령을 받은 '종북, 좌파' 세력들은 한국교회를 갈라 치기 시키며 난장 치기 시작했을 것이다. 이제는 국가의 근본이 되는 사상과 이념, 법치를 지키고 고수해야 할 안보의 마지막 보루인 교회 안에서부터 이 정도로 심각하게 훼손되어 가고 있으며 안보의 동력을 잃어가고 있다. 주사파(종북, 좌파) 판단 기준은 아주 간단하다. '미군 철수'와 종전 선언'을 주창하느냐, 하지 않느냐이다.

평화협정, 종전선언, 우리가 모두 바라는 것은 맞다. 문제는 시기상조라는 것이다. 지금 상태에서 종전선언을 하게 되면 북에서 바라는 대로 전쟁이 끝났기 때문에 연합군(UN 軍)이 철수해야 한다. 그 후 만약에 한반도에서 전쟁이 다시 발발하게 되어도 남북 간의 내전(內戰)으로 간주하여 유엔군이 다시 참전할 수 없게 되는 기가 막힌 상황이 벌어지게 된다. 그

래서 현재 남한에서 김정은의 2중대 노릇을 착실하게 수행하고 있는 '종북, 좌파' 정치 모리배 세력들은 나랏돈과 양심을 훔쳐 이적행위와 호의호식을 하면서도 정작, 국가의 국익과 실리를 위해 애쓰거나 고민하는 것은 아예 찾아볼 수가 없다. 오직 하나, 오매불망 반미, 반일만을 줄창 외치며 국민의 감정을 극도로 자극하기에만 혈안이 되어있다. 묻지 마 식의 '죽창 가'를 부르고 선전, 선동, 가스라이팅으로 '종전선언, 평화협정'을 목이 멜 정도로 허구한 날 외쳐대고 있다.

지금은 이름조차 지구상에서 사라진 월남이 **오늘의 우리에게 주는 뼈아픈 교훈**을 절대 잊어서는 안 된다. 지금 우리가 처해있는 한반도의 상황도 마치 자유월남의 상황과 매우 흡사하다. 1975년 4월 30일, 이날은 자유 민주주의 월남이 북 공산 월맹과 '평화협정'(종전협정)을 맺은 지 두 달 만에 미군은 월남에서 전면 철수하게 되었다. 그 후 2년 뒤 월남은 북 월맹의 침공으로 흔적도 없이 지구상에서 사라진 날이다. 당시 자유 월남은 미군이 놓고 간 최강의 최신식 무기를 보유, 무장하고 있었으면서도, 배고픔에 굶주리며 슬리퍼를 신고 침공할 정도로 형편없고 보잘것없는 북 공산 월맹군에 의해 전쟁 개시 50일 만에 제대로 한 번 싸워 보지도 못 한 채 나라 자체가

지구상에서 사라져 버렸다. 당시, 휴전 후 자유 월남은 총체적인 안보 불감증의 수렁에 깊이 빠져 있었다. 월남 내부의 좌익 인사들은 선전, 선동으로 반정부 시위, 반미 감정을 월남 내에 들불처럼 확산시키며 국론을 4분 5열로 갈라치기 했고, 데모와 시위는 그칠 날이 없었다. 월맹의 사주를 받은 월남 내의 좌파 세력들(현 남한 내의 주사파/종북, 좌파)로 인해서 사회, 문화, 교육, 종교, 정치, 군사 등 사회 전반이 내분으로 소용돌이치다 어느 한순간에, 월남 전체가 학살의 현장으로 참혹하게 변하고 말았다.

이때 월맹과 월남의 전쟁을 상호 간의 내전으로 간주하여 철수했던 미군은 다시 이 전쟁에 개입하지 않았다. 사람들은 살기 위해 바다로 뛰어들었다. 그래서 당시 보트피플(106만 명)이란 말까지 생겼다. 작금의 대한민국은 소름이 끼칠 정도로 당시 월남의 상황과 매우 일맥상통한다는 우려와 걱정하는 소리가 만연하다.

만약, 어설프게 남북 통합을 추진하는 '종북, 좌파'들의 허점을 틈타, 오히려 김정은 중심으로 통일(평화협정)이 되어 남한이 적화된다면, 남쪽의 2~30대 이상의 젊은이들은 자본주의, 자유주의 사상에 물들은 뇌 개조를 이유로 모든 것을 포기당한 채 개, 돼지처럼 쇠 사슬에 묶여, 북쪽 개발 현장으로 강제로 끌려다닐 것이며, 남쪽의 모든 제반 시설과, 재산들은 북괴에 의해 남김없이 몰수당할 것이다. 어린아이들은 김일성 주체사상 학습에 동원될 것이며, 여성들은 저항 한 번 제대로 해보지도 못한 채 끔찍한 성적 봉변과 성적 유린을 면치 못할 것이다.

아울러 중, 장년, 노인층도 너, 나 할 것 없이 북쪽 작업장으로 내몰려 극심한 중노동에 시달리다 비참한 죽음을 맞이하게 될 것이며, 한국교회와 목사들은 숙청 대상 1순위로 정치범 수용소로 끌려갈 것이다. 남한 인구의 절반 이상이 이런, 저런 반역죄로 엮여

개죽음보다도 못한 학살 수준의 고문과 처형을 당하게 될 것이고, 결국 삶의 터전이었던 자유대한민국도 월남처럼 이 지구에서 영원히 사라지게 될 것이다.

설령 남한이 적화통일이 되었다고 해서 그동안 남한 내부에서 북괴의 지령에 의해 '종북, 좌파' 활동으로 북괴 김정은에게 충성 맹세하며 도움을 준 세력들 역시 단 1명도 살려 두지 않을 것이다. 1975년 4월 30일 북월맹에 의한 월남 패망 후 20년간 월맹은 국경을 폐쇄하고 공산화 작업을 전개했다. 인간개조를 위한 수용소를 만들어 놓고 숙청 작업을 시작한 것이다. 주목할 것은 북월맹의 1등 공신이었던 당시 월남 내의 북월맹을 위한 좌파 세력들은 모조리 무자비하게 처형을 당했다는 사실이다.

6.25전쟁 이후 남로당의 1등 공신인 박헌영을 김일성이 제일 먼저 숙청한 것과 같은 이치이다. 지금 자유대한민국에서 득세하는 '종북, 좌파' 세력들은 남한이 공산화가 되면 득세할 수 있을 것이라 착각들을 하겠지만 '김일성 유일 주체사상인 공화국의 불순분자'로 개조될 수 없는 반동으로 간주(분류)하여 0순위 처형 대상이 될 것이다. 월남 패망 시 월남에서 월맹에 우호적이었던 좌익세력 16만 5천 명이 1순위로 처참하게 처형당했다는 것이 이를 잘 반증해 주고 있다.

용공주의 WCC를 포용한 통합 측

월남을 장악한 월맹이 그랬다. 당시의 월남과 아주 흡사한 지금의 위기 상황을 한국교회가 전혀 깨닫지 못하고, 오히려 우리 주적의 선동에 발맞춰서 동조하고 있으니 그저 암담할 뿐이다. 통합 측은 한경직 목사로 인해 WCC(세계교회협의회)에 가입한 것이 오늘, 장로교단 분열의 실마리가 되었다. 합동 측과 갈라진 이유도 WCC 때문이었는데, 합동 측은 그나마 이를 거부하고 NCCK(한국교회협의회)에

1959년 9월 제44차 장로회 총회가 대전중앙교회에서 열렸다. 당시 총회장은 노진현 목사였고 부총회장은 대전 중앙교회의 양화석 목사였다. 이 총회를 기점으로 합동과 통합이 분열되었다. 이때 의견이 가장 크게 달랐던 부분은 다름 아닌 WCC에 있었다. WCC를 두고 합동 측에서는 용공파라고 하며 반대하는 입장에 있었는데, 당시 총회장 노진현 목사의 회고록에서도 'WCC 총회 같은 데 가보면 용공주의자들이 많은 것은 사실'이라고 분명하게 지적하고 있다.

입하지 않음으로 그나마 기독교회 정체성 유지에 통합 측보다는 좀 나은 보수, 우파 쪽을 유지하고 있다.

1959년 9월 제44차 장로회 총회가 대전중앙교회에서 열렸다. 당시 총회장은 노진현 목사였고 부총회장은 대전 중앙교회의 양화석 목사였다. 이 총회를 기점으로 합동과 통합이 분열되었다. 이때 의견이 가장 크게 달랐던 부분은 다름 아닌 WCC에 있었다. WCC를 두고 합동 측에서는 용공파라고 하며 반대하는 입장에 있었는데, 당시 총회장 노진현 목사의 회고록에서도 'WCC 총회 같은 데 가보면 용공주의자들이 많은 것은 사실'이라고 분명하게 지적하고 있다.

우연일까 필연일까. 통합 측은 이렇게 배도, 배교와 친마르크스적 운동인 WCC를 친구로 택한 것이다. 이 교단의 신학교인 광나루 장신대는 김명룡 교수를 중심으로 해서 칼 바르트를 집중적으로 강의해 왔다. 칼 바르트(Karl Barth 1886~1968)는 신(新)정통주의라 이름했지만, 정통 자를 붙일 수 없는 자유주의의 한 지점일 뿐이었다.

바르트 그는 사회주의 사상을 가졌었고 사회 구원적 미련을 버리지 않고 있었다. 그의 변증법적 신학이란 것도 인본주의적 이성주의의 소산이다. 이런 바르트주의를 모토로 하는 통합 측이 밀고 나가려 했던 '종전선언' '평화협정'이 문재인이 대통령 시절에 정권의 사활을 걸고 매달렸던 국가 이적 사업이었다.

과거 북한이 극초음속 미사일을 쏘아 올리는 바람에 중국 베이징올림픽 무대에서 상영하려던 '평화 쇼'도 사실상 무산이 되기도 했다. 그야말로 '쇼'로 끝났다. 임기 초반만 해도 문재인은 한반도 현안을 다루는 '운전자'를 자처했다. 그때만 해도 북한 김정은이 몇 차례 옆자리에 동승하는 척했다. 판문점 도보다리 회담 등 3차례 남북정상회담과 싱가포르와 하노이 회담이 그런 사례라 할 수 있다.

그러나 문재인이 원하던 평화 무드 생쇼는 그리 오래가지 않았다. 애초 김정은 정권이 핵 미사일을 포기할 의사가 전혀 없었는데, 문재인은 그저 헛물만 켠 꼴이 되었다. 김정은이 하노이 회담에서 보유 중인 핵전력 중 노후화한 영변 핵시설과 대북 제재를 맞바꾸려고 시도도 했으나, 이 얄팍한 꼼수가 미국 도널드 트럼프 전 대통령에게는 먹히지 않자, 북한 김정은은 제일 만만한 문재인 정부에 엉뚱한 화풀이를 해대기도 했다.

남북 통신선을 끊거나 남북 연락사무소를 임의로 폭파한 것이 그 단적인 사례다. 2022년 새해부터 핵탄두를 탑재할 수 있는 극초음속 미사일을 연거푸 쏘아 올리면서 우리 군의 각종 요격미사일을 무용지물로 만들었다. 극초음속 미사일은 북한 정권의 입장에서 보면 군사, 외교 양면에서 '게임 체인저'다. 문재인에게 얻을 것이 없다고 보고, 당시 차기 정부(윤석열)와 미국을 동시에 압박하는 카드로 쓰였다.

문재인 정권의 국방부도 도발이라는 표현을 자제하

게 했다.

주적이라는 표현까지도 못 하게 하면서 오직 앵무새처럼 '우려'와 '유감'만 표현하고, 개성 연락사무소가 폭파되었어도 무슨 연유인지 한마디 말도 없었다. 심지어 당시 윤석열 국민의힘 대선후보가 북한의 극초음속 미사일에 대한 대응책의 하나로 '선제타격'을 거론하자 "호전적 지도자"니 "전쟁광"이라느니 하면서 자유대한민국의 당시 대통령이라는 자가 말도 안 되는 맹비난을 했었다. 미치지(?) 않고서야…

이 부분에서 짚고 넘어갈 것은 문 정권의 흥분은 번지수가 완전히 틀렸다는 것이다. 생각할수록 아찔하고도 위험하다. 당시 윤 후보는 "(북한의 극초음속 미사일에)핵이 탑재되면 '킬 체인(Kill chain)'이란 선제타격밖에 막을 방법이 없다"라고 한 것이다. 지극히 당연한 얘기였다. 문 정부를 비롯한 역대 정부의 북 핵미사일 대응 매뉴얼인 이른바 '3축 체계' 속에 선제타격을 가리키는 '킬체인' 구축이 엄연히 포함되어 있다.

3축 체계는 1. 킬 체인 2. 한국형 미사일방어체계(KAMD) 3. 대량응징보복(KMPR)으로 구성되어 있다. 국가가 킬 체인을 부인한다면 국민의 생명을 지킬 의무를 포기하겠다는 것인데, 문 정부가 어떻게 그런 사고를 갖고 있었는지, 자유대한민국의 대통령으로서 국가안보관의 정체성 자체가 상당히 의심스러웠던 부분이다. 문 정부 들어 그토록 평화를 외쳤지만, 북한의 도발 횟수는 이명박, 박근혜 정부 때를 합친 것보다 훨씬 더 많았다. 그런데도 지난 문 정권은 대북 짝사랑에서 헤어나지 못하는 인상을 남기며 임기 말까지 오로지 '평화 쇼'에만 집착한 행태는 결국 국가안보를 위태롭게 한 정부로 낙인이 찍힌 채 막을 내렸다.

우리는 남북 대화와 교류의 당위성과 별개로, 북한의 가공할 '평화 파괴 능력'(핵미사일 보유)을 경시

해선 평화도, 통일도 모두 허사가 될 수밖에 없는 것을 명심 또 명심해야만 한다.

이와 같은 상황에서 종교계는 물론 특히 기독교회에서 '종전선언' '평화협정'을 운운하는 것 자체가 '종북, 좌파'식 선전, 선동에 도우미 역할을 해줄 뿐이다. 대통령의 국익을 위한 조약과 성과 있는 외교마저도 빨갱이식의 낡은 선전, 선동, 가스라이팅에 포획된다면, 국가 안보도 자유시장, 경제발전도 기대할 수 없다. 문재인 정권은 '간첩 없는 세상'을 증명이라도 하려는 듯, 간첩이 활개 쳐도 잡지를 않았다. 2011년부터 2017년까지 간첩 적발 건수는 26건이었지만, 문재인 정부 시절인 2017~2021년까지 5년간 적발된 간첩은 3명에 불과했다. 그나마 박근혜 정부 때 혐의를 인지해 연장 수사 중이던 간첩 사건이 유일하다.

그런가 하면 대진연(대학생진보연합)은 '태영호 체포 결사대'를 만들고 협박 전화와 이메일을 보내는 방법 등으로 태영호 의원의 입을 막으려 했고, 서울 광화문에서 "김정은"을 연호하며 "만세"를 외쳤지만, 아무런 법적제재도 저촉도 받지 않았다. 만약 평양에서 자유대한민국을 외쳤다면 9족은 물론 주변 인물들까지 민족의 반역자로 몰려 처참하게 고사포 처형을 면치 못했을 것이다.

2023년 대한민국, 사람들은 왜 간첩에 놀라지 않는가?

문제가 아주 심각하다. 이적 단체가 캄보디아에서 북한 공작원과 접선해 지령받고 공작금을 수수했다는 보도가 나가도, 간첩으로 체포되어 구속되었다고 해도, 민노총 관계자 사무실에서 윤석열 정부의 퇴진 운동을 지시한 북한 지령문이 발견되었어도, 심지어 "퇴진이 추모다"라는 이태원 핼로윈 데이 참사 문구조차 북의 지령이었다는 사실이 드러나도, 촛불집회도 북괴의 지령을 받은 간첩들이 주도했다고 해도 세상은 마냥 조용하기만 하다.

민노총이 한미 군사 연합훈련 중단과 국정원 해체를 요구하고, 통합교단이 '종전평화협정' 캠페인을 추진하려는 협조 공문을 교단 산하 노회와 교회들에게 보내려고 획책하지를 않나, "김정은을 국가적 예로 환영해야 한다." "우리 교회는 북한에 땅 사 놨다" 뇌까린 종교인들 특히 앞으론 오해받을 언행은 이제 삼가는 게 좋다. 적화되면 마치 월남이 공산화되자마자 1순위로 처형한, 숙청당할 기독교인들이 저러고 있으니 어찌 한심하지 않은가!

지난 20년 동안 주적 국가에 마음만 먹으면 풀방구리에 쥐 나들듯 반정부 인사들이 들락 거렸다. 무려 민노총 인사만 114번이나 북에 다녀왔다. 그러니 더 이상 무슨 말이 필요하겠는가.

적반하장격으로 방귀 뀐 놈이 성낸다고 민노총을 비롯한 '종북, 좌파' 단체들은 서울 도심에서 대규모 집회를 열어 윤석열 정권을 심판한다고 난리였다. '정부가 출범과 동시에 북(北)을 '적(敵)' 으로 낙인찍었다' 는 게 그 이유다. 지금 좌파의 모든 행동강령과 시위 데모는 북괴의 지령문대로 움직이는 것이 로동신문을 통하여 백일하에 다 드러났다. 그런데 이들의 특징을 보여주고 알려 줘도 깨닫지 못하고, 굳이 알려고도 하지 않는 국민들의 안보 불감증이 너무 심각하기만 하다.

민노총이 한미 군사 연합훈련 중단과 국정원 해체를 요구하고, 통합교단이 '종전평화협정' 캠페인을 추진하려는 협조 공문을 교단 산하 노회와 교회들에게 보내려고 획책하지를 않나, "김정은을 국가적 예로 환영해야 한다." "우리 교회는 북한에 땅 사 놨다" 뇌까린 종교인들 특히 앞으론 오해받을 언행은 이제 삼가는 게 좋다. 적화되면 마치 월남이 공산화되자마자 1순위로 처형한, 숙청당할 기독교인들이 저러고 있으니 어찌 한심하지 않은가!

문 정권 시절 서울 어느 대형교회 목사는 김정은을 국가적 예를 갖춰 환영해야 하고, 개성공단 10여 개를 만들어야 하며, 평양에 심장병원을 지어야 하고, 북한에 인민병원 100여 개를 지어야 한다고 망발할 정도였다. 그런 재력이 있으면 지역 소방대원을 위한 소방 전문 화상병원이라도 먼저 세웠으면 한다. 모두가 교인들의 귀한 헌금인데 마치, 헌금을 주머니 쌈짓돈으로 생각하고 있는 것 같다. 하나님 나라가 참으로 멀고도 먼 목사들이다.

윤 대통령과 영부인 김건희 여사와 한동훈 장관을 인형으로 만들어 어린아이들에게 화살을 쏘게 선동하는 자들이 평소 '민주'를 입에 달고 사는 위선적이며 양의 탈을 쓴 간악한 자들이다. 어떻게 나라의 꽃이요, 동량들인 어린이들에게 살인을 가르치고 조장하는지. 이들을 어찌 사람이라고 하겠으며, 인간 이하의 짐승보다 못한 저질들이 아니고 무엇이라 하겠는가. 또한 국민의 이름으로 선출된 국회의원들이 온갖 지저분한 사생활과 개인의 비리를 덮고자 하는, 부정한 시위 집회에 줄 창 동원되는 불행한 나라가 우리 자유대한민국의 국민들이다.

문재인은 국정원 간첩 수사를 경찰로 이관하면서 국정원을 아예 식물조직 상태로 만들었고, 대북 제재를 무시하고 북한에 35차례에 이르도록 경유 및 원유를 보내주었다. 함박도 섬을 북한이 점령하게 하였고, 미사일도 미상(未詳)의 발사체라 했고, 우리 해양수산부 공무원이 처참하게 사살당하는 꼴을 지켜만 봤다.

그리고 자진 월북이라며 범죄자로 만드는 천인공노할 일과 탈북자를 강제 북송시키는 만행도 서슴지 않고 저질렀다. 빙산의 일각이다. 더 숨겨진 국가 반역이 분명히 어딘가에 더 꽁꽁 감춰져 있을 것이다. 반드시 찾아내서 응분의 대가를 치르게 해야 한다. 우리 후손들에게 물려 줄 정직하고 상식이 법이 되는 아름답고 살기 좋은 자유대한민국을 굳건한 반석 위에 다시 세워놔야 하기 때문이다.

좌파, 혹은 좌익의 본질은 '폭력'과 '기만술'이다. '폭력'과 '기만'은 공산주의자들의 오래된 상습이자 그들의 절대 생존 행동 양식이다. 한마디로 좌파는 공산주의와 연결되는 사악한 무리다. 이들의 공통점은 기만을 '진보'로 포장하고 폭력을 '개혁'으로 위장한다. 이들은 선전, 선동의 달인이며, 양심은 없고 부끄러움을 모른다. 거짓이 이들의 삶의 기본적 토양이라 거짓을 입에 달고 산다. 악의적으로 날조된 뉴스를 만들어 내며, 이들에겐 진실은 중요치가 않다.

가짜 뉴스 조작과 유포에는 과히 타의 추종을 불허한다. 수시로 언제, 어느 때 든지 본인들의 입맛에 맞게 날조, 왜곡 유포하는 데 아주 신속하고 재빠르다. 또한 그 무언가를 잘못으로 조작하려고 할 때, 그들은 비난할 누군가를 찾으(타깃)며, 이에 대한 자신들의 잘못은 대부분 인정하지 않는다. 우리는 발전시키고 세워나가면서 재미와 보람을 느끼지만, 이들은 이간질하며, 죽이고 무너뜨리는데 재미와 보람을 느끼는 섬뜩한 특성과 악한 사상들을 가지고 있다.

이들은 본인들의 사상을 관철시키기 위하여 대중의 정치적 참여와 대중의 열광을 촉발해 폭동과 파괴를 일삼고, 자기들의 목표를 성취할 수만 있다면 타인의 고귀한 인명과 재산까지도 아무 거리낌 없이 갈취하려고 한다. 이들은 위장술도 뛰어나 겉으로는 민주주의 운동가, 인권운동가의 위장 행세들을 해왔으나 안으로는 심히 부패하며 자유민주주의를 위협하는 일들을 서슴지 않고 자행해 왔다.

나라가 위험에 처해 있을 때 우리는 어떤 선택을 해야 할 것인가. 자유민주주의를 사수하고 지키기 위해서 피 흘릴 각오를 해야 한다. 우리는 항상 자유의 소중함을 후손들에게 교육해야 하며 언제, 어디서나 최선을 다해 나라의 안녕과 번영 발전을 위한 애국운동으로 국민의 도리를 다할 수 있도록 디딤돌이 돼줘야 한다. 피로 지킨 자유민주주의가 더 이상 이런 사기꾼들의 농락에 이용당하게 해서는 안 될 것이다.

윤 대통령의 외교와 문재인의 외교

대한민국 1호 영업 사원이 되어 한창, 국익과 외교의 성과를 올리고 있는 윤 대통령을 두고 민주당을 방어막(shield) 쳐 주는 거짓, 좌파 언론사들이 윤 대통령이 무엇을 하든 굴욕외교라고 성토해 댄다. 삼전도 굴욕이라 했나? 붉은 세력들이 윤 대통령의 지난 3월 일본 외교를 놓고 삼전도 굴욕이니 경술국치니 어쩌고 저쩌고 그 뻔한 거짓의 레퍼토리로 그들만의 방송과 언론에서 서로 앞서거니 뒤서거니 뒤질세라 도배를 했다.

지난 윤석열 대통령의 '한미동맹 70주년'의 방미 성과는 실로 대단했다. '자유의 동맹' '행동하는 동맹' 업그레이드된 한미동맹 세계 2번째 국빈방미, '대한민국 현직 대통령 1번째 하버드대 초청 연설, 12년 만의 국빈방문, 워싱턴 선언문의 3핵 선언 등 그 외의 성과들로 세계에서 국가의 국격을 높이는 품위 있는 5박 7일간의 방미 외교였다. 이번에도 아니나 다를까 '종북, 좌파' 방송과 언론은 세계 언론에서도 인정한 성과를 거짓과 음해로 뒤덮는데 사명을 띠고 연일 진흙탕 뉴스로 에너지를 쏟아부었다. 참으로 부끄러운 일이다. 아무리 야당이라 해도 전에는 이렇지는 않았는데 후안무치도 이런 후안무치가 없다. 진실에는 관심도, 양심도 기대할 수가 없는 부류들이다. 겉으로는 생김새가 우리와 똑같은데 내용들은 너무 악하기만 하다.

심지어, 문재인이 '중국은 높은 봉우리(큰 산)'이고 '우리나라는 작은 산'으로 비하했던 것이야말로 자유대한민국 건국 이래 최대의 굴욕 외교로 우리 국민에겐 큰 실망을 안겨 줬다. 문재인 정권 땐 친중 저자세로 일관한 외교란 말을 쓸 수도 없는 수치 덩어리 그 자체였다.

문재인이 대통령 시절 중국 갔을 때 한국 기자들이 얻어터져도 찍! 소리 한 번 못한 게 진짜 굴욕 외교였다는 것은 삼척동자도 아는 사실이다. 중국 외교부장 왕이란 자가 문 전 대통령의 어깨를 툭! 툭! 치면서 아랫사람 대하듯 하던 장면을 기억하고 있을 것이다. 그 수모를 국민된 도리로 어찌 잊겠는가. 기네스북에 등재될 법한 대표 굴욕이 아니고 무엇인가.

심지어, 문재인이 '중국은 높은 봉우리(큰 산)'이고 '우리나라는 작은 산'으로 비하했던 것이야말로 자유대한민국 건국 이래 최대의 굴욕 외교로 우리 국민에겐 큰 실망을 안겨 줬다. 문재인 정권 땐 중공몽에 취해 친중 저자세로 일관한 외교란 말을 쓸 수도 없는 수치 덩어리 그 자체였다.

그뿐인가 친중 했던 중국에 가서 혼밥을 8끼나 먹으며 대우도 제대로 못 받고 일국의 대통령이라는 자가 이리, 저리 치이며 굴러다니다시피 했다. 그러면서 윤 대통령에게 굴욕이니, 국치니 하며 떠드니 실소를 금할 길이 없다. 평양냉면집 주방장이 문 대통령을 마구 조롱하고 수행한 사람에게 "냉면이 목에 넘어가냐?"고 호통을 쳐도 한마디도 못 하고, **김여정의 온갖 험한 말**, 삶은 소대가리니 뭐니 떠들어대도 쥐 죽은 듯 조용하기만 했던 패거리들, 김여정이 시키니까 바로 '대북 풍선 날리지 못하게 하는 법' 만드는 자들이 뭐! 굴욕외교? 삼전도? 자존심? 자유대

한민국의 쌀 한 톨이 아까운 작자들이다.

한반도의 운전자를 자처했던 문재인, 애당초 씨알도 안 먹히고 말이 안 되는 발상이었다. 문재인이 운전한다고 해서 과연 어느 나라, 누가 인정이나 하겠는가. 미국이 문재인의 말을 듣고 움직였나? 중국이? 북한이? 그렇게도 철저하게 실패한 문재인의 운전자 외교를 윤석열 대통령이 그 주도권을 되찾아 왔다.

외국에 돌아다니면서도 자유대한민국의 주적인 김정은의 홍보맨이 되어서 온갖 대변자 역할을 자처했던 사람들이 무슨 일말의 양심과 자존심이라도 있는지, 도통 무개념, 무 뇌인 자들이다. **통합 교단**, 민노총을 비롯한 종북, 좌파 단체, 천주교정의구현전국사제단, 대진연, 대한성공회, 호산나 등이 '종전평화협정' '종전선언' '평화협정'을 외치며, 자유대한민국에서 잘 먹고 잘살면서도 윤석열 대통령을 성토하듯, 핵미사일을 발사하고 한반도의 평화를 혼란케 하는 북괴 김정은을 향해서 단 한 번이라도 성토의 장을 마련했었는지 묻고 싶다. 문재인 집권 5년은 자유대한민국의 건국 이래 국치 중 국치요, 수치 중 수치요, 국민들이 울화통 터져 잠 못 드는 50년 같은 5년의 긴 세월이었다.

우리는 북한군에 대해 방심해서는 안 될 명확한 이유가 있다.
우리 자유대한민국이 아무리 경제적으로 잘살고 주한미군이 주둔하고 있어도 사상전에서는 북이 절대 우세하다는 점이다. 북한은 남한에 없는 '주체사상+핵'을 가지고 있다. 따라서 사상도 없고, 핵도 없이 안보, 애국관마저 빈곤한 남한의 보수우파는 물론이고, 국민들은 북한의 '우리민족끼리' 김일성 민족주의에 아주 취약하다. 북한의 변형된 주체사상을 진짜 민족주의로 착각하고 있는 세력들이 우리 사회 전반 요소 요소에 포진해 있다. 이런 공작이 이미 오래전부터 상당 부분 뿌리를 내리며 암약하고 있다. 북한 붕괴론이 잘 먹히지 않고 오히려 단단해지고 거꾸로

우리는 스스로를 자책하고 돌아보아야 한다.

북한군의 군 복무 기간은 5~8년, 그들은 악으로 깡으로 복무한다. 모든 여건이 그렇게 할 수밖에 없다. 우리 군의 군 복무기간은 겨우 18개월. 18개월이면 부여 된 병과의 주특기가 이제 겨우 몸에 익혀지고 전투력 향상이 조금씩 고조되려는 시기에 전역을 한다. 18개월이면 주특기와 훈련의 전문성에서 상당히 미흡할 수밖에 없는 짧은 기간이다. 어떤 병과는 완전히 숙달되기도 전에 전역을 한다. 그뿐만 아니다. 우리 군은 정신 무장도, 군기도 상당히 해이해져 있는 상태이다. 정치인들이 젊은이들의 표를 의식해서 군 복무 기간을 너무 줄여 놨다. 이런 상황에서 우리 한반도에서의 전쟁이 다시 발발한다면 18개월의 짧은 훈련 기간과 해이해진 지금의 군인정신으로 과연 전쟁 수행 능력의 역량을 얼마나 발휘할지 심히 우려가 된다.

이렇게 자유대한민국이 풍전등화와 같은 처지에 놓여 있음에도, 제 일선에서 국가와 민족을 지키고 항거해야 할 통합 교단이 오히려 북괴 김정은이의 도우미가 되어 '종전평화협정문'공문을 발송, 교단 산하 노회와 교회들에게 협조를 적극 독려하여 교회가 '적화통일'에 힘을 보태 주려 한 무지한 행위는 절대로 묵과할 수가 없는 이적 행위에 버금가는 경천동지할 사건이다.

대한예수교장로회 통합 측은 이번 사태의 책임을 전적으로 통감해야 할 것이다. 총회장 이순창 목사는 단순 사과로만 면피했다고 생각할 것이 아니라 다시는 한국교회가 국가와 민족 앞에 이런 불미스러운 이적행위들이 발생하지 않도록, 꺼진 불도 다시 보는 심정으로 임해야 할 것이다. 교회가 집단으로 잘못 된 길로 가게 되면 왜 그런지 돌아오기가 결코 쉽지 않다는 것은 지나온 교회 역사를 보면 잘 알 수가 있다. 역사의 반복을 잊으면 안 된다.

합동교단 총회장의 명확한 입장

이런 사단이 있고 바로 다음 날 합동 측 총회장 권순웅 목사는 이는 전혀 사실무근이라는 합동 측의 입장을 명확하게 밝혔다. NCCK도 반대하는 합동 측 이 설상가상 이런 말도 안 되는 캠페인에 동조하겠는가. 이 문제(공문)에 대해선 통합 측과 전혀 논의한 바도, 동의 한 바도 아예 없었다. 통합 측의 실수다. 합동교단은 지금까지 보수 우파를 지향하는 입장이며 이번 통합 측의 일방적인 행보에 아연실색할 수밖에 없다는 분명하고도 확실한 입장 표명이 언론을 통하여 보도되기도 했다.

지금 자유대한민국은 태풍의 눈 속에 들어 있는 듯한 일촉즉발의 위기다. 좌우로 갈라져 진영논리가 지배하고 있다. 한반도는 아직 휴전 상황이라 전쟁 중이나 다름이 없다. 전쟁이 완전히 끝난 것이 아니다. 나라가 망하고 나서 "정치인들 때문에 망했다." "좌파들 때문에 망했다." "강성 노조 때문에 망했다." "전교조 때문에 망했다." "국민들의 무관심 때문에 망했다." "교회가 정신을 못 차려서 망했다."라고 말한들 무슨 소용이 있겠나? 누구를 탓하겠는가. 남의 일처럼 무관심했던 우리, 그리고 바로 내 탓인데. 우리는 하나님께서 주신 기회를 놓치지 말아야 할 것이다.

원하는 것을 얻으려면
그 가치만큼의 뭔가를 희생해야만 한다.
거저 얻어지는 것은 없다.
특히 자유를 지키고 영위하기 위해서는
더더욱 그렇다.

통합교단에서 각 노회에 보낸 공문

"복음의 사람, 예배자로 살게 하소서(시50:5, 롬12:1)"

대한예수교장로회 총회
The Presbyterian Church of Korea

수 신 노회장
참 조 남북한선교통일부장, 위원장
제 목 대한예수교장로회총회 한반도 종전평화 캠페인! 참여요청

우리 주 예수 그리스도 안에서 문안드립니다.

대한예수교장로회총회는 지난해 11월 정전협정 70주년을 준비하며 통합 합동 남북평화통일비전 공동선언문을 발표하였습니다. 또한, 총회는 하나님의 평화가 지구생명공동체에 충만히 임하도록 한반도 종전평화 캠페인을 전개하고자 합니다. 아래와 같이 지노회 소속 교회들이 서명운동에 참여할 수 있도록 홍보해 주시기를 부탁드립니다.

- 아 래 -

1. 제목 : 대한예수교장로회총회 한반도종전평화캠페인 서명운동 참여요청
2. 기간 : 2023.3.1~2023.7.27
3. 서명운동 참여방법
   1) 지노회 소속 교회로부터 수거한 서명지를 노회가 취합하여 7월 27일까지 총회로 보내주시는 방법
   2) 구글설문지를 안내하여 직접 서명운동에 참여하는 방법
      구글 설문지 주소 : https://bully.kr/Qbkr6DDp

붙임1> 대한예수교장로회 한반도종전평화캠페인 내용 및 서명지. 끝.

총 회 장 이 순
남북한선교통일위원장 이 동

실장 이영숙 총무 요성열 사무총장 김보현

대한예수교장로회총회 한반도 종전평화 캠페인
(PCK KOREA PEACE APPEAL / 2023. 3.1~2023.7.27.)

2023년은 6.25 전쟁 정전협정 70년이 되는 해입니다. 총회는 지난 2022년 11월 정전협정 70주년을 성찰하며 대한예수교장로회총회(통합·합동) 남북평화통일비전 공동선언문을 발표하였습니다. 이에 총회는 하나님의 샬롬이 우리민족에게 충만히 임하도록 '대한예수교장로회총회 한반도종전평화캠페인'을 전개합니다.

한반도 평화선언 (Korea Peace Appeal)
- 한국전쟁을 끝내고 평화협정을 체결합시다
- 핵무기도 핵위협도 없는 한반도와 세계를 만듭시다
- 제재와 압박이 아닌 대화와 협력으로 갈등을 해결합시다
- 군비 경쟁에서 벗어나 시민 안전과 환경을 위해 투자합시다

이제는 전쟁을 끝냅시다.

PCK 한반도 종전평화 캠페인 서명지
(PCK KOREA PEACE APPEAL / 2023. 3.1~2023.7.27.)

번호	이름	노회/교회	주소(읍/면/동까지) or (시/구/동까지)	서명
1				
2				
3				
4				
5				
6				
7				
8				
9				
10				
11				
12				
13				
14				
15				

- PCK 한반도종전평화캠페인은 Korea Peace Appeal 서명운동을 위해 개인정보를 수집합니다. 수집된 개인정보는 서명을 제출하고 캠페인 소식을 전하기 위해서만 사용하며, 캠페인이 종료된 후 폐기됩니다.

- 본 서명은 한반도종전평화캠페인 서명으로 추후 합산 될 예정이며, 남, 북, 미, 중을 포함한 한국전쟁 관련국 정부와 유엔에 전달될 예정입니다.

국민의 안보의식이
국가를 살린다

**안보가 튼튼하지 못하면 당연히 국가에 큰 위기가 찾아오고,
국가와 국민은 존망(存亡)의 위기를 맞이하게 된다.**

국가의 안보(安保)는 매우 중요하다. '안보'는 편안히 보전된다는 말이며, 안전보장의 줄임
말이다. '안전보장'은 외부의 위협이나 침략으로부터 국가와 국민의 안전을 지키는 일이라
고 한다. 안보가 튼튼하지 못하면 당연히 국가에 큰 위기가 찾아오고, 국가와 국민은 존망
(存亡)의 위기를 맞이하게 된다.

우리는 이러한 엄연한 사실들을 역사적인 사건을 통하여 교훈으로 얻는다. 1583년 율곡 이
이는 국방을 책임진 입장에서 왕을 찾아가 '갑작스런 외적의 침입을 막기 위해서는 국가는
항상 전쟁 준비가 갖춰져 있어야 한다'는 의미로 '10만 양병설'을 주청한다. 평소 10만 명
의 정예병을 길러 외적의 침략에 효과적으로 대비하자는 것이다. 그러나 조정에 의하여 이
정책은 받아들여지지 않았다.

그 후 몇 년이 지나서, 120여 년간 분열되어 있던 일본이 도요토미 히데요시에 의하여 전국
이 통일되고, 조선을 침략할지도 모른다는 소문이 돌았다. 그래서 조선 조정에서는 김성일,
황윤길 등을 사신으로 보내서, 일본의 침략야욕을 살폈으나, 사신(使臣) 간에 의견이 갈렸
다. 황윤길은 일본의 침략 가능성이 높으니 전쟁에 대비해야 한다고 했으나, 김성일은 이
를 반대하였다. 결국 조정은 갑론을박하다가 일본의 침략을 제대로 준비하지 못했다.

그리고 1년 후인 1592년 일본군은 조총(鳥銃)이라는 신무기를 앞세워, 20만 대군이 조선으
로 몰려왔다. 그리고 조선군은 제대로 싸워 보지도 못하고, 파죽지세로 밀려오는 일본군
(왜군)을 당할 수가 없었다. 조선을 방어할 책임이 있던 왕은 평양으로, 의주로 도망가기에
바빴다. 그 바람에 전란(戰亂)에 나라는 쑥대밭이 되고 백성들은 일본군에 짓밟혔다.

이때 바다에서의 이순신과 육지에서의 의병들이 아니었다면, 조선은 일찌감치 일본에 완전히 잡아먹혔을 것이다. 도요토미 히데요시의 죽음으로 7년 전쟁은 끝났으나 전쟁을 막지 못한 왕이나 관리들은 책임을 지는 사람이 없었다. 그러고도 조선은 끝내 정신을 차리지 못하여, 약 300년 후 다시 합병(合倂)으로 조선이 망하고 일본의 식민지가 되어 고통을 당하였다.

현재 우리나라에는 우리의 안보를 위하여 미군이 주둔하고 있다. 그런데 2016년 한국과 미국은 북한의 핵과 미사일 위협에 대응한다는 목적으로 사드(THAAD-적이 발사한 발사체가 대기권으로 하강할 때, 고도 40~150km 상공에서 요격하는 고고도 방어 무기 체계) 배치를 결정하였다. 그러나 그 이후에 수많은 논란 속에 지금은 경북 모 지역에 임시로 배치된 상태이다. 내 영토와 전략자산을 지키고, 적의 어마어마한 핵과 미사일 공격으로부터 방어하는 무기를 배치하는 것도 쉽지 않다. 이것이 정치적인, 이념적인, 정파적인 싸움의 대상이 되는가?

그런데 놀라운 것은 윤석열 정부 들어서서 최근에 한국과 중국의 외교장관이 만남을 가졌는데 중국 측은 전 정권(문재인 정권)에서 '3불(不)·1한(限)'을 한국 정부가 선서했다며 이를 지키라고 종용하고 있다. 그 내용은 무엇인가? '3불'은 사드를 추가로 배치하지 않는다, 미국의 미사일 방어(MD)시스템에 한국이 참여하지 않는다, 한·미·일 군사동맹을 하지 않는다는 것이다. 그리고 '1한'은 이미 배치된 사드 운용을 제한적으로 한다는 것이다.

이것이 사실이라면 이는 외교도 아니고, 국방도 아니고, 안보도 아니고, 국가의 주권을 완전히 상대국 입맛대로 포기한 것은 아닐까? 물론 이런 주장의 일방은 중국에 의한 것이고, 이에 대한 소상한 것을 밝혀야 한다. 이것을 우리가 지켜야 할 이유도 없지만, 그만큼 우리가 중국에게 얕잡아 보였거나, 전 정권이 국가의 안보 문제를 중국 '눈치 보기식'으로 한 것은 아닐까 하는 의문이 든다.

지금 중국은 우리나라가 참여하려는 '칩4'(CHIP4-미국의 주도로 한국, 일본, 대만 4개국이 반도체 생산·공급망 형성을 안정적으로 하는 동맹)에 대해서도 신경을 곤두세우며 가입을 반대하고 있다. 여차하면 한국 기업에 보복할 태세이다. 중국은 마치 한국을 자기들 마음대로 했던 명나라 시대 조선으로 보고 있는 것 같다. 전 정권이 주창했던 '중국몽'이란 것도 그런 것에 기인한 것이었나?

우리나라의 안보와 안전이 무너지면, 우리의 신앙을 지키고, 세계 선교에 주력할 수 있겠는가?
여기에는 좌도 우도 없고, 진보와 보수로 나눌 수가 없다.
그저 국가의 안위를 지키기 위한 단합된 마음으로 하나가 되어야 한다.
안보 문제는 국가의 존망을 가르기 때문에, 세우는 쪽이냐, 무너뜨리는 쪽이냐가 있을 뿐이다.

안보에 관한 것은 국가와 정부만의 문제가 아니다. 국민들도 깊은 관심을 가져야 한다. 2017년 사드 배치 문제가 나왔을 때, 배치하는 곳이 '참외'로 유명한 곳으로, 그곳에 사드를 배치하면 참외 농사를 망친다는 말도 있었다. 물론 그 지역 농부들에게는 지역 경제와 본인들의 생활에 필요한 것이니 그런 것을 주장할 수 있다고 본다. 그러나 사드 배치를 반대한 것은 순수한 지역민이라기보다 외부에서 소위 '환경'을 들먹이는 사람들의 주장이라고 생각한다. 전 정권에서도 환경평가를 이유로 지금까지도 임시로 배치한 상태가 아닌가.

현시대 국제문제는 국가 간에 복잡다단하게 얽혀 있다. 한쪽을 강화하면 다른 쪽에 문제가 생겨 어려워진다. 또 다른 쪽을 고려하면 다른 쪽에 문제가 발생한다. 그렇다 할지라도 '안보'에 관한 것은 누구에게 맡길 수도 없고, 전적으로 타(他)에게 의지할 수도 없다. 무엇보다 우리 스스로 안보를 확고히 하려는 전 국민적 의지와 정부의 노력이 필요하다.

기독교도 마찬가지이다. 우리나라의 안보와 안전이 무너지면, 우리의 신앙을 지키고, 세계 선교에 주력할 수 있겠는가? 여기에는 좌도 우도 없고, 진보와 보수로 나눌 수가 없다. 그저 국가의 안위를 지키기 위한 단합된 마음으로 하나가 되어야 한다. 안보 문제는 국가의 존망을 가르기 때문에, 세우는 쪽이냐, 무너뜨리는 쪽이냐가 있을 뿐이다.

■**심만섭** 목사 / 한국교회언론회 사무총장

학교에서 '김일성 찬양' 교육을 하고 있음을 아시나요?

전국교직원노동조합(전교조)이 창립(1989년 5월 28일 ~2019년). 30주년 기념식 전교조에 관한 한 교수의 비판 내용이다. "전교조는 대한민국 교육을 망치는 적폐 세력"이다. '법외노조 전교조의 해체가 필요한 이유'를 △불법성 △학생 및 학부모의 교육선택권 침해 △교육 자율 침해 △교육청 결탁을 통한 이권 개입 의혹 △이념 편향성 등의 5가지다.

"전교조는 좌파 꼰대 조직"이라며 "정치적 활동을 하면서 주사파, 사회주의 이론, 말도 안 되는 민족사관을 가지고 교육을 왜곡하고 있다" '반대와 투쟁만 일삼고 학교 현장에서 강경투쟁 노선을 벌이고 있다" 전교조는 지난 2013년, 정부로부터 법외노조 통보를 받았다.

* 경기도 한 중학교 역사교사는 수업시간에 "결국 우리나라가 가야 할 길은 사회주의다. "이승만 대통령은 민족반역자, 박정희 대통령은 친일파"라는 교육을 실시하여 많은 학부모의 항의를 받았다.

*서울 모 고교 교사는 "우리나라에 충성할 필요가 없다" "남한보다 북조선 인민민주주의 공화국이 훨씬 살기 좋다" "남쪽 정부는 북쪽의 민주주의를 본받아야 한다"

*모 중학교 수학교사는 "북한 목함지뢰 사건은 북한이 설치한 것이 아니며, 조작일 가능성이 있다"

*서울 모 중학교 "이승만은 민족의 반역자" "북한과 조건 없는 통일해야 한다" 또 '통일퀴즈'로 주체사상 주요 내용들 복습 및 암송. 전교생 대상 반복적으로 반미, 반일, 종북 영화 시청각 교육을 하였다.

위의 사건을 황당해하면서 사실이냐고 묻는 사람들이 많다. 이해 불가의 교육 내용이며 그러한 교사들이 현존하고 있음을 알고 아연실색할 뿐이었다 이 글을 보시는 다른 학부모님들도 자녀분이 학교에서 어떤 사상교육을 받는지 확인해 보시고, 만약 전교조 공산화 교육을 받고 있다면 잘못된 부분을 지적하고 항의해 주셔야 한다. 그래야 내 아이가 제2의 주사파들이 되는 비극을 막을 수 있기 때문이다. 대한민국의 미래인 우리 아이들에게 공산화 교육을 시키는 이 한심하고 기상천외한 교사들... 정말... 하늘이 무섭지도 않은가?

우리 국민들이 무의식중에 진보를 가장한 주사파 교육감들을 대거 뽑아놓았는데, 이들 교육감들은 철저히 전교조 출신 인물들만 교장으로 선발하고 있는 실정이다. 상황이 이렇다 보니 서울의 경우, 2017년 상반기 교장 내부 공모로 탄생한 신임 교장 중 무려 87%(15명 중 13명)가 전교조 출신인 것이 현실이다. 이들 전교조 출신 교장들은 더 많은 교사들을 전교조에 가입시킬 것이고, 전교조 교사들끼리 교장에게 더 잘 보이기 위해 '누가 누가 더 공산화 교육 열심히 하나 충성 교육 경쟁'을 벌이지 않겠는가 추정된다.

그에 반해 보수 성향으로 알려진 한국교원단체총연합회(약칭 교총) 소속 교원은 16만 280명, 전체 34%다. 전교조 소속 교사보다 월등히 많았다. 거기다 교장과 교감 상당수가 교총 소속이었다. 그런 상황에서 전교조 교사가 학생들을 선동하거나 정치 편향 수업을 할 수 있을 것으로 보이지는 않는다. 그들이 정

우리 국민들이 무의식중에 진보를 가장한 주사파 교육감들을 대거 뽑아놓았는데, 이들 교육감들은 철저히 전교조출신 인물들만 교장으로 선발하고 있는 실정이다. 상황이 이렇다보니 서울의 경우, 2017년 상반기 교장 내부 공모로 탄생한 신임교장 중 무려 87%(15명 중 13명)가 전교조출신인 것이 현실이다.

치 편향 수업을 하면 학교 내에서의 위치와 인원수가 우세한 교총 소속 교사들이 가만히 있을 리 만무하기 때문이다.

요즘 2030들 중 특히 여성의 경우 특정 정치인을(이재명) 지지한다 해서 말들이 많은데, 이는 전적으로 과거 30년간 '전교조'를 방치한 기성세대들 탓이 아닐까? 생각된다. 20대 남성의 경우 학창 시절 전교조 붉은 사상 교육을 받았음에도 군대를 다녀오거나 사회생활을 접하면서 비교적 정치에 관심이 많다 보니 스스로 깨우칠 기회가 있었다고 본다.

반면 이삼십 대여성들은 군대도 안 가고 사회생활 경험도 적고 정치에 관심도 없으니 스스로 깨칠 기회가 적었기 때문에 아직도 현실의 인식이 부족하고 여러 나라의 페미니즘을 과정과 여과 없이 받아들여 자기의 권리와 주장을 연호하는 것일 뿐 누가 이들에게 돌을 던질 수 있겠는가? 그들이 전교조 공산화 교육받는 기간 그들에게 안보 교육을 제대로 못 시켜 준 부모와 교사(전교조), 이 사회의 책임이 아닐까? 반성하면서 이글을 쓰게 된다.

최근에 일부 전교조 교사들의 행패에 대한 수많은 사례를 접하면서, 떨리는 가슴속에서 천불이 일어나는 것을 느낀다. 짐작은 하고 있었지만, 80년대 대학가에서 벌어지던 주사파 교육을 우리 자녀들에게 벌건 대낮에 지금도 공공연히 행하고 있을 줄은 몰랐다.

주사파 - 김일성의 주체사상을 학생운동의 이념과 목표로 하는 운동권 학생들을 통칭한다. 이들은 스스로도 자신을 주사파라 부르길 주저하지 않았다.

무엇보다 이 아이들이 자라면 또 다른 대깨문이 되어 국가도 공동체 의식도 없는 오직 우리의 생각과 이익만 주장하는 이상한 집단과 개인이 될 것이기 때문이다. 요즘 젊은 세대들에게 주사파를 반대하는 이유를 물으면 수많은 이유를 거침없이 쏟아내지만, 찬성하는 이유를 물으면 대답을 못 하는 이유가 바로 전교조 교사들에게 어린 시절부터 세뇌 교육을 받은 이유가 많이 작용하고 있다고 보고 있다.

전교조의 문제

전국교직원 노동조합(아래 전교조)라는 이름만 들어도 가슴이 뛰고 흥분된 시절이 있었다. 89년 엄혹한 공안정국의 탄압을 뚫고 군부독재에 저항하면서 노동운동의 형식을 빌려 이 땅의 민주화 운동에(학생들도 동참) 결정적으로 기여한 사건으로 전교조를 기억한 사람들이 많이 있다.

스스로 노동자라는 자기의식을 갖추지 못했음에도 초기 공안 정권의 야만적 탄압과 수구 언론의 이념 논쟁(참교육 논쟁)에 휘말려 전교조 가입 자체가 징계사유가 되었던 89년 불법단체로 규정된 시기와 94년 집단 복직을 전후한 반합법 시기를 거쳐 1999년 7월 합법한 시기에 이르기까지 실제 전교조는 교사의 사회경제적 권익을 요구했던 노동운동의 성격을 강화하기보다는 군사 독재정치에 투쟁적 성격을 가진 측면이 강했었다.

문제는 이러한 이유로 전교조가 합법성 획득 이후 짧은 기간에 조합원 2만에서 10만이라는(45만 5,907명의 교원 중 6만 1,273명이 전교조 소속으로, 전체 교원의 약 13.3%이다) 거대한 대중 조직으로 급격히 비대해지는 과정에서 자기 정체성을 설정하지 못한 채 조직이 경색되기 시작하고 이념화되며 자신들의 주장을 투쟁화한 것이 오늘의 전교조가 바른 방향을 잡지 못한 것이 아닌가 생각된다.

오늘날 전교조가 안고 있는 가장 큰 문제점은 조직의 생명인 민주적인 대의 조직을 실질적으로 갖추지 못하고 6만 대중조직에 걸맞은 사업과 정책, 사업의 현실성이 떨어지고 정책의 실효성이 의문시되고 정책 결정 과정이 비대중적이며 그중 일부 회원들의 이념화(주사파) 교육과 극렬 투쟁방식, 시대에 뒤떨어진 이념교육은 물론 정치 세력화는 대중들의 보는 시각과 지지 세력이 이탈을 가져오게 되었다. 조직의 비민주성과 비대중성에 비대중적인 운동 지향성(사상 :주사파)에 낙담하여 냉담한 교사들이 늘어나고 있는 것이 현 전교조의 현실이다.

진보적인 운동조직으로서 교육계 내 독보적 지위를 갖는 전교조가 앞으로 조합원 대중의 사랑을 받고 교육 문제 해결에 대안을 제시하며 한국 교육개혁의 중심 주체로 우뚝 서기 위해서는 이 문제를 시급히 해결해야 할 것입니다.

교육부가 교원단체 중 유독 전교조와 대립각을 세우는 것은 전교조의 선명성에 따른 결과이기도 하지만 상당 부분 사회경제적 요구 투쟁의 성격보다 정치투쟁의 성격이 짙은 데에 연유한 측면이 클 것이다. 대의명분을 좇는 정치투쟁보다 객관적 상황변화에 맞게 교사 대중의 현실적 이해와 요구를 토대로 하여 전교조는 분단 시대를 뛰어넘어 통일시대를 여는 탈냉전 정치 환경에 부응하여 통일을 자연스럽게 맞이할 수 있는 민족교육에 역점을 두어야 할 것이다.

객관적 역사사실에 입각하여 남한 바로 알기 운동과 북한 바로 알기 운동 그리고 미국을 비롯한 외세에 대해 올바른 인식을 지니게 하는 민족교육운동이 절실한데도 맹목적인 사상교육(북한을 찬양하는)과 의식화로 어린 학생들을 세뇌 시켜 무조건 반발 투쟁을 일삼아 학생들이 삐딱한 인생을 살게 하는 것은 심각한 문제가 아닐 수 없다.

민족에 대한 깊은 애정과 민족의 근현대사에 대한 역사적 안목을 바르게 갖게 하여 오늘의 대한민국이 되기까지의 어떻게 그 험난한 과정을 극복하고 근대화를 이루게 되었는지 알려 할 책임이 교사들에게 있음에도 불구하고 지나친 좌 편향 의식과 그것을 교육하는 것을 자랑스럽게 여기는 세력들이 전교조 안에 있음을 보고 개탄을 금할 수 없다.

그동안 그렇게 찬양 고무했던 북한의 현실이 어떤 상황인지? 경제(세계 가장 가난한 나라)와 정치(세계 제일의 독재)는 차지하더라도 그들 국민 한 사람 한 사람의 인권은 국제적으로 가장 열악함을 교사의 지식수준이라면 모를리 없을 터인데... 전교조 안에 의식화된 일부 세력들은 심지어 한국 전쟁이 남한에서 북쪽으로 침략해서 일어났다는 역사적 증거마저 왜곡하는(UN은 침략 국가를 돕지 않음) 교육하고 있다면 필자는 그렇게 찬양하는 사람들 모두 그 나라에 가서 살게 해야 한다고 주장하고 싶다.

따라서 이 땅의 아이들에게 전쟁의 본질이 무엇이며 국가란 개인에게 무엇인지? 어렸을 때부터 학벌 지상주의의 노예가 되게 하여 "경쟁과 승리"의 가치를 주입시키기보단 타인(타국)에 대한 존중과 타인(타국)을 배려하는 "인권과 연대"의 가치를 소중한 삶의 가치로 간직하게끔 교육해야 할 것이다.

그동안 전교조 운동의 한계와 문제를 인정하고 이젠 학벌주의 타파라는 사회개혁 운동에 전교조 운동이 시민 사회운동과 국가의 교육 방향에 온전한 방향제시를 하는 단체로 바로 서기를 간절한 마음으로 바라는 바이다. 나아가 국민을 우군으로 삼고 투쟁의 방향을 확고히 선도하여 전 국민적 공감과 지지를 끌어낼 수 있도록 운동의 중심주체로 발돋움해야 할 것이다.

흔히 어린 학생들의 가슴에는 하얀 백지가 들어 있다고 한다. 그 백지 위에 무슨 그림을 그리느냐에 따라 인격과 인생이 결정되는데. 위인에 대한 동경, 아름다움에 대한 찬미.. 훌륭한 교사들의 지도를 받아 아름다운 책들을 읽고 상상의 나래를 펴가면서 밝고 순수하게 자라나야 할 이린아이들에게, 처음부터 나쁜 그림을 그려줘서는 안 될 것이다.

전교조의 역사적으로 긍정적인 부분을 나는 부정하지 않는다. 그러나 좌파 이념교육은 이해도 용서도 되지 않는다. 흔히 어린 학생들의 가슴에는 하얀 백지가 들어 있다고 한다. 그 백지 위에 무슨 그림을 그리느냐에 따라 인격과 인생이 결정되는데. 위인에 대한 동경, 아름다움에 대한 찬미... 훌륭한 교사들의 지도를 받아 아름다운 책들을 읽고 상상의 나래를 펴가면서 밝고 순수하게 자라나야 할 이린아이들에게, 처음부터 나쁜 그림을 그려줘서는 안 될 것이다.

■김철안 목사

피 흘려 세운나라
왜 망가뜨리려고 하나

2022년 6월 29일 해군 2함대에서 제 2연평해전 승전 기념행사가 있었다.

20년 전 북한 도발로 희생된 6명의 용사를 기리는 행사였다.

최초에는 '서해교전'으로 불렸으나 교전 규모와 북한 피해 등을 감안, '승전'으로 재평가되었다.

늦게나마 서운했던 유족들에게 작으나마 위로가 될 수 있었을 것이다.

그럼에도 불구, 유족들은 아직도 풀리지 않는 한(恨)을 가슴에 품고 있는 것 같았다.

비바람 끝자락에 가을 기운이 느껴지는 날. 기자 출신 후배를 만나기 위해 강화도를 다녀왔다. 정확하게는 강화도보다 더 유명한 강화도 부속 섬, 교동도를 다녀왔다. 후배의 숙소가 있는 교동도에서 지는 해를 바라보았다. 사그라지는 여름을 살 프시 밀어내면서 녹진한 나날을 헐떡이며 버텨낸 자신을 가만히 다독여 줬다. 교동도 촌로(村路)를 달리며, 돌이킬 수 없는 생의 무상함을 느꼈다.

후배 덕분에 와본 교동도. 그러고 보니 최근 뉴스에서 자주 본 섬이었다. 교동도는 섬 전체가 민간인 출입통제선 안쪽에 있다. 동네를 들어오는데 검문소를 통과했다. 철책선 너머 북쪽바다 너머 약 2Km 거리에 황해도 연백군이 보일 정도로 북한과 가까웠다. 최근 남북대치 상황으로 철책 인근에 사는 일부 주민들이 대피하기도 했다고 후배가 말했지만, 교동도는 예외로 평화로운 섬처럼 보였다. 고향 땅을 바라보며 눈물 흘리던 실향민이 교동도에만 3만 명이 넘었지만, 지금은 겨우 100여 명이 남아있다고 한다. 경계선을 넘나드는 이름 모를 새들이 부럽기까지 했다. 지역주민들은 교동도를 두 번 갇힌 섬이라고 했다. 섬이어서 바다에 갇히고, 철책에 둘러싸여 한 번

더 갇혔다는 것이다. 철책 넘어 북녘땅을 보며 비극적인 우리 역사와 인간사의 지리멸렬함을 잠시 생각하기도 했다. 6.25전쟁만 일어나지 않았다면 이렇게 실향민도 생기지 않았을 것이고, 이산가족도 없었을 텐데, 만약 미군이 참전을 하지 않았다면, 아직도 상흔(傷痕)이 남아있는데, 우리는 안타깝게도 이 비극의 아픔을 잊고 산다.

지난 2022년 6월 29일 해군 2함대에서 제2연평해전 승전 기념행사가 있었다. 20년 전 북한 도발로 희생된 6명의 용사를 기리는 행사였다. 최초에는 '서해교전'으로 불렸으나 교전 규모와 북한 피해 등을 감안, '승전'으로 재평가되었다. 늦게나마 서운했던 유족들에게 작으나마 위로가 될 수 있었을 것이다. 그럼에도 불구, 유족들은 아직도 풀리지 않는 한(恨)을 가슴에 품고 있는 것 같았다. 20년이 지났으니 자식과 남편을 잃은 슬픔을 조금은 삭일 수 있으련만, 그러하지 못했던 것 같다. 이는 정부가 국가를 위해 헌신한 자식과 남편의 명예를 제대로 지켜주지 못했기 때문인 것으로 풀이된다.

군인은 명예를 삶의 최고 가치로 여긴다. 명예를 위해서라면 목숨도 아낌없이 버려야 한다고 교육을 받는다. 그래서 임무가 주어지면 생사를 초월해 불구덩이에라도 뛰어든다. 이런 군인정신이 있었기에 나라를 지킬 수가 있었다. 그들은 왜 그렇게 목숨도 아끼지 않았을까. 이는 국가를 위해 헌신하면 그에 합당한 명예가 주어진다는 사실을 굳게 믿고 있었기 때문이다. 그럼에도 이처럼 소중한 명예를 대한민국 군인들은 사회적 지위나 삶의 질 등에서 제대로 보장을 받지 못했다. 특히 지난 10여 년 정치권의 대북 정책에 따라 위국헌신한 군인의 평가가 달라지는 일은 매우 안타까웠다.

오히려 정치권의 대북 정책에 따라 희생된 전우들의 평가가 달라지면서 장병들을 더욱 힘들게 했다. 우리나라의 역사는 그야말로 위기의 연속이었고 이를 극복해 낸 드라마 같은 사건의 연속이었다. 그중에서도 가장 우리와 가장 가까운 시점에서 벌어진 6.25전쟁 역시 자칫하면 대한민국이라는 한 나라가 사라질 뻔한 위기 중 하나였다.

그리고 이를 극복하는데 가장 중요한 작전이었던 인천상륙작전은 세계 3대 상륙작전이라 일컬어지며 불리해졌던 전세를 한 번에 뒤엎은 드라마 같은 사건이었다. 우리 학도병이 무수하게 목숨을 잃었던 상륙작전이기도 하다.

늘 9월이 되면 떠오르는 게 있다. 인천상륙작전, 작전명 'Operation Chromite.' 이것은 6.25 전쟁 당시 수세에 몰려있던 우리가 전세를 역전시켰던 가장 대표적이고도 위대한 사건이다. 1950년 6월 25일 새벽 4시 소련제 T-34 탱크로 무장한 김일성 부대가 38도 선 전역에서 기습남침을 강행했다. 단 4일 만에 무방비 상태인 우리는 수도 서울을 북한군에게 함락 당했고, 한 달 만에 낙동강 동쪽을 제외한 전 지역이 북한군의 손에 들어갔다.

늘 9월이 되면 떠오르는 게 있다. 인천 상륙작전, 작전명 'Operation Chromite.' 이것은 6.25 전쟁 당시 수세에 몰려있던 우리가 전세를 역전시켰던 가장 대표적이고도 위대한 사건이다. 1950년 6월 25일 새벽 4시 소련제 T-34 탱크로 무장한 김일성 부대가 38도 선 전역에서 기습남침을 강행했다. 단 4일 만에 무방비 상태인 우리는 수도 서울을 북한군에게 함락 당했고, 한 달 만에 낙동강 동쪽을 제외한 전 지역이 북한군의 손에 들어갔다.

당시 미국은 이것을 침략전쟁으로 규정했고, 16개국 군인들로 구성된 유엔군을 이끌고 부산항에 입항했다. 당시 유엔군의 총사령관은 우리가 너무도 잘 아는 맥아더 장군이었다. 1950년 6월 29일 서울이 함락되고 북한군의 진격이 가속화되자 한강 방어선을 시찰한 맥아더 장군이 북한군이 남진을 계속할 경우 장차 인천으로의 상륙작전이 불가피할 것으로 전망했다. 인천상륙작전은 맥아더 장군이 한강 전선을 시찰하고 복귀한 직후인 1950년 7월 첫 주에 그의 참모장 알몬드 소장에게 하달한 지시와 더불어 조기에 계획이 진척되었다.

이 계획은 작전참모부장 라이트 준장이 이끄는 합동전략 기획단에 의해 연구되었으며 '블루 하츠'라는 작전명이 부여되었다. 맥아더 장군은 전면전을 펼칠 경우 적의 주력부대가 너무 강하다 보니 아군에게 피해가 클 것이라고 생각했다.

그래서 그가 생각한 것이 남해와 서해를 돌아서 은밀하게 인천으로 상륙하는 그 유명한 '인천 상륙작전'을 떠올리게 된 것이다. 당시 맥아더 장군은 두 가지 이유로 인천 상륙작전을 계획했다. 첫째, 지리적으로 서울하고 34Km밖에 되지 않아 서울과 가깝다는 것과 둘째, 모든 길은 서울로 연결되기 때문에 이 도로를 차단해버리면 이들의 보급로를 끊으면서 식량과 탄약 공급이 안 될 것으로 판단했다

그러나 당시 미국 합동참모본부와 미 해군에서는 이 작전에 대해 반대를 했다. 이유는 수로가 좁아 신속하게 그 군함들이 신속하게 이동할 수 없다는 것과 또 하나의 이유로는 조수간만의 차로 바닷물이 들어와 있는 밀물 때 신속하게 상륙을 해야 하는데 그 밀물이 차 있는 시간이 2시간밖에 안 된다는 것이다. 그럼에도 불구하고 맥아더 장군은 인천상륙작전을 고집했다. 적이 가장 방심하고 있는 지역이라 단정을 지었다.

인천 항구에 수심이 가장 깊을 때의 날짜를 계산 9월 15일 밤 12시로 정했다. 상륙작전은 2단계로 전개되었는데 제1단계는 월미도 점령이고, 제2단계는 인천 해안의 교두보 확보였다. 맥아더 장군은 이 작전을 성공시키기 위해 손자병법에 나오는 '성동격서' 방법을 택했다. 동쪽에서 소리를 쳐서 적군의 시선을 쏠리게 한 다음 적의 허점이 되는 서쪽을 공격하는 전법이다.

이런 전법으로 맥아더 장군은 마치 상륙할 것처럼 거짓 무전을 적에게 흘리면서 평양 서쪽 남포로 상륙을 한다거나 혹은 해주, 전북 군산, 원산, 주문진, 울진 등 정신없게 만들며 어디로 상륙을 하는지 혼란

스럽게 만들었다. 그리고 그것을 믿게 하기 위해서 폭격을 가하기도 했다. 그것이 바로 그 유명한 '장사 상륙작전'이다.

적의 시선을 끌기 위한 페이크 상륙작전이었는데 이때 허겁지겁 모은 것이 10대 소년 772명의 중고등학생들이다. 차출된 소년병들이 인천상륙작전에 참가하게 되었는데 장비는 소총 한 자루와 탄약이 전부였다. 그러나 북한군의 집중사격으로 배가 좌초되면서 상륙지점 50m 전에 헤엄쳐 상륙한 학도병들은 적의 포화를 뚫고 장사리 상륙에 성공, 당시 포항과 영천 방면을 잇는 국도를 점거하고, 적의 북상을 저지하는 혁혁한 전과를 올렸지만, 안타깝게도 우리 소년병들 대부분이 전사했다.

이런 전공에도 불구, 장사리 상륙작전은 그 기록조차 제대로 남아있지 않고 기밀에 부쳐져 있었으나, 좌초된 '문산호'와 전사자들의 유해가 발굴되면서 세상에 알려지게 되었고, 그로 인해 이들은 지금 국립대전 현충원에 안장되었다. 작전이 성공하면서 9월 28일 서울을 수복하고 적의 보급로를 차단하는 전과를 거두었다. 이로 인해 북한군의 주력부대는 오합지졸이 되었고, 우리 국군은 북진을 하면서 압록강과 두만강까지 밀고 올라간 작전이 '인천상륙작전'이었다.

많은 논란이 있었지만 인천상륙작전은 손쉽게 교두보를 확보했다. 또한 손실도 매우 미미했다. 인천상륙작전의 진정한 의의는 유엔군의 우회 기동을 통해 북한군의 병참선을 일거에 차단하였으며, 이로 인해 낙동강 방어선에서 반격의 계기를 조성해 주었다. 또한 인천의 항만시설과 서울에 이르는 제반 병참 시설을 북진을 위해 사용할 수 있도록 했다. 무엇보다도 인천상륙작전에 이은 서울 수도 탈환의 성공은 심리적으로 국군 및 유엔군의 사기를 크게 제고시키는 반면, 북한군의 사기는 결정적으로 떨어뜨리게 했다.

다만 안타깝고 아쉬운 것은 1단계인 월미도 마을의폭격이다. 월미도 마을 폭격한 날은 1950년 9월 10일. 아침 7시부터 12시까지 세 차례에 걸쳐 미 해병대 폭격기들이 네이팜탄 95개를 투하했다. 주민들이 살고 있는 민가에 무차별 폭격이 이루어졌다. 후일담이지만 미군이 민간인 마을의 존재를 분명히 알고 있었으나 인천상륙작전 성공을 위해 폭격을 했다고 한다. 월미도에 주둔하고 있는 북한군의 규모를 정확히 알지 못해 월미도 민가에 적의 병력이나 무기가 숨겨져 있을 수 있다는 판단 아래 폭격을 감행한 것이다.

인천 앞바다에 떠 있는 조약돌 같은 섬, 월미도. 월미도 주민은 왜 그토록 억울한 죽음을 맞이할 수밖에 없었을까. 모두가 김일성이 남침을 하면서 전쟁을 일으켰기 때문이 아니겠는가. 2007년부터 매년 9월 10일~15일 사이 하루를 정해 월미도 원주민들은 '월미도 미군 폭격 민간인 희생자'를 위한 위령제를 지내오고 있다. 이 위령제는 인천상륙작전 때 미군의 폭격으로 돌아가신 월미도 마을 주민 100여 분의 명복을 빌기 위해 드리는 합동 제사다. 2008년 2월 진실화해위원회는 '월미도 미군 폭격 사건'에 대해 58년 만에 국가의 잘못을 인정하고 월미도 원주민들의 귀향과 위령 사업 진행, 명예 회복 조치 강구 등을 정부에 권고했지만, 여전히 별다른 조치가 이뤄지지 않고 있는 것으로 알고 있다.

인천상륙작전의 진정한 의의는 유엔군의 우회 기동을 통해 북한군의 병참선을 일거에 차단하였으며, 이로 인해 낙동강 방어선에서 반격의 계기를 조성해 주었다. 또한 인천의 항만시설과 서울에 이르는 제반 병참 시설을 북진을 위해 사용할 수 있도록 했다. 무엇보다도 인천상륙작전에 이은 서울 수도 탈환의 성공은 심리적으로 국군 및 유엔군의 사기를 크게 제고시키는 반면, 북한군의 사기는 결정적으로 떨어뜨리게 했다.

이제 정권이 바뀌었으니 합당한 조치가 이뤄졌으면 한다. 인천상륙작전 하면 누가 떠오르는가? 대부분 파이프 담배를 물고 있는 맥아더 장군을 떠올릴 것이다. 그러나 승리를 역사에 기록할 수 있게 한 것은 당시 이름 모를 학도병들과 계급 없는 캘러 부대원과 지역주민, 그리고 우리 국군들의 값진 희생이 있었기 때문이다. 특히 인천상륙작전의 양동작전으로 위기에서 기적을 만들어 냈던 우리 국군, 제대로 훈련도 받지 못하고 전선에 투입된 민간인과 학도병. 그들은 우리나라를 지키기 위해 끝까지 임무를 완수해 낸 영웅들이다.

현재 6.25 참전 용사들이 200여 명 정도가 생존해 있다. 미국이나 유럽처럼 군인이 존경받고 대우받는 나라가 되었으면 한다. 특히 우리는 오늘을 있게 한 호국영령들에게 다시 한 번 추모의 마음을 가져야 한다.

그럼에도 일부 단체가 평화를 빙자한 국가보안법 철폐, 미군 철수 등을 주장하더니 급기야는 한미 연합 군사훈련 중단과 한미 동맹 해체 등을 요구하면서 '통일 선봉대'라는 조직을 만들어 미군 기지를 돌며 이적행위를 하고 있다. 이 조직은 미군 기지마다 가서는 주로 '미군 철수' 구호를 외친다. 기지 철조망에는 "이 땅은 우리 땅, 양키 고 홈(Yankee, go home)"이라고 적힌 종이를 끼워 넣기도 한다. 미군 전용으로 쓰이는 부산항 북항 8부두에서는 "미군의 세균 부대가 이곳에 있으니 철거하라"는 주장을 하기도 했다.

특히 이들 단체는 지난번 서울 집회에선 북한 노동단체가 민노총에 보냈다는 '한미 군사 연합훈련을 중지하라'는 내용의 소위 '연대사'를 거침없이 공개 낭독했다. 도대체 노조원의 권익을 보호해야 할 노동단체가 왜 군사훈련 중단을 요구하고, 더 나아가 미군 철수를 주장하는 것인지 공산당 조직이 아니고는 할 수 없는 짓거리를 하고 있다. 설령 저들이 주장하는 대로 주한미군이 한국에서 철수한다고 치자. 그러면 어떻게 될까. 두말할 필요 없이 '안보'가 단숨에 무너질 것이다.

미군의 철수와 동시에 북한이 쳐들어오는 것은 불문가지(不問可知)다. 문재인 정권에서 GP를 없애고, 철책과 지뢰밭을 제거하고, 판문점 도로를 넓히고, 탱크 방어벽을 허물었으니 얼마나 잘 들어오겠는가. 9.19 남북 합의대로 하면 해병대가 지키고 있는 백령도는 북한에 의해 무력으로 점령당할 확률이 매우 높다는 것이 군사전문가들의 일치된 분석이다.

어디 그뿐이겠는가. 서해와 동해는 어떤가. 중국의 바다가 되고, 어장이 될 것이며, 독도는 일본 해군이 주둔할 것이다. 따라서 일본이 독도를 점령해도, 중국이 '서해'를 자기네 소유라 해도 미국은 못 본 척할 것이 분명하다. 주한미군이 철수하면 미. 일 동맹은 더욱 굳건해질 것이 강 건너 불을 보듯 뻔하다. 문제는 이들 단체들의 '치외법권적' 작태를 보고도 강력히 대응하지 않는 한국의 공권력에 있다는 것이다.

법질서가 제대로 기능한 나라라면 공권력이 이처럼 무기력하지는 않을 것이다. 북한은 미군이 주둔 중인데도 각종 도발을 해오고 있다. 지금은 핵을 가진 최악의 불량국가다. 그런 북한을 추종한다면 공산당이 맞다. 지금은 이름조차 잃어버린 월남, 우크라이나

사태를 지켜보며 국민의 결집된 '항전 의지'가 얼마나 중요한지 깨닫게 됐다. 항전 의지는 적(敵)에 대한 불타는 적개심으로 공고해진다.

첨단무기보다 장병들의 정신교육이 더 중요한 이유가 여기에 있다. 9.19 남북군사합의로 이처럼 중요한 정신교육체계가 처참하리만치 무너졌었다. 실전 대응능력을 향상시키기 위한 현장 훈련은 아예 금지되었었다. 남북 평화체계를 구축하려면 확고한 군사대비태세를 갖추어야 한다.

흔들림 없는 국방태세는 정치적 협상력의 근간이다. 미국의 효율적 외교. 국방정책은 이를 여실히 입증한다. 한. 미 동맹의 필요성을 말하는 것이다. 북한과의 맹목적 평화체제를 추구하며 국방 빗장을 풀어버린 지난 문 정부의 대북 정책은 하루빨리 개선되어야 한다. 빠를수록 좋다. 윤석열 정부는 '미군 철수'를 거침없이 외쳐대는 이들 불순 단체들을 문 정권처럼 바라만 보고 있을 것인가. 정녕 호국영령들의 값진 피로 지켜낸 이 나라를 망하게 할 것인가. 이를 지켜보는 국민들은 울화가 터진다. ※ 이 글은 22022년 6월호 창과방패에 실렸던 글입니다.

■안호원 목사 / 서울벤처대학원대학교 주임교수
칼럼니스트, 시인

국기의 존엄을 회복하자

태극기가 우리나라 국기로 제정된 직접적인 계기는 1882년에 체결된 조미수호통상조약이었는데,

당시 다른 나라와의 국제 조약에서 우리나라를 상징하는 국기가 필요하다고 생각했던 고종은

일본에 수신사로 파견했던 박영효에게 국기를 만들도록 했다.

'태극기'(太極旗)는 흰색 바탕에 가운데 태극 문양과

네 모서리의 건곤감리(乾坤坎離) 4괘(四卦)로 구성되어 있다.

(이미지 출처: news1)

국가의 혼이 소멸되고 있습니다.

태극기가 한 청년에 의해서 잔인하게 불에 태워지고 있습니다.
태극기는 생명처럼 아끼고 존중해야 할 자유대한민국의 상징이요 국가의 혼입니다.
만약, 북한에서 인공기를 이렇게 불태웠다면 어떻게 됐을까요?
아마, 이 청년의 일가족은 물론 9족, 주변인들까지도 국가 존엄에 대한 도전과 반역죄로
멸문지화(처형)를 당하고도 모자랐을 것입니다.

누가 이 청년을 이렇게 만들었을까요? 탓하거나 책망하고 싶지는 않습니다.
생각해 보면 이 청년도 성장기에 그 누군가(?)에게 지독하게 세뇌되어
이런 엄청난 일을 아무 거리낌 없이 자행할 수 있었을 테니까요.
그 사람들이 참으로 악한 사람들입니다.
그들의 사상(?)과 이념(?)으로 인하여 자유대한민국의 동량들인
우리의 다음 세대가 이렇게 병들어가고 있습니다.
자유대한민국의 미래가 심히 우려스럽습니다.
이제 우리 애국시민들이 나서야 합니다. 우리의 미래를 지켜줘야 합니다.

오늘날 모든 상품에는 자신만의 브랜드가 있다. 브랜드만의 '자기다움'으로 '남과 다름(정체성)'을 정의하고 대중과 소통이 이루어지도록 돕는 로고는 기업에게 없어선 안 될 필수불가결한 요소이다. 특히 기업에 있어서 로고는 기업의 철학, 문화, 목적, 비전, 전문분야, 이미지 등을 시각적으로 체계화한 간결한 형태로서 대중의 이목을 집중시키고 소비자에게 확실하게 인식시키기 위해 엄청난 물질을 투자한다. 로고는 브랜드만의 특징이 쉽게 기억될 수 있도록 글자와 기호, 색 등의 다양한 시각적 요소들을 사용하여 디자인된다.

로고는 기업 혹은 브랜드를 표현할 수 있는 도구와 장치 중 가장 압축적인 효용을 가진 메타포이다. 역사적 사실은 브랜드 로고가 어느 순간 갑자기 생겨난 것이 아닌 인간의 문명과 함께 성장했다는 것을 보여준다. 각 나라의 국기 또한 그런 힘을 가지고 있다. 고대사회 때부터 각 집단은 그 집단을 상징하기 위하여 동물·해, 달과 같은 징표를 사용하였는바, 염색과 방적의 기술이 발전함에 따라 그러한 징표를 종이나 천에다 표시하게 된 것이 깃발이다. 이러한 깃발이 국가를 상징하게 된 것은 프랑스혁명 때 쓰인 삼색기가 처음이다.

태극기에 담긴 뜻을 알고 있나요?

국기를 보고 어떤 나라인지 구분하며, 국기를 나라의 얼굴로 여기며 국가의 모든 영광스러운 일이나 심지어 슬픈 일에도 국기를 걸어 표시하고 나아가 온 국민의 마음을 하나로 묶어 애국심을 고양 시키며 국기 사랑이 곧 애국으로 통하기도 한다. 대한민국은 국기는 태극기이다. 태극기 탄생은 대체로 1882년 조선 내정에 관여했던 청나라 사절 마젠충이 도상을 제

안한데서 비롯됐다고 학계는 보고 있다. 마젠충은 근대국가의 외교 표식이 필요하다며 청 국기인 황룡문양기에 바탕한 홍룡기 도안과 중국 고대경전 '주역'에 근거한 태극 팔괘의 도상을 제시했는데, 조선 정부는 태극도안을 택했다.

태극기가 우리나라 국기로 제정된 직접적인 계기는 1882년에 체결된 조미수호통상조약이었는데. 당시 다른 나라와의 국제 조약에서 우리나라를 상징하는 국기가 필요하다고 생각했던 고종은 일본에 수신사로 파견했던 박영효에게 국기를 만들도록 했다. '태극기'(太極旗)는 흰색 바탕에 가운데 태극 문양과 네 모서리의 건곤감리(乾坤坎離) 4괘(四卦)로 구성되어 있다.

태극기의 흰색 바탕은 밝음과 순수, 그리고 전통적으로 평화를 사랑하는 우리의 민족성을 나타내고 가운데의 태극 문양은 음(陰: 파랑)과 양(陽: 빨강)의 조화를 상징하는 것으로 우주 만물이 음양의 상호 작용에 의해 생성하고 발전한다는 대자연의 진리를 형상화한 것이다.

네 모서리의 4괘는 음과 양이 서로 변화하고 발전하는 모습을 효(爻: 음 −, 양 −)의 조합을 통해 구체적으로 나타낸 것이다. 그 가운데 건괘(乾卦)는 우주 만물 중에서 하늘을, 곤괘(坤卦)는 땅을, 감괘(坎卦)는 물을, 이괘(離卦)는 불을 각각 상징한다. 이들 4괘는 태극을 중심으로 통일의 조화를 이루고 있다.

태극 도안의 태극기가 국기로서 공식화된 것은 이듬해인 1883년 1월이다. 그 과정을 보면, 1876년 일본과의 강화도조약 체결 이후 국기

태극기는 우리나라의 상징인 만큼, 우리 민족의 세계관이 담겨 있다. 국기는 한 나라의 상징물이므로 일반적으로 그 존엄성의 유지를 위하여 법률로써 관련 사항을 규정하는데, 우리나라 국기에 대하여는 1984년 2월의 '대한민국 국기에 관한 규정'을 법률로 제정한 2007년 7월의 '대한민국 국기법'에서 '국기에 대한 맹세문, 국기에 대한 경례 방법, 국기의 제작, 게양법' 등을 포괄적으로 규정하고 있다.

제정 문제가 논의되다가, 1882년 박영효가 고안한 태극무늬의 기를 고종이 "태극 주위에 4괘(四卦)를 배(配)라고 한다."고 공포함으로써 정식 국기로 채택된 것이다. 처음 고종의 특명전권 대신 겸 수신사로 이 국기를 지니고 일본으로 가던 중 선상에서 8괘 대신 건곤감리(乾坤坎離) 4괘만을 그려 넣은 '태극 4괘기'로 개작했다고 한다. 그리고 같은 달 25일 일본 고베의 숙소 니시무라야(西村屋) 옥상에서 처음으로 휘날리게 했다.

하지만 고종의 공포 당시 태극기의 규격이나 형태에 관한 정확한 명시가 없었으므로, 태극기는 각양각색의 형태로 사용되었다. 고종은 1883년 3월 6일 왕명으로 이 '태극 4괘 도안'의 '태극기'를 국기로 제정·공포했다. 그 후 일제에 의해 나라를 빼앗긴 뒤, 대한민국 상하이 임시정부에서는 1942년 6월 29일 국기제작법을 일치시키기 위해 '국기통일양식'을 제정·공포한 바 있다. 1949년 2월 국기시정위원회의 결정으로 규격과 문양의 통일이 이루어졌으며, 이것이 현재 쓰고 있는 국기이다.

국기에 대한 존엄성

태극기는 우리나라의 상징인 만큼, 우리 민족의 세계관이 담겨 있다. 국기는 한 나라의 상징물이므로 일반적으로 그 존엄성의 유지를 위하여 법률로써 관련 사항을 규정하는데, 우리나라 국기에 대하여는 1984년 2월의 '대한민국 국기에 관한 규정'을 법률로 제정한 2007년 7월의 '대한민국 국기법'에서 '국기에 대한 맹세문, 국기에 대한 경례 방법, 국기의 제작, 게양법' 등을 포괄적으로 규정하고 있다.

국기의 존엄성을 해치는 행위에 대하여는 '형법' 제105·106·109조에서 규율하고 있다. 제105·106조는 모욕을 목적으로 우리나라 국기의 손상·제거, 또는 더럽히거나 비난한 자를 처벌하도록 규정하였으며, '형법' 제109조는 외국의 국기에 대한 동일한 행위를 처벌하도록 하고 있다. 우리나라 국기인 태극기는 신라시대부터 우리 조상이 사랑했던 전통무늬인 태극을 주된 문양으로 함으로써 민족전통에 합일하는 국기이다.

특히, 태극기는 1883년 공포 이후 일제의 강점이 시작된 1910년까지 28년 이상이나 대내외에서 국기로서의 구실을 했고, 민족항일기를 통하여 국권 회복의 상징이 되었으며, 피로 얼룩진 항일투쟁적 역사성을 담고 있다. 뿐 아니라 우리나라가 전통적인 태극기를 국기로 하고 있다는 것은 우리 민족의 정통성을 유지하는 정치체제라는 점을 확인하는 것이 된다.

예로부터 우리 선조들이 생활 속에서 즐겨 사용하던 태극 문양을 중심으로 만들어진 태극기는 우주와 더불어 끝없이 창조와 번영을 희구하는 한민족(韓民族)의 이상을 담고 있다. 빼앗긴 주권을 되찾기 위해 대한민국의 국민은 태극기를 흔들었다. 늘 태극기를 가슴에 품고 다니신 독립운동가의 이야기를 들을 때면 마음이 뭉클해지기도 한다. 일제의 감시 속에서도 일장기 위에 태극기를 그리고, 광복을 맞이하기 전의 중요한 순간마다 태극기는 함께 있었다.

태극기는 조국 사랑의 상징

1882년 태극기가 국기로 정해진 이래 태극기는 일제 강점과 해방, 여러 항쟁을 거치며 오늘날까지 줄곧 근현대기 한민족사의 상징이었다. 외교무대에서 주로 쓰이던 태극기는 1895년 국경절 도입과 1897년 대한제국 선포 등을 통해 거리에 게양되면서 존재감이 미미했지만 민중에게도 알려졌다. 국권 상징으로 주목받게 된 것은 1905년 을사늑약과 의병 전쟁, 1910년 한일병합, 1919년 3·1운동 등 조선 주권 침탈과 관련된 여러 대사건들이 벌어지는 과정에서였다.

특히 3·1운동 당시 몰래 만든 태극기를 들고 독립만세를 외치며 거리에 쏟아져 나온 군중 시위의 극적인 광경은 민족 주체성이 국기 안에 살아있음을 민중들이 깨닫는 전환점이 됐다. 그 뒤 상하이 임시정부가 태극기를 국기로 삼고, 숱한 독립지사들이 태극기를 품에 안고 항일 의거를 벌인 데는 이런 역사적 각성이 작용했다고 할 수 있다.

해방공간 시기 항일투쟁사까지 품게 된 태극기의 상징성은 더욱 커졌다. 반탁을 외친 우익이나 찬탁을 주장한 좌파 군중 집회에서 태극기는 모두 볼 수 있었다. 좌우 세력에게 태극기는 제각기 이념과 이상을 투영하는 공유된 아이콘이었다. 심지어 북한 정권도 1948년 공화국 수립 전까지는 태극기를 각종 집회에 반드시 내걸었다. 김일성이 처음 민중 앞에 나타난 1945년 10월 환영대회와 1946년 북조선 로동당 창립대회 등의 사진에는 대형 태극기가 뒷면에 내걸린 모습을 볼 수 있다. 태극기 고유의 민족 대표성, 항일 투쟁의 표상성을 무시할 수 없었기 때문이다.

일제 강점기 일본군 총칼 앞에서 독립 만세를 외치며 손에 들고 죽어갔던 태극기다. 대한의 독립군들이 '원수'들을 척살하러 떠날 때 수류탄을 목에 걸고 혈서를 쓴 뒤 그 앞에서 마지막 사진을 찍었던 태극기다. 한민족은 어설프지만 손수 만든 태극기를 손에 들고 휘날리며 독립의사를 세계만방에 알렸다.

일치단결, 중심에는 태극기가 있었다. 60년 4월 혁명, 87년 6월 항쟁 등의 여러 민주화, 통일운동 노정과 2002년 월드컵 응원장에서도 태극기는 어김없이 등장했다. 6월 항쟁 당시 웃통 벗은 채 태극기를 뒤로 하고 대로로 달려 나오던 부산의 청년과 태극기를 몸에 두른 88년의 남북학생 회담 대표단, 2002년 서울시청 앞에 모인 붉은 악마 군중 등이 태극기의 보편성을 웅변하는 순간들로 세계인의 기억에 남아있다.

국기 오남용을 염려하며.

나라 없는 설움에서 벗어나고자 일제의 총칼에 스러지며 '대한독립만세'를 목청껏 외쳤던 경찰은 "계획적, 조직적으로 범행했다고 볼 수 없고 자기 잘못을 뉘우치는 점 등을 종합하면 현 단계에서 구속해야 할 이유와 필요성을 인정하기 어렵다"며 구속영장을 기각했지만, 유무죄의 판단과 옳고 그름의 판단은 또 다른 문제이며, 그의 행위가 도덕적으로 정당화되기는 어렵다. 아무리 표현의 자유가 있다고 하지만 국가의 존엄을 헤치는 반역이요 국가를 무시하는 행위로 밖에 이해되지 않는다.

'삼일절의 정신'이 깃든 소중한 태극기가 오용되고 요즘 태극기를 든 일부 시민단체의 적대적 사회 부조화 행태를 보면 태극기의 오용이 심각한 것 같아 매우 우려스럽다. 심지어 태극기가 거리에서 불태워지는 참담한 모습을 보면서 극도의 분노를 느끼게 한다.

세월호 참사 범국민대회에 참석했던 한 20대 남성이 태극기에 불을 붙여서 당시 많은 사람이 '대한민국을 모독했다'고 분노했으며, 이 남성은 경찰 조사를 받았고 법원에 구속영장이 청구됐다가 기각됐었다.

형법 105조는 대한민국을 모욕할 목적으로 국기 또는 국장을 손상 또는 제거 또는 오욕한 자는 5년 이하의 징역이나 금고, 10년 이하의 자격정지 또는 700만 원 이하의 벌금을 물린다고 정하고 있다. 바로 '국기 모독죄' 즉, 태극기를 태운 것은 단순히 '해서는 안 될 일'이 아니라 엄연한 '범죄'인 것이다. 나아가 미국을 모욕할 목적으로 성조기를 불태워 기소된 대학생에 대해서 형법 109조의 '외국국기 모독죄'가 적용돼 실형이 선고된 사례도 있다.

경찰은 "계획적, 조직적으로 범행했다고 볼 수 없고 자기 잘못을 뉘우치는 점 등을 종합하면 현 단계에서 구속해야 할 이유와 필요성을 인정하기 어렵다"며 구속영장을 기각했지만, 유무죄의 판단과 옳고 그름의 판단은 또 다른 문제이며, 그의 행위가 도덕적으로 정당화되기는 어렵다. 아무리 표현의 자유가 있다고 하지만 국가의 존엄을 헤치는 반역이요 국가를 무시하는 행위로 밖에 이해되지 않는다. 그의 '표현의 자유'는 나라를 사랑하는 많은 사람의 마음을 불편하게 했으니 말이다. 태극기를 더 위태롭게 하는 것이 근래 벌어지고 있는 태극기의 오남용(誤濫用)이다.

호주는 내셔널리즘(민족주의)이 강하지 않은 편이다. 오스트레일리아 데이에 호주 국민들, 특히 젊은이들이 호주 국기를 몸에 휘감고 걸어가는 모습을 종종 볼 수 있다. 지방과 변두리일수록 더욱 그렇다. 이런 행위는 이들에게도 나라 사랑과 호주인이라는 자부심의 표현일텐데 부정적인 반응이 나오는 이유는 두 가지다. 혹시라도 그 저변에 '추한 인종차별주의'가 숨어있을 수 있으며 또 국기를 나라와 동일시하는 '국가주의 기호'로서 오용될 수 있다는 경계감을 갖기 때문이라고 들었다.

이제는 정작 국경일에도 태극기를 대하기가 민망스러울 정도로 태극기의 존엄은 손상을 입었다. 태극기는 전체 국민의 뜻을 대표하고, 합당해야 존엄할 수 있다. 태극기가 정당치 못한 곳에 있을 때는 국가를 대표할 수 없다. 민주주의에서 의사 표현과 주장은 정당하지만, 다수의 의견이 아니라면 태극기를 남용하지 않았으면 좋겠다. 존엄해야 할 태극기를 보고 섬짓한 두려움을 느낀다면 태극기에 죄를 짓는 일이 아닐까? 더 이상 태극기를 슬프게 하지 말자!

3.1운동을 계기로 태극기는 진정한 독립정신과 한민족의 상징이 됐다. 당시 몰래 만든 태극기를 들고 독립만세를 외치며 거리에 쏟아져 나온 군중 시위의 극적인 광경은 민족 주체성이 국기 안에 살아있음을 민중들이 깨닫는 전환점이 됐던 것이다. 그 뒤 상해 임시정부가 태극기를 국기로 삼고, 숱한 독립지사들이 태극기를 품에 안고 항일의거를 벌인 데는 이런 역사적 각성이 작용했다고 할 수 있다. 해방 이후 여러 정권들이 정통성 확보를 위해 태극기를 관제 행사 등에서 널리 활용했던 것도 사실이다.

3.1절 기념식의 마지막 순서는 항상 태극기를 손을 들고 부르는 만세삼창이다. 한 광복회 회장이 만세 삼창에 앞서 "국민들의 화합과 단결을 상징하는 국기의 기본 정신을 무시하고 국기가 국민 분열을 야기 시키는데 사용되는 것은 설득력이 없다. 무분별한 국기사용은 신성한 국기에 대한 모독행위에 해당한다. 태극기에 담긴 진정한 의미, 자주적인 주권의식과 통합정신을 음미하면서 3.1절에 태극기에 대한 엄숙한 마음을 가져달라"는 호소 겸 당부를 했다고 하는 말을 상기해야 한다.

'태극기는 국가에 대한 기호로서의 이미지에 앞서 3.1 독립운동에서 시작되어 민주화운동에 이르기까지 국민들 마음에 소중하게 자리잡은 국기로, 이런 태극기가 정치집단의 도구로 오 남용되어서는 안 된다.

결론

또한, 대한민국을 상징하는 태극기가 특정 이익집단의 시위 도구로 전락해서는 안 된다. 광풍이 빨리 지나가 숭고한 태극기의 의미가 되찾아지길 바란다. 지금처럼 분열된 정치마당의 상황을 상징하는데 태극기가 쓰이는 것은 옳지 않다. 언제부터 태극기가 좌우 성향의 전유물이 되었는지 모르지만, 이러한 정치적 오용은 태극기에 대한 모독이다. 하필이면 그 태극기를 들고 '애국'을 외치고, 외세가 아닌 동포들에게 욕설을 퍼부어 댄다. 태극기와 애국이 오용되고 어이없는 봉변을 당한다. 한철호 동국대 역사교육학과 교수는 "태극기는 그간 항일운동, 자주독립, 자유, 통합의 가치를 상징했는데 정치적으로 이용되는 것은 그 본연의 가치를 훼손하는 것"이라고 설명했다.

피로 지켜낸 나라의 국기가 특정 집단의 도구로 전락하여 국민을 서로 공격하고 민족이 나뉘는 일에 사용되는 것은 실로 통탄한 일이 아닐 수가 없다. 요즘 태극기의 오남용 사례를 보면서 태극기만 보면 마음이 죄송하고 불편해진다는 사람들이 꽤 있다. 어쩌다 신성한 태극기에 혐오감이 생기는 이 지경이 되었는지 모르겠다. 이래서는 안 되겠다 이른바 '태극기 이니셔티브'가 논란이 되면서 태극기와 관련된 시민단체 등은 자주독립, 자유, 주권, 평화, 화합, 단결을 상징하는 태극기가 원치 않게 분열을 대표하는 이미지로 인식될까 우려된다.

피 끓는 독립군, 삼일만세 운동 이래 일찍이 태극기가 요즈음처럼 국론분열과 국민의 뜻에 어긋나는 일에 이용되었던 일이 없었을 것이다.

이제는 정작 국경일에도 태극기를 대하기가 민망스러울 정도로 태극기의 존엄은 손상을 입었다. 태극기는 전체 국민의 뜻을 대표하고, 합당해야 존엄할 수 있다. 태극기가 정당치 못한 곳에 있을 때는 국가를 대표할 수 없다. 민주주의에서 의사 표현과 주장은 정당하지만, 다수의 의견이 아니라면 태극기를 남용하지 않았으면 좋겠다. 존엄해야 할 태극기를 보고 섬   한 두려움을 느낀다면 태극기에 죄를 짓는 일이 아닐까? 더 이상 태극기를 슬프게 하지 말자!

"나는 자랑스런
태극기 앞에
자유롭고 정의로운
대한민국의
무궁한 영광을 위하여
충성을 다할 것을
굳게 다짐합니다."

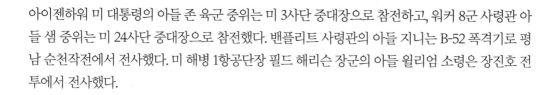

평화는 쇼도, 놀이도 아니다.
평화는 피를 품은 꽃이다.

한국인보다 한국을 더 사랑한 이방인들!
우리는 전 세계에 피로 갚아도 모자랄 빚을 안고 있다.
미국은 약 450명의 장성 이상 고위직 자녀들이
6.25전쟁에 참전해서 35명이 전사했다.

아이젠하워 미 대통령의 아들 존 육군 중위는 미 3사단 중대장으로 참전하고, 워커 8군 사령관 아들 샘 중위는 미 24사단 중대장으로 참전했다. 밴플리트 사령관의 아들 지니는 B-52 폭격기로 평남 순천작전에서 전사했다. 미 해병 1항공단장 필드 해리슨 장군의 아들 윌리엄 소령은 장진호 전투에서 전사했다.

하버드 대학교의 교내 예배당 벽에는 한국전쟁에서 전사한 20명의 이름이 새겨져 있다. 월터리드 미 육군 병원에는 6.25에서 중상을 입은 용사 수십 명이 아직도 병상에 누워있다. 1895. 4. 5. 한국 최초의 선교사로 연세대학교를 설립한 언더우드 집안은 한국전쟁이 터지자 3명의 손자가 모두 자원하여 참전하고 그중 원일한은 인천상륙작전에 해병 중위로 투입되어 서위렴 대위와 서울 탈환까지 함께했다.

한남 대학교 설립자인 윌리엄 린튼의 아들 휴 린튼은 미 해병 대위로 인천상륙작전에 참전했고 평양신학교를 설립한 마펫 선교사의 아들 하워드는 공군 군의관으로 참전했다. 한국에서 태어난 선교사의 자녀들은 한국을 내 나라라고 여겼고 전쟁 때 나라를 지키지 않고 전쟁이 끝난 다음에 한국에 온다는 것을 부끄럽고 무책임한 일이라고 생각했다. '한국 땅에 묻히기를 소원한다.'는 한국인보다 한국을 더 사랑한 이방인들이었다.

자유 대한민국을 목숨 바쳐 지켜낸 수없는 유엔 참전용사, 선교사 가족들, 국군장병, 무명용사, 군번 없는 학도병 등 모든 전, 사상자들의 값진 희생은, 자유대한민국을 여기까지 피로 다져 쌓아 올린 초석들이다. 이름조차 들어보지도 못했을 생소한 나라에서 수많은 젊은이들이 전혀 상관없을 동토의 땅 대한민국의 자유민주주의를 수호하기 위해서 공산주의와 싸우다 고귀한 청춘을 이 땅에 묻었다. 우리 대한민국은 그들의 나라와 그들에게 평생 갚아도 다 갚을 수 없는 자유의 빚을 안고 있다는 것을 잊어서는 안 된다. 이름도 얼굴도 모를 수많은 젊은이들의 얼룩진 피로 지켜진 고귀한 나라이기 때문이다.

"내 무덤에 침을 뱉어라."

최선을 다하고 평가는 역사에 맡겼던 박정희 대통령!
지금도 해외의 수많은 학자와 유명인들이 그를 평가하고 배우려 하고 있다.

내 一生 祖國과
民族을 爲하여

1974. 5. 20.

大統領 朴正熙

"내 가슴속에 울리거 않고
맺혀 있는 하나의
소원이 있다면 우리도
어떻게 하든거
남과 같이 잘 살아봐야 되겠다
하는 이런 염원입니다."

박정희 대통령의 한강의 기적

박정희 대통령은 지도자로서 최고의 덕목을 가진 분이다.
박정희 대통령은 애국심 하나로 나라를 살리고 온갖 어려움을 극복해 대한민국에
천지개벽을 일으킨 분이다.

박정희 대통령은 지도자로서 최고의 덕목을 가진 분이다. 박정희 대통령은 애국심 하나로 나라를 살리고, 온갖 어려움을 극복해 대한민국에 천지개벽을 일으킨 분이라 확신한다. 서독의 에르하르트(LudwigEr-hard)수상이 '라인강의 기적'을 만든 것 이상으로 '한강의 기적'을 창출했다. 에르하르트보다 더 열악한 환경에서 인류 역사상 유례를 찾을 수 없는 기적을 창출했다. 시대적으로 보면, 라인강의 기적이 앞서, 양과 질에서 '한강의 기적'은 '라인강의 기적'을 훨씬 능가한다.

박정희 대통령은 뛰어난 지능을 가졌고, 무엇이든지 신속히 학습할 수 있는 능력을 지녔었다. 모든 것을 잘 파악했고, 그리고 확실하게 장악했다. 집념이 참으로 강하고 자신감이 넘치는 지도자였다. 사심 없는 자기희생적 지도자로서 생전에 국민들로부터 신뢰와 존경을 받았다. 방종에 빠지지 않고, 나라를 위해서 자신의 모든 정열을 쏟아부었으며, 검소하게 살았지만, 비전은 원대했다. 청렴했고 부패했다는 비난을 받은 적이 없다.

박 대통령은 집권 18년 동안 단 한 번도 친인척이 서울에 올라오는 것을 허락지 않았다. 또한 청와대로 초청한 적도 없으며, 단 한 푼의 재산도 자손에게 물려주지 않았으며, 특혜도 베풀지 않았다. 사후 남기신 것은 5.16혁명 당시 소유하고 있던 신당동 소재 자택밖에 없었다.

박정희 대통령의 성공적 나라 운영의 핵심은 그의 용병술에 있다. 사람을 보는 눈이 탁월했었고, 발탁한 사람들 하나하나가 나라 운영의 기둥으로 역할을 했다 적재적소에 사람을 썼고, 기용한 사람은 믿고 맡겼다. 박정희 대통령은 상대가 누구든, 늘 듣는 자세를 가졌다. 특히, 친인척이 이권이나 인사에 개입하는 것을 철저하게 막았다. 모든 정책이 사전적으로 잘 준비되었을 뿐 아니라, 상호 일관성을 유지했다.

자본주의 자유 시장경제란 말이 대통령의 입을 통해

언급된 적은 없지만, 경제정책의 경우 결과적으로 볼 때, 사유재산권의 확립과 선택의 자유를 바탕으로 민간의 창의성을 존중했다. 경제발전을 위해 기업가들과 충분히 소통하고, 목표 달성을 위해 필요한 자원을 총동원하고, 정부-기업 협력 네트워크를 구성해 장애 요소를 과감히 제거해 주었다. 기업가들을 격려하고 도와줬으나, 뇌물을 받지 않았다.

박정희 대통령은 현장주의자였다. 박정희란 CEO의 현장주의 원칙은 '명령은 5%, 확인과 감독은 95%로 확인된다. 최대 공로는 '하면 된다는 정신(can-do-spirit)'을 심어준 것이다. 이 모든 것의 결과로 '한강의 기적'이 창출되었다. 많은 전문가들이 박정희 대통령의 치세를 국가주의(statism)나 개입주의로 지칭하지만, 이는 표피적 관찰이고 '한강의 기적'이라는 괄목한 고도성장과 새마을 운동의 놀랄만한 성공의 배경에는 자율화 개방화의 논리가 구석구석에 배어있으며, 당근(carrot)과 채찍(stick)을 적극 활용한 시장주의가 자리 잡고 있다.

5~8대에 걸쳐 18년 동안 대통령직에 있으면서 박정희 대통령은 건국 초기 초라하기 짝이 없었던 최빈국 대한민국을 인류 역사에서 전대미문의 자랑스러운 나라로 탈바꿈시켰다. '라인강의 기적'이라 불리는 것은 2차 대전 후 영국과 미국이 2% 정도 성장한 데 비해, 서독이 6% 정도 성장한 것을 지칭하는 것이다. 대한민국의 경우 박정희 대통령 집권 18년 동안 1인당 소득이 실질적으로 10배 증가하였으니, '라인강의 기적'은 '한강의 기적'에 비견할 바가 전혀 아니다.

박정희 대통령은 임기 중 3차에 걸린 5개년 계획을 성공적으로 마무리하였는바 여러 지표가 이를 명확히 보여준다. 제1차 5개년 계획(1962-1966) 기간 중 한국 경제는 평균 8.3% 성장, 제2차 5개년 계획(1967-1971) 기간 중 11% 성장, 제3차 5개년 계획(1972-1976) 기간 중 9.6% 성장하였다. 1961년 한국의 1인당 소득이 82달러였는데 1,546달러로 증대했고, 국민 총생산의 경우 1961년의 20억 달러에서 1979년 630억 달러로, 수출은 같은 기간 중 4,100만 달러에서 150억 달러로 증대했다.

남과 북의 1인당 GNP가 82달러 대 320달러로 북한이 월등히 앞섰으나, 박 대통령 집권 9년 만인 1970년 남북의 1인당 GNP는 1970년에 역전됐다. 1961년 한국의 1인당 국민소득은 82달러로 세계의 독립 국가 125개국 중 101위로 우간다, 방글라데시, 에티오피아, 토고, 파키스탄과 엇비슷했고 북한의 320달러는 50위였다.

이승만 대통령에 이어 한국 민주화의 초석을 놓은 지도자는 바로 박정희 대통령이다. 박정희 대통령이 민주주의를 안 했느니, 독재자니, 뭐니 따지는 것은 본질에서 한참 빗나간 비판이다. Center for Systemic Peace에 의하면, 1946년에서 2010년까지 전 세계에서 750회의 쿠데타가 발생했는바 그 쿠데타들 중 1923년 터키에서 일어난 케말 파샤의 쿠데타, 1952년 이집트의 나세르 쿠데타, 1961년 한국의 박정희 쿠데타가 세계에서 성공한 3대 쿠데타로 꼽힌다.

케말 파샤와 나세르는 왕정을 전복하고 공화정을 건설하는 데는 성공했지만, 산업화에는 성공하지 못했다. 박정희 대통령의 5.16 혁명은 민주화를 위해 목숨을 걸고 한강을 건너온 것이 아니고 빈곤 퇴치 사회개조 조국 근대화를 위한 것이었고 결과적으로 세계사에 유례가 없는 산업화를 달성했다.

정치학자 로버트 달(Robert Dahl)에 의하면, 참다운 민주주의가 제대로 실행하려면 민주주의를 가능케 하는 경제적, 산업적 기반과 민주주의를 운영할 수 있는 중상층의 형성, 그리고 국민들의 민주시민 의식이 필수적이다. 박정희 대통령의 산업화의 성공에 따른 중산층의 형성과 시민의식의 고양이 민주화의 인프라를 구축했다. 미국의 미래학자 앨빈 토플러가 "민주화란 산업화가 끝나야 가능한 것"이라고 설파했다.

산업화는 반드시 민주화를 가져오지만, 자유민주선거가 되풀이한다고 해서 후진국 경제가 발전된다는 보장이 없다는 사실은 역사가 증명하고 있다. 필리핀과 인도와 홍콩이 좋은 사례이다. 필리핀은 미국의 영향으로 그리고 인도는 영국의 영향으로 민주주의가 오래전에 도입되었으나 산업화는 아직 초기이다. 홍콩은 자유와 시장경제로 산업화에 성공하여 이제 민주화를 기대하고 있다.

아이러니하게도 박정희 대통령은 자신이 성공적으로 이룩한 산업화 때문에 산업화를 위해 자신이 구축한 유신 체제가 무너질 수밖에 없는 내부적 모순을 안고 사시다 서거했다.

박정희 대통령 통치 18년간은 통상 대통령의 통치가 아니고, 혁명가 박정희가 자신의 일생을 조국을 위해 바친 기간이었다. 따라서 박정희 대통령의 진면목에 대한 올바른 평가는 통상적 기준이 아닌 혁명가 박정희 전제로 하여 평가될 때만이 올바르게 이뤄질 것이다.

촛불 난동을 촛불 혁명이라 주창하며 거짓으로 합법적 정부를 무너뜨리고, 대한민국을 구석구석 파괴한 이 땅의 종북 좌파 세력들이 왜곡 폄하한 박정희 대통령의 위대한 업적을 반듯하게 반드시 회복시켜야 한다.

"박정희가 없었다면
공산주의
마지노선이 무너졌다."
- 아이젠하워 대통령 -

"박정희 대통령이 눈앞의
이익만 쫓았다면 지금의
대한민국은 없다."
- 싱가포르의 리콴유 -

"박정희에 관한 책은 어떤
책이라도 다 가져와라.
그는 나의 모델이다."
- 러시아 대통령 푸틴 -

"나는 새마을 운동을 많이
연구 했다. 상당수의 중국
국민들이 박정희를 존경한다."
- 후진타오 -

"나는 박정희 대통령을
최고로 존경한다."
- 마하티르 훈센 -

"박정희는 나의 멘토다."
- 등소평 -

"19~20세기 세계적 혁명가들
5인 중 경제 발전에 기적을 이룩한 사
람은 오직 박정희 한 사람이었다.
그는 산업화 후에 민주화를 이룩한
소위 민주화의 토대를 다진
인물이라서 나는 그를 존경한다."
- 키신저 -

"민주화는 산업화가 끝난 후에
가능하다. 이런 인물을 독재자라고
말하는 것은 언어도단이다.
박정희라는 모델은
누가 뭐라고 말해도 세계가
본받고 싶어 하는 모델이다."
- 앨빈 토플러 -

덩샤오핑은 "아시아의 4마리 용 중 박정희를 특히 주목하라" 2006년 미국의 에즈라 보겔 하버드대 교수는 박정희 시대 책을 출간, 박정희는 항상 불가능을 가능으로 만드는 비전이 있었고 위대했다. 또한 덩샤오핑은 이를 닮으려 노력해 오늘날의 중국이 만들어졌고 "박정희가 없었다면 오늘의 한국도 없다. 박정희는 헌신적이었고 개인적으로 착복하지 않았으며, 열심히 일했다. 그는 국가에 일신을 받친 리더였다"라고 격찬했다.

박정희 대통령이 이룬 업적뿐만 아니라 해외의 여러 교수, 대통령, 지도자들이 집중하는 부분은 그의 성실함과 청렴도이다. 그 자리에 가서도 어떻게 그렇게 청렴할 수가 있는가. 초심 그대로 성실할 수가 있는가. 해외의 유명 교수와 정치인들은 그것은 대한민국의 축복이었다고 평가한다.

싱가포르 총리 리콴유는 "오직 일만 하고 평가는 훗날 역사에 맡겼던 박정희를 존경한다"라고 평가했다. 또한 그의 회고록에서 "한국을 번영시키겠다는 박정희의 강한 의지에 깊은 감명을 받았다"라고 말하며 깊은 존경심을 표했다.

푸틴은 "박 대통령에 관한 책이 있다면 한국어든 다른 언어든 뭐든 구해달라 그는 내 모델이다." 러시아의 경제성장 국면에서 박정희 대통령을 롤 모델로 삼았다는 유명한 일화이다. 가스프롬 등 주요 에너지 기업과 전략 산업의 국영화를 통한 경제 개발방식도 '박정희식 모델'을 답습한 것이라는 평가가 나온다.

푸틴은 2012년 1월 대선 출마 국면에서도 박정희 대통령 시절 (지난 1960~70년대)을 예로 들며 산업 전 분야에 대한 국가적 통제 및 지원을 바탕으로 경제 발전을 꾀하겠다는 포부를 밝혀 화제가 되기도 했다.

주체사상의 문제점
개혁파 신학의 조명으로 본 주체사상

주체사상은 북한의 김일성 일가를 우상화하는 이론이다. 주체사상은 북한에서 김일성이 자신의 정치적 입지를 확고하게 굳히기 위해 공산주의 이론보다 더 강력한 전체주의 정치적 이념이 필요할 때 발생한 절대주의 독재적 사상이다. 그러나 그 이론 자체를 따져보면 절대주의적 독재의 개념을 뒤에 감추고 김일성이 민중을 사랑하는 위대한 지도자로 분칠을 하고 있다.

주체사상은 북한의 김일성 일가를 우상화하는 이론이다. 주체사상은 북한에서 김일성이 자신의 정치적 입지를 확고하게 굳히기 위해 공산주의 이론보다 더 강력한 전체주의 정치적 이념이 필요할 때 발생한 절대주의 독재적 사상이다. 그러나 그 이론 자체를 따져보면 절대주의적 독재의 개념을 뒤에 감추고 김일성이 민중을 사랑하는 위대한 지도자로 분칠을 하고 있다.

공산주의 사상은 생산성의 분배 원칙의 공정성에 대한 지상낙원을 꿈꾸는 이론이다. 그러나 주체사상은 인민의 주체적 생활과 활동을 근본원리로 삼고 있다. 거기에는 공산주의 사상을 극복할 수 있는 가장 위대한 무기가 주체사상이라고 선전하고 있다. 주체사상은 말한다. 마르크스-레닌주의의 역사적 이론적 제한성이 극복되고 노동계급의 혁명사상이 새로운 높은 단계로 발전하게 되었다고 단언하고 있다.

그런데 가증한 것은 주체사상이 기독교를 업고 허무맹랑한 이론으로 인민을 착취하고 압박하는 가상의 철학이라는 사실이다. 주체사상은 어떤 철학이라기보다 김일성이를 우상화하기 위한 거짓 선전의 가상 이론이라는 역사적 배경이 있다.

북한에서는 1953년 6.25 전쟁이 끝나고 김일성이 통일에 실패한 후 궁지에 몰렸을 때에 공산주의 이념을 극복할 수 있다는 주체사상을 대두시켜 새로운 노동계급의 혁명사상을 고취시키는 이론이다. 1917년 소련이 볼세비키의 말발굽에 짓이겨진 후 마르크스(Marx)와 레닌(Lenin)에 의한 공산주의가 100년을 넘기지 못하고 1991년 붕괴되었고 중국의 공산주의는 이미 자본주의 시장경제를 영입하여 사상적 전환기를 맞이하고 있다.

이러한 사상적 변화는 이탈리아의 수정공산주의 사상을 주창했던 그람시(Gramsci)의 자본주의 이론을 수용하고 있다고 보아야 할 것이다. 여기에서 북한의 주체사상은 반 공산주의(Counter-Communism) 개념을 도입하여 보다 더 강화된 전체주의적 독재성을 주창하는 김일성을 숭상하는 사상이 발생하게 되었다. 먼저 여기에서 역사적 배경을 살펴볼 필요가 있다.

1. 역사적 배경

주체사상이 형성된 이론의 근거는 두 가지로 말해지고 있다. 6.25 전쟁 시에 김일성은 소련의 지원을 업고 적화통일의 확신을 가지고 남침을 시도했으며 북한 주민들에게도 그렇게 선전하였다. 그러나 6.25 전쟁이 휴전으로 결론 나게 되자 북한에서는 김일성에 대한 신뢰가 점차 떨어지게 되었다. 그 결과 북한에서는 소련파 공산주의와 연안파 공산주의로 대립이 격화되어 가고 있었다. 이러한 대립은 스탈린 격하운동으로 번지기 시작했다.

그 격하운동이 일어날 수밖에 없었던 이유가 있었다. 그 이유는 소련은 미국이 정해놓은 애친슨 라인(2차 세계 대전이 끝나고 소련과 중공을 대항하기 위해 한국을 제외하고 일본을 한계점으로 동해 바다를 경계선으로 정해놓은 한계선) 때문에 남한을 침범해도 미국이 6.25 전쟁에 적극적으로 개입하지 않을 것으로 생각했으나 후에 UN군이 북한을 공격하게 되므로 소련 군대가 물러가 버리게 되었다.

6.25전쟁이 끝나고 휴전이 결정되자 북한에서 공산주의를 신봉했던 무리들이 김일성을 성토하는 일이

벌어지게 되었다. 소련에 대한 반발 운동이 격화되자 김일성은 1955년 12월 28일 "민족의 교조주의와 형식주의를 퇴치하고 주체를 확립하자."라는 연설에서 주체사상을 들고나왔다. 형식주의를 퇴치하자는 말은 소련 공산주의 이론을 형식주의로 보고 그 사상을 벗어나기를 원하는 의미를 담고 있었다.

당시 소련과 북한이 관계하고 있었던 역사를 보면 김일성이 소련을 강하게 신뢰하고 있었고 6.25를 통해 남침을 시도할 때 끝까지 통일을 책임지고 후원해 줄 것으로 생각했었음에 틀림없었다. 그러나 미국의 6.25 전쟁의 개입으로 북한이 불리하게 돌아가자 소련이 북한의 지원을 중단해 버리고 말았다. 이에 북한은 중국에 손을 벌릴 수밖에 없는 입장이 되었다.

김일성이 중국에 지원을 요청함으로 중공군의 인해전술이 벌어지게 되었다. 대전 지역까지 물러난 UN군은 군대를 재정비하여 다시 북진을 계속했다. 그때 미국 투르만 대통령과 맥아더 장군 사이에 불화가 생겨나게 되었는데 투르만은 UN에서의 국제적 관계를 생각하여 소련과 중국을 강하게 대항하는 입장에서 유화정책을 시도하였고 군사 전문가인 맥아더는, 소련과 중국이 핵을 소유하고 있지 못했으므로, 중국을 1주일만 폭격하면 남북통일을 이룰 수 있다고 확신하고 있었다. 두 사람의 불화는 결국 맥아더 장군을 미국으로 소환해 버리는 일이 벌어지고 말았다. 여기에서 결국 휴전이 이루어지게 되었다.

휴전협정이 이루어진 후에도 북한에서는 소련의 지배력이 약화되어가게 되었다. 이로 인하여 북한의 소련파와 연안파의 내분을 수습하기 위해서는 사회주의 국가로서의 독자노선을 택할 수밖에 없었다. 북한에서는 당시의 사상적 통일을 적극적으로 추진하기 위해 주체사상이 등장하게 되었고 김일성을 반대한 사람들은 숙청작업이라는 명분으로 대대적인 제거

작업이 이루어졌다.

또 다른 한 가지 주체사상이 발원되었다는 주장은 1930년대 김일성이 항일 투쟁을 전개할 때 그의 연설문에 주체사상이 깃들어 있다고 전해지고 있다. 1930년 6월 30일 카륜에서 조선혁명의 진로라는 연설문에서 주체사상을 선포했는데 조선민족의 주체사상은 이때부터 시작되었다는 설이 있다. [1] 그러나 이러한 주장은 1955년 12월 김일성이 자신의 정치적 입지를 확고하게 세우기 위해 갑자기 주체사상을 들고나온 임시적이며 허상을 추구하는 철학 아닌 철학적 사상을 감추기 위한 수작임에 틀림없다. 그러므로 이러한 주장은 신빙성이 떨어진다. 더욱이 이러한 설은 사상적 배경이 불분명하기 때문이다.

2. 주체사상의 사상적 배경

김일성이 주장한 주체사상은 인간의 운명에 대한 해답을 준 사상, 사회적 생명에 대한 독창적 견해를 확립한 사상, 그리고 인민 대중을 중심으로 사회적 본질과 역사적 운동을 새롭게 한 사상이라는 3가지 원리를 주장하고 나섰다. 그러나 이러한 사상은 김일성이 정치적 위기를 탈출하는 도구일 뿐이다.

그가 참으로 인간 운명, 사회적 생명, 사회적 본질을 생각할 수 있는 인물인가 하는 문제는 아니다로 대답해야 할 것이다. 지금의 북한 국민들을 생각해 보면 정말 주체사상이 주장한 것처럼 "주체사상만이 보편적 진리를 표방하는 세계관인가?"라는 의구심이 생길 수밖에 없다.

주체사상의 주장을 홍보하기 위해 북한에서는 "마르크스-레닌주의의 역사적이며 이론적 제한성이 극복되고 노동계급의 혁명사상이 새로운 높은 단계에로 발전하게 되었다. 이는 인류의 선진사상이 이룩한 모든 긍정적인 유산을 집대성하고 있으며 우리 시대가 제기하는 절박한 문제들에 과학적인 해답을 주고 있다." [2] 라고 선전하고 있다. 이제 주체사상을 기독교 특히 개혁파 신학의 입장에서 문제점들을 발췌하여 비평해 보려고 한다.

1) 주체사상은 인간의 운명문제에 대해 올바른 해명을 주는 사상인가?

인간의 운명에 대한 주체사상을 한마디로 요약하면 인간에 있어 물질과 의식의 관계를 유물론과 관념론의 관계로 전환시켜 우선주의를 정하는 문제로 집약된다. 즉 물질을 1차적인 기본원리로 규정하고 있다. 이 문제는 헤겔의 역사주의 철학의 정(Thesis,) 반(Antithesis), 그리고 합(Synthesis)의 원리를 대립적 관계로 유추하여 사유와 존재를 대립적으로 해석하고 있다. 즉 헤겔은 사유를 관념론 철학으로 규정하고 존재론을 유물론 철학으로 규정하고 있지만 이 두 가지 개념은 역사적으로 대립의 상태를 유지해 오면서 정(Thesis), 반(Antithesis), 합(Synthesis)의 원리를 반복해 왔다는 역사론에 근거를 두고 실체론 즉 물질을 우선으로 하는 사상이 바로 주체사상이라고 주장하고 있다. 인간의 이념 즉 사유는 1차적인 실재론 즉 물질의 존재를 넘어설 수 없는 2차적인 이념으로 취급하는 사상이다.

마르크스-레닌주의 철학에서는 물질과 의식의 관계를 정하는 문제에 있어 철학의 영원한 기본문제를 정할 때 물질이 1차적이며 의식은 2차적이라는 원리가 유물론 철학계의 불변의 근본원리로 파악되었다. 모든 정신현상은 물질의 반영이 의식이며 의식은 물질에 반작용한다는 견지에서 만물을 대하는 사상이 마르크스-레닌주의 철학의 사고방식이었다.

---

1. 박승덕, 주체사상에 대하여(Christianity & Juche Idea), 1991년 5월, p.9.
2. Ibid, 1991년 5월, 서문.

그런데 주체사상은 이를 역사적 과정에서 정신이냐? 물질이냐? 의 관계를 다룰 때 세계의 기원문제는 인류의 세계개조능력과 철학적 사유 발전의 일정한 역사적 단계와 결부되어 있다고 말한다. 즉 주체사상에서는 "물질적 생활 조건에 대한 사람들의 의존도가 높은 시대에는 인간과 그 활동을 제한하는 객관적 세계의 본질을 파악하는데 철학적 탐구가 집중되게 되며 이와 관련하여 세계의 기원문제도 생겨나게 되었다." [3] 라고 강조하고 있다.

위와 같은 유물론 우선주의 사상을 마르크스-레닌주의에 기초하여 인민 대중의 의식을 고취시키는 방향으로 전환한 이론이 주체사상이다. 주체사상이 주장하는 내용을 인용하면 "물질과 의식에 관한 문제는 인민대중이 역사의 주인으로 구체화 되지 못하고 의식의 본질에 대한 과학적 이해가 확립되지 못했던 시대에는 철학의 최고문제로서의 역사적인 타당성과 의의를 일정하게 가지고 있었다. 그러나 엄밀히 따지고 보면 물질과 의식의 문제는 철학적 최고 문제로서 완벽한 징표를 갖추지 못하고 있다." [4] 고 재차 강조하고 있다.

이와 관련하여 주체사상이 주장하는 두 가지 문제를 분석 비평해 보자.

첫째; 물질과 의식의 관계를 정의하는데 있어 인간을 육체와 정신으로 구분하고 사람의 모든 것을 기원과 발생의 견지에서 고찰하는 곳에 머무르게 하고 현실적인 인간 자체를 철학적 고찰의 중심에 머무르지 못하게 한다는 점이다. [5]

둘째; 물질과 인식의 관계를 정의하는데 있어 세계가 인식밖에 독립해 있다는 본질을 밝히는데 머무르게 하고 인간의 생활이 개척되어 나가는 현실적인 과정과 결부되어 세계에 대한 이해를 제공하지 못하게 한다는 점이다. [6] 그렇기 때문에 주체사상은 물질과 인식의 관계를 구별하여 인간의 운명에 대한 문제를 철학상의 최고문제로 내 세우고 그에 올바른 해답을 주는 진리를 기초로 하여 새로운 세계관을 주창하고 있다.[7] 라고 주장한다.

첫째 번 주장을 분석 비평하면 사람의 육체와 정신의 문제에 있어 현실적인 인간을 육체에 중심을 두고 정신의 어떤 철학사상도 용납을 할 수 없다는 김일성을 군주로 삼는 독재적인 관점이다. 여기에서 말하는 기원과 발생의 개념은 철학적 사고를 떠나 인간의 물질적 기원과 발생의 관점에서만 생각하자는 이론이다. 즉 의식을 재제하자는 주장이다. 종교적, 철학적, 그리고 자유와 기타의 문화적 관점을 배제하자는 의미를 포함하고 있다.

둘째 번 주장을 분석 비평하면 물질, 의식 그리고 인간의 운명에 관한 문제에 있어 인간의 의식을 오직 물질에만 기초하여 인간의 운명을 개척하자는 말이다. 오직 물질을 통해 인간의 운명을 개척해 나가자는 말이다. 인간이 관계하고 있는 세계에 대한 이해를 의식의 관점에서 떠나 오직 물질의 관점에서만 운명을 결정할 수 있다는 주장이다. 이는 인간의 의식을 세계관인 국가, 경제, 사회, 문화, 교육, 그리고 종교를 인간이 가지고 있는 의식과 무관하게 만들고 물질에 기초하여 스스로의 운명을 개척해 나가자는 주장이다.

여기에서 김일성이 교시하였다고 말하는 내용을 고

3. Ibid, p.3.
4. Ibid, p.4.
5. Ibid, p.4.
6. Ibid, p.4.
7. Ibid, p.4.

찰해 보자. 김일성은 "사람은 자기 운명의 주인이라는 것, 이것이 주체사상의 진수이며 여기에 혁명적 본질이 있다." [8] 라고 소개하고 있다. 즉 물질에 기초하여 인간 스스로 운명을 개척해 나가자는 주장이다. 이는 인간의 의식을 물질 밑에 잠수시키고 스스로 운명을 개척하되 혁명적으로 주체사상을 완수해 나가자는 저급하고 충동적인 생각을 주입시키는 사상이다.

이러한 내용을 기본으로 하여 주체사상이 강조하는 점을 발췌하면 다음과 같다. "인간에게 있어 가장 절실하고 사활적인 것은 자기 운명을 개척하는 일이다. 개인에게 있어서나, 대중에게 있어서나, 민족에게 있어서나, 인류에게 있어서나 자기 운명을 개척하는 일보다 더 중요한 문제는 없다. 운명은 인간의 사회적 처지나 그 미래를 표현하며 인간의 현재와 미래를 포괄한다. 인간의 생활을 반영한 개념들 가운데 운명개념은 가장 핵심적인 자리를 차지한다. 그러므로 인간의 운명은 세계와의 관계 속에서 개척된다. 운명을 개척하는 주체는 인간이며 운명개척 활동의 대상은 세계이다. 그러므로 사람은 세계를 개조하는 역할을 통하여 세계 속에서 차지하는 자신의 지위를 높여 나가야 하는 운명을 개척할 수 있다." [9] 라고 주장하고 있다.

여기에서 좀 더 진전된 인간의 운명을 주체적 개념으로 해석하는 내용을 검토해 보자. 다음과 같은 세 가지 문제점을 제시하고 있다.

첫째; 철학은 단순히 세계의 본질과 운동법칙에 대한 인식을 주거나 인생의 가치를 파악하는데 머무를 것이 아니라 사람의 운명을 개척하는 앞길을 밝히는데 사명을 두어야 한다. [10] 라고 주장한다.

둘째; 세계에서 사람이 차지하는 지위와 역할에 관한 문제만이 인민대중이 세계사의 주인으로서 지위를 차지하고 그들의 주동적 역할에 의하여 역사가 개척되어 나가는 새로운 시대, 즉 우리 시대에 상응하는 철학의 최고 문제로 존재하게 된다. [11] 라고 주장한다.

셋째; 개별과학과 유물론 전 역사에 의하여 세계의 기원문제가 과학적으로 해명된 조건 하에서 철학적 인식의 발전에 관한 필연적 요구를 구현하여 나온 기본 문제가 세계에서의 사람의 지위와 역할에 관한 문제이다. [12] 라고 주장한다.

위에 기록된 3가지 주장 점은 철학을 하나의 관념론에서 벗어나 물질에 의한 혁명론으로 이끌어 들이려는 도구로 생각하고 있다. 여기에서 작금에 북한 주민들이 얼마나 독재의 압박에서 고통을 받고 있는가를 생각하지 아니할 수가 없다. 김정일의 통치 기간 동안 얼마나 많을 주민들이 굶어 죽었는가? 그렇게 많은 주민들이 굶어 죽어 희생을 당했음에도 그 포악한 정권이 유지되고 있다는데 경악하지 아니할 수가 없다. 인간의 세계관을 물질로 해결하되 혁명적 사고를 고취시키는 정치적 도구가 바로 주체사상이다.

주체사상의 문제점과 기독교에서 강조하는 신론에 의한 인간론과 섭리론을 통하여 반론을 펴야 할 시점이다.- 주체사상이 말하는 철학 원리는 다음과 같은 비기독교적이며 역사관에 있어 큰 오류를 범하고 있다.

---

8. 김일성 저작전집, 제 8권, p.473.
9. 박승덕, 주체사상에 대하여(Christianity & Juche Idea), 1991년 5월, p.4.
10. Ibid, p.5.
11. Ibid, p.5.
12. Ibid, p.5.

주체사상은 이념 즉 형이상학적 문제를 물질적 주체 아래 짓이겨 버리고 있다. 그 주장은 세계와 사람의 관계에서 해석하고 있다. 즉 사람의 물질주의가 세계의 기원을 해결한다는 황당한 논리를 전개하고 있다. 사람의 생각이 물질을 점거한다는 원리를 파괴하고 있다. 거기에 중요한 점을 부과하고 있는데 사람이 모든 것의 주인이라는 개념이다. 즉 운명의 주인이라는 개념이다. "세계의 발전과 인간의 운명개척에 있어 사람이 결정적 역할을 한다는 점이다." [13]

이러한 주장은 하나님의 섭리와 인간의 의지에 관한 허용적 조화론을 대항하고 있다. 즉 모든 역사는 하나님의 주권아래 인간에게 허용된 자유의지를 통해 정치, 경제, 사회, 문화, 교육, 예술 등이 조화롭게 진행되어 가고 있다. 그럼에도 불구하고 주체사상은 하나님의 주권적 역사를 거역하는 이론이다. 이러한 주장을 뒷받침 하는 내용이 나오는데 "주체사상은 운명개척의 방도를 왜곡하는 객관주의와 주관주의, 숙명론과 주의설에 근본적으로 대립되며 사람들로 하여금 주인의식을 마비시키는 온갖 반동사상을 반대하여 견실히 싸워나가도록 한다." [14]라고 말하고 있는 주장이 나온다.

이러한 주장은 바로 주체사상 이외의 어떤 이념도 무시하고 국민들을 자기운명의 개척자라는 한계 속에 가두어 기타의 철학, 이념, 그리고 종교로부터 간섭받을 수 없는 독재적 기계화를 전염시키고 있다. 나아가 주체사상은 "사람들이 자기 운명의 주인이며 자신의 운명을 개척하는데 결정적 역할을 한다는 원리에 기초하여 전개되고 체계화된 전일적인 사상이다."[15]라고 말함으로 국민들을 주체사상의 이념 속에 가두어 운명의 개척이라는 미명하에 무조건적

복종을 강요하는 전일적인 사상을 주장하고 나섰다.

전일적인 사상이라는 말은 우리 대한민국에서는 잘 통용되지 않고 있는 단어인데 북한에서는 유일한 사상으로 통하고 있다. 주체사상이 주장하는 전일적인 사상은 오직 물질주의 사상을 주체사상으로 포장하여 인간으로 하여금 형이상학적인 이념을 생각할 수 있는 길을 막아버리고 있다. 그렇기 때문에 철학 이상의 고차원적이며 생명의 근원이 되는 기독교를 거역하는 일은 필연적으로 따라올 수밖에 없다.

2) 주체사상은 사회적 생명에 대한 독창적 견해를 확립하고 있다는 주장에 대해

주체사상에서는 생명에 관한 문제에 대한 해답을 내놓지 못하고 있다는 점에 있어 스스로 방황하고 있다는 것을 시인하고 있다. 그들의 언급을 보자. "철학사에서 생명에 관한 문제는 적지 않은 관심을 불러일으켰으며 유물론과 관념론 사이의 쟁점으로 대두되었다. 관념론자들은 고급한 물질에만 있는 성질인 생명을 비물질적인 것으로 왜곡하면서 신비화했다.

생명에 대한 관념론적 왜곡을 반대하고 나선 유물론자들은 생명이 물질적인 현상이라는 것을 강조하면서 그것을 신비화하지 말아야 할 것을 주장하고 나섰다." [16] 이와 같은 주장은 관념론을 비물질적인 형이상학으로 규정하고 생명에 대한 관점을 신비적인 요소에다 적용시켜 왜곡된 사상으로 치부하고 있다.

더욱이 가관인 것은 주체사상이 생명을 물질적인 요소로 간주하는 마르크스 유물론을 옹호하고 나섰는데 "생명현상은 특수한 물질의 존재 방식이라는 점이다."라고 말했다. 즉 엥겔스가 주장한 "생명이란

---

13. Ibid, p.5.
14. Ibid, p.6.
15. Ibid, p.6.
16   Ibid, p.8.

단백체의 존재 방식이다. 그리고 이 존재 방식이란 본질상 단백체의 화학적 성분이 부단히 자기 갱신을 하는데 있다." [17]라고 말한 부분을 옹호하고 나섰다.

또 한편으로 주체사상은 이러한 엥겔스의 생물학적 생명체에 대한 철학을 비평하고 나섰다. 즉 생물학적 생명체에 관한 인식은 잘못된 사상으로 치부하고 나섰다는 점이다. 그 생물학적 생명에 관한 사상은 생명에 대한 인식 그 자체가 한계점에 도달하여 더 이상 진전이 없는 관념이라는 것이다. 그래서 주체사상만이 그 한계를 극복하는 사상이라고 주장하고 나섰다. 그 한계를 뛰어넘어선 사상은 "역사상 처음으로 사회적 생명체를 발견하고 개인적 생명과 집단적 생명의 통일에 관한 새로운 이해를 밝힌 주체사상뿐이라는 점이다." [18]라고 주장하고 있다.

여기에서 김일성이 주장했다는 부분을 인용하여 설명하고 있는데 그 내용은 다음과 같다. "생명 가운데에서도 육체적 생명보다 사회적 생명이 더 귀중하며 개인의 생명보다 사회적 집단의 생명이 더 귀중하다. 사회적 집단의 생명이 존재한 후에 개인의 생명이 존재할 수 있다." [19]라고 주장하고 있다.

이 주제를 분석 비평하면 다음과 같다. 주체사상에서 주장하는 생명에 관한 문제는 인간을 사회주의적으로 해석하고 있다는 말이다. 사람의 집단주의적 사회주의를 약간 말을 바꾸어 생명이라는 단어를 첨가한 것에 불과하다. 주체사상에서는 사람은 육체적 생명과 함께 사회적 생명을 가지고 있다고 말한다. 인간은 생물학적으로 산 존재일 뿐 아니라 사회적으로도 산 존재이다. 사회적으로 살며 발전하려는 욕구를 가지고 그것을 자신의 생활력으로 실현해 나가는 존재

가 사회적 생명을 가진 존재, 즉 사회적 생명체이다. [20]라고 전혀 생명에 관한 근거 없는 허구를 말하고 있다.

이러한 주장을 분석 비평해 보자. 생명에 관한 철학자들의 주장을 역사적으로 살펴보아도 어떤 결정적인 결론을 내놓은 적이 없다. 인간의 생명은 생물학적으로, 사회적으로, 그리고 진화론적으로 확실한 대답을 얻을 수 없다. 결국 인간은 하나님으로부터 영혼을 가지고 태어난 피조물이라는 결론이 확실한 대답이다. 더욱이 주체사상에서 육체적 생명보다 사회적 생명이 우선이라는 말에 머리가 어지러울 지경이다. 고귀한 인간의 생명을 동물 취급하는지 아니면 개미 떼처럼 살아가는 미생물로 취급하는지 알 수 없는 말을 지껄이고 있다.

사람은 각자 자기의 사명을 가지고 이 땅 위에 태어났다. 그리고 국가, 사회, 그리고 가정이라는 조직과 함께 살아가고 있다. 여기에서 **사회적 생명이 우선**이라는 말은 인간의 탄생과 그 사명을 전혀 고려하지 않고 김일성이의 집단체를 지시하는 말에 지나지 않는다.

한편으로는 말하기를 인간의 생명을 이루는 것은 자주성과 창조성이라고 주장한다. 이는 사회적 생명을 우선으로 취급하는 말과 전혀 반대되는 개념이다. **자체모순을 범하는 논리이다.** 주체사상이 주장하는 사회적 생명이라는 의미는 사실상 자주성과 창조성을 파괴시키는 이론이다.

사회주의의 집단에 하나의 생명이 귀속되는 상황에서 어떻게 자주성과 창조성을 발휘할 수 있다는 말

---

17. Ibid, p.6.
18. 박승덕, 주체사상에 대하여(Christianity & Juche Idea), 1991년 5월, p.8.
19. 주체사상교양 문제에 대하여, p.23.
20. Ibid, p.9.

인가? 주체사상은 말한다. "사람이 자주성을 가지고 있다는 것은 자주적 요구를 가지고 있다는 것을 말하며 창조성을 지니고 있다는 것은 창조적 능력을 가지고 있다는 것을 의미한다. 자주적 요구를 창조적 능력으로 단련해 나간다는데 사회적 생명의 특성이 있다." [21]라고 말하고 있다.

여기에서 우리는 논리적 전제의 개념이 전혀 성립되지 않고 있음을 알 수 있다. 주체사상이 사회적 생명을 강조하면 자주적이며 창조적인 인간의 생명을 무시해야 타당한 말이다.

왜냐하면 주체사상의 사회적 생명은 개인적 생명의 자주성과 창조성을 아예 짓밟아 버리고 있기 때문이다. 그 주장 점을 인용하면 명백하게 드러난다. "사회적 생명은 사회적 집단과 운명을 같이 하는 사람이 지니게 된다. 사람이 사회적 생명을 지니려면 사회적 집단의 이익을 옹호하는 사회적 의식으로 무장하고 집단과 조직적으로 결합되어야 한다." [22]라고 주장하고 있다.

이러한 주장은 개인의 생명에 대한 의식을 사회적 집단과 조직에 묻어버려야 할 것을 의미하고 있다. 자주와 창조를 강조한 이론은 전혀 앞뒤가 맞지 않은 주장에 불과하다. 그리고 현재 북한에 거주하고 있는 주민들이 과연 자주와 창조성을 발휘하고 있는 생활을 하고 있는가? 지구상에서 가장 비참한 생활을 하게 된 원인이 자신들의 생활에서 자주성과 창조성이 완전히 파괴된 삶을 살고 있는 현실을 보면 확연하게 드러나는 일이다.

더욱더 가관인 것은 주체사상에서 사회정치를 강조하는 사상이다. 그들이 주장하는 단계적 이론이 있는데 첫째, 인간을 의식보다 물질로 보고 둘째, 물질로 보는 인간을 사회적 생명으로 전진시키는 이론을 전개하고 셋째, 사회적 생명을 자주성과 창조성을 소유하고 있는 인간으로 전진시키고 그다음으로 넷째, 자주성과 창조적 생명을 사회적 정치적 생명을 가진 인간으로 전진시키고 있다.

주체사상이 주장한 말을 인용하면 "사람에게 있어 사회적 정치적 생명은 육체적 생명보다 더 귀중하며 제일생명이 된다. 그러므로 개인의 사생활은 어디까지나 사회정치생활에 복종되어야 한다. 육체적 생명은 사회정치생활을 빛내기 위한 생물학적 수단이 되어야 한다." [23]라고 말하고 있다.

그리고 더욱 인간의 생명을 무시하는 말을 하고 있는데 "집단을 배반하고 사회발전을 가로막아 나서면 집단의 버림을 받는 사람은 사회정치적 생명을 소유할 수 없다. 이런 사람은 목숨을 붙어 있다 할지라도 사회적 인간으로서는 죽은 몸이나 다름없다." [24]라고 주장함으로 천하보다 귀한 인간의 목숨을 완전히 주체사상의 사회주의의 한 동물적 생명으로 전락시켜 버리고 있다.

여기에서 사회적 생명이라는 문제를 통해 그들의 정치적 목적을 달성하기 위해 가증한 논리를 전개시키는 내용이 제기되고 있는바 "사회주의 정치적 생명은 그 크기에 있어 무한할 수 있을 뿐만 아니라 그 시간적 속성에 있어서도 영원할 수 있다. 사람들이 사회주의 정치적 생명을 빚어내기 위하여 견결히 투쟁한다면 끝없이 귀중하고 커다란 영향력을 가진 사회주의 정치적 생명을 지닐 수 있으며 비록 육체적 생

21.   Ibid, p.9.
22.   Ibid, p.9.
23.   Ibid, p.9.
24   Ibid, p.9.

명은 죽어도 그의 사회적 정치생명은 영생한다." [25] 라고 주장하고 있다.

이는 김일성 일가를 우상화하여 사회주의라는 이름으로 생명을 바칠 것을 강요하는 기만전술이다. 개인의 인권을 주체사상의 사회주의에 매장시키는 사악한 전술이다. 또한 자유 시장경제에 따라오는 개인의 소유재산을 모두 빼앗아 버리는 사기술에 해당하는 전술에 불과하다. 더욱 가증한 점은 영생을 들고나온 문제이다. 사람의 인권과 사유재산을 탈취하는 포악한 제도에 무슨 영생이 있는가? 가증한 논증에 불과하다.

여기에서 한 걸음 더 나아가 사회주의에 기반을 둔 집단적 생명관을 가지고 투쟁할 것을 강요하고 있다. 즉 그들의 주장은 바로 "개인의 생명은 집단의 생명체의 한 부분이며 주체사상은 집단의 생명을 위하여 필요하다면 개인의 생명을 서슴없이 희생시켜야 한다는 것을 가르치고 있다. 집단적 생명을 지닌 사람은 집단과 조직으로서만 아니라 사랑과 신임의 끈을 놓을 수 없는 유대로 연결되어 있다.

그러므로 집단적 생명을 지닌 사람은 한 생이 끝나도 그의 위엄과 업적은 집단의 위업이 계속되는 한 그 집단과 더불어 계속 남아 있을 것이며 그에 대한 집단의 사랑과 신임은 대를 이어가면서 모든 사람들의 심장 속에 영원히 남아 있게 된다. 여기에 바로 영생의 염원이 실현되는 참된 길이 있다. 여기에서 사회주의적 민주주의가 부르조아 민주주의에 비할 바 없이 우월하다는 것을 새롭게 밝혀주고 있다." [26] 라고 주장하고 있다.

나아가 이러한 허구를 추구하는 주장은 "집단주의에 기초한 사회주의 사회에서는 근로자들이 사회적 집단의 생명을 자기의 생명으로 여기고 서로 돕고 사랑하며 사회적 집단의 생활력을 늘려나가는 창조적 활동의 보람을 마음껏 누리게 된다. 그러나 남을 착취하는 자본가는 아무리 많은 재산을 가졌다 해도 영생하는 사회주의 정치적 생명을 지닐 수 없기 때문에 보람찬 생활을 누릴 수 없다." [27] 라고 주장함으로 개인의 능력, 재산, 그리고 직업의 선택권을 완전히 말살시키고 있다.

이런 집단주의로 인하여 북한에서는 직업의 선택권이 없다. 어린아이는 부모의 직위에 따라 미래의 직업이 결정되고 만다. 이미 어린이의 재능과 직업의 적성은 완전히 말살당하고 있다. 여기에서 영생하는 사회주의라는 말은 아주 애매한 논증으로 무엇을 말하는지 알 수가 없는 주장이다. 사회주의가 영원하다는 말인가? 아니면 사회주의가 정치적으로 영구하다는 말인가? 아니면 사회주의 생활에 젖어있는 사람은 죽은 후에도 영원한 천국을 소유한다는 말인가? 그 의미를 알 수가 없다. 영생의 교리를 국민들의 삶을 말살시키고 김일성이의 우상화를 위해 도용하는 단어 놀이에 불과하다.

인간은 본질적으로 일반은총의 재능을 부여받아 태어났다. 그러므로 인간은 태어난 국가의 사회적 집단이라는 한 일원으로 사역하면서 자신의 능력을 마음껏 발휘하면서 살아가는 것이 하나님의 섭리이다. 그들의 집단 우선주의는 하나의 조직 속에서 일방통행만 허용되는 억압적 개념이다. 다양한 개인의 인권과 직업의 선택을 통해 위대한 국가를 형성할 수 있다는 점을 무시하고 있다.

---

25. Ibid, p.10.
26. Ibid, pp.9-10.
27 Ibid, pp.10-11.

다양한 개인적 자본주의 직업의식을 통해 국가의 복지를 지양할 수 있다는 점을 무시하고 있다. 개인의 권리를 무시하고 집단이라는 미명아래 소수의 권력자들의 강압에 의해 개인의 능력과 자본을 착취하는 사회주의는 국가를 망하는 길로 끌고 가는 사상이다. 이러한 허상의 이론은 근거 없는 논증으로 김일성 일가를 위해 천하보다 귀중한 자신의 생명을 버릴 것을 강요하는 이외의 아무것도 아니다.

영생이란 그들의 주장은 전혀 역사적 근거도 없는 허구에 불과하다. 기독교에서 주장하는 영생은 구약의 역사에 의해 이스라엘의 흥망성쇠를 예언했고, 그 예언대로 역사가 이루어졌고, 그 예언과 역사에 의해 예수님께서 이 땅에 시공간의 역사 속으로 내려오셨고, 역사를 통해 예수님께서 구세주로서의 부활과 승천을 예언하셨고, 그리고 예수님께서 올라가신 대로 재림하실 것을 예언하시었다. 그러므로 천국과 지옥은 성경말씀이 예언한 그대로 역사적으로 성취될 것이다. 주체사상처럼 영생이란 말을 함부로 지껄이는 것이 아니다.

3)주체사상은 인민대중을 중심으로 사회의 본질과 역사적 운동의 합법성을 새롭게 밝히는 사상인가?

1955년 북한에서 김일성이 정치적 입지를 잃어갈 때 새로운 역사관이라는 주제로 주체사상을 천명했다. 주체사관만이 마르크스 유물사관의 제한성을 극복하고 사회의 본질과 역사적 운동에 대한 심오하고 독창적인 이해를 확립하였다고 주장했다. 주체사상이 마르크스의 유물사관을 비평하는 내용은 "사회적 관계 가운데에서도 경제적 관계가 이데올로기적 관계를 규정하는 1차적인 요소라고 주장하면서 사회를 본질상 경제적 관계의 총체로 이해하였다. 이러한 역

사적 유물사관은 물질적 기초와 동떨어진 이성이 지배한다고 보는 관념론적 역사관을 반대하는 곳으로 지향되었다." [28]라고 유물사관과 이성과의 관계를 문제 삼아 다음과 같은 특징을 가지게 되었다는 점을 부각시키고 나섰다.

첫째, 사회의 발전을 자연사적인 과정으로 보는 점이 문제이며
둘째, 사회의 발전은 경제로부터 정치와 문화가 파생되는 것으로 보는 점이 문제이며
셋째, 경제적 필연성을 사회발전의 근본원인으로 보고 인류 역사를 생산방식의 교체의 역사로 해석한 점이 문제이다. [29]

위에 나열한 세 가지는 마르크스주의의 경제와 역사의 관계를 주체사상이 비평하고 나왔는데 그 주안점은 "마르크스주의는 사회가 사람들의 유기적인 결합체임에도 불구하고 사회를 이루는 독자적인 구성요소로 사람을 내세우지 않았다. 인간생활의 물질적 여러 가지 조건에도 생산력, 인구, 그리고 자연적 그리고 지리적 조건을 포함시키는 과정에서 산 사람이 포함되어 있지 않았다. 마르크스의 유물사관에서는 사회적 존재에 인구를 포함시켰으나 그것은 어디까지나 수효와 인구밀도를 염두에 둔 것이지 사회의 능동적 요소로서 사람을 의미하는 것은 아니다. 마르크스주의의 역사관은 상부구조에 포함된 정치제도나 사회사상도 산 사람을 두고 말한 것이 아니다. 그러므로 주체사상은 사람을 중심에 놓고 사회의 본질과 그 변화 발전에 대한 새로운 이해를 확립함으로 유물사관의 제한성을 극복하고 과학적인 역사관을 보다 높은 단계로 올려놓았다" [30]라는 점을 주장하여 마르크스주의를 비평하고 나섰다.

28. Ibid, p.13.
29. Ibid, p.14.
30. Ibid, pp.14-15.

주체사상에 있어 김일성보다 김정일을 한층 더 높게 평가하면서 김정일이 지적한 내용을 소개하고 나섰다. 즉 "사회는 사람들과 그들이 창조한 사회적 부재와 그것을 결합시키는 사회적 관계로 이루어졌다. 여기에서 주인은 어디까지나 사람이다. 사회적 부와 사회적 관계는 모두 사람이 창조하는 것이다. 그런 것만큼 사람의 자주적인 사상 의식과 창조적 능력이 발전하는데 상응하여 사회적 부가 창조되고 사회적 관계가 개선되어 나간다." [31]라고 소개하고 있다.

이어 박승덕은 [32] 사회의 구성에 있어 그 중요한 점, 본질적 특성, 그리고 결합에 대하여 구성부분을 강조하면서 살아있는 사람에 대한 견해를 밝히고 있다. 그 내용은 "첫째, 사람은 생물학적으로 가장 발전된 육체를 가지고 있을 뿐만 아니라 자기 육체에 사회주의에 의해 역사적으로 형성되는 자주 의식과 창조적 능력을 체현한다. 둘째, 사회적 재부이다. 이는 사람의 자주성과 창조성을 체현하고 있는 물질적 문화적 수단들이다. 이 수단들은 살아있는 사람과 결부되어 사람의 요구와 힘의 작용을 돕는 기능을 수행하게 된다. 셋째, 사회적 관계이다. 이는 사람들이 차지하는 지위와 역할을 규제하는 통일적인 체계를 공고히 하는 제도가 사회제도이다." [33]라고 주장하고 있다.

위에서 박승덕이 주장하는 세 가지의 맹점을 살펴보자. 자주 의식과 창조적 능력을 육체적이며 물질적 요건에다 강조점을 두고 있다는 점이다. 자주 의식과 창조적 능력은 인간의 이념적 요소이다. 이러한 요소를 육체적 물질적 요소에 적용시키는 경우 그 적용의 범주가 전혀 다르다는 점을 간과하고 있다. 즉 인간의 영혼과 정신 자체를 물질적 요소에 억지로 적용시키고 있다. 그리고 사회적 재부에 대한 실체를 물질적 문화적 수단들로 보는 문제이다. 사회적 재부에 대한 자주성과 창조성은 사유재산의 시장원리에서 발원된다는 점을 무시하는 생각에서 나온 것이다.

그 시장원리는 이념에 속하는 문제이지 물질적 문화적 수단이 아니다. 그리고 또한 사회적 관계를 수평적 통일체로 규정하고 있다. 이는 다양한 직업과 특성에 따라 오는 자유 시장경제에 의한 제도적이며 전문적인 사회적 재부에 대한 경제를 전면 부인하고 오직 일원화된 **하나의 이념**에 모든 국민들을 묶어버리는 **사상이다**. 그래서 하나의 이념 즉 주체라는 사상에 통일이라는 미명아래 살아있는 사람들을 하나의 생각에 가두어 버리는 저급한 전술에 불과하다.

한 걸음 더 나아가 박승덕이 주장한 문제점 중에 근로 인민대중에 관한 그의 관점이다. 그는 주장하기를 "근로인민 대중이 역사의 주체이며 사회발전의 동력이라는 원리는 사회발전의 근본 원인과 동력이 생활환경에 있는 것이 아니라 사람에게 있다고 보는 주체적인 관점을 담고 있다. 이 원리는 역사의 주체를 반동적 착취계급이 아니라 근로인민 대중으로 보는 철저한 노동 계급이 주체라는 관점을 표현하고 있다." [34]라고 주장하고 있다.

참으로 가관인 것은 인민대중을 치켜세우는 것처럼 보이는 언급이다. 이러한 언급은 주체사상이 말하는 사람과 [35] 인민대중과 그리고 역사의 주체를 한 묶

---

31. 김정일, 주체사상교양 문제, p.7.에 기록된 내용을 박승덕 저, 주체사상에 대하여(Christianity & Juche Idea)에 소개된 글, 1991년 5월 pp.15-16에 인용.
32. 박승덕이란 사람은 1991년 김일성대학 철학과 주임교수 자격으로 미국을 방문한 사람이다.
33. 박승덕, 주체사상에 대하여(Christianity & Juche Idea), 1991년 5월, p.16.
34. Ibid, p.17.
35. Ibid, p.17.

음에다 가두어 두는 저급한 생각에서 나온 기만전술이다. **역사의 축은 기독교이다.** 기독교에 따라 역사가 움직여 왔고 또한 사람과 문화와 사회발전은 하나님의 섭리에 따라 적용되어 왔다. 역사를 반동적 계급으로 보는 관점에 대한 노동계급으로 취급하는 점은 마르크스적인 사상이다. 그러면서 사람을 강조하는 사회주의 사상과 사람의 자주와 창조를 강조하는 점은 스스로 모순을 범하는 논리가 아닌가? 하나님께서는 모든 사람들에게 일반은총의 은사를 나누어 주셨다.

그렇기 때문에 직업의 다양성과 각자의 특성을 소유하여 국가와 사회의 공동체를 유지하도록 역사를 주관하신다. 인류의 모든 사회는 수직적 관계와 수평적 관계를 통해 하나님의 섭리를 진행해 오고 있다. 인간의 직업상 수직적 상하가 존재할 수밖에 없으나 권리와 의무에 있어서는 누구나 법 앞에 평등하다. 그럼에도 그들은 일방적인 하나의 조직만을 강조하는 사회주의에 의한 수평적 주체사상만을 주장하고 있다. 더욱이 가증스런 논증을 소개하면 "인민대중의 자주적인 지위는 자연과 사회를 개조하는 그들의 창조적 역할이 강화됨에 따라 높아져 왔다. 옛날 사람들은 객관적 환경의 영향을 많이 받아 반동적 착취 계급으로 인하여 인민대중은 자기 뜻대로 역사를 발전시키지 못했다." [36]라고 박승덕은 말하고 있다.

이는 인민을 속이기 위한 그리고 착취하기 위한 고도의 기만전술을 주체사상이라는 이념 안에 가두어 두는 말이다. 즉 앞에서는 인민을 치켜 세우고 뒤에서 총칼을 사용하는 무서운 전략이다. 이러한 기만전술은 주체사상의 주인이 인민이라는 말로 교활하게 선전하고 자주적으로 이와 같은 단 한 가지의 사상에 스스로 굴복하지 아니할 경우 가차 없이 천하보다 귀한 사람의 생명을 처단하는 전술을 구사하고 있다. 그 증거가 지금 북한에서 성행하고 있는 김정은이의 비위에 거슬리면 가차 없이 사람을 처치해 버리고 있다는 데서 나타나고 있다. 자주성과 창조적 능력이 과거에 미약해서 역사의 발전이 미약했다는 엉터리 논리는 역사를 전혀 모르고 하는 말이다.

즉 역사는 하나님의 주권 가운데 진행되어 왔다. 과거의 역사의 발전은 오늘의 연장선에 있다. 과거에는 경제적 발전과 정치적 발전은 문화와 과학의 발전을 동반하여 왔다. 주체사상이 말하는 자주적인 사상과 창조적 능력과 무관하다. 문화와 과학의 발전은 축적된 만물에 대한 인간의 욕구를 충족시키는 토대 위에 발전하는 법이다. 인민대중의 자주성과 무관한 것이다. 즉 하나님으로부터 받은 일반은총의 은사를 소유한 사람들이 인간의 욕구를 충족시키기 위해 용해되고 축적된 문화와 과학의 발표로 말미암아 일반 대중이 그 은덕을 누려온 역사가 바로 오늘의 사회적 재부라는 점을 우리는 알아야 한다.

이제 그들이 최종적으로 인민을 속이고 착취하는 사업을 어떤 수법으로 진행하는가를 살펴보자.

주체사상이 주장하는 세 가지 개조사업이 있다. 소위 3대 개조사업이라고 말하는 요점은 김일성이 주창한 내용으로 [37] 그것은 바로 자연개조사업, 인간 개조사업, 그리고 사회 개조사업이다. 이러한 개조사업은 사람의 요구를 실현하고 충족시키는 사업으로 인간의 자신을 주인으로 삼고 발전시키기 위한 운동이라는 점을 강조하고 있다. "이러한 3단계 개조사업은 사람들의 생활수단을 마련하는 사업이 자연개조사업이며, 사람들을 정신적으로 육체적으로 보다 힘 있는 존재로 키워 나가는 사업이 인간개조사업이며, 인

---

36. 김일성, 주체의 혁명적 기치를 높이 들고 사회주의 공산주의 위업을 끝까지 완성하자. p.10.
37. 박승덕, 주체사상에 대하여(Christianity & Juche Idea), 1991년 5월, p.18.

간 대중의 지위와 역할을 높일 수 있도록 사회관계를 발전시켜 나가는 사업이 사회개조사업이다." [38] 라는 점을 강조하고 있다. 여기에서 사회적 운동은 사람이 주체이며 사람을 중심으로 3단계 개조사업을 추진하기 위한 관점을 그들의 독단적이며 주관적 논리로 설명하고 있다. 그 내용은 다음과 같다.

사회발전에 있어 자연개조사업, 인간개조사업, 사회개조사업은 그 어느 하나도 소홀히 할 수 없는 중요한 사업이다. 물질채부를 생산하는 사업인 경제가 없이는 사회 자체가 생존할 수 없다. 그런 의미에서 생활 수단을 창조하는 사업이 중요하지만, 사회적 운동의 주체 자체를 직접 개조하는 사업보다 더 중요하다고 볼 수 없다. 주체 자체가 병든다면 생활 조건을 마련할 수 없다. 사회 발전에서 3대 사업이 다 같이 중요하지만, 그 가운데에서도 인간개조사업은 다른 개조사업에 앞서야 할 중요한 사업이다. 그러므로 인간개조 사업을 선행하지 않고 3대 개조사업을 통일적으로 밀고 나가지 않는데 자본주의 사회에서의 온갖 사회악의 원인이 있다는 점을 강조한다. [39]

또한 자본주의 사회에서의 기본적 특징을 이루고 있는 물질생활의 기형화, 정신문화 생활의 빈곤화, 정치생활에서의 반동화에서 뚜렷이 나타나고 있다. 부익부 빈익빈의 자본주의 사회에서는 물질생활에서의 불평등을 없앨 수 없을 뿐만 아니라 높아지는 물질생활과 빈곤해지는 정신문화 생활과의 불균형, 인민대중의 증대되는 자주적 요구와 악화되어 가는 정치생활 사이의 불균형을 극복할 수 없다. 이러한 불평등과 불균형을 없애고 근로대중의 물질생활, 정신문화생활, 그리고 정치생활을 다 같이 균형적으로 발전시키려면 사회주의 길로 나가야 한다. 그러므로 역

사는 인간개조와 사상개조를 앞세워 정치적 영도의 우위성을 확고히 보장하며 그와 병행하여 경제건설과 문화건설을 힘 있게 다그치는 것이 사회주의를 발전시키기 위한 가장 합리적인 길이라는 점을 보여주고 있다. [40]

위의 단락에서 나타나고 있는 웃고 싶어도 웃을 수도 없는 괴상한 주장을 어떻게 받아들여야 할까? 참으로 안타까운 일이 아닐 수 없다. 우선 결과적으로 세계에서 가장 억압당하고, 가장 폐쇄적인 생활을 하며, 가장 빈궁한 생활을 하며, 가장 자유를 억압당하고 사는 북한의 주민들이 참으로 물질생활, 정신문화생활, 그리고 정치생활, 그리고 최소한의 경제적 생활이라도 보장받고 사는가를 묻고 싶다. 가장 중요한 것이 있는데 그것은 바로 하나님께서 인간에게 허락하신 일반은총의 각자의 능력과 은사이다. 인간이 받고 태어난 은사는 하나님과의 관계를 바로 수립할 때 가장 부요한 국가의 자원이 된다. 이점을 무시하고 경제적 평등의 사회주의를 건설한다는 말은 허공을 치는 말장난에 불과하다.

그들이 강조하는 경제적 평등이 북한 내에 존재하는가?를 묻고 싶다. 왜 북한 고위층들은 이 지구상에서 가장 많은 부와 권력을 누리면서 서민들은 가장 설움과 압박을 받고 살아야 하는가? 이것이 주체사상에서 주장하는 불평등을 없애는 정치인가? 인간은 태어날 때 하나님으로부터 일반 은총의 은사를 받아 일생을 살도록 섭리되어 있다. 예를 들면 의학에 적성을 가지고 태어나 의과대학을 졸업하고 의사의 직업을 가질 수 있는 재능을 가진 사람에게 기업을 운영하는 직업을 택할 경우 일생 불행한 삶을 살게 될 것이다.

38. Ibid, p.18.
39. Ibid, p.18.
40. Ibid, pp.19,20.

또한 천재적인 머리를 가지고 있는 사람이라도 직업에 따라 경제적 수익은 적을 수 있다. 그러므로 어떤 사람에게는 10이라는 경제를 100으로 늘리는 재능이 있을 수 있으며 어떤 사람은 머리가 아주 좋아도 경영에 재능을 발휘하지 못하여 10이라는 경제를 오히려 늘리기는 고사하고 줄이는 경영을 할 수도 있다. 그러므로 경제적 정치적 평등은 사실상 그 사람의 능력에 따라 주어지는 것이 참 평등이지 획일적인 평등은 없다는 것이 가장 합당한 평등이다.

한 국가를 경영해 나가는 데는 다양한 직업과 계층의 인맥이 구축되어야 한다. 모든 사람이 획일적으로 대통령이 될 수 없고 모든 사람이 기업가가 될 수 없다. 주체사상이 말하는 획일적인 평등은 사실상 국가를 망하게 하는 저급한 이론에 불과하다. 그러므로 주체사상이 말하는 불평등과 불균형을 없애고 근로대중의 물질생활, 정신문화생활, 그리고 정치생활을 균형적으로 발진시키자는 사회주의의 길로 나가자는 주장은 허공을 치는 바람잡이에 불과하다. 10의 능력을 가진 사람은 1의 대가를 받을 때 불평등이 될 것이며 1의 능력을 가진 사람은 10의 대가를 받을 때 불평등이 될 것이다. 그러므로 능력에 따라 합당한 대가를 받을 때 참된 평등이 이루어지게 된다. 모든 사람은 일반은총의 은사에 따라 자신의 노동을 각 분야에서 최선을 다하여 펼쳐 나갈 때 국가의 발전이 이루어진다는 점을 명심해야 한다.

또 한 가지 주체사상이 특별히 강조하는 인간개조에 대한 문제를 언급하지 아니할 수가 없다. 그들이 주장하는 인간개조는 그 뜻이 무엇인지 기독교인의 입장에서는 정말 한숨이 나올 수밖에 없는 논증이다. 한 마디로 그들이 주장하는 인간개조는 주체사상이라는 군주사상 밑에 온 인민을 묶어 두겠다는 뜻이다. 즉 자본주의의 불평등을 공격하면서, 불평등이 아닌 경제적 직업적 다양성을 불평등으로 생각하는 무지한 주장을, 사회악으로 정죄하고 각자가 가지고 있는 인민들의 생각을 일방적으로 통합하여 김일성 일가에게 조건 없는 충성을 강요하는 신격화의 작업에 불과하다.

이제 종합적으로 주체사상을 요약하고 최종 결론을 이끌어 내야할 시점이다. 주체사상은 김일성 일가를 해방자의 표본으로 추앙하고 있다. 오직 김일성이 민중을 해방할 수 있는 최고의 지도자로 옹립하고 민중을 가장 사랑하는 지도자로 정해놓고 그를 사상가, 정치가, 그리고 해방자로 섬기고 있다. 여기에서 인민들에게는 달콤한 **자주성, 창조성, 그리고 의식성**과 협력관계를 주지시키는 사상교육을 통해 인민들을 선동하여 김일성 일가에게 복종을 강요하고 있다.

여기에서 자주성이라는 의미는 인간 자체를 자유의지를 마음대로 사용할 수 있는 자주적 존재로 규정하는 의미가 아니고 수동적 의미에서 조건 없이 자유의지를 꺾고 주체사상에 복종하라는 자주성을 말한다. 즉 자유의지를 통해 주체사상에 반대를 하지 말고 스스로 주체사상에 복종하라는 뜻이다. 인간의 자유, 정의, 그리고 평등을 인간 자체에서 찾으라는 의미가 아니고 김일성이 가장 인민을 사랑하는 주체사상의 발행자이므로 이에 복종하라는 의미이며, 창조성이라는 말은 하나님으로부터 부여받은 은사를 스스로 개발하여 진취적으로 목적을 이룩하여 사회와 국가에 헌신하라는 의미가 아니고 김일성이 제시한 주체사상의 테두리 안에서 스스로 충성을 바치라는 의미이다.

또한 **의식성이라는 말은** 주체사상을 깨닫는 것이 의식의 기원으로 보고 있다. 즉 인간의 의식은 본질적 속성상 자연계로부터 태어난 것이 아니고 역사적으로 형성되어 가는 사회적 속성을 지니고 있다고 말한다. 즉 주체사상을 바로 아는 것이 올바른 의식의 형성으로 말하고 있다. 이러한 인간을 하나님으로부터 창조된 인격적으로 여기는 인식을 기계화 또는 물질화하는 저급한 인간관으로 전락시키고 있다.

또한 실소를 자아내게 하는 이론이 등장하는데 "주체사상은 기독교 사랑의 개념과 통일성을 이루고 있다는 이해 불가능한 논증을 펼치고 있다."는 점이다. 여기에서 **그들은 4가지 역사원리를 기본명제로 삼고 있다.**

1. 인민대중은 사회역사의 주체가 된다. 이 주제는 사회역사 속에 나타난 인간을 드높이는 것처럼 보인다. 사회주의 역사의 의미를 인간의 본질에서 찾으려는 것처럼 위장하고 있다. 인간을 하나님의 형상으로 창조된 인격체를 무시하고 "인간은 오직 사회적 존재로서 창조성, 의식성, 그리고 자주성을 발휘하여 온갖 사회적 구속을 끊고 세계를 개조하여 자기 운명의 주인이 되어 자주적으로 살아가는 존재이다."[41] 라고 주장함으로 마르크스주의에다 그람시(Gramsci)가 말한 수정공산주의 사상을 첨가하여 민중의 개념을 도입시키고 있다. 그 민중의 개념은 하나님과 통할 수 있는 속성을 가진 인격체로서의 존재를 무시하고 사회주의 일원으로서 기계화된 인간의 자주성을 말하고 있을 뿐이다.

2. 사회적 존재로서 인간의 가치를 강조한다. 이 주제는 인간의 존재적 가치를 오직 사회주의에 예속시키는 이론이다. 김정일이 주체적 인생관에 대하여 "사람은 육체적 생명과 함께 사회 정치적 생명을 가지고 있다. 육체적 생명이 생물체로서의 사람이라면 사회 정치적 생명은 사회적 존재로서의 생명이다."[42] 라고 언급함으로 인간을 사회주의의 한 일원으로 규정하고 그 사회주의의 한 일원을 육체적 생명으로 한정해 버렸다. 이는 인간의 영혼과 지정의를 가진 인격체로서의 인간을 배제하고 있다.

이는 이미 마르크스주의 사상을 배경으로 하는 사회주의를 강조하고 있는데 첨가하여 주체사상을 배경으로 하는 사회주의를 조성하고 있다. 즉 공산주의적 사회주의에서 벗어나 주체사상의 사회주의로 전환할 것을 강조하는 사상이다. "마르크스주의적 고전주의자들은 인간문제에 대한 유물론적 변증법적 견해를 확립함으로써 인간에 대한 철학적 설명에서 커다란 진전을 이룩했다. 그들은 사람을 사회관계의 총체로 규정하고 인간의 행동에서 물질적 생산과 사회경제 관계의 결정적 의의를 부여하였다.

그들은 인간문제에 대한 유물변증법적 견해를 세웠지만 자연과 사회의 지배자 그리고 개조자로서의 인간의 본질적 특성을 전면적으로 밝혀내지 못하였다."[43] 라고 주장함으로 공산주의적 사회주의에서 벗어나 주체사상의 사회주의를 강화하는 입장으로 선회하였다. 인간을 하나님과의 관계에서 창조된 인격체로서 정의를 말하는 것이 아니고 사회주의적 존재로서의 인간을 말하고 있다. 이러한 인간이 정치적 관계를 통해 사회적 관계를 발전시켜 나가는 것이 바로 인간의 타고난 속성이라는 주장이다. 이는 인간의 개인적 인권을 말살시키고 기계화를 주장할 뿐만 아니라 하나님과의 관계에서 영혼을 말살시키는 인류의 적이다.

3. 인민대중의 투쟁을 강조한다. 이 주제는 주체사상에 동조하는 이념을 넘어 주체사상이라는 압박 수단을 통해 김일성에게 일방적 복종을 요구하는 계급투

---

41.   Ibid, p.13.
42.   Ibid, p.14.
43.   Ibid, p.12.

쟁의 자주성을 강조하는 방법론이다. 주체사상은 말하기를 "인류 역사는 인민대중의 자주성을 쟁취하기 위한 투쟁의 역사이다. 이 투쟁의 역사를 구체적으로 정의하면 계급투쟁을 말한다. 주체사회의 역사관은 계급을 사회적 지위와 역할의 차이에 따라 구별되는 사람들의 집단이라고 규정함으로 계급의 본질을 과학적으로 밝히고 계급에 관한 개념 정립을 발전시킨 것을 말한다. 정치적으로 그리고 경제적으로 지배권을 장악한 자들이 자기들의 특권을 영구화 그리고 제도화함으로 지배계급과 피지배계급의 관계를 발생시키고 있다고 주장한다. 한국의 예를 보면 경제뿐만 아니라 정치적으로도 지배권을 이용하여 지배계급과 피지배계급을 발생시키고 있다." [44]고 주장한다.

여기에서 또 한 가지 그들의 주장에 대해 반드시 짚고 넘어갈 문제가 있다. 그것은 바로 대한민국을 향한 당치않은 민중에 대한 평가이다. 대한민국을 착취 사회로 규정 짓고 있다. 즉 "착취사회에서도 역사의 주인공은 민중이다. 자신들이 역사를 창조하면서도 소외되고 지배당하는 처지에서도 벗어나지 못하고 있다. 한국의 현대사를 보면 동학농민운동, 3.1 애국 운동, 4.19 학생의거, 5.18 광주민주화운동, 그리고 6월 항쟁 등은 민중이 투쟁에 앞장섰으나 조직력이 부족했기 때문에 힘의 결함에 문제가 있었다. 그러므로 민중이 자기의 위치를 차지하기 위해 결국 낡은 사회제도를 통치하는 반동세력에 대항하여 첨예한 투쟁이 요구된다. 그것이 곧 힘의 대적이기도 하다." [45]라고 주장하고 있다.

이 투쟁에 대한 적반하장식의 문제점을 지적하려고 한다. 시장경제를 바탕으로 삶을 영위하는 국민들은 다양한 민주사회의 적응적 수단을 단순논리로 점철된 주체사상의 혁명론이나 투쟁주의의 부추기는 저급한 일방주의에 현혹되는 사람은 바보가 아니고 서는 수용할 수 없는 일이다. 혁명적 투쟁 일변도는 언제나 보다 더 강력한 반동세력을 양산해 내기 때문이다. 그들이 말하는 계급투쟁은 사실상 노동자들을 동원해서 자기들의 배를 채우겠다는 경제적 착취를 자기들이 독차지 하려는 속임수에 불과한 기만이다. 작은 기업을 운영하기 위해서는 자본은 물론 거기에 들어가는 노력과 정성은 일반 노동자들이 일하는 양과 비교할 수가 없이 많은 양을 차지한다.

그러므로 한 기업가는 수많은 사람들을 살려내는 수단이 된다. 인류 역사를 탐구해 보아도 일방적인 즉 수평적인 평등은 이 세상 어디에도 존재하지 않고 있다. 사람의 능력에 따라 경제적 대가가 주어지는 것이 평등이다. 그러므로 주체사상이 말하는 투쟁과 혁명사상은 불가능한 수평적 평등을 강조하여 기업과 노동자들이 함께 망하게 하여 결국 국가와 경제를 망치는 고루한 생각이다. 물론 자유 시장경제의 구조는 반드시 노동자들을 배려하는 법치를 정확하게 시행해야 한다. 그 시행이 기업과 노동자들을 공존하게 하는 원리이다. 나아가 국가경제를 발전시키는 원리이다.

원래 착취와 압박에서 민중을 해방하기 위해 혁명을 주창하고 나온 사람은 마르크스이다. 그러나 공산주의는 1세기를 못 넘기고 망했다. 그런데 주체사상은 한 걸음 더 나아가 민중의 자주성을 실현하기 위해 자연개조, 사회개조, 그리고 인간개조를 함께할 것을 주창하고 있다. 이러한 주장은 그들의 말대로 이미 마르크스 혁명을 거절하는 사상이다. 민중의 자주성을 강조할 때는 이미 마르크스주의 사상을 거절하고 있다. 그러면서도 그들은 민중의 자주성을 강조하면서 혁명적 투쟁을 강조하는 것은 스스로 모순을 드러

---

44. Ibid, p.13.
45. 선우학원, 홍동근 공저, 주체사상과 기독교, 북미 주체사상 연구회, 1990년 4월, pp.55-56.

내고 있는 셈이다. 그 모순은 김일성을 우상화하는 작업이 되었고 또한 민중을 향해서는 끝없는 희생을 치르도록 하는 압박 작용으로 이어졌다.

4. 주체사상은 인민대중의 자주적 사상의 의식을 강조한다. 이 말은 혁명 투쟁에 있어 결정적인 역할을 하는 가장 중요한 요소로 등장한다. 이 자주적 사상의 의식이란 사실상 자주적 사상에 기초한 자주적 활동을 인정하는 자유로운 교육의 선택이나 자유로운 경제활동을 의미하는 것이 아니고 자주적으로 주체사상에 일방적으로 동조할 것을 강조한다. 즉 자주라는 옷을 입혀 억압의 수단으로 사용하는 포악의 정치에 불과한 선전이다. 이 관점은 창조성의 연장선상에서 강조하는 말이다. 김일성이 주장한 내용은 "자주적 사상 의식에 대하여 우리 당은 우리 인민의 이익 즉 우리 혁명의 이익으로부터 출발하여 모든 정책과 노선을 자신이 독자적으로 결정하며 자력갱생의 원칙에서 혁명과 건설을 자신이 책임지고 해 나가는 자주적 입장을 견지한다." [46]

"이러한 민중의 자주적 권리와 이익을 옹호하는 일에 있어 자주적 권리가 무시되면 민중이 자기의 운명을 개척해 나갈 수 없다. 즉 민중의 지배계급의 노예로부터 해방을 얻을 수 없게 된다. 그러므로 자력갱생을 활성화하는 일은 자주성을 구현하는 중요한 일이며 타인의 힘을 의지하지 않고 스스로 자신의 길을 개척해 나가는 정신이 필요하다. 남에게 의존하거나 외세에 굴종하는 사대주의의 포로가 되면 자주의식이 마비되고 자신에 대한 힘을 상실하게 된다." [47]는 점을 강조한다.

이러한 자주성을 강조하는 주체사상은 이론적으로 대단히 합당한 것처럼 들린다. 그러나 그들이 주장하는 자주성과 현실적인 면을 자세히 들여다보면 모순투성이로 가득 차 있다. 즉 사회주의라는 의미와 자주성이라는 의미는 그 범주가 전혀 다른 말로 해석되어야 한다는 사실을 간과하고 있다는 점이다. 그들의 사회주의는 사실상 개인의 자주성을 박멸시키는 일방적인 하나의 공동체를 말하고 있다. 다양성의 공동체를 무시한다. 그러면서 자주성을 강조하는 점은 스스로 모순을 범하는 작태이다. 그 이유는 간단하다.

주체사상이 주장하는 자주성은 개인의 능력과 하나님으로부터 받은 일반은총의 은사를 짓눌러 버리고 서로의 협력을 억압하는 자주성을 강조한다. 이 말은 오직 김일성의 생각에 각 개인의 다양한 자발적 의지를 무시하고 획일적인 일방적 복종을 강요하는 이념이다. 북한의 인민들은 자신의 능력에 따라 직업의 선택권이 제한되어 있다. 부모의 지위에 따라 직업이 주어진다. 이것만 보아도 그들이 말하는 사회주의는 허구에 불과한 억압 수단이라는 점을 알 수 있다.

공산주의적 사회주의는 공동생산의 산업사회를 공유하자는 의미이다. 이 공유의 개념을 중심으로 인민의 공동체를 형성해 차별 없이 생산의 노동력 분배와 이익의 분배를 다 함께 공유한다는 의미이다. 그러나 공산주의적 사회주의보다 더 개발된 주체사상의 사회주의는 인민들을 쇠뇌 시키는 괴팍한 논리로보다 더 강력한 압박 수단으로 작용하고 있다. 그 결과는 현재 지구상에서 가장 억압받고 비참하게 살아가는 북한의 인민들을 보면 알 수 있다. 1990년대 백만 이상의 인민들이 굶어 죽어가고 있어도 아무 반발이나 저항이 없었다는 나라가 바로 북한이다. 왕권시대에도 이런 일이 있었다면 폭동이 일어날 사건이었다. 굶어 죽으나 항거하다가 죽으나 죽기는 마찬가지이라면 항거하고 일어날 수많은 사람이 있을 수밖

---

46. Ibid, p.68. 김일성 저작집 27권 p.395에 기록된 내용을 선우학원, 홍동근 공저 "주체사상과 기독교"에 인용.
47. Ibid, pp.134-135.

에 없었을 것이다.

결론적으로 언급하고 싶은 내용은 바로 주체사상은 70년대 일어났던 한국의 '민중신학'과 남미의 '해방신학'이 사상적 맥을 같이하고 있다는 점이다. 이러한 사상은 신학이라고 말할 수조차 없는 주장인데도, 그들의 극단적인 면을 감추기 위해 신학이란 이름을 뒤집어쓰고 반기독교적인 운동을 하는 사상으로 등장하였다. 그러나 그들의 사상을 적용하는 방법론에 있어서는 상당 부분 서로가 다른 양상을 드러내고 있다. 즉 민중신학과 해방신학은 민중이 주체가 되어 구조악을 타파하고 혁명의 주체가 될 것을 강조하지만 북한에서는 민중이 자발적으로 주체사상에 복종하는 점을 강조하고 있다.

즉 북한에서는 복종의 주체자로서의 민중을 강조하고 있다. 여기에서 김일성이 민중을 가장 사랑하는 구세주로 등장한다. 이는 예수님께서 민중을 사랑하여 로마 정부에 대항하여 십자가에 못 박혀 죽으신 구세주를 연상케 한다. "주체사상은 토착적인 따뜻함과 인간의 정을 느끼게 한다. 마르크스주의도 기독교와 이념적 차이를 극복하고 공통점을 찾으려 하면 기독교와 접촉점을 공유할 수도 있어야 한다. 주체사상은 그 민족적 발상과 인간적 사랑의 철학을 포함하고 있어 인민들이 형제의 우애를 느끼게 한다. 실제로 주체사상은 북한에서 형성된 우리 민족의 세계관이며 인생관으로서 남한의 민족을 포함한 모두의 통일과 평화에 큰 의미를 부여하고 있다."[48]라고 주장함으로 주체사상에 의한 남북통일을 시사하고 있다.

또한 주체사상을 제시한 김일성이 민중을 극진히 사랑해서 발표한 내용 가운데 그 주제가 "사람이 모든 것의 주인이다." 라는 명제를 들고나왔다고 그의 후

예들이 기독교와 주체사상을 연결시켜 말하는 가운데 예수님과 김일성을 동등한 인격으로 등장시키고 있다. 실소를 자아내게 하는 그들의 이론은 주체사상이 기독교 사랑의 개념과 통일성을 이루고 있다는 이해 불가능한 논증을 펼치고 있다는 점이다. 기독교가 전하는 아가페 사랑의 개념을 모르는 무지한 생각을 주체사상에다 억지로 꿰어 맞추고 있다.

인류 역사의 축은 기독교이다. 서구의 역사와 공산주의의 멸망을 보아도 그렇다. 왜 기독교 국가가 세계를 지배해 왔는가를 깊이 생각해야 한다. 어떤 사상도 기독교를 능가하는 이념이나 참된 생활의 윤리를 제공하지 못해 왔다. 사람의 목숨을 파리보다 못하게 여겼던 로마가 기독교에 굴복했다. 기독교가 발전한 나라는 필연적으로 국가가 발전해 왔다. 그러므로 한국이 세계의 으뜸가는 국가가 되기 위해서는 대통령 이하 모든 국회의원들 그리고 정부 요인들이 참신한 기독교인이 되어야 한다.

한국의 교회는 철저한 개혁파 신학을 전수해야 한다. 한국교회의 문제는 신학교의 문제이며 신학교의 문제는 교수들의 문제로 연결된다. 한 사람의 비 성경적인 교수가 강의하는 신학교는 교회를 엄청나게 퇴보하는 경험을 하게 될 것이다. 칼빈은 죄악으로 기울어져 가는 유럽을 건졌다. 인류의 소망은 칼빈을 위시한 개혁파 신학에 달려있다

■ 김향주
- 대한신학대학원대학교 석좌교수
- 본지 논설위원

48. Ibid, p.78.

창과 방패

애·국·애·족·안·보·의·명·소·!
용산 전쟁기념관

한국교회와 모든 세대들이
꼭 한번은 방문해야 할 곳이다.

'Freedom is not free'

'자유는 공짜가 아니다'

평화를 지키기 위해서는 전쟁에 대비하라!

끝나지 않은 전쟁 6 · 25
컬러 / 180x215 /168P

잊혀진 전쟁 6 · 25
컬러 / 180x215 /128P

지평리 전투
컬러 / 180x215 / 76P

6 · 25전쟁을 겪지 못한
청소년, 젊은 세대, 또한 어른 세대에 이르기까지
이해도를 높이기 위해 만화와 당시 전황 사진들을 함께 볼 수 있는
6 · 25전쟁의 진실을 밝힌 책

2016년도에 상영되었던 영화 '인천 상륙작전'에서 이런 대사가 나온다. '이념은 피보다 진하다.' 실로 섬뜩한 말이 아닐 수 없다. 피보다 진하다는 이념에 선동되고 매수된 수많은 김일성 추종자들이 부모 · 형제, 친척을 인민재판에 넘기고 인민의 적이라고 색출하여 죽창으로 찔러 죽이고 총살하는 일이 비일비재했다.

수록된 만화와 자료 사진들은 우리 민족과 직접 관련되는 운명적 사건이었던 제2차 세계대전, 즉 일본 제국주의 군대가 미국 해군부(진주만)를 기습한 날부터 하여 6 · 25전쟁 발발 4일 차인 1950년 6월 28일 북괴군이 이른 아침 수도 서울을 점령한 순간과 북괴 김일성의 전쟁 준비 과정과 3년간의 전쟁을 이해하기 쉽도록 기록하여 보았다.

우리가 삶의 터전인 대한민국에서 마음껏 자유를 누리며 행복한 삶을 영위하기 위해서는 우리 자유대한민국이 겪었던 참혹했던 역사의 한 페이지, 그 '진실'을 바로 알아야 젊은이들이 국가관(역사관)과 애국관의 정체성을 올바르게 정립함으로 나라를 바로 세울 수 있고, 우리와 자손들이 영위할 자유민주주의 나라 대한민국을 지켜낼 수가 있을 것이다.

널리 보급하기 위해서 비매품으로 4,000원의 기본 인쇄 출판비만 받고 택배로 배송합니다. (10권 이하는 착불, 이상은 무료)
(서점이나 온라인에서 각 12,000원, 10,000원, 7,700원에 판매 중)
입금 후 받으실 주소, 이름, 전화번호를 010 6642 4131에 문자로 남겨 주시면 됩니다. (신협 / 132 104 440443 / 예금주 : 고O양)

지난 10년은 한국교회 역사상
참으로 숨가쁜 격동의 시간이었습니다.

사탄의 회인 2013년 '제10차 WCC 부산총회',
2014년 5월 22일 NCCK와 로마카톨릭과의 '신앙과 직제일치', 로마 카톨릭의 '허구', 한국교회와 '동성애' ...
그리고 '이슬람&무슬림'으로 부터 한국교회를 지키기 위하여 홍보용 책자를 제작하여
아래의 책자를 무료로 배포하였습니다.
한국교회의 근간을 해치는 사악한 무리로부터 한국교회를 지킬 수 있도록 후원하여 주신
교회와 성도님들께 진심으로 감사드리며 주님 오실 때까지 그 행진은 계속될 것입니다.

     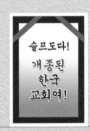

WCC · WEA 반대운동연대
http://cafe.daum.net/wccpusan

성명서

광복 78주년을 맞이하면서

광복절 노랫말이 떠오릅니다.
'흙 다시 만져보자 바닷물도 춤을 춘다...

어둠의 일제 강점기에 눈물의 기도와 독립의 의지를 불태운 애국선열들께 다시 머리 숙여 감사를 표합니다. 또 아이러니 하지만 인류 최초의 원폭과 미국군대의 도움이 결정적 기여를 한 점을 인식하지 아니할 수 없습니다.

물론 북한의 역사에는 민족의 태양 김일성이가 일제를 몰아내었고, 6.25 남침도 민족의 해방을 위한 피치 못할 전쟁일 뿐입니다. 전쟁 전 고령의 민족주의자 김구는 남북 평화회담을 통해 새파란 김일성과 대화를 시도했지만 당연히 희롱 당했을 뿐입니다. 사회주의자 김일성의 최고가치는 평화가 아니라 남조선 해방에 있었습니다.

지금도 그들의 입에는 민족과 평화가 있지만 학습과 세뇌에 물든 그들의 뇌리에는 무산계급의 혁명과 공산 유토피아가 신념과 확신으로 자리 잡고 있을 뿐입니다. 지금도 이 민족은 계속된 도전을 받고 있지만 역사의 주인은 하나님이십니다. 대한민국은 역사적 사명을 지니고 있고 우리는 주님을 위해 그 길을 걸어갈 것입니다.

하나님이 보우하사 대한민국 만세 !!

2023년 6월 1일
시민미래연합

새빛FTT선교회
New Light Finishing the Task Mission

이사장
공하영 목사

회장
나성균 목사

총무
박지성 목사

새빛FTT (Finishing the Task) 선교회

· 미전도종족 전방개척선교와 교회개척, 제자양육, 고아원설립 및
　구제활동 사역을 하고 있습니다.
· 국내 이주민, 난민, 유학생들을 위한 학교설립과 연구소 설치 및
　장학금 후원 등 다양한 교육지원 사역을 하고 있습니다.

주　　소 : 인천시 부평구 안남로 418번길 10, 2층　　전　　화 : 032-654-0573 / 팩스 : 032-654-0579
이 메 일 : sevitftt@gmail.com　　홈페이지 : http://newlightftt.or.kr
후원계좌 : 국민은행 804601-04-295892 (새빛FTT선교회)

"민족마다 교회를 갖게 하시고
사람마다 복음을 받게 하옵소서~!!"

하나님의 형상을 회복하여 신부단장하는 교회

대한예수교
장 로 회 **새 빛 교 회**
Newlight Church

담임목사 박지성

주소 : 인천시 부평구 안남로 418번길 10, 2층　　전화 : 010-2992-4519

세계 에이즈의 날 (12월 1일)

한국가족보건협회는
매해 청소년들의 에이즈 예방을 위한
기념세미나를 개최하고 있습니다.

디섬버
WORLD AIDS DAY
퍼스트

청소년 에이즈 예방을 위해 노력하는 많은 단체들과
시민 여러분들의 참여와 관심, 후원을 기다립니다.

KAFAH⁺ 사단법인 **한국가족보건협회**
Korean Association of Family And Health

청소년 에이즈 예방 및 가족 보건 향상 www.kafah.or.kr

오직 **말씀**과 **성령**의 지시에 **순종**하며,
오늘의 **고난**은 미래의 비교할 수 없는 고귀한 **상급**으로 알아
인내하고, 주어진 **사명**에 **충성**을 다 하는 **새중앙총회**

총회장
최영순 목사

행정부총회장
김교원 목사

대외부총회장
이성모 목사

재정부총회장
구자순 목사

서기
임웅빈 목사

부서기
김미령 목사

회계
김정순 목사

총무
구자충 목사

부총무
김옥기 목사

서울동지역부총회장
최경희 목사

서울서지역부총회장
이용하 목사

서울남지역부총회장
남복실 목사

서울북지역부총회장
박선례 목사

경기북지역부총회장
정증자 목사

경기서지역부총회장
염춘자 목사

군산지역부총회장
호순영 목사

교육발전위원장
정길순 목사

건축위원장
김순옥 목사

상조부장
김정숙 목사

선교부장
김옥자 목사

대 한 예 수 교 장 로 회
새 중 앙 총 회

서울 송파구 가락로36길 7 전화 : 02) 421-1690~1 팩스 : 02)421-1692
홈페이지 / www.새중앙.com

'나라를 지키는데
안보 이상의 가치는 없습니다.'

담임 **최하은** 목사

성경영성아카데미를 소개합니다.

대표 서종열 목사

성경영성아카데미는 종교적인 교리는 배제하고 오직 성경만을 통해 영성을 가르치고 배우고 실천하는 곳으로 12주 과정을 통하여 고린도전서 3장 11절에서 말씀하신 "예수님의 터" 위에 세워진 사도들의 신앙을 이어나가 하나님의 기뻐하시는 자로 쓰임 받게 됩니다. 또한 '살아 역사하시는 하나님의 말씀' 이라는 사실을 경험하고 하나님의 말씀이 내 생각과 마음과 생활을 변화시키며, 나의 삶 속에서 예수님의 이름의 권세와 권능이 함께하고 계심을 체험하게 될 것입니다.

"너희가 성경에서 영생을 얻는 줄 생각하고 성경을 상고하거니와

이 성경이 곧 내게 대하여 증거 하는 것이로다"(요 5:39)

"그러나 각각 어떻게 그 위에 세울까를 조심할지니라.

이 닦아 둔 것 외에 능히 다른 터를 닦아 둘 자가 없으니

이 터는 곧 예수 그리스도라"(고전 3:11)

"예수께서 모든 도시와 마을에 두루 다니사 그들의 회당에서 가르치시며

천국 복음을 전파하시며 모든 병과 모든 약한 것을 고치시니라"(마 9:35)

모집 대상 : 목사님부터 성도까지 말씀과 능력이 따르기를 원하시는 분
일   시 : 매주 목요일 오전 10:00 ~ 오후 3:00(무료, 식사, 간식 제공)

(사) 성경영성아카데미

대전광역시 서구 둔산동1236번지
대표전화 : 042-476-8866 김수정 간사 : 010-9410-7174

서울한영대학교
SEOUL HANYOUNG UNIVERSITY

국제선교대학원 · 새빛FTT선교회 위탁

국내 이주민 선교사
훈련과정 모집요강

· 개   강 | 1학기 3월, 2학기 9월 (첫주 목요일 오후 6:30)
· 등록기간 | 개강 한주 전까지

01 목적

"이주민 3백만 시대를 맞이하여 이주민 선교를 위한
전문사역자를 양성하여 열방을 선교하는데 있다."

02 교육 일정과 신청방법

01 기   간 : 봄학기(3~5월), 가을학기(9~11월)
             6개월(24주, 48강좌)

02 시   간 : 매주 목, 오후 6:30~9:40(90분 2강좌)
             1강좌/ 6:30~8:00, 2강좌/ 8:10~9:40

03 교육비 : 학기당 40만원(1년 과정: 봄, 가을학기)

04 교육비 납부 : 국민은행 345201-04-105168
               서울한영대학교 (수강자 명의로 입금)
               *카드결재(본관 2층 총무처 방문)

05 교육 신청방법 : 서울한영대학교 부설 평생교육원 홈페이지
               (http//lifeedu.hytu.ac.kr) → 일반과정 →

서울한영대학교 부설 **평생교육원**
SEOUL HANYOUNG UNIVERSITY CONTINUING EDUCATION

03 지원 및 자격

1. 국내 교역자(목회자)
2. 선교사
3. 지교회 위탁 지원자
4. 타문화권 선교사로 부르심을 받고 훈련 원하는 자
5. 선교헌신자로서 담임목사의 추천을 받은 자
6. 이주 근로자, 다문화 가정, 유학생 선교 관심자

* 국내이주민선교사훈련과정 이수한 자는 총장명의 수료증 발급
* 선교사 파송(희망자)은 "새빛FTT선교회"를 통하여 파송한다.

04 제출서류

1. 입학원서(소정양식, 모바일 전송, 다운받기)
2. 정보공유 동의서(소정양식, 모바일 전송, 다운받기)
3. 담임목사 추천서(소정양식, 모바일 전송, 다운받기)

서울한영대학교 이주민선교훈련원

문의. 010-9447-3349 (훈련원장 : 최고수 목사)

서울시 구로구 개봉동 경인로 290-42 / 연락처.02-2660-2458 / 팩스.02-2669-2308 / 이메일.choigosu60@naver.co

365 에스더 철야기도회

시간

매일 밤 10:30 (금요일 밤 11:30)
▶ YouTube 에스더기도운동 채널 생방송

요일별 기도 주제

주일 - 북한구원 복음통일

월 - 북한, 지하교회와 성도

화 - 성($性$), 생명, 가정, 다음세대

수 - 세계선교 (이슬람권, 이스라엘, 열방)

목 - 대한민국 (정치, 사회, 문화 등)

금 - 에스더금요철야
(거룩한 대한민국, 복음통일, 세계선교)

토 - 한국교회와 주일예배

▶ YouTube ⬚ 에스더기도운동 🔍 검색 후 실시간으로 참여!

한국상담개발원 평생교육원
심리상담전문연구원

뇌 심리상담사 자격과정

21세기는 뇌과학의 시대이다.

뇌 과학을 통한 불안, 우울, 분노, 충동조절, 중독 등의 다양한 정서적, 정신적 문제의 회복을 위한 뇌 치유상담과정을 제도화하여 자격증을 수여하는 과정이다. 기본과 심화과정이 있으며 이수하면 해당 자격증을 수여한다. 이 과정은 미국의 대학과 연계되어 학위를 취득할 수 있다.

원장 **손매남** 박사(Ph.D., H.D)

한국상담개발원 원장, 美코헨대학교 상담대학원장/국제총장, 교수자격협회 교수 자격, 국제뇌치유상담학회장, 뇌치유상담학 외 40여 권의 저자

심리상담자격교육과정

- 심리상담사(기본)
- 인지행동심리상담사
- 에니어그램 강사
- 정신건강심리상담사

- 중독심리상담사
- 스마트폰심리상담사
- 디지털심리상담사
- 뇌심리상담사

- 부부심리상담사
- 미술심리상담사
- 집단심리상담사

※ 상기 자격증은 자격기본법 규정에 따라 등록된 민간자격입니다.
국가로부터 인정받은 공인자격이 아닙니다.
자세한 것은 민간자격정보조회서비스(www.pqi.or.kr) 참고하십시오.

협력기관

- 미국 코헨대학교(석·박사)
- 경기대 뇌심리상담전문연구원

- 국제뇌치유상담학회
- 한국에니어그램상담학회

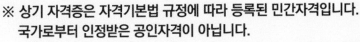

참고문헌

-6.25전쟁 자료 다수/(사)6.25진실알리기본부
-6.25란 무엇인가?/김순욱
-찾아가는 6.25/김순욱
-대한민국 근현대사(4) 휘선 박윤식 2021.5
-이것이 한국전쟁이다/21세기 군사연구소 노병찬
-한국전쟁 전투사 인천상륙작전/국방부군사편찬연구소 1983
-6.25전쟁과 소년병연구/국방부 군사편찬연구소 2011
-6.2전쟁사/국방부군사편찬연구소
-인민군 4일만에 서울점령/현대사 포롬. 이선교 2016
-구원산부대/구월산 유격부대 전우회
-몽클라르 장군과 프랑스대대 /김성수 2016.10
-6.25전쟁으로의 진실여행/ 배영복 2017
-한미동맹60주년 & 전전60주년/한미동맹미술대제전 2013
-6.25전쟁1129일/우정문고 이중근편저 2014.11.
-6.25전쟁 비하(3)/한국사진문화원
-학도병아 잘 싸웠다/기독신보. 김만규 2016
-이름없는 별들/(사)한국안보교육협회
-군번 없는 용사들/형문출판사
-건국 대통령이승만 이야기/(사)대한민국사랑회 2011.12
-건국 대통령 이승만의 분노/퓨리탄. 2015.6
-대한민국 건국 전후사 바로 알기/ 대추나무 양동안 2019.2
-독일에서 파리까지/말벗. 배병휴 2012.8
-동북아 외교 안보 포럼/최지영 2023.4
-자유 통일을 위한 국가 대 개조 네트워크/김학성 2023
-거짓에 무너진 대한민국/전광훈 2022.2
-박정희 기념관
-지평의병 지평리 전투 기념관
-인천상륙작전 기념관 팜플릿 등 전시관 게재 내용 참조
-용산전쟁기념관
-KBS 명작다큐 '한국전쟁'
-성령의 도구된 마른 막대기/김형태
-나의 신앙 유산답사기(전남편)/에셀나무. 황규학

참고 영화

-인천상륙작전
-포화속으로
-장사리/잊혀진 여웅들
-고지전
-태극기 휘날리며
-동막골

참고 방송

-이제 만나러 갑니다(497회)
-KBS 스페셜/한국전쟁의 최대 미스터리